# 中华人民共和国
# 最高人民法院公报

(2023年卷)

最高人民法院办公厅 编

人民法院出版社

图书在版编目（CIP）数据

中华人民共和国最高人民法院公报. 2023年卷 / 最高人民法院办公厅编. -- 北京 : 人民法院出版社, 2024. 8. -- ISBN 978-7-5109-4221-1

Ⅰ. D926.219

中国国家版本馆CIP数据核字第2024LM1771号

## 中华人民共和国最高人民法院公报（2023年卷）
最高人民法院办公厅　编

| | |
|---|---|
| 责任编辑 | 白　鸽 |
| 出版发行 | 人民法院出版社 |
| 地　　址 | 北京市东城区东交民巷27号（100745） |
| 电　　话 | （010）67550662（责任编辑）　67550558（发行部查询） |
| | 　　　　65223677（读者服务部） |
| 客 服 QQ | 2092078039 |
| 网　　址 | http://www.courtbook.com.cn |
| E — mail | courtpress@sohu.com |
| 印　　刷 | 三河市国英印务有限公司 |
| 经　　销 | 新华书店 |

| | |
|---|---|
| 开　　本 | 787毫米×1092毫米　1/16 |
| 字　　数 | 830千字 |
| 印　　张 | 34 |
| 版　　次 | 2024年8月第1版　2024年8月第1次印刷 |
| 书　　号 | ISBN 978-7-5109-4221-1 |
| 定　　价 | 258.00元 |

版权所有　侵权必究

# 编辑说明

《中华人民共和国最高人民法院公报》是最高人民法院重要官方文献，由最高人民法院办公厅主办，是最高人民法院公开发布重要文献、司法解释、司法文件、司法统计数据和裁判文书、指导性案例、典型案例等司法信息的权威载体。

《最高人民法院公报》的主要内容包括法律选登、文献、司法统计、司法解释、司法文件、任免事项、裁判文书和案例等。其中，文献选编了最高人民法院工作报告；司法解释是最高人民法院依照法定权限对各级人民法院在审判实践中如何具体适用有关法律规定所作的解释和说明，具有法律的效力，可以在裁判文书中直接援引，作为人民法院审理案件的依据，根据有关文件规定，《最高人民法院公报》刊登的司法解释文本为标准文本；司法文件包括最高人民法院制定并下发各级人民法院的有关审判工作、司法改革、队伍建设等工作的各类行政性公文；任免事项包括全国人民代表大会常务委员会关于最高人民法院审判人员的任免决定和中华人民共和国大法官任命公告；裁判文书和案例是最高人民法院正式选编的各级人民法院适用法律和司法解释审理刑事、民商事、行政诉讼、国家赔偿等各类案件的裁判范例，对于指导各级人民法院审理相关案件具有重要参考和借鉴作用。作为公开向全社会介绍人民法院各类司法信息的文献资料，《最高人民法院公报》的权威性、专业性、指导性和实用性一直享有盛誉。

《最高人民法院公报》（年鉴版）是以《最高人民法院公报》（月刊）为基础编辑出版的系列司法文献性丛书。编辑和出版《最高人民法院公报》（年鉴版），为社会各界能够及时查阅最高人民法院的有关信息资料，全面了解人民法院的各项审判工作以及法官队伍建设、司法改革工作的状况，开辟了一个新的渠道。《最高人民法院公报》（年鉴版）按年度汇编，每年1卷，面向社会公开出版发行。

《最高人民法院公报》（2023年卷）基本保留了2023年《最高人民法院公报》（月刊）的内容，并以法律选登、文献、司法统计、司法解释、司法文件、任免事项、裁判文书和案例等各项资料的类别为栏目，将《最高人民法院公报》2023年全年公布的资料和文献内容重新进行了整理和归类，以便于读者能够按《最高人民法院公报》公布的年度、资料的文档类别和法律类别进行查阅。在重新整理文献和案例的过程中，对个别文字错误作了必要的补正。

编　者

二〇二四年七月

# 目 录

## 法 律 选 登

中华人民共和国反电信网络诈骗法
　　（2022年9月2日） ……………………………………………（ 1 ）
中华人民共和国妇女权益保障法
　　（2022年10月30日修订） ……………………………………（ 9 ）
中华人民共和国黄河保护法
　　（2022年10月30日） …………………………………………（ 18 ）
中华人民共和国行政复议法
　　（2023年9月1日修订） ………………………………………（ 37 ）

## 司 法 解 释

### 刑　事

最高人民法院　最高人民检察院
　　关于办理危害生产安全刑事案件适用法律若干问题的解释（二）
　　（2022年12月15日） ……………………………………………（ 51 ）
最高人民法院　最高人民检察院
　　关于办理强奸、猥亵未成年人刑事案件适用法律若干问题的解释
　　（2023年5月24日） ……………………………………………（ 54 ）
最高人民法院
　　关于审理破坏森林资源刑事案件适用法律若干问题的解释
　　（2023年8月13日） ……………………………………………（ 57 ）

## 民 商 事

最高人民法院
  关于涉外民商事案件管辖若干问题的规定
    （2022 年 11 月 14 日） ……………………………………………………………（ 62 ）
最高人民法院
  关于成渝金融法院案件管辖的规定
    （2022 年 12 月 20 日） ……………………………………………………………（ 63 ）
最高人民法院
  关于商品房消费者权利保护问题的批复
    （2023 年 4 月 20 日） ……………………………………………………………（ 65 ）
最高人民法院
  关于公司解散纠纷案件受理费收费标准的批复
    （2023 年 9 月 22 日） ……………………………………………………………（ 66 ）

## 环 境 资 源

最高人民法院
  关于具有专门知识的人民陪审员参加环境资源案件审理的若干规定
    （2023 年 7 月 26 日） ……………………………………………………………（ 66 ）
最高人民法院
  关于审理生态环境侵权责任纠纷案件适用法律若干问题的解释
    （2023 年 8 月 14 日） ……………………………………………………………（ 69 ）
最高人民法院
  关于生态环境侵权民事诉讼证据的若干规定
    （2023 年 8 月 14 日） ……………………………………………………………（ 73 ）

## 知 识 产 权

最高人民法院
  关于修改《最高人民法院关于知识产权法庭若干问题的规定》的决定
    （2023 年 10 月 21 日） ……………………………………………………………（ 77 ）

## 行政与国家赔偿

最高人民法院
  关于审理司法赔偿案件适用请求时效制度若干问题的解释
    （2023 年 5 月 23 日） ……………………………………………………………（ 79 ）

## 文　献

最高人民法院院长周强
　对办好《中华人民共和国最高人民法院公报》服务法治中国建设提出要求
　　（2023年1月16日） ………………………………………………………（ 81 ）
最高人民法院
　关于人民法院涉外审判工作情况的报告
　　——2022年10月28日在第十三届全国人民代表大会常务委员会
　　第三十七次会议上 …………………………………………… 周　强（ 82 ）
第十四届全国人民代表大会第一次会议
　关于最高人民法院工作报告的决议
　　（2023年3月13日） ………………………………………………………（ 92 ）
最高人民法院工作报告
　——2023年3月7日在第十四届全国人民代表大会第一次会议上 …… 周　强（ 92 ）
中华人民共和国全国人民代表大会公告（第七号）
　（2023年3月11日） ………………………………………………………（ 105 ）
最高人民法院院长张军简历 ………………………………………………（ 106 ）
最高人民法院
　关于人民法院环境资源审判工作情况的报告
　　——2023年10月21日在第十四届全国人民代表大会常务委员会
　　第六次会议上 ………………………………………………… 张　军（ 106 ）

## 任免事项

全国人民代表大会常务委员会
　最高人民法院审判人员任免名单
　　（2022年12月30日） ……………………………………………………（ 114 ）
最高人民法院
　关于程东方为中华人民共和国大法官的公告
　　（2023年1月3日） ………………………………………………………（ 115 ）
最高人民法院
　关于党广锁等13人为中华人民共和国大法官的公告
　　（2023年1月18日） ………………………………………………………（ 115 ）
全国人民代表大会常务委员会
　最高人民法院审判人员免职名单
　　（2023年2月24日） ………………………………………………………（ 116 ）

全国人民代表大会常务委员会
　最高人民法院审判人员任免名单
　　（2023 年 4 月 26 日） ………………………………………………………………（116）
全国人民代表大会常务委员会
　最高人民法院审判人员任免名单
　　（2023 年 6 月 28 日） ………………………………………………………………（116）
最高人民法院
　关于聂光海为中华人民共和国大法官的公告
　　（2023 年 7 月 14 日） ………………………………………………………………（117）
全国人民代表大会常务委员会
　最高人民法院审判人员任免名单
　　（2023 年 9 月 1 日） …………………………………………………………………（117）
最高人民法院
　关于邓修明为中华人民共和国大法官的公告
　　（2023 年 9 月 4 日） …………………………………………………………………（118）
全国人民代表大会常务委员会
　最高人民法院审判人员任免名单
　　（2023 年 10 月 24 日） ………………………………………………………………（118）
最高人民法院
　关于刘少云为中华人民共和国大法官的公告
　　（2023 年 10 月 28 日） ………………………………………………………………（119）

# 司 法 文 件

## 综　合

最高人民法院
　关于为加快建设全国统一大市场提供司法服务和保障的意见
　　（2022 年 7 月 14 日） ………………………………………………………………（120）
最高人民法院
　关于支持和保障贵州在新时代西部大开发上闯新路的意见
　　（2022 年 10 月 11 日） ………………………………………………………………（127）
最高人民法院
　关于发布第 34 批指导性案例的通知
　　（2022 年 12 月 8 日） ………………………………………………………………（131）
最高人民法院
　关于规范合议庭运行机制的意见
　　（2022 年 10 月 26 日） ………………………………………………………………（139）

最高人民法院
  关于为促进消费提供司法服务和保障的意见
    （2022年12月26日） ………………………………………………………（141）
最高人民法院
  关于为稳定就业提供司法服务和保障的意见
    （2022年12月26日） ………………………………………………………（147）
最高人民法院
  关于加强新时代人民法院司法警察队伍建设的意见
    （2022年12月26日） ………………………………………………………（151）
最高人民法院
  关于完整准确全面贯彻新发展理念为积极稳妥推进碳达峰碳中和提供司法服务的
    意见
    （2023年2月16日） ………………………………………………………（154）
最高人民法院　全国妇联
  印发《关于开展家庭教育指导工作的意见》的通知
    （2023年5月29日） ………………………………………………………（159）
最高人民法院
  印发《最高人民法院关于法律适用问题请示答复的规定》的通知
    （2023年5月26日） ………………………………………………………（163）

# 刑　　事

最高人民法院　最高人民检察院　公安部
  关于办理信息网络犯罪案件适用刑事诉讼程序若干问题的意见
    （2022年8月26日） ………………………………………………………（171）
最高人民法院
  关于发布第33批指导性案例的通知
    （2022年11月29日） ……………………………………………………（175）
最高人民法院　最高人民检察院　公安部　司法部
  关于进一步深化刑事案件律师辩护全覆盖试点工作的意见
    （2022年10月12日） ……………………………………………………（182）
最高人民法院
  关于发布第35批指导性案例的通知
    （2022年12月26日） ……………………………………………………（187）
最高人民法院　最高人民检察院　教育部
  印发《关于落实从业禁止制度的意见》的通知
    （2022年11月10日） ……………………………………………………（196）

最高人民法院　最高人民检察院　公安部　司法部
　　关于印发《关于办理性侵害未成年人刑事案件的意见》的通知
　　　　（2023年5月24日）……………………………………………………………………（198）
最高人民法院　最高人民检察院　中国海警局
　　关于印发《依法打击涉海砂违法犯罪座谈会纪要》的通知
　　　　（2023年6月6日）……………………………………………………………………（203）

# 民　　事

最高人民法院
　　关于发布第36批指导性案例的通知
　　　　（2022年12月27日）…………………………………………………………………（209）
人力资源社会保障部　中央政法委　最高人民法院　工业和信息化部　司法部　财政部
中华全国总工会　中华全国工商业联合会　中国企业联合会/中国企业家协会
　　关于进一步加强劳动人事争议协商调解工作的意见
　　　　（2022年10月13日）…………………………………………………………………（222）

# 环 境 资 源

最高人民法院
　　关于发布第37批指导性案例的通知
　　　　（2022年12月30日）…………………………………………………………………（226）
最高人民法院
　　关于贯彻实施《中华人民共和国黄河保护法》的意见
　　　　（2023年6月27日）……………………………………………………………………（251）

# 知 识 产 权

最高人民法院
　　关于加强中医药知识产权司法保护的意见
　　　　（2022年12月21日）…………………………………………………………………（255）

# 行政与国家赔偿

最高人民法院
　　印发《关于司法赔偿案件案由的规定》的通知
　　　　（2023年4月19日）……………………………………………………………………（258）
最高人民法院
　　关于2023年作出的国家赔偿决定涉及侵犯公民人身自由赔偿金计算标准的通知
　　　　（2023年5月10日）……………………………………………………………………（263）

## 执 行

最高人民法院
　　关于办理申请执行监督案件若干问题的意见
　　　　（2023年1月19日）……………………………………………………（263）

## 司 法 统 计

2022年全国法院司法统计公报…………………………………………………（267）

## 裁判文书选登

## 民　事

江西腾荣实业有限公司与江西银行股份有限公司南昌高新支行债权转让合同纠纷案
　　　　——最高人民法院民事裁定书
　　　　（2020）最高法民申7094号…………………………………………（278）
四川中成煤炭建设（集团）有限责任公司与成都泓昌嘉泰房地产有限公司建设工程
　　施工合同纠纷案
　　　　——最高人民法院民事判决书
　　　　（2021）最高法民再188号……………………………………………（281）
金昌久策工业气体有限公司与甘肃丰盛环保科技股份有限公司加工合同纠纷案
　　　　——最高人民法院民事判决书
　　　　（2022）最高法民再77号………………………………………………（290）
伟富国际有限公司与黄建荣、上海海成资源（集团）有限公司等服务合同纠纷案
　　　　——最高人民法院民事判决书
　　　　（2022）最高法民再91号………………………………………………（302）
芜湖华融兴商投资合伙企业（有限合伙）与黄山市黄山区名人国际艺术家庄园置业
　　有限公司等借款合同纠纷案
　　　　——最高人民法院民事裁定书
　　　　（2022）最高法民终145号……………………………………………（312）

## 商　事

甘肃乾金达矿业开发集团有限公司与万城商务东升庙有限责任公司盈余分配纠纷案
　　　　——最高人民法院民事判决书
　　　　（2021）最高法民再23号………………………………………………（320）

陈龙与陕西博鑫体育文化传播有限公司等公司解散纠纷案
　　——最高人民法院民事裁定书
　　（2021）最高法民申 6453 号 ················································（329）
吴良好与如皋市金鼎置业有限公司等股东资格确认纠纷案
　　——最高人民法院民事裁定书
　　（2021）最高法民申 1074 号 ················································（332）

# 知 识 产 权

河北华穗种业有限公司与武威市搏盛种业有限责任公司侵害技术秘密纠纷案
　　——最高人民法院民事判决书
　　（2022）最高法知民终 147 号 ···············································（336）
上海环莘电子科技有限公司与广东法瑞纳科技有限公司等侵害实用新型专利权纠纷案
　　——最高人民法院民事判决书
　　（2020）最高法知民终 1568 号 ··············································（349）
北京派尔特医疗科技股份有限公司与深圳市科煒芯科技有限公司技术开发合同纠纷案
　　——最高人民法院民事判决书
　　（2021）最高法知民终 887 号 ···············································（361）

# 行　　政

文昌盈海清澜水务有限公司与海南省文昌市生态环境局等行政处罚及行政复议案
　　——最高人民法院行政判决书
　　（2022）最高法行再 329 号 ··················································（372）

# 执　　行

中国建设银行股份有限公司怀化市分行与中国华融资产管理股份有限公司湖南省
　分公司等案外人执行异议之诉案
　　——最高人民法院民事判决书
　　（2022）最高法民终 34 号 ····················································（381）
国家开发银行河南省分行申请执行监督案
　　——最高人民法院执行裁定书
　　（2022）最高法执监 121 号 ··················································（398）

# 案 例

## 刑 事

重庆市渝北区人民检察院诉胡仁国非法采伐国家重点保护植物案 …………（406）
江苏省建湖县人民检察院诉张少山等32人非法采矿、马朝玉掩饰、隐瞒犯罪所得
　　刑事附带民事公益诉讼案 ………………………………………………………（410）
上海市长宁区人民检察院诉顾立、顾全飞诈骗案 ………………………………（416）

## 民 事

彭宇翔诉南京市城市建设开发（集团）有限责任公司追索劳动报酬纠纷案 …（419）
上海安盛物业有限公司诉王文正劳动合同纠纷案 ………………………………（426）
张正国诉江苏红战建设工程有限公司等居间合同纠纷案 ………………………（429）
江苏省无锡市人民检察院诉上海市杨浦区绿化和市容管理局等环境民事
　　公益诉讼案 ………………………………………………………………………（434）
李衡诉江苏五星电器有限公司买卖合同纠纷案 …………………………………（438）
陈武桂诉南京德通汽车服务有限公司劳动合同纠纷案 …………………………（440）
顾某甲、顾某乙、顾某丙申请指定遗产管理人案 ………………………………（444）
丁某某诉季某某等教育机构责任纠纷案 …………………………………………（446）

## 商 事

刘美芳诉常州凯瑞化学科技有限公司等公司决议效力确认纠纷案 ……………（451）
上海惠骏物流有限公司诉中国平安财产保险股份有限公司上海分公司等财产保险
　　合同纠纷案 ………………………………………………………………………（455）
江苏东恒国际集团有限公司与江苏省国际高新技术展示交易中心有限公司破产清算
　　转和解案 …………………………………………………………………………（458）
中国人民财产保险股份有限公司中山市分公司诉中国太平洋财产保险股份有限公司
　　东莞分公司等财产保险合同纠纷案 ……………………………………………（461）
BETA 股份公司（BETA S. A.）诉天津鲁冶钢铁贸易有限公司国际货物买卖
　　合同纠纷案 ………………………………………………………………………（470）
程骏平诉上海纽鑫达进出口有限公司等股东资格确认纠纷案 …………………（479）

## 行 政

高留升诉新郑市人民政府等行政补偿纠纷案 ……………………………………（486）
灌云中孚环保科技有限公司诉灌云县人民政府等撤销政府特许经营协议纠纷案 …（491）
曾海波诉长沙市岳麓区交通运输局等行政处罚及行政复议案 …………………（501）

## 知识产权

郑州曳头网络科技有限公司与浙江天猫网络有限公司、丁晓梅等侵害外观设计专利权
　先予执行案 ……………………………………………………………………（510）
中国杂技团有限公司诉吴桥县桑园镇张硕杂技团等著作权权属、侵权纠纷案 ………（512）
湖南亚华种业研究院诉张杨侵害植物新品种权纠纷案 …………………………………（518）

**附：《中华人民共和国最高人民法院公报》2023年总目录** ……………………（525）

# 法　律　选　登

# 中华人民共和国反电信网络诈骗法

（2022年9月2日第十三届全国人民代表大会常务委员会第三十六次会议通过）

## 目　录

第一章　总　则
第二章　电信治理
第三章　金融治理
第四章　互联网治理
第五章　综合措施
第六章　法律责任
第七章　附　则

## 第一章　总　则

**第一条**　为了预防、遏制和惩治电信网络诈骗活动，加强反电信网络诈骗工作，保护公民和组织的合法权益，维护社会稳定和国家安全，根据宪法，制定本法。

**第二条**　本法所称电信网络诈骗，是指以非法占有为目的，利用电信网络技术手段，通过远程、非接触等方式，诈骗公私财物的行为。

**第三条**　打击治理在中华人民共和国境内实施的电信网络诈骗活动或者中华人民共和国公民在境外实施的电信网络诈骗活动，适用本法。

境外的组织、个人针对中华人民共和国境内实施电信网络诈骗活动的，或者为他人针对境内实施电信网络诈骗活动提供产品、服务等帮助的，依照本法有关规定处理和追究责任。

**第四条**　反电信网络诈骗工作坚持以人民为中心，统筹发展和安全；坚持系统观念、法治思维，注重源头治理、综合治理；坚持齐抓共管、群防群治，全面落实打防管控各项措施，加强社会宣传教育防范；坚持精准防治，保障正常生产经营活动和群众生活便利。

**第五条**　反电信网络诈骗工作应当依法进行，维护公民和组织的合法权益。

有关部门和单位、个人应当对在反电信网络诈骗工作过程中知悉的国家秘密、商业秘密和个人隐私、个人信息予以保密。

**第六条** 国务院建立反电信网络诈骗工作机制，统筹协调打击治理工作。

地方各级人民政府组织领导本行政区域内反电信网络诈骗工作，确定反电信网络诈骗目标任务和工作机制，开展综合治理。

公安机关牵头负责反电信网络诈骗工作，金融、电信、网信、市场监管等有关部门依照职责履行监管主体责任，负责本行业领域反电信网络诈骗工作。

人民法院、人民检察院发挥审判、检察职能作用，依法防范、惩治电信网络诈骗活动。

电信业务经营者、银行业金融机构、非银行支付机构、互联网服务提供者承担风险防控责任，建立反电信网络诈骗内部控制机制和安全责任制度，加强新业务涉诈风险安全评估。

**第七条** 有关部门、单位在反电信网络诈骗工作中应当密切协作，实现跨行业、跨地域协同配合、快速联动，加强专业队伍建设，有效打击治理电信网络诈骗活动。

**第八条** 各级人民政府和有关部门应当加强反电信网络诈骗宣传，普及相关法律和知识，提高公众对各类电信网络诈骗方式的防骗意识和识骗能力。

教育行政、市场监管、民政等有关部门和村民委员会、居民委员会，应当结合电信网络诈骗受害群体的分布等特征，加强对老年人、青少年等群体的宣传教育，增强反电信网络诈骗宣传教育的针对性、精准性，开展反电信网络诈骗宣传教育进学校、进企业、进社区、进农村、进家庭等活动。

各单位应当加强内部防范电信网络诈骗工作，对工作人员开展防范电信网络诈骗教育；个人应当加强电信网络诈骗防范意识。单位、个人应当协助、配合有关部门依照本法规定开展反电信网络诈骗工作。

## 第二章 电信治理

**第九条** 电信业务经营者应当依法全面落实电话用户真实身份信息登记制度。

基础电信企业和移动通信转售企业应当承担对代理商落实电话用户实名制管理责任，在协议中明确代理商实名制登记的责任和有关违约处置措施。

**第十条** 办理电话卡不得超出国家有关规定限制的数量。

对经识别存在异常办卡情形的，电信业务经营者有权加强核查或者拒绝办卡。具体识别办法由国务院电信主管部门制定。

国务院电信主管部门组织建立电话用户开卡数量核验机制和风险信息共享机制，并为用户查询名下电话卡信息提供便捷渠道。

**第十一条** 电信业务经营者对监测识别的涉诈异常电话卡用户应当重新进行实名核验，根据风险等级采取有区别的、相应的核验措施。对未按规定核验或者核验未通过的，电信业务经营者可以限制、暂停有关电话卡功能。

**第十二条** 电信业务经营者建立物联网卡用户风险评估制度，评估未通过的，不得向其销售物联网卡；严格登记物联网卡用户身份信息；采取有效技术措施限定物联网卡开通功能、使用场景和适用设备。

单位用户从电信业务经营者购买物联网卡再将载有物联网卡的设备销售给其他用户的，应当核验和登记用户身份信息，并将销量、存量及用户实名信息传送给号码归属的电信业务经营者。

电信业务经营者对物联网卡的使用建立监测预警机制。对存在异常使用情形的，应当采取暂停服务、重新核验身份和使用场景或者其他合同约定的处置措施。

**第十三条** 电信业务经营者应当规范真实主叫号码传送和电信线路出租，对改号电话进行封堵拦截和溯源核查。

电信业务经营者应当严格规范国际通信业务出入口局主叫号码传送，真实、准确向用户提示来电号码所属国家或者地区，对网内和网间虚假主叫、不规范主叫进行识别、拦截。

**第十四条** 任何单位和个人不得非法制造、买卖、提供或者使用下列设备、软件：

（一）电话卡批量插入设备；

（二）具有改变主叫号码、虚拟拨号、互联网电话违规接入公用电信网络等功能的设备、软件；

（三）批量账号、网络地址自动切换系统，批量接收提供短信验证、语音验证的平台；

（四）其他用于实施电信网络诈骗等违法犯罪的设备、软件。

电信业务经营者、互联网服务提供者应当采取技术措施，及时识别、阻断前款规定的非法设备、软件接入网络，并向公安机关和相关行业主管部门报告。

## 第三章　金融治理

**第十五条** 银行业金融机构、非银行支付机构为客户开立银行账户、支付账户及提供支付结算服务，和与客户业务关系存续期间，应当建立客户尽职调查制度，依法识别受益所有人，采取相应风险管理措施，防范银行账户、支付账户等被用于电信网络诈骗活动。

**第十六条** 开立银行账户、支付账户不得超出国家有关规定限制的数量。

对经识别存在异常开户情形的，银行业金融机构、非银行支付机构有权加强核查或者拒绝开户。

中国人民银行、国务院银行业监督管理机构组织有关清算机构建立跨机构开户数量核验机制和风险信息共享机制，并为客户提供查询名下银行账户、支付账户的便捷渠道。银行业金融机构、非银行支付机构应当按照国家有关规定提供开户情况和有关风险信息。相关信息不得用于反电信网络诈骗以外的其他用途。

**第十七条** 银行业金融机构、非银行支付机构应当建立开立企业账户异常情形的风险防控机制。金融、电信、市场监管、税务等有关部门建立开立企业账户相关信息共享查询系统，提供联网核查服务。

市场主体登记机关应当依法对企业实名登记履行身份信息核验职责；依照规定对登记事项进行监督检查，对可能存在虚假登记、涉诈异常的企业重点监督检查，依法撤销登记的，依照前款的规定及时共享信息；为银行业金融机构、非银行支付机构进行客户尽职调查和依法识别受益所有人提供便利。

**第十八条** 银行业金融机构、非银行支付机构应当对银行账户、支付账户及支付结算服务加强监测，建立完善符合电信网络诈骗活动特征的异常账户和可疑交易监测机制。

中国人民银行统筹建立跨银行业金融机构、非银行支付机构的反洗钱统一监测系统，会同国务院公安部门完善与电信网络诈骗犯罪资金流转特点相适应的反洗钱可疑交易报告制度。

对监测识别的异常账户和可疑交易，银行业金融机构、非银行支付机构应当根据风险情况，采取核实交易情况、重新核验身份、延迟支付结算、限制或者中止有关业务等必要的防范措施。

银行业金融机构、非银行支付机构依照第一款规定开展异常账户和可疑交易监测时，可以收集异常客户互联网协议地址、网卡地址、支付受理终端信息等必要的交易信息、设备位置信息。上述信息未经客户授权，不得用于反电信网络诈骗以外的其他用途。

第十九条　银行业金融机构、非银行支付机构应当按照国家有关规定，完整、准确传输直接提供商品或者服务的商户名称、收付款客户名称及账号等交易信息，保证交易信息的真实、完整和支付全流程中的一致性。

第二十条　国务院公安部门会同有关部门建立完善电信网络诈骗涉案资金即时查询、紧急止付、快速冻结、及时解冻和资金返还制度，明确有关条件、程序和救济措施。

公安机关依法决定采取上述措施的，银行业金融机构、非银行支付机构应当予以配合。

## 第四章　互联网治理

第二十一条　电信业务经营者、互联网服务提供者为用户提供下列服务，在与用户签订协议或者确认提供服务时，应当依法要求用户提供真实身份信息，用户不提供真实身份信息的，不得提供服务：

（一）提供互联网接入服务；

（二）提供网络代理等网络地址转换服务；

（三）提供互联网域名注册、服务器托管、空间租用、云服务、内容分发服务；

（四）提供信息、软件发布服务，或者提供即时通讯、网络交易、网络游戏、网络直播发布、广告推广服务。

第二十二条　互联网服务提供者对监测识别的涉诈异常账号应当重新核验，根据国家有关规定采取限制功能、暂停服务等处置措施。

互联网服务提供者应当根据公安机关、电信主管部门要求，对涉案电话卡、涉诈异常电话卡所关联注册的有关互联网账号进行核验，根据风险情况，采取限期改正、限制功能、暂停使用、关闭账号、禁止重新注册等处置措施。

第二十三条　设立移动互联网应用程序应当按照国家有关规定向电信主管部门办理许可或者备案手续。

为应用程序提供封装、分发服务的，应当登记并核验应用程序开发运营者的真实身份信息，核验应用程序的功能、用途。

公安、电信、网信等部门和电信业务经营者、互联网服务提供者应当加强对分发平台以外途径下载传播的涉诈应用程序重点监测、及时处置。

第二十四条　提供域名解析、域名跳转、网址链接转换服务的，应当按照国家有关规定，核验域名注册、解析信息和互联网协议地址的真实性、准确性，规范域名跳转，记录并留存所提供相应服务的日志信息，支持实现对解析、跳转、转换记录的溯源。

第二十五条　任何单位和个人不得为他人实施电信网络诈骗活动提供下列支持或者

帮助：

（一）出售、提供个人信息；

（二）帮助他人通过虚拟货币交易等方式洗钱；

（三）其他为电信网络诈骗活动提供支持或者帮助的行为。

电信业务经营者、互联网服务提供者应当依照国家有关规定，履行合理注意义务，对利用下列业务从事涉诈支持、帮助活动进行监测识别和处置：

（一）提供互联网接入、服务器托管、网络存储、通讯传输、线路出租、域名解析等网络资源服务；

（二）提供信息发布或者搜索、广告推广、引流推广等网络推广服务；

（三）提供应用程序、网站等网络技术、产品的制作、维护服务；

（四）提供支付结算服务。

第二十六条　公安机关办理电信网络诈骗案件依法调取证据的，互联网服务提供者应当及时提供技术支持和协助。

互联网服务提供者依照本法规定对有关涉诈信息、活动进行监测时，发现涉诈违法犯罪线索、风险信息的，应当依照国家有关规定，根据涉诈风险类型、程度情况移送公安、金融、电信、网信等部门。有关部门应当建立完善反馈机制，将相关情况及时告知移送单位。

## 第五章　综合措施

第二十七条　公安机关应当建立完善打击治理电信网络诈骗工作机制，加强专门队伍和专业技术建设，各警种、各地公安机关应当密切配合，依法有效惩处电信网络诈骗活动。

公安机关接到电信网络诈骗活动的报案或者发现电信网络诈骗活动，应当依照《中华人民共和国刑事诉讼法》的规定立案侦查。

第二十八条　金融、电信、网信部门依照职责对银行业金融机构、非银行支付机构、电信业务经营者、互联网服务提供者落实本法规定情况进行监督检查。有关监督检查活动应当依法规范开展。

第二十九条　个人信息处理者应当依照《中华人民共和国个人信息保护法》等法律规定，规范个人信息处理，加强个人信息保护，建立个人信息被用于电信网络诈骗的防范机制。

履行个人信息保护职责的部门、单位对可能被电信网络诈骗利用的物流信息、交易信息、贷款信息、医疗信息、婚介信息等实施重点保护。公安机关办理电信网络诈骗案件，应当同时查证犯罪所利用的个人信息来源，依法追究相关人员和单位责任。

第三十条　电信业务经营者、银行业金融机构、非银行支付机构、互联网服务提供者应当对从业人员和用户开展反电信网络诈骗宣传，在有关业务活动中对防范电信网络诈骗作出提示，对本领域新出现的电信网络诈骗手段及时向用户作出提醒，对非法买卖、出租、出借本人有关卡、账户、账号等被用于电信网络诈骗的法律责任作出警示。

新闻、广播、电视、文化、互联网信息服务等单位，应当面向社会有针对性地开展反电信网络诈骗宣传教育。

任何单位和个人有权举报电信网络诈骗活动，有关部门应当依法及时处理，对提供有效信息的举报人依照规定给予奖励和保护。

**第三十一条** 任何单位和个人不得非法买卖、出租、出借电话卡、物联网卡、电信线路、短信端口、银行账户、支付账户、互联网账号等，不得提供实名核验帮助；不得假冒他人身份或者虚构代理关系开立上述卡、账户、账号等。

对经设区的市级以上公安机关认定的实施前款行为的单位、个人和相关组织者，以及因从事电信网络诈骗活动或者关联犯罪受过刑事处罚的人员，可以按照国家有关规定记入信用记录，采取限制其有关卡、账户、账号等功能和停止非柜面业务、暂停新业务、限制入网等措施。对上述认定和措施有异议的，可以提出申诉，有关部门应当建立健全申诉渠道、信用修复和救济制度。具体办法由国务院公安部门会同有关主管部门规定。

**第三十二条** 国家支持电信业务经营者、银行业金融机构、非银行支付机构、互联网服务提供者研究开发有关电信网络诈骗反制技术，用于监测识别、动态封堵和处置涉诈异常信息、活动。

国务院公安部门、金融管理部门、电信主管部门和国家网信部门等应当统筹负责本行业领域反制技术措施建设，推进涉电信网络诈骗样本信息数据共享，加强涉诈用户信息交叉核验，建立有关涉诈异常信息、活动的监测识别、动态封堵和处置机制。

依据本法第十一条、第十二条、第十八条、第二十二条和前款规定，对涉诈异常情形采取限制、暂停服务等处置措施的，应当告知处置原因、救济渠道及需要提交的资料等事项，被处置对象可以向作出决定或者采取措施的部门、单位提出申诉。作出决定的部门、单位应当建立完善申诉渠道，及时受理申诉并核查，核查通过的，应当即时解除有关措施。

**第三十三条** 国家推进网络身份认证公共服务建设，支持个人、企业自愿使用，电信业务经营者、银行业金融机构、非银行支付机构、互联网服务提供者对存在涉诈异常的电话卡、银行账户、支付账户、互联网账号，可以通过国家网络身份认证公共服务对用户身份重新进行核验。

**第三十四条** 公安机关应当会同金融、电信、网信部门组织银行业金融机构、非银行支付机构、电信业务经营者、互联网服务提供者等建立预警劝阻系统，对预警发现的潜在被害人，根据情况及时采取相应劝阻措施。对电信网络诈骗案件应当加强追赃挽损，完善涉案资金处置制度，及时返还被害人的合法财产。对遭受重大生活困难的被害人，符合国家有关救助条件的，有关方面依照规定给予救助。

**第三十五条** 经国务院反电信网络诈骗工作机制决定或者批准，公安、金融、电信等部门对电信网络诈骗活动严重的特定地区，可以依照国家有关规定采取必要的临时风险防范措施。

**第三十六条** 对前往电信网络诈骗活动严重地区的人员，出境活动存在重大涉电信网络诈骗活动嫌疑的，移民管理机构可以决定不准其出境。

因从事电信网络诈骗活动受过刑事处罚的人员，设区的市级以上公安机关可以根据犯罪情况和预防再犯罪的需要，决定自处罚完毕之日起六个月至三年以内不准其出境，并通知移民管理机构执行。

**第三十七条** 国务院公安部门等会同外交部门加强国际执法司法合作，与有关国家、地区、国际组织建立有效合作机制，通过开展国际警务合作等方式，提升在信息交流、调查取证、侦查抓捕、追赃挽损等方面的合作水平,有效打击遏制跨境电信网络诈骗活动。

## 第六章 法律责任

**第三十八条** 组织、策划、实施、参与电信网络诈骗活动或者为电信网络诈骗活动提供帮助,构成犯罪的,依法追究刑事责任。

前款行为尚不构成犯罪的,由公安机关处十日以上十五日以下拘留;没收违法所得,处违法所得一倍以上十倍以下罚款,没有违法所得或者违法所得不足一万元的,处十万元以下罚款。

**第三十九条** 电信业务经营者违反本法规定,有下列情形之一的,由有关主管部门责令改正,情节较轻的,给予警告、通报批评,或者处五万元以上五十万元以下罚款;情节严重的,处五十万元以上五百万元以下罚款,并可以由有关主管部门责令暂停相关业务、停业整顿、吊销相关业务许可证或者吊销营业执照,对其直接负责的主管人员和其他直接责任人员,处一万元以上二十万元以下罚款:

(一)未落实国家有关规定确定的反电信网络诈骗内部控制机制的;

(二)未履行电话卡、物联网卡实名制登记职责的;

(三)未履行对电话卡、物联网卡的监测识别、监测预警和相关处置职责的;

(四)未对物联网卡用户进行风险评估,或者未限定物联网卡的开通功能、使用场景和适用设备的;

(五)未采取措施对改号电话、虚假主叫或者具有相应功能的非法设备进行监测处置的。

**第四十条** 银行业金融机构、非银行支付机构违反本法规定,有下列情形之一的,由有关主管部门责令改正,情节较轻的,给予警告、通报批评,或者处五万元以上五十万元以下罚款;情节严重的,处五十万元以上五百万元以下罚款,并可以由有关主管部门责令停止新增业务、缩减业务类型或者业务范围、暂停相关业务、停业整顿、吊销相关业务许可证或者吊销营业执照,对其直接负责的主管人员和其他直接责任人员,处一万元以上二十万元以下罚款:

(一)未落实国家有关规定确定的反电信网络诈骗内部控制机制的;

(二)未履行尽职调查义务和有关风险管理措施的;

(三)未履行对异常账户、可疑交易的风险监测和相关处置义务的;

(四)未按照规定完整、准确传输有关交易信息的。

**第四十一条** 电信业务经营者、互联网服务提供者违反本法规定,有下列情形之一的,由有关主管部门责令改正,情节较轻的,给予警告、通报批评,或者处五万元以上五十万元以下罚款;情节严重的,处五十万元以上五百万元以下罚款,并可以由有关主管部门责令暂停相关业务、停业整顿、关闭网站或者应用程序、吊销相关业务许可证或者吊销营业执照,对其直接负责的主管人员和其他直接责任人员,处一万元以上二十万元以下罚款:

(一)未落实国家有关规定确定的反电信网络诈骗内部控制机制的;

(二)未履行网络服务实名制职责,或者未对涉案、涉诈电话卡关联注册互联网账号进行核验的;

（三）未按照国家有关规定，核验域名注册、解析信息和互联网协议地址的真实性、准确性，规范域名跳转，或者记录并留存所提供相应服务的日志信息的；

（四）未登记核验移动互联网应用程序开发运营者的真实身份信息或者未核验应用程序的功能、用途，为其提供应用程序封装、分发服务的；

（五）未履行对涉诈互联网账号和应用程序，以及其他电信网络诈骗信息、活动的监测识别和处置义务的；

（六）拒不依法为查处电信网络诈骗犯罪提供技术支持和协助，或者未按规定移送有关违法犯罪线索、风险信息的。

第四十二条　违反本法第十四条、第二十五条第一款规定的，没收违法所得，由公安机关或者有关主管部门处违法所得一倍以上十倍以下罚款，没有违法所得或者违法所得不足五万元的，处五十万元以下罚款；情节严重的，由公安机关并处十五日以下拘留。

第四十三条　违反本法第二十五条第二款规定，由有关主管部门责令改正，情节较轻的，给予警告、通报批评，或者处五万元以上五十万元以下罚款；情节严重的，处五十万元以上五百万元以下罚款，并可以由有关主管部门责令暂停相关业务、停业整顿、关闭网站或者应用程序，对其直接负责的主管人员和其他直接责任人员，处一万元以上二十万元以下罚款。

第四十四条　违反本法第三十一条第一款规定的，没收违法所得，由公安机关处违法所得一倍以上十倍以下罚款，没有违法所得或者违法所得不足二万元的，处二十万元以下罚款；情节严重的，并处十五日以下拘留。

第四十五条　反电信网络诈骗工作有关部门、单位的工作人员滥用职权、玩忽职守、徇私舞弊，或者有其他违反本法规定行为，构成犯罪的，依法追究刑事责任。

第四十六条　组织、策划、实施、参与电信网络诈骗活动或者为电信网络诈骗活动提供相关帮助的违法犯罪人员，除依法承担刑事责任、行政责任以外，造成他人损害的，依照《中华人民共和国民法典》等法律的规定承担民事责任。

电信业务经营者、银行业金融机构、非银行支付机构、互联网服务提供者等违反本法规定，造成他人损害的，依照《中华人民共和国民法典》等法律的规定承担民事责任。

第四十七条　人民检察院在履行反电信网络诈骗职责中，对于侵害国家利益和社会公共利益的行为，可以依法向人民法院提起公益诉讼。

第四十八条　有关单位和个人对依照本法作出的行政处罚和行政强制措施决定不服的，可以依法申请行政复议或者提起行政诉讼。

## 第七章　附　则

第四十九条　反电信网络诈骗工作涉及的有关管理和责任制度，本法没有规定的，适用《中华人民共和国网络安全法》、《中华人民共和国个人信息保护法》、《中华人民共和国反洗钱法》等相关法律规定。

第五十条　本法自2022年12月1日起施行。

# 中华人民共和国妇女权益保障法

（1992年4月3日第七届全国人民代表大会第五次会议通过 根据2005年8月28日第十届全国人民代表大会常务委员会第十七次会议《关于修改〈中华人民共和国妇女权益保障法〉的决定》第一次修正 根据2018年10月26日第十三届全国人民代表大会常务委员会第六次会议《关于修改〈中华人民共和国野生动物保护法〉等十五部法律的决定》第二次修正 2022年10月30日第十三届全国人民代表大会常务委员会第三十七次会议修订）

## 目 录

第一章　总　则
第二章　政治权利
第三章　人身和人格权益
第四章　文化教育权益
第五章　劳动和社会保障权益
第六章　财产权益
第七章　婚姻家庭权益
第八章　救济措施
第九章　法律责任
第十章　附　则

## 第一章　总　则

**第一条**　为了保障妇女的合法权益，促进男女平等和妇女全面发展，充分发挥妇女在全面建设社会主义现代化国家中的作用，弘扬社会主义核心价值观，根据宪法，制定本法。

**第二条**　男女平等是国家的基本国策。妇女在政治的、经济的、文化的、社会的和家庭的生活等各方面享有同男子平等的权利。

国家采取必要措施，促进男女平等，消除对妇女一切形式的歧视，禁止排斥、限制妇女依法享有和行使各项权益。

国家保护妇女依法享有的特殊权益。

**第三条**　坚持中国共产党对妇女权益保障工作的领导，建立政府主导、各方协同、社会参与的保障妇女权益工作机制。

各级人民政府应当重视和加强妇女权益的保障工作。

县级以上人民政府负责妇女儿童工作的机构，负责组织、协调、指导、督促有关部门做好妇女权益的保障工作。

县级以上人民政府有关部门在各自的职责范围内做好妇女权益的保障工作。

**第四条** 保障妇女的合法权益是全社会的共同责任。国家机关、社会团体、企业事业单位、基层群众性自治组织以及其他组织和个人，应当依法保障妇女的权益。

国家采取有效措施，为妇女依法行使权利提供必要的条件。

**第五条** 国务院制定和组织实施中国妇女发展纲要，将其纳入国民经济和社会发展规划，保障和促进妇女在各领域的全面发展。

县级以上地方各级人民政府根据中国妇女发展纲要，制定和组织实施本行政区域的妇女发展规划，将其纳入国民经济和社会发展规划。

县级以上人民政府应当将妇女权益保障所需经费列入本级预算。

**第六条** 中华全国妇女联合会和地方各级妇女联合会依照法律和中华全国妇女联合会章程，代表和维护各族各界妇女的利益，做好维护妇女权益、促进男女平等和妇女全面发展的工作。

工会、共产主义青年团、残疾人联合会等群团组织应当在各自的工作范围内，做好维护妇女权益的工作。

**第七条** 国家鼓励妇女自尊、自信、自立、自强，运用法律维护自身合法权益。

妇女应当遵守国家法律，尊重社会公德、职业道德和家庭美德，履行法律所规定的义务。

**第八条** 有关机关制定或者修改涉及妇女权益的法律、法规、规章和其他规范性文件，应当听取妇女联合会的意见，充分考虑妇女的特殊权益，必要时开展男女平等评估。

**第九条** 国家建立健全妇女发展状况统计调查制度，完善性别统计监测指标体系，定期开展妇女发展状况和权益保障统计调查和分析，发布有关信息。

**第十条** 国家将男女平等基本国策纳入国民教育体系，开展宣传教育，增强全社会的男女平等意识，培育尊重和关爱妇女的社会风尚。

**第十一条** 国家对保障妇女合法权益成绩显著的组织和个人，按照有关规定给予表彰和奖励。

## 第二章 政治权利

**第十二条** 国家保障妇女享有与男子平等的政治权利。

**第十三条** 妇女有权通过各种途径和形式，依法参与管理国家事务、管理经济和文化事业、管理社会事务。

妇女和妇女组织有权向各级国家机关提出妇女权益保障方面的意见和建议。

**第十四条** 妇女享有与男子平等的选举权和被选举权。

全国人民代表大会和地方各级人民代表大会的代表中，应当保证有适当数量的妇女代表。国家采取措施，逐步提高全国人民代表大会和地方各级人民代表大会的妇女代表的比例。

居民委员会、村民委员会成员中，应当保证有适当数量的妇女成员。

**第十五条** 国家积极培养和选拔女干部，重视培养和选拔少数民族女干部。

国家机关、群团组织、企业事业单位培养、选拔和任用干部，应当坚持男女平等的原则，并有适当数量的妇女担任领导成员。

妇女联合会及其团体会员，可以向国家机关、群团组织、企业事业单位推荐女干部。

国家采取措施支持女性人才成长。

**第十六条** 妇女联合会代表妇女积极参与国家和社会事务的民主协商、民主决策、民主管理和民主监督。

**第十七条** 对于有关妇女权益保障工作的批评或者合理可行的建议，有关部门应当听取和采纳；对于有关侵害妇女权益的申诉、控告和检举，有关部门应当查清事实，负责处理，任何组织和个人不得压制或者打击报复。

## 第三章 人身和人格权益

**第十八条** 国家保障妇女享有与男子平等的人身和人格权益。

**第十九条** 妇女的人身自由不受侵犯。禁止非法拘禁和以其他非法手段剥夺或者限制妇女的人身自由；禁止非法搜查妇女的身体。

**第二十条** 妇女的人格尊严不受侵犯。禁止用侮辱、诽谤等方式损害妇女的人格尊严。

**第二十一条** 妇女的生命权、身体权、健康权不受侵犯。禁止虐待、遗弃、残害、买卖以及其他侵害女性生命健康权益的行为。

禁止进行非医学需要的胎儿性别鉴定和选择性别的人工终止妊娠。

医疗机构施行生育手术、特殊检查或者特殊治疗时，应当征得妇女本人同意；在妇女与其家属或者关系人意见不一致时，应当尊重妇女本人意愿。

**第二十二条** 禁止拐卖、绑架妇女；禁止收买被拐卖、绑架的妇女；禁止阻碍解救被拐卖、绑架的妇女。

各级人民政府和公安、民政、人力资源和社会保障、卫生健康等部门及村民委员会、居民委员会按照各自的职责及时发现报告，并采取措施解救被拐卖、绑架的妇女，做好被解救妇女的安置、救助和关爱等工作。妇女联合会协助和配合做好有关工作。任何组织和个人不得歧视被拐卖、绑架的妇女。

**第二十三条** 禁止违背妇女意愿，以言语、文字、图像、肢体行为等方式对其实施性骚扰。

受害妇女可以向有关单位和国家机关投诉。接到投诉的有关单位和国家机关应当及时处理，并书面告知处理结果。

受害妇女可以向公安机关报案，也可以向人民法院提起民事诉讼，依法请求行为人承担民事责任。

**第二十四条** 学校应当根据女学生的年龄阶段，进行生理卫生、心理健康和自我保护教育，在教育、管理、设施等方面采取措施，提高其防范性侵害、性骚扰的自我保护意识和能力，保障女学生的人身安全和身心健康发展。

学校应当建立有效预防和科学处置性侵害、性骚扰的工作制度。对性侵害、性骚扰女学生的违法犯罪行为，学校不得隐瞒，应当及时通知受害未成年女学生的父母或者其他监护人，向公安机关、教育行政部门报告，并配合相关部门依法处理。

对遭受性侵害、性骚扰的女学生，学校、公安机关、教育行政部门等相关单位和人员应当保护其隐私和个人信息，并提供必要的保护措施。

**第二十五条** 用人单位应当采取下列措施预防和制止对妇女的性骚扰：

（一）制定禁止性骚扰的规章制度；
（二）明确负责机构或者人员；
（三）开展预防和制止性骚扰的教育培训活动；
（四）采取必要的安全保卫措施；
（五）设置投诉电话、信箱等，畅通投诉渠道；
（六）建立和完善调查处置程序，及时处置纠纷并保护当事人隐私和个人信息；
（七）支持、协助受害妇女依法维权，必要时为受害妇女提供心理疏导；
（八）其他合理的预防和制止性骚扰措施。

第二十六条 住宿经营者应当及时准确登记住宿人员信息，健全住宿服务规章制度，加强安全保障措施；发现可能侵害妇女权益的违法犯罪行为，应当及时向公安机关报告。

第二十七条 禁止卖淫、嫖娼；禁止组织、强迫、引诱、容留、介绍妇女卖淫或者对妇女进行猥亵活动；禁止组织、强迫、引诱、容留、介绍妇女在任何场所或者利用网络进行淫秽表演活动。

第二十八条 妇女的姓名权、肖像权、名誉权、荣誉权、隐私权和个人信息等人格权益受法律保护。

媒体报道涉及妇女事件应当客观、适度，不得通过夸大事实、过度渲染等方式侵害妇女的人格权益。

禁止通过大众传播媒介或者其他方式贬低损害妇女人格。未经本人同意，不得通过广告、商标、展览橱窗、报纸、期刊、图书、音像制品、电子出版物、网络等形式使用妇女肖像，但法律另有规定的除外。

第二十九条 禁止以恋爱、交友为由或者在终止恋爱关系、离婚之后，纠缠、骚扰妇女，泄露、传播妇女隐私和个人信息。

妇女遭受上述侵害或者面临上述侵害现实危险的，可以向人民法院申请人身安全保护令。

第三十条 国家建立健全妇女健康服务体系，保障妇女享有基本医疗卫生服务，开展妇女常见病、多发病的预防、筛查和诊疗，提高妇女健康水平。

国家采取必要措施，开展经期、孕期、产期、哺乳期和更年期的健康知识普及、卫生保健和疾病防治，保障妇女特殊生理时期的健康需求，为有需要的妇女提供心理健康服务支持。

第三十一条 县级以上地方人民政府应当设立妇幼保健机构，为妇女提供保健以及常见病防治服务。

国家鼓励和支持社会力量通过依法捐赠、资助或者提供志愿服务等方式，参与妇女卫生健康事业，提供安全的生理健康用品或者服务，满足妇女多样化、差异化的健康需求。

用人单位应当定期为女职工安排妇科疾病、乳腺疾病检查以及妇女特殊需要的其他健康检查。

第三十二条 妇女依法享有生育子女的权利，也有不生育子女的自由。

第三十三条 国家实行婚前、孕前、孕产期和产后保健制度，逐步建立妇女全生育周期系统保健制度。医疗保健机构应当提供安全、有效的医疗保健服务，保障妇女生育安全和健康。

有关部门应当提供安全、有效的避孕药具和技术，保障妇女的健康和安全。

第三十四条　各级人民政府在规划、建设基础设施时，应当考虑妇女的特殊需求，配备满足妇女需要的公共厕所和母婴室等公共设施。

## 第四章　文化教育权益

第三十五条　国家保障妇女享有与男子平等的文化教育权利。

第三十六条　父母或者其他监护人应当履行保障适龄女性未成年人接受并完成义务教育的义务。

对无正当理由不送适龄女性未成年人入学的父母或者其他监护人，由当地乡镇人民政府或者县级人民政府教育行政部门给予批评教育，依法责令其限期改正。居民委员会、村民委员会应当协助政府做好相关工作。

政府、学校应当采取有效措施，解决适龄女性未成年人就学存在的实际困难，并创造条件，保证适龄女性未成年人完成义务教育。

第三十七条　学校和有关部门应当执行国家有关规定，保障妇女在入学、升学、授予学位、派出留学、就业指导和服务等方面享有与男子平等的权利。

学校在录取学生时，除国家规定的特殊专业外，不得以性别为由拒绝录取女性或者提高对女性的录取标准。

各级人民政府应当采取措施，保障女性平等享有接受中高等教育的权利和机会。

第三十八条　各级人民政府应当依照规定把扫除妇女中的文盲、半文盲工作，纳入扫盲和扫盲后继续教育规划，采取符合妇女特点的组织形式和工作方法，组织、监督有关部门具体实施。

第三十九条　国家健全全民终身学习体系，为妇女终身学习创造条件。

各级人民政府和有关部门应当采取措施，根据城镇和农村妇女的需要，组织妇女接受职业教育和实用技术培训。

第四十条　国家机关、社会团体和企业事业单位应当执行国家有关规定，保障妇女从事科学、技术、文学、艺术和其他文化活动，享有与男子平等的权利。

## 第五章　劳动和社会保障权益

第四十一条　国家保障妇女享有与男子平等的劳动权利和社会保障权利。

第四十二条　各级人民政府和有关部门应当完善就业保障政策措施，防止和纠正就业性别歧视，为妇女创造公平的就业创业环境，为就业困难的妇女提供必要的扶持和援助。

第四十三条　用人单位在招录（聘）过程中，除国家另有规定外，不得实施下列行为：

（一）限定为男性或者规定男性优先；

（二）除个人基本信息外，进一步询问或者调查女性求职者的婚育情况；

（三）将妊娠测试作为入职体检项目；

（四）将限制结婚、生育或者婚姻、生育状况作为录（聘）用条件；

（五）其他以性别为由拒绝录（聘）用妇女或者差别化地提高对妇女录（聘）用标准的行为。

**第四十四条** 用人单位在录（聘）用女职工时，应当依法与其签订劳动（聘用）合同或者服务协议，劳动（聘用）合同或者服务协议中应当具备女职工特殊保护条款，并不得规定限制女职工结婚、生育等内容。

职工一方与用人单位订立的集体合同中应当包含男女平等和女职工权益保护相关内容，也可以就相关内容制定专章、附件或者单独订立女职工权益保护专项集体合同。

**第四十五条** 实行男女同工同酬。妇女在享受福利待遇方面享有与男子平等的权利。

**第四十六条** 在晋职、晋级、评聘专业技术职称和职务、培训等方面，应当坚持男女平等的原则，不得歧视妇女。

**第四十七条** 用人单位应当根据妇女的特点，依法保护妇女在工作和劳动时的安全、健康以及休息的权利。

妇女在经期、孕期、产期、哺乳期受特殊保护。

**第四十八条** 用人单位不得因结婚、怀孕、产假、哺乳等情形，降低女职工的工资和福利待遇，限制女职工晋职、晋级、评聘专业技术职称和职务，辞退女职工，单方解除劳动（聘用）合同或者服务协议。

女职工在怀孕以及依法享受产假期间，劳动（聘用）合同或者服务协议期满的，劳动（聘用）合同或者服务协议期限自动延续至产假结束。但是，用人单位依法解除、终止劳动（聘用）合同、服务协议，或者女职工依法要求解除、终止劳动（聘用）合同、服务协议的除外。

用人单位在执行国家退休制度时，不得以性别为由歧视妇女。

**第四十九条** 人力资源和社会保障部门应当将招聘、录取、晋职、晋级、评聘专业技术职称和职务、培训、辞退等过程中的性别歧视行为纳入劳动保障监察范围。

**第五十条** 国家发展社会保障事业，保障妇女享有社会保险、社会救助和社会福利等权益。

国家提倡和鼓励为帮助妇女而开展的社会公益活动。

**第五十一条** 国家实行生育保险制度，建立健全婴幼儿托育服务等与生育相关的其他保障制度。

国家建立健全职工生育休假制度，保障孕产期女职工依法享有休息休假权利。

地方各级人民政府和有关部门应当按照国家有关规定，为符合条件的困难妇女提供必要的生育救助。

**第五十二条** 各级人民政府和有关部门应当采取必要措施，加强贫困妇女、老龄妇女、残疾妇女等困难妇女的权益保障，按照有关规定为其提供生活帮扶、就业创业支持等关爱服务。

## 第六章　财产权益

**第五十三条** 国家保障妇女享有与男子平等的财产权利。

**第五十四条** 在夫妻共同财产、家庭共有财产关系中，不得侵害妇女依法享有的权益。

**第五十五条** 妇女在农村集体经济组织成员身份确认、土地承包经营、集体经济组织收益分配、土地征收补偿安置或者征用补偿以及宅基地使用等方面，享有与男子平等的权利。

申请农村土地承包经营权、宅基地使用权等不动产登记，应当在不动产登记簿和权属证书上将享有权利的妇女等家庭成员全部列明。征收补偿安置或者征用补偿协议应当将享有相关权益的妇女列入，并记载权益内容。

**第五十六条** 村民自治章程、村规民约，村民会议、村民代表会议的决定以及其他涉及村民利益事项的决定，不得以妇女未婚、结婚、离婚、丧偶、户无男性等为由，侵害妇女在农村集体经济组织中的各项权益。

因结婚男方到女方住所落户的，男方和子女享有与所在地农村集体经济组织成员平等的权益。

**第五十七条** 国家保护妇女在城镇集体所有财产关系中的权益。妇女依照法律、法规的规定享有相关权益。

**第五十八条** 妇女享有与男子平等的继承权。妇女依法行使继承权，不受歧视。

丧偶妇女有权依法处分继承的财产，任何组织和个人不得干涉。

**第五十九条** 丧偶儿媳对公婆尽了主要赡养义务的，作为第一顺序继承人，其继承权不受子女代位继承的影响。

## 第七章　婚姻家庭权益

**第六十条** 国家保障妇女享有与男子平等的婚姻家庭权利。

**第六十一条** 国家保护妇女的婚姻自主权。禁止干涉妇女的结婚、离婚自由。

**第六十二条** 国家鼓励男女双方在结婚登记前，共同进行医学检查或者相关健康体检。

**第六十三条** 婚姻登记机关应当提供婚姻家庭辅导服务，引导当事人建立平等、和睦、文明的婚姻家庭关系。

**第六十四条** 女方在怀孕期间、分娩后一年内或者终止妊娠后六个月内，男方不得提出离婚；但是，女方提出离婚或者人民法院认为确有必要受理男方离婚请求的除外。

**第六十五条** 禁止对妇女实施家庭暴力。

县级以上人民政府有关部门、司法机关、社会团体、企业事业单位、基层群众性自治组织以及其他组织，应当在各自的职责范围内预防和制止家庭暴力，依法为受害妇女提供救助。

**第六十六条** 妇女对夫妻共同财产享有与其配偶平等的占有、使用、收益和处分的权利，不受双方收入状况等情形的影响。

对夫妻共同所有的不动产以及可以联名登记的动产，女方有权要求在权属证书上记载其姓名；认为记载的权利人、标的物、权利比例等事项有错误的，有权依法申请更正登记或者异议登记，有关机构应当按照其申请依法办理相应登记手续。

**第六十七条** 离婚诉讼期间，夫妻一方申请查询登记在对方名下财产状况且确因客观原因不能自行收集的，人民法院应当进行调查取证，有关部门和单位应当予以协助。

离婚诉讼期间，夫妻双方均有向人民法院申报全部夫妻共同财产的义务。一方隐藏、转移、变卖、损毁、挥霍夫妻共同财产，或者伪造夫妻共同债务企图侵占另一方财产的，在离婚分割夫妻共同财产时，对该方可以少分或者不分财产。

**第六十八条** 夫妻双方应当共同负担家庭义务，共同照顾家庭生活。

女方因抚育子女、照料老人、协助男方工作等负担较多义务的，有权在离婚时要求男方予以补偿。补偿办法由双方协议确定；协议不成的，可以向人民法院提起诉讼。

**第六十九条** 离婚时，分割夫妻共有的房屋或者处理夫妻共同租住的房屋，由双方协议解决；协议不成的，可以向人民法院提起诉讼。

**第七十条** 父母双方对未成年子女享有平等的监护权。

父亲死亡、无监护能力或者有其他情形不能担任未成年子女的监护人的，母亲的监护权任何组织和个人不得干涉。

**第七十一条** 女方丧失生育能力的，在离婚处理子女抚养问题时，应当在最有利于未成年子女的条件下，优先考虑女方的抚养要求。

## 第八章　救济措施

**第七十二条** 对侵害妇女合法权益的行为，任何组织和个人都有权予以劝阻、制止或者向有关部门提出控告或者检举。有关部门接到控告或者检举后，应当依法及时处理，并为控告人、检举人保密。

妇女的合法权益受到侵害的，有权要求有关部门依法处理，或者依法申请调解、仲裁，或者向人民法院起诉。

对符合条件的妇女，当地法律援助机构或者司法机关应当给予帮助，依法为其提供法律援助或者司法救助。

**第七十三条** 妇女的合法权益受到侵害的，可以向妇女联合会等妇女组织求助。妇女联合会等妇女组织应当维护被侵害妇女的合法权益，有权要求并协助有关部门或者单位查处。有关部门或者单位应当依法查处，并予以答复；不予处理或者处理不当的，县级以上人民政府负责妇女儿童工作的机构、妇女联合会可以向其提出督促处理意见，必要时可以提请同级人民政府开展督查。

受害妇女进行诉讼需要帮助的，妇女联合会应当给予支持和帮助。

**第七十四条** 用人单位侵害妇女劳动和社会保障权益的，人力资源和社会保障部门可以联合工会、妇女联合会约谈用人单位，依法进行监督并要求其限期纠正。

**第七十五条** 妇女在农村集体经济组织成员身份确认等方面权益受到侵害的，可以申请乡镇人民政府等进行协调，或者向人民法院起诉。

乡镇人民政府应当对村民自治章程、村规民约，村民会议、村民代表会议的决定以及其他涉及村民利益事项的决定进行指导，对其中违反法律、法规和国家政策规定，侵害妇女合法权益的内容责令改正；受侵害妇女向农村土地承包仲裁机构申请仲裁或者向人民法院起诉的，农村土地承包仲裁机构或者人民法院应当依法受理。

**第七十六条** 县级以上人民政府应当开通全国统一的妇女权益保护服务热线，及时受理、移送有关侵害妇女合法权益的投诉、举报；有关部门或者单位接到投诉、举报后，应当及时予以处置。

鼓励和支持群团组织、企业事业单位、社会组织和个人参与建设妇女权益保护服务热线，提供妇女权益保护方面的咨询、帮助。

**第七十七条** 侵害妇女合法权益，导致社会公共利益受损的，检察机关可以发出检察建议；有下列情形之一的，检察机关可以依法提起公益诉讼：

（一）确认农村妇女集体经济组织成员身份时侵害妇女权益或者侵害妇女享有的农村土地承包和集体收益、土地征收征用补偿分配权益和宅基地使用权益；

（二）侵害妇女平等就业权益；

（三）相关单位未采取合理措施预防和制止性骚扰；

（四）通过大众传播媒介或者其他方式贬低损害妇女人格；

（五）其他严重侵害妇女权益的情形。

**第七十八条** 国家机关、社会团体、企业事业单位对侵害妇女权益的行为，可以支持受侵害的妇女向人民法院起诉。

## 第九章 法律责任

**第七十九条** 违反本法第二十二条第二款规定，未履行报告义务的，依法对直接负责的主管人员和其他直接责任人员给予处分。

**第八十条** 违反本法规定，对妇女实施性骚扰的，由公安机关给予批评教育或者出具告诫书，并由所在单位依法给予处分。

学校、用人单位违反本法规定，未采取必要措施预防和制止性骚扰，造成妇女权益受到侵害或者社会影响恶劣的，由上级机关或者主管部门责令改正；拒不改正或者情节严重的，依法对直接负责的主管人员和其他直接责任人员给予处分。

**第八十一条** 违反本法第二十六条规定，未履行报告等义务的，依法给予警告、责令停业整顿或者吊销营业执照、吊销相关许可证，并处一万元以上五万元以下罚款。

**第八十二条** 违反本法规定，通过大众传播媒介或者其他方式贬低损害妇女人格的，由公安、网信、文化旅游、广播电视、新闻出版或者其他有关部门依据各自的职权责令改正，并依法给予行政处罚。

**第八十三条** 用人单位违反本法第四十三条和第四十八条规定的，由人力资源和社会保障部门责令改正；拒不改正或者情节严重的，处一万元以上五万元以下罚款。

**第八十四条** 违反本法规定，对侵害妇女权益的申诉、控告、检举，推诿、拖延、压制不予查处，或者对提出申诉、控告、检举的人进行打击报复的，依法责令改正，并对直接负责的主管人员和其他直接责任人员给予处分。

国家机关及其工作人员未依法履行职责，对侵害妇女权益的行为未及时制止或者未给予受害妇女必要帮助，造成严重后果的，依法对直接负责的主管人员和其他直接责任人员给予处分。

违反本法规定，侵害妇女人身和人格权益、文化教育权益、劳动和社会保障权益、财产权益以及婚姻家庭权益的，依法责令改正，直接负责的主管人员和其他直接责任人员属于国家工作人员的，依法给予处分。

**第八十五条** 违反本法规定，侵害妇女的合法权益，其他法律、法规规定行政处罚的，从其规定；造成财产损失或者人身损害的，依法承担民事责任；构成犯罪的，依法追究刑事责任。

## 第十章 附　则

**第八十六条** 本法自 2023 年 1 月 1 日起施行。

# 中华人民共和国黄河保护法

(2022年10月30日第十三届全国人民代表大会常务委员会第三十七次会议通过)

目 录

第一章 总 则
第二章 规划与管控
第三章 生态保护与修复
第四章 水资源节约集约利用
第五章 水沙调控与防洪安全
第六章 污染防治
第七章 促进高质量发展
第八章 黄河文化保护传承弘扬
第九章 保障与监督
第十章 法律责任
第十一章 附 则

## 第一章 总 则

**第一条** 为了加强黄河流域生态环境保护，保障黄河安澜，推进水资源节约集约利用，推动高质量发展，保护传承弘扬黄河文化，实现人与自然和谐共生、中华民族永续发展，制定本法。

**第二条** 黄河流域生态保护和高质量发展各类活动，适用本法；本法未作规定的，适用其他有关法律的规定。

本法所称黄河流域，是指黄河干流、支流和湖泊的集水区域所涉及的青海省、四川省、甘肃省、宁夏回族自治区、内蒙古自治区、山西省、陕西省、河南省、山东省的相关县级行政区域。

**第三条** 黄河流域生态保护和高质量发展，坚持中国共产党的领导，落实重在保护、要在治理的要求，加强污染防治，贯彻生态优先、绿色发展，量水而行、节水为重，因地制宜、分类施策，统筹谋划、协同推进的原则。

**第四条** 国家建立黄河流域生态保护和高质量发展统筹协调机制（以下简称黄河流域统筹协调机制），全面指导、统筹协调黄河流域生态保护和高质量发展工作，审议黄河流域重大政策、重大规划、重大项目等，协调跨地区跨部门重大事项，督促检查相关重要工作的落实情况。

黄河流域省、自治区可以根据需要，建立省级协调机制，组织、协调推进本行政区域黄河流域生态保护和高质量发展工作。

**第五条** 国务院有关部门按照职责分工，负责黄河流域生态保护和高质量发展相关工作。

国务院水行政主管部门黄河水利委员会（以下简称黄河流域管理机构）及其所属管理机构，依法行使流域水行政监督管理职责，为黄河流域统筹协调机制相关工作提供支撑保障。

国务院生态环境主管部门黄河流域生态环境监督管理机构（以下简称黄河流域生态环境监督管理机构）依法开展流域生态环境监督管理相关工作。

**第六条** 黄河流域县级以上地方人民政府负责本行政区域黄河流域生态保护和高质量发展工作。

黄河流域县级以上地方人民政府有关部门按照职责分工，负责本行政区域黄河流域生态保护和高质量发展相关工作。

黄河流域相关地方根据需要在地方性法规和地方政府规章制定、规划编制、监督执法等方面加强协作，协同推进黄河流域生态保护和高质量发展。

黄河流域建立省际河湖长联席会议制度。各级河湖长负责河道、湖泊管理和保护相关工作。

**第七条** 国务院水行政、生态环境、自然资源、住房和城乡建设、农业农村、发展改革、应急管理、林业和草原、文化和旅游、标准化等主管部门按照职责分工，建立健全黄河流域水资源节约集约利用、水沙调控、防汛抗旱、水土保持、水文、水环境质量和污染物排放、生态保护与修复、自然资源调查监测评价、生物多样性保护、文化遗产保护等标准体系。

**第八条** 国家在黄河流域实行水资源刚性约束制度，坚持以水定城、以水定地、以水定人、以水定产，优化国土空间开发保护格局，促进人口和城市科学合理布局，构建与水资源承载能力相适应的现代产业体系。

黄河流域县级以上地方人民政府按照国家有关规定，在本行政区域组织实施水资源刚性约束制度。

**第九条** 国家在黄河流域强化农业节水增效、工业节水减排和城镇节水降损措施，鼓励、推广使用先进节水技术，加快形成节水型生产、生活方式，有效实现水资源节约集约利用，推进节水型社会建设。

**第十条** 国家统筹黄河干支流防洪体系建设，加强流域及流域间防洪体系协同，推进黄河上中下游防汛抗旱、防凌联动，构建科学高效的综合性防洪减灾体系，并适时组织评估，有效提升黄河流域防治洪涝等灾害的能力。

**第十一条** 国务院自然资源主管部门应当会同国务院有关部门定期组织开展黄河流域土地、矿产、水流、森林、草原、湿地等自然资源状况调查，建立资源基础数据库，开展资源环境承载能力评价，并向社会公布黄河流域自然资源状况。

国务院野生动物保护主管部门应当定期组织开展黄河流域野生动物及其栖息地状况普查，或者根据需要组织开展专项调查，建立野生动物资源档案，并向社会公布黄河流域野生动物资源状况。

国务院生态环境主管部门应当定期组织开展黄河流域生态状况评估，并向社会公布黄河流域生态状况。

国务院林业和草原主管部门应当会同国务院有关部门组织开展黄河流域土地荒漠化、沙化调查监测，并定期向社会公布调查监测结果。

国务院水行政主管部门应当组织开展黄河流域水土流失调查监测，并定期向社会公布调查监测结果。

第十二条 黄河流域统筹协调机制统筹协调国务院有关部门和黄河流域省级人民政府，在已经建立的台站和监测项目基础上，健全黄河流域生态环境、自然资源、水文、泥沙、荒漠化和沙化、水土保持、自然灾害、气象等监测网络体系。

国务院有关部门和黄河流域县级以上地方人民政府及其有关部门按照职责分工，健全完善生态环境风险报告和预警机制。

第十三条 国家加强黄河流域自然灾害的预防与应急准备、监测与预警、应急处置与救援、事后恢复与重建体系建设，维护相关工程和设施安全，控制、减轻和消除自然灾害引起的危害。

国务院生态环境主管部门应当会同国务院有关部门和黄河流域省级人民政府，建立健全黄河流域突发生态环境事件应急联动工作机制，与国家突发事件应急体系相衔接，加强对黄河流域突发生态环境事件的应对管理。

出现严重干旱、省际或者重要控制断面流量降至预警流量、水库运行故障、重大水污染事故等情形，可能造成供水危机、黄河断流时，黄河流域管理机构应当组织实施应急调度。

第十四条 黄河流域统筹协调机制设立黄河流域生态保护和高质量发展专家咨询委员会，对黄河流域重大政策、重大规划、重大项目和重大科技问题等提供专业咨询。

国务院有关部门和黄河流域省级人民政府及其有关部门按照职责分工，组织开展黄河流域建设项目、重要基础设施和产业布局相关规划等对黄河流域生态系统影响的第三方评估、分析、论证等工作。

第十五条 黄河流域统筹协调机制统筹协调国务院有关部门和黄河流域省级人民政府，建立健全黄河流域信息共享系统，组织建立智慧黄河信息共享平台，提高科学化水平。国务院有关部门和黄河流域省级人民政府及其有关部门应当按照国家有关规定，共享黄河流域生态环境、自然资源、水土保持、防洪安全以及管理执法等信息。

第十六条 国家鼓励、支持开展黄河流域生态保护与修复、水资源节约集约利用、水沙运动与调控、防沙治沙、泥沙综合利用、河流动力与河床演变、水土保持、水文、气候、污染防治等方面的重大科技问题研究，加强协同创新，推动关键性技术研究，推广应用先进适用技术，提升科技创新支撑能力。

第十七条 国家加强黄河文化保护传承弘扬，系统保护黄河文化遗产，研究黄河文化发展脉络，阐发黄河文化精神内涵和时代价值，铸牢中华民族共同体意识。

第十八条 国务院有关部门和黄河流域县级以上地方人民政府及其有关部门应当加强黄河流域生态保护和高质量发展的宣传教育。

新闻媒体应当采取多种形式开展黄河流域生态保护和高质量发展的宣传报道，并依法对违法行为进行舆论监督。

**第十九条** 国家鼓励、支持单位和个人参与黄河流域生态保护和高质量发展相关活动。

对在黄河流域生态保护和高质量发展工作中做出突出贡献的单位和个人，按照国家有关规定予以表彰和奖励。

## 第二章 规划与管控

**第二十条** 国家建立以国家发展规划为统领，以空间规划为基础，以专项规划、区域规划为支撑的黄河流域规划体系，发挥规划对推进黄河流域生态保护和高质量发展的引领、指导和约束作用。

**第二十一条** 国务院和黄河流域县级以上地方人民政府应当将黄河流域生态保护和高质量发展工作纳入国民经济和社会发展规划。

国务院发展改革部门应当会同国务院有关部门编制黄河流域生态保护和高质量发展规划，报国务院批准后实施。

**第二十二条** 国务院自然资源主管部门应当会同国务院有关部门组织编制黄河流域国土空间规划，科学有序统筹安排黄河流域农业、生态、城镇等功能空间，划定永久基本农田、生态保护红线、城镇开发边界，优化国土空间结构和布局，统领黄河流域国土空间利用任务，报国务院批准后实施。涉及黄河流域国土空间利用的专项规划应当与黄河流域国土空间规划相衔接。

黄河流域县级以上地方人民政府组织编制本行政区域的国土空间规划，按照规定的程序报经批准后实施。

**第二十三条** 国务院水行政主管部门应当会同国务院有关部门和黄河流域省级人民政府，按照统一规划、统一管理、统一调度的原则，依法编制黄河流域综合规划、水资源规划、防洪规划等，对节约、保护、开发、利用水资源和防治水害作出部署。

黄河流域生态环境保护等规划依照有关法律、行政法规的规定编制。

**第二十四条** 国民经济和社会发展规划、国土空间总体规划的编制以及重大产业政策的制定，应当与黄河流域水资源条件和防洪要求相适应，并进行科学论证。

黄河流域工业、农业、畜牧业、林草业、能源、交通运输、旅游、自然资源开发等专项规划和开发区、新区规划等，涉及水资源开发利用的，应当进行规划水资源论证。未经论证或者经论证不符合水资源强制性约束控制指标的，规划审批机关不得批准该规划。

**第二十五条** 国家对黄河流域国土空间严格实行用途管制。黄河流域县级以上地方人民政府自然资源主管部门依据国土空间规划，对本行政区域黄河流域国土空间实行分区、分类用途管制。

黄河流域国土空间开发利用活动应当符合国土空间用途管制要求，并依法取得规划许可。

禁止违反国家有关规定、未经国务院批准，占用永久基本农田。禁止擅自占用耕地进行非农业建设，严格控制耕地转为林地、草地、园地等其他农用地。

黄河流域县级以上地方人民政府应当严格控制黄河流域以人工湖、人工湿地等形式新建人造水景观，黄河流域统筹协调机制应当组织有关部门加强监督管理。

**第二十六条** 黄河流域省级人民政府根据本行政区域的生态环境和资源利用状况，按照生态保护红线、环境质量底线、资源利用上线的要求，制定生态环境分区管控方案和生态环境准入清单，报国务院生态环境主管部门备案后实施。生态环境分区管控方案和生态环境准入清单应当与国土空间规划相衔接。

禁止在黄河干支流岸线管控范围内新建、扩建化工园区和化工项目。禁止在黄河干流岸线和重要支流岸线的管控范围内新建、改建、扩建尾矿库；但是以提升安全水平、生态环境保护水平为目的的改建除外。

干支流目录、岸线管控范围由国务院水行政、自然资源、生态环境主管部门按照职责分工，会同黄河流域省级人民政府确定并公布。

**第二十七条** 黄河流域水电开发，应当进行科学论证，符合国家发展规划、流域综合规划和生态保护要求。对黄河流域已建小水电工程，不符合生态保护要求的，县级以上地方人民政府应当组织分类整改或者采取措施逐步退出。

**第二十八条** 黄河流域管理机构统筹防洪减淤、城乡供水、生态保护、灌溉用水、水力发电等目标，建立水资源、水沙、防洪防凌综合调度体系，实施黄河干支流控制性水工程统一调度，保障流域水安全，发挥水资源综合效益。

## 第三章 生态保护与修复

**第二十九条** 国家加强黄河流域生态保护与修复，坚持山水林田湖草沙一体化保护与修复，实行自然恢复为主、自然恢复与人工修复相结合的系统治理。

国务院自然资源主管部门应当会同国务院有关部门编制黄河流域国土空间生态修复规划，组织实施重大生态修复工程，统筹推进黄河流域生态保护与修复工作。

**第三十条** 国家加强对黄河水源涵养区的保护，加大对黄河干流和支流源头、水源涵养区的雪山冰川、高原冻土、高寒草甸、草原、湿地、荒漠、泉域等的保护力度。

禁止在黄河上游约古宗列曲、扎陵湖、鄂陵湖、玛多河湖群等河道、湖泊管理范围内从事采矿、采砂、渔猎等活动，维持河道、湖泊天然状态。

**第三十一条** 国务院和黄河流域省级人民政府应当依法在重要生态功能区域、生态脆弱区域划定公益林，实施严格管护；需要补充灌溉的，在水资源承载能力范围内合理安排灌溉用水。

国务院林业和草原主管部门应当会同国务院有关部门、黄河流域省级人民政府，加强对黄河流域重要生态功能区域天然林、湿地、草原保护与修复和荒漠化、沙化土地治理工作的指导。

黄河流域县级以上地方人民政府应当采取防护林建设、禁牧封育、锁边防风固沙工程、沙化土地封禁保护、鼠害防治等措施，加强黄河流域重要生态功能区域天然林、湿地、草原保护与修复，开展规模化防沙治沙，科学治理荒漠化、沙化土地，在河套平原区、内蒙古高原湖泊萎缩退化区、黄土高原土地沙化区、汾渭平原区等重点区域实施生态修复工程。

**第三十二条** 国家加强对黄河流域子午岭—六盘山、秦岭北麓、贺兰山、白于山、陇中等水土流失重点预防区、治理区和渭河、洮河、汾河、伊洛河等重要支流源头区的水土流失防治。水土流失防治应当根据实际情况，科学采取生物措施和工程措施。

禁止在二十五度以上陡坡地开垦种植农作物。黄河流域省级人民政府根据本行政区域的实际情况，可以规定小于二十五度的禁止开垦坡度。禁止开垦的陡坡地范围由所在地县级人民政府划定并公布。

**第三十三条** 国务院水行政主管部门应当会同国务院有关部门加强黄河流域砒砂岩区、多沙粗沙区、水蚀风蚀交错区和沙漠入河区等生态脆弱区域保护和治理，开展土壤侵蚀和水土流失状况评估，实施重点防治工程。

黄河流域县级以上地方人民政府应当组织推进小流域综合治理、坡耕地综合整治、黄土高原塬面治理保护、适地植被建设等水土保持重点工程，采取塬面、沟头、沟坡、沟道防护等措施，加强多沙粗沙区治理，开展生态清洁流域建设。

国家支持在黄河流域上中游开展整沟治理。整沟治理应当坚持规划先行、系统修复、整体保护、因地制宜、综合治理、一体推进。

**第三十四条** 国务院水行政主管部门应当会同国务院有关部门制定淤地坝建设、养护标准或者技术规范，健全淤地坝建设、管理、安全运行制度。

黄河流域县级以上地方人民政府应当因地制宜组织开展淤地坝建设，加快病险淤地坝除险加固和老旧淤地坝提升改造，建设安全监测和预警设施，将淤地坝工程防汛纳入地方防汛责任体系，落实管护责任，提高养护水平，减少下游河道淤积。

禁止损坏、擅自占用淤地坝。

**第三十五条** 禁止在黄河流域水土流失严重、生态脆弱区域开展可能造成水土流失的生产建设活动。确因国家发展战略和国计民生需要建设的，应当进行科学论证，并依法办理审批手续。

生产建设单位应当依法编制并严格执行经批准的水土保持方案。

从事生产建设活动造成水土流失的，应当按照国家规定的水土流失防治相关标准进行治理。

**第三十六条** 国务院水行政主管部门应当会同国务院有关部门和山东省人民政府，编制并实施黄河入海河口整治规划，合理布局黄河入海流路，加强河口治理，保障入海河道畅通和河口防洪防凌安全，实施清水沟、刁口河生态补水，维护河口生态功能。

国务院自然资源、林业和草原主管部门应当会同国务院有关部门和山东省人民政府，组织开展黄河三角洲湿地生态保护与修复，有序推进退塘还河、退耕还湿、退田还滩，加强外来入侵物种防治，减少油气开采、围垦养殖、港口航运等活动对河口生态系统的影响。

禁止侵占刁口河等黄河备用入海流路。

**第三十七条** 国务院水行政主管部门确定黄河干流、重要支流控制断面生态流量和重要湖泊生态水位的管控指标，应当征求并研究国务院生态环境、自然资源等主管部门的意见。黄河流域省级人民政府水行政主管部门确定其他河流生态流量和其他湖泊生态水位的管控指标，应当征求并研究同级人民政府生态环境、自然资源等主管部门的意见，报黄河流域管理机构、黄河流域生态环境监督管理机构备案。确定生态流量和生态水位的管控指标，应当进行科学论证，综合考虑水资源条件、气候状况、生态环境保护要求、生活生产用水状况等因素。

黄河流域管理机构和黄河流域省级人民政府水行政主管部门按照职责分工，组织编制和实施生态流量和生态水位保障实施方案。

黄河干流、重要支流水工程应当将生态用水调度纳入日常运行调度规程。

**第三十八条** 国家统筹黄河流域自然保护地体系建设。国务院和黄河流域省级人民政府在黄河流域重要典型生态系统的完整分布区、生态环境敏感区以及珍贵濒危野生动植物天然集中分布区和重要栖息地、重要自然遗迹分布区等区域，依法设立国家公园、自然保护区、自然公园等自然保护地。

自然保护地建设、管理涉及河道、湖泊管理范围的，应当统筹考虑河道、湖泊保护需要，满足防洪要求，并保障防洪工程建设和管理活动的开展。

**第三十九条** 国务院林业和草原、农业农村主管部门应当会同国务院有关部门和黄河流域省级人民政府按照职责分工，对黄河流域数量急剧下降或者极度濒危的野生动植物和受到严重破坏的栖息地、天然集中分布区、破碎化的典型生态系统开展保护与修复，修建迁地保护设施，建立野生动植物遗传资源基因库，进行抢救性修复。

国务院生态环境主管部门和黄河流域县级以上地方人民政府组织开展黄河流域生物多样性保护管理，定期评估生物受威胁状况以及生物多样性恢复成效。

**第四十条** 国务院农业农村主管部门应当会同国务院有关部门和黄河流域省级人民政府，建立黄河流域水生生物完整性指数评价体系，组织开展黄河流域水生生物完整性评价，并将评价结果作为评估黄河流域生态系统总体状况的重要依据。黄河流域水生生物完整性指数应当与黄河流域水环境质量标准相衔接。

**第四十一条** 国家保护黄河流域水产种质资源和珍贵濒危物种，支持开展水产种质资源保护区、国家重点保护野生动物人工繁育基地建设。

禁止在黄河流域开放水域养殖、投放外来物种和其他非本地物种种质资源。

**第四十二条** 国家加强黄河流域水生生物产卵场、索饵场、越冬场、洄游通道等重要栖息地的生态保护与修复。对鱼类等水生生物洄游产生阻隔的涉水工程应当结合实际采取建设过鱼设施、河湖连通、增殖放流、人工繁育等多种措施，满足水生生物的生态需求。

国家实行黄河流域重点水域禁渔期制度，禁渔期内禁止在黄河流域重点水域从事天然渔业资源生产性捕捞，具体办法由国务院农业农村主管部门制定。黄河流域县级以上地方人民政府应当按照国家有关规定做好禁渔期渔民的生活保障工作。

禁止电鱼、毒鱼、炸鱼等破坏渔业资源和水域生态的捕捞行为。

**第四十三条** 国务院水行政主管部门应当会同国务院自然资源主管部门组织划定并公布黄河流域地下水超采区。

黄河流域省级人民政府水行政主管部门应当会同本级人民政府有关部门编制本行政区域地下水超采综合治理方案，经省级人民政府批准后，报国务院水行政主管部门备案。

**第四十四条** 黄河流域县级以上地方人民政府应当组织开展退化农用地生态修复，实施农田综合整治。

黄河流域生产建设活动损毁的土地，由生产建设者负责复垦。因历史原因无法确定土地复垦义务人以及因自然灾害损毁的土地，由黄河流域县级以上地方人民政府负责组织复垦。

黄河流域县级以上地方人民政府应当加强对矿山的监督管理，督促采矿权人履行矿山污染防治和生态修复责任，并因地制宜采取消除地质灾害隐患、土地复垦、恢复植被、防治污染等措施，组织开展历史遗留矿山生态修复工作。

## 第四章　水资源节约集约利用

**第四十五条**　黄河流域水资源利用，应当坚持节水优先、统筹兼顾、集约使用、精打细算，优先满足城乡居民生活用水，保障基本生态用水，统筹生产用水。

**第四十六条**　国家对黄河水量实行统一配置。制定和调整黄河水量分配方案，应当充分考虑黄河流域水资源条件、生态环境状况、区域用水状况、节水水平、洪水资源化利用等，统筹当地水和外调水、常规水和非常规水，科学确定水资源可利用总量和河道输沙入海水量，分配区域地表水取用水总量。

黄河流域管理机构商黄河流域省级人民政府制定和调整黄河水量分配方案和跨省支流水量分配方案。黄河水量分配方案经国务院发展改革部门、水行政主管部门审查后，报国务院批准。跨省支流水量分配方案报国务院授权的部门批准。

黄河流域省级人民政府水行政主管部门根据黄河水量分配方案和跨省支流水量分配方案，制定和调整本行政区域水量分配方案，经省级人民政府批准后，报黄河流域管理机构备案。

**第四十七条**　国家对黄河流域水资源实行统一调度，遵循总量控制、断面流量控制、分级管理、分级负责的原则，根据水情变化进行动态调整。

国务院水行政主管部门依法组织黄河流域水资源统一调度的实施和监督管理。

**第四十八条**　国务院水行政主管部门应当会同国务院自然资源主管部门制定黄河流域省级行政区域地下水取水总量控制指标。

黄河流域省级人民政府水行政主管部门应当会同本级人民政府有关部门，根据本行政区域地下水取水总量控制指标，制定设区的市、县级行政区域地下水取水总量控制指标和地下水水位控制指标，经省级人民政府批准后，报国务院水行政主管部门或者黄河流域管理机构备案。

**第四十九条**　黄河流域县级以上行政区域的地表水取用水总量不得超过水量分配方案确定的控制指标，并符合生态流量和生态水位的管控指标要求；地下水取水总量不得超过本行政区域地下水取水总量控制指标，并符合地下水水位控制指标要求。

黄河流域县级以上地方人民政府应当根据本行政区域取用水总量控制指标，统筹考虑经济社会发展用水需求、节水标准和产业政策，制定本行政区域农业、工业、生活及河道外生态等用水量控制指标。

**第五十条**　在黄河流域取用水资源，应当依法取得取水许可。

黄河干流取水，以及跨省重要支流指定河段限额以上取水，由黄河流域管理机构负责审批取水申请，审批时应当研究取水口所在地的省级人民政府水行政主管部门的意见；其他取水由黄河流域县级以上地方人民政府水行政主管部门负责审批取水申请。指定河段和限额标准由国务院水行政主管部门确定公布、适时调整。

**第五十一条**　国家在黄河流域实行水资源差别化管理。国务院水行政主管部门应当会同国务院自然资源主管部门定期组织开展黄河流域水资源评价和承载能力调查评估。评估结果作为划定水资源超载地区、临界超载地区、不超载地区的依据。

水资源超载地区县级以上地方人民政府应当制定水资源超载治理方案，采取产业结构调整、强化节水等措施，实施综合治理。水资源临界超载地区县级以上地方人民政府应当采取限制性措施，防止水资源超载。

除生活用水等民生保障用水外，黄河流域水资源超载地区不得新增取水许可；水资源临界超载地区应当严格限制新增取水许可。

第五十二条 国家在黄河流域实行强制性用水定额管理制度。国务院水行政、标准化主管部门应当会同国务院发展改革部门组织制定黄河流域高耗水工业和服务业强制性用水定额。制定强制性用水定额应当征求国务院有关部门、黄河流域省级人民政府、企业事业单位和社会公众等方面的意见，并依照《中华人民共和国标准化法》的有关规定执行。

黄河流域省级人民政府按照深度节水控水要求，可以制定严于国家用水定额的地方用水定额；国家用水定额未作规定的，可以补充制定地方用水定额。

黄河流域以及黄河流经省、自治区其他黄河供水区相关县级行政区域的用水单位，应当严格执行强制性用水定额；超过强制性用水定额的，应当限期实施节水技术改造。

第五十三条 黄河流域以及黄河流经省、自治区其他黄河供水区相关县级行政区域的县级以上地方人民政府水行政主管部门和黄河流域管理机构核定取水单位的取水量，应当符合用水定额的要求。

黄河流域以及黄河流经省、自治区其他黄河供水区相关县级行政区域取水量达到取水规模以上的单位，应当安装合格的在线计量设施，保证设施正常运行，并将计量数据传输至有管理权限的水行政主管部门或者黄河流域管理机构。取水规模标准由国务院水行政主管部门制定。

第五十四条 国家在黄河流域实行高耗水产业准入负面清单和淘汰类高耗水产业目录制度。列入高耗水产业准入负面清单和淘汰类高耗水产业目录的建设项目，取水申请不予批准。高耗水产业准入负面清单和淘汰类高耗水产业目录由国务院发展改革部门会同国务院水行政主管部门制定并发布。

严格限制从黄河流域向外流域扩大供水量，严格限制新增引黄灌溉用水量。因实施国家重大战略确需新增用水量的，应当严格进行水资源论证，并取得黄河流域管理机构批准的取水许可。

第五十五条 黄河流域县级以上地方人民政府应当组织发展高效节水农业，加强农业节水设施和农业用水计量设施建设，选育推广低耗水、高耐旱农作物，降低农业耗水量。禁止取用深层地下水用于农业灌溉。

黄河流域工业企业应当优先使用国家鼓励的节水工艺、技术和装备。国家鼓励的工业节水工艺、技术和装备目录由国务院工业和信息化主管部门会同国务院有关部门制定并发布。黄河流域县级以上地方人民政府应当组织推广应用先进适用的节水工艺、技术、装备、产品和材料，推进工业废水资源化利用，支持企业用水计量和节水技术改造，支持工业园区企业发展串联用水系统和循环用水系统，促进能源、化工、建材等高耗水产业节水。高耗水工业企业应当实施用水计量和节水技术改造。

黄河流域县级以上地方人民政府应当组织实施城乡老旧供水设施和管网改造，推广普及节水型器具，开展公共机构节水技术改造，控制高耗水服务业用水，完善农村集中供水和节水配套设施。

黄河流域县级以上地方人民政府及其有关部门应当加强节水宣传教育和科学普及，提高公众节水意识，营造良好节水氛围。

**第五十六条** 国家在黄河流域建立促进节约用水的水价体系。城镇居民生活用水和具备条件的农村居民生活用水实行阶梯水价，高耗水工业和服务业水价实行高额累进加价，非居民用水水价实行超定额累进加价，推进农业水价综合改革。

国家在黄河流域对节水潜力大、使用面广的用水产品实行水效标识管理，限期淘汰水效等级较低的用水产品，培育合同节水等节水市场。

**第五十七条** 国务院水行政主管部门应当会同国务院有关部门制定黄河流域重要饮用水水源地名录。黄河流域省级人民政府水行政主管部门应当会同本级人民政府有关部门制定本行政区域的其他饮用水水源地名录。

黄河流域省级人民政府组织划定饮用水水源保护区，加强饮用水水源保护，保障饮用水安全。黄河流域县级以上地方人民政府及其有关部门应当合理布局饮用水水源取水口，加强饮用水应急水源、备用水源建设。

**第五十八条** 国家综合考虑黄河流域水资源条件、经济社会发展需要和生态环境保护要求，统筹调出区和调入区供水安全和生态安全，科学论证、规划和建设跨流域调水和重大水源工程，加快构建国家水网，优化水资源配置，提高水资源承载能力。

黄河流域县级以上地方人民政府应当组织实施区域水资源配置工程建设，提高城乡供水保障程度。

**第五十九条** 黄河流域县级以上地方人民政府应当推进污水资源化利用，国家对相关设施建设予以支持。

黄河流域县级以上地方人民政府应当将再生水、雨水、苦咸水、矿井水等非常规水纳入水资源统一配置，提高非常规水利用比例。景观绿化、工业生产、建筑施工等用水，应当优先使用符合要求的再生水。

## 第五章 水沙调控与防洪安全

**第六十条** 国家依据黄河流域综合规划、防洪规划，在黄河流域组织建设水沙调控和防洪减灾工程体系，完善水沙调控和防洪防凌调度机制，加强水文和气象监测预报预警、水沙观测和河势调查，实施重点水库和河段清淤疏浚、滩区放淤，提高河道行洪输沙能力，塑造河道主槽，维持河势稳定，保障防洪安全。

**第六十一条** 国家完善以骨干水库等重大水工程为主的水沙调控体系，采取联合调水调沙、泥沙综合处理利用等措施，提高拦沙输沙能力。纳入水沙调控体系的工程名录由国务院水行政主管部门制定。

国务院有关部门和黄河流域省级人民政府应当加强黄河干支流控制性水工程、标准化堤防、控制引导河水流向工程等防洪工程体系建设和管理，实施病险水库除险加固和山洪、泥石流灾害防治。

黄河流域管理机构及其所属管理机构和黄河流域县级以上地方人民政府应当加强防洪工程的运行管护，保障工程安全稳定运行。

**第六十二条** 国家实行黄河流域水沙统一调度制度。黄河流域管理机构应当组织实施黄河干支流水库群统一调度，编制水沙调控方案，确定重点水库水沙调控运用指标、运用方式、调控起止时间，下达调度指令。水沙调控应当采取措施尽量减少对水生生物及其栖息地的影响。

黄河流域县级以上地方人民政府、水库主管部门和管理单位应当执行黄河流域管理机构的调度指令。

**第六十三条** 国务院水行政主管部门组织编制黄河防御洪水方案，经国家防汛抗旱指挥机构审核后，报国务院批准。

黄河流域管理机构应当会同黄河流域省级人民政府根据批准的黄河防御洪水方案，编制黄河干流和重要支流、重要水工程的洪水调度方案，报国务院水行政主管部门批准并抄送国家防汛抗旱指挥机构和国务院应急管理部门，按照职责组织实施。

黄河流域县级以上地方人民政府组织编制和实施黄河其他支流、水工程的洪水调度方案，并报上一级人民政府防汛抗旱指挥机构和有关主管部门备案。

**第六十四条** 黄河流域管理机构制定年度防凌调度方案，报国务院水行政主管部门备案，按照职责组织实施。

黄河流域有防凌任务的县级以上地方人民政府应当把防御凌汛纳入本行政区域的防洪规划。

**第六十五条** 黄河防汛抗旱指挥机构负责指挥黄河流域防汛抗旱工作，其办事机构设在黄河流域管理机构，承担黄河防汛抗旱指挥机构的日常工作。

**第六十六条** 黄河流域管理机构应当会同黄河流域省级人民政府依据黄河流域防洪规划，制定黄河滩区名录，报国务院水行政主管部门批准。黄河流域省级人民政府应当有序安排滩区居民迁建，严格控制向滩区迁入常住人口，实施滩区综合提升治理工程。

黄河滩区土地利用、基础设施建设和生态保护与修复应当满足河道行洪需要，发挥滩区滞洪、沉沙功能。

在黄河滩区内，不得新规划城镇建设用地、设立新的村镇，已经规划和设立的，不得扩大范围；不得新划定永久基本农田，已经划定为永久基本农田、影响防洪安全的，应当逐步退出；不得新开垦荒地、新建生产堤，已建生产堤影响防洪安全的应当及时拆除，其他生产堤应当逐步拆除。

因黄河滩区自然行洪、蓄滞洪水等导致受淹造成损失的，按照国家有关规定予以补偿。

**第六十七条** 国家加强黄河流域河道、湖泊管理和保护。禁止在河道、湖泊管理范围内建设妨碍行洪的建筑物、构筑物以及从事影响河势稳定、危害河岸堤防安全和其他妨碍河道行洪的活动。禁止违法利用、占用河道、湖泊水域和岸线。河道、湖泊管理范围由黄河流域管理机构和有关县级以上地方人民政府依法科学划定并公布。

建设跨河、穿河、穿堤、临河的工程设施，应当符合防洪标准等要求，不得威胁堤防安全、影响河势稳定、擅自改变水域和滩地用途、降低行洪和调蓄能力、缩小水域面积；确实无法避免降低行洪和调蓄能力、缩小水域面积的，应当同时建设等效替代工程或者采取其他功能补救措施。

**第六十八条** 黄河流域河道治理，应当因地制宜采取河道清障、清淤疏浚、岸坡整治、堤防加固、水源涵养与水土保持、河湖管护等治理措施，加强悬河和游荡性河道整治，增强河道、湖泊、水库防御洪水能力。

国家支持黄河流域有关地方人民政府以稳定河势、规范流路、保障行洪能力为前提，统筹河道岸线保护修复、退耕还湿，建设集防洪、生态保护等功能于一体的绿色生态走廊。

第六十九条　国家实行黄河流域河道采砂规划和许可制度。黄河流域河道采砂应当依法取得采砂许可。

黄河流域管理机构和黄河流域县级以上地方人民政府依法划定禁采区，规定禁采期，并向社会公布。禁止在黄河流域禁采区和禁采期从事河道采砂活动。

第七十条　国务院有关部门应当会同黄河流域省级人民政府加强对龙羊峡、刘家峡、三门峡、小浪底、故县、陆浑、河口村等干支流骨干水库库区的管理，科学调控水库水位，加强库区水土保持、生态保护和地质灾害防治工作。

在三门峡、小浪底、故县、陆浑、河口村水库库区养殖，应当满足水沙调控和防洪要求，禁止采用网箱、围网和拦河拉网方式养殖。

第七十一条　黄河流域城市人民政府应当统筹城市防洪和排涝工作，加强城市防洪排涝设施建设和管理，完善城市洪涝灾害监测预警机制，健全城市防灾减灾体系，提升城市洪涝灾害防御和应对能力。

黄河流域城市人民政府及其有关部门应当加强洪涝灾害防御宣传教育和社会动员，定期组织开展应急演练，增强社会防范意识。

## 第六章　污染防治

第七十二条　国家加强黄河流域农业面源污染、工业污染、城乡生活污染等的综合治理、系统治理、源头治理，推进重点河湖环境综合整治。

第七十三条　国务院生态环境主管部门制定黄河流域水环境质量标准，对国家水环境质量标准中未作规定的项目，可以作出补充规定；对国家水环境质量标准中已经规定的项目，可以作出更加严格的规定。制定黄河流域水环境质量标准应当征求国务院有关部门和有关省级人民政府的意见。

黄河流域省级人民政府可以制定严于黄河流域水环境质量标准的地方水环境质量标准，报国务院生态环境主管部门备案。

第七十四条　对没有国家水污染物排放标准的特色产业、特有污染物，以及国家有明确要求的特定水污染源或者水污染物，黄河流域省级人民政府应当补充制定地方水污染物排放标准，报国务院生态环境主管部门备案。

有下列情形之一的，黄河流域省级人民政府应当制定严于国家水污染物排放标准的地方水污染物排放标准，报国务院生态环境主管部门备案：

（一）产业密集、水环境问题突出；

（二）现有水污染物排放标准不能满足黄河流域水环境质量要求；

（三）流域或者区域水环境形势复杂，无法适用统一的水污染物排放标准。

第七十五条　国务院生态环境主管部门根据水环境质量改善目标和水污染防治要求，确定黄河流域各省级行政区域重点水污染物排放总量控制指标。黄河流域水环境质量不达标的水功能区，省级人民政府生态环境主管部门应当实施更加严格的水污染物排放总量削减措施，限期实现水环境质量达标。排放水污染物的企业事业单位应当按照要求，采取水污染物排放总量控制措施。

黄河流域县级以上地方人民政府应当加强和统筹污水、固体废物收集处理处置等环境基础设施建设，保障设施正常运行，因地制宜推进农村厕所改造、生活垃圾处理和污水治理，消除黑臭水体。

第七十六条 在黄河流域河道、湖泊新设、改设或者扩大排污口，应当报经有管辖权的生态环境主管部门或者黄河流域生态环境监督管理机构批准。新设、改设或者扩大可能影响防洪、供水、堤防安全、河势稳定的排污口的，审批时应当征求县级以上地方人民政府水行政主管部门或者黄河流域管理机构的意见。

黄河流域水环境质量不达标的水功能区，除城乡污水集中处理设施等重要民生工程的排污口外，应当严格控制新设、改设或者扩大排污口。

黄河流域县级以上地方人民政府应当对本行政区域河道、湖泊的排污口组织开展排查整治，明确责任主体，实施分类管理。

第七十七条 黄河流域县级以上地方人民政府应当对沿河道、湖泊的垃圾填埋场、加油站、储油库、矿山、尾矿库、危险废物处置场、化工园区和化工项目等地下水重点污染源及周边地下水环境风险隐患组织开展调查评估，采取风险防范和整治措施。

黄河流域设区的市级以上地方人民政府生态环境主管部门商本级人民政府有关部门，制定并发布地下水污染防治重点排污单位名录。地下水污染防治重点排污单位应当依法安装水污染物排放自动监测设备，与生态环境主管部门的监控设备联网，并保证监测设备正常运行。

第七十八条 黄河流域省级人民政府生态环境主管部门应当会同本级人民政府水行政、自然资源等主管部门，根据本行政区域地下水污染防治需要，划定地下水污染防治重点区，明确环境准入、隐患排查、风险管控等管理要求。

黄河流域县级以上地方人民政府应当加强油气开采区等地下水污染防治监督管理。在黄河流域开发煤层气、致密气等非常规天然气的，应当对其产生的压裂液、采出水进行处理处置，不得污染土壤和地下水。

第七十九条 黄河流域县级以上地方人民政府应当加强黄河流域土壤生态环境保护，防止新增土壤污染，因地制宜分类推进土壤污染风险管控与修复。

黄河流域县级以上地方人民政府应当加强黄河流域固体废物污染环境防治，组织开展固体废物非法转移和倾倒的联防联控。

第八十条 国务院生态环境主管部门应当在黄河流域定期组织开展大气、水体、土壤、生物中有毒有害化学物质调查监测，并会同国务院卫生健康等主管部门开展黄河流域有毒有害化学物质环境风险评估与管控。

国务院生态环境等主管部门和黄河流域县级以上地方人民政府及其有关部门应当加强对持久性有机污染物等新污染物的管控、治理。

第八十一条 黄河流域县级以上地方人民政府及其有关部门应当加强农药、化肥等农业投入品使用总量控制、使用指导和技术服务，推广病虫害绿色防控等先进适用技术，实施灌区农田退水循环利用,加强对农业污染源的监测预警。

黄河流域农业生产经营者应当科学合理使用农药、化肥、兽药等农业投入品,科学处理、处置农业投入品包装废弃物、农用薄膜等农业废弃物,综合利用农作物秸秆,加强畜禽、水产养殖污染防治。

## 第七章 促进高质量发展

**第八十二条** 促进黄河流域高质量发展应当坚持新发展理念,加快发展方式绿色转型,以生态保护为前提优化调整区域经济和生产力布局。

**第八十三条** 国务院有关部门和黄河流域县级以上地方人民政府及其有关部门应当协同推进黄河流域生态保护和高质量发展战略与乡村振兴战略、新型城镇化战略和中部崛起、西部大开发等区域协调发展战略的实施,统筹城乡基础设施建设和产业发展,改善城乡人居环境,健全基本公共服务体系,促进城乡融合发展。

**第八十四条** 国务院有关部门和黄河流域县级以上地方人民政府应当强化生态环境、水资源等约束和城镇开发边界管控,严格控制黄河流域上中游地区新建各类开发区,推进节水型城市、海绵城市建设,提升城市综合承载能力和公共服务能力。

**第八十五条** 国务院有关部门和黄河流域县级以上地方人民政府应当科学规划乡村布局,统筹生态保护与乡村发展,加强农村基础设施建设,推进农村产业融合发展,鼓励使用绿色低碳能源,加快推进农房和村庄建设现代化,塑造乡村风貌,建设生态宜居美丽乡村。

**第八十六条** 黄河流域产业结构和布局应当与黄河流域生态系统和资源环境承载能力相适应。严格限制在黄河流域布局高耗水、高污染或者高耗能项目。

黄河流域煤炭、火电、钢铁、焦化、化工、有色金属等行业应当开展清洁生产,依法实施强制性清洁生产审核。

黄河流域县级以上地方人民政府应当采取措施,推动企业实施清洁化改造,组织推广应用工业节能、资源综合利用等先进适用的技术装备,完善绿色制造体系。

**第八十七条** 国家鼓励黄河流域开展新型基础设施建设,完善交通运输、水利、能源、防灾减灾等基础设施网络。

黄河流域县级以上地方人民政府应当推动制造业高质量发展和资源型产业转型,因地制宜发展特色优势现代产业和清洁低碳能源,推动产业结构、能源结构、交通运输结构等优化调整,推进碳达峰碳中和工作。

**第八十八条** 国家鼓励、支持黄河流域建设高标准农田、现代畜牧业生产基地以及种质资源和制种基地,因地制宜开展盐碱地农业技术研究、开发和应用,支持地方品种申请地理标志产品保护,发展现代农业服务业。

国务院有关部门和黄河流域县级以上地方人民政府应当组织调整农业产业结构,优化农业产业布局,发展区域优势农业产业,服务国家粮食安全战略。

**第八十九条** 国务院有关部门和黄河流域县级以上地方人民政府应当鼓励、支持黄河流域科技创新,引导社会资金参与科技成果开发和推广应用,提升黄河流域科技创新能力。

国家支持社会资金设立黄河流域科技成果转化基金,完善科技投融资体系,综合运用政府采购、技术标准、激励机制等促进科技成果转化。

第九十条　黄河流域县级以上地方人民政府及其有关部门应当采取有效措施，提高城乡居民对本行政区域生态环境、资源禀赋的认识，支持、引导居民形成绿色低碳的生活方式。

## 第八章　黄河文化保护传承弘扬

第九十一条　国务院文化和旅游主管部门应当会同国务院有关部门编制并实施黄河文化保护传承弘扬规划，加强统筹协调，推动黄河文化体系建设。

黄河流域县级以上地方人民政府及其文化和旅游等主管部门应当加强黄河文化保护传承弘扬，提供优质公共文化服务，丰富城乡居民精神文化生活。

第九十二条　国务院文化和旅游主管部门应当会同国务院有关部门和黄河流域省级人民政府，组织开展黄河文化和治河历史研究，推动黄河文化创造性转化和创新性发展。

第九十三条　国务院文化和旅游主管部门应当会同国务院有关部门组织指导黄河文化资源调查和认定，对文物古迹、非物质文化遗产、古籍文献等重要文化遗产进行记录、建档，建立黄河文化资源基础数据库，推动黄河文化资源整合利用和公共数据开放共享。

第九十四条　国家加强黄河流域历史文化名城名镇名村、历史文化街区、文物、历史建筑、传统村落、少数民族特色村寨和古河道、古堤防、古灌溉工程等水文化遗产以及农耕文化遗产、地名文化遗产等的保护。国务院住房和城乡建设、文化和旅游、文物等主管部门和黄河流域县级以上地方人民政府有关部门按照职责分工和分级保护、分类实施的原则，加强监督管理。

国家加强黄河流域非物质文化遗产保护。国务院文化和旅游等主管部门和黄河流域县级以上地方人民政府有关部门应当完善黄河流域非物质文化遗产代表性项目名录体系，推进传承体验设施建设，加强代表性项目保护传承。

第九十五条　国家加强黄河流域具有革命纪念意义的文物和遗迹保护，建设革命传统教育、爱国主义教育基地，传承弘扬黄河红色文化。

第九十六条　国家建设黄河国家文化公园，统筹利用文化遗产地以及博物馆、纪念馆、展览馆、教育基地、水工程等资源，综合运用信息化手段，系统展示黄河文化。

国务院发展改革部门、文化和旅游主管部门组织开展黄河国家文化公园建设。

第九十七条　国家采取政府购买服务等措施，支持单位和个人参与提供反映黄河流域特色、体现黄河文化精神、适宜普及推广的公共文化服务。

黄河流域县级以上地方人民政府及其有关部门应当组织将黄河文化融入城乡建设和水利工程等基础设施建设。

第九十八条　黄河流域县级以上地方人民政府应当以保护传承弘扬黄河文化为重点，推动文化产业发展，促进文化产业与农业、水利、制造业、交通运输业、服务业等深度融合。

国务院文化和旅游主管部门应当会同国务院有关部门统筹黄河文化、流域水景观和水工程等资源，建设黄河文化旅游带。黄河流域县级以上地方人民政府文化和旅游主管部门应当结合当地实际，推动本行政区域旅游业发展，展示和弘扬黄河文化。

黄河流域旅游活动应当符合黄河防洪和河道、湖泊管理要求，避免破坏生态环境和文化遗产。

第九十九条　国家鼓励开展黄河题材文艺作品创作。黄河流域县级以上地方人民政府应当加强对黄河题材文艺作品创作的支持和保护。

国家加强黄河文化宣传，促进黄河文化国际传播，鼓励、支持举办黄河文化交流、合作等活动，提高黄河文化影响力。

## 第九章　保障与监督

**第一百条**　国务院和黄河流域县级以上地方人民政府应当加大对黄河流域生态保护和高质量发展的财政投入。

国务院和黄河流域省级人民政府按照中央与地方财政事权和支出责任划分原则，安排资金用于黄河流域生态保护和高质量发展。

国家支持设立黄河流域生态保护和高质量发展基金，专项用于黄河流域生态保护与修复、资源能源节约集约利用、战略性新兴产业培育、黄河文化保护传承弘扬等。

**第一百零一条**　国家实行有利于节水、节能、生态环境保护和资源综合利用的税收政策，鼓励发展绿色信贷、绿色债券、绿色保险等金融产品，为黄河流域生态保护和高质量发展提供支持。

国家在黄河流域建立有利于水、电、气等资源性产品节约集约利用的价格机制，对资源高消耗行业中的限制类项目，实行限制性价格政策。

**第一百零二条**　国家建立健全黄河流域生态保护补偿制度。

国家加大财政转移支付力度，对黄河流域生态功能重要区域予以补偿。具体办法由国务院财政部门会同国务院有关部门制定。

国家加强对黄河流域行政区域间生态保护补偿的统筹指导、协调，引导和支持黄河流域上下游、左右岸、干支流地方人民政府之间通过协商或者按照市场规则，采用资金补偿、产业扶持等多种形式开展横向生态保护补偿。

国家鼓励社会资金设立市场化运作的黄河流域生态保护补偿基金。国家支持在黄河流域开展用水权市场化交易。

**第一百零三条**　国家实行黄河流域生态保护和高质量发展责任制和考核评价制度。上级人民政府应当对下级人民政府水资源、水土保持强制性约束控制指标落实情况等生态保护和高质量发展目标完成情况进行考核。

**第一百零四条**　国务院有关部门、黄河流域县级以上地方人民政府有关部门、黄河流域管理机构及其所属管理机构、黄河流域生态环境监督管理机构按照职责分工，对黄河流域各类生产生活、开发建设等活动进行监督检查，依法查处违法行为，公开黄河保护工作相关信息，完善公众参与程序，为单位和个人参与和监督黄河保护工作提供便利。

单位和个人有权依法获取黄河保护工作相关信息，举报和控告违法行为。

**第一百零五条**　国务院有关部门、黄河流域县级以上地方人民政府及其有关部门、黄河流域管理机构及其所属管理机构、黄河流域生态环境监督管理机构应当加强黄河保护监督管理能力建设，提高科技化、信息化水平，建立执法协调机制，对跨行政区域、生态敏感区域以及重大违法案件，依法开展联合执法。

国家加强黄河流域司法保障建设，组织开展黄河流域司法协作，推进行政执法机关与司法机关协同配合，鼓励有关单位为黄河流域生态环境保护提供法律服务。

第一百零六条　国务院有关部门和黄河流域省级人民政府对黄河保护不力、问题突出、群众反映集中的地区，可以约谈该地区县级以上地方人民政府及其有关部门主要负责人，要求其采取措施及时整改。约谈和整改情况应当向社会公布。

第一百零七条　国务院应当定期向全国人民代表大会常务委员会报告黄河流域生态保护和高质量发展工作情况。

黄河流域县级以上地方人民政府应当定期向本级人民代表大会或者其常务委员会报告本级人民政府黄河流域生态保护和高质量发展工作情况。

## 第十章　法律责任

第一百零八条　国务院有关部门、黄河流域县级以上地方人民政府及其有关部门、黄河流域管理机构及其所属管理机构、黄河流域生态环境监督管理机构违反本法规定，有下列行为之一的，对直接负责的主管人员和其他直接责任人员依法给予警告、记过、记大过或者降级处分；造成严重后果的，给予撤职或者开除处分，其主要负责人应当引咎辞职：

（一）不符合行政许可条件准予行政许可；
（二）依法应当作出责令停业、关闭等决定而未作出；
（三）发现违法行为或者接到举报不依法查处；
（四）有其他玩忽职守、滥用职权、徇私舞弊行为。

第一百零九条　违反本法规定，有下列行为之一的，由地方人民政府生态环境、自然资源等主管部门按照职责分工，责令停止违法行为，限期拆除或者恢复原状，处五十万元以上五百万元以下罚款，对直接负责的主管人员和其他直接责任人员处五万元以上十万元以下罚款；逾期不拆除或者不恢复原状的，强制拆除或者代为恢复原状，所需费用由违法者承担；情节严重的，报经有批准权的人民政府批准，责令关闭：

（一）在黄河干支流岸线管控范围内新建、扩建化工园区或者化工项目；
（二）在黄河干流岸线或者重要支流岸线的管控范围内新建、改建、扩建尾矿库；
（三）违反生态环境准入清单规定进行生产建设活动。

第一百一十条　违反本法规定，在黄河流域禁止开垦坡度以上陡坡地开垦种植农作物的，由县级以上地方人民政府水行政主管部门或者黄河流域管理机构及其所属管理机构责令停止违法行为，采取退耕、恢复植被等补救措施；按照开垦面积，可以对单位处每平方米一百元以下罚款、对个人处每平方米二十元以下罚款。

违反本法规定，在黄河流域损坏、擅自占用淤地坝的，由县级以上地方人民政府水行政主管部门或者黄河流域管理机构及其所属管理机构责令停止违法行为，限期治理或者采取补救措施，处十万元以上一百万元以下罚款；逾期不治理或者不采取补救措施的，代为治理或者采取补救措施，所需费用由违法者承担。

违反本法规定，在黄河流域从事生产建设活动造成水土流失未进行治理，或者治理不符合国家规定的相关标准的，由县级以上地方人民政府水行政主管部门或者黄河流域管理机构及其所属管理机构责令限期治理，对单位处二万元以上二十万元以下罚款，对个人可以处二万元以下罚款；逾期不治理的，代为治理，所需费用由违法者承担。

第一百一十一条　违反本法规定，黄河干流、重要支流水工程未将生态用水调度纳入日常运行调度规程的，由有关主管部门按照职责分工，责令改正，给予警告，并处一万元以上十万元以下罚款；情节严重的，并处十万元以上五十万元以下罚款。

**第一百一十二条** 违反本法规定，禁渔期内在黄河流域重点水域从事天然渔业资源生产性捕捞的，由县级以上地方人民政府农业农村主管部门没收渔获物、违法所得以及用于违法活动的渔船、渔具和其他工具，并处一万元以上五万元以下罚款；采用电鱼、毒鱼、炸鱼等方式捕捞，或者有其他严重情节的，并处五万元以上五十万元以下罚款。

违反本法规定，在黄河流域开放水域养殖、投放外来物种或者其他非本地物种种质资源的，由县级以上地方人民政府农业农村主管部门责令限期捕回，处十万元以下罚款；造成严重后果的，处十万元以上一百万元以下罚款；逾期不捕回的，代为捕回或者采取降低负面影响的措施，所需费用由违法者承担。

违反本法规定，在三门峡、小浪底、故县、陆浑、河口村水库库区采用网箱、围网或者拦河拉网方式养殖，妨碍水沙调控和防洪的，由县级以上地方人民政府农业农村主管部门责令停止违法行为，拆除网箱、围网或者拦河拉网，处十万元以下罚款；造成严重后果的，处十万元以上一百万元以下罚款。

**第一百一十三条** 违反本法规定，未经批准擅自取水，或者未依照批准的取水许可规定条件取水的，由县级以上地方人民政府水行政主管部门或者黄河流域管理机构及其所属管理机构责令停止违法行为，限期采取补救措施，处五万元以上五十万元以下罚款；情节严重的，吊销取水许可证。

**第一百一十四条** 违反本法规定，黄河流域以及黄河流经省、自治区其他黄河供水区相关县级行政区域的用水单位用水超过强制性用水定额，未按照规定期限实施节水技术改造的，由县级以上地方人民政府水行政主管部门或者黄河流域管理机构及其所属管理机构责令限期整改，可以处十万元以下罚款；情节严重的，处十万元以上五十万元以下罚款，吊销取水许可证。

**第一百一十五条** 违反本法规定，黄河流域以及黄河流经省、自治区其他黄河供水区相关县级行政区域取水量达到取水规模以上的单位未安装在线计量设施的，由县级以上地方人民政府水行政主管部门或者黄河流域管理机构及其所属管理机构责令限期安装，并按照日最大取水能力计算的取水量计征相关费用，处二万元以上十万元以下罚款；情节严重的，处十万元以上五十万元以下罚款，吊销取水许可证。

违反本法规定，在线计量设施不合格或者运行不正常的，由县级以上地方人民政府水行政主管部门或者黄河流域管理机构及其所属管理机构责令限期更换或者修复；逾期不更换或者不修复的，按照日最大取水能力计算的取水量计征相关费用，处五万元以下罚款；情节严重的，吊销取水许可证。

**第一百一十六条** 违反本法规定，黄河流域农业灌溉取用深层地下水的，由县级以上地方人民政府水行政主管部门或者黄河流域管理机构及其所属管理机构责令限期整改，可以处十万元以下罚款；情节严重的，处十万元以上五十万元以下罚款，吊销取水许可证。

**第一百一十七条** 违反本法规定，黄河流域水库管理单位不执行黄河流域管理机构的水沙调度指令的，由黄河流域管理机构及其所属管理机构责令改正，给予警告，并处二万元以上十万元以下罚款；情节严重的，并处十万元以上五十万元以下罚款；对直接负责的主管人员和其他直接责任人员依法给予处分。

第一百一十八条 违反本法规定，有下列行为之一的，由县级以上地方人民政府水行政主管部门或者黄河流域管理机构及其所属管理机构责令停止违法行为，限期拆除违法建筑物、构筑物或者恢复原状，处五万元以上五十万元以下罚款；逾期不拆除或者不恢复原状的，强制拆除或者代为恢复原状，所需费用由违法者承担：

（一）在河道、湖泊管理范围内建设妨碍行洪的建筑物、构筑物或者从事影响河势稳定、危害河岸堤防安全和其他妨碍河道行洪的活动；

（二）违法利用、占用黄河流域河道、湖泊水域和岸线；

（三）建设跨河、穿河、穿堤、临河的工程设施，降低行洪和调蓄能力或者缩小水域面积，未建设等效替代工程或者采取其他功能补救措施；

（四）侵占黄河备用入海流路。

第一百一十九条 违反本法规定，在黄河流域破坏自然资源和生态、污染环境、妨碍防洪安全、破坏文化遗产等造成他人损害的，侵权人应当依法承担侵权责任。

违反本法规定，造成黄河流域生态环境损害的，国家规定的机关或者法律规定的组织有权请求侵权人承担修复责任、赔偿损失和相关费用。

第一百二十条 违反本法规定，构成犯罪的，依法追究刑事责任。

## 第十一章 附　则

第一百二十一条 本法下列用语的含义：

（一）黄河干流，是指黄河源头至黄河河口，流经青海省、四川省、甘肃省、宁夏回族自治区、内蒙古自治区、山西省、陕西省、河南省、山东省的黄河主河段（含入海流路）；

（二）黄河支流，是指直接或者间接流入黄河干流的河流，支流可以分为一级支流、二级支流等；

（三）黄河重要支流，是指湟水、洮河、祖厉河、清水河、大黑河、皇甫川、窟野河、无定河、汾河、渭河、伊洛河、沁河、大汶河等一级支流；

（四）黄河滩区，是指黄河流域河道管理范围内具有行洪、滞洪、沉沙功能，由于历史原因形成的有群众居住、耕种的滩地。

第一百二十二条 本法自 2023 年 4 月 1 日起施行。

# 中华人民共和国行政复议法

（1999年4月29日第九届全国人民代表大会常务委员会第九次会议通过 根据2009年8月27日第十一届全国人民代表大会常务委员会第十次会议《关于修改部分法律的决定》第一次修正 根据2017年9月1日第十二届全国人民代表大会常务委员会第二十九次会议《关于修改〈中华人民共和国法官法〉等八部法律的决定》第二次修正 2023年9月1日第十四届全国人民代表大会常务委员会第五次会议修订）

## 目 录

第一章 总 则
第二章 行政复议申请
　第一节 行政复议范围
　第二节 行政复议参加人
　第三节 申请的提出
　第四节 行政复议管辖
第三章 行政复议受理
第四章 行政复议审理
　第一节 一般规定
　第二节 行政复议证据
　第三节 普通程序
　第四节 简易程序
　第五节 行政复议附带审查
第五章 行政复议决定
第六章 法律责任
第七章 附 则

## 第一章 总 则

**第一条** 为了防止和纠正违法的或者不当的行政行为，保护公民、法人和其他组织的合法权益，监督和保障行政机关依法行使职权，发挥行政复议化解行政争议的主渠道作用，推进法治政府建设，根据宪法，制定本法。

**第二条** 公民、法人或者其他组织认为行政机关的行政行为侵犯其合法权益，向行政复议机关提出行政复议申请，行政复议机关办理行政复议案件，适用本法。

前款所称行政行为，包括法律、法规、规章授权的组织的行政行为。

第三条　行政复议工作坚持中国共产党的领导。

行政复议机关履行行政复议职责，应当遵循合法、公正、公开、高效、便民、为民的原则，坚持有错必纠，保障法律、法规的正确实施。

第四条　县级以上各级人民政府以及其他依照本法履行行政复议职责的行政机关是行政复议机关。

行政复议机关办理行政复议事项的机构是行政复议机构。行政复议机构同时组织办理行政复议机关的行政应诉事项。

行政复议机关应当加强行政复议工作，支持和保障行政复议机构依法履行职责。上级行政复议机构对下级行政复议机构的行政复议工作进行指导、监督。

国务院行政复议机构可以发布行政复议指导性案例。

第五条　行政复议机关办理行政复议案件，可以进行调解。

调解应当遵循合法、自愿的原则，不得损害国家利益、社会公共利益和他人合法权益，不得违反法律、法规的强制性规定。

第六条　国家建立专业化、职业化行政复议人员队伍。

行政复议机构中初次从事行政复议工作的人员，应当通过国家统一法律职业资格考试取得法律职业资格，并参加统一职前培训。

国务院行政复议机构应当会同有关部门制定行政复议人员工作规范，加强对行政复议人员的业务考核和管理。

第七条　行政复议机关应当确保行政复议机构的人员配备与所承担的工作任务相适应，提高行政复议人员专业素质，根据工作需要保障办案场所、装备等设施。县级以上各级人民政府应当将行政复议工作经费列入本级预算。

第八条　行政复议机关应当加强信息化建设，运用现代信息技术，方便公民、法人或者其他组织申请、参加行政复议，提高工作质量和效率。

第九条　对在行政复议工作中做出显著成绩的单位和个人，按照国家有关规定给予表彰和奖励。

第十条　公民、法人或者其他组织对行政复议决定不服的，可以依照《中华人民共和国行政诉讼法》的规定向人民法院提起行政诉讼，但是法律规定行政复议决定为最终裁决的除外。

## 第二章　行政复议申请

### 第一节　行政复议范围

第十一条　有下列情形之一的，公民、法人或者其他组织可以依照本法申请行政复议：

（一）对行政机关作出的行政处罚决定不服；

（二）对行政机关作出的行政强制措施、行政强制执行决定不服；

（三）申请行政许可，行政机关拒绝或者在法定期限内不予答复，或者对行政机关作出的有关行政许可的其他决定不服；

（四）对行政机关作出的确认自然资源的所有权或者使用权的决定不服；

（五）对行政机关作出的征收征用决定及其补偿决定不服；

（六）对行政机关作出的赔偿决定或者不予赔偿决定不服；

（七）对行政机关作出的不予受理工伤认定申请的决定或者工伤认定结论不服；

（八）认为行政机关侵犯其经营自主权或者农村土地承包经营权、农村土地经营权；

（九）认为行政机关滥用行政权力排除或者限制竞争；

（十）认为行政机关违法集资、摊派费用或者违法要求履行其他义务；

（十一）申请行政机关履行保护人身权利、财产权利、受教育权利等合法权益的法定职责，行政机关拒绝履行、未依法履行或者不予答复；

（十二）申请行政机关依法给付抚恤金、社会保险待遇或者最低生活保障等社会保障，行政机关没有依法给付；

（十三）认为行政机关不依法订立、不依法履行、未按照约定履行或者违法变更、解除政府特许经营协议、土地房屋征收补偿协议等行政协议；

（十四）认为行政机关在政府信息公开工作中侵犯其合法权益；

（十五）认为行政机关的其他行政行为侵犯其合法权益。

**第十二条** 下列事项不属于行政复议范围：

（一）国防、外交等国家行为；

（二）行政法规、规章或者行政机关制定、发布的具有普遍约束力的决定、命令等规范性文件；

（三）行政机关对行政机关工作人员的奖惩、任免等决定；

（四）行政机关对民事纠纷作出的调解。

**第十三条** 公民、法人或者其他组织认为行政机关的行政行为所依据的下列规范性文件不合法，在对行政行为申请行政复议时，可以一并向行政复议机关提出对该规范性文件的附带审查申请：

（一）国务院部门的规范性文件；

（二）县级以上地方各级人民政府及其工作部门的规范性文件；

（三）乡、镇人民政府的规范性文件；

（四）法律、法规、规章授权的组织的规范性文件。

前款所列规范性文件不含规章。规章的审查依照法律、行政法规办理。

## 第二节 行政复议参加人

**第十四条** 依照本法申请行政复议的公民、法人或者其他组织是申请人。

有权申请行政复议的公民死亡的，其近亲属可以申请行政复议。有权申请行政复议的法人或者其他组织终止的，其权利义务承受人可以申请行政复议。

有权申请行政复议的公民为无民事行为能力人或者限制民事行为能力人的，其法定代理人可以代为申请行政复议。

**第十五条** 同一行政复议案件申请人人数众多的，可以由申请人推选代表人参加行政复议。

代表人参加行政复议的行为对其所代表的申请人发生效力，但是代表人变更行政复议请求、撤回行政复议申请、承认第三人请求的，应当经被代表的申请人同意。

**第十六条** 申请人以外的同被申请行政复议的行政行为或者行政复议案件处理结果有利

害关系的公民、法人或者其他组织，可以作为第三人申请参加行政复议，或者由行政复议机构通知其作为第三人参加行政复议。

第三人不参加行政复议，不影响行政复议案件的审理。

**第十七条** 申请人、第三人可以委托一至二名律师、基层法律服务工作者或者其他代理人代为参加行政复议。

申请人、第三人委托代理人的，应当向行政复议机构提交授权委托书、委托人及被委托人的身份证明文件。授权委托书应当载明委托事项、权限和期限。申请人、第三人变更或者解除代理人权限的，应当书面告知行政复议机构。

**第十八条** 符合法律援助条件的行政复议申请人申请法律援助的，法律援助机构应当依法为其提供法律援助。

**第十九条** 公民、法人或者其他组织对行政行为不服申请行政复议的，作出行政行为的行政机关或者法律、法规、规章授权的组织是被申请人。

两个以上行政机关以共同的名义作出同一行政行为的，共同作出行政行为的行政机关是被申请人。

行政机关委托的组织作出行政行为的，委托的行政机关是被申请人。

作出行政行为的行政机关被撤销或者职权变更的，继续行使其职权的行政机关是被申请人。

### 第三节 申请的提出

**第二十条** 公民、法人或者其他组织认为行政行为侵犯其合法权益的，可以自知道或者应当知道该行政行为之日起六十日内提出行政复议申请；但是法律规定的申请期限超过六十日的除外。

因不可抗力或者其他正当理由耽误法定申请期限的，申请期限自障碍消除之日起继续计算。

行政机关作出行政行为时，未告知公民、法人或者其他组织申请行政复议的权利、行政复议机关和申请期限的，申请期限自公民、法人或者其他组织知道或者应当知道申请行政复议的权利、行政复议机关和申请期限之日起计算，但是自知道或者应当知道行政行为内容之日起最长不得超过一年。

**第二十一条** 因不动产提出的行政复议申请自行政行为作出之日起超过二十年，其他行政复议申请自行政行为作出之日起超过五年的，行政复议机关不予受理。

**第二十二条** 申请人申请行政复议，可以书面申请；书面申请有困难的，也可以口头申请。

书面申请的，可以通过邮寄或者行政复议机关指定的互联网渠道等方式提交行政复议申请书，也可以当面提交行政复议申请书。行政机关通过互联网渠道送达行政行为决定书的，应当同时提供提交行政复议申请书的互联网渠道。

口头申请的，行政复议机关应当当场记录申请人的基本情况、行政复议请求、申请行政复议的主要事实、理由和时间。

申请人对两个以上行政行为不服的，应当分别申请行政复议。

**第二十三条** 有下列情形之一的，申请人应当先向行政复议机关申请行政复议，对行政复议决定不服的，可以再依法向人民法院提起行政诉讼：

（一）对当场作出的行政处罚决定不服；

（二）对行政机关作出的侵犯其已经依法取得的自然资源的所有权或者使用权的决定不服；

（三）认为行政机关存在本法第十一条规定的未履行法定职责情形；

（四）申请政府信息公开，行政机关不予公开；

（五）法律、行政法规规定应当先向行政复议机关申请行政复议的其他情形。

对前款规定的情形，行政机关在作出行政行为时应当告知公民、法人或者其他组织先向行政复议机关申请行政复议。

第四节　行政复议管辖

**第二十四条**　县级以上地方各级人民政府管辖下列行政复议案件：

（一）对本级人民政府工作部门作出的行政行为不服的；

（二）对下一级人民政府作出的行政行为不服的；

（三）对本级人民政府依法设立的派出机关作出的行政行为不服的；

（四）对本级人民政府或者其工作部门管理的法律、法规、规章授权的组织作出的行政行为不服的。

除前款规定外，省、自治区、直辖市人民政府同时管辖对本机关作出的行政行为不服的行政复议案件。

省、自治区人民政府依法设立的派出机关参照设区的市级人民政府的职责权限，管辖相关行政复议案件。

对县级以上地方各级人民政府工作部门依法设立的派出机构依照法律、法规、规章规定，以派出机构的名义作出的行政行为不服的行政复议案件，由本级人民政府管辖；其中，对直辖市、设区的市人民政府工作部门按照行政区划设立的派出机构作出的行政行为不服的，也可以由其所在地的人民政府管辖。

**第二十五条**　国务院部门管辖下列行政复议案件：

（一）对本部门作出的行政行为不服的；

（二）对本部门依法设立的派出机构依照法律、行政法规、部门规章规定，以派出机构的名义作出的行政行为不服的；

（三）对本部门管理的法律、行政法规、部门规章授权的组织作出的行政行为不服的。

**第二十六条**　对省、自治区、直辖市人民政府依照本法第二十四条第二款的规定、国务院部门依照本法第二十五条第一项的规定作出的行政复议决定不服的，可以向人民法院提起行政诉讼；也可以向国务院申请裁决，国务院依照本法的规定作出最终裁决。

**第二十七条**　对海关、金融、外汇管理等实行垂直领导的行政机关、税务和国家安全机关的行政行为不服的，向上一级主管部门申请行政复议。

**第二十八条**　对履行行政复议机构职责的地方人民政府司法行政部门的行政行为不服的，可以向本级人民政府申请行政复议，也可以向上一级司法行政部门申请行政复议。

**第二十九条**　公民、法人或者其他组织申请行政复议，行政复议机关已经依法受理的，在行政复议期间不得向人民法院提起行政诉讼。

公民、法人或者其他组织向人民法院提起行政诉讼，人民法院已经依法受理的，不得申请行政复议。

## 第三章　行政复议受理

**第三十条**　行政复议机关收到行政复议申请后，应当在五日内进行审查。对符合下列规定的，行政复议机关应当予以受理：

（一）有明确的申请人和符合本法规定的被申请人；
（二）申请人与被申请行政复议的行政行为有利害关系；
（三）有具体的行政复议请求和理由；
（四）在法定申请期限内提出；
（五）属于本法规定的行政复议范围；
（六）属于本机关的管辖范围；
（七）行政复议机关未受理过该申请人就同一行政行为提出的行政复议申请，并且人民法院未受理过该申请人就同一行政行为提起的行政诉讼。

对不符合前款规定的行政复议申请，行政复议机关应当在审查期限内决定不予受理并说明理由；不属于本机关管辖的，还应当在不予受理决定中告知申请人有管辖权的行政复议机关。

行政复议申请的审查期限届满，行政复议机关未作出不予受理决定的，审查期限届满之日起视为受理。

**第三十一条**　行政复议申请材料不齐全或者表述不清楚，无法判断行政复议申请是否符合本法第三十条第一款规定的，行政复议机关应当自收到申请之日起五日内书面通知申请人补正。补正通知应当一次性载明需要补正的事项。

申请人应当自收到补正通知之日起十日内提交补正材料。有正当理由不能按期补正的，行政复议机关可以延长合理的补正期限。无正当理由逾期不补正的，视为申请人放弃行政复议申请，并记录在案。

行政复议机关收到补正材料后，依照本法第三十条的规定处理。

**第三十二条**　对当场作出或者依据电子技术监控设备记录的违法事实作出的行政处罚决定不服申请行政复议的，可以通过作出行政处罚决定的行政机关提交行政复议申请。

行政机关收到行政复议申请后，应当及时处理；认为需要维持行政处罚决定的，应当自收到行政复议申请之日起五日内转送行政复议机关。

**第三十三条**　行政复议机关受理行政复议申请后，发现该行政复议申请不符合本法第三十条第一款规定的，应当决定驳回申请并说明理由。

**第三十四条**　法律、行政法规规定应当先向行政复议机关申请行政复议、对行政复议决定不服再向人民法院提起行政诉讼的，行政复议机关决定不予受理、驳回申请或者受理后超过行政复议期限不作答复的，公民、法人或者其他组织可以自收到决定书之日起或者行政复议期限届满之日起十五日内，依法向人民法院提起行政诉讼。

**第三十五条**　公民、法人或者其他组织依法提出行政复议申请，行政复议机关无正当理由不予受理、驳回申请或者受理后超过行政复议期限不作答复的，申请人有权向上级行政机关反映，上级行政机关应当责令其纠正；必要时，上级行政复议机关可以直接受理。

## 第四章 行政复议审理

### 第一节 一般规定

**第三十六条** 行政复议机关受理行政复议申请后，依照本法适用普通程序或者简易程序进行审理。行政复议机构应当指定行政复议人员负责办理行政复议案件。

行政复议人员对办理行政复议案件过程中知悉的国家秘密、商业秘密和个人隐私，应当予以保密。

**第三十七条** 行政复议机关依照法律、法规、规章审理行政复议案件。

行政复议机关审理民族自治地方的行政复议案件，同时依照该民族自治地方的自治条例和单行条例。

**第三十八条** 上级行政复议机关根据需要，可以审理下级行政复议机关管辖的行政复议案件。

下级行政复议机关对其管辖的行政复议案件，认为需要由上级行政复议机关审理的，可以报请上级行政复议机关决定。

**第三十九条** 行政复议期间有下列情形之一的，行政复议中止：

（一）作为申请人的公民死亡，其近亲属尚未确定是否参加行政复议；

（二）作为申请人的公民丧失参加行政复议的行为能力，尚未确定法定代理人参加行政复议；

（三）作为申请人的公民下落不明；

（四）作为申请人的法人或者其他组织终止，尚未确定权利义务承受人；

（五）申请人、被申请人因不可抗力或者其他正当理由，不能参加行政复议；

（六）依照本法规定进行调解、和解，申请人和被申请人同意中止；

（七）行政复议案件涉及的法律适用问题需要有权机关作出解释或者确认；

（八）行政复议案件审理需要以其他案件的审理结果为依据，而其他案件尚未审结；

（九）有本法第五十六条或者第五十七条规定的情形；

（十）需要中止行政复议的其他情形。

行政复议中止的原因消除后，应当及时恢复行政复议案件的审理。

行政复议机关中止、恢复行政复议案件的审理，应当书面告知当事人。

**第四十条** 行政复议期间，行政复议机关无正当理由中止行政复议的，上级行政机关应当责令其恢复审理。

**第四十一条** 行政复议期间有下列情形之一的，行政复议机关决定终止行政复议：

（一）申请人撤回行政复议申请，行政复议机构准予撤回的；

（二）作为申请人的公民死亡，没有近亲属或者其近亲属放弃行政复议权利的；

（三）作为申请人的法人或者其他组织终止，没有权利义务承受人或者其权利义务承受人放弃行政复议权利；

（四）申请人对行政拘留或者限制人身自由的行政强制措施不服申请行政复议后，因同一违法行为涉嫌犯罪，被采取刑事强制措施；

（五）依照本法第三十九条第一款第一项、第二项、第四项的规定中止行政复议满六十日，行政复议中止的原因仍未消除。

**第四十二条** 行政复议期间行政行为不停止执行；但是有下列情形之一的，应当停止执行：

（一）被申请人认为需要停止执行；

（二）行政复议机关认为需要停止执行；

（三）申请人、第三人申请停止执行，行政复议机关认为其要求合理，决定停止执行；

（四）法律、法规、规章规定停止执行的其他情形。

第二节　行政复议证据

**第四十三条** 行政复议证据包括：

（一）书证；

（二）物证；

（三）视听资料；

（四）电子数据；

（五）证人证言；

（六）当事人的陈述；

（七）鉴定意见；

（八）勘验笔录、现场笔录。

以上证据经行政复议机构审查属实，才能作为认定行政复议案件事实的根据。

**第四十四条** 被申请人对其作出的行政行为的合法性、适当性负有举证责任。

有下列情形之一的，申请人应当提供证据：

（一）认为被申请人不履行法定职责的，提供曾经要求被申请人履行法定职责的证据，但是被申请人应当依职权主动履行法定职责或者申请人因正当理由不能提供的除外；

（二）提出行政赔偿请求的，提供受行政行为侵害而造成损害的证据，但是因被申请人原因导致申请人无法举证的，由被申请人承担举证责任；

（三）法律、法规规定需要申请人提供证据的其他情形。

**第四十五条** 行政复议机关有权向有关单位和个人调查取证，查阅、复制、调取有关文件和资料，向有关人员进行询问。

调查取证时，行政复议人员不得少于两人，并应当出示行政复议工作证件。

被调查取证的单位和个人应当积极配合行政复议人员的工作，不得拒绝或者阻挠。

**第四十六条** 行政复议期间，被申请人不得自行向申请人和其他有关单位或者个人收集证据；自行收集的证据不作为认定行政行为合法性、适当性的依据。

行政复议期间，申请人或者第三人提出被申请行政复议的行政行为作出时没有提出的理由或者证据的，经行政复议机构同意，被申请人可以补充证据。

**第四十七条** 行政复议期间，申请人、第三人及其委托代理人可以按照规定查阅、复制被申请人提出的书面答复、作出行政行为的证据、依据和其他有关材料，除涉及国家秘密、商业秘密、个人隐私或者可能危及国家安全、公共安全、社会稳定的情形外，行政复议机构应当同意。

### 第三节 普通程序

**第四十八条** 行政复议机构应当自行政复议申请受理之日起七日内,将行政复议申请书副本或者行政复议申请笔录复印件发送被申请人。被申请人应当自收到行政复议申请书副本或者行政复议申请笔录复印件之日起十日内,提出书面答复,并提交作出行政行为的证据、依据和其他有关材料。

**第四十九条** 适用普通程序审理的行政复议案件,行政复议机构应当当面或者通过互联网、电话等方式听取当事人的意见,并将听取的意见记录在案。因当事人原因不能听取意见的,可以书面审理。

**第五十条** 审理重大、疑难、复杂的行政复议案件,行政复议机构应当组织听证。

行政复议机构认为有必要听证,或者申请人请求听证的,行政复议机构可以组织听证。

听证由一名行政复议人员任主持人,两名以上行政复议人员任听证员,一名记录员制作听证笔录。

**第五十一条** 行政复议机构组织听证的,应当于举行听证的五日前将听证的时间、地点和拟听证事项书面通知当事人。

申请人无正当理由拒不参加听证的,视为放弃听证权利。

被申请人的负责人应当参加听证。不能参加的,应当说明理由并委托相应的工作人员参加听证。

**第五十二条** 县级以上各级人民政府应当建立相关政府部门、专家、学者等参与的行政复议委员会,为办理行政复议案件提供咨询意见,并就行政复议工作中的重大事项和共性问题研究提出意见。行政复议委员会的组成和开展工作的具体办法,由国务院行政复议机构制定。

审理行政复议案件涉及下列情形之一的,行政复议机构应当提请行政复议委员会提出咨询意见:

(一) 案情重大、疑难、复杂;

(二) 专业性、技术性较强;

(三) 本法第二十四条第二款规定的行政复议案件;

(四) 行政复议机构认为有必要。

行政复议机构应当记录行政复议委员会的咨询意见。

### 第四节 简易程序

**第五十三条** 行政复议机关审理下列行政复议案件,认为事实清楚、权利义务关系明确、争议不大的,可以适用简易程序:

(一) 被申请行政复议的行政行为是当场作出;

(二) 被申请行政复议的行政行为是警告或者通报批评;

(三) 案件涉及款额三千元以下;

(四) 属于政府信息公开案件。

除前款规定以外的行政复议案件,当事人各方同意适用简易程序的,可以适用简易程序。

第五十四条 适用简易程序审理的行政复议案件,行政复议机构应当自受理行政复议申请之日起三日内,将行政复议申请书副本或者行政复议申请笔录复印件发送被申请人。被申请人应当自收到行政复议申请书副本或者行政复议申请笔录复印件之日起五日内,提出书面答复,并提交作出行政行为的证据、依据和其他有关材料。

适用简易程序审理的行政复议案件,可以书面审理。

第五十五条 适用简易程序审理的行政复议案件,行政复议机构认为不宜适用简易程序的,经行政复议机构的负责人批准,可以转为普通程序审理。

### 第五节 行政复议附带审查

第五十六条 申请人依照本法第十三条的规定提出对有关规范性文件的附带审查申请,行政复议机关有权处理的,应当在三十日内依法处理;无权处理的,应当在七日内转送有权处理的行政机关依法处理。

第五十七条 行政复议机关在对被申请人作出的行政行为进行审查时,认为其依据不合法,本机关有权处理的,应当在三十日内依法处理;无权处理的,应当在七日内转送有权处理的国家机关依法处理。

第五十八条 行政复议机关依照本法第五十六条、第五十七条的规定有权处理有关规范性文件或者依据的,行政复议机构应当自行政复议中止之日起三日内,书面通知规范性文件或者依据的制定机关就相关条款的合法性提出书面答复。制定机关应当自收到书面通知之日起十日内提交书面答复及相关材料。

行政复议机构认为必要时,可以要求规范性文件或者依据的制定机关当面说明理由,制定机关应当配合。

第五十九条 行政复议机关依照本法第五十六条、第五十七条的规定有权处理有关规范性文件或者依据,认为相关条款合法的,在行政复议决定书中一并告知;认为相关条款超越权限或者违反上位法的,决定停止该条款的执行,并责令制定机关予以纠正。

第六十条 依照本法第五十六条、第五十七条的规定接受转送的行政机关、国家机关应当自收到转送之日起六十日内,将处理意见回复转送的行政复议机关。

## 第五章 行政复议决定

第六十一条 行政复议机关依照本法审理行政复议案件,由行政复议机构对行政行为进行审查,提出意见,经行政复议机关的负责人同意或者集体讨论通过后,以行政复议机关的名义作出行政复议决定。

经过听证的行政复议案件,行政复议机关应当根据听证笔录、审查认定的事实和证据,依照本法作出行政复议决定。

提请行政复议委员会提出咨询意见的行政复议案件,行政复议机关应当将咨询意见作为作出行政复议决定的重要参考依据。

第六十二条 适用普通程序审理的行政复议案件,行政复议机关应当自受理申请之日起六十日内作出行政复议决定;但是法律规定的行政复议期限少于六十日的除外。情况复杂,不能在规定期限内作出行政复议决定的,经行政复议机构的负责人批准,可以适当延长,并书面告知当事人;但是延长期限最多不得超过三十日。

适用简易程序审理的行政复议案件,行政复议机关应当自受理申请之日起三十日内作出行政复议决定。

**第六十三条** 行政行为有下列情形之一的,行政复议机关决定变更该行政行为:
(一) 事实清楚,证据确凿,适用依据正确,程序合法,但是内容不适当;
(二) 事实清楚,证据确凿,程序合法,但是未正确适用依据;
(三) 事实不清、证据不足,经行政复议机关查清事实和证据。
行政复议机关不得作出对申请人更为不利的变更决定,但是第三人提出相反请求的除外。

**第六十四条** 行政行为有下列情形之一的,行政复议机关决定撤销或者部分撤销该行政行为,并可以责令被申请人在一定期限内重新作出行政行为:
(一) 主要事实不清、证据不足;
(二) 违反法定程序;
(三) 适用的依据不合法;
(四) 超越职权或者滥用职权。
行政复议机关责令被申请人重新作出行政行为的,被申请人不得以同一事实和理由作出与被申请行政复议的行政行为相同或者基本相同的行政行为,但是行政复议机关以违反法定程序为由决定撤销或者部分撤销的除外。

**第六十五条** 行政行为有下列情形之一的,行政复议机关不撤销该行政行为,但是确认该行政行为违法:
(一) 依法应予撤销,但是撤销会给国家利益、社会公共利益造成重大损害;
(二) 程序轻微违法,但是对申请人权利不产生实际影响。
行政行为有下列情形之一,不需要撤销或者责令履行的,行政复议机关确认该行政行为违法:
(一) 行政行为违法,但是不具有可撤销内容;
(二) 被申请人改变原违法行政行为,申请人仍要求撤销或者确认该行政行为违法;
(三) 被申请人不履行或者拖延履行法定职责,责令履行没有意义。

**第六十六条** 被申请人不履行法定职责的,行政复议机关决定被申请人在一定期限内履行。

**第六十七条** 行政行为有实施主体不具有行政主体资格或者没有依据等重大且明显违法情形,申请人申请确认行政行为无效的,行政复议机关确认该行政行为无效。

**第六十八条** 行政行为认定事实清楚,证据确凿,适用依据正确,程序合法,内容适当的,行政复议机关决定维持该行政行为。

**第六十九条** 行政复议机关受理申请人认为被申请人不履行法定职责的行政复议申请后,发现被申请人没有相应法定职责或者在受理前已经履行法定职责的,决定驳回申请人的行政复议请求。

**第七十条** 被申请人不按照本法第四十八条、第五十四条的规定提出书面答复、提交作出行政行为的证据、依据和其他有关材料的,视为该行政行为没有证据、依据,行政复议机关决定撤销、部分撤销该行政行为,确认该行政行为违法、无效或者决定被申请人在一定期限内履行，但是行政行为涉及第三人合法权益，第三人提供证据的除外。

第七十一条　被申请人不依法订立、不依法履行、未按照约定履行或者违法变更、解除行政协议的，行政复议机关决定被申请人承担依法订立、继续履行、采取补救措施或者赔偿损失等责任。

被申请人变更、解除行政协议合法，但是未依法给予补偿或者补偿不合理的，行政复议机关决定被申请人依法给予合理补偿。

第七十二条　申请人在申请行政复议时一并提出行政赔偿请求，行政复议机关对依照《中华人民共和国国家赔偿法》的有关规定应当不予赔偿的，在作出行政复议决定时，应当同时决定驳回行政赔偿请求；对符合《中华人民共和国国家赔偿法》的有关规定应当给予赔偿的，在决定撤销或者部分撤销、变更行政行为或者确认行政行为违法、无效时，应当同时决定被申请人依法给予赔偿；确认行政行为违法的，还可以同时责令被申请人采取补救措施。

申请人在申请行政复议时没有提出行政赔偿请求的，行政复议机关在依法决定撤销或者部分撤销、变更罚款，撤销或者部分撤销违法集资、没收财物、征收征用、摊派费用以及对财产的查封、扣押、冻结等行政行为时，应当同时责令被申请人返还财产，解除对财产的查封、扣押、冻结措施，或者赔偿相应的价款。

第七十三条　当事人经调解达成协议的，行政复议机关应当制作行政复议调解书，经各方当事人签字或者签章，并加盖行政复议机关印章，即具有法律效力。

调解未达成协议或者调解书生效前一方反悔的，行政复议机关应当依法审查或者及时作出行政复议决定。

第七十四条　当事人在行政复议决定作出前可以自愿达成和解，和解内容不得损害国家利益、社会公共利益和他人合法权益，不得违反法律、法规的强制性规定。

当事人达成和解后，由申请人向行政复议机构撤回行政复议申请。行政复议机构准予撤回行政复议申请、行政复议机关决定终止行政复议的，申请人不得再以同一事实和理由提出行政复议申请。但是，申请人能够证明撤回行政复议申请违背其真实意愿的除外。

第七十五条　行政复议机关作出行政复议决定，应当制作行政复议决定书，并加盖行政复议机关印章。

行政复议决定书一经送达，即发生法律效力。

第七十六条　行政复议机关在办理行政复议案件过程中，发现被申请人或者其他下级行政机关的有关行政行为违法或者不当的，可以向其制发行政复议意见书。有关机关应当自收到行政复议意见书之日起六十日内，将纠正相关违法或者不当行政行为的情况报送行政复议机关。

第七十七条　被申请人应当履行行政复议决定书、调解书、意见书。

被申请人不履行或者无正当理由拖延履行行政复议决定书、调解书、意见书的，行政复议机关或者有关上级行政机关应当责令其限期履行，并可以约谈被申请人的有关负责人或者予以通报批评。

第七十八条　申请人、第三人逾期不起诉又不履行行政复议决定书、调解书的，或者不履行最终裁决的行政复议决定的，按照下列规定分别处理：

（一）维持行政行为的行政复议决定书，由作出行政行为的行政机关依法强制执行，或者申请人民法院强制执行；

（二）变更行政行为的行政复议决定书，由行政复议机关依法强制执行，或者申请人民法院强制执行；

（三）行政复议调解书，由行政复议机关依法强制执行，或者申请人民法院强制执行。

第七十九条　行政复议机关根据被申请行政复议的行政行为的公开情况，按照国家有关规定将行政复议决定书向社会公开。

县级以上地方各级人民政府办理以本级人民政府工作部门为被申请人的行政复议案件，应当将发生法律效力的行政复议决定书、意见书同时抄告被申请人的上一级主管部门。

## 第六章　法律责任

第八十条　行政复议机关不依照本法规定履行行政复议职责，对负有责任的领导人员和直接责任人员依法给予警告、记过、记大过的处分；经有权监督的机关督促仍不改正或者造成严重后果的，依法给予降级、撤职、开除的处分。

第八十一条　行政复议机关工作人员在行政复议活动中，徇私舞弊或者有其他渎职、失职行为的，依法给予警告、记过、记大过的处分；情节严重的，依法给予降级、撤职、开除的处分；构成犯罪的，依法追究刑事责任。

第八十二条　被申请人违反本法规定，不提出书面答复或者不提交作出行政行为的证据、依据和其他有关材料，或者阻挠、变相阻挠公民、法人或者其他组织依法申请行政复议的，对负有责任的领导人员和直接责任人员依法给予警告、记过、记大过的处分；进行报复陷害的，依法给予降级、撤职、开除的处分；构成犯罪的，依法追究刑事责任。

第八十三条　被申请人不履行或者无正当理由拖延履行行政复议决定书、调解书、意见书的，对负有责任的领导人员和直接责任人员依法给予警告、记过、记大过的处分；经责令履行仍拒不履行的，依法给予降级、撤职、开除的处分。

第八十四条　拒绝、阻挠行政复议人员调查取证，故意扰乱行政复议工作秩序的，依法给予处分、治安管理处罚；构成犯罪的，依法追究刑事责任。

第八十五条　行政机关及其工作人员违反本法规定的，行政复议机关可以向监察机关或者公职人员任免机关、单位移送有关人员违法的事实材料，接受移送的监察机关或者公职人员任免机关、单位应当依法处理。

第八十六条　行政复议机关在办理行政复议案件过程中，发现公职人员涉嫌贪污贿赂、失职渎职等职务违法或者职务犯罪的问题线索，应当依照有关规定移送监察机关，由监察机关依法调查处置。

## 第七章　附　则

第八十七条　行政复议机关受理行政复议申请，不得向申请人收取任何费用。

第八十八条　行政复议期间的计算和行政复议文书的送达，本法没有规定的，依照《中华人民共和国民事诉讼法》关于期间、送达的规定执行。

本法关于行政复议期间有关"三日"、"五日"、"七日"、"十日"的规定是指工作日,不含法定休假日。

**第八十九条** 外国人、无国籍人、外国组织在中华人民共和国境内申请行政复议,适用本法。

**第九十条** 本法自2024年1月1日起施行。

# 司 法 解 释

## 刑 事

中华人民共和国最高人民法院
中华人民共和国最高人民检察院
公　　告

《最高人民法院、最高人民检察院关于办理危害生产安全刑事案件适用法律若干问题的解释（二）》已于 2022 年 9 月 19 日由最高人民法院审判委员会第 1875 次会议、2022 年 10 月 25 日由最高人民检察院第十三届检察委员会第一百零六次会议通过，现予公布，自 2022 年 12 月 19 日起施行。

2022 年 12 月 15 日

## 最高人民法院　最高人民检察院
## 关于办理危害生产安全刑事案件
## 适用法律若干问题的解释（二）

法释〔2022〕19 号

为依法惩治危害生产安全犯罪，维护公共安全，保护人民群众生命安全和公私财产安全，根据《中华人民共和国刑法》《中华人民共和国刑事诉讼法》和《中华人民共和国安全生产法》等规定，现就办理危害生产安全刑事案件适用法律的若干问题解释如下：

**第一条** 明知存在事故隐患，继续作业存在危险，仍然违反有关安全管理的规定，有下列情形之一的，属于刑法第一百三十四条第二款规定的"强令他人违章冒险作业"：

（一）以威逼、胁迫、恐吓等手段，强制他人违章作业的；

（二）利用组织、指挥、管理职权，强制他人违章作业的；

（三）其他强令他人违章冒险作业的情形。

明知存在重大事故隐患，仍然违反有关安全管理的规定，不排除或者故意掩盖重大事故隐患，组织他人作业的，属于刑法第一百三十四条第二款规定的"冒险组织作业"。

**第二条** 刑法第一百三十四条之一规定的犯罪主体，包括对生产、作业负有组织、指挥或者管理职责的负责人、管理人员、实际控制人、投资人等人员，以及直接从事生产、作业的人员。

**第三条** 因存在重大事故隐患被依法责令停产停业、停止施工、停止使用有关设备、设施、场所或者立即采取排除危险的整改措施，有下列情形之一的，属于刑法第一百三十四条之一第二项规定的"拒不执行"：

（一）无正当理由故意不执行各级人民政府或者负有安全生产监督管理职责的部门依法作出的上述行政决定、命令的；

（二）虚构重大事故隐患已经排除的事实，规避、干扰执行各级人民政府或者负有安全生产监督管理职责的部门依法作出的上述行政决定、命令的；

（三）以行贿等不正当手段，规避、干扰执行各级人民政府或者负有安全生产监督管理职责的部门依法作出的上述行政决定、命令的。

有前款第三项行为，同时构成刑法第三百八十九条行贿罪、第三百九十三条单位行贿罪等犯罪的，依照数罪并罚的规定处罚。

认定是否属于"拒不执行"，应当综合考虑行政决定、命令是否具有法律、行政法规等依据，行政决定、命令的内容和期限要求是否明确、合理，行为人是否具有按照要求执行的能力等因素进行判断。

**第四条** 刑法第一百三十四条第二款和第一百三十四条之一第二项规定的"重大事故隐患"，依照法律、行政法规、部门规章、强制性标准以及有关行政规范性文件进行认定。

刑法第一百三十四条之一第三项规定的"危险物品"，依照安全生产法第一百一十七条的规定确定。

对于是否属于"重大事故隐患"或者"危险物品"难以确定的，可以依据司法鉴定机构出具的鉴定意见、地市级以上负有安全生产监督管理职责的部门或者其指定的机构出具的意见，结合其他证据综合审查，依法作出认定。

**第五条** 在生产、作业中违反有关安全管理的规定，有刑法第一百三十四条之一规定情形之一，因而发生重大伤亡事故或者造成其他严重后果，构成刑法第一百三十四条、第一百三十五条至第一百三十九条等规定的重大责任事故罪、重大劳动安全事故罪、危险物品肇事罪、工程重大安全事故罪等犯罪的，依照该规定定罪处罚。

**第六条** 承担安全评价职责的中介组织的人员提供的证明文件有下列情形之一的，属于刑法第二百二十九条第一款规定的"虚假证明文件"：

（一）故意伪造的；

（二）在周边环境、主要建（构）筑物、工艺、装置、设备设施等重要内容上弄虚作假，导致与评价期间实际情况不符，影响评价结论的；

（三）隐瞒生产经营单位重大事故隐患及整改落实情况、主要灾害等级等情况，影响评价结论的；

（四）伪造、篡改生产经营单位相关信息、数据、技术报告或者结论等内容，影响评价结论的；

（五）故意采用存疑的第三方证明材料、监测检验报告，影响评价结论的；

（六）有其他弄虚作假行为，影响评价结论的情形。

生产经营单位提供虚假材料、影响评价结论，承担安全评价职责的中介组织的人员对评价结论与实际情况不符无主观故意的，不属于刑法第二百二十九条第一款规定的"故意提供虚假证明文件"。

有本条第二款情形，承担安全评价职责的中介组织的人员严重不负责任，导致出具的证明文件有重大失实，造成严重后果的，依照刑法第二百二十九条第三款的规定追究刑事责任。

**第七条** 承担安全评价职责的中介组织的人员故意提供虚假证明文件，有下列情形之一的，属于刑法第二百二十九条第一款规定的"情节严重"：

（一）造成死亡一人以上或者重伤三人以上安全事故的；

（二）造成直接经济损失五十万元以上安全事故的；

（三）违法所得数额十万元以上的；

（四）两年内因故意提供虚假证明文件受过两次以上行政处罚，又故意提供虚假证明文件的；

（五）其他情节严重的情形。

在涉及公共安全的重大工程、项目中提供虚假的安全评价文件，有下列情形之一的，属于刑法第二百二十九条第一款第三项规定的"致使公共财产、国家和人民利益遭受特别重大损失"：

（一）造成死亡三人以上或者重伤十人以上安全事故的；

（二）造成直接经济损失五百万元以上安全事故的；

（三）其他致使公共财产、国家和人民利益遭受特别重大损失的情形。

承担安全评价职责的中介组织的人员有刑法第二百二十九条第一款行为，在裁量刑罚时，应当考虑其行为手段、主观过错程度、对安全事故的发生所起作用大小及其获利情况、一贯表现等因素，综合评估社会危害性，依法裁量刑罚，确保罪责刑相适应。

**第八条** 承担安全评价职责的中介组织的人员，严重不负责任，出具的证明文件有重大失实，有下列情形之一的，属于刑法第二百二十九条第三款规定的"造成严重后果"：

（一）造成死亡一人以上或者重伤三人以上安全事故的；

（二）造成直接经济损失一百万元以上安全事故的；

（三）其他造成严重后果的情形。

**第九条** 承担安全评价职责的中介组织犯刑法第二百二十九条规定之罪的，对该中介组织判处罚金，并对其直接负责的主管人员和其他直接责任人员，依照本解释第七条、第八条的规定处罚。

**第十条** 有刑法第一百三十四条之一行为,积极配合公安机关或者负有安全生产监督管理职责的部门采取措施排除事故隐患,确有悔改表现,认罪认罚的,可以依法从宽处罚;犯罪情节轻微不需要判处刑罚的,可以不起诉或者免予刑事处罚;情节显著轻微危害不大的,不作为犯罪处理。

**第十一条** 有本解释规定的行为,被不起诉或者免予刑事处罚,需要给予行政处罚、政务处分或者其他处分的,依法移送有关主管机关处理。

**第十二条** 本解释自 2022 年 12 月 19 日起施行。最高人民法院、最高人民检察院此前发布的司法解释与本解释不一致的,以本解释为准。


## 中华人民共和国最高人民法院
## 中华人民共和国最高人民检察院
## 公 告

《最高人民法院、最高人民检察院关于办理强奸、猥亵未成年人刑事案件适用法律若干问题的解释》已于 2023 年 1 月 3 日由最高人民法院审判委员会第 1878 次会议、2023 年 3 月 2 日由最高人民检察院第十三届检察委员会第一百一十四次会议通过,现予公布,自 2023 年 6 月 1 日起施行。

2023 年 5 月 24 日


## 最高人民法院 最高人民检察院
## 关于办理强奸、猥亵未成年人刑事案件
## 适用法律若干问题的解释

法释〔2023〕3 号

为依法惩处强奸、猥亵未成年人犯罪,保护未成年人合法权益,根据《中华人民共和国刑法》等法律规定,现就办理此类刑事案件适用法律的若干问题解释如下:

**第一条** 奸淫幼女的,依照刑法第二百三十六条第二款的规定从重处罚。具有下列情形之一的,应当适用较重的从重处罚幅度:

(一)负有特殊职责的人员实施奸淫的;

（二）采用暴力、胁迫等手段实施奸淫的；
（三）侵入住宅或者学生集体宿舍实施奸淫的；
（四）对农村留守女童、严重残疾或者精神发育迟滞的被害人实施奸淫的；
（五）利用其他未成年人诱骗、介绍、胁迫被害人的；
（六）曾因强奸、猥亵犯罪被判处刑罚的。

强奸已满十四周岁的未成年女性，具有前款第一项、第三项至第六项规定的情形之一，或者致使被害人轻伤、患梅毒、淋病等严重性病的，依照刑法第二百三十六条第一款的规定定罪，从重处罚。

**第二条** 强奸已满十四周岁的未成年女性或者奸淫幼女，具有下列情形之一的，应当认定为刑法第二百三十六条第三款第一项规定的"强奸妇女、奸淫幼女情节恶劣"：

（一）负有特殊职责的人员多次实施强奸、奸淫的；
（二）有严重摧残、凌辱行为的；
（三）非法拘禁或者利用毒品诱骗、控制被害人的；
（四）多次利用其他未成年人诱骗、介绍、胁迫被害人的；
（五）长期实施强奸、奸淫的；
（六）奸淫精神发育迟滞的被害人致使怀孕的；
（七）对强奸、奸淫过程或者被害人身体隐私部位制作视频、照片等影像资料，以此胁迫对被害人实施强奸、奸淫，或者致使影像资料向多人传播，暴露被害人身份的；
（八）其他情节恶劣的情形。

**第三条** 奸淫幼女，具有下列情形之一的，应当认定为刑法第二百三十六条第三款第五项规定的"造成幼女伤害"：

（一）致使幼女轻伤的；
（二）致使幼女患梅毒、淋病等严重性病的；
（三）对幼女身心健康造成其他伤害的情形。

**第四条** 强奸已满十四周岁的未成年女性或者奸淫幼女，致使其感染艾滋病病毒的，应当认定为刑法第二百三十六条第三款第六项规定的"致使被害人重伤"。

**第五条** 对已满十四周岁不满十六周岁的未成年女性负有特殊职责的人员，与该未成年女性发生性关系，具有下列情形之一的，应当认定为刑法第二百三十六条之一规定的"情节恶劣"：

（一）长期发生性关系的；
（二）与多名被害人发生性关系的；
（三）致使被害人感染艾滋病病毒或者患梅毒、淋病等严重性病的；
（四）对发生性关系的过程或者被害人身体隐私部位制作视频、照片等影像资料，致使影像资料向多人传播，暴露被害人身份的；
（五）其他情节恶劣的情形。

**第六条** 对已满十四周岁的未成年女性负有特殊职责的人员，利用优势地位或者被害人孤立无援的境地，迫使被害人与其发生性关系的，依照刑法第二百三十六条的规定，以强奸罪定罪处罚。

**第七条** 猥亵儿童，具有下列情形之一的，应当认定为刑法第二百三十七条第三款第三项规定的"造成儿童伤害或者其他严重后果"：

（一）致使儿童轻伤以上的；

（二）致使儿童自残、自杀的；

（三）对儿童身心健康造成其他伤害或者严重后果的情形。

**第八条** 猥亵儿童，具有下列情形之一的，应当认定为刑法第二百三十七条第三款第四项规定的"猥亵手段恶劣或者有其他恶劣情节"：

（一）以生殖器侵入肛门、口腔或者以生殖器以外的身体部位、物品侵入被害人生殖器、肛门等方式实施猥亵的；

（二）有严重摧残、凌辱行为的；

（三）对猥亵过程或者被害人身体隐私部位制作视频、照片等影像资料，以此胁迫对被害人实施猥亵，或者致使影像资料向多人传播，暴露被害人身份的；

（四）采取其他恶劣手段实施猥亵或者有其他恶劣情节的情形。

**第九条** 胁迫、诱骗未成年人通过网络视频聊天或者发送视频、照片等方式，暴露身体隐私部位或者实施淫秽行为，符合刑法第二百三十七条规定的，以强制猥亵罪或者猥亵儿童罪定罪处罚。

胁迫、诱骗未成年人通过网络直播方式实施前款行为，同时符合刑法第二百三十七条、第三百六十五条的规定，构成强制猥亵罪、猥亵儿童罪、组织淫秽表演罪的，依照处罚较重的规定定罪处罚。

**第十条** 实施猥亵未成年人犯罪，造成被害人轻伤以上后果，同时符合刑法第二百三十四条或者第二百三十二条的规定，构成故意伤害罪、故意杀人罪的，依照处罚较重的规定定罪处罚。

**第十一条** 强奸、猥亵未成年人的成年被告人认罪认罚的，是否从宽处罚及从宽幅度应当从严把握。

**第十二条** 对强奸未成年人的成年被告人判处刑罚时，一般不适用缓刑。

对于判处刑罚同时宣告缓刑的，可以根据犯罪情况，同时宣告禁止令，禁止犯罪分子在缓刑考验期限内从事与未成年人有关的工作、活动，禁止其进入中小学校、幼儿园及其他未成年人集中的场所。确因本人就学、居住等原因，经执行机关批准的除外。

**第十三条** 对于利用职业便利实施强奸、猥亵未成年人等犯罪的，人民法院应当依法适用从业禁止。

**第十四条** 对未成年人实施强奸、猥亵等犯罪造成人身损害的，应当赔偿医疗费、护理费、交通费、营养费、住院伙食补助费等为治疗和康复支付的合理费用，以及因误工减少的收入。

根据鉴定意见、医疗诊断书等证明需要对未成年人进行精神心理治疗和康复，所需的相关费用，应当认定为前款规定的合理费用。

**第十五条** 本解释规定的"负有特殊职责的人员"，是指对未成年人负有监护、收养、看护、教育、医疗等职责的人员，包括与未成年人具有共同生活关系且事实上负有照顾、保护等职责的人员。

**第十六条** 本解释自2023年6月1日起施行。

## 中华人民共和国最高人民法院
## 公　告

《最高人民法院关于审理破坏森林资源刑事案件适用法律若干问题的解释》已于 2023 年 6 月 19 日由最高人民法院审判委员会第 1891 次会议通过，现予公布，自 2023 年 8 月 15 日起施行。

2023 年 8 月 13 日

## 最高人民法院
## 关于审理破坏森林资源刑事案件
## 适用法律若干问题的解释

法释〔2023〕8 号

为依法惩治破坏森林资源犯罪，保护生态环境，根据《中华人民共和国刑法》、《中华人民共和国刑事诉讼法》、《中华人民共和国森林法》等法律的有关规定，现就审理此类刑事案件适用法律的若干问题解释如下：

**第一条** 违反土地管理法规，非法占用林地，改变被占用林地用途，具有下列情形之一的，应当认定为刑法第三百四十二条规定的造成林地"毁坏"：

（一）在林地上实施建窑、建坟、建房、修路、硬化等工程建设的；

（二）在林地上实施采石、采砂、采土、采矿等活动的；

（三）在林地上排放污染物、堆放废弃物或者进行非林业生产、建设，造成林地被严重污染或者原有植被、林业生产条件被严重破坏的。

实施前款规定的行为，具有下列情形之一的，应当认定为刑法第三百四十二条规定的"数量较大，造成耕地、林地等农用地大量毁坏"：

（一）非法占用并毁坏公益林地五亩以上的；

（二）非法占用并毁坏商品林地十亩以上的；

（三）非法占用并毁坏的公益林地、商品林地数量虽未分别达到第一项、第二项规定标准，但按相应比例折算合计达到有关标准的；

（四）二年内曾因非法占用农用地受过二次以上行政处罚，又非法占用林地，数量达到第一项至第三项规定标准一半以上的。

**第二条** 违反国家规定，非法采伐、毁坏列入《国家重点保护野生植物名录》的野生植物，或者非法收购、运输、加工、出售明知是非法采伐、毁坏的上述植物及其制品，具有下列情形之一的，应当依照刑法第三百四十四条的规定，以危害国家重点保护植物罪定罪处罚：

（一）危害国家一级保护野生植物一株以上或者立木蓄积一立方米以上的；

（二）危害国家二级保护野生植物二株以上或者立木蓄积二立方米以上的；

（三）危害国家重点保护野生植物，数量虽未分别达到第一项、第二项规定标准，但按相应比例折算合计达到有关标准的；

（四）涉案国家重点保护野生植物及其制品价值二万元以上的。

实施前款规定的行为，具有下列情形之一的，应当认定为刑法第三百四十四条规定的"情节严重"：

（一）危害国家一级保护野生植物五株以上或者立木蓄积五立方米以上的；

（二）危害国家二级保护野生植物十株以上或者立木蓄积十立方米以上的；

（三）危害国家重点保护野生植物，数量虽未分别达到第一项、第二项规定标准，但按相应比例折算合计达到有关标准的；

（四）涉案国家重点保护野生植物及其制品价值二十万元以上的；

（五）其他情节严重的情形。

违反国家规定，非法采伐、毁坏古树名木，或者非法收购、运输、加工、出售明知是非法采伐、毁坏的古树名木及其制品，涉案树木未列入《国家重点保护野生植物名录》的，根据涉案树木的树种、树龄以及历史、文化价值等因素，综合评估社会危害性，依法定罪处罚。

**第三条** 以非法占有为目的，具有下列情形之一的，应当认定为刑法第三百四十五条第一款规定的"盗伐森林或者其他林木"：

（一）未取得采伐许可证，擅自采伐国家、集体或者他人所有的林木的；

（二）违反森林法第五十六条第三款的规定，擅自采伐国家、集体或者他人所有的林木的；

（三）在采伐许可证规定的地点以外采伐国家、集体或者他人所有的林木的。

不以非法占有为目的，违反森林法的规定，进行开垦、采石、采砂、采土或者其他活动，造成国家、集体或者他人所有的林木毁坏，符合刑法第二百七十五条规定的，以故意毁坏财物罪定罪处罚。

**第四条** 盗伐森林或者其他林木，涉案林木具有下列情形之一的，应当认定为刑法第三百四十五条第一款规定的"数量较大"：

（一）立木蓄积五立方米以上的；

（二）幼树二百株以上的；

（三）数量虽未分别达到第一项、第二项规定标准，但按相应比例折算合计达到有关标准的；

（四）价值二万元以上的。

实施前款规定的行为，达到第一项至第四项规定标准十倍、五十倍以上的，应当分别认定为刑法第三百四十五条第一款规定的"数量巨大"、"数量特别巨大"。

实施盗伐林木的行为，所涉林木系风倒、火烧、水毁或者林业有害生物等自然原因死亡或者严重毁损的，在决定应否追究刑事责任和裁量刑罚时，应当从严把握；情节显著轻微危害不大的，不作为犯罪处理。

**第五条** 具有下列情形之一的，应当认定为刑法第三百四十五条第二款规定的"滥伐森林或者其他林木"：

（一）未取得采伐许可证，或者违反采伐许可证规定的时间、地点、数量、树种、方式，任意采伐本单位或者本人所有的林木的；

（二）违反森林法第五十六条第三款的规定，任意采伐本单位或者本人所有的林木的；

（三）在采伐许可证规定的地点，超过规定的数量采伐国家、集体或者他人所有的林木的。

林木权属存在争议，一方未取得采伐许可证擅自砍伐的，以滥伐林木论处。

**第六条** 滥伐森林或者其他林木，涉案林木具有下列情形之一的，应当认定为刑法第三百四十五条第二款规定的"数量较大"：

（一）立木蓄积二十立方米以上的；

（二）幼树一千株以上的；

（三）数量虽未分别达到第一项、第二项规定标准，但按相应比例折算合计达到有关标准的；

（四）价值五万元以上的。

实施前款规定的行为，达到第一项至第四项规定标准五倍以上的，应当认定为刑法第三百四十五条第二款规定的"数量巨大"。

实施滥伐林木的行为，所涉林木系风倒、火烧、水毁或者林业有害生物等自然原因死亡或者严重毁损的，一般不以犯罪论处；确有必要追究刑事责任的，应当从宽处理。

**第七条** 认定刑法第三百四十五条第三款规定的"明知是盗伐、滥伐的林木"，应当根据涉案林木的销售价格、来源以及收购、运输行为违反有关规定等情节，结合行为人的职业要求、经历经验、前科情况等作出综合判断。

具有下列情形之一的，可以认定行为人明知是盗伐、滥伐的林木，但有相反证据或者能够作出合理解释的除外：

（一）收购明显低于市场价格出售的林木的；

（二）木材经营加工企业伪造、涂改产品或者原料出入库台账的；

（三）交易方式明显不符合正常习惯的；

（四）逃避、抗拒执法检查的；

（五）其他足以认定行为人明知的情形。

**第八条** 非法收购、运输明知是盗伐、滥伐的林木，具有下列情形之一的，应当认定为刑法第三百四十五条第三款规定的"情节严重"：

（一）涉案林木立木蓄积二十立方米以上的；

（二）涉案幼树一千株以上的；

（三）涉案林木数量虽未分别达到第一项、第二项规定标准，但按相应比例折算合计达到有关标准的；

（四）涉案林木价值五万元以上的；

（五）其他情节严重的情形。

实施前款规定的行为，达到第一项至第四项规定标准五倍以上或者具有其他特别严重情节的，应当认定为刑法第三百四十五条第三款规定的"情节特别严重"。

**第九条** 多次实施本解释规定的行为，未经处理，且依法应当追诉的，数量、数额累计计算。

**第十条** 伪造、变造、买卖采伐许可证，森林、林地、林木权属证书以及占用或者征用林地审核同意书等国家机关批准的林业证件、文件构成犯罪的，依照刑法第二百八十条第一款的规定，以伪造、变造、买卖国家机关公文、证件罪定罪处罚。

买卖允许进出口证明书等经营许可证明，同时构成刑法第二百二十五条、第二百八十条规定之罪的，依照处罚较重的规定定罪处罚。

**第十一条** 下列行为，符合刑法第二百六十四条规定的，以盗窃罪定罪处罚：

（一）盗窃国家、集体或者他人所有并已经伐倒的树木的；

（二）偷砍他人在自留地或者房前屋后种植的零星树木的。

非法实施采种、采脂、掘根、剥树皮等行为，符合刑法第二百六十四条规定的，以盗窃罪论处。在决定应否追究刑事责任和裁量刑罚时，应当综合考虑对涉案林木资源的损害程度以及行为人获利数额、行为动机、前科情况等情节；认为情节显著轻微危害不大的，不作为犯罪处理。

**第十二条** 实施破坏森林资源犯罪，具有下列情形之一的，从重处罚：

（一）造成林地或者其他农用地基本功能丧失或者遭受永久性破坏的；

（二）非法占用自然保护地核心保护区内的林地或者其他农用地的；

（三）非法采伐国家公园、国家级自然保护区内的林木的；

（四）暴力抗拒、阻碍国家机关工作人员依法执行职务，尚不构成妨害公务罪、袭警罪的；

（五）经行政主管部门责令停止违法行为后，继续实施相关行为的。

实施本解释规定的破坏森林资源行为，行为人系初犯，认罪认罚，积极通过补种树木、恢复植被和林业生产条件等方式修复生态环境，综合考虑涉案林地的类型、数量、生态区位或者涉案植物的种类、数量、价值，以及行为人获利数额、行为手段等因素，认为犯罪情节轻微的，可以免予刑事处罚；认为情节显著轻微危害不大的，不作为犯罪处理。

**第十三条** 单位犯刑法第三百四十二条、第三百四十四条、第三百四十五条规定之罪的，依照本解释规定的相应自然人犯罪的定罪量刑标准，对直接负责的主管人员和其他直接责任人员定罪处罚，并对单位判处罚金。

**第十四条** 针对国家、集体或者他人所有的国家重点保护植物和其他林木实施犯罪的违法所得及其收益，应当依法追缴或者责令退赔。

**第十五条** 组织他人实施本解释规定的破坏森林资源犯罪的，应当按照其组织实施的全部罪行处罚。

对于受雇佣为破坏森林资源犯罪提供劳务的人员，除参与利润分成或者领取高额固定工资的以外，一般不以犯罪论处，但曾因破坏森林资源受过处罚的除外。

第十六条　对于实施本解释规定的相关行为未被追究刑事责任的行为人，依法应当给予行政处罚、政务处分或者其他处分的，移送有关主管机关处理。

第十七条　涉案国家重点保护植物或者其他林木的价值，可以根据销赃数额认定；无销赃数额，销赃数额难以查证，或者根据销赃数额认定明显不合理的，根据市场价格认定。

第十八条　对于涉案农用地类型、面积，国家重点保护植物或者其他林木的种类、立木蓄积、株数、价值，以及涉案行为对森林资源的损害程度等问题，可以由林业主管部门、侦查机关依据现场勘验、检查笔录等出具认定意见；难以确定的，依据鉴定机构出具的鉴定意见或者下列机构出具的报告，结合其他证据作出认定：

（一）价格认证机构出具的报告；
（二）国务院林业主管部门指定的机构出具的报告；
（三）地、市级以上人民政府林业主管部门出具的报告。

第十九条　本解释所称"立木蓄积"的计算方法为：原木材积除以该树种的出材率。

本解释所称"幼树"，是指胸径五厘米以下的树木。

滥伐林木的数量，应当在伐区调查设计允许的误差额以上计算。

第二十条　本解释自2023年8月15日起施行。本解释施行后，《最高人民法院关于滥伐自己所有权的林木其林木应如何处理的问题的批复》（法复〔1993〕5号）、《最高人民法院关于审理破坏森林资源刑事案件具体应用法律若干问题的解释》（法释〔2000〕36号）、《最高人民法院关于在林木采伐许可证规定的地点以外采伐本单位或者本人所有的森林或者其他林木的行为如何适用法律问题的批复》（法释〔2004〕3号）、《最高人民法院关于审理破坏林地资源刑事案件具体应用法律若干问题的解释》（法释〔2005〕15号）同时废止；之前发布的司法解释与本解释不一致的，以本解释为准。

# 民　商　事

## 中华人民共和国最高人民法院
## 公　　告

《最高人民法院关于涉外民商事案件管辖若干问题的规定》已于2022年8月16日由最高人民法院审判委员会第1872次会议通过，现予公布，自2023年1月1日起施行。

2022年11月14日

# 最高人民法院
# 关于涉外民商事案件管辖若干问题的规定

法释〔2022〕18号

为依法保护中外当事人合法权益，便利当事人诉讼，进一步提升涉外民商事审判质效，根据《中华人民共和国民事诉讼法》的规定，结合审判实践，制定本规定。

**第一条** 基层人民法院管辖第一审涉外民商事案件，法律、司法解释另有规定的除外。

**第二条** 中级人民法院管辖下列第一审涉外民商事案件：

（一）争议标的额大的涉外民商事案件。

北京、天津、上海、江苏、浙江、福建、山东、广东、重庆辖区中级人民法院，管辖诉讼标的额人民币4000万元以上（包含本数）的涉外民商事案件；

河北、山西、内蒙古、辽宁、吉林、黑龙江、安徽、江西、河南、湖北、湖南、广西、海南、四川、贵州、云南、西藏、陕西、甘肃、青海、宁夏、新疆辖区中级人民法院，解放军各战区、总直属军事法院，新疆维吾尔自治区高级人民法院生产建设兵团分院所辖各中级人民法院，管辖诉讼标的额人民币2000万元以上（包含本数）的涉外民商事案件。

（二）案情复杂或者一方当事人人数众多的涉外民商事案件。

（三）其他在本辖区有重大影响的涉外民商事案件。

法律、司法解释对中级人民法院管辖第一审涉外民商事案件另有规定的，依照相关规定办理。

**第三条** 高级人民法院管辖诉讼标的额人民币50亿元以上（包含本数）或者其他在本辖区有重大影响的第一审涉外民商事案件。

**第四条** 高级人民法院根据本辖区的实际情况，认为确有必要的，经报最高人民法院批准，可以指定一个或数个基层人民法院、中级人民法院分别对本规定第一条、第二条规定的第一审涉外民商事案件实行跨区域集中管辖。

依据前款规定实行跨区域集中管辖的，高级人民法院应及时向社会公布该基层人民法院、中级人民法院相应的管辖区域。

**第五条** 涉外民商事案件由专门的审判庭或合议庭审理。

**第六条** 涉外海事海商纠纷案件、涉外知识产权纠纷案件、涉外生态环境损害赔偿纠纷案件以及涉外环境民事公益诉讼案件，不适用本规定。

**第七条** 涉及香港、澳门特别行政区和台湾地区的民商事案件参照适用本规定。

**第八条** 本规定自2023年1月1日起施行。本规定施行后受理的案件适用本规定。

**第九条** 本院以前发布的司法解释与本规定不一致的，以本规定为准。

# 中华人民共和国最高人民法院
# 公 告

《最高人民法院关于成渝金融法院案件管辖的规定》已于 2022 年 9 月 19 日由最高人民法院审判委员会第 1875 次会议通过，现予公布，自 2023 年 1 月 1 日起施行。

2022 年 12 月 20 日

# 最高人民法院
# 关于成渝金融法院案件管辖的规定

法释〔2022〕20 号

为服务和保障成渝地区双城经济圈及西部金融中心建设，进一步明确成渝金融法院案件管辖的具体范围，根据《中华人民共和国民事诉讼法》《中华人民共和国行政诉讼法》《全国人民代表大会常务委员会关于设立成渝金融法院的决定》等规定，制定本规定。

**第一条** 成渝金融法院管辖重庆市以及四川省属于成渝地区双城经济圈范围内的应由中级人民法院受理的下列第一审金融民商事案件：

（一）证券、期货交易、营业信托、保险、票据、信用证、独立保函、保理、金融借款合同、银行卡、融资租赁合同、委托理财合同、储蓄存款合同、典当、银行结算合同等金融民商事纠纷；

（二）资产管理业务、资产支持证券业务、私募基金业务、外汇业务、金融产品销售和适当性管理、征信业务、支付业务及经有权机关批准的其他金融业务引发的金融民商事纠纷；

（三）涉金融机构的与公司有关的纠纷；

（四）以金融机构为债务人的破产纠纷；

（五）金融民商事纠纷的仲裁司法审查案件；

（六）申请认可和执行香港特别行政区、澳门特别行政区、台湾地区法院金融民商事纠纷的判决、裁定案件，以及申请承认和执行外国法院金融民商事纠纷的判决、裁定案件。

**第二条** 下列金融纠纷案件，由成渝金融法院管辖：

（一）境内投资者以发生在中华人民共和国境外的证券发行、交易活动或者期货和衍生品交易活动损害其合法权益为由向成渝金融法院提起的诉讼；

（二）境内个人或者机构以中华人民共和国境外金融机构销售的金融产品或者提供的金融服务损害其合法权益为由向成渝金融法院提起的诉讼。

**第三条** 以住所地在重庆市以及四川省属于成渝地区双城经济圈范围内依法设立的金融基础设施机构为被告或者第三人,与其履行职责相关的第一审金融民商事案件和涉金融行政案件,由成渝金融法院管辖。

**第四条** 重庆市以及四川省属于成渝地区双城经济圈范围内应由中级人民法院受理的对金融监管机构以及法律、法规、规章授权的组织,因履行金融监管职责作出的行政行为不服提起诉讼的第一审涉金融行政案件,由成渝金融法院管辖。

**第五条** 重庆市以及四川省属于成渝地区双城经济圈范围内基层人民法院涉及本规定第一条第一至三项的第一审金融民商事案件和第一审涉金融行政案件的上诉案件,由成渝金融法院审理。

**第六条** 重庆市以及四川省属于成渝地区双城经济圈范围内应由中级人民法院受理的金融民商事案件、涉金融行政案件的申请再审和再审案件,由成渝金融法院审理。

本规定施行前已生效金融民商事案件、涉金融行政案件的申请再审和再审案件,仍由原再审管辖法院审理。

**第七条** 成渝金融法院作出的第一审民商事案件和涉金融行政案件生效裁判,重庆市以及四川省属于成渝地区双城经济圈范围内应由中级人民法院执行的涉金融民商事纠纷的仲裁裁决,由成渝金融法院执行。

成渝金融法院执行过程中发生的执行异议案件、执行异议之诉案件,重庆市以及四川省属于成渝地区双城经济圈范围内基层人民法院涉金融案件执行过程中发生的执行复议案件、执行异议之诉上诉案件,由成渝金融法院审理。

**第八条** 当事人对成渝金融法院作出的第一审判决、裁定提起的上诉案件,由重庆市高级人民法院审理。

当事人对成渝金融法院执行过程中作出的执行异议裁定申请复议的案件,由重庆市高级人民法院审查。

**第九条** 成渝金融法院作出发生法律效力的判决、裁定和调解书的申请再审、再审案件,依法应由上一级人民法院管辖的,由重庆市高级人民法院审理。

**第十条** 重庆市以及四川省属于成渝地区双城经济圈范围内各中级人民法院在本规定施行前已经受理但尚未审结的金融民商事案件和涉金融行政案件,由该中级人民法院继续审理。

**第十一条** 本规定自 2023 年 1 月 1 日起施行。

# 中华人民共和国最高人民法院
## 公 告

《最高人民法院关于商品房消费者权利保护问题的批复》已于 2023 年 2 月 14 日由最高人民法院审判委员会第 1879 次会议通过,现予公布,自 2023 年 4 月 20 日起施行。

2023 年 4 月 20 日

# 最高人民法院
## 关于商品房消费者权利保护问题的批复

法释〔2023〕1号

河南省高级人民法院：

你院《关于明确房企风险化解中权利顺位问题的请示》（豫高法〔2023〕36号）收悉。就人民法院在审理房地产开发企业因商品房已售逾期难交付引发的相关纠纷案件中涉及的商品房消费者权利保护问题，经研究，批复如下：

一、建设工程价款优先受偿权、抵押权以及其他债权之间的权利顺位关系，按照《最高人民法院关于审理建设工程施工合同纠纷案件适用法律问题的解释（一）》第三十六条的规定处理。

二、商品房消费者以居住为目的购买房屋并已支付全部价款，主张其房屋交付请求权优先于建设工程价款优先受偿权、抵押权以及其他债权的，人民法院应当予以支持。

只支付了部分价款的商品房消费者，在一审法庭辩论终结前已实际支付剩余价款的，可以适用前款规定。

三、在房屋不能交付且无实际交付可能的情况下，商品房消费者主张价款返还请求权优先于建设工程价款优先受偿权、抵押权以及其他债权的，人民法院应当予以支持。

## 中华人民共和国最高人民法院
## 公　　告

《最高人民法院关于公司解散纠纷案件受理费收费标准的批复》已于2023年7月17日经最高人民法院审判委员会第1896次会议通过，现予公布，自2023年9月22日起施行。

2023年9月22日

## 最高人民法院
## 关于公司解散纠纷案件受理费收费标准的批复

法释〔2023〕9 号

福建省高级人民法院：

你院《关于公司解散纠纷案件受理费收取标准的请示》收悉。经研究，批复如下：

同意你院审判委员会第二种意见，公司解散纠纷应当按照非财产案件确定受理费收费标准。公司强制清算案件的申请费以强制清算财产总额为基数，按照财产案件受理费标准减半计算。

# 环 境 资 源

## 中华人民共和国最高人民法院
## 公　　告

《最高人民法院关于具有专门知识的人民陪审员参加环境资源案件审理的若干规定》已于 2023 年 4 月 17 日由最高人民法院审判委员会第 1885 次会议通过，现予公布，自 2023 年 8 月 1 日起施行。

2023 年 7 月 26 日

## 最高人民法院
## 关于具有专门知识的人民陪审员参加环境资源
## 案件审理的若干规定

法释〔2023〕4 号

为依法妥善审理环境资源案件，规范和保障具有专门知识的人民陪审员参加环境资源案件审判活动，根据《中华人民共和国刑事诉讼法》《中华人民共和国民事诉讼法》《中华人民共和国行政诉讼法》《中华人民共和国人民陪审员法》等法律的规定，结合环境资源案件特点和审判实际，制定本规定。

**第一条** 人民法院审理的第一审环境资源刑事、民事、行政案件，符合人民陪审员法第十五条规定，且案件事实涉及复杂专门性问题的，由不少于一名具有专门知识的人民陪审员参加合议庭审理。

前款规定外的第一审环境资源案件，人民法院认为有必要的，可以由具有专门知识的人民陪审员参加合议庭审理。

**第二条** 符合下列条件的人民陪审员，为本规定所称具有专门知识的人民陪审员：

（一）具有环境资源领域专门知识；

（二）在环境资源行政主管部门、科研院所、高等院校、企业、社会组织等单位从业三年以上。

**第三条** 人民法院参与人民陪审员选任，可以根据环境资源审判活动需要，结合案件类型、数量等特点，协商司法行政机关确定一定数量具有专门知识的人民陪审员候选人。

**第四条** 具有专门知识的人民陪审员任期届满后，人民法院认为有必要的，可以商请本人同意后协商司法行政机关经法定程序再次选任。

**第五条** 需要具有专门知识的人民陪审员参加案件审理的，人民法院可以根据环境资源案件的特点和具有专门知识的人民陪审员选任情况，在符合专业需求的人民陪审员名单中随机抽取确定。

**第六条** 基层人民法院可以根据环境资源案件审理的需要，协商司法行政机关选任具有专门知识的人民陪审员。

设立环境资源审判专门机构的基层人民法院，应当协商司法行政机关选任具有专门知识的人民陪审员。

设立环境资源审判专门机构的中级人民法院，辖区内基层人民法院均未设立环境资源审判专门机构的，应当指定辖区内不少于一家基层人民法院协商司法行政机关选任具有专门知识的人民陪审员。

**第七条** 基层人民法院审理的环境资源案件，需要具有专门知识的人民陪审员参加合议庭审理的，组成不少于一名具有专门知识的人民陪审员参加的三人合议庭。

基层人民法院审理的可能判处十年以上有期徒刑且社会影响重大的环境资源刑事案件，以及环境行政公益诉讼案件，需要具有专门知识的人民陪审员参加合议庭审理的，组成不少于一名具有专门知识的人民陪审员参加的七人合议庭。

**第八条** 中级人民法院审理的环境民事公益诉讼案件、环境行政公益诉讼案件、生态环境损害赔偿诉讼案件以及其他具有重大社会影响的环境污染防治、生态保护、气候变化应对、资源开发利用、生态环境治理与服务等案件，需要具有专门知识的人民陪审员参加合议庭审理的，组成不少于一名具有专门知识的人民陪审员参加的七人合议庭。

**第九条** 实行环境资源案件跨区域集中管辖的中级人民法院审理第一审环境资源案件，需要具有专门知识的人民陪审员参加合议庭审理的，可以从环境资源案件集中管辖区域内基层人民法院具有专门知识的人民陪审员名单中随机抽取确定。

**第十条** 铁路运输法院等没有对应同级人民代表大会的法院审理第一审环境资源案

件，需要具有专门知识的人民陪审员参加合议庭审理的，在其所在地级市辖区或案件管辖区域内基层人民法院具有专门知识的人民陪审员名单中随机抽取确定。

第十一条 符合法律规定的审判人员应当回避的情形，或所在单位与案件有利害关系的，具有专门知识的人民陪审员应当自行回避。当事人也可以申请具有专门知识的人民陪审员回避。

第十二条 审判长应当依照人民陪审员法第二十条的规定，对具有专门知识的人民陪审员参加的下列工作，重点进行指引和提示：

（一）专门性事实的调查；
（二）就是否进行证据保全、行为保全提出意见；
（三）庭前会议、证据交换和勘验；
（四）就是否委托司法鉴定，以及鉴定事项、范围、目的和期限提出意见；
（五）生态环境修复方案的审查；
（六）环境民事公益诉讼案件、生态环境损害赔偿诉讼案件的调解、和解协议的审查。

第十三条 具有专门知识的人民陪审员参加环境资源案件评议时，应当就案件事实涉及的专门性问题发表明确意见。

具有专门知识的人民陪审员就该专门性问题发表的意见与合议庭其他成员不一致的，合议庭可以将案件提请院长决定是否提交审判委员会讨论决定。有关情况应当记入评议笔录。

第十四条 具有专门知识的人民陪审员可以参与监督生态环境修复、验收和修复效果评估。

第十五条 具有专门知识的人民陪审员参加环境资源案件的审理，本规定没有规定的，适用《最高人民法院关于适用〈中华人民共和国人民陪审员法〉若干问题的解释》的规定。

第十六条 本规定自 2023 年 8 月 1 日起施行。

# 中华人民共和国最高人民法院
## 公 告

《最高人民法院关于审理生态环境侵权责任纠纷案件适用法律若干问题的解释》已于 2023 年 6 月 5 日由最高人民法院审判委员会第 1890 次会议通过，现予公布，自 2023 年 9 月 1 日起施行。

2023 年 8 月 14 日

# 最高人民法院
# 关于审理生态环境侵权责任纠纷案件适用法律若干问题的解释

法释〔2023〕5号

为正确审理生态环境侵权责任纠纷案件，依法保护当事人合法权益，根据《中华人民共和国民法典》《中华人民共和国民事诉讼法》《中华人民共和国环境保护法》等法律的规定，结合审判实践，制定本解释。

**第一条** 侵权人因实施下列污染环境、破坏生态行为造成他人人身、财产损害，被侵权人请求侵权人承担生态环境侵权责任的，人民法院应予支持：

（一）排放废气、废水、废渣、医疗废物、粉尘、恶臭气体、放射性物质等污染环境的；

（二）排放噪声、振动、光辐射、电磁辐射等污染环境的；

（三）不合理开发利用自然资源的；

（四）违反国家规定，未经批准，擅自引进、释放、丢弃外来物种的；

（五）其他污染环境、破坏生态的行为。

**第二条** 因下列污染环境、破坏生态引发的民事纠纷，不作为生态环境侵权案件处理：

（一）未经由大气、水、土壤等生态环境介质，直接造成损害的；

（二）在室内、车内等封闭空间内造成损害的；

（三）不动产权利人在日常生活中造成相邻不动产权利人损害的；

（四）劳动者在职业活动中受到损害的。

前款规定的情形，依照相关法律规定确定民事责任。

**第三条** 不动产权利人因经营活动污染环境、破坏生态造成相邻不动产权利人损害，被侵权人请求其承担生态环境侵权责任的，人民法院应予支持。

**第四条** 污染环境、破坏生态造成他人损害，行为人不论有无过错，都应当承担侵权责任。

行为人以外的其他责任人对损害发生有过错的，应当承担侵权责任。

**第五条** 两个以上侵权人分别污染环境、破坏生态造成同一损害，每一个侵权人的行为都足以造成全部损害，被侵权人根据民法典第一千一百七十一条的规定请求侵权人承担连带责任的，人民法院应予支持。

**第六条** 两个以上侵权人分别污染环境、破坏生态，每一个侵权人的行为都不足以造成全部损害，被侵权人根据民法典第一千一百七十二条的规定请求侵权人承担责任的，人民法院应予支持。

侵权人主张其污染环境、破坏生态行为不足以造成全部损害的，应当承担相应举证责任。

**第七条** 两个以上侵权人分别污染环境、破坏生态，部分侵权人的行为足以造成全部损害，部分侵权人的行为只造成部分损害，被侵权人请求足以造成全部损害的侵权人对全部损害承担责任，并与其他侵权人就共同造成的损害部分承担连带责任的，人民法院应予支持。

被侵权人依照前款规定请求足以造成全部损害的侵权人与其他侵权人承担责任的，受偿范围应以侵权行为造成的全部损害为限。

**第八条** 两个以上侵权人分别污染环境、破坏生态，部分侵权人能够证明其他侵权人的侵权行为已先行造成全部或者部分损害，并请求在相应范围内不承担责任或者减轻责任的，人民法院应予支持。

**第九条** 两个以上侵权人分别排放的物质相互作用产生污染物造成他人损害，被侵权人请求侵权人承担连带责任的，人民法院应予支持。

**第十条** 为侵权人污染环境、破坏生态提供场地或者储存、运输等帮助，被侵权人根据民法典第一千一百六十九条的规定请求行为人与侵权人承担连带责任的，人民法院应予支持。

**第十一条** 过失为侵权人污染环境、破坏生态提供场地或者储存、运输等便利条件，被侵权人请求行为人承担与过错相适应责任的，人民法院应予支持。

前款规定的行为人存在重大过失的，依照本解释第十条的规定处理。

**第十二条** 排污单位将所属的环保设施委托第三方治理机构运营，第三方治理机构在合同履行过程中污染环境造成他人损害，被侵权人请求排污单位承担侵权责任的，人民法院应予支持。

排污单位依照前款规定承担责任后向有过错的第三方治理机构追偿的，人民法院应予支持。

**第十三条** 排污单位将污染物交由第三方治理机构集中处置，第三方治理机构在合同履行过程中污染环境造成他人损害，被侵权人请求第三方治理机构承担侵权责任的，人民法院应予支持。

排污单位在选任、指示第三方治理机构中有过错，被侵权人请求排污单位承担相应责任的，人民法院应予支持。

**第十四条** 存在下列情形之一的，排污单位与第三方治理机构应当根据民法典第一千一百六十八条的规定承担连带责任：

（一）第三方治理机构按照排污单位的指示，违反污染防治相关规定排放污染物的；

（二）排污单位将明显存在缺陷的环保设施交由第三方治理机构运营，第三方治理机构利用该设施违反污染防治相关规定排放污染物的；

（三）排污单位以明显不合理的价格将污染物交由第三方治理机构处置，第三方治理机构违反污染防治相关规定排放污染物的；

（四）其他应当承担连带责任的情形。

**第十五条** 公司污染环境、破坏生态，被侵权人请求股东承担责任，符合公司法第二十条规定情形的，人民法院应予支持。

**第十六条** 侵权人污染环境、破坏生态造成他人损害，被侵权人请求未尽到安全保障义务的经营场所、公共场所的经营者、管理者或者群众性活动的组织者承担相应补充责任的，人民法院应予支持。

**第十七条** 依照法律规定应当履行生态环境风险管控和修复义务的民事主体，未履行法定义务造成他人损害，被侵权人请求其承担相应责任的，人民法院应予支持。

**第十八条** 因第三人的过错污染环境、破坏生态造成他人损害，被侵权人请求侵权人或者第三人承担责任的，人民法院应予支持。

侵权人以损害是由第三人过错造成的为由，主张不承担责任或者减轻责任的，人民法院不予支持。

**第十九条** 因第三人的过错污染环境、破坏生态造成他人损害，被侵权人同时起诉侵权人和第三人承担责任，侵权人对损害的发生没有过错的，人民法院应当判令侵权人、第三人就全部损害承担责任。侵权人承担责任后有权向第三人追偿。

侵权人对损害的发生有过错的，人民法院应当判令侵权人就全部损害承担责任，第三人承担与其过错相适应的责任。侵权人承担责任后有权就第三人应当承担的责任份额向其追偿。

**第二十条** 被侵权人起诉第三人承担责任的，人民法院应当向被侵权人释明是否同时起诉侵权人。被侵权人不起诉侵权人的，人民法院应当根据民事诉讼法第五十九条的规定通知侵权人参加诉讼。

被侵权人仅请求第三人承担责任，侵权人对损害的发生也有过错的，人民法院应当判令第三人承担与其过错相适应的责任。

**第二十一条** 环境影响评价机构、环境监测机构以及从事环境监测设备和防治污染设施维护、运营的机构存在下列情形之一，被侵权人请求其与造成环境污染、生态破坏的其他责任人根据环境保护法第六十五条的规定承担连带责任的，人民法院应予支持：

（一）故意出具失实评价文件的；

（二）隐瞒委托人超过污染物排放标准或者超过重点污染物排放总量控制指标的事实的；

（三）故意不运行或者不正常运行环境监测设备或者防治污染设施的；

（四）其他根据法律规定应当承担连带责任的情形。

**第二十二条** 被侵权人请求侵权人赔偿因污染环境、破坏生态造成的人身、财产损害，以及为防止损害发生和扩大而采取必要措施所支出的合理费用的，人民法院应予支持。

被侵权人同时请求侵权人根据民法典第一千二百三十五条的规定承担生态环境损害赔偿责任的，人民法院不予支持。

**第二十三条** 因污染环境、破坏生态影响他人取水、捕捞、狩猎、采集等日常生活并造成经济损失，同时符合下列情形，请求人主张行为人承担责任的，人民法院应予支持：

（一）请求人的活动位于或者接近生态环境受损区域；

（二）请求人的活动依赖受损害生态环境；

（三）请求人的活动不具有可替代性或者替代成本过高；

（四）请求人的活动具有稳定性和公开性。

根据国家规定须经相关行政主管部门许可的活动，请求人在污染环境、破坏生态发生时未取得许可的,人民法院对其请求不予支持。

**第二十四条** 两个以上侵权人就污染环境、破坏生态造成的损害承担连带责任,实际承担责任超过自己责任份额的侵权人根据民法典第一百七十八条的规定向其他侵权人追偿的,人民法院应予支持。侵权人就惩罚性赔偿责任向其他侵权人追偿的,人民法院不予支持。

**第二十五条** 两个以上侵权人污染环境、破坏生态造成他人损害,人民法院应当根据行为有无许可,污染物的种类、浓度、排放量、危害性,破坏生态的方式、范围、程度,以及行为对损害后果所起的作用等因素确定各侵权人的责任份额。

两个以上侵权人污染环境、破坏生态承担连带责任,实际承担责任的侵权人向其他侵权人追偿的,依照前款规定处理。

**第二十六条** 被侵权人对同一污染环境、破坏生态行为造成损害的发生或者扩大有重大过失,侵权人请求减轻责任的,人民法院可以予以支持。

**第二十七条** 被侵权人请求侵权人承担生态环境侵权责任的诉讼时效期间,以被侵权人知道或者应当知道权利受到损害以及侵权人、其他责任人之日起计算。

被侵权人知道或者应当知道权利受到损害以及侵权人、其他责任人之日,侵权行为仍持续的,诉讼时效期间自行为结束之日起计算。

**第二十八条** 被侵权人以向负有环境资源监管职能的行政机关请求处理因污染环境、破坏生态造成的损害为由,主张诉讼时效中断的,人民法院应予支持。

**第二十九条** 本解释自2023年9月1日起施行。

本解释公布施行后,《最高人民法院关于审理环境侵权责任纠纷案件适用法律若干问题的解释》(法释〔2015〕12号)同时废止。

# 中华人民共和国最高人民法院
## 公 告

《最高人民法院关于生态环境侵权民事诉讼证据的若干规定》已于2023年4月17日由最高人民法院审判委员会第1885次会议通过,现予公布,自2023年9月1日起施行。

2023年8月14日

# 最高人民法院
## 关于生态环境侵权民事诉讼证据的若干规定

法释〔2023〕6号

为保证人民法院正确认定案件事实，公正、及时审理生态环境侵权责任纠纷案件，保障和便利当事人依法行使诉讼权利，保护生态环境，根据《中华人民共和国民法典》《中华人民共和国民事诉讼法》《中华人民共和国环境保护法》等有关法律规定，结合生态环境侵权民事案件审判经验和实际情况，制定本规定。

第一条　人民法院审理环境污染责任纠纷案件、生态破坏责任纠纷案件和生态环境保护民事公益诉讼案件，适用本规定。

生态环境保护民事公益诉讼案件，包括环境污染民事公益诉讼案件、生态破坏民事公益诉讼案件和生态环境损害赔偿诉讼案件。

第二条　环境污染责任纠纷案件、生态破坏责任纠纷案件的原告应当就以下事实承担举证责任：

（一）被告实施了污染环境或者破坏生态的行为；

（二）原告人身、财产受到损害或者有遭受损害的危险。

第三条　生态环境保护民事公益诉讼案件的原告应当就以下事实承担举证责任：

（一）被告实施了污染环境或者破坏生态的行为，且该行为违反国家规定；

（二）生态环境受到损害或者有遭受损害的重大风险。

第四条　原告请求被告就其污染环境、破坏生态行为支付人身、财产损害赔偿费用，或者支付民法典第一千二百三十五条规定的损失、费用的，应当就其主张的损失、费用的数额承担举证责任。

第五条　原告起诉请求被告承担环境污染、生态破坏责任的，应当提供被告行为与损害之间具有关联性的证据。

人民法院应当根据当事人提交的证据，结合污染环境、破坏生态的行为方式、污染物的性质、环境介质的类型、生态因素的特征、时间顺序、空间距离等因素，综合判断被告行为与损害之间的关联性是否成立。

第六条　被告应当就其行为与损害之间不存在因果关系承担举证责任。

被告主张不承担责任或者减轻责任的，应当就法律规定的不承担责任或者减轻责任的情形承担举证责任。

第七条　被告证明其排放的污染物、释放的生态因素、产生的生态影响未到达损害发生地，或者其行为在损害发生后才实施且未加重损害后果，或者存在其行为不可能导致损害发生的其他情形的，人民法院应当认定被告行为与损害之间不存在因果关系。

第八条　对于发生法律效力的刑事裁判、行政裁判因未达到证明标准未予认定的事实，在因同一污染环境、破坏生态行为提起的生态环境侵权民事诉讼中，人民法院根据有关事实和证据确信待证事实的存在具有高度可能性的，应当认定该事实存在。

**第九条** 对于人民法院在生态环境保护民事公益诉讼生效裁判中确认的基本事实，当事人在因同一污染环境、破坏生态行为提起的人身、财产损害赔偿诉讼中无需举证证明，但有相反证据足以推翻的除外。

**第十条** 对于可能损害国家利益、社会公共利益的事实，双方当事人未主张或者无争议，人民法院认为可能影响裁判结果的，可以责令当事人提供有关证据。

前款规定的证据，当事人申请人民法院调查收集，符合《最高人民法院关于适用〈中华人民共和国民事诉讼法〉的解释》第九十四条规定情形的，人民法院应当准许；人民法院认为有必要的，可以依职权调查收集。

**第十一条** 实行环境资源案件集中管辖的法院，可以委托侵权行为实施地、侵权结果发生地、被告住所地等人民法院调查收集证据。受委托法院应当在收到委托函次日起三十日内完成委托事项，并将调查收集的证据及有关笔录移送委托法院。

受委托法院未能完成委托事项的，应当向委托法院书面告知有关情况及未能完成的原因。

**第十二条** 当事人或者利害关系人申请保全环境污染、生态破坏相关证据的，人民法院应当结合下列因素进行审查，确定是否采取保全措施：

（一）证据灭失或者以后难以取得的可能性；
（二）证据对证明待证事实有无必要；
（三）申请人自行收集证据是否存在困难；
（四）有必要采取证据保全措施的其他因素。

**第十三条** 在符合证据保全目的的情况下，人民法院应当选择对证据持有人利益影响最小的保全措施，尽量减少对保全标的物价值的损害和对证据持有人生产、生活的影响。

确需采取查封、扣押等限制保全标的物使用的保全措施的，人民法院应当及时组织当事人对保全的证据进行质证。

**第十四条** 人民法院调查收集、保全或者勘验涉及环境污染、生态破坏专门性问题的证据，应当遵守相关技术规范。必要时，可以通知鉴定人到场，或者邀请负有环境资源保护监督管理职责的部门派员协助。

**第十五条** 当事人向人民法院提交证据后申请撤回该证据，或者声明不以该证据证明案件事实的，不影响其他当事人援引该证据证明案件事实以及人民法院对该证据进行审查认定。

当事人放弃使用人民法院依其申请调查收集或者保全的证据的，按照前款规定处理。

**第十六条** 对于查明环境污染、生态破坏案件事实的专门性问题，人民法院经审查认为有必要的，应当根据当事人的申请或者依职权委托具有相应资格的机构、人员出具鉴定意见。

**第十七条** 对于法律适用、当事人责任划分等非专门性问题，或者虽然属于专门性问题，但可以通过法庭调查、勘验等其他方式查明的，人民法院不予委托鉴定。

**第十八条** 鉴定人需要邀请其他机构、人员完成部分鉴定事项的，应当向人民法院提出申请。

人民法院经审查认为确有必要的，在听取双方当事人意见后，可以准许，并告知鉴定人对最终鉴定意见承担法律责任；主要鉴定事项由其他机构、人员实施的，人民法院不予准许。

**第十九条** 未经人民法院准许，鉴定人邀请其他机构、人员完成部分鉴定事项的，鉴定意见不得作为认定案件事实的根据。

前款情形，当事人申请退还鉴定费用的，人民法院应当在三日内作出裁定，责令鉴定人退还；拒不退还的，由人民法院依法执行。

**第二十条** 鉴定人提供虚假鉴定意见的，该鉴定意见不得作为认定案件事实的根据。人民法院可以依照民事诉讼法第一百一十四条的规定进行处理。

鉴定事项由其他机构、人员完成，其他机构、人员提供虚假鉴定意见的，按照前款规定处理。

**第二十一条** 因没有鉴定标准、成熟的鉴定方法、相应资格的鉴定人等原因无法进行鉴定，或者鉴定周期过长、费用过高的，人民法院可以结合案件有关事实、当事人申请的有专门知识的人的意见和其他证据，对涉及专门性问题的事实作出认定。

**第二十二条** 当事人申请有专门知识的人出庭，就鉴定意见或者污染物认定、损害结果、因果关系、生态环境修复方案、生态环境修复费用、生态环境受到损害至修复完成期间服务功能丧失导致的损失、生态环境功能永久性损害造成的损失等专业问题提出意见的，人民法院可以准许。

对方当事人以有专门知识的人不具备相应资格为由提出异议的，人民法院对该异议不予支持。

**第二十三条** 当事人就环境污染、生态破坏的专门性问题自行委托有关机构、人员出具的意见，人民法院应当结合本案的其他证据，审查确定能否作为认定案件事实的根据。

对方当事人对该意见有异议的，人民法院应当告知提供意见的当事人可以申请出具意见的机构或者人员出庭陈述意见；未出庭的，该意见不得作为认定案件事实的根据。

**第二十四条** 负有环境资源保护监督管理职责的部门在其职权范围内制作的处罚决定等文书所记载的事项推定为真实，但有相反证据足以推翻的除外。

人民法院认为有必要的，可以依职权对上述文书的真实性进行调查核实。

**第二十五条** 负有环境资源保护监督管理职责的部门及其所属或者委托的监测机构在行政执法过程中收集的监测数据、形成的事件调查报告、检验检测报告、评估报告等材料，以及公安机关单独或者会同负有环境资源保护监督管理职责的部门提取样品进行检测获取的数据，经当事人质证，可以作为认定案件事实的根据。

**第二十六条** 对于证明环境污染、生态破坏案件事实有重要意义的书面文件、数据信息或者录音、录像等证据在对方当事人控制之下的，承担举证责任的当事人可以根据《最高人民法院关于适用〈中华人民共和国民事诉讼法〉的解释》第一百一十二条的规定，书面申请人民法院责令对方当事人提交。

**第二十七条** 承担举证责任的当事人申请人民法院责令对方当事人提交证据的，应当提供有关证据的名称、主要内容、制作人、制作时间或者其他可以将有关证据特定化的信息。

根据申请人提供的信息不能使证据特定化的，人民法院不予准许。

人民法院应当结合申请人是否参与证据形成过程、是否接触过该证据等因素，综合判断其提供的信息是否达到证据特定化的要求。

第二十八条　承担举证责任的当事人申请人民法院责令对方当事人提交证据的，应当提出证据由对方当事人控制的依据。对方当事人否认控制有关证据的，人民法院应当根据法律规定、当事人约定、交易习惯等因素，结合案件的事实、证据作出判断。

有关证据虽未由对方当事人直接持有，但在其控制范围之内，其获取不存在客观障碍的，人民法院应当认定有关证据由其控制。

第二十九条　法律、法规、规章规定当事人应当披露或者持有的关于其排放的主要污染物名称、排放方式、排放浓度和总量、超标排放情况、防治污染设施的建设和运行情况、生态环境开发利用情况、生态环境违法信息等环境信息，属于《最高人民法院关于民事诉讼证据的若干规定》第四十七条第一款第三项规定的"对方当事人依照法律规定有权查阅、获取的书证"。

第三十条　在环境污染责任纠纷、生态破坏责任纠纷案件中，损害事实成立，但人身、财产损害赔偿数额难以确定的，人民法院可以结合侵权行为对原告造成损害的程度、被告因侵权行为获得的利益以及过错程度等因素，并可以参考负有环境资源保护监督管理职责的部门的意见等，合理确定。

第三十一条　在生态环境保护民事公益诉讼案件中，损害事实成立，但生态环境修复费用、生态环境受到损害至修复完成期间服务功能丧失导致的损失、生态环境功能永久性损害造成的损失等数额难以确定的，人民法院可以根据污染环境、破坏生态的范围和程度等已查明的案件事实，结合生态环境及其要素的稀缺性、生态环境恢复的难易程度、防治污染设备的运行成本、被告因侵权行为获得的利益以及过错程度等因素，并可以参考负有环境资源保护监督管理职责的部门的意见等，合理确定。

第三十二条　本规定未作规定的，适用《最高人民法院关于民事诉讼证据的若干规定》。

第三十三条　人民法院审理人民检察院提起的环境污染民事公益诉讼案件、生态破坏民事公益诉讼案件，参照适用本规定。

第三十四条　本规定自2023年9月1日起施行。

本规定公布施行后，最高人民法院以前发布的司法解释与本规定不一致的，不再适用。

# 知 识 产 权

## 中华人民共和国最高人民法院
## 公　　告

《最高人民法院关于修改〈最高人民法院关于知识产权法庭若干问题的规定〉的决定》已于2023年10月16日由最高人民法院审判委员会第1901次会议通过，现予公布，自2023年11月1日起施行。

2023年10月21日

## 最高人民法院
## 关于修改《最高人民法院关于知识产权法庭若干问题的规定》的决定

法释〔2023〕10号

最高人民法院审判委员会第1901次会议决定，对《最高人民法院关于知识产权法庭若干问题的规定》作如下修改：

一、将第二条修改为："知识产权法庭审理下列上诉案件：

（一）专利、植物新品种、集成电路布图设计授权确权行政上诉案件；

（二）发明专利、植物新品种、集成电路布图设计权属、侵权民事和行政上诉案件；

（三）重大、复杂的实用新型专利、技术秘密、计算机软件权属、侵权民事和行政上诉案件；

（四）垄断民事和行政上诉案件。

知识产权法庭审理下列其他案件：

（一）前款规定类型的全国范围内重大、复杂的第一审民事和行政案件；

（二）对前款规定的第一审民事和行政案件已经发生法律效力的判决、裁定、调解书依法申请再审、抗诉、再审等适用审判监督程序的案件；

（三）前款规定的第一审民事和行政案件管辖权争议，行为保全裁定申请复议，罚款、拘留决定申请复议，报请延长审限等案件；

（四）最高人民法院认为应当由知识产权法庭审理的其他案件。"

二、将第三条修改为："审理本规定第二条所称案件的下级人民法院应当按照规定及时向知识产权法庭移送纸质、电子卷宗。"

三、增加一条，作为第四条："知识产权法庭可以要求当事人披露涉案知识产权相关权属、侵权、授权确权等关联案件情况。当事人拒不如实披露的，可以作为认定其是否遵循诚实信用原则和构成滥用权利等的考量因素。"

四、将第八条改为第七条："知识产权法庭审理的案件的立案信息、合议庭组成人员、审判流程、裁判文书等依法公开。"

五、将第十一条改为第十条，将其中的"本规定第二条第一、二、三项所称第一审案件"改为"本规定第二条第一款规定类型的第一审民事和行政案件"。

六、删除第四条、第五条、第十二条、第十三条、第十四条。

七、其他条文序号作相应调整。

本决定自2023年11月1日起施行。

根据本决定，《最高人民法院关于知识产权法庭若干问题的规定》作相应修改后重新公布。

# 行政与国家赔偿

## 中华人民共和国最高人民法院
## 公　　告

《最高人民法院关于审理司法赔偿案件适用请求时效制度若干问题的解释》已于2023年4月3日由最高人民法院审判委员会第1883次会议通过，现予公布，自2023年6月1日起施行。

2023年5月23日

# 最高人民法院
# 关于审理司法赔偿案件适用请求时效制度若干问题的解释

法释〔2023〕2号

为正确适用国家赔偿请求时效制度的规定，保障赔偿请求人的合法权益，依照《中华人民共和国国家赔偿法》的规定，结合司法赔偿审判实践，制定本解释。

**第一条** 赔偿请求人向赔偿义务机关提出赔偿请求的时效期间为两年，自其知道或者应当知道国家机关及其工作人员行使职权时的行为侵犯其人身权、财产权之日起计算。

赔偿请求人知道上述侵权行为时，相关诉讼程序或者执行程序尚未终结的，请求时效期间自该诉讼程序或者执行程序终结之日起计算，但是本解释有特别规定的除外。

**第二条** 赔偿请求人以人身权受到侵犯为由，依照国家赔偿法第十七条第一项、第二项、第三项规定申请赔偿的，请求时效期间自其收到决定撤销案件、终止侦查、不起诉或者判决宣告无罪等终止追究刑事责任或者再审改判无罪的法律文书之日起计算。

办案机关未作出终止追究刑事责任的法律文书，但是符合《最高人民法院、最高人民检察院关于办理刑事赔偿案件适用法律若干问题的解释》第二条规定情形，赔偿请求人申请赔偿的，依法应当受理。

**第三条** 赔偿请求人以人身权受到侵犯为由，依照国家赔偿法第十七条第四项、第五项规定申请赔偿的，请求时效期间自其知道或者应当知道损害结果之日起计算；损害结果当时不能确定的，自损害结果确定之日起计算。

**第四条** 赔偿请求人以财产权受到侵犯为由，依照国家赔偿法第十八条第一项规定申请赔偿的，请求时效期间自其收到刑事诉讼程序或者执行程序终结的法律文书之日起计算，但是刑事诉讼程序或者执行程序终结之后办案机关对涉案财物尚未处理完毕的，请求时效期间自赔偿请求人知道或者应当知道其财产权受到侵犯之日起计算。

办案机关未作出刑事诉讼程序或者执行程序终结的法律文书，但是符合《最高人民法院、最高人民检察院关于办理刑事赔偿案件适用法律若干问题的解释》第三条规定情形，赔偿请求人申请赔偿的，依法应当受理。

赔偿请求人以财产权受到侵犯为由，依照国家赔偿法第十八条第二项规定申请赔偿的，请求时效期间自赔偿请求人收到生效再审刑事裁判文书之日起计算。

**第五条** 赔偿请求人以人身权或者财产权受到侵犯为由，依照国家赔偿法第三十八条规定申请赔偿的，请求时效期间自赔偿请求人收到民事、行政诉讼程序或者执行程序终结的法律文书之日起计算，但是下列情形除外：

（一）罚款、拘留等强制措施已被依法撤销的，请求时效期间自赔偿请求人收到撤销决定之日起计算；

（二）在民事、行政诉讼过程中，有殴打、虐待或者唆使、放纵他人殴打、虐待等行为，以及违法使用武器、警械，造成公民人身损害的，请求时效期间的计算适用本解释第三条的规定。

人民法院未作出民事、行政诉讼程序或者执行程序终结的法律文书，请求时效期间自赔偿请求人知道或者应当知道其人身权或者财产权受到侵犯之日起计算。

第六条　依照国家赔偿法第三十九条第一款规定，赔偿请求人被羁押等限制人身自由的期间，不计算在请求时效期间内。

赔偿请求人依照法律法规规定的程序向相关机关申请确认职权行为违法或者寻求救济的期间，不计算在请求时效期间内，但是相关机关已经明确告知赔偿请求人应当依法申请国家赔偿的除外。

第七条　依照国家赔偿法第三十九条第二款规定，在请求时效期间的最后六个月内，赔偿请求人因下列障碍之一，不能行使请求权的，请求时效中止：

（一）不可抗力；

（二）无民事行为能力人或者限制民事行为能力人没有法定代理人，或者法定代理人死亡、丧失民事行为能力、丧失代理权；

（三）其他导致不能行使请求权的障碍。

自中止时效的原因消除之日起满六个月，请求时效期间届满。

第八条　请求时效期间届满的，赔偿义务机关可以提出不予赔偿的抗辩。

请求时效期间届满，赔偿义务机关同意赔偿或者予以赔偿后，又以请求时效期间届满为由提出抗辩或者要求赔偿请求人返还赔偿金的，人民法院赔偿委员会不予支持。

第九条　赔偿义务机关以请求时效期间届满为由抗辩，应当在人民法院赔偿委员会作出国家赔偿决定前提出。

赔偿义务机关未按前款规定提出抗辩，又以请求时效期间届满为由申诉的，人民法院赔偿委员会不予支持。

第十条　人民法院赔偿委员会审理国家赔偿案件，不得主动适用请求时效的规定。

第十一条　请求时效期间起算的当日不计入，自下一日开始计算。

请求时效期间按照年、月计算，到期月的对应日为期间的最后一日；没有对应日的，月末日为期间的最后一日。

请求时效期间的最后一日是法定休假日的，以法定休假日结束的次日为期间的最后一日。

第十二条　本解释自2023年6月1日起施行。本解释施行后，案件尚在审理的，适用本解释；对本解释施行前已经作出生效赔偿决定的案件进行再审，不适用本解释。

第十三条　本院之前发布的司法解释与本解释不一致的，以本解释为准。

# 文 献

## 最高人民法院院长周强
## 对办好《中华人民共和国最高人民法院公报》
## 服务法治中国建设提出要求

  2023 年 1 月 16 日，中华人民共和国首席大法官、最高人民法院院长周强对办好《中华人民共和国最高人民法院公报》、服务法治中国建设提出要求。他指出：《中华人民共和国最高人民法院公报》是最高人民法院公开发布重要司法信息的权威载体。公报创办 38 年来特别是新时代 10 年来，始终坚持以习近平新时代中国特色社会主义思想为指导，深入贯彻习近平法治思想，紧紧围绕"努力让人民群众在每一个司法案件中感受到公平正义"的目标，及时发布司法解释、司法文件、指导性案例等重要文献，认真编选发布具有指导作用和典型意义的优秀裁判文书和案例，在总结审判经验、统一司法尺度、促进司法公开、宣传法院工作、扩大对外司法交流等方面发挥了重要作用。新时代新征程上，要全面贯彻党的二十大精神，深刻领悟"两个确立"的决定性意义，增强"四个意识"、坚定"四个自信"、做到"两个维护"，坚持党对司法工作的绝对领导，确保办刊的正确政治方向。要坚持以人民为中心的发展思想，编选刊载体现社会主义核心价值观、社会主义法治精神的典型司法裁判文书和案例，积极回应人民群众对公平正义的向往，服务加快建设法治社会。要坚持服务广大法官和审判实践，研究审判领域新情况新问题，不断增强刊发内容的权威性、专业性、指导性、实用性，服务严格公正司法、推进法治中国建设。

  中华人民共和国一级大法官、最高人民法院分管日常工作的副院长贺荣对最高人民法院公报工作提出要求，强调：进一步加强公报工作和队伍建设等，切实增强公报权威性，办好品牌。

# 最高人民法院
# 关于人民法院涉外审判工作情况的报告

——2022年10月28日在第十三届全国人民代表大会
常务委员会第三十七次会议上

**最高人民法院院长 周 强**

**全国人民代表大会常务委员会：**

根据本次会议安排，我代表最高人民法院报告党的十八大以来人民法院涉外审判工作情况，请审议。

党的十八大以来，以习近平同志为核心的党中央高度重视涉外法治工作。习近平总书记对加强涉外法治工作发表一系列重要讲话，明确提出统筹推进国内法治和涉外法治，为全面加强新时代涉外法治工作指明了方向、提供了根本遵循，推动我国涉外法治建设取得历史性成就。我国涉外法律法规体系不断健全，涉外执法司法质效持续提升，涉外法治保障和法律服务工作成效明显，涉外法治人才队伍日益壮大，开创了新时代涉外法治建设新局面，为维护国家主权、安全、发展利益提供了坚实法治保障。

人民法院涉外审判工作是涉外法治工作的重要组成部分，主要审理当事人、标的物、法律事实等具有涉外因素的案件，涵盖刑事、民商事、海事、知识产权、行政等各审判领域，以及外国法院判决、外国仲裁裁决的承认和执行等国际司法协助案件。因涉港澳台案件一般参照涉外审判程序处理，故这次一并报告有关工作情况。涉外审判工作的健康发展，对于维护国家主权、安全、发展利益，营造市场化法治化国际化营商环境，建设更高水平开放型经济新体制，推动构建相互尊重、公平正义、合作共赢的新型国际关系，推进国家治理体系和治理能力现代化具有十分重要的意义。

党的十八大以来，伴随我国高水平对外开放的持续推进，涉外审判工作呈现以下新特点：一是案件数量大幅攀升。全国法院受理的一审涉外民商事案件从2013年的1.48万件，增长到2021年的2.73万件。二是新类型案件不断涌现。随着经济发展、科技进步、国际分工日益深化，涉跨境电商、跨境破产、企业和资产跨境并购、金融衍生产品投资、中欧班列运单等新类型纠纷不断涌现，亟需明晰交易规则、规范行为界限、平衡各方权益。三是案件审理难度加大。因同一争议涉及多国平行诉讼而产生的管辖权国际冲突案件增多，案件审理涉及国际条约、国际惯例和准据法适用的情形增多，司法管辖权和法律适用等问题愈加复杂。四是案件影响力日益提升。涉及当事人已覆盖全球100多个国家和地区，国内国际关注度显著上升，对我外交工作大局和国际形象塑造发挥着重要作用。人民法院认真落实统筹推进国内法治和涉外法治要求，坚定不移贯彻对外开放的基本国策，加快推进涉外审判体系和审判能力现代化，我国涉外审判覆盖的国家和地区范围不断扩大，境外当事人主动选择中国法院管辖的案件日益增多，我国法院判决得到越来越多国家的承认和执行，在参与国际规则制定中发挥的作用更加凸显，涉外司法国际公信力和影响力持续提升，有力传递出新时代中国改革不停顿、开放不止步的坚定决心，在向第二个百年奋斗目标迈进的新征程中承担着越来越重要的历史使命。

## 一、党的十八大以来涉外审判工作情况及成效

在以习近平同志为核心的党中央坚强领导下，在全国人大及其常委会有力监督下，人民法院坚持以习近平新时代中国特色社会主义思想为指导，深入贯彻习近平法治思想，深刻领悟"两个确立"的决定性意义，增强"四个意识"、坚定"四个自信"、做到"两个维护"，牢牢坚持党对司法工作的绝对领导，坚定不移走中国特色社会主义法治道路，紧紧围绕"努力让人民群众在每一个司法案件中感受到公平正义"目标，坚持服务大局、司法为民、公正司法，依法公正高效审理各类涉外案件，深入推进涉外审判机制改革，加强涉外审判队伍建设，不断提升涉外审判质效。2013年至2022年6月，各级法院审结各类涉外、涉港澳台案件38.4万件。通过充分发挥涉外审判职能作用，为加快构建新发展格局、实现更高水平对外开放提供司法服务。

（一）全面贯彻总体国家安全观，切实维护国家主权、安全、发展利益

将涉外审判工作置于统筹国内国际两个大局、办好发展安全两件大事中谋划和推进，坚决维护国家主权、安全、发展利益。

依法严惩涉外犯罪。严厉打击敌对势力渗透、破坏、颠覆、分裂活动，依法严惩颠覆国家政权、煽动分裂国家等犯罪，坚决维护国家政治安全特别是政权安全、制度安全。严厉打击跨国跨境毒品、电信网络诈骗、偷运人口、赌博和洗钱等犯罪。积极配合做好境外追逃追赃，出台司法解释完善犯罪嫌疑人、被告人逃匿、死亡案件违法所得没收程序，让腐败分子无处藏身、违法所得无处隐匿。严格规范涉外刑事审判工作，实行外籍被告人律师辩护全覆盖，切实加强人权司法保障。

依法保护我海外投资利益。依法审理我国"走出去"企业在基础设施建设、经贸往来、产业投资、货物运输等方面涉外民商事案件，准确界定当事人权利义务，服务应对海外利益风险挑战。制定审理独立保函纠纷案件的司法解释，统一独立保函交易规则，保障我国金融机构和企业有序参与国际经济合作。

（二）积极营造市场化法治化国际化营商环境，服务更高水平对外开放

始终做改革开放的坚决拥护者和坚定践行者，坚持依法平等保护原则，确保中外当事人诉讼地位和诉讼权利平等、法律适用和法律保护平等，积极营造市场化法治化国际化营商环境。

依法平等保护中外投资者合法权益。全面贯彻外商投资法及其实施条例，制定完善配套司法解释，外商投资企业纠纷审理进入以"一法一条例两解释"为主干规范体系的新阶段。建立外商投资企业纠纷集中审理机制，以专业化促进审判质效提升。依法审理涉股东资格确认纠纷等外商投资企业纠纷案件，全面落实准入前国民待遇加负面清单制度，助力稳定中外投资者市场预期。

服务自由贸易试验区、自由贸易港建设。制定服务保障进一步扩大对外开放和自由贸易

试验区、海南自由贸易港、上海临港新片区、北京"两区"建设等意见，发布10个服务保障自由贸易试验区建设典型案例和12项亮点举措，优化自由贸易试验区、海南自由贸易港法治环境。各地法院积极探索设立自由贸易试验区专门审判机构或审判组织，推出多项改革创新成果。福建平潭法院"企业送达信息共享机制"、重庆两江新区（自贸区）法院"创新涉外商事诉讼、仲裁与调解一站式纠纷解决机制"分别入选国务院自贸试验区改革试点经验和"最佳实践案例"，北京法院"金融纠纷一站式、一体化、全链条多元化解机制"入选商务部国家服务业扩大开放综合示范区"最佳实践案例"。

维护公平竞争的市场秩序。出台适用企业破产法的规定、为改善营商环境提供司法保障的意见、全国法院民商事审判工作会议纪要等司法解释和规范性文件，统一法律适用标准，增强司法透明度和可预期性。高起点高标准设立上海金融法院、北京金融法院、成渝金融法院，提高金融审判专业化水平。贯彻新证券法域外适用条款规定，对在境外上市公司及境外其他金融产品和金融服务提供者损害境内投资者合法权益的证券、期货纠纷及其他金融纠纷实行跨区域集中管辖。

服务统筹经济发展和疫情防控。发布审理涉疫情涉外商事海事案件指导意见，服务稳外贸、稳外资、产业链供应链安全稳定和航运市场健康发展，被联合国贸法会法规判例法数据库收录。南京海事法院开通立案和调解"绿色通道"，用时27天在线成功调解一起持续5年的国际船舶建造合同纠纷。大连海事法院运用海事强制令帮助数百家进口冷链企业解决清关难题，降低疫情对进出口贸易的影响。多地海事法院在扣押拍卖外籍船舶过程中，对外籍船员开展人道主义援助并安全、高效遣返，为妥善处置疫情期间全球性海员换班或遣返难题、助力航运企业复工复产提供中国方案。

恪守国际条约、尊重国际惯例。制定审理涉外民商事案件适用国际条约和国际惯例的司法解释，准确适用国际条约和国际惯例审结一批具有规则意义、国际影响重大、推动法治进程的典型案例。最高人民法院在德国蒂森克虏伯冶金公司国际货物买卖合同纠纷案中清晰阐明《联合国国际货物销售合同公约》与准据法的关系，在"加百利"轮海难救助案中首次明确《1989年国际救助公约》及相关国内法条款的适用，在哥斯达黎加东方置业公司保函欺诈纠纷再审案中准确适用《见索即付保函统一规则》。我国司法案例已经成为丰富国际法实践的重要来源，联合国贸法会法规判例法数据库已收录我国司法案例36件。

准确适用准据法。坚持尊重当事人意思自治，严格依照涉外民事关系法律适用法确定准据法。2013年以来，人民法院在542件案件中准确适用域外法，涉及六大洲40余个国家和地区。最高人民法院审理的新加坡中华环保公司股东出资纠纷案，准确适用新加坡法律认定外方股东民事权利能力和民事行为能力，助力优化外商投资法治环境。江苏苏州中院审理的中钢钢铁有限公司股权代持纠纷案适用埃塞俄比亚法律认定股权变更登记事项，青岛海事法院审理的大宇株式会社船舶抵押合同纠纷案适用巴拿马法律认定船舶抵押权效力，北京海淀法院审理的沃尔特股权转让纠纷案适用芬兰法律认定预约合同效力。上海金融法院审理的马来西亚联昌银行新加坡分行涉外担保纠纷案，在查明新加坡法律的基础上，通过调解实现一揽子解决纠纷的多赢效果。

推进判决的跨境承认和执行。2013年以来，全国法院共审结申请承认与执行外国法院民商事判决案件7313件，涉及英国、美国、意大利、澳大利亚等近40个国家。第二届中国—东盟大法官论坛通过《南宁声明》，就中方倡导的"推定互惠"达成共识，实质推动区域内各国民商事判决相互承认和执行。江苏南京中院审理的高尔集团案首次适用互惠原则承认和执行新加坡法院商事判决，有力促进"一带一路"沿线国开展相关领域司法合作。我国涉外民商事判决得到德国、美国、新加坡、以色列、韩国等多国法院的承认和执行，浙江海宁法院作出的尖山光电公司破产重整裁定效力得到美国法院承认，使在美 1.5 亿元资产纳入中国法院破产重整程序。

（三）充分发挥海事司法职能作用，服务海洋强国战略实施

我国是海洋大国、贸易大国、航运大国，海事审判工作直接服务于外贸航运、海洋开发，事关维护国家司法主权、海洋权益。

切实维护国家海洋权益。制定海事诉讼管辖、海事法院受理案件范围和审理发生在我国管辖海域案件系列司法解释，对我国管辖海域全面行使司法管辖权。

服务海洋生态环境保护和海洋经济发展。制定扣押与拍卖船舶、审理海洋自然资源与生态环境损害赔偿纠纷案件、审理涉船员纠纷案件等司法解释，会同最高人民检察院出台办理海洋自然资源与生态环境公益诉讼案件的规定，发布海事审判典型案例 89 件，促进统一裁判尺度。天津、青岛、大连海事法院依法妥善审理 1743 件"康菲"溢油事故系列案，切实维护我国海洋权益和人民群众合法权益。上海海事法院依法扣押日本商船三井株式会社货轮，促使其履行我国法院生效判决，顺利执结国内外广泛关注的"中威"执行案，为这起跨世纪的涉外纠纷画上圆满句号。青岛海事法院妥善化解外籍"尼莉莎"轮扣押案，避免涉事各方巨额损失，外国当事人特意将船舶更名为"尊重"，向中国法治致敬。

大力推进国际海事司法中心建设。新设南京海事法院，形成包括 11 家海事法院、42 个派出法庭在内的全国海事审判组织体系，我国已成为世界上海事审判机构最齐全、受理海事案件最多的国家。常态化发布中英文版海事审判白皮书，上线中国海事审判网，服务海事审判工作发展，满足人民群众司法需求，传播中国法治声音。与高等院校、科研机构共建国际海事司法研究基地，推动海事司法理论与实务深度融合。朝鲜、韩国两国货船在非我国管辖海域发生碰撞后协议选择上海海事法院管辖，德国、瑞典等国当事人向青岛海事法院申请扣押利比里亚籍"狮子"轮并提起诉讼，越来越多与我国没有管辖连接点的案件当事人主动选择中国海事法院管辖，充分彰显了我国海事司法国际公信力与影响力。

（四）不断完善国际商事纠纷解决机制，服务共建"一带一路"高质量发展

认真落实党中央重大决策部署，积极探索国际商事争端解决机制和机构建设新路径，为高质量共建"一带一路"提供司法服务。

扎实推进国际商事法庭建设。最高人民法院在深圳、西安分别设立第一、第二国际商事法庭，上线国际商事法庭中英文双语网站，总访问量已突破 378 万人次，覆盖全球 149 个国家和地区。首创国际商事专家委员会制度，聘任来自 22 个国家及我国港澳台地区的 47 名专家委员，着力建设国际一流法律智库。出台 2 个服务保障"一带一路"建设意见，发布 3 批 28 件涉"一带一路"建设典型案例，完善相关法律适用规则。在苏州、北京、成都、长春、泉州、厦门、无锡、南宁等地法院设立国际商事法庭，努力建设国际商事纠纷解决新高地。

创新"一站式"国际商事纠纷多元化解决机制。建立诉讼与仲裁、调解有机衔接的

"一站式"国际商事纠纷多元化解决机制,建成立案、调解、证据交换等全流程线上纠纷解决服务平台,为中外当事人提供便捷、高效、低成本的法律服务。先后分两批确定10家国际商事仲裁机构和2家国际商事调解机构加入平台,首次实现和境外仲裁机构的机制衔接。北京四中院、苏州国际商事法庭、深圳前海法院等探索建设各具特色的纠纷多元化解决平台,完善诉讼与调解、仲裁对接机制,努力满足中外当事人司法需求。

促进仲裁健康发展。出台审理仲裁司法审查案件、办理仲裁裁决执行案件等司法解释,建立仲裁司法审查案件归口办理机制和报核制度,发布商事仲裁司法审查年度报告,规范司法审查程序,促进仲裁健康发展。2013年以来,全国法院审理司法审查案件超过11万件,依法审结一批具有规则意义和重大影响的案件。广东广州中院在审理美国布兰特伍德公司申请承认和执行国际商会仲裁院仲裁裁决案中,首次将境外仲裁机构在我国内地作出的仲裁裁决认定为我国涉外仲裁裁决,对于我国仲裁业务的对外开放和仲裁国际化发展具有标志意义。

充分发挥多元调解机制独特优势。会同中国侨联发布加快推进涉侨纠纷在线诉调对接工作的通知,建立"总对总"在线多元解纷机制,999家侨联调解组织、1712名调解员入驻人民法院调解平台。浙江青田法院立足侨情县情,构建"海内海外联动调解、线上线下多元共治"的涉侨纠纷多元化解格局。云南法院探索建立"国门调解"机制,设立14个国门诉讼服务站,配备双语法官192人,聘请双语调解员585人,推动简易涉侨纠纷就地化解。新疆高院积极推进中哈霍尔果斯国际边境合作中心联合纠纷化解平台建设。广西高院、海南一中院与中国国际贸易促进委员会调解中心签署合作备忘录,完善涉外商事纠纷联动调解机制。

(五)切实维护港澳台同胞合法权益,助力港澳融入国家发展大局和两岸融合发展

贯彻"一国两制"方针,充分发挥审判职能作用,切实维护港澳台同胞合法权益,为保持香港澳门长期繁荣稳定、推动两岸关系和平发展提供司法服务。

依法妥善审理涉港澳台案件。依法审理涉教育、就业、医疗、养老、住房、交通、旅游等领域案件,推动落实便利港澳台居民在内地学习、创业、就业、生活等各项政策制度,切实增进港澳台同胞获得感、幸福感和安全感。出台为深化两岸融合发展提供司法服务的36条措施,发布台胞权益保障十大典型案例,依法全面平等保护台湾同胞合法权益。广东高院发布4批80件粤港澳大湾区跨境纠纷典型案例,积极服务港澳融入国家发展大局。福建漳州中院设立涉台案件审判庭,成立台胞权益保障法官工作室,充分发挥台胞陪审员、台胞调解员、台企司法联络员作用,及时调处化解涉台纠纷,生动践行"两岸一家亲"理念。

深化区际司法协助互助。与香港、澳门签署13项司法协助安排和1项司法协助文件,健全区际民商事司法协助体系。其中,与香港就判决相互认可和执行签署3项司法协助安排,实现90%以上民商事判决得到相互认可和执行。与澳门建立司法协助网络互通平台,实现民商事案件送达取证全流程在线完成。与香港、澳门分别建立仲裁程序相互协助保全机制,与香港签署相互执行仲裁裁决的补充安排,发布10件相互执行仲裁裁决典型案例。出台司法解释认可和执行台湾地区法院民事判决、仲裁裁决,推进两岸生效判决与仲裁裁决的相互认可和执行。

服务港澳融入粤港澳大湾区建设。发布服务保障粤港澳大湾区、深圳建设社会主义先行

示范区、横琴粤澳深度合作区建设和深化前海深港现代服务业合作区改革开放等意见，推进司法规则衔接、机制对接，积极助力粤港澳大湾区建设。广东高院以"清单+台账"方式推动46项服务保障粤港澳大湾区建设改革措施落地见效，为港澳企业、居民在粤创新创业提供优质司法服务。支持港澳律师内地执业，广东深圳福田法院依法审理香港律师内地执业代理的首起案件。

完善涉港澳台纠纷多元化解机制。发布人民法院在线调解规则，明确符合条件的港澳台地区居民可以入驻人民法院调解平台，参与调解涉港澳台民商事纠纷。与国台办共建"总对总"涉台纠纷在线诉调对接机制，充分发挥一站式多元纠纷解决和诉讼服务体系成果优势，为台湾同胞提供普惠均等、便捷高效、智能精准的解纷服务。广东法院立足粤港澳大湾区"一国两制三法域"特点，聘任90名粤港澳资深退休法官、商事律师、法学专家等作为特邀调解员，全面参与跨境商事纠纷调解。支持香港建设亚太区国际法律及争议解决服务中心，推进粤港澳大湾区国际法律服务中心和国际商事争议解决中心建设。

深化海峡两岸暨港澳司法交流合作。健全海峡两岸暨香港澳门司法高层论坛、互访等交流机制，创设粤港澳大湾区案例研究基地、司法案例研讨会等合作新平台，深化司法交流互鉴。与香港、澳门分别签署加强交流合作的会谈纪要，统筹推进内地与港澳司法深度合作。持续推进国家法官学院与港澳高校合作办学项目，加强跨境法律人才培养培训。探索选任港澳台同胞、海外侨胞担任人民陪审员，支持港澳台同胞参与国家法治实践。设立港澳法律生内地实习项目，举办粤港澳大湾区青年法律人才研修班，推动港澳青年积极融入国家法治建设。

（六）深入实施涉外审判精品战略，加快推进涉外审判体系和审判能力现代化

坚持以改革破解难题，深入实施涉外审判精品战略，创新完善涉外审判机制，不断提高涉外审判质效和司法公信力。

优化涉外民商事案件管辖机制。发布第一审涉外民商事案件级别管辖标准及归口办理的通知，推动大部分涉外民商事案件下沉至中级、基层法院，由涉外审判庭或专门合议庭审理，形成以"特定管辖法院、专门审判机构、专业审判人员"为特征的专业化涉外审判格局。北京、海南等地法院根据当地实际建立涉外商事案件集中审理机制。广西南宁法院、北海海事法院设立涉东盟案件审判合议庭，集中审理涉东盟贸易纠纷和海事海商案件，积极服务构建更为紧密的中国—东盟命运共同体。

创新涉外送达机制。修改涉外民商事案件司法文书送达司法解释，进一步明确涉外送达规则，规范涉外送达工作。启用全国法院司法协助管理平台，与司法部民商事司法协助系统联网，实现送达案件跨部门在线转递、审查、查询功能，有效缩短涉外送达周期。多地法院制定涉外民商事案件送达指引，在不违反所在国法律的前提下，探索电子送达、当事人转交送达和委托律师、公证机构、海外侨团送达机制，有效提升涉外送达质效。

健全域外法查明机制。设立域外法查明统一平台，汇集五家域外法查明机构和国际商事专家委员资源，着力破解涉外审判实践中的域外法查明难问题。疫情期间，组织梳理全球60多个主要国家和地区不可抗力规则及案例，形成并发布7期研究报告。多地法院设立域外法查明专家库，推动域外法律库案例库建设，积极探索域外法查明有效路径。广东广州中院上线"域外法查明通"，深圳前海法院搭建"法院依法自主查明+香港地区陪审员和外

籍、港澳地区调解员参与查明+社会化专业力量协助查明"的立体化查明模式。重庆两江新区（自贸区）法院与中国—东盟法律研究中心联合发布《陆海新通道沿线国家法律查明机制指引》。

完善跨境诉讼服务机制。发布为跨境诉讼当事人提供网上立案服务规定，依托人民法院在线服务平台，为跨境诉讼当事人提供网上立案指引、查询、委托见证、登记立案等服务。多地法院结合实际需要，探索为外籍当事人提供英、葡、日等多语言诉讼服务。广东法院推广"AOL 授权见证通"，为 15 个国家和地区的 1743 件案件境外当事人在线办理委托见证手续，大幅降低当事人诉讼成本。福建福州中院通过"云法院智慧庭审系统"实现境内外五地连线，开庭审理一起跨国跨省、涉外涉侨民间借贷纠纷。

健全涉外审判人才培养机制。始终把党的政治建设摆在首位，坚持以党建带队建促审判，引导广大干警旗帜鲜明讲政治，不断提高政治判断力、政治领悟力、政治执行力，推进涉外审判队伍革命化、正规化、专业化、职业化建设。各地法院通过开展专题培训、挂职轮岗、业务交流等方式，大力培养选拔优秀涉外审判人才。积极推荐优秀涉外审判人才到国际组织和有关国家司法机构任职，1 名法官获聘联合国国际劳工组织行政法庭法官，填补了我国在国际劳工组织内部行政司法系统的任职"空白"。

（七）落实统筹推进国内法治和涉外法治要求，积极参与涉外法律规范体系建设

立足司法职能积极参与涉外立法工作，助力建设系统完备、衔接配套的涉外法律规范体系。

积极配合涉外立法。按照全国人大常委会部署，起草民事诉讼法涉外编草稿。向全国人大常委会报送建议修改海事诉讼特别程序法的报告，参与海商法修订工作，就海警法制定、海上交通安全法修订提出建议，推动完善特色鲜明、科学合理的海事法律体系。

健全涉外法律适用规则体系。高度重视统一涉外法律适用标准，2013 年以来制定涉外审判司法解释 31 个、规范性文件 9 个，发布指导性案例 12 件、典型案例 137 件。发布全国法院涉外商事海事审判工作座谈会会议纪要，对管辖、诉讼当事人、送达等涉外审判中的 111 个疑难问题作出明确规定，有效促进裁判尺度统一。福建法院依法妥善审理追索流失海外文物第一案"章公祖师"案，判令外籍被告人返还因被盗而流失海外的宋代肉身佛像，树立了通过司法途径追索流失海外文物的范例。

加强涉外法治研究。深入开展"一带一路"司法保障、企业"走出去"风险防范、自由贸易试验区建设司法保障、国际商事法庭建设等重大涉外法治课题研究，为服务国家重大战略实施提供智力支撑。围绕投资仲裁、跨境破产等问题加强研究并及时提出对策。设立最高人民法院"一带一路"司法研究中心，建立"一带一路"司法保障常态化调研指导机制。与高等院校、科研院所等合作，设立 15 家涉外司法研究基地，增强涉外法治研究的实效性。

（八）深化国际司法交流合作，服务推动构建人类命运共同体

坚持共商共建共享原则，深入开展国际司法交流合作，坚定维护以联合国为核心的国际体系、以国际法为基础的国际秩序、以联合国宪章宗旨和原则为基础的国际关系基本准则，不断提高我国在全球治理体系变革中的话语权和影响力。

加强国际司法交流。与 140 多个国家和地区的司法机构及 20 多个国际或区域性组织建立友好交往关系，签署 70 多个合作协议或备忘录，先后有 60 余位外国最高法院院长、首席

大法官到访中国法院。举办上合组织成员国最高法院院长会议、金砖国家首席大法官论坛、中国—东盟大法官论坛、中国—中东欧国家最高法院院长会议、中国与葡萄牙语国家最高法院院长会议、世界执行大会、世界互联网法治论坛、世界环境司法大会、数字经济法治论坛、丝绸之路（敦煌）司法合作国际论坛、海上丝绸之路（泉州）司法合作国际论坛等大型国际司法会议，推动形成多份成果性文件，有力促进司法交流合作，广泛凝聚法治共识。

深化国际司法协助。我国与82个国家缔结170项双边司法协助类条约，加入包含司法协助、引渡等内容的近30项国际公约，合作范围覆盖130多个国家。完善司法协助工作规范，2016年以来办结司法协助案件2.8万件。积极开展国际刑事司法合作，加强调查取证、引渡、被判刑人移管及违法所得查封、扣押、没收、返还等领域国际合作，共同惩治和预防跨国跨境犯罪。云南法院审理的湄公河中国船员遇害案，树立了国际刑事司法合作范例。

参与国际规则制定。积极参与国际法领域重要磋商谈判，2013年以来参加10项国际公约的履约审议、11项国际公约及示范法的谈判、40余项双边及多边司法协助协定的谈判。在海牙承认与执行外国民商事判决公约、联合国打击网络犯罪公约等国际公约制定中提出中国建议。积极参与海牙国际私法会议管辖权项目谈判，探索国际平行诉讼解决方案。参与联合国贸法会投资仲裁透明度、跨境破产、快速仲裁与国际和解协议、铁路运单议题以及司法出售船舶国际承认公约草案（"北京草案"）等国际公约、示范法和交易示范规则的磋商，为国际经贸规则完善贡献中国智慧。

讲好中国法治故事。举办国际商事专家委员会研讨会、中新法律和司法圆桌会议、中英司法圆桌会议、中法国际商事审判交流研讨会等专业会议，派员参加国际商事法院常设论坛、"一带一路"法治国际合作论坛等国际会议，讲好中国法治故事。与联合国开发计划署、环境规划署、世界知识产权组织、世界银行、欧盟等国际组织和德国、俄罗斯、巴西等国家深入开展司法项目合作，大力推进司法文明互学互鉴。与新加坡最高法院编纂出版《中国—新加坡"一带一路"国际商事审判案例选》，开展案例交流合作，凝聚共建"一带一路"共识。

总的看，党的十八大以来我国涉外审判工作取得显著成效，根本在于习近平总书记作为党中央的核心、全党的核心掌舵领航，在于习近平新时代中国特色社会主义思想科学指引。人民法院涉外审判工作积累了一些宝贵经验，主要是：一是坚持党的绝对领导。党的领导是我国涉外审判工作始终沿着正确方向前进的根本保证，涉外审判工作取得历史性发展，涉外法治建设开创新的局面，充分体现了党的领导的政治优势和体制优势。二是坚持服务"国之大者"。服务大局是涉外审判工作的职责使命，必须始终将涉外审判工作置于党和国家事业发展全局中谋划推进，落实依法平等保护原则，积极服务国家重大战略实施和高水平对外开放。三是坚持以人民为中心。以人民为中心是涉外审判工作的根本立场，必须坚持人民至上，始终把实现好、维护好、发展好最广大人民根本利益作为出发点和落脚点。四是坚持统筹发展和安全。统筹发展和安全是涉外审判工作的重要任务，必须树立底线思维，增强斗争精神，善于运用法治手段应对挑战、防范风险，维护和践行真正的多边主义，服务推动构建人类命运共同体。五是坚持改革创新。改革创新是涉外审判工作发展的不竭动力，必须秉持改革创新精神,深入实施精品战略,完善涉外法律适用规则体系,加快推进涉外审判体系和审判能力现代化。

## 二、当前涉外审判工作存在的问题和困难

结合全国人大监察和司法委员会调研报告反馈的问题,根据调研分析,当前涉外审判工作还存在以下问题和困难。

一是服务对外开放能力水平有待提升。当前,百年变局和世纪疫情交织,经济全球化遭遇逆流,世界进入新的动荡变革期,涉外法治工作面临的风险挑战增多。有的法院在贯彻新发展理念、服务构建新发展格局、推动高质量发展上思路不够开阔,服务对外工作大局的手段和方式还不够丰富。

二是涉外法律适用规则体系有待完善。对国际条约在国内法中的地位、跨境数据流动等国际法重大前沿问题,需要加强研究并及时提出立法建议。一些新类型案件裁判规则有待进一步确立,以统一法律适用标准。

三是涉外审判机制改革有待深化。涉外民商事案件管辖机制需要进一步完善。涉外案件在送达、域外调查取证、域外法查明、缩短审理周期等方面存在一些难题需要多措并举切实加以解决。目前涉港澳台案件参照涉外审判程序处理,导致港澳当事人在内地法院参与诉讼、涉港澳证据审查认定、港澳判决在内地的认可和执行等存在一定不便,不利于涉港澳纠纷的高效化解,制约了司法服务粤港澳大湾区建设作用发挥。

四是国际商事纠纷解决机制有待健全。国际商事专家委员职能作用还有很大发挥空间,"一站式"国际商事纠纷多元化解决机制还有待进一步健全。我国尚未制定商事调解法,在国内外有影响力的商事调解组织较少,难以满足当事人多元解纷需求。

五是涉外审判人才培养有待加强。涉外审判人才选拔、培养长效机制还不健全,与涉外审判工作发展需要不适应,高素质专业化涉外审判队伍建设成为紧迫任务。有的法院对于如何培养、使用涉外审判人才缺乏整体规划,人才梯队储备不足。随着涉外新类型和疑难复杂案件不断涌现,一些干警应对新情况新问题的能力不足,复合型国际化涉外审判人才仍存在较大缺口。

## 三、下一步的举措和建议

刚刚胜利闭幕的党的二十大,是在全党全国各族人民迈上全面建设社会主义现代化国家新征程、向第二个百年奋斗目标进军的关键时刻召开的一次十分重要的大会,对鼓舞和动员全党全国各族人民全面建设社会主义现代化国家、全面推进中华民族伟大复兴,夺取中国特色社会主义新胜利具有重大意义。新时代新征程,人民法院将坚持以习近平新时代中国特色社会主义思想为指导,深入学习贯彻习近平法治思想,全面贯彻党的二十大精神,认真贯彻党中央关于统筹推进国内法治和涉外法治的决策部署,奋力推进涉外审判工作高质量发展,切实维护国家主权、安全、发展利益,更好服务高水平对外开放、推动构建人类命运共同体,为全面建设社会主义现代化国家提供更加有力的司法服务。

一是坚持党的领导,确保涉外审判工作正确政治方向。将学习宣传贯彻党的二十大精神作为当前和今后一个时期首要政治任务,深刻领悟"两个确立"的决定性意义,增强"四个意识"、坚定"四个自信"、做到"两个维护",自觉站在党和国家工作全局的战略高

度，在更高水平、更广领域、更深层次上谋划和推进涉外审判工作。认真贯彻《中国共产党政法工作条例》，牢牢坚持党对司法工作的绝对领导，坚定不移走中国特色社会主义法治道路，把党的领导贯穿涉外审判工作全过程各方面，不折不扣贯彻落实党中央决策部署，积极服务党和国家对外工作大局。贯彻落实全过程人民民主，更加自觉接受人大监督，及时报告工作情况，认真听取代表意见建议，不断加强和改进涉外审判工作。

二是坚持问题导向，推动完善涉外法律适用规则体系。深入研究我国法律域外适用条款等问题，健全相关司法解释和配套规则。加强国际法前沿热点问题研究，夯实涉外法治理论基础，推动完善涉外法律适用规则体系。

三是坚持改革创新，不断提升涉外审判质效。结合四级法院审级职能定位改革和各地法院涉外审判工作实际，进一步优化涉外民商事案件管辖机制。持续创新涉外送达、域外调查取证和域外法查明机制，切实提高涉外审判质效，依法保护当事人诉讼权利。推进涉外审判工作与智慧法院建设深度融合，加强大数据、区块链、人工智能等前沿技术应用，构建中国特色、世界领先的互联网司法模式，努力创造更高水平的数字正义。

四是坚持目标引领，健全国际商事纠纷解决机制。细化国际商事专家委员会工作规则，充分发挥国际商事专家委员职能。坚持多元化、专业化、国际化的发展目标，健全"一站式"国际商事纠纷多元化解决机制，努力将我国建设成为国际商事纠纷解决的优选地。

五是实施人才强基计划，加强高素质专业化涉外审判队伍建设。立足长远、加强统筹，健全涉外审判人才引进、培养、选拔、使用、管理机制。建立新类型、疑难复杂涉外案件研讨机制和平台，促进提升涉外审判队伍整体能力水平。培养和储备一批既有大局观念又有国际视野，既通晓国内法律又熟悉国际法规则、善于处理涉外法律事务的优秀涉外审判人才。

六是坚持合作共赢，开创国际司法交流合作新局面。完善国际司法协助工作机制，提高信息化水平，不断提升国际司法协助质效。拓宽国际司法交流渠道，健全案例交换分享机制、法律适用交流机制、法官培养合作机制等，促进增进司法互信。拓展与有关国家及世界贸易组织、联合国国际贸易法委员会、国际法院等国际组织合作的广度和深度，积极参与全球治理体系改革和建设，推动构建更加公正合理的国际秩序。

针对当前涉外审判工作面临的问题和困难，提出以下建议：**一是**加快民事诉讼法涉外编的修法进程。适时将修订海事诉讼特别程序法纳入立法规划。修改全国人大常委会关于在沿海港口城市设立海事法院的决定，授权海事法院审理特定类型的海事刑事案件，有效维护我海洋权益。**二是**推动解决国际商事法庭运行中存在的瓶颈问题，促进提升我国国际商事争端解决机制和机构的国际竞争力。适时制定商事调解法，充分发挥调解机制优势，为我国国际商事争端解决机制蓬勃发展提供充分法律依据。**三是**授权广东等涉港澳案件集中的地方法院试行简化涉港澳民事诉讼程序，简化港澳诉讼主体证明手续及授权委托手续。**四是**推动建立健全立法机关、执法机关、司法机关、高等院校、科研院所、法律服务机构以及国际组织之间的涉外法治人才交流机制，加大复合型国际化涉外审判人才培养力度。

**委员长、各位副委员长、秘书长、各位委员、列席会议的各位代表，**全国人大常委会专门听取和审议人民法院关于涉外审判工作情况的报告，充分体现了对涉外审判的高度重视,全国法院和广大干警深受鼓舞。我们将在以习近平同志为核心的党中央坚强领导下,在全国人大及其常委会有力监督下,深入学习贯彻党的二十大精神,坚决执行全国人大及其常委会决定、决议,认真落实本次会议审议意见,进一步提高涉外审判工作水平,为实现中国式现代化、全面建设社会主义现代化国家提供有力司法服务。

## 第十四届全国人民代表大会第一次会议
## 关于最高人民法院工作报告的决议

(2023 年 3 月 13 日第十四届全国人民代表大会第一次会议通过)

第十四届全国人民代表大会第一次会议听取和审议了最高人民法院院长周强所作的工作报告。会议充分肯定最高人民法院过去五年的工作,同意报告提出的 2023 年工作建议,决定批准这个报告。

会议要求,最高人民法院要以习近平新时代中国特色社会主义思想为指导,深入贯彻习近平法治思想,全面贯彻党的二十大和二十届一中、二中全会精神,深刻领悟"两个确立"的决定性意义,增强"四个意识"、坚定"四个自信"、做到"两个维护",毫不动摇坚持党的绝对领导,坚持以人民为中心,坚持中国特色社会主义法治道路,践行全过程人民民主,忠实履行宪法法律赋予的职责,全面提升审判执行工作质效,深化司法体制综合配套改革,持续加强智慧法院建设,锻造过硬法院队伍,加快推进审判体系和审判能力现代化,全力维护国家政治安全、确保社会大局稳定、促进社会公平正义、保障人民安居乐业,为全面建设社会主义现代化国家、全面推进中华民族伟大复兴提供有力司法保障。

## 最高人民法院工作报告
——2023 年 3 月 7 日在第十四届全国人民代表大会第一次会议上

最高人民法院院长 周 强

各位代表:

现在,我代表最高人民法院,向大会报告工作,请予审议,并请全国政协各位委员提出意见。

### 过去五年的主要工作

2022 年是党和国家发展史上极为重要的一年,党的二十大胜利召开,擘画了全面建设社会主义现代化国家、以中国式现代化全面推进中华民族伟大复兴的宏伟蓝图。在以习近平同志为核心的党中央坚强领导下，在全国人大及其常委会有力监督下，全国法院围绕迎接党的二十大、学习宣传贯彻党的二十大精神，坚决筑牢政治忠诚，坚定维护安全稳定，依法服务发展大局，切实保障民生权益，深化司法体制改革，着力锻造法院铁军，各项工作稳中有进。最高人民法院受理案件18547件，审结13785件；地方各级人民法院和专门人民法院受理案件3370.4万件，审结、执结3081万件，结案标的额9.9万亿元。

党的十九大以来的五年，我们党团结带领人民有效应对严峻复杂的国际形势和接踵而至的巨大风险挑战，推动党和国家事业取得举世瞩目的重大成就。五年来，最高人民法院坚持以习近平新时代中国特色社会主义思想为指导，深入贯彻习近平法治思想，全面贯彻党的十九大和十九届历次全会精神，认真学习贯彻党的二十大精神，贯彻落实《中国共产党政法工作条例》，认真落实十三届全国人大历次会议决议，深刻领悟"两个确立"的决定性意义，增强"四个意识"、坚定"四个自信"、做到"两个维护"，紧紧围绕"努力让人民群众在每一个司法案件中感受到公平正义"目标，坚持服务大局、司法为民、公正司法，忠实履行宪法法律赋予的职责，推动人民法院工作实现新变革新发展。认真落实习近平主席特赦令和全国人大常委会特赦决定，在新中国成立70周年前夕依法裁定特赦罪犯23593人。2018年至2022年，最高人民法院受理案件14.9万件，审结14.5万件，比上一个五年分别上升81.4%和81.5%，制定司法解释114件，发布指导性案例119件，加强对全国法院审判工作监督指导；地方各级人民法院和专门人民法院受理案件1.47亿件，审结、执结1.44亿件，结案标的额37.3万亿元，比上一个五年分别上升64.9%、67.3%和84.7%。通过发挥审判职能作用，推动建设更高水平的平安中国、法治中国，为全面建成小康社会、全面建设社会主义现代化国家提供有力司法服务和保障。

**一、坚决维护国家安全、社会安定、人民安宁**

全面贯彻总体国家安全观，坚持宽严相济刑事政策，五年来审结一审刑事案件590.6万件，判处罪犯776.1万人。

坚决维护国家政治安全。严惩各种渗透颠覆破坏、暴力恐怖、民族分裂、宗教极端等犯罪，坚定维护国家政权安全、制度安全、意识形态安全。审理施正屏、李孟居、李亨利、沙塔尔·沙吾提等案件，严惩间谍、窃密、资助危害国家安全犯罪活动、妄图分裂国家的犯罪分子。依法反制非法制裁和"长臂管辖"，坚定捍卫国家主权、安全、发展利益。

坚决维护社会稳定。持续开展扫黑除恶斗争，依法审结涉黑涉恶案件3.9万件26.1万人。对孙小果、杜少平、陈辉民、黄鸿发等依法判处并执行死刑。"黑财"执行到位2461亿元。一批为害一方的"村霸"、"街霸"、"矿霸"被绳之以法。依法惩治涉疫犯罪，维护正常防疫秩序，优化调整司法政策。从严惩治暴力伤医、扰医、闹医等侵害医务人员权益的违法犯罪，切实维护救死扶伤的白衣天使安全和尊严。依法惩治袭警犯罪，让暴力抗法者付出代价。审结故意杀人、强奸、抢劫、绑架、放火、爆炸等严重暴力犯罪案件23.8万件27.4万人，审结毒品犯罪案件34.7万件44.2万人，对高承勇、张维平、陈宇萍等一批罪行极其严重的犯罪分子依法判处死刑。我国刑事犯罪案件、严重暴力犯罪案件总体呈持续下降态势，人民群众安全感显著增强。

依法惩治腐败犯罪。配合国家监察体制改革，完善监察执法与刑事司法衔接机制。审结贪污贿赂等职务犯罪案件11.9万件13.9万人。依法从严惩处孙政才等92名原中管干部，对赵正永、孙力军、王立科、傅政华、刘彦平等依法适用终身监禁，对赖小民依法判处并执行死刑，彰显党中央有腐必惩、有贪必肃的坚定决心。坚决惩治侵害群众利益的"蝇贪"、"蚁腐"，对挪用惠农资金、克扣征地补偿款、贪污危房改造补助等腐败犯罪严惩不贷。审结行贿犯罪案件1.2万件1.3万人，严惩多次行贿、巨额行贿、长期"围猎"干部的行贿犯罪。审理许超凡等外逃人员回国受审案件979件，对长期外逃的程三昌缺席审判，裁定没收张正欣、彭旭峰等死亡或外逃腐败分子境内外违法所得，追逃追赃"法网"越织越紧，对腐败分子产生极大震慑。

依法惩治信息网络犯罪。审结电信网络诈骗及关联犯罪案件22.6万件，千方百计帮助受骗群众挽回损失，"10·18"、"11·20"等一批特大跨境电信网络诈骗犯罪分子被绳之以法。依法惩治侵犯公民个人信息、帮助信息网络犯罪活动等犯罪，加大全链条打击力度。通过审理刷单返利、虚假理财、交友陷阱等网络诈骗案件，揭露花样翻新的诈骗套路，助力全民反诈。严厉打击网络赌博犯罪，对张宁宁等跨境赌博犯罪集团案被告人依法从严惩处。审理涉网络"水军"、网络"黑公关"等案件，严惩散布虚假信息、危害网络生态的犯罪行为，决不允许网络空间沦为法外之地。

依法惩治危害群众切身利益的犯罪。审结危害食品药品安全犯罪案件3万件4.6万人，严惩利欲熏心的造假者，对制售有毒有害食品的犯罪分子依法宣告从业禁止，守护百姓餐桌安全、用药安全。开展打击医保骗保犯罪专项行动，严惩幕后组织者和职业骗保人。严厉打击整治养老诈骗，审结"老庆祥"、"夕阳红"、"长者屋"等针对老年人的非法集资案件，判处罪犯4523人，追赃挽损31.9亿元，守护群众养老钱。

依法维护公共安全。审结危害生产安全犯罪案件1.1万件2万人，对一批重特大生产安全事故责任人依法判处重刑，维护人民群众生命财产安全。针对高空抛物、偷盗窨井盖、妨害安全驾驶等公众担忧的安全问题，出台司法政策，促进综合治理，有力维护群众"头顶上"、"脚底下"和出行中的安全。

## 二、依法服务构建新发展格局、推动高质量发展

完整、准确、全面贯彻新发展理念，审结一审商事案件2472.3万件，维护市场秩序，优化法治环境，服务经济社会高质量发展。

依法助力稳经济增信心。新冠疫情防控三年来，人民法院竭尽所能为企业减负纾困，帮群众排忧解难。出台助力中小微企业发展20条，推动解决挤压生存发展空间、拖欠账款等中小微企业急难愁盼问题。出台促进消费30条，严厉整治"霸王条款"、消费欺诈、预付式消费陷阱等行为，依法保护新零售业态、新个体经济，支持、规范社交电商等多样化经营模式，促进增强消费信心。出台稳定就业14条，明确居家办公或灵活办公工资裁判标准，维护高校毕业生就业见习、试用期合法权益，平衡保护用人单位和劳动者权益。妥善化解合同履行、商铺租赁、物流运输等涉疫纠纷77.9万件，多数通过调解、和解方式解决，帮助大中小微企业互谅互让、守望相助、共渡难关。运用民法典不可抗力、情势变更等条款，积极协调受疫情影响的中小企业、个体工商户以延期付款、分期付款等方式履行债

务，鼓励业主或债权人减免租金、减免逾期利息。坚持善意文明司法，对应当采取查封、保全的财产，依法采用"活封活扣"，有效释放361万件案件所涉查封财产的使用价值和融资功能。及时修复企业信用179万件次，对13万个企业暂缓适用强制措施，通过一系列"放水养鱼"柔性措施，让守信的企业摆脱困境、轻装上阵。内蒙古、辽宁、湖北、湖南、广西等法院推行涉企案件经济影响评估机制，天津、河北、上海、浙江、山东、广东等法院主动为出海"抢订单"企业提供法律服务，竭力为市场主体拼经济创造"暖环境"。

依法服务创新驱动发展。加强知识产权司法保护，激发创新动力。审结一审知识产权案件219.4万件，同比增长221.1%。审理涉5G通信、新能源新材料、高端装备制造等高新技术案件，加大对关键核心技术及新兴产业、重点领域等知识产权保护力度。出台植物新品种权司法解释，审理"金粳818"水稻、"丹霞红"梨树等案件1585件，激励育种创新。海南法院强化"南繁硅谷"司法保障，陕西法院建立种业知识产权司法保护基地，甘肃法院设立种子法庭，守护"农业芯片"。出台加强中医药知识产权保护意见，天津、江西等法院完善司法措施，保障中医药传承创新发展。加大惩罚性赔偿力度，2022年侵犯知识产权案件判赔额较2018年增长153%。我国知识产权专业化审判体系基本形成。

依法服务优化营商环境。司法程序质量保持全球领先，为我国营商环境世界排名大幅跃升作出积极贡献。加强产权司法保护，落实平等保护原则，不论国有民营、内资外资、大中小微企业，一律平等对待、一视同仁。依法再审纠正张文中案等重大涉产权刑事冤错案件209件283人，对6250名在押企业经营者变更适用取保候审、监视居住等强制措施，对290名涉案企业经营者依法宣告无罪，坚决防止将经济纠纷当作犯罪处理，坚决保护市场主体合法的财产权益、合同权益。通过司法裁判弘扬契约精神，在买卖合同、股权转让等案件审理中依法认定合同效力，鼓励诚信交易。加强合同执行，降低交易成本。严防通过虚假诉讼逃废债，对恶意拖欠账款、减损资产、扩张债务行为坚决追究法律责任。依法惩治合同诈骗、串通投标、虚假破产等破坏市场经济秩序犯罪。依法审理行政协议案件，促进行政机关完善守信践诺机制，保障民营经济和社会资本合作方合法权益。

依法维护市场公平竞争。审结垄断和不正当竞争案件2.9万件。审理医药、电信、建材、文化消费等领域垄断案件，依法惩处垄断协议、滥用市场支配地位行为，保护市场竞争活力和消费者合法权益。依法惩治侵犯商业秘密、恶意抢注商标等违背诚信原则和商业道德的行为。加强传统品牌、老字号、驰名商标司法保护，审理涉"五常大米"、"沁州黄小米"、"云南白药"等商标权、不正当竞争案，制止"傍名牌"、"搭便车"。对"青花椒"等"碰瓷式维权"说不，为合法经营者撑腰，让违法经营者受罚。

依法促进数字经济健康发展。审理大数据权属交易、公共数据不正当竞争等案件，明确数据权利司法保护规则。惩处滥用数据、算法等排除、限制竞争的行为，坚决制止"大数据杀熟"、强制"二选一"等"店大欺客"行为。规范直播带货、付费点播等新业态新模式，保护创新经营，惩处非法逐利。浙江温州法院积极探索数据资源专业审判机制。北京、天津、上海法院对盗播北京冬奥会、世界杯等行为及时作出禁令，促进优化数字文化市场环境。

营造良好金融法治环境。审结金融犯罪案件10.1万件、金融民商事案件1037.7万件，助力服务实体经济、防控金融风险。大幅下调民间借贷利率司法保护上限，依法否定变相高息条款效力，降低实体经济融资成本。审慎处理涉连环担保和 P2P 网络借贷等案件，以市场化法治化手段防范化解金融风险。出台惩治非法集资、操纵证券期货市场等犯罪司法解释，对财务造假、"老鼠仓"等资本市场违法犯罪零容忍。出台证券集体诉讼司法解释，保护中小投资者合法权益，康美药业案 5.5 万名投资者通过特别代表人诉讼获赔 24.59 亿元。先后就科创板、创业板、北交所出台司法保障意见，服务资本市场基础性制度改革。

促进市场要素资源高效配置。审结破产案件 4.7 万件，涉及债权 6.3 万亿元，对仍有市场潜力的高负债企业通过依法重整实现重生，对资不抵债、拯救无望的企业宣告破产，实现市场出清。探索个人破产制度，让诚实而不幸的债务人能有重归市场打拼的机会。推进"执破直通"，办理执行转破产案件 1.5 万件。审结破产重整案件 2801 件，盘活资产 3.4 万亿元，帮助 3285 个企业摆脱困境，稳住 92.3 万名员工就业岗位。海航集团破产重整案成功化解 1.1 万亿元债务风险，北大方正、紫光集团、永泰能源、大船海工、"建工系"、中孚实业、贵阳大数据交易所、青海盐湖股份等一批有价值有前景的企业通过破产重整获得新生。

依法服务乡村振兴和区域协调发展。出台司法政策，服务脱贫攻坚、乡村振兴和农业农村现代化。依法审理涉农村土地"三权分置"案件，支持土地经营权依法有序流转，保障进城落户农民合法土地权益。妥善化解涉农产品产销、特色产业投资、农村电商、乡村旅游等纠纷，优化农村营商环境。黑龙江法院开设绿色通道保障春耕生产。山东法院以专业法庭促进寿光蔬菜等产业发展。江苏法院化解万亩养殖水面清退纠纷，吸引企业追加投资 4 亿元。跟进京津冀协同发展、长江经济带发展、长三角一体化发展、西部大开发新格局、东北全面振兴、中部地区高质量发展、雄安新区建设、成渝地区双城经济圈建设等重大战略，制定司法服务政策。支持南京法治园区和吉林、福建、四川等地法务区建设。支持河北法院与国家体育总局共建冰雪运动法律问题研究基地，助力后奥运经济发展。

依法服务生态文明建设。深入践行"两山"理念，审结环境资源案件 129.3 万件，审结检察机关和社会组织提起的环境公益诉讼案件 1.7 万件。贯彻保护优先、预防为主、损害担责等原则，制定生态环境侵权禁止令、惩罚性赔偿等司法解释。审理非法进口"洋垃圾"、环境监测数据造假、非法围填海域等案件，助力打好蓝天碧水净土保卫战。云南法院审理绿孔雀预防性保护公益诉讼案，加强生物多样性司法保护。完善长江、黄河生态保护修复司法政策，流域内法院司法协作"串珠成链"，携手保护"母亲河"。江苏法院跨省移交"长江特大非法采砂案"生态修复金，落实全流域一体化保护。创新适用补植复绿、增殖放流等恢复性司法举措，判令补植树木超过 9085 万株，放流鱼苗超过 5.1 亿尾。贵州法院支持认购碳汇修复生态，福建法院创新林业碳汇损失计量及赔偿机制，促进绿色低碳发展。河南、湖北、重庆、陕西、宁夏法院在黄河湿地、丹江、三峡库区、秦岭、贺兰山等建设生态司法修复基地，让受损生态得以修复。江西法院依法审理三清山巨蟒峰损毁案，对故意损毁自然遗迹的行为予以严惩。加强文物和文化遗产司法保护，"章公祖师"肉身坐佛像案开创以国内民事诉讼追索流失海外文物新途径，河北山海关、山西右玉法院建立长城文化遗产司法保护机制。基本建成中国特色环境资源审判组织体系，中国环境司法在全球环境治理中发挥越来越重要的作用。

依法服务高水平对外开放。审结涉外商事案件 9.5 万件、海事案件 7.6 万件。坚定不移贯彻对外开放基本国策，围绕高质量共建"一带一路"和自由贸易试验区、海南自由贸易港建设等出台司法服务政策。落实外商投资准入前国民待遇加负面清单制度，审理外商投资企业股东资格确认纠纷等案件，平等保护中外投资者合法权益。在南宁等地设立10个国际商事法庭。审理铁路提单物权纠纷案，促进陆上国际贸易规则创新。完善中欧班列等国际铁路运输案件专业化审判机制。推进国际海事司法中心建设，维护国家海洋权益，服务海洋经济发展。审理"普拉利斯"轮扣押案、"天使力量"轮船员劳务合同案等案件，我国海事司法公正、高效、透明等优势充分彰显，越来越多外国当事人主动选择中国法院管辖。恪守国际条约，尊重国际惯例，积极参与国际规则制定。上海合作组织成员国最高法院院长会议、中国-东盟大法官论坛、世界执行大会、世界互联网法治论坛、世界环境司法大会等成果丰硕，中国司法国际影响力日益提升。

### 三、坚持走好中国特色司法为民之路

坚持以人民为中心的发展思想，深入践行司法为民宗旨，贯彻实施民法典，审结一审民事案件4583.3万件，着力解决人民群众在司法领域的难点堵点问题，切实维护人民群众合法权益。

全面加强人格权保护。审结人格权纠纷案件87.5万件。在司法政策中完善人格权侵害禁令、人身安全保护令等规定，让人格权更有保障。出台人脸识别司法解释，审理可视门铃侵害邻里隐私、扫码点餐侵犯个人信息、社交软件私自收集用户信息等案件，为隐私权和个人信息保护构筑"防火墙"。审理侵害"两弹一星"功勋于敏、"杂交水稻之父"袁隆平等名誉案，让人格尊严免遭网络暴力侵害。审理"AI陪伴"软件侵害人格权案，认定擅自使用他人形象创设虚拟人物构成侵权。审理请求返还冷冻胚胎案，保护丧偶妻子辅助生育权益，作出"人伦和情理胜诉"的温情判决。通过一系列司法政策和公正裁判，让人脸安全得到保障，隐私安宁免遭侵扰，名誉荣誉不被诋毁，人格利益更受重视，让人的价值、尊严受到法律充分尊重和保护。

保障人民安居乐业。审结涉教育、就业、医疗、养老、住房等民生案件2224.1万件。联合有关部门出台维护新就业形态劳动者权益意见，推动破解劳动关系难认定、工伤无赔偿、社保零缴纳等问题，让快递小哥、外卖骑手等新业态从业者有尊严、有保障。制定网络消费司法解释，保护涉网约车、网络购物、新型旅游等网络消费者合法权益。加强消费公益诉讼案件审判，探索适用惩罚性赔偿，对损害消费者生命健康等行为依法追究责任。妥善审理房地产纠纷案件460.4万件，依法优先保障刚需和改善性需求购房人合法权益，助力保交楼、保民生、保稳定。

维护家庭和谐幸福。审结婚姻家庭案件896.1万件，努力守"小家"和谐、护"大家"安定。会同全国妇联等深化家事审判改革，完善家事调解、家事调查、心理辅导等制度，健全妇女儿童权益保护机制。加大对家暴案件依职权调取证据力度，及时签发人身安全保护令1.3万份，联动各方推动保护令落地执行。出台服务应对人口老龄化国家战略司法措施，加强老年人权益保护，健全适老型诉讼服务机制。审理"空巢"老人、再婚老人赡养案，支持老年人精神赡养请求，让老人晚年幸福自由受到尊重，让子女常回家看看成为自觉，弘扬中华民族孝亲敬老的传统美德。

呵护少年儿童健康成长。落实最有利于未成年人原则,推行圆桌审判、轻罪犯罪记录封存、合适成年人到场、回访帮教等制度机制,完善中国特色社会主义少年司法制度。努力教育感化挽救失足未成年人,判处未成年人罪犯由 2013 年的 5.6 万人减少到 2022 年的 2.8 万人。宽容但不纵容,对主观恶性深、手段残忍、屡教不改的依法予以惩处。对侵害未成年人犯罪零容忍,该判处重刑的坚决依法判处。会同教育部等出台意见,依法严格执行侵害未成年人犯罪人员从业禁止制度,判处 202 名被告人终身禁止从事密切接触未成年人的工作。落实家庭教育促进法,发出家庭教育令 10308 份,督促甩手家长依法履行家庭教育责任。会同有关单位共同防治中小学生欺凌和暴力,积极预防未成年人沉迷网络或遭受网络侵害。开展司法与行政、家庭、学校、社区保护联动机制试点,共同保护祖国的明天。

依法维护国防利益和军人军属合法权益。审结破坏军事设施、冒充军人招摇撞骗、破坏军婚等涉军犯罪案件 2503 件。如期完成涉军停偿司法服务保障任务,助力实现军队资产不流失、群众利益不受损。军事法院贯彻依法治军战略,推进军事行政审判试点。全面推广涉军维权"信阳模式"、"鄂豫皖模式"。河北、安徽、湖南法院妥善解决边防战士家庭涉法问题,为保家卫国的边防官兵减少后顾之忧。江苏、江西法院会同当地政府依法维护革命烈士遗孀、退役军人遗属权益。对诋毁"抗美援朝冰雕连"、亵渎卫国戍边英雄的犯罪分子依法严厉制裁,坚决捍卫英烈尊严荣光,在全社会高扬尊崇英雄的浩然正气。

维护港澳台侨同胞合法权益。审结涉港澳台案件 12.1 万件,办理涉港澳台司法协助互助案件 4.6 万件,审结涉侨案件 4.4 万件。基本实现内地与港澳民商事司法协助全覆盖。出台服务粤港澳大湾区建设意见、支持和保障横琴粤澳深度合作区建设意见、支持和保障全面深化前海深港现代服务业合作区改革开放意见,服务港澳融入国家发展大局。制定司法惠台 36 条,平等保护台胞台企合法权益。接收港澳台学生实习参访,让港澳台青年感受祖国法治建设成就。推行跨境网上立案和涉侨纠纷在线多元化解,架起维护侨胞权益"连心桥"。举办海峡两岸暨香港澳门司法论坛,发挥中华司法研究会作用,传承中华优秀传统法律文化,共同推动中华法治发展。

方便群众高效化解矛盾。紧扣群众所盼所需,迎难而上,持续攻坚,一一破解难题。在全面实行立案登记制、破解长期以来群众解纷立案"门难进"问题后,还要让群众化解矛盾"事好办"。各级法院坚持和发展新时代"枫桥经验",贯彻"推进案件繁简分流、轻重分离、快慢分道"要求,建成中国特色一站式多元纠纷解决和诉讼服务体系,提供菜单式、集约式、一站式纠纷解决服务,真正把方便留给群众。构建多元化纠纷解决机制。与全国总工会、全国工商联、退役军人事务部、中国银保监会、中小企业协会等单位协作,形成覆盖 12 个领域的"总对总"在线多元调解新格局。人民法院调解平台开通以来,9.6 万个调解组织和 37.2 万名调解员入驻,在线调解纠纷 3832 万件,2022 年平均每分钟 75 件成功在诉前在线化解。加强诉源治理,调解平台在线对接 7.6 万个基层治理单位,嵌入乡村、社区、网格,及时把矛盾纠纷化解在基层、化解在萌芽状态,努力实现案结事了人和。提供普惠均等的现代化诉讼服务。人民法院在线服务平台提供立案、交费、调解、开庭、执行等"一网通办"服务,司法服务全天候"不打烊",群众办事可以全流程"掌上办"。12368 热线实质办理诉讼事务,接听群众来电 3250 万件次。跨域立案服务网点覆盖城乡,提供跨域立案服务 16.7 万件,减轻群众异地诉讼往返奔波之苦。44.8 万名律师、基层法律服务工作者注册使用律师服务平台，在线办理申请立案、阅卷、调查收集证据等事项884万件次。优化在线集约的审判辅助服务。网上保全平台办理保全123万件，标的额达4万亿元，2022年93%的诉前保全48小时内作出裁定。委托鉴定系统平均鉴定周期26个工作日，较线下缩短1/3。文书电子送达1.7亿次，336个邮政集约送达中心基本实现全国主要城市目的地法律文书"次日达"。一站式多元纠纷解决和诉讼服务体系真正实现为群众解忧、帮法官减负、让正义提速。

加强新时代人民法庭建设。大力创建"枫桥式人民法庭"，10050个人民法庭扎根基层，充分发挥处在服务人民群众第一线的优势，积极促进城乡基层治理和平安法治乡村建设。继承和发扬马锡五审判方式，内蒙古、重庆、西藏、甘肃、宁夏等法院依托马背法庭、车载法庭开展巡回审判，畅通司法服务群众"最后一公里"。吉林梨树、黑龙江建三江"田间法庭"守护"黑土粮仓"，福建平潭"海岛法庭"服务海岛渔村向海而兴，云南西双版纳"国门法庭"保护边民侨胞合法权益，安徽安庆、新疆福海的人民法庭用"六尺巷调解法"、"冬不拉调解法"化解矛盾，让人民群众切实感受到公平正义就在身边。

巩固拓展"基本解决执行难"成果。紧紧依靠党委领导，打赢为期三年的"基本解决执行难"攻坚战，2019年向十三届全国人大二次会议报告"基本解决执行难"目标如期实现。持续巩固攻坚成果，保持执行工作高水平运行，努力兑现群众胜诉权益。五年来，受理执行案件4577.3万件，执结4512.1万件，执行到位金额9.4万亿元，2022年首次突破2万亿元。网络执行查控系统对被执行人全国范围内16类财产一键查询、线上控制，累计查控案件8535万件次，有效解决查人找物难。网络司法拍卖成交超过2万亿元，为当事人节约佣金621.4亿元，有力破解财产变现难。联合信用惩戒体系让失信被执行人"一处失信、处处受限"，918万人迫于信用惩戒压力主动履行了义务。在加强失信惩戒的同时，强化守信激励。浙江丽水法院邀请耄耋之年创业还债的守信老人为"诚信履行"代言，带动1260多名被执行人主动履行债务。规范执行标准流程，强化监督管理，健全规范体系。连续多年开展涉民生保障、涉拖欠农民工工资、涉拖欠民营企业账款等专项执行行动，其中执行到位涉民生案款626.8亿元。健全解决执行难长效机制，持续推进执行难综合治理、源头治理。经过不懈努力，中国特色执行制度机制更加健全，执行模式发生根本性变革，有力促进了法治社会和诚信社会建设。

加强法治宣传教育。全面落实普法责任制，充分利用互联网等媒体平台，强化以案释法，引导全民增强法治观念，在全社会营造尊法学法守法用法的良好氛围。广泛开展法院开放日和送法进机关、进校园、进乡村、进社区、进企业、进军营等活动。举办"现在开庭"、"正在执行"等全媒体直播，让群众"零距离"感受司法公正。指导创作电视剧《底线》、《阳光下的法庭》和纪录片《家事如天》等作品，用群众喜闻乐见的方式呈现人民法院对公平正义的执着追求，展现新时代法治中国建设成就。

**四、坚决守住维护社会公平正义的最后一道防线**

牢记公平正义是司法的灵魂和生命，始终以事实为根据、以法律为准绳，坚持严格公正司法，保障和促进社会公平正义。

坚持法理情相结合。坚持以法为据、以理服人、以情感人，牢固树立新时代社会主义司法理念，牢牢站稳人民立场，坚决纠正机械司法、就案办案等错误做法，努力实现案件办理政治效果、法律效果、社会效果有机统一。坚持罪责刑相适应原则，依法改判并核准百香果女童被害案被告人死刑，妥善审理"鹦鹉案"、"兰草案"、"为筹办抗战纪念展收购枪支案"，做到重罪重罚、轻罪轻罚、无罪不受刑事追究，使司法裁判真正符合人民群众心中朴素的公平正义观。

坚决捍卫法律尊严和权威。贯彻党和国家死刑政策，对挑战法律和道德底线、严重危害群众和社会安全的罪行决不姑息，论罪当判死刑的，坚决依法判处并核准死刑。严把死刑案件质量关，对事实不清、证据不足的陶雪案、范太应案一审依法作出无罪判决，对熊秋保案依法不予核准死刑，之后真凶均出现，有效防范重大冤错案件发生。对因徇私枉法、假立功等导致"重罪轻判"的案件依法启动再审，改判张成功等人死刑，做到不枉不纵。全面排查 1990 年以来的 1334.5 万件"减假暂"案件，对存在问题或瑕疵的 5.9 万件逐案整改，加强减刑假释案件实质化审理，坚决防止"纸面服刑"、"提钱出狱"。

加强人权司法保障。坚持实事求是、有错必纠，对冤错案件发现一起、查实一起、纠正一起，依法纠正五周案、张玉环案等重大刑事冤错案件 26 件 53 人。健全冤错案件有效防范和及时纠正机制，坚决守住防止冤错案件底线。贯彻罪刑法定、疑罪从无、证据裁判等原则，落实公开审判、法庭辩论制度，对死刑包括死缓二审案件一律开庭审理，对 2675 名公诉案件被告人和 2097 名自诉案件被告人依法宣告无罪。加强被告人辩护权和律师执业权利保障，畅通律师协会维护律师执业权利渠道，推进律师辩护全覆盖，全面落实死刑复核案件法律援助制度。完善国家赔偿和司法救助制度，加强冤错案件国家赔偿工作。"依法纠正冤错案件"写入党的第三个历史决议。

弘扬社会主义核心价值观。审理朱振彪追赶肇事逃逸者案、医生电梯内劝阻吸烟案、小区保安陪同送医案、救助老人压断肋骨案，面对矛盾冲突、是非曲直，不回避、不含糊、不迁就，旗帜鲜明支持见义勇为，坚决反对"和稀泥"，着力破解长期困扰群众的"扶不扶"、"劝不劝"、"追不追"、"救不救"等法律和道德风险，引领良好社会风尚，推动法治建设。审理私自上树摘杨梅坠亡案、高铁霸座案、吃"霸王餐"逃单摔伤索赔案，让自甘风险者自负其责，让失德乱序者承担后果，引导社会成员增强公共意识、规则意识。新时代司法定分止争、明辨是非、激浊扬清、惩恶扬善，努力让法安天下、德润人心。

维护和促进社会公平。加强裁判尺度统一，切实防止公平正义因地域、城乡、行业差异而打折扣。修改司法解释，将人身损害赔偿统一按城镇居民标准计算，消除城乡居民赔偿标准差异。会同人力资源社会保障部等发布促进妇女平等就业政策文件，加强新冠病毒感染康复者平等就业权保障，审理女员工怀孕被解雇、毕业生求职遭地域歧视等案件，坚决纠正影响平等就业的不合理限制和就业歧视。会同中国残联等出台加强残疾人司法保护意见，加大对残疾人平等参与社会生活的保障力度。

监督、支持依法行政。审结一审行政案件 138.4 万件，审查行政非诉执行案件 107.4 万件，强化行政行为合法性审查，服务"放管服"改革和法治政府建设。加大对房屋土地、社会保障等关系群众切身利益案件审判力度，推动解决群众急难愁盼问题。依法审理涉国有土地出让、政府采购、招投标、招商引资等行政案件，保护行政相对人合法权益，促进诚信政府建设。探索行政案件集中管辖，破除行政诉讼"主客场"现象。推进行政机关负责人出庭应诉，天津、上海、浙江、山东、宁夏、兵团等法院加强行政争议多元化解中心建设，辽宁、吉林、河南、贵州、新疆等法院推动构建府院联动机制，促进行政争议实质性化解。

以公开促公正树公信。审判流程、庭审活动、裁判文书、执行信息四大公开平台让司法活动在阳光下运行，让公平正义以看得见的方式实现。中国裁判文书网公开文书1.4亿份、访问量逾千亿次，中国庭审公开网直播庭审超过2100万场。越是公众关注案件，越是依法主动公开，让人民群众监督司法活动、见证司法公正，让热点案件审判成为全民共享的法治公开课。开放、动态、透明、便民的阳光司法机制已经形成。

## 五、司法体制改革和智慧法院建设取得重大进展

坚决贯彻党中央改革部署，实施140项改革举措，推动司法审判和现代科技深度融合，实现审判体系和审判能力深刻重塑。

司法体制综合配套改革深入推进。全面准确落实司法责任制，推动实现"让审理者裁判、由裁判者负责"，坚持法定审判组织依法行权和严格执行民主集中制相结合，健全权责清晰、权责统一、监督有序、制约有效的审判权力运行体系。深化法官员额制改革，落实入额必办案，推动法官员额能进能出、动态调整。建立法官惩戒制度，让违法审判必被问责、依法办案不受追究。加强和规范司法解释、案例指导，推行类案强制检索制度，促进法律适用统一。推进以审判为中心的诉讼制度改革，推行庭前会议、排除非法证据、法庭调查三项规程。深入推进量刑规范化。正确实施认罪认罚从宽制度。根据全国人大常委会授权，完成民事诉讼程序繁简分流改革试点，有序开展四级法院审级职能定位改革试点。完善人民陪审员制度，人民陪审员增至32.7万人，参审案件1266.4万件。

法院组织体系更趋完善。深化最高人民法院巡回法庭改革，6个巡回法庭审理了一大批重大行政和民商事案件，较好实现最高审判机关重心下移、就地解决纠纷、方便群众诉讼等目标，被群众称为"家门口的最高人民法院"。在深圳、西安设立最高人民法院第一、第二国际商事法庭，创立国际商事专家委员会制度，创新诉讼与仲裁、调解有机衔接的一站式国际商事纠纷多元化解决机制。最高人民法院知识产权法庭统一审理全国范围内专利等技术类知识产权和垄断上诉案件，更好保护和激励科技创新。增设南京海事法院、海南自由贸易港知识产权法院，高起点高标准建设北京、上海、成渝金融法院，加强跨行政区划法院建设，人民法院组织体系更加适应国家发展战略需要。

智慧法院加速司法模式变革。全面推进智慧服务、智慧审判、智慧执行、智慧管理，建成全业务网上办理、全流程依法公开、全方位智能服务的智慧法院。智慧法院经受住世纪疫情大考，新冠疫情防控以来全国法院网上立案2996万件、开庭504万场、证据交换819万件次、异地执行593万件次、接访15万件次，实现"审判执行不停摆、公平正义不止步"。广泛应用类案识别推送、智能合约执行等技术，为审判执行工作赋能增效。建成全球最大的司法审判信息资源库，围绕社会治理热点形成1317份司法大数据报告。智慧法院成为中国司法在国际上的鲜明亮色。

互联网司法开创新模式新规则。率先出台人民法院在线诉讼、在线调解、在线运行"三大规则"，使各类在线司法活动有规可依、规范运行。制定区块链司法应用意见，司法

区块链统一平台完成超过28.9亿条数据上链存证固证。发布人工智能司法应用意见,提出人工智能司法应用五大原则,明确人工智能只能辅助、不能代替法官裁判。北京、杭州、广州互联网法院在技术创新、规则确立、网络治理等方面探索不断深入,形成一批可复制可推广的经验。中国互联网司法从技术领先迈向规则引领。

全国法院坚持司法体制改革和智慧法院建设双轮驱动,在案件压力不断增大情况下,审判质效持续稳中向好。2018年以来,全国法院结案总量年均增长5.2%;法官人均办案从2017年的187件增至2022年的242件;2022年一审服判息诉率为89.3%,二审后达98%;在线诉讼审理周期比传统模式缩短22天;涉诉信访、涉诉进京访年均下降8.4%和44.5%,司法公信力明显提升,人民群众对司法公正的获得感不断增强。中国司法体制改革和智慧法院建设成果在国际上产生广泛影响。

### 六、锻造忠诚干净担当的法院铁军

贯彻新时代党的建设总要求,旗帜鲜明讲政治,持之以恒推进全面从严治党、从严治院,加强法院队伍革命化、正规化、专业化、职业化建设。

加强政治建设,筑牢政治忠诚。坚持不懈用习近平新时代中国特色社会主义思想凝心铸魂,推动习近平法治思想学习培训、党的二十大精神学习培训全员覆盖,坚持把党的创新理论作为干警入职教育第一课和青年理论武装必修课,帮助扣好从事司法工作的"第一粒扣子"。扎实开展"不忘初心、牢记使命"主题教育和党史学习教育。在法院系统组织开展"两个坚持"专题教育、"两个确立"主题教育。大力弘扬以"忠诚为民、崇法尚德、公正廉洁、刚正不阿、改革创新"为主要内容的新时代人民法院文化。五年来,全国法院涌现出一大批司法为民、公正司法的先进典型,2363个集体、2799名个人受到中央和国家机关表彰奖励。李庆军、胡国运、周春梅、魏晶晶、杨军、滕启刚、鲍卫忠等95名法官牺牲在工作岗位上,他们是共和国审判事业的忠诚卫士,他们用无私奉献乃至生命捍卫了公平正义。

加强能力建设,提升司法水平。贯彻实施法官法,修订法官教育培训工作条例,通过"人民法院大讲堂"等线上线下培训干警975.6万人次。加强知识产权、互联网、金融、涉外等领域司法人才培养。最高人民法院3名法官分别当选联合国上诉法庭、争议法庭和国际劳工组织行政法庭法官。支持海南自由贸易港、雄安新区等地法院队伍建设。加强援藏、援疆、援青工作,通过干部选派、巡回授课等方式,支持西部和民族地区法院队伍建设。内蒙古、广西、四川、云南、西藏、甘肃、青海、新疆等法院培养双语法官2373人,满足民族地区群众司法需求。

加强纪律作风建设,确保廉洁司法。坚持刀刃向内、刮骨疗毒,深入开展法院队伍教育整顿,坚决清除沉疴积弊和害群之马,一体推进顽疾整治和建章立制,法院队伍得到前所未有的淬炼。严格落实中央八项规定及其实施细则精神,强化司法巡查、审务督察,全国法院查处违反中央八项规定精神干警3462人。转变司法作风,从最高人民法院到基层人民法院,全国四级法院院长、班子成员深入乡镇人民法庭驻庭蹲点,向群众学习,帮群众解纷。严格执行防止干预司法"三个规定",2022年全国法院干警记录报告有关信息15.3万条,有干预就报告、有过问就上报正在成为干警习惯。以零容忍态度严惩司法腐败,五年来，最高人民法院查处本院违纪违法干警61人，各级法院查处利用审判执行权违纪违法干警8589人，追究刑事责任1727人。深刻汲取沈德咏等法院系统违纪违法案件教训，以案促改、以案促治。扎牢制度笼子，严肃铁规禁令，深化标本兼治，坚持不懈涵养清风正气。

**各位代表**，自觉接受监督，是践行全过程人民民主的必然要求，是实现司法公正的重要保障。依法接受人大监督。认真落实十三届全国人大历次会议精神，严格执行全国人大及其常委会制定的法律和作出的决议决定。向全国人大常委会报告解决执行难情况并接受专题询问，报告新时代刑事、民事、知识产权、涉外等审判工作情况，根据审议意见改进工作。办理代表建议涵盖947名代表，把1965件代表建议和1861件日常建议，逐项转化为推动法院工作高质量发展的具体举措。最高人民法院邀请全国人大代表视察法院37批次，通过邀请列席审委会、参加座谈会等方式听取意见3605人次。就保障食品药品安全、惩治暴力伤医、防治家庭暴力、保护商业秘密等，充分采纳代表意见，完善司法政策。自觉接受民主监督。坚持社会主义协商民主，自觉接受人民政协和各民主党派、工商联、无党派人士民主监督。办理政协提案819件，走访接待全国政协委员1211人次，及时采纳各方面意见建议。参加全国政协双周协商座谈会，就提高涉外执法司法质效、保护未成年人权益等共商良策。走访各民主党派中央，就法院工作广泛听取意见、凝聚共识。与全国工商联等举办四届民营经济法治建设峰会，共同优化民营经济发展法治环境。依法接受检察机关法律监督。认真审理抗诉案件，及时办理检察建议，共同维护司法公正。广泛接受社会监督。邀请特约监督员、特邀咨询员参加调研座谈等1228人次。主动接受舆论监督，召开新闻发布会155场，及时回应社会关切。

**各位代表**，新时代人民法院工作的新变革新发展，根本在于有习近平总书记作为党中央的核心、全党的核心掌舵领航，根本在于有习近平新时代中国特色社会主义思想科学指引，是习近平法治思想在司法领域的生动实践。成绩的取得，是全国人大及其常委会有力监督，国务院大力支持，全国政协民主监督，国家监察委员会、最高人民检察院监督，各民主党派、工商联、人民团体、无党派人士民主监督支持，地方各级党政机关、全国人大代表、全国政协委员、社会各界和广大人民群众关心帮助的结果。在此，我代表最高人民法院表示衷心的感谢！

回顾过去五年和新时代十年人民法院走过的历程，我们更加坚信：中国特色社会主义法治道路越走越宽广，法治中国前景无限光明。我们坚持守正创新、与时俱进，对做好人民法院工作有了更深刻的认识和体会：必须坚持党对司法工作的绝对领导，深刻领悟"两个确立"的决定性意义，增强"四个意识"、坚定"四个自信"、做到"两个维护"，坚定不移沿着习近平法治思想指引的方向前进；必须坚持服务大局、司法为民、公正司法，紧紧围绕党和国家中心工作履职尽责，努力让人民群众在每一个司法案件中感受到公平正义；必须坚持依法治国和以德治国相结合，以公正裁判弘扬社会主义核心价值观；必须坚持司法体制改革和智慧法院建设双轮驱动，加快推进审判体系和审判能力现代化；必须坚持一刻不停推进全面从严治党、从严治院，确保公正廉洁司法；必须坚持自觉接受监督，让审判权始终在监督下行使、为党和人民服务。

我们清醒认识到，人民法院工作还存在一些问题和困难：**一是**司法能力水平与中国式现代化要求和人民群众日益增长的公平正义需求相比还有差距，实现审判体系和审判能力现代化还需下更大气力。**二是**司法体制综合配套改革存在不平衡不到位问题，审判权力运行制约监督机制还存在短板。**三是**有的案件审判执行质量效率不高、效果不佳，存在机械司法、就案办案问题。推进切实解决执行难仍需久久为功。**四是**党风廉政建设和反腐败斗争形势依然严峻复杂，彻底铲除滋生司法腐败的土壤还任重道远，有的干警司法作风不正甚至发生腐败问题，严重影响司法公信力。**五是**部分中级、基层法院办案压力大，一些审判领域专业化人才短缺。对这些问题和困难，人民法院将采取有力措施，努力加以解决。

## 2023 年工作建议

2023 年，人民法院要坚持以习近平新时代中国特色社会主义思想为指导，深入贯彻习近平法治思想，全面贯彻落实党的二十大和二十届一中、二中全会精神，认真贯彻中央政法工作会议精神，认真落实本次大会决议，深刻领悟"两个确立"的决定性意义，增强"四个意识"、坚定"四个自信"、做到"两个维护"，忠实履行宪法法律赋予的职责，敢于斗争、善于斗争，稳中求进、守正创新，以审判体系和审判能力现代化服务中国式现代化，为全面建设社会主义现代化国家开好局起好步提供有力司法服务。

**一是以习近平法治思想为指引，坚定不移走中国特色社会主义法治道路。** 在全国法院扎实开展党中央部署的主题教育，用习近平新时代中国特色社会主义思想统一思想、统一意志、统一行动。全面加强党的政治建设，坚决做到维护核心、绝对忠诚、听党指挥、勇于担当。紧密结合法院实际，全面贯彻党的二十大精神，确保党中央决策部署在人民法院不折不扣落实见效。坚持党的领导、人民当家作主、依法治国有机统一，创造更高水平的社会主义司法文明，在法治轨道上全面建设社会主义现代化国家。

**二是更好统筹发展和安全，依法服务高水平安全和高质量发展。** 严厉打击境内外敌对势力渗透、破坏、颠覆、分裂活动。坚决依法惩治一切分裂国家的犯罪分子，维护国家统一。坚定不移反制非法制裁、"长臂管辖"，坚决捍卫我国司法主权和人民利益。严惩严重暴力、涉枪涉爆、跨境赌博、毒品等犯罪。持续推进扫黑除恶常态化。依法惩治粮食、金融、能源资源等领域犯罪，服务防范化解重大风险。依法惩治腐败犯罪，加大行贿犯罪惩处力度。加强个人信息保护，严惩信息网络犯罪。服务更好统筹疫情防控和经济社会发展。切实落实"两个毫不动摇"，发布优化法治环境促进民营经济发展壮大意见，全面贯彻平等保护原则，坚决防止以刑事手段干预经济纠纷，坚决制止侵害企业家人格权的违法行为，坚决保护民营企业和企业家合法财产权益，以司法手段保障中小企业回收应收账款，支持诚信经营，依法保障公平竞争，促进民营经济健康发展、高质量发展。对侵犯民营企业产权和企业家权益的案件，加大监督指导力度，对错案一经发现、坚决予以纠正。完善产权保护、市场准入、公平竞争、社会信用等方面司法政策，服务构建全国统一大市场。加大知识产权司法保护力度，加强反垄断和反不正当竞争司法，健全国家层面知识产权案件上诉审理机制。完善数字经济司法政策。服务区域协调发展战略实施。深化"枫桥式人民法庭"创建。加强环境资源审判，促进绿色发展。建设更高水平的涉外审判体系，服务高水平对外开放。坚持以高质量司法服务高质量发展，让产权和知识产权更有司法保障，契约履行更加有效，创新活力更加得到激发。

**三是坚持以人民为中心，扎实推进司法为民、公正司法。**倾听群众呼声，坚持问题导向，奔着问题去，真正解决问题，实质化解纠纷，不断满足群众公平正义需要。严惩侵害妇女、儿童、老年人权益的犯罪，切实保障妇女、儿童、老年人、残疾人合法权益。加强劳动权益保障和新就业形态劳动者保护。切实维护消费者合法权益。践行和弘扬社会主义核心价值观。提升一站式多元纠纷解决和诉讼服务体系综合效能。配合推进民事强制执行立法，向着切实解决执行难目标迈进。加强行政审判，服务法治政府建设。推动完善国家赔偿制度。用心用情做好涉军维权工作，坚定维护国防利益和军人军属、退役军人合法权益，促进巩固军政军民团结。加强港澳台侨同胞权益保护。推动完善公益诉讼制度，依法维护公共利益。加强审判监督指导，强化人权司法保障，保障律师执业权利，确保严格公正司法。加大普法宣传力度，推动司法维护公平正义更加深入人心。

**四是深化司法体制改革，加快推进审判体系和审判能力现代化。**始终以改革的思维和办法解决改革中出现的新情况新问题，坚持改革不停步，敢啃硬骨头。深化司法体制综合配套改革，全面准确落实司法责任制，加强司法改革创新实践，加快建设公正高效权威的社会主义司法制度。深化以审判为中心的诉讼制度改革。规范司法权力运行，强化对司法活动的制约监督。深化智慧法院建设，完善中国特色互联网司法模式，努力创造更高水平的数字正义。

**五是坚持全面从严治党、从严治院，加强法院队伍建设。**强化政治监督，巩固法院队伍教育整顿成果，坚决筑牢政治忠诚。自觉接受人大监督、民主监督和各方面监督。优化司法人员分类管理，加大涉外审判等领域紧缺司法人才培养力度。加强基层基础建设，支持革命老区、民族地区、边疆地区基层法院建设。深入调查研究，深入群众，深入一线，扑下身子抓落实。坚定不移从严正风肃纪，加大惩处司法腐败力度，一体推进不敢腐、不能腐、不想腐。贯彻"五个过硬"要求，坚持不懈锻造堪当重任的人民法院铁军。

**各位代表，**新时代新征程上，我们要更加紧密地团结在以习近平同志为核心的党中央周围，全面贯彻习近平新时代中国特色社会主义思想，弘扬伟大建党精神，牢记"三个务必"，团结奋斗、苦干实干，充分发挥审判职能作用，为全面建设社会主义现代化国家、全面推进中华民族伟大复兴作出新的贡献！

# 中华人民共和国全国人民代表大会公告
## （第七号）

第十四届全国人民代表大会第一次会议于 2023 年 3 月 11 日选举张军为中华人民共和国最高人民法院院长。

现予公告。

中华人民共和国第十四届全国人民代表大会
第一次会议主席团
2023 年 3 月 11 日于北京

## 最高人民法院院长张军简历

张军，男，汉族，1956年10月生，山东博兴人，1973年1月参加工作，1974年5月加入中国共产党，中国人民大学法律系刑法专业毕业，研究生学历，法学博士学位。

现任中共二十届中央委员，最高人民法院院长、党组书记、审判委员会委员，首席大法官。

## 最高人民法院
## 关于人民法院环境资源审判工作情况的报告

——2023年10月21日在第十四届全国人民代表大会
常务委员会第六次会议上

**最高人民法院院长　张　军**

**全国人民代表大会常务委员会：**

　　根据本次会议安排，我代表最高人民法院报告人民法院环境资源审判工作情况，请审议。

　　党的十八大以来，以习近平同志为核心的党中央把生态文明建设作为关系中华民族永续发展的根本大计，开展了一系列开创性工作，推动生态文明建设从理论到实践发生了历史性、转折性、全局性变化，美丽中国建设迈出重大步伐。习近平总书记深刻指出"保护生态环境必须依靠制度、依靠法治"，在2023年召开的全国生态环境保护大会上再次强调"要始终坚持用最严格制度最严密法治保护生态环境"。人民法院环境资源审判作为生态环境法治工作的重要组成部分，审理涉及环境污染防治、生物多样性保护、气候变化应对、资源开发利用、生态环境治理与服务等相关领域案件，涵盖刑事、民事、行政三大诉讼领域。在党中央坚强领导下，在全国人民代表大会及其常委会有力监督下，人民法院深入贯彻习近平生态文明思想和习近平法治思想，坚持以人民为中心，牢固树立和践行绿水青山就是金山银山理念，以高度的政治自觉、法治自觉、审判自觉，严格执行生态环境和资源保护法律法规，切实加强环境资源审判工作，用心用力用情守护良好生态环境这一最普惠的民生福祉，努力为建设人与自然和谐共生的现代化提供司法服务和保障。2021年5月，习近平总书记向世界环境司法大会致贺信指出，"中国持续深化环境司法改革创新，积累了生态环境司法保护的有益经验"，这是对人民法院环境资源审判工作的充分肯定和深切勉励。

## 一、2018年以来环境资源审判工作取得积极进展

进入新时代，随着我国社会主要矛盾转化为人民日益增长的美好生活需要和不平衡不充分的发展之间的矛盾，人民群众对优美生态环境的需要成为这一矛盾的重要方面。人民法院坚决贯彻落实党中央关于推进生态文明建设重大决策部署，积极回应人民群众新期待，深入推进环境资源审判体制机制改革，大力加强专业审判队伍建设，依法公正高效审理各类环境资源案件，为推进美丽中国建设作出积极贡献。2018年1月至2023年9月，共审结各类环境资源一审案件147万件，其中刑事案件18.6万件、民事案件98.3万件、行政案件27.8万件、不同主体提起的环境公益诉讼案件2.3万件。2018年至2022年受理的环境资源一审案件数量较上一个五年增长76.7%。

一是坚持服务大局，切实发挥环境资源司法保护职能作用。服务打好污染防治攻坚战。审结涉环境污染一审案件4.2万件，以严格公正司法助力重污染天气和城市黑臭水体治理、城乡人居环境改善、环境污染风险防控，促进蓝天碧水净土"生态颜值"和人民群众生活"幸福指数"同步提升。江西法院审理的全国首例污染环境惩罚性赔偿案中，被告公司跨省倾倒化工废液，造成当地土壤和水源污染，严重危害1000多名村民饮用水安全，被告人被追究刑事责任。同时，人民法院首次适用民法典污染环境惩罚性赔偿条款，依法判决被告公司承担环境修复费用、环境功能性损失费用等285万余元，并承担环境惩罚性赔偿金17万元。判决生效后，人民法院以资金集约管理使用方式，引入并监督第三方专业机构实施修复工程，使环境公益诉讼与修复执行有效衔接，受损生态环境修复和人民群众权益得以切实保障。服务发展方式绿色低碳转型。审结涉自然资源一审案件116万件，以严格公正司法助力产业结构、能源结构、交通运输结构、用地结构调整，推动资源节约集约利用，促进形成绿色低碳的生产方式和生活方式。最高人民法院在出台优化法治环境促进民营经济发展壮大的意见中专门就涉"碳"案件审理提供政策指引，促进民营企业绿色低碳发展。上海法院在审理长江口码头公司破产案中，为保住公司营运价值、维护众多债权人利益，依法裁定本案转入重整程序。面对该公司设施设备陈旧老化、存在重大环境污染隐患，被环保、交管部门联合要求限期整改，营运许可资质面临被吊销风险，积极指导破产管理人边重整边治理，成功引入投资8700万元，并将码头环保经营方案和环保承诺写入重整计划草案，协同推动长江流域减污降碳源头治理和企业绿色低碳转型，实现企业重生、生态保护和债权人利益最大化的有机统一。服务生态系统多样性、稳定性、持续性提升。审结涉生物资源和生态系统一审案件18.9万件，以严格公正司法助力生态系统保护和修复、生物多样性保护、防治外来物种入侵，促进山水林田湖草沙一体化保护和系统治理。云南法院在审理绿孔雀预防性保护民事公益诉讼案中，查明被告公司在生态保护红线范围内建设水电站，将危及国家Ⅰ级重点保护动物绿孔雀等物种生存环境及整个生态系统，开创性突破"无损害即无救济"的传统司法理念，将生态环境保护落在损害结果发生前，判令被告公司停止水电站建设，待按要求完成环境影响后评价、采取有效预防措施后由相关行政主管部门视情作出决定，切实守护住绿孔雀等濒危物种赖以生存的家园，被联合国评为推动可持续发展目标典型案例。服务积极稳妥推进碳达峰碳中和。审结涉碳市场交易一审案件511件，以严格公正司法助力碳排放总量和强度"双控"、完善绿色低碳政策和碳排放权市场交易制度、构建清洁低碳安全

高效的能源体系、提升生态系统碳汇能力，促进经济社会发展和人民群众生活降低"含碳量"。最高人民法院发布司法服务"双碳"指导意见，发出"双碳"自主行动司法动员令。甘肃法院在审理一起"弃风弃光"民事公益诉讼案中，协调引导违反可再生能源法规定、未全额收购当地风电和光伏发电（称作"弃风弃光"）的被告电力公司，与相关社会组织达成调解协议，电力公司承诺投资至少9.13亿元用于风电、光伏发电等新能源配套电网建设，有效保障可再生能源推广，促进防治大气污染、减少温室气体排放。

二是深化司法改革，扎实推进环境资源审判专业化建设。健全专门化审判组织体系。跟上、适应经济社会发展需求，2014年6月，最高人民法院设立环境资源审判庭，办理相关案件并监督指导全国法院环境资源审判工作。截至目前，已有30个高级法院及兵团分院成立环境资源审判庭，南京、兰州、昆明、郑州、长春、乌鲁木齐等中级法院专设环境资源法庭，包括基层法院共有环境资源专门审判机构、组织2813个。最高人民法院及地方各级法院环境资源审判机构积极探索涉环境资源刑事、民事、行政审判职能"三合一"，促进刑事追诉与民事赔偿、行政履职依法协同。深化案件集中管辖。适应环境资源保护特点，建立以流域、森林、湿地等生态系统及国家公园、自然保护区等生态功能区为单位的案件集中管辖机制，推进生态环境一体保护、系统治理，办案质效明显提升。探索借力"外脑"助审。最高人民法院出台司法解释规范专家陪审员参加环境资源案件审理，福建等地法院建立生态环境技术调查官制度，湖北等地法院组建环境资源审判咨询专家库，促进提升涉案事实、证据、司法鉴定查明质效。

三是促进规范引领，着力健全环境资源案件法律适用规范。加强司法解释制定。2018年以来，制定、修订环境资源司法解释14件，指导各级法院全面准确适用法律。发布生态环境侵权惩罚性赔偿解释，依法提高违法行为成本，让恶意侵权人付出应有代价。发布生态环境侵权禁止令规范，落实保护优先、预防为主原则，有力维护人民群众环境权益。发布森林资源民事纠纷处理规范，落实民法典绿色原则，促进森林资源科学保护和合理利用。重视司法政策供给。发布新时代加强和创新环境资源审判工作意见、依法惩处盗采矿产资源犯罪意见、贯彻长江保护法意见、贯彻黄河保护法意见等规范性文件14件，指导各级法院全面提升环境资源审判工作水平。召开流域区域法院专业工作会，促推长江保护法、黄河保护法、黑土地保护法、青藏高原生态保护法贯彻实施。做实案例释法工作。发布生物多样性保护、长江生态环境保护、环境公益诉讼等专题指导性案例40件，发布司法服务碳达峰碳中和、国家公园保护、青藏高原生态保护、固体废物污染防治等典型案例24批278件，充分发挥案例对下业务指导和面向社会教育、警示、引领作用。优化责任承担与落实。创新用好补植复绿、增殖放流、劳务代偿等特色举措，探索适用技改抵扣、碳汇认购等适应"双碳"工作要求的司法举措，为环境资源保护提供更多更优修复选项。上海法院审理非法进口"洋垃圾"民事公益诉讼案，依法判令走私固体废物的侵权人连带赔偿行政执法机关实施无害化处置支出的合理费用，有效破解"企业污染、群众受害、政府买单"的生态保护困局。

四是积极延伸职能，立足司法审判推动生态环境综合治理。加强跨域司法协作。主动融入京津冀协同发展、长三角一体化发展、粤港澳大湾区建设、长江经济带发展、黄河流域生态保护和高质量发展等重大战略实施，服务流域区域系统保护和协调发展。长江经济带11+1省（市）、黄河流域9省（区）高级法院分别签订环境资源审判协作框架协议，秦岭山脉

7省（市）高级法院签订生态环境司法保护协作框架协议并发表秦岭宣言，健全完善联席会议、要案会商、办案委托、成果共享等机制。江苏法院结合长江特大非法采砂案办理，做实长三角环境资源司法协作框架协议，积极落实区域法院间生态环境修复资金移交使用。强化多元协同共治。与检察机关、公安机关、行政主管机关等建立联席会议、案情通报、线索移送、矛盾化解等机制，推动行政执法与司法办案有机衔接。最高人民法院联合生态环境部等单位先后印发长江、黄河保护攻坚战行动方案，协同推进长江和黄河生态保护修复、生态安全维护、环境质量改善。与国家文物局签署加强司法文物保护利用、强化文物司法保护合作框架协议，共同做好新时代文物保护工作。各地法院在国家公园、自然保护区、人文遗产地等重点区域，建设集巡回审判、生态修复、宣传教育、综合治理等功能于一体的生态环境司法保护（修复）基地。广西等地法院探索"林（田、河、湖）长制"与"法官进网格"紧密结合，建立联合巡查机制，汇聚环境资源保护合力。优化环保法治宣传。将法治宣传与司法公开、以案释法与司法便民、普法与科普相结合，发挥巡回审判等机制作用，自觉接受各方监督，充分保障人民群众知情权、参与权、监督权。落实"谁执法谁普法"，打造六五环境日、国家生态日普法宣传品牌，用群众喜闻乐见的方式生动阐释"小案件大道理"，促进全社会法治意识和环保意识不断提升。

五是深化国际交流合作，提供全球环境司法保护中国方案。主导形成国际共识。积极推动共建地球生命共同体，最高人民法院与联合国环境规划署合作举办世界环境司法大会并通过《昆明宣言》，明确环境司法应秉持公平、共同但有区别的责任及各自能力原则、保护和可持续利用自然资源原则、损害担责原则"三大法治原则"，积极适用预防性、恢复性司法措施、公益诉讼和多元化纠纷解决方式"四项司法举措"，紧扣环境司法专业化、信息化、国际化"三个工作着力点"，达成国际环境司法广泛法治共识，为建立公平合理、合作共赢的全球环境治理体系贡献中国司法智慧。深化环境司法国际合作。召开"新时代绿色丝绸之路"环境司法国际研讨会、气候变化司法应对国际研讨会等国际会议，形成《环境司法国际研讨会北京共识》等重要成果，参加《生物多样性公约》第十五次缔约方大会生态文明论坛、世界自然保护大会高级别圆桌会议等研讨活动，不断拓展国际交流广度和深度。不断增强环境司法案例影响力。联合国环境规划署数据库2019年专门设立中国环境司法板块，已收录三清山巨蟒峰保护案等45件中国环境资源审判典型案例和6部年度工作报告。中国法院贯彻落实习近平生态文明思想和习近平法治思想，以司法审判推动生态环境保护的实际行动，赢得国际社会广泛认可和赞许。联合国环境规划署官员评价："中国在推进环境法治方面取得了令人瞩目和振奋的成就，在全球环境治理中处于引领地位。"

## 二、坚持问题导向，以深化理念变革引领环境资源审判工作高质量发展

近年来，环境资源审判工作取得明显成效，但与党中央要求和人民群众期待相比，与党的二十大提出的推进美丽中国建设的更重任务相比，仍有较大差距：一是协同治理有待进一步深化。刑事司法与行政执法有效衔接不够，司法机关和行政主管部门在是否涉嫌犯罪的证据标准、检验鉴定、规范适用等方面的认识和做法存在差异，导致以罚代刑、有案不移等问题不同程度存在，不利于对破坏环境资源违法犯罪依法惩处和预防治理。由于行政执法证据标准低于刑事司法证明标准，导致一些案件证据转换难、后续侦办难，部分证据需要重新

收集，影响刑事诉讼效率。对这些问题，人民法院与有关部门多以个案作具体问题沟通，规范化、常态化协作并形成有效机制，促进线索移送、信息共享、配合取证、跟踪监督、平台对接等有待加强、深化。二是司法辅助机制建设须进一步加强。环境资源案件专业性、技术性强，需要依靠鉴定评估查明损害事实，但鉴定领域覆盖、鉴定质量和效率还不足以满足办案需求，制约了审判公正与效率的充分实现。生态环境修复配套制度尚待健全完善，生态环境损害赔偿相关资金有的纳入财政管理，有的存在法院账户，有的委托公益基金会或信托管理，使用、监督缺乏统一规范，不仅不能充分有效发挥作用，也容易引发廉洁风险。三是专业化建设有待进一步深化。中国特色环境资源审判体系基本建成，但一些地方环境资源案件范围还不尽明确、裁判标准不尽统一，专门审判机构实质化运行成效还有待提升。特别是环境资源刑事、民事、行政审判"三合一"融合发挥作用，须协同院内相关审判机构和院外政法、行政机关一体履职、相互配合，才能解决目前侦、捕、诉、审、执等环节衔接不畅等问题，促进环境资源综合保护效果更加好、可持续。四是能力素质须进一步提升。一些法院在做深做实能动司法，把中国特色社会主义司法制度优势转化为效能优势，运用司法建议、纠纷化解前移等推动生态环境源头治理方面跟不上、不适应；有的法官专业能力素质与环境资源审判实践要求还有差距，"法律+环境"复合型人才紧缺，距离切实肩负起生态环境司法保护应有的政治责任、法治责任和审判责任还有不小差距。

问题是客观的、实践的，成因、根源还在思想、认识，最根本的是学习贯彻习近平生态文明思想、习近平法治思想有差距、跟不上。习近平总书记强调，"理念是行动的先导"。针对这些问题，最高人民法院党组在主题教育中深刻反思，大兴调查研究，学思践悟习近平生态文明思想和习近平法治思想，坚持稳中求进、守正创新，以深化理念变革引领环境资源审判工作高质量发展。

第一，树立能动司法理念。我们强调办理环境资源案件必须树立能动司法理念，在法律规范的裁量空间内，努力寻找最佳处理方案，努力实现政治效果、社会效果、法律效果有机统一，全力做实最佳生态效果。我们依法延伸环境资源审判职能，更加积极主动融入生态文明建设进程，做实讲政治、顾大局，切实保障民生福祉，促进厚植党的执政根基。在江苏法院审理的全国首例非法投放外来物种民事公益诉讼案中，行为人迷信"放生"积德行善，购买2.5万斤鲶鱼投入长荡湖，对长荡湖渔业资源和生态环境造成严重危害。人民法院针对一些地方多发的违法"放生"乱象，进行"普法+科普"式庭审直播，100多万网民在线观看这堂庭审法治公开课。庭前审后，还与宗教管理部门、行政执法部门沟通协作，以案释法，引导群众理性、规范"放生"，变违法擅自"放生"为科学增殖放流，实现"办理一案、治理一片"。

第二，树立绿色发展理念。我们强调环境资源审判必须完整准确全面贯彻新发展理念特别是生态优先、绿色发展理念，站在人与自然和谐共生的高度，依法审慎处理环境资源影响性案件，把"绿水青山就是金山银山"深刻揭示的保护生态环境就是保护生产力、改善生态环境就是发展生产力充分体现在司法政策引领中。青海法院就办理非法采砂案件发现的行政主管部门履职不尽规范等问题向主管机关提出司法建议，促进整改举措落到实处，努力从源头守护好"中华水塔"生态环境，做实在诉前实现生态环境和资源保护目的才是最佳的司法状态。

第三，树立系统保护理念。我们强调保护生态环境要坚持系统观念和全局观念，不断增强司法保护措施的系统性、整体性、协同性。办理相关案件，要根据山水林田湖草沙一体化保护和系统治理需要，持续推进环境资源审判创新发展。注重恢复性司法，正确把握和运用自然恢复和人工修复两种手段，积极创新生态环境修复方式，因地因时适用限期履行、劳务代偿、替代性修复等责任承担方式以及代履行等执行方式，促进生态环境及时有效恢复。坚持治罪与治理并重，充分运用宽严相济刑事政策、认罪认罚从宽制度的政策把握和裁量空间，在依法惩治环境资源犯罪的同时，积极引导被告人修复受损生态环境，促进涉案企业主动采取环保整改、技术改造、制度合规等措施，避免简单的一判了之、一罚了之，既实现对犯罪的惩罚和预防，又做实对环境的修复。

第四，树立最严法治理念。我们强调严格依法审理各类环境资源案件，坚持对环境资源违法和犯罪行为"全要素、全环节、全链条"惩治与预防，依法视情对行为人选择或综合运用刑事、民事、行政处罚，推动生态环境保护法律法规真正成为"长出牙齿"的严规铁律。通过公开审判、释法说理，强化全社会对生态环境保护的深刻理解、对人民群众环境权益的自觉维护，使法律法规从刚性约束的"文本法"转化为人民群众自觉遵守的"内心法"。广东法院办理的"噪音扰民"诉前禁止令案中，行为人因邻里矛盾每天定时循环播放"荒山野鬼"录音，引发周边群众投诉。因噪音分贝未达处罚标准，街道办、居委会多次调解未果，行政执法部门亦无从介入。人民法院根据受害人申请，就本案发出全国首份噪声环境侵权诉前禁止令，明令禁止该噪音扰民行为并释明恶意侵权可能被适用惩罚性赔偿的法律后果，确立了以宁静生活有无受到影响为标准判断噪声污染的裁判规则，有效化解矛盾纠纷，让守护环境权益的法律条文转化为鲜活的司法实践。

第五，树立协同治理理念。我们强调生态环境司法保护必须坚持职能部门协同治理的司法理念，积极主动促推司法衔接配合，在统一执法司法尺度、案件线索移送、环境修复执行、追究损害责任、环保法治宣传等方面协同发力，实现环境资源保护执法司法与源头治理双赢多赢共赢。今年6月以来，最高人民法院与水利部等部门联合开展为期半年的河湖安全保护专项执法行动，依法惩治侵占河湖、妨碍行洪安全、破坏水工程、非法采砂等领域违法犯罪行为，深化协同合作，形成共治合力。环境资源行政案件涉及行政机关履职，是带有司法监督性质的审判工作，一些法院存在畏难情绪。我们强调行政权与司法权虽分工不同，但根本统一于党的领导、统一于维护人民根本利益，要把监督就是支持、支持就是监督贯穿行政审判始终，主动与政府及其部门沟通，促进做好依法行政工作，共同把老百姓关心的问题解决好。同时，积极推动深化政法系统协调配合，明确、规范案件管辖、证据规则、法律适用等，提高协同办案能力。今年全国两会后，最高人民法院先后与最高人民检察院、司法部建立工作交流会商机制，将完善跨区域集中管辖制度、检察公益诉讼制度、规范司法鉴定等纳入交流会商事项，在解决制约司法工作的重点难点堵点问题上充分凝聚共识、共商解决之道。

## 三、努力在新征程上推进环境资源审判工作迈向更高水平

新时代新发展阶段，面对党的二十大部署的各项战略任务，面对全面依法治国这场国家治理的深刻革命，面对人民群众在民主、法治、公平、正义、安全、环境等方面提出的更丰

富内涵、更高水平的需求，环境资源审判工作迎来新的发展契机，也面临新的更大挑战。各级人民法院要坚持以习近平新时代中国特色社会主义思想为指导，全面贯彻党的二十大精神，抓好第一批、第二批主题教育的衔接联动，紧紧围绕"公正与效率"工作主题，做深做实为大局服务、为人民司法，奋力推进环境资源审判工作高质量发展，更加有力有效维护国家生态环境和资源安全、社会公共利益、人民群众环境权益，为加快推进人与自然和谐共生的现代化提供更加有力司法服务和保障。

一是把坚定拥护"两个确立"、坚决做到"两个维护"体现和落实到环境资源审判全过程各方面。扎实贯彻习近平生态文明思想、习近平法治思想，牢牢把握党对司法工作的绝对领导，环境资源审判工作的重大部署、重大问题要及时向党中央请示报告，坚定不移走中国特色社会主义法治道路。贯彻落实全过程人民民主，更加主动接受人大监督，主动报告工作情况，自觉将代表意见建议落实为加强和改进环境资源审判工作的智慧和力量。坚持政治建设与业务建设紧密结合，做实"从政治上看、从法治上办"，深化环境资源审判专业化建设，更好满足服务保障经济社会高质量发展和生态环境高水平保护的需要。一体融合抓实政治素质、业务素质、职业道德素质建设，着力培养"法律+环境"复合型人才，锻造忠诚干净担当的过硬环境资源审判队伍。

二是更加主动服务党和国家工作大局。围绕持续深入打好环境污染防治攻坚战，加大涉大气、水、土壤等污染纠纷案件审理力度，以更高标准深入推进蓝天、碧水、净土保卫战，推进城乡人居环境整治，持续改善生态环境质量。围绕加快推动发展方式绿色低碳转型，完整准确全面贯彻新发展理念，找准环境资源审判服务发展、保障民生和保护环境之间的平衡点，助力加快形成绿色生产方式和生活方式。围绕着力提升生态系统多样性、稳定性、持续性，在实施重要生态系统保护和修复、生物多样性保护、长江十年禁渔、防治外来物种入侵等方面加大司法保障力度。围绕积极稳妥推进碳达峰碳中和，贯彻落实党中央、国务院关于做好碳达峰碳中和工作的意见，完善司法服务举措，为正确处理"双碳"承诺和自主行动的关系提供法治保障。围绕守牢美丽中国建设安全底线，贯彻总体国家安全观，立足司法职能防范化解各种风险挑战，切实维护生态安全、核与辐射安全等，坚决维护国家安全、社会安定、人民安宁。

三是着力提升环境资源审判执行整体质效。深化、优化环境资源审判"三合一"，以最有利于经济社会高质量发展和生态环境高水平保护、最有利于当事人环境权益维护、最有利于案件公正高效处理为原则，统筹发挥刑事、民事、行政审判职能，确保案件办理"三个效果"有机统一。聚焦构建现代环境治理体系，完善环境资源专门化审判组织体系，规范环境资源案件范围，加快推进专门审判机构实质化运行。运用好环境资源审判机构成熟经验和工作机制，指导未设置专门审判机构的法院相关审判庭、合议庭履行好办理环境资源案件、促进生态环境治理的职能。建好具有专门知识的人民陪审员队伍，对技术性、专业性问题作出更具权威性的判断。聚焦"恢复性司法实践+社会化综合治理"目标要求，进一步提升生态环境修复判项的明确性和可操作性，对环境侵权人不履行修复义务或受损生态环境无法修复、修复成本过高的，探索完善第三方代履行、替代履行与等价异位修复等司法举措。加强与检察机关、财政、生态环境等部门沟通配合，鼓励各地依靠现有政策和条件先行先试，探索生态环境赔偿相关资金集约利用的规范方式和途径。

四是加快完善环境资源司法保护制度体系。聚焦党的二十大报告关于"完善公益诉讼制度"的目标要求，加强公益诉讼立法问题研究，夯实公益诉讼制度法理和法律基础。重视环境公益诉讼领域司法解释制定、司法政策供给，规范指导性案例和典型案例发布，增强环境公益诉讼法律适用规范的系统性、整体性、协同性。加强对非法引进、释放、丢弃外来入侵物种等涉环境资源保护犯罪定罪量刑标准理论与实务研究，完善相关法律适用规范。加强环境法典有关研究，积极为立法提供审判实践经验。

五是推动共建清洁美丽的世界。落实党中央关于统筹推进国内法治和涉外法治要求，更加自觉运用审判职能促推环境资源法治建设。积极拓宽国际视野，主动参与和引领国际环境治理规则制定。拓展与有关国家及联合国环境规划署等国际组织的合作广度和深度，健全案例交换分享、法律适用交流、法官同堂培训等机制，服务共建地球生命共同体。不断提升更为世界各国政府和人民所关注的我国环境资源法治传播能力与实效，讲好中国环境司法故事，扩大中国环境司法的国际影响力和感召力。

委员长、各位副委员长、秘书长、各位委员，列席会议的各位代表，做好新时代新发展阶段环境资源审判工作，离不开全国人大及其常委会有力监督和关心支持。借此机会，谨提以下几项工作建议：一是推动实现生态环境赔偿相关资金专款专用，规范和细化管理、使用、监督机制，保障资金有效利用和生态环境及时修复。二是推动优化完善环境司法鉴定工作，规范环境司法鉴定机制建设及鉴定评估行业收费管理。三是进一步完善相关法律制度建设，加快环境法典研建和检察公益诉讼法立法步伐，积极推进矿产资源法等法律修订进程，不断夯实环境资源保护法治基础。

全国人大常委会专门听取和审议人民法院关于环境资源审判工作情况的报告，充分体现了对环境资源保护工作的高度重视和对人民法院工作的有力支持，全国法院和广大干警深受鼓舞。最高人民法院将带领全国法院，在以习近平同志为核心的党中央坚强领导下，在全国人大及其常委会有力监督下，深刻领悟"两个确立"的决定性意义，增强"四个意识"、坚定"四个自信"、做到"两个维护"，坚决执行全国人大及其常委会决定、决议，认真落实本次会议审议意见，全力推进环境资源审判工作高质量发展，努力以审判工作现代化服务保障中国式现代化。

# 任免事项

## 全国人民代表大会常务委员会
## 最高人民法院审判人员任免名单

(2022年12月30日第十三届全国人民代表大会常务委员会第三十八次会议通过)

一、免去高憬宏的最高人民法院第三巡回法庭庭长职务。

二、任命王淑梅（女）为最高人民法院第三巡回法庭庭长，免去其最高人民法院民事审判第四庭庭长职务。

三、任命高晓力（女）为最高人民法院民事审判第四庭庭长，免去其最高人民法院第六巡回法庭副庭长职务。

四、任命张卫兵为最高人民法院立案庭副庭长，免去其最高人民法院第二巡回法庭副庭长职务。

五、任命王丽英（女）为最高人民法院立案庭副庭长、审判员。

六、任命孙长山为最高人民法院刑事审判第一庭副庭长，免去其最高人民法院第三巡回法庭副庭长职务。

七、任命汪斌为最高人民法院刑事审判第五庭副庭长，免去其最高人民法院第四巡回法庭副庭长职务。

八、任命李相波为最高人民法院环境资源审判庭副庭长，免去其最高人民法院第五巡回法庭副庭长职务。

九、任命骆电为最高人民法院审判监督庭副庭长。

十、任命刘峥为最高人民法院第一巡回法庭副庭长。

十一、任命蔡金芳（女）为最高人民法院第一巡回法庭副庭长。

十二、任命刘小飞（女）为最高人民法院第二巡回法庭副庭长。

十三、任命王振宇为最高人民法院第四巡回法庭副庭长。

十四、任命杨占富为最高人民法院第五巡回法庭副庭长。

十五、任命罗智勇为最高人民法院第六巡回法庭副庭长。

十六、任命耿宝建为最高人民法院知识产权法庭副庭长，免去其最高人民法院第一巡回法庭副庭长职务。

十七、免去郝银钟的最高人民法院刑事审判第四庭副庭长、审判员职务。

十八、免去刘敏（女）的最高人民法院民事审判第一庭副庭长、审判员职务。

十九、免去汪国献的最高人民法院第三巡回法庭副庭长职务。

二十、免去陈宜芳（女）的最高人民法院第四巡回法庭副庭长职务。

二十一、免去王富博的最高人民法院第四巡回法庭副庭长职务。

二十二、任命张华（女）、张寒松（女）、刘晓军、汤笑然（女）、卫华（女）、杜丽霞（女）、周耀为最高人民法院审判员。

二十三、免去何东宁、毕东升、洪清沪、杜柏海、邵长茂的最高人民法院审判员职务。

## 最高人民法院
## 关于程东方为中华人民共和国大法官的公告

法〔2023〕1号

根据《中华人民共和国法官法》等有关规定，程东方为中华人民共和国一级大法官。

中华人民共和国最高人民法院院长
中华人民共和国首席大法官　　周强

2023年1月3日

## 最高人民法院
## 关于党广锁等13人为中华人民共和国大法官的公告

法〔2023〕12号

根据《中华人民共和国法官法》等有关规定，党广锁、贾宇、田云鹏、傅信平、霍敏、朱玉、戴军、茆荣华、张应杰、次登、王中明、安长海、迪里夏提·沙依木为中华人民共和国二级大法官。

中华人民共和国最高人民法院院长
中华人民共和国首席大法官　　周强

2023年1月18日

# 全国人民代表大会常务委员会
## 最高人民法院审判人员免职名单

(2023年2月24日第十三届全国人民代表大会常务委员会第三十九次会议通过)

免去贺荣（女）的最高人民法院副院长、审判委员会委员、审判员职务。

# 全国人民代表大会常务委员会
## 最高人民法院审判人员任免名单

(2023年4月26日第十四届全国人民代表大会常务委员会第二次会议通过)

一、任命刘峥、孙文波、任小明、陈颖（女）、顾正义、赵嘉琴（女）、徐春鹏为最高人民法院审判员。

二、免去程新文、吴毛旦、万会峰、姜永义、刘红章（女）、宋莹（女）、任雪峰、李艳（女）、庞敏（女）、徐红妮（女）、彭娜（女）、方玲（女）、蒋科的最高人民法院审判员职务。

# 全国人民代表大会常务委员会
## 最高人民法院审判人员任免名单

(2023年6月28日第十四届全国人民代表大会常务委员会第三次会议通过)

一、免去何抒的最高人民法院民事审判第一庭副庭长、审判员职务。
二、任命边永民（女）为最高人民法院民事审判第三庭副庭长、审判员。
三、任命刘飞、崔红霞（女）为最高人民法院审判员。
四、免去李广宇、白继明、李晓（女）、李彤（女）、卢正新、周平、李丽（女）、黄中华、江显和、郑勇的最高人民法院审判员职务。

## 最高人民法院
## 关于聂光海为中华人民共和国大法官的公告

法〔2023〕123号

根据《中华人民共和国法官法》等有关规定，聂光海为中华人民共和国二级大法官。

中华人民共和国最高人民法院院长
中华人民共和国首席大法官　　张　军

2023年7月14日

## 全国人民代表大会常务委员会
## 最高人民法院审判人员任免名单

(2023年9月1日第十四届全国人民代表大会常务委员会第五次会议通过)

一、任命邓修明为最高人民法院副院长、审判委员会委员、审判员。

二、免去姜启波的最高人民法院审判委员会委员、审判员职务。

三、任命凌宗亮、马清华（女）、毛涵（女）为最高人民法院审判员。

四、免去孔玲（女）、赵剑、舒明生、李军、张本勇、周桂荣（女）、佘朝阳（女）、陈瑞子（女）的最高人民法院审判员职务。

# 最高人民法院
## 关于邓修明为中华人民共和国大法官的公告

法〔2023〕147 号

根据《中华人民共和国法官法》等有关规定，邓修明为中华人民共和国一级大法官。

中华人民共和国最高人民法院院长
中华人民共和国首席大法官　　张　军

2023 年 9 月 4 日

# 全国人民代表大会常务委员会
## 最高人民法院审判人员任免名单

(2023 年 10 月 24 日第十四届全国人民代表大会常务委员会第六次会议通过)

一、免去王晓东的最高人民法院刑事审判第二庭庭长、审判员职务。

二、任命马岩为最高人民法院刑事审判第二庭庭长，免去其最高人民法院刑事审判第三庭庭长职务。

三、任命陈鸿翔为最高人民法院刑事审判第三庭庭长，免去其最高人民法院刑事审判第四庭副庭长职务。

四、免去林文学的最高人民法院民事审判第二庭庭长职务。

五、任命高晓力（女）为最高人民法院民事审判第二庭庭长，免去其最高人民法院民事审判第四庭庭长职务。

六、任命沈红雨（女）为最高人民法院民事审判第四庭庭长，免去其最高人民法院民事审判第四庭副庭长职务。

七、免去刘竹梅（女）的最高人民法院环境资源审判庭庭长、审判员职务。

八、任命吴兆祥为最高人民法院环境资源审判庭庭长，免去其最高人民法院第六巡回法庭副庭长职务。

九、任命于厚森为最高人民法院第三巡回法庭副庭长，免去其最高人民法院行政审判庭庭长职务。

十、任命耿宝建为最高人民法院行政审判庭庭长，免去其最高人民法院知识产权法庭副庭长职务。

十一、免去王振宇的最高人民法院第四巡回法庭副庭长职务。

十二、任命杨永清为最高人民法院第四巡回法庭副庭长,免去其最高人民法院民事审判第二庭副庭长职务。

十三、任命张新庆为最高人民法院立案庭副庭长、审判员。

十四、任命杜军为最高人民法院民事审判第一庭副庭长。

十五、免去赵晋山的最高人民法院第一巡回法庭副庭长职务。

十六、免去孙长山的最高人民法院刑事审判第一庭副庭长职务。

十七、任命王培中、马新健、王倩(女)、潘效国、牟丹(女)、郑晔、王晓如(女)、林勤(女)、梁琼(女)为最高人民法院审判员。

十八、免去胡晓晖、陈健、兰丹丹(女)的最高人民法院审判员职务。

# 最高人民法院
## 关于刘少云为中华人民共和国大法官的公告

法〔2023〕184号

根据《中华人民共和国法官法》等有关规定,刘少云为中华人民共和国一级大法官。

中华人民共和国最高人民法院院长
中华人民共和国首席大法官　张　军

2023年10月28日

# 司法文件

## 综　合

### 最高人民法院
### 关于为加快建设全国统一大市场
### 提供司法服务和保障的意见

法发〔2022〕22号

为深入贯彻党的十九大和十九届历次全会精神，认真落实《中共中央、国务院关于加快建设全国统一大市场的意见》，充分发挥人民法院职能作用，为加快建设全国统一大市场提供高质量司法服务和保障，结合人民法院工作实际，制定本意见。

一、总体要求

1. 切实增强为加快建设全国统一大市场提供司法服务和保障的责任感、使命感。加快建设高效规范、公平竞争、充分开放的全国统一大市场，是以习近平同志为核心的党中央从全局和战略高度作出的重大战略部署，是构建新发展格局的基础支撑和内在要求。各级人民法院要切实把思想和行动统一到党中央重大战略部署上来，深刻把握"两个确立"的决定性意义，增强"四个意识"、坚定"四个自信"、做到"两个维护"，不断提高政治判断力、政治领悟力、政治执行力，坚持服务大局、司法为民、公正司法，忠实履行宪法法律赋予的职责，充分发挥法治的规范、引领和保障作用，为加快建设全国统一大市场提供高质量司法服务和保障。

2. 准确把握为加快建设全国统一大市场提供司法服务和保障的切入点、着力点。各级人民法院要紧紧围绕党中央重大决策部署，坚持"两个毫不动摇"，坚持问题导向，完整、准确、全面贯彻新发展理念，强化系统观念、注重协同配合、积极担当作为，统筹立审执各领域、各环节精准发力，统筹市场主体、要素、规则、秩序统一保护，对标对表持续推动国内市场高效畅通和规模拓展、加快营造稳定公平透明可预期的营商环境、进一步降低市场交易成本、促进科技创新和产业升级、培育参与国际竞争合作新优势五大主要目标，有针对性地完善司法政策、创新工作机制、提升司法质效，不断提高司法服务保障工作的实效性，更好发挥市场在资源配置中的决定性作用，为建设高标准市场体系、构建高水平社会主义市场经济体制提供坚强司法支撑。

## 二、加强市场主体统一平等保护

3. *助力实行统一的市场准入*。依法审理建设工程、房地产、矿产资源以及水、电、气、热力等要素配置和市场准入合同纠纷案件，准确把握自然垄断行业、服务业等市场准入放宽对合同效力的影响，严格落实"非禁即入"政策。依法审理涉市场准入行政案件，支持分级分类推进行政审批制度改革，遏制不当干预经济活动特别是滥用行政权力排除、限制竞争行为。加强市场准入负面清单、涉企优惠政策目录清单等行政规范性文件的附带审查，推动行政机关及时清理废除含有地方保护、市场分割、指定交易等妨碍统一市场和公平竞争的规范性文件，破除地方保护和区域壁垒。

4. *加强产权平等保护*。坚持各类市场主体诉讼地位平等、法律适用平等、法律责任平等，依法平等保护各类市场主体合法权益。严格区分经济纠纷、行政违法与刑事犯罪，坚决防止将经济纠纷当作犯罪处理，坚决防止将民事责任变为刑事责任。依法惩治侵犯产权违法犯罪行为，健全涉案财物追缴处置机制，最大限度追赃挽损。充分贯彻善意文明执行理念，进一步规范涉产权强制措施，严禁超标的、违法查封财产，灵活采取查封、变价措施，有效释放被查封财产使用价值和融资功能。完善涉企产权案件申诉、重审等机制，健全涉产权冤错案件有效防范纠正机制。支持规范行政执法领域涉产权强制措施，依法维护市场主体经营自主权。

5. *依法平等保护中外当事人合法权益*。研究制定法律查明和国际条约、国际惯例适用等司法解释，准确适用域外法律和国际条约、国际惯例。优化涉外民商事纠纷诉讼管辖机制，研究制定第一审涉外民商事案件管辖司法解释。加强司法协助工作，完善涉外送达机制，推动建成域外送达统一平台。推进国际商事法庭实质化运行，健全国际商事专家委员会工作机制，完善一站式国际商事纠纷解决信息化平台，实现调解、仲裁和诉讼有机衔接，努力打造国际商事纠纷解决新高地。准确适用外商投资法律法规，全面实施外商投资准入前国民待遇加负面清单制度，依法维护外商投资合同效力，促进内外资企业公平竞争。推进我国法域外适用法律体系建设，依法保护"走出去"企业和公民合法权益。

6. *完善市场主体救治和退出机制*。坚持破产审判市场化、法治化、专业化、信息化方向，依法稳妥审理破产案件，促进企业优胜劣汰。坚持精准识别、分类施策，对陷入财务困境但仍具有发展前景和挽救价值的企业，积极适用破产重整、破产和解程序，促进生产要素优化组合和企业转型升级，让企业重新焕发生机活力，让市场资源配置更加高效。积极推动完善破产法制及配套机制建设，完善执行与破产工作有序衔接机制，推动企业破产法修改和个人破产立法，推动成立破产管理人协会和设立破产费用专项基金，推进建立常态化"府院联动"协调机制。

7. 依法及时兑现市场主体胜诉权益。进一步健全完善综合治理执行难工作大格局，加强执行难综合治理、源头治理考评，推动将执行工作纳入基层网格化管理，完善立审执协调配合机制，确保"切实解决执行难"目标如期实现。进一步加强执行信息化建设，拓展升级系统功能，强化执行节点管理，提升执行流程监管自动化、智能化水平。探索建立律师调查被执行人财产等制度，推进落实委托审计调查、公证取证、悬赏举报等制度。探索建立怠于履行协助执行义务责任追究机制，建立防范和制止规避执行行为制度，依法惩戒拒执违法行为。配合做好强制执行法立法工作，制定或修订债权执行等司法解释，完善执行法律法规体系。

### 三、助力打造统一的要素和资源市场

8. 支持健全城乡统一的土地市场。妥善审理涉农村土地"三权分置"纠纷案件，促进土地经营权有序流转。依法审理农村集体经营性建设用地入市纠纷，支持加快建设同权同价、流转顺畅、收益共享的城乡统一建设用地市场。以盘活利用土地为目标，妥善审理涉及国有企事业单位改革改制土地资产处置、存量划拨土地资产产权确定、上市交易等案件。依法审理建设用地使用权转让、出租、抵押等纠纷案件，保障建设用地规范高效利用。适应土地供给政策调整，统一国有土地使用权出让、转让合同纠纷案件裁判尺度。

9. 支持发展统一的资本市场。依法严惩操纵市场、内幕交易、非法集资、贷款诈骗、洗钱等金融领域犯罪，促进金融市场健康发展。妥善审理金融借款合同、证券、期货交易及票据纠纷等案件，规范资本市场投融资秩序。依法处理涉供应链金融、互联网金融、不良资产处置、私募投资基金等纠纷，助力防范化解金融风险。完善私募股权投资、委托理财、资产证券化、跨境金融资产交易等新型纠纷审理规则，加强数字货币、移动支付等法律问题研究，服务保障金融业创新发展。

10. 支持建设统一的技术和数据市场。加强科技成果所有权、使用权、处置权、收益权司法保护，妥善处理因科技成果权属认定、权利转让、权利质押、价值认定和利益分配等产生的纠纷，依法支持科技创新成果市场化应用。依法保护数据权利人对数据控制、处理、收益等合法权益，以及数据要素市场主体以合法收集和自身生成数据为基础开发的数据产品的财产性权益，妥善审理因数据交易、数据市场不正当竞争等产生的各类案件，为培育数据驱动、跨界融合、共创共享、公平竞争的数据要素市场提供司法保障。加强数据产权属性、形态、权属、公共数据共享机制等法律问题研究，加快完善数据产权司法保护规则。

11. 支持建设全国统一的能源和生态环境市场。依法审理涉油气期货产品、天然气、电力、煤炭交易等纠纷案件，依法严惩油气、天然气、电力、煤炭非法开采开发、非法交易等违法犯罪行为，推动资源合法有序开发利用。研究发布司法助力实现碳达峰碳中和目标的司法政策，妥善审理涉碳排放配额、核证自愿减排量交易、碳交易产品担保以及企业环境信息公开、涉碳绿色信贷、绿色金融等纠纷案件，助力完善碳排放权交易机制。全面准确适用民法典绿色原则、绿色条款，梳理碳排放领域出现的新业态、新权属、新问题，健全涉碳排放权、用水权、排污权、用能权交易纠纷裁判规则。研究适用碳汇认购、技改抵扣等替代性赔

偿方式,引导企业对生产设备和生产技术进行绿色升级。

**四、依法维护统一的市场交易规则**

12. 优化营商环境司法保障机制。法治是最好的营商环境。对照加快建设全国统一大市场要求,探索建立符合我国国情、国际标准的司法服务保障营商环境指标体系,加大服务保障营商环境建设情况在考评工作中的比重。出台服务保障营商环境建设的司法解释和司法政策。配合有关职能部门,开展营商环境创新试点工作,制定出台建设法治化营商环境实施规划,建立营商环境定期会商机制。依托司法大数据,建立法治化营商环境分析研判机制。加大营商环境司法保障工作宣传力度,提振经营者投资信心。探索设立人民法院优化营商环境专家咨询委员会。

13. 助力营造公平诚信的交易环境。切实实施民法典,出台民法典合同编司法解释,贯彻合同自由、诚实信用原则,保护合法交易行为,畅通商品服务流通,降低市场交易成本。完善推动社会主义核心价值观深度融入审判执行工作配套机制,发挥司法裁判明辨是非、惩恶扬善、平衡利益、定分止争功能,引导市场主体增强法治意识、公共意识、规则意识。构建虚假诉讼预防、识别、惩治机制,依法严惩虚假诉讼违法犯罪行为。强化失信被执行人信用惩戒力度,完善失信惩戒系统,细化信用惩戒分级机制,修订完善失信被执行人名单管理规定,探索建立守信激励和失信被执行人信用修复制度。探索社会信用体系建设与人民法院审判执行工作深度融合路径,推动建立健全与市场主体信用信息相关的司法大数据归集共享和使用机制。

14. 支持区域市场一体化建设。健全区域重大战略、区域协调发展司法服务和保障机制,依法支持京津冀、长三角、粤港澳大湾区以及成渝地区双城经济圈、长江中游城市群等区域,在维护全国统一大市场前提下,优先开展区域市场一体化建设工作。充分发挥最高人民法院巡回法庭作用,健全巡回区法院资源共享、联席会议、法官交流等工作机制,积极探索区域司法协作新路径。健全跨域司法联动协作机制,积极推广司法服务保障区域市场一体化的典型经验做法。

15. 推进内地与港澳、大陆与台湾规则衔接机制对接。加强涉港澳台审判工作,探索建立涉港澳台商事案件集中管辖机制。加强司法协助互助,落实内地与澳门仲裁程序相互协助保全安排,落实内地与香港相互认可和协助破产程序机制。探索简化港澳诉讼主体资格司法确认和诉讼证据审查认定程序,拓展涉港澳案件诉讼文书跨境送达途径,拓宽内地与港澳相互委托查明法律渠道。推动建立深港澳调解组织和调解员资质统一认证机制,完善港澳人士担任特邀调解员、陪审员制度,依法保障符合条件的港澳律师在粤港澳大湾区执业权利。完善与港澳台司法交流机制,推动建立粤港澳法官审判专业研讨常态化机制,支持海峡两岸法院开展实务交流。

16. 加强国内法律与国际规则衔接。坚持统筹推进国内法治与涉外法治,大力推进涉外审判体系和审判能力现代化建设,加强重大涉外民商事案件审判指导,探索多语言发布涉外民商事指导性案例,扩大中国司法裁判国际影响力和公信力。实施海事审判精品战略,加快推进国际海事司法中心建设,探索完善航运业务开放、国际船舶登记、沿海捎带、船舶融资租赁等新类型案件审理规则,打造国际海事纠纷争议解决优选地。加强与有关国际组织、国家和地区司法领域合作，加大对走私、洗钱、网络诈骗、跨境腐败等跨境犯罪的打击力度。积极参与国际贸易、知识产权、环境保护、网络空间等领域国际规则制定，提升我国在国际经济治理中的话语权。

**五、助力推进商品和服务市场高水平统一**

17. 强化知识产权司法保护。加大知识产权司法保护力度，服务保障科技创新和新兴产业发展，以创新驱动、高质量供给引领和创造新需求。持续加大对重点领域、新兴产业关键核心技术和创新型中小企业原始创新司法保护力度。严格落实知识产权侵权惩罚性赔偿、行为保全等制度，有效遏制知识产权侵权行为。推动完善符合知识产权案件审判规律的诉讼规范，健全知识产权法院跨区域管辖制度，畅通知识产权诉讼与仲裁、调解对接机制，健全知识产权行政执法和司法衔接机制。

18. 依法保护劳动者权益。妥善审理平等就业权纠纷等案件，推动消除户籍、地域、身份、性别等就业歧视，促进劳动力、人才跨地区顺畅流动。加强跨境用工司法保护，准确认定没有办理就业证件的港澳台居民与内地用人单位签定的劳动合同效力。出台服务保障国家新型城镇化建设的司法政策，依法保护进城务工人员合法权益。研究出台涉新业态民事纠纷司法解释，加强新业态从业人员劳动权益保障。积极开展根治欠薪专项行动，依法严惩拒不支付劳动报酬违法犯罪行为，加大欠薪案件审执力度。推动完善劳动争议解决体系。

19. 助力提升商品质量。坚决惩处制售假冒伪劣商品、危害食品药品安全等违法犯罪行为。依法从严惩处制假售假、套牌侵权、危害种质资源等危害种业安全犯罪，促进国家种业资源统一保护。依法审理因商品质量引发的合同、侵权纠纷案件，准确适用惩罚性赔偿制度，注重运用民事手段助推商品质量提升。依法审理涉产品质量行政纠纷案件，支持行政机关深化质量认证制度改革，加强全供应链、全产业链、产品全生命周期管理。研究制定审理危害生产安全犯罪案件司法解释，促进安全生产形势持续好转。

20. 支持提升消费服务质量。完善扩大内需司法政策支撑体系，积极营造有利于全面促进消费的法治环境。严惩预付消费诈骗犯罪，妥善处理住房、教育培训、医疗卫生、养老托育等重点民生领域消费者权益保护纠纷案件，提高群众消费安全感和满意度。完善网络消费、服务消费等消费案件审理规则，服务保障消费升级和消费新模式新业态发展。优化消费纠纷案件审理机制，探索建立消费者权益保护集体诉讼制度，完善消费公益诉讼制度，推动建立消费者权益保护工作部门间衔接联动机制，促进消费纠纷源头治理。

**六、切实维护统一的市场竞争秩序**

21. 依法打击垄断和不正当竞争行为。强化司法反垄断和反不正当竞争，依法制止垄断协议、滥用市场支配地位等垄断行为，严厉打击侵犯商业秘密、商标恶意抢注、攀附仿冒等不正当竞争行为，加强科技创新、信息安全、民生保障等重点领域不正当竞争案件审理。加强对平台企业垄断的司法规制，及时制止利用数据、算法、技术手段等方式排除、限制竞争行为，依法严惩强制"二选一"、大数据杀熟、低价倾销、强制搭售等破坏公平竞争、扰乱市场秩序行为，防止平台垄断和资本无序扩张。依法严厉打击自媒体运营者借助舆论影响力对企业进行敲诈勒索行为，以及恶意诋毁商家商业信誉、商品声誉等不正当竞争行为。完善竞争案件裁判规则，适时出台反垄断民事诉讼司法解释。

22. 监督支持行政机关强化统一市场监管执法。修改完善办理政府信息公开案件司法解释，依法审理市场监管领域政府信息公开案件，促进行政机关严格依照法定权限和程序公开市场监管规则。依法妥善审理涉市场监管自由裁量、授权委托监管执法、跨行政区域联合执法等行政纠纷案件，监督支持行政机关提高综合执法效能、公平公正执法。加强与检察机关协作，通过审理行政公益诉讼案件、发送司法建议等方式，共同推动市场监管部门健全权责清晰、分工明确、运行顺畅的监管体系。加强与市场监管执法部门沟通协作，推进统一市场监管领域行政裁判规则与执法标准。

23. 依法惩处扰乱市场秩序违法犯罪行为。研究制定审理涉税犯罪案件司法解释，依法惩处逃税、抗税、骗税、虚开增值税专用发票等违法犯罪行为，加大对利用"阴阳合同"逃税、文娱领域高净值人群逃税等行为的惩处力度。加强与税务、公安等部门执法司法协同，推动完善税收监管制度。准确把握合同诈骗、强迫交易等违法犯罪行为入刑标准，依法认定相关合同效力，维护市场主体意思自治。依法严惩通过虚假诉讼手段逃废债、虚假破产、诈骗财物等行为。研究制定审理非法经营刑事案件司法解释，严格规范非法经营刑事案件定罪量刑标准。研究制定办理渎职刑事案件适用法律问题司法解释，对国家工作人员妨害市场经济发展的渎职犯罪处理问题作出规定。

24. 助力统筹推进疫情防控和经济社会发展。依法严惩利用疫情诈骗、哄抬物价、囤积居奇、造谣滋事，以及制售假劣药品、医疗器械、医用卫生材料等犯罪，维护疫情防控期间生产生活秩序。妥善处理疫情引发的合同违约、企业债务等纠纷案件，准确适用不可抗力规则，合理平衡当事人利益。精准服务做好"六稳"、"六保"，妥善处理因疫情引发的劳资用工、购销合同、商铺租赁等民商事纠纷，持续完善司法惠民惠企政策，帮助受疫情严重冲击的行业、中小微企业和个体工商户纾困解难。

### 七、健全司法服务和保障工作机制

25. 深入推进诉讼制度改革。严格按照改革部署要求，系统集成推进司法体制综合配套改革各项工作举措，切实满足市场主体高效便捷公正解决纠纷的司法需求。强化诉权保护理念，坚决贯彻执行立案登记制度。稳妥推进四级法院审级职能定位改革，优化民商事、行政案件级别管辖标准，完善再审申请程序和立案标准，健全案件移送管辖提级审理机制，推动将具有普遍法律适用指导意义、关乎社会公共利益的案件交由较高层级法院审理。认真贯彻落实新修订的民事诉讼法，用足用好繁简分流改革成果，出台民事速裁适用法律问题司法解释，进一步推动案件繁简分流、轻重分离、快慢分道。

26. 完善统一法律适用工作机制。加强司法解释管理，完善案例指导制度，建立全国法院法律统一适用平台，构建类案裁判规则数据库，推行类案和新类型案件强制检索制度，完善合议庭、专业法官会议工作机制，充分发挥审判委员会职责，构建多层次、立体化法律适用分歧解决机制。健全完善司法公开制度体系，加大司法公开四大平台整合力度。推进司法制约监督体系建设，全面推行审判权力责任清单和履职指引制度，完善"四类案件"识别监管机制，构建科学合理的司法责任认定和追究制度。

27. 深化一站式多元解纷和诉讼服务体系建设。坚持和发展新时代"枫桥经验"，把非诉讼纠纷解决机制挺在前面，推动矛盾纠纷系统治理、综合治理、源头治理，切实降低市场主体纠纷解决成本。突出一站、集约、集成、在线、融合五个关键，建设集约高效、多元解纷、便民利民、智慧精准、开放互动、交融共享的现代化诉讼服务体系。发挥人民法院调解平台集成作用，完善司法调解与人民调解、行政调解联动体系，强化诉讼与非诉讼实质性对接。加大在线视频调解力度，建立健全劳动争议、金融保险、证券期货、知识产权等专业化调解机制。

28. 加强互联网司法和智慧法院建设。推进互联网、大数据、人工智能、区块链与审判执行工作深度融合，以司法数据中台和智慧法院大脑为牵引，推动智能协同应用，拓展数据知识服务，构建一体云网设施，提升质效运维水平。推进落实《人民法院在线诉讼规则》《人民法院在线调解规则》《人民法院在线运行规则》，进一步健全完善在线司法程序规范，优化平台建设，推动互联网司法模式成熟定型。深化互联网法院建设，推动完善互联网法院设置和案件管辖范围，充分发挥互联网法院在确立规则、完善制度、网络治理等方面的规范引领作用。

29. 提高服务保障能力水平。牢牢坚持党对司法工作的绝对领导，坚持以党建带队建促审判，推动党建与审判业务工作深度融合、互促共进。加大知识产权、环境资源、涉外法治、破产、金融、反垄断等领域高层次审判人才培养力度，培养一批树牢市场化思维、精通相关领域业务的审判业务专家。通过教育培训、案例指导、交流研讨等形式，加强相关领域审判业务指导，最高人民法院适时发布相关领域指导性案例和典型案例。充分用好人民法院各类研究平台和资源，加强对有关重大问题的调查研究，推出高质量研究成果。

30. 加强组织实施保障。各级人民法院要把服务保障加快建设全国统一大市场作为重大政治任务，列入党组重要议事日程，及时研究解决工作推进中的新情况新问题，对是否存在妨碍全国统一大市场建设的规定和实际情况开展自查清理。最高人民法院各有关部门要加强条线指导，各地法院要结合本地区经济社会发展实际，细化完善服务保障措施，推出新招硬招实招，确保各项服务保障举措落地见效。要认真总结司法服务保障建设全国统一大市场的好经验好做法，全媒体、多角度、立体化做好宣传、总结、推广，为加快建设全国统一大市场营造良好舆论氛围。

2022 年 7 月 14 日

# 最高人民法院
# 关于支持和保障贵州在新时代西部大开发上闯新路的意见

法发〔2022〕30号

为深入学习贯彻习近平新时代中国特色社会主义思想，全面贯彻习近平法治思想，认真贯彻习近平总书记视察贵州重要讲话精神，积极落实《中共中央、国务院关于新时代推进西部大开发形成新格局的指导意见》《国务院关于支持贵州在新时代西部大开发上闯新路的意见》，充分发挥人民法院职能作用，切实支持和保障贵州在新时代西部大开发上闯新路，结合人民法院工作实际，制定如下意见。

## 一、总体要求

1. 深刻认识支持和保障贵州在新时代西部大开发上闯新路的重大意义。支持贵州在新时代西部大开发上闯新路，是以习近平同志为核心的党中央着眼发挥贵州比较优势，为巩固拓展脱贫攻坚成果、畅通国内大循环和国内国际双循环、推动高质量发展作出的重要部署，对于促进区域协调发展，推动新时代西部大开发形成新格局具有重大意义。各级人民法院要切实把思想和行动统一到党中央决策部署上来，深刻领悟"两个确立"的决定性意义，增强"四个意识"、坚定"四个自信"、做到"两个维护"，不断提高政治判断力、政治领悟力、政治执行力，自觉融入党和国家工作大局，忠实履行宪法法律赋予的职责，为贵州在新时代西部大开发上闯新路提供高质量司法服务和保障。

2. 精准对接支持和保障贵州在新时代西部大开发上闯新路的目标任务。各级人民法院要坚持实效导向，完整、准确、全面贯彻新发展理念，全面对接、精准把握贵州在新时代西部大开发上闯新路的司法需求，紧紧围绕贵州"四区一高地"的战略定位，聚焦社会经济发展、脱贫攻坚、生态环境等重点领域和关键环节存在的司法问题，加强调查研究，创新工作机制，为支持贵州在新时代西部大开发上闯新路提供坚强司法支撑。

## 二、服务保障建设西部大开发综合改革示范区

3. 助推要素市场化配置改革。妥善处理农村集体经营性建设用地入市纠纷，支持加快建设同权同价、流转顺畅、收益共享的城乡统一建设用地市场。依法审理农村资源变资产、资金变股金、农民变股东案件，保护农村集体经济组织及其成员的合法权益。依法审理建设用地使用权转让、出租、抵押等纠纷案件，保障建设用地规范高效利用。依法审理各类涉矿产资源管理案件，正确认定"净矿出让"机制改革中经登记的矿业权出让合同效力，保护矿业权有序流转。深化企业破产重整、预重整、执行转破产制度改革，推动国有企业调整盘活存量资产，优化增量资本配置。

4. 优化营商环境司法保障机制。坚持各类市场主体诉讼地位平等、法律适用平等、法律责任平等，依法平等保护各类市场主体合法权益。依法妥善审理涉企业融资融券案件，提升金融对实体经济服务质效。支持监督行政机关依法行政，助推行政机关纵深推进简政放权、放管结合、优化服务各项改革，营造公平有序的市场竞争环境。支持贵州法院加快融入诚信贵州建设，完善失信被执行人信用监督、警示和惩戒体系，健全失信被执行人信用承诺、修复和异议机制，助推社会信用体系加快完善。

### 三、服务保障建设巩固拓展脱贫攻坚成果样板区

5. 支持接续推进脱贫地区发展。依法惩治破坏农业生产经营秩序、危害中央惠农政策落实落地等违法犯罪行为，确保人民群众安心生产生活。建立涉农村就业人员劳动收入行政执法与司法衔接机制，加强涉农民工工资、灵活就业人员、新就业形态劳动报酬、工伤赔偿纠纷等案件的审理执行，保护弱势群体合法权益。健全司法救助机制，完善司法救助与社会救助等相衔接的多元化综合救助模式，坚持应救尽救，防止因案致贫、因案返贫。

6. 服务乡村振兴。持续推进扫黑除恶斗争常态化，严厉打击操控把持村民自治组织及基层党组织，破坏、强揽农村公路建设、供水保障工程、人居环境整治工程等犯罪行为。依法公正高效审理农村地区污水、黑臭水体、垃圾污染等涉民生案件，推进美丽乡村建设。依法审理涉永久基本农田相关案件，强化耕地数量保护和质量提升。服务品牌强农战略，加大对特色优势农产品等地理标志、知名品牌保护力度，助力"黔货出山"。

### 四、服务保障建设内陆开放型经济新高地

7. 促进内陆开放型经济试验区提档升级。依法审理涉区域全面经济伙伴关系协定实施、数字贸易、跨区域或跨境电商、外贸、海外仓等贸易纠纷案件，服务保障促进贸易投资自由化便利化。深化区域司法协作，健全与成渝经济圈、粤港澳大湾区、长江经济带等地司法合作机制，加强案件办理、法律政策研究的协作与交流。支持贵州法院服务保障黔东南黎平、从江、榕江打造对接粤港澳大湾区桥头堡，遵义建设融入成渝地区双城经济圈先行示范区，桐梓（重庆）工业园打造承接川渝产业转移示范区。

8. 支持贵州对内对外开放通道建设。依法妥善审理涉铁路、高速公路、航道、机场、无水港等相关项目建设过程中产生的各类纠纷，为畅通对内、对外客运、货运大通道提供有力司法保障。支持贵州法院探索中欧班列、西部陆海新通道等运输案件的专业化审判机制，服务贵阳、遵义全国性综合交通枢纽建设。

### 五、服务保障建设数字经济发展创新区

9. 强化知识产权司法保护。妥善处理因科技成果权属认定、权利转让、价值认定和利益分配产生的纠纷，全面实施知识产权侵权惩罚性赔偿制度，依法支持科技成果转化应用和产业化，助力实施"科技入黔"。依法妥善审理涉新能源动力电池、新能源汽车配套产业、航空航天产业发展、植物新品种、数字经济等相关案件，支持培育壮大战略性新兴产业。加强对特色食品品牌、道地中药材和民族医药等知识产权司法保护力度，推动传统产业提质升级。

10. 依法护航数字产业发展。依法打击危害数据安全、非法侵入、破坏、控制计算机信息系统、非法利用信息网络和大数据、侵犯公民个人信息等信息网络犯罪活动，不断加强大数据汇聚的安全保障，支持贵州建设全国一体化算力网络国家枢纽节点，打造面向全国的算力保障基地。依法审理数字产业领域反垄断和反不正当竞争案件，促进数字产业健康发展。依托贵阳大数据交易所，开展以数据确权规则、数据交易规则、收益分配规则等为核心的数据资源化、资产化改革司法问题研究，促进数据要素有序流通。

## 六、服务保障建设生态文明建设先行区

11. 加大生态环境司法保护力度。依法严惩污染环境、破坏生态等违法犯罪行为，筑牢生态环境安全司法保护屏障。充分发挥环境公益诉讼和生态环境损害赔偿诉讼审判职能，有力维护社会公共利益。强化生物多样性司法保护，依法落实长江"十年禁渔"，加大对乌江、南北盘江、红水河、清水江生态保护修复的司法支持，加强世界自然遗产地、自然保护区、重要河湖湿地等专业化保护格局建设。妥善审理涉碳排放配额、核证自愿减排量交易、碳交易产品担保以及企业环境信息公开、涉碳绿色信贷、绿色金融等纠纷案件，助力实现"碳达峰"、"碳中和"目标。

12. 积极参与文化生态和自然生态环境社会治理。依法保护物质文化遗产和非物质文化遗产，探索完善民族村寨、传统村落和历史文化名村、传统民俗等人类文明延续生态的司法保护机制。立足贵州省清镇市人民法院环境保护法庭跨行政区划集中管辖环境资源案件优势，发挥人民法院环境资源审判实践（清镇）基地引领示范作用，探索创新环境资源审判体制机制。深化流域区域司法协作和生态环境协同治理，加强贵州法院与流域其他法院以及其他单位的协调联动，构建多元共治的环境治理体系。支持贵州法院举办生态文明贵阳国际论坛——"生态文明法治主题论坛"，打造全国性、国际性法治高端交流平台。

## 七、助力提高保障和改善民生水平

13. 依法保护人民群众合法权益。依法严惩杀人、抢劫、绑架、拐卖性侵妇女儿童、危害食品药品安全等犯罪，保护人民群众人身财产安全。严厉打击毒品犯罪，坚决遏制毒品犯罪滋生蔓延。依法审理执行教育、医疗、养老、育幼、社会保障等民生领域案件，加大对高校毕业生、新产业工人等权益保护力度，维护劳动者公平就业权利。落实"房子是用来住的、不是用来炒的"定位，加强住房消费者合法权益保护，促进房地产业良性循环和健康发展。

14. 健全民生权益司法保障机制。加大与相关单位衔接配合力度，推动人身司法保护令、家庭教育令等的正确适用。健全与学校、社区联动机制，强化对留守儿童、空巢老人、留守妇女等的司法保护。探索构建未成年人刑事、民事、行政案件集中管辖机制，加大未成年人司法保护力度。探索建立涉老矛盾纠纷预警、排查、调解机制，服务新时代老龄工作。健全阳光执行、规范执行、依法善意文明执行相关机制，完善执行制约监督机制，竭力推动切实解决执行难。

## 八、助力强化重点领域安全保障和风险防范

15. 依法保障重点行业领域安全。严厉打击乡村建设、新型城镇化建设、开放通道建设、文化旅游、矿产能源等行业领域的黑恶犯罪。依法惩处利用中央对贵州的税收优惠支持进行逃税、骗税等违法犯罪行为。支持建立涉贵州地方政府债务跨省域案件联席会议制度,支持降低债务风险等级试点工作,充分借助多方力量稳步促进地方政府债务依法妥善化解。与相关职能部门建立重大领域风险沟通协作机制,服务做好房地产物业、金融领域、教育培训等重点领域风险的研判预警处置,扎实做好经济风险防控。

16. 积极做好社会矛盾化解工作。坚持和发展新时代"枫桥经验",全面推进人民法院调解平台进乡村、进社区、进网格,加大与基层党组织、基层治理单位、"五老"人员、网格员等对接力度,建立覆盖全域的基层矛盾纠纷预防化解网络,促进矛盾纠纷就地发现、就地调处、就地化解。坚持把非诉讼纠纷解决机制挺在前面,深化中国特色一站式多元解纷和诉讼服务体系建设,完善党委领导下"法院+社会"多元纠纷解决格局,发挥人民法院调解平台在线集成优势,增强诉讼服务中心实质性解纷能力,推动矛盾纠纷源头治理、多元化解、在线调解、一站式解决。继承发展"马锡五审判方式",深入乡村、社区、企业及交通不便地区,为基层群众提供优质司法服务。

## 九、保障措施

17. 加强队伍建设。牢牢坚持党对司法工作的绝对领导,坚持以党建带队建促审判,推动党建与审判业务工作深度融合、互促共进。加强重要岗位、关键领域人才队伍建设,深入推进审判业务专家梯次培养。建立教育培训对口支援机制,组织最高人民法院西部讲师团定期赴西部及民族地区巡回授课,根据贵州法院教育培训需求,不定期开展支援授课。支持贵州法院与其他地区法院在人才培养、教育培训、业务交流等方面的合作,积极联合政法院校、民族院校开展双语法官专题培训。与党政机关、高校之间加强常态化人才交流,提升互派锻炼覆盖率。

18. 打造红色法院文化品牌。全面梳理法院发展脉络,深入总结红色司法基因,不断丰富红色法院文化内涵。支持贵州法院全面升级文化教育阵地,建成一批特色鲜明、主题突出、在全国法院具有较大影响力的法院文化阵地。适应时代发展趋势,积极创作一批形式新颖、艺术性强、内容充实的红色法院文化精品力作,综合运用"报、网、端、微、屏"等全媒体传播方式加强宣传,增强红色法院文化的传播力、引导力、影响力。灵活运用民歌、微视频等多种形式,创作少数民族群众、广大农村基层群众喜闻乐见的法治文化作品。

19. 强化基层基础建设。坚持强基导向,健全人员管理机制,推动法官员额配置向基层和办案一线倾斜,建立常态化轮岗机制,充实审判辅助力量,鼓励规范有序购买社会化服务。改革和优化人民法庭布局,完善人民法庭的管理和保障机制,加强人民法庭队伍、装备和信息化建设,更好发挥人民法庭在基层社会治理中的作用。支持贵州法院依托贵州政法机关跨部门大数据办案平台,全面深化推广无纸化办案办公,积极探索总结司法区块链、司法人工智能应用示范场景,深入推进智慧法院建设。

20. 加强组织领导。最高人民法院有关单位要加强条线指导,最高人民法院第五巡回法

庭要充分发挥派驻便利条件，通过依法审理案件，营造良好法治环境。贵州省高级人民法院要全面准确贯彻党中央有关文件精神，强化责任担当，压实主体责任，明确目标任务，加强督促指导，狠抓工作落实。贵州省各中级和基层人民法院要结合各地区经济社会发展实际，细化完善服务保障措施，确保各项服务保障举措落地见效。

2022 年 10 月 11 日

## 最高人民法院
## 关于发布第 34 批指导性案例的通知

法〔2022〕240 号

各省、自治区、直辖市高级人民法院，解放军军事法院，新疆维吾尔自治区高级人民法院生产建设兵团分院：

经最高人民法院审判委员会讨论决定，现将上海熊猫互娱文化有限公司诉李岑、昆山播爱游信息技术有限公司合同纠纷案等三个案例（指导案例 189—191 号），作为第 34 批指导性案例发布，供审判类似案件时参照。

2022 年 12 月 8 日

**指导案例 189 号**

## 上海熊猫互娱文化有限公司诉李岑、昆山播爱游信息技术有限公司合同纠纷案

（最高人民法院审判委员会讨论通过　2022 年 12 月 8 日发布）

**关键词**　民事/合同纠纷/违约金调整/网络主播

**裁判要点**

网络主播违反约定的排他性合作条款，未经直播平台同意在其他平台从事类似业务的，应当依法承担违约责任。网络主播主张合同约定的违约金明显过高请求予以减少的，在实际损失难以确定的情形下，人民法院可以根据网络直播行业特点，以网络主播从平台中获取的实际收益为参考基础，结合平台前期投入、平台流量、主播个体商业价值等因素合理酌定。

**相关法条**

《中华人民共和国民法典》第 585 条（本案适用的是自 1999 年 10 月 1 日起实施的《中华人民共和国合同法》第 114 条）

**基本案情**

被告李岑原为原告上海熊猫互娱文化有限公司（以下简称熊猫公司）创办的熊猫直播平台游戏主播，被告昆山播爱游信息技术有限公司（以下简称播爱游公司）为李岑的经纪公司。2018 年 2 月 28 日，熊猫公司、播爱游公司及李岑签订《主播独家合作协议》（以下简称《合作协议》），约定李岑在熊猫直播平台独家进行"绝地求生游戏"的第一视角游戏直播和游戏解说。该协议违约条款中约定，协议有效期内，播爱游公司或李岑未经熊猫公司同意，擅自终止本协议或在直播竞品平台上进行相同或类似合作，或将已在熊猫直播上发布的直播视频授权给任何第三方使用的，构成根本性违约，播爱游公司应向熊猫直播平台支付如下赔偿金：（1）本协议及本协议签订前李岑因与熊猫直播平台开展直播合作熊猫公司累计支付的合作费用；（2）5000 万元人民币；（3）熊猫公司为李岑投入的培训费和推广资源费。主播李岑对此向熊猫公司承担连带责任。合同约定的合作期限为一年，从 2018 年 3 月 1 日至 2019 年 2 月 28 日。

2018 年 6 月 1 日，播爱游公司向熊猫公司发出主播催款单，催讨欠付李岑的两个月合作费用。截至 2018 年 6 月 4 日，熊猫公司为李岑直播累计支付 2017 年 2 月至 2018 年 3 月的合作费用 1111661 元。

2018 年 6 月 27 日，李岑发布微博称其将带领所在直播团队至斗鱼直播平台进行直播，并公布了直播时间及房间号。2018 年 6 月 29 日，李岑在斗鱼直播平台进行首播。播爱游公司也于官方微信公众号上发布李岑在斗鱼直播平台的直播间链接。根据"腾讯游戏"微博新闻公开报道："BIU 雷哥（李岑）是全国主机游戏直播节目的开创者，也是全国著名网游直播明星主播，此外也是一位优酷游戏频道的原创达人，在优酷视频拥有超过 20 万的粉丝和 5000 万的点击……"

2018 年 8 月 24 日，熊猫公司向人民法院提起诉讼，请求判令两被告继续履行独家合作协议、立即停止在其他平台的直播活动并支付相应违约金。一审审理中，熊猫公司调整诉讼请求为判令两被告支付原告违约金 300 万元。播爱游公司不同意熊猫公司请求，并提出反诉请求：1. 判令确认熊猫公司、播爱游公司、李岑三方于 2018 年 2 月 28 日签订的《合作协议》于 2018 年 6 月 28 日解除；2. 判令熊猫公司向播爱游公司支付 2018 年 4 月至 2018 年 6 月之间的合作费用 224923.32 元；3. 判令熊猫公司向播爱游公司支付律师费 20000 元。

**裁判结果**

上海市静安区人民法院于 2019 年 9 月 16 日作出（2018）沪 0106 民初 31513 号民事判决：一、播爱游公司于判决生效之日起十日内支付熊猫公司违约金 2600000 元；二、李岑对播爱游公司上述付款义务承担连带清偿责任；三、熊猫公司于判决生效之日起十日内支付播爱游公司 2018 年 4 月至 2018 年 6 月的合作费用 186640.10 元；四、驳回播爱游公司其他反诉请求。李岑不服一审判决，提起上诉。上海市第二中级人民法院于 2020 年 11 月 12 日作出（2020）沪 02 民终 562 号民事判决：驳回上诉，维持原判。

**裁判理由**

法院生效裁判认为：

第一，根据本案查明的事实，熊猫公司与播爱游公司、李岑签订《合作协议》，自愿建立合同法律关系，而非李岑主张的劳动合同关系。《合作协议》系三方真实意思表示，不违反法律法规的强制性规定，应认定为有效，各方理应依约恪守。从《合作协议》的违约责任条款来看，该协议对合作三方的权利义务都进行了详细约定，主播未经熊猫公司同意在竞争平台直播构成违约，应当承担赔偿责任。

第二，熊猫公司虽然存在履行瑕疵但并不足以构成根本违约，播爱游公司、李岑并不能以此为由主张解除《合作协议》。且即便从解除的方式来看，合同解除的意思表示也应当按照法定或约定的方式明确无误地向合同相对方发出，李岑在微博平台上向不特定对象发布的所谓"官宣"或直接至其他平台直播的行为，均不能认定为向熊猫公司发出明确的合同解除的意思表示。因此，李岑、播爱游公司在二审中提出因熊猫公司违约而已经行使合同解除权的主张不能成立。

第三，当事人主张约定的违约金过高请求予以适当减少的，应当以实际损失为基础，兼顾合同的履行情况、当事人的过错程度以及预期利益等综合因素，根据公平原则和诚实信用原则予以衡量。对于公平、诚信原则的适用尺度，与因违约所受损失的准确界定，应当充分考虑网络直播这一新兴行业的特点。网络直播平台是以互联网为必要媒介、以主播为核心资源的企业，在平台运营中通常需要在带宽、主播上投入较多的前期成本，而主播违反合同在第三方平台进行直播的行为给直播平台造成损失的具体金额实际难以量化，如对网络直播平台苛求过重的举证责任，则有违公平原则。故本案违约金的调整应当考虑网络直播平台的特点以及签订合同时对熊猫公司成本及收益的预见性。本案中，考虑主播李岑在游戏直播行业中享有很高的人气和知名度的实际情况，结合其收益情况、合同剩余履行期间、双方违约及各自过错大小、熊猫公司能够量化的损失、熊猫公司已对约定违约金作出的减让、熊猫公司平台的现状等情形，根据公平与诚实信用原则以及直播平台与主播个人的利益平衡，酌情将违约金调整为 260 万元。

（生效裁判审判人员：何云、张明良、邵美琳）

## 指导案例 190 号

# 王山诉万得信息技术股份有限公司竞业限制纠纷案

（最高人民法院审判委员会讨论通过　2022 年 12 月 8 日发布）

**关键词**　民事/竞业限制/审查标准/营业范围

**裁判要点**

人民法院在审理竞业限制纠纷案件时，审查劳动者自营或者新入职单位与原用人单位是否形成竞争关系，不应仅从依法登记的经营范围是否重合进行认定，还应当结合实际经营内容、服务对象或者产品受众、对应市场等方面是否重合进行综合判断。劳动者提供证据证明自营或者新入职单位与原用人单位的实际经营内容、服务对象或者产品受众、对应市场等不相同，主张不存在竞争关系的，人民法院应予支持。

**相关法条**

《中华人民共和国劳动合同法》第 23 条、第 24 条

**基本案情**

王山于 2018 年 7 月 2 日进入万得信息技术股份有限公司（以下简称万得公司）工作，双方签订了期限为 2018 年 7 月 2 日至 2021 年 8 月 31 日的劳动合同，约定王山就职智能数据分析工作岗位，月基本工资 4500 元、岗位津贴 15500 元，合计 20000 元。

2019 年 7 月 23 日，王山、万得公司又签订《竞业限制协议》，对竞业行为、竞业限制期限、竞业限制补偿金等内容进行了约定。2020 年 7 月 27 日，王山填写《辞职申请表》，以个人原因为由解除与万得公司的劳动合同。

2020 年 8 月 5 日，万得公司向王山发出《关于竞业限制的提醒函》，载明"……您（即王山）从离职之日 2020 年 7 月 27 日起须承担竞业限制义务，不得到竞业企业范围内工作或任职。从本月起我们将向您支付竞业限制补偿金，请您在收到竞业限制补偿金的 10 日内，提供新单位签订的劳动合同及社保记录，若为无业状态的请由所在街道办事处等国家机关出具您的从业情况证明。若您违反竞业限制义务或其他义务，请于 10 日内予以改正，继续违反竞业协议约定的，则公司有权再次要求您按《竞业限制协议》约定承担违约金，违约金标准为 20 万元以上，并应将公司在离职后支付的竞业限制补偿金全部返还……"

2020 年 10 月 12 日，万得公司向王山发出《法务函》，再次要求王山履行竞业限制义务。

另查明，万得公司的经营范围包括：计算机软硬件的开发、销售，计算机专业技术领域及产品的技术开发、技术转让、技术咨询、技术服务。

王山于 2020 年 8 月 6 日加入上海哔哩哔哩科技有限公司（以下简称哔哩哔哩公司），按照营业执照记载，该公司经营范围包括：信息科技、计算机软硬件、网络科技领域内的技术开发、技术转让、技术咨询、技术服务等。

王山、万得公司一致确认：王山竞业限制期限为 2020 年 7 月 28 日至 2022 年 7 月 27 日；万得公司已支付王山 2020 年 7 月 28 日至 2020 年 9 月 27 日竞业限制补偿金 6796.92 元。

2020 年 11 月 13 日，万得公司向上海市浦东新区劳动人事争议仲裁委员会申请仲裁，要求王山：1. 按双方签订的《竞业限制协议》履行竞业限制义务；2. 返还 2020 年 8 月、9 月支付的竞业限制补偿金 6796 元；3. 支付竞业限制违约金 200 万元。2021 年 2 月 25 日，仲裁委员会作出裁决：王山按双方签订的《竞业限制协议》继续履行竞业限制义务，王山返还万得公司 2020 年 8 月、9 月支付的竞业限制补偿金 6796 元，王山支付万得公司竞业限制违约金 200 万元。王山不服仲裁裁决，诉至法院。

**裁判结果**

上海市浦东新区人民法院于 2021 年 6 月 29 日作出（2021）沪 0115 民初 35993 号民事判决：一、王山与万得公司继续履行竞业限制义务；二、王山于本判决生效之日起十日内返

还万得公司 2020 年 7 月 28 日至 2020 年 9 月 27 日竞业限制补偿金 6796 元；三、王山于本判决生效之日起十日内支付万得公司违反竞业限制违约金 240000 元。王山不服一审判决，提起上诉。上海市第一中级人民法院于 2022 年 1 月 26 日作出（2021）沪 01 民终 12282 号民事判决：一、维持上海市浦东新区人民法院（2021）沪 0115 民初 35993 号民事判决第一项；二、撤销上海市浦东新区人民法院（2021）沪 0115 民初 35993 号民事判决第二项、第三项；三、上诉人王山无须向被上诉人万得公司返还 2020 年 7 月 28 日至 2020 年 9 月 27 日竞业限制补偿金 6796 元；四、上诉人王山无须向被上诉人万得公司支付违反竞业限制违约金 200 万元。

**裁判理由**

法院生效裁判认为：关于王山是否违反了竞业限制协议的问题。所谓竞业限制是指对原用人单位负有保密义务的劳动者，于离职后在约定的期限内，不得生产、自营或为他人生产、经营与原用人单位有竞争关系的同类产品及业务，不得在与原用人单位具有竞争关系的用人单位任职。竞业限制制度的设置系为了防止劳动者利用其所掌握的原用人单位的商业秘密为自己或为他人谋利，从而抢占了原用人单位的市场份额，给原用人单位造成损失。所以考量劳动者是否违反竞业限制协议，最为核心的是应评判原用人单位与劳动者自营或者入职的单位之间是否形成竞争关系。

需要说明的是，正是因为竞业限制制度在保护用人单位权益的同时对劳动者的就业权利有一定的限制，所以在审查劳动者是否违反了竞业限制义务时，应当全面客观地审查劳动者自营或入职公司与原用人单位之间是否形成竞争关系。一方面考虑到实践中往往存在企业登记经营事项和实际经营事项不相一致的情形，另一方面考虑到经营范围登记类别是工商部门划分的大类，所以这种竞争关系的审查，不应拘泥于营业执照登记的营业范围，否则对劳动者抑或对用人单位都可能造成不公平。故在具体案件中，还可以从两家企业实际经营的内容是否重合、服务对象或者所生产产品的受众是否重合、所对应的市场是否重合等多角度进行审查，以还原事实之真相，从而能兼顾用人单位和劳动者的利益，以达到最终的平衡。

本案中，万得公司的经营范围为计算机软硬件的开发、销售、计算机专业技术领域及产品的技术开发、技术转让、技术咨询、技术服务。而哔哩哔哩公司的经营范围包括从事信息科技、计算机软硬件、网络科技领域内的技术开发、技术转让、技术咨询、技术服务等。对比两家公司的经营范围，确实存在一定的重合。但互联网企业往往在注册登记时，经营范围都包含了软硬件开发、技术咨询、技术转让、技术服务。若仅以此为据，显然会对互联网就业人员尤其是软件工程师再就业造成极大障碍，对社会人力资源造成极大的浪费，也有悖于竞业限制制度的立法本意。故在判断是否构成竞争关系时，还应当结合公司实际经营内容及受众等因素加以综合评判。

本案中，王山举证证明万得公司在其 WIND 金融手机终端上宣称 WIND 金融终端是数十万金融专业人士的选择、最佳的中国金融业生产工具和平台。而万得公司的官网亦介绍，"万得公司（下称 WIND）是中国大陆领先的金融数据、信息和软件服务企业，在国内金融信息服务行业处于领先地位，是众多证券公司、基金管理公司、保险公司、银行、投资公司、媒体等机构不可或缺的重要合作伙伴，在国际市场中，WIND 同样受到了众多中国证监会批准的合格境外机构投资者的青睐。此外，知名的金融学术研究机构和权威的监管机构同样是 WIND 的客户；权威的中英文媒体、研究报告、学术论文也经常引用 WIND 提供的数据……"由此可见，万得公司目前的经营模式主要是提供金融信息服务，其主要的受众为相关的金融机构或者金融学术研究机构。而反观哔哩哔哩公司，众所周知其主营业务是文化社区和视频平台，即提供网络空间供用户上传视频、进行交流。其受众更广，尤其年轻人对其青睐有加。两者对比，不论是经营模式、对应市场还是受众，都存在显著差别。即使普通百姓，也能轻易判断两者之差异。虽然哔哩哔哩公司还涉猎游戏、音乐、影视等领域，但尚无证据显示其与万得公司经营的金融信息服务存在重合之处。在此前提下，万得公司仅以双方所登记的经营范围存在重合即主张两家企业形成竞争关系，尚未完成其举证义务。且万得公司在竞业限制协议中所附录的重点限制企业均为金融信息行业，足以表明万得公司自己也认为其主要的竞争对手应为金融信息服务企业。故一审法院仅以万得公司与哔哩哔哩公司的经营范围存在重合，即认定王山入职哔哩哔哩公司违反了竞业限制协议的约定，继而判决王山返还竞业限制补偿金并支付违反竞业限制违约金，有欠妥当。

关于王山是否应当继续履行竞业限制协议的问题。王山与万得公司签订的竞业限制协议不存在违反法律法规强制性规定的内容，故该协议合法有效，对双方均有约束力。因协议中约定双方竞业限制期限为 2020 年 7 月 28 日至 2022 年 7 月 27 日，目前尚在竞业限制期限内。故一审法院判决双方继续履行竞业限制协议，并无不当。王山主张无须继续履行竞业限制协议，没有法律依据。需要强调的是，根据双方的竞业限制协议，王山应当按时向万得公司报备工作情况，以供万得公司判断其是否违反了竞业限制协议。本案即是因为王山不履行报备义务导致万得公司产生合理怀疑，进而产生了纠纷。王山在今后履行竞业限制协议时，应恪守约定义务，诚信履行协议。

（生效裁判审判人员：王茜、周寅、郑东和）

**指导案例 191 号**

# 刘彩丽诉广东省英德市人民政府行政复议案

（最高人民法院审判委员会讨论通过　2022 年 12 月 8 日发布）

**关键词**　行政/行政复议/工伤认定/工伤保险责任

**裁判要点**

建筑施工企业违反法律、法规规定将自己承包的工程交由自然人实际施工，该自然人因工伤亡，社会保险行政部门参照《最高人民法院关于审理工伤保险行政案件若干问题的规定》第三条第一款有关规定认定建筑施工企业为承担工伤保险责任单位的，人民法院应予支持。

**相关法条**

《工伤保险条例》第 15 条

**基本案情**

2016年3月31日,朱展雄与茂名市茂南建安集团有限公司(以下简称建安公司)就朱展雄商住楼工程签订施工合同,发包人为朱展雄,承包人为建安公司。补充协议约定由建安公司设立工人工资支付专用账户,户名为陆海峰。随后,朱展雄商住楼工程以建安公司为施工单位办理了工程报建手续。案涉工程由梁某某组织工人施工,陆海峰亦在现场参与管理。施工现场大门、施工标志牌等多处设施的醒目位置,均标注该工程的承建单位为建安公司。另查明,建安公司为案涉工程投保了施工人员团体人身意外伤害保险,保险单载明被保险人30人,未附人员名单。2017年6月9日,梁某某与陆海峰接到英德市住建部门的检查通知,二人与工地其他人员在出租屋内等待检查。该出租屋系梁某某承租,用于工地开会布置工作和发放工资。当日15时许,梁某某被发现躺在出租屋内,死亡原因为猝死。

梁某某妻子刘彩丽向广东省英德市人力资源和社会保障局(以下简称英德市人社局)申请工伤认定。英德市人社局作出《关于梁某某视同工亡认定决定书》(以下简称《视同工亡认定书》),认定梁某某是在工作时间和工作岗位,突发疾病在四十八小时之内经抢救无效死亡,符合《工伤保险条例》第十五条第一款第一项规定的情形,视同因工死亡。建安公司不服,向广东省英德市人民政府(以下简称英德市政府)申请行政复议。英德市政府作出《行政复议决定书》,以英德市人社局作出的《视同工亡认定书》认定事实不清,证据不足,适用依据错误,程序违法为由,予以撤销。刘彩丽不服,提起诉讼,请求撤销《行政复议决定书》,恢复《视同工亡认定书》的效力。

**裁判结果**

广东省清远市中级人民法院于2018年7月27日作出(2018)粤18行初42号行政判决:驳回刘彩丽的诉讼请求。刘彩丽不服一审判决,提起上诉。广东省高级人民法院于2019年9月29日作出(2019)粤行终390号行政判决:驳回上诉,维持原判。刘彩丽不服二审判决,向最高人民法院申请再审。最高人民法院于2020年11月9日作出(2020)最高法行申5851号行政裁定,提审本案。2021年4月27日,最高人民法院作出(2021)最高法行再1号行政判决:一、撤销广东省高级人民法院(2019)粤行终390号行政判决;二、撤销广东省清远市中级人民法院(2018)粤18行初42号行政判决;三、撤销英德市政府作出的英府复决〔2018〕2号《行政复议决定书》;四、恢复英德市人社局作出的英人社工认〔2017〕194号《视同工亡认定书》的效力。

**裁判理由**

最高人民法院认为:

**一、建安公司应作为承担工伤保险责任的单位**

作为具备用工主体资格的承包单位,既然享有承包单位的权利,也应当履行承包单位的义务。在工伤保险责任承担方面,建安公司与梁某某之间虽未直接签订转包合同,但其允许梁某某利用其资质并挂靠施工,参照原劳动和社会保障部《关于确立劳动关系有关事项的通知》(劳社部发〔2005〕12号)第四条、《人力资源和社会保障部关于执行〈工伤保险条例〉若干问题的意见》(人社部发〔2013〕34号,以下简称《人社部工伤保险条例意见》)第七点规定以及《最高人民法院关于审理工伤保险行政案件若干问题的规定》(以下简称《工伤保险行政案件规定》)第三条第一款第四项、第五项规定精神,可由建安公司作为承担工伤保险责任的单位。

二、建安公司应承担梁某某的工伤保险责任

英德市政府和建安公司认为，根据法律的相关规定，梁某某是不具备用工主体资格的"包工头"，并非其招用的劳动者或聘用的职工，梁某某因工伤亡不应由建安公司承担工伤保险责任。对此，最高人民法院认为，将因工伤亡的"包工头"纳入工伤保险范围，赋予其享受工伤保险待遇的权利，由具备用工主体资格的承包单位承担用人单位依法应承担的工伤保险责任，符合工伤保险制度的建立初衷，也符合《工伤保险条例》及相关规范性文件的立法目的。

首先，建设工程领域具备用工主体资格的承包单位承担其违法转包、分包项目上因工伤亡职工的工伤保险责任，并不以存在法律上劳动关系或事实上劳动关系为前提条件。根据《人社部工伤保险条例意见》第七点规定、《工伤保险行政案件规定》第三条规定，为保障建筑行业中不具备用工主体资格的组织或自然人聘用的职工因工伤亡后的工伤保险待遇，加强对劳动者的倾斜保护和对违法转包、分包单位的惩戒，现行工伤保险制度确立了因工伤亡职工与承包单位之间推定形成拟制劳动关系的规则，即直接将违法转包、分包的承包单位视为用工主体，并由其承担工伤保险责任。

其次，将"包工头"纳入工伤保险范围，符合建筑工程领域工伤保险发展方向。根据《国务院办公厅关于促进建筑业持续健康发展的意见》（国办发〔2017〕19号）、《人力资源社会保障部办公厅关于进一步做好建筑业工伤保险工作的通知》（人社厅函〔2017〕53号）等规范性文件精神，要求完善符合建筑业特点的工伤保险参保政策，大力扩展建筑企业工伤保险参保覆盖面。即针对建筑行业的特点，建筑施工企业对相对固定的职工，应按用人单位参加工伤保险；对不能按用人单位参保、建筑项目使用的建筑业职工特别是农民工，按项目参加工伤保险。因此，为包括"包工头"在内的所有劳动者按项目参加工伤保险，扩展建筑企业工伤保险参保覆盖面，符合建筑工程领域工伤保险制度发展方向。

再次，将"包工头"纳入工伤保险对象范围，符合"应保尽保"的工伤保险制度立法目的。《工伤保险条例》关于"本单位全部职工或者雇工"的规定，并未排除个体工商户、"包工头"等特殊的用工主体自身也应当参加工伤保险。易言之，无论是工伤保险制度的建立本意，还是工伤保险法规的具体规定，均没有也不宜将"包工头"排除在工伤保险范围之外。"包工头"作为劳动者，处于违法转包、分包等行为利益链条的最末端，参与并承担着施工现场的具体管理工作，有的还直接参与具体施工，其同样可能存在工作时间、工作地点因工作原因而伤亡的情形。"包工头"因工伤亡，与其聘用的施工人员因工伤亡，就工伤保险制度和工伤保险责任而言，并不存在本质区别。如人为限缩《工伤保险条例》的适用范围，不将"包工头"纳入工伤保险范围，将形成实质上的不平等；而将"包工头"等特殊主体纳入工伤保险范围，则有利于实现对全体劳动者的倾斜保护，彰显社会主义工伤保险制度的优越性。

最后，"包工头"违法承揽工程的法律责任，与其参加社会保险的权利之间并不冲突。根据社会保险法第一条、第三十三条规定，工伤保险作为社会保险制度的一个重要组成部分，由国家通过立法强制实施，是国家对职工履行的社会责任，也是职工应该享受的基本权利。不能因为"包工头"违法承揽工程违反建筑领域法律规范，而否定其享受社会保险的权利。承包单位以自己的名义和资质承包建设项目，又由不具备资质条件的主体实际施工，从违法转包、分包或者挂靠中获取利益，由其承担相应的工伤保险责任，符合公平正义理念。当然，承包单位依法承担工伤保险责任后，在符合法律规定的情况下，可以依法另行要求相应责任主体承担相应的责任。

（生效裁判审判人员：耿宝建、宋楚潇、刘艾涛）

# 最高人民法院
# 关于规范合议庭运行机制的意见

## 法发〔2022〕31号

为了全面准确落实司法责任制，规范合议庭运行机制，明确合议庭职责，根据《中华人民共和国人民法院组织法》《中华人民共和国法官法》《中华人民共和国刑事诉讼法》《中华人民共和国民事诉讼法》《中华人民共和国行政诉讼法》等有关法律和司法解释规定，结合人民法院工作实际，制定本意见。

一、合议庭是人民法院的基本审判组织。合议庭全体成员平等参与案件的阅卷、庭审、评议、裁判等审判活动，对案件的证据采信、事实认定、法律适用、诉讼程序、裁判结果等问题独立发表意见并对此承担相应责任。

二、合议庭可以通过指定或者随机方式产生。因专业化审判或者案件繁简分流工作需要，合议庭成员相对固定的，应当定期轮换交流。属于"四类案件"或者参照"四类案件"监督管理的，院庭长可以按照其职权指定合议庭成员。以指定方式产生合议庭的，应当在办案平台全程留痕，或者形成书面记录入卷备查。

合议庭的审判长由院庭长指定。院庭长参加合议庭的，由院庭长担任审判长。

合议庭成员确定后，因回避、工作调动、身体健康、廉政风险等事由，确需调整成员的，由院庭长按照职权决定，调整结果应当及时通知当事人，并在办案平台标注原因，或者形成书面记录入卷备查。

法律、司法解释规定"另行组成合议庭"的案件，原合议庭成员及审判辅助人员均不得参与办理。

三、合议庭审理案件时，审判长除承担由合议庭成员共同承担的职责外，还应当履行以下职责：

（一）确定案件审理方案、庭审提纲，协调合议庭成员庭审分工，指导合议庭成员或者审判辅助人员做好其他必要的庭审准备工作；

（二）主持、指挥庭审活动；

（三）主持合议庭评议；

（四）建议将合议庭处理意见分歧较大的案件，依照有关规定和程序提交专业法官会议讨论或者审判委员会讨论决定；

（五）依法行使其他审判权力。

审判长承办案件时，应当同时履行承办法官的职责。

四、合议庭审理案件时，承办法官履行以下职责：

（一）主持或者指导审判辅助人员做好庭前会议、庭前调解、证据交换等庭前准备工作及其他审判辅助工作；

（二）就当事人提出的管辖权异议及保全、司法鉴定、证人出庭、非法证据排除申请等提请合议庭评议；

（三）全面审核涉案证据，提出审查意见；

（四）拟定案件审理方案、庭审提纲，根据案件审理需要制作阅卷笔录；

（五）协助审判长开展庭审活动；

（六）参与案件评议，并先行提出处理意见；

（七）根据案件审理需要，制作或者指导审判辅助人员起草审理报告、类案检索报告等；

（八）根据合议庭评议意见或者审判委员会决定，制作裁判文书等；

（九）依法行使其他审判权力。

五、合议庭审理案件时，合议庭其他成员应当共同参与阅卷、庭审、评议等审判活动，根据审判长安排完成相应审判工作。

六、合议庭应当在庭审结束后及时评议。合议庭成员确有客观原因难以实现线下同场评议的，可以通过人民法院办案平台采取在线方式评议，但不得以提交书面意见的方式参加评议或者委托他人参加评议。合议庭评议过程不向未直接参加案件审理工作的人员公开。

合议庭评议案件时，先由承办法官对案件事实认定、证据采信以及适用法律等发表意见，其他合议庭成员依次发表意见。审判长应当根据评议情况总结合议庭评议的结论性意见。

审判长主持评议时，与合议庭其他成员权利平等。合议庭成员评议时，应当充分陈述意见，独立行使表决权，不得拒绝陈述意见；同意他人意见的，应当提供事实和法律根据并论证理由。

合议庭成员对评议结果的表决以口头形式进行。评议过程应当以书面形式完整记入笔录，评议笔录由审判辅助人员制作，由参加合议的人员和制作人签名。评议笔录属于审判秘密，非经法定程序和条件，不得对外公开。

七、合议庭评议时，如果意见存在分歧，应当按照多数意见作出决定，但是少数意见应当记入笔录。

合议庭可以根据案情或者院庭长提出的监督意见复议。合议庭无法形成多数意见时，审判长应当按照有关规定和程序建议院庭长将案件提交专业法官会议讨论，或者由院长将案件提交审判委员会讨论决定。专业法官会议讨论形成的意见，供合议庭复议时参考；审判委员会的决定，合议庭应当执行。

八、合议庭发现审理的案件属于"四类案件"或者有必要参照"四类案件"监督管理的，应当按照有关规定及时向院庭长报告。

对于"四类案件"或者参照"四类案件"监督管理的案件，院庭长可以按照职权要求合议庭报告案件审理进展和评议结果，就案件审理涉及的相关问题提出意见，视情建议合议庭复议。院庭长对审理过程或者评议、复议结果有异议的，可以决定将案件提交专业法官会议讨论，或者按照程序提交审判委员会讨论决定，但不得直接改变合议庭意见。院庭长监督管理的情况应当在办案平台全程留痕，或者形成书面记录入卷备查。

九、合议庭审理案件形成的裁判文书，由合议庭成员签署并共同负责。合议庭其他成员签署前，可以对裁判文书提出修改意见，并反馈承办法官。

十、由法官组成合议庭审理案件的，适用本意见。依法由法官和人民陪审员组成合议庭的运行机制另行规定。执行案件办理过程中需要组成合议庭评议或者审核的事项，参照适用本意见。

十一、本意见自2022年11月1日起施行。之前有关规定与本意见不一致的，按照本意见执行。

2022年10月26日

# 最高人民法院
# 关于为促进消费提供司法服务和保障的意见

法发〔2022〕35号

消费对经济发展具有基础性作用，最终消费是经济增长的持久动力。促进消费对释放内需潜力、推动经济转型升级、保障和改善民生具有重要意义。为完整、准确、全面贯彻新发展理念、加快构建新发展格局、着力推动高质量发展，进一步发挥人民法院职能作用，服务保障全面促进消费、加快消费提质升级，助力实施扩大内需战略，提出如下意见。

## 一、加强消费者权益司法保护

1. 以最严的举措保护食品、药品安全。严格贯彻落实"四个最严"要求，充分发挥审判职能，对食品和药品生产、运输、仓储、销售全链条所涉制假售假行为进行严厉打击，确保人民群众"舌尖上的安全"和"针尖上的安全"。严格依法适用首负责任制，避免生产者和经营者相互推诿，及时保护消费者合法权益。依法支持和监督行政机关管理生产经营不符合食品安全标准食品的食品生产经营者、违法生产经营行为造成严重后果的食品生产经营者，以及生产、销售、使用假药、劣药的生产经营者，维护市场秩序。依法严厉惩治生产、销售不符合安全标准的食品罪和生产、销售有毒、有害食品罪，以及生产、销售假药罪和生产、销售劣药罪，充分发挥刑罚对涉食品、药品安全犯罪行为的震慑作用。

2. 以最严的手段斩断"黑作坊"生产经营链条。生产经营未依法标明生产者名称、地址、生产日期、保质期的预包装食品，消费者主张生产经营者承担惩罚性赔偿责任的，人民法院应当依法支持，但法律、行政法规、食品安全国家标准对标签标注事项另有规定的除外。未取得药品相关批准证明文件而生产药品或者明知是该类药品而销售，药品的适应症、功能主治或者成分不明的，按妨害药品管理罪惩处；药品被依法认定为假劣药，生产经营者同时构成生产、销售假药罪或者生产、销售劣药罪的，依照处罚较重的规定定罪处罚。既要依法追究生产者责任，也要依法追究经营者责任，坚决斩断"黑作坊"食品、药品的生产经营链条。

3. 以最严的赔偿责任遏制食品、药品制假售假行为。充分发挥惩罚性赔偿责任对制假售假行为的遏制作用。生产不符合食品安全标准的食品或者经营明知是不符合食品安全标准的食品，生产假药、劣药或者明知是假药、劣药仍然销售、使用，消费者、受害人或者其近亲属请求生产经营者承担惩罚性赔偿责任的，人民法院应当依法支持。

4. 加强预付式消费中消费者权益保护。经营者以打折、低价吸引消费者预存费用、办卡消费后，不兑现承诺、随意扣费、任意加价、降低商品或者服务质量，消费者请求经营者承担违约责任的，人民法院应当依法支持。经营者收取消费者预付款后未与消费者签订书面合同，导致双方对合同内容产生争议的，可依据交易习惯和民法典第五百一十一条规定认定合同内容。经营者收取预付款后，终止营业却不通知消费者退款，导致消费者既无法继续获得商品或者服务也无法申请退款，构成欺诈的，对消费者请求经营者承担惩罚性赔偿责任的诉讼请求，人民法院应当依法支持。经营者的行为构成犯罪的，依法追究刑事责任。

5. 依法整治消费领域"霸王条款"。提供格式条款的经营者未依法履行提示或者说明义务，致使消费者没有注意或者理解与其有重大利害关系的条款的，消费者有权主张该条款不成为合同的内容。消费者主张经营者提供的排除或者不合理地限制消费者主要权利的格式条款，以及不合理地免除或者减轻经营者责任的格式条款无效的，人民法院应当依法支持。对格式条款的理解发生争议，消费者主张依照民法典第四百九十八条规定进行解释，经营者以其享有最终解释权为由进行抗辩的，人民法院对其抗辩不予支持。

6. 妥善审理直播电商、平台纠纷案件。结合直播间运营者是否尽到标明义务以及交易外观、直播间运营者与经营者的约定、与经营者的合作模式、交易过程以及消费者认知等因素认定直播间运营者责任。网络餐饮服务平台经营者未尽实名登记、审查许可证等法定义务，消费者主张网络餐饮服务平台经营者与入网餐饮服务提供者承担连带责任的，人民法院应当依法支持。综合销售者出售商品的性质、来源、数量、价格、频率、是否有其他销售渠道、收入等因素，能够认定销售者系从事商业经营活动，在二手商品网络交易平台购买商品受到损害的消费者主张销售者依据消费者权益保护法承担经营者责任的，人民法院应当依法支持。

7. 加强新业态下消费者权益保护。消费者通过网络购买商品，有权依法自收到商品之日起七日内退货，无需说明理由，但是法律另有规定的除外。消费者因检查商品的必要对商品进行拆封查验且不影响商品完好，电子商务经营者不得以商品已拆封为由主张不适用七日无理由退货制度。电子商务经营者作出更优承诺的，应当遵守。收到商品七日后符合法定或者约定的合同解除条件，消费者主张及时退货的，人民法院应当依法支持。

8. 加强快递服务消费者权益保护。因快递人员擅自使用快递商品、违规打开快递包装、暴力分拣快递等故意或者重大过失行为导致快递商品丢失、毁损，消费者请求赔偿损失，快递服务提供者依据免责条款提出免责抗辩的，人民法院对其抗辩不予支持。经营者向消费者盲发快递，消费者请求无条件退货的，人民法院应当依法支持。

9. 加强消费者个人信息保护。经营者处理敏感个人信息、跨境转移个人信息等行为应当取得消费者单独同意，经营者以其获得消费者概括同意为由进行免责抗辩的，人民法院对其抗辩不予支持。经营者过度收集消费者个人信息、在消费者撤回同意后未停止处理或者未及时删除消费者个人信息、未取得未成年消费者父母或者其他监护人的同意处理不满十四周岁未成年消费者个人信息，消费者请求经营者承担停止侵害等民事责任的，人民法院应当依法支持。经营者以消费者不同意处理个人信息为由拒绝提供商品或者服务，致使消费者被迫同意经营者处理个人信息，消费者请求经营者承担停止侵害等民事责任的，人民法院应当依法支持。经营者处理个人信息侵害个人信息权益造成损害，不能证明自己没有过错的，应当承担损害赔偿等侵权责任。

10. 加强住房消费者权益保护。严格保护依法成立生效的房屋买卖合同，维护市场秩序，助力实施房地产市场平稳健康发展长效机制，积极保护居民合理自住需求，遏制投资投机性需求，促进居住消费健康发展，推动实现稳地价、稳房价、稳预期。对当事人逾期付款、逾期交房、逾期办证等违约行为引起的商品房买卖合同纠纷，人民法院要加强调解，引导当事人协商解决纠纷；当事人请求违约方承担逾期付款、逾期交房、逾期办证的违约责任的，人民法院应当依照合同约定或者商品房买卖合同司法解释第十三条和第十四条规定处理。出卖人出售房屋后又与第三人恶意串通，另行订立商品房买卖合同并将已出售房屋交付第三人使用，导致原来的买受人无法取得房屋的，人民法院应当依法认定出卖人与第三人订立的商品房买卖合同无效。

11. 妥善处理消费者出行纠纷。疫情或者疫情防控措施导致消费者不能履行旅游、客运、住宿等合同，消费者请求解除合同、退还定金和价款等费用的，人民法院应当依法支持。消费者请求变更经营者提供服务的时间等合同内容的，人民法院应当加强调解；调解不成的，人民法院可综合考虑交易习惯、合同目的、案件具体情况等因素作出裁判。经营者仅以消费者超出其公布的退款时间为由，主张拒退、少退定金和价款等费用的，人民法院不予支持。充分发挥旅游巡回法庭作用，就地、快速解决旅游纠纷，方便消费者景区维权。

12. 妥善处理涉疫情消费购物纠纷。经营者明知口罩、护目镜、防护服、消毒液等防疫物品属于假冒伪劣商品仍然经营，构成欺诈，消费者请求经营者承担惩罚性赔偿责任的，人民法院应当依法支持。经营者的行为构成犯罪的，依法追究刑事责任。疫情期间，经营者利用消费者处于危困状态、缺乏判断能力等情形，哄抬物价、收取高额快递费等费用，致使所订立合同显失公平，消费者请求撤销合同的，人民法院应当依法支持。合同被撤销后，消费者不能返还或者没有必要返还合同标的物的，人民法院可根据相关法律规定、交易习惯和公平原则认定消费者应折价补偿的价款。

13. 妥善处理医疗健康服务和体育消费纠纷。依法审理医疗损害责任纠纷案件，积极保护患者等各方当事人的合法权益。依法惩处涉医违法犯罪，严惩"医闹"，维护正常医疗秩序，构建和谐医患关系。积极引导医疗机构等主体增加高质量的医疗、养生保健、康复、健康旅游等服务，助力推进健康中国建设。准确适用自甘风险等民事法律制度，妥善处理体育消费中产生的各类纠纷，促进群众体育消费，助力实施全民健身战略。

14. 加强未成年消费者权益保护。妥善处理生育、托育、教育等服务合同纠纷，促进育幼服务消费发展，助力提升教育服务质量。学校、托幼机构等单位的食堂未严格遵守法律、行政法规和食品安全标准，未从取得食品生产经营许可的企业订餐，或者未按照要求对订购的食品进行查验，导致提供的食品不符合食品安全标准，消费者请求其承担赔偿责任的，人民法院应当依法支持。依法办理危害食品安全刑事案件，将"危害专供婴幼儿的主辅食品安全"作为加重处罚情节，加强对未成年人食品安全的特殊保护。网络游戏、网络直播服务提供者违反法律规定向未成年人提供网络游戏、网络直播服务，收取充值费用、接受直播打赏，消费者请求返还游戏充值费、打赏费的，人民法院应当依法支持。限制民事行为能力人未经其监护人同意，通过参与网络付费游戏或者网络直播平台打赏等方式支出与其年龄、智力不相适应的款项，消费者请求返还该款项的，人民法院应当依法支持。加大对网络违法行为整治力度，积极营造健康、清朗、有利于未成年人成长的网络环境。

15. 加强老年消费者权益保护。通过夸大宣传、虚构商品或者服务的治疗、保健、养生等功能，向老年消费者销售质次价高的商品或者服务，构成欺诈，消费者请求生产经营者承担惩罚性赔偿责任的，人民法院应当依法支持。经营者诱导老年消费者购买不符合其需求或者明显超出其需求范围的保健食品等商品或者服务，致使合同显失公平，消费者请求撤销合同的，人民法院应当依法支持。经营者的行为构成诈骗罪的，依法追究刑事责任；同时构成生产、销售伪劣产品罪等其他犯罪的，依照处罚较重的规定定罪处罚。通过营造良好法治环境，服务养老事业和养老产业协同发展，助力发展银发经济。

16. 加强农村消费者权益保护。依法严厉打击农村食品市场存在的假冒知名品牌、滥用食品添加剂、销售过期食品以及制售无生产厂家、无生产日期、无保质期、无食品生产许可的食品等违法行为。助推"快递进村"，为大型商贸流通企业、电子商务平台和现代服务企业向农村延伸、开拓农村消费市场提供优质司法服务，让农村消费者充分享受好商品、好服务、好价格。

## 二、加强生产经营者权益司法保护

17. 依法保护生产经营者的产权和经营自主权。加强产权司法保护，全面依法平等保护各类产权，完善以公平为原则的产权保护制度，充分发挥产权保护对激励商品和服务产出的作用，助力扩大消费供给。依法审理涉市场准入和经营自主权等行政案件，充分保障生产经营者依法自行组织生产经营的权利。对于行政机关违法限制生产经营者建设汽车充电设施、物业管理公司无理阻碍业主建设汽车充电设施的行为，应依法予以规范，助力解决电动汽车消费中的痛点、堵点问题。

18. 依法保护农村各类市场主体权益。依法惩治生产销售假种子、假化肥、假农药等不符合国家强制性技术标准或者安全标准的农业生产资料、伪劣商品等违法犯罪行为，依法保护农村市场主体合法权益。严厉打击种子套牌侵权行为，切实维护种业创新主体合法权益，净化种业市场，维护粮食安全。助推实施"数商兴农"和"互联网+"农产品出村进城等工程，助力实现质量兴农、科技兴农和绿色发展目标，为实施乡村振兴战略提供有力司法服务和保障。

19. 加强知识产权保护。严格实施知识产权侵权惩罚性赔偿制度，有效遏制知识产权侵权行为，通过加强司法保护促进科技创新成果的产出和运用，助力科技强国建设。依法整治知识产权领域虚假诉讼、恶意诉讼、滥用诉权等不诚信诉讼行为，积极为广大市场主体技术研发和科技创新创造良好法治环境。加大对"专精特新"中小企业关键核心技术和原始创新成果的司法保护力度，支持和引导市场主体通过技术进步和科技创新提升核心竞争力，积极发挥供给侧对消费升级的支撑引领作用。加强文化创意产品著作权保护，鼓励文化创意产品创作，助推优质文化资源开发和中华优秀传统文化创造性转化、创新性发展，助力增加优质文化产品和服务供给。

20. 保障平台经济健康有序发展。准确认定电子商务平台经营者、平台内经营者以及货运物流服务提供者等主体的法律责任。依法保护、引导电子商务平台经营者、快递物流经营者等市场主体在疫情防控中做好防疫物资和重要民生商品保供"最后一公里"的线上线下联动。引导电子商务平台经营者等市场主体加快人工智能、云计算、区块链、操作系统、处理器等领域技术研发突破和商业模式创新，不断开拓新的消费市场。把握好平台经济发展中的"红绿灯"，稳定发展预期，激发投资活力，助力构建电子商务平台经营者、平台内经营者、消费者等各方权益均得到有效保护、各方积极性均得到充分激发的平台发展环境，让资本在促消费、稳增长、惠民生方面发挥更大更好的作用。

21. 助力培育新型消费。依法支持线上线下商品消费融合发展。助推传统线下业态数字化改造和转型升级，助力智慧超市、智慧商店、智慧餐厅等新零售业态发展。依法保护5G网络和千兆光网应用，依法支持自动驾驶、无人配送等技术应用。妥善处理"互联网+社会服务"、"互联网+医疗健康"服务等新服务类型引发的纠纷，既要依法保护消费者合法权益，又要依法支持无接触交易服务等新类型消费模式发展。妥善处理共享出行、共享住宿、共享旅游等共享经济领域产生的纠纷，合理认定相关民事主体的注意义务和法律责任，支持和引导新的生活和消费方式健康发展。依法保护新个体经济，支持社交电商、网络直播等多样化经营模式。

22. 妥善处理房屋租赁合同纠纷。疫情或者疫情防控措施导致小微企业、个体工商户等承租人没有收入或者收入明显减少，造成支付租金困难，出租人请求解除房屋租赁合同、由承租人承担违约责任的，人民法院应当加强调解，引导出租人和承租人合理分担损失，共克时艰。对国有房屋租金数额发生争议，承租人请求按照有关政府机关的规定减免租金的，人民法院应当依法支持。出租人减免租金后主张税务机关按照相关规定减免当年房产税、城镇土地使用税，符合法律规定或者国家税收政策的，人民法院应当依法支持。

### 三、维护诚信公平高效的市场秩序

23. 营造诚实守信的市场环境。生产经营者虚构、夸大商品和服务的功效，构成欺诈，消费者请求生产经营者承担惩罚性赔偿责任的，人民法院应当依法支持。生产经营者的行为构成犯罪的，依法追究刑事责任。坚决打击电信网络诈骗等犯罪活动，遏制欺诈消费者的不诚信行为，引导生产经营者通过提高商品和服务质量获得竞争优势。促进经营者诚实守信经营，保障消费者明明白白消费。

24. 维护有利于促进消费的公平竞争市场秩序。依法规制具有市场支配地位的电子商务平台经营者等市场主体实施收取垄断高价、强制"二选一"等滥用市场支配地位行为。积极营造有利于小微企业、个体工商户发展的营商环境，遏制因垄断、不正当竞争导致市场竞争环境恶化而损害消费者权益的行为，充分发挥小微企业、个体工商户在丰富商品和服务供给、增加群众收入、促进消费发展中的作用。依法规范歧视性待遇、虚假宣传、刷单炒信、强制搭售等直接损害消费者权益的垄断和不正当竞争行为,积极营造公平竞争的市场环境。

25. 推动构建有利于增强消费信心的社会信用体系。加强与行政机关等单位的信息沟通,积极对接市场监管部门消费领域失信名单制度,推动共建失信违法生产经营者信息披露平台。完善守信激励和失信惩戒机制,增加违法经营成本,营造不敢、不能、不愿违法经营的市场环境。依法支持、引导行业协会、电子商务平台经营者等主体构建协会内和平台内信用惩戒机制,通过行业自治、平台规制防范和减少欺诈等违法生产经营行为,助力加强消费信用体系建设。积极推动建设多力量参与、多渠道共建、多平台共促,有利于遏制欺诈、增强消费信心的社会信用体系。

26. 依法保障安全高效的物流体系。进一步加强行政审判,妥善处理涉商品流通等行政案件,既要依法支持行政机关采取的必要防疫举措,又要依法纠正违法设卡、阻碍物流等不当干预微观经济活动的行政行为,保障商品正常流通,推动跨区域物资运输畅通有序,助力生活必需品"保供稳价"。按照"统筹疫情防控和经济社会发展"的要求,助力防疫、生产、消费统筹兼顾、有序开展,促进全国统一大市场建设。

**四、进一步提升司法服务水平**

27. 提升消费纠纷在线化解质效。当事人及其诉讼代理人等因受疫情影响不能正常出庭参加诉讼,符合条件的,依法在线开展诉讼活动。推动完善电子认证等数字应用基础设施,主动适应互联网时代消费发展要求,回应人民群众公正、高效、便捷解纷的司法需求。准确适用在线诉讼规则等规定,充分发挥在线诉讼灵活、简便、全天候、易操作等优势。准确适用在线调解规则等规定,充分发挥在线调解多元化参与、全流程在线、开放式融合、一体化解纷等优势,实现提升消费纠纷在线化解质效与保障人民群众合法诉讼权益相统一。

28. 完善消费者权益司法救济制度。进一步完善消费民事公益诉讼与私益诉讼衔接机制,探索建立食品安全民事公益诉讼惩罚性赔偿制度。依法办理消费公益诉讼案件,充分发挥公益诉讼保护消费者合法权益、遏制违法生产经营行为、维护诚信高效市场秩序的作用。探索建立消费者集体诉讼制度,充分利用小额诉讼制度,降低消费者维权成本,及时、高效保护消费者合法权益。不断增加对农村消费者的司法服务供给,积极引导和协调消费者组织、公益诉讼主体、司法救助力量向农村地区倾斜。充分发挥人民法庭立足基层、面向群众、服务农村的优势,妥善处理涉休闲农业、乡村旅游、民宿经济等纠纷。

29. 推动构建有利于促进消费的综合治理体系。坚持系统思维,综合治理。充分发挥一站式多元纠纷解决和诉讼服务体系作用,广泛邀请人民调解、行业专业调解、行政调解的调解员,以及人大代表、政协委员、行业专家、退休法律工作者等参与消费纠纷调解,多元化解纠纷。通过发出司法建议、交换信息、联合信用惩戒等方式,对制售假冒伪劣商品、侵害个人信息权益、虚假宣传等违法生产经营行为形成规制合力。积极构建司法机关、行政机关、消费者组织、行业协会等多方参与的多元治理体系,完善多元化消费维权机制和纠纷解决机制,为保护消费者权益、促进消费营造良好法治环境。

30. 加强消费者权益司法保护宣传工作。充分发挥司法裁判的示范引领作用，通过以案说法、发布典型案例、开展巡回审判、送法进村进企进校等方式加强消费者权益司法保护宣传工作，普及消费者权益保护法律知识；依法保护新闻媒体对制售假冒伪劣商品等违法生产经营行为的舆论监督；引导生产经营者诚实守信经营，倡导节约集约的绿色生活方式，营造安全诚信放心的消费环境。

2022 年 12 月 26 日

# 最高人民法院
# 关于为稳定就业提供司法服务和保障的意见

法发〔2022〕36 号

就业是最基本的民生。坚持突出做好稳就业工作，落实落细就业优先政策，是实施就业优先战略的内在要求和重要基础。为完整、准确、全面贯彻新发展理念，加快构建新发展格局，着力推动高质量发展，更好统筹疫情防控和经济社会发展，现就进一步发挥人民法院职能作用，服务保障稳就业大局，提出如下意见。

## 一、推动落实就业优先政策，支持稳市场主体保就业

1. 推动落实阶段性缓缴社会保险费政策，减轻用人单位用工负担。依法受理因就业优惠政策实施引发的行政案件，坚决依法支持符合条件的用人单位享受阶段性降低社会保险费率、缓缴社会保险费、失业保险费稳岗返还等优惠政策，切实减轻用人单位在用工、社保等方面的经营压力和负担，帮助受疫情严重冲击的行业、中小微企业和个体工商户复工复产。妥善审理用人单位因拖欠社会保险费等被责令补缴的行政案件，依法依规考虑企业复工复产实际情况，可以通过延展补缴期限等方式协调解决，平衡好为用人单位减负与维护劳动者合法权益的关系，促进行政争议实质性化解。依法妥善审理社会保险纠纷案件，参保单位享受阶段性缓缴社会保险费政策，劳动者主张缓缴期间用人单位未依法缴纳社会保险费，依据劳动合同法第三十八条第一款第三项的规定解除劳动合同的，人民法院应当依法审慎处理。

2. 推动落实阶段性减免房产租金等助企纾困政策，支持中小微企业稳就业规模。依法妥善审理房屋租赁合同纠纷等案件，推动落实阶段性减免国有房产租金等政策，引导出租人减免或者缓收租金，依法减轻中小微企业、个体工商户等负担，稳住中小微企业就业规模。承租国有企业房屋或者行政事业单位房屋用于经营，符合政策条件的服务业中小微企业、个体工商户等请求按照国家有关政策减免一定期限内租金的，人民法院应当依法支持。承租非国有房屋的承租人请求减免或者延期支付租金的，可以引导当事人参照有关租金减免政策、条件进行和解；和解不成的，结合案件实际情况，依照民法典有关规定处理。

3. 推动落实金融支持政策，增强服务行业就业吸纳能力。依法审理金融借款合同纠纷

案件，充分考虑延期还本付息、加大普惠小微贷款支持等金融支持政策，对金融机构违反金融支持政策提出的借款提前到期、解除合同等诉讼请求，人民法院不予支持。批发零售、住宿餐饮、物流运输、文化旅游等服务行业企业、个体工商户等，因受疫情影响生产经营、复工复产暂时困难、无力还款，主张延期还款、分期还款、减免逾期利息、降低利率的，应当积极引导当事人双方协商解决纠纷；协商解决不成，借款人的主张依据充分或者符合政策条件的，人民法院应当依法支持。

4. 依法支持脱贫人口稳岗就业，推动农村劳动力转移就业。为巩固拓展脱贫攻坚成果、全面推进乡村振兴、实施乡村建设行动提供有效司法服务，妥善处理涉"三农"领域传统纠纷以及休闲农业、乡村旅游、民宿经济、健康养老等农村新业态纠纷，妥善处理涉农担保融资纠纷案件，促进农村产业融合发展，推动提升富农产业、本地特色产业就业吸纳能力。深入推进新型城镇化和乡村振兴战略有效衔接，为农村劳动力转移就业提供有效司法服务，依法保障进城落户农民农村土地承包权、宅基地使用权、集体收益分配权，依法平等保护其就业、教育、住房、医疗等民生权益，推动在城镇稳定就业生活、具有落户意愿的农业转移人口便捷落户。推动形成平等竞争、规范有序、城乡统一的劳动力市场，落实城乡劳动者平等就业、同工同酬，完善办理拖欠农民工工资案件的快立快审快执通道，依法适用先予执行，推动完善欠薪治理长效机制，依法推动农业转移人口全面融入城市。

5. 依法支持高校毕业生就业，促进多渠道灵活就业。妥善审理平等就业权纠纷案件，依法纠正用人单位因性别歧视、地域歧视等不予招录、拒绝签订劳动合同的行为，破除各种不合理限制，推动高校毕业生平等就业、多渠道灵活就业创业。依法打击"黑职介"、虚假招聘、售卖简历等违法犯罪活动，依法审理涉就业见习纠纷案件，妥善认定涉就业见习用工法律关系，维护高校毕业生合法就业权益。对因受疫情影响不能按时离校的应届毕业生，在处理相关案件时要引导用人单位推迟签约时间，相应延长报到接收、档案转递、落户办理时限。高校毕业生在试用期内因受疫情影响不能返岗的，可以引导用人单位采取灵活的试用考察方式考核其是否符合录用条件；无法采取灵活考察方式实现试用期考核目的的，无法实施考察实现试用期考核目的期间可以协商不计算在原约定试用期内，用人单位通过顺延试用期变相突破法定试用期上限的，人民法院不予支持。科学设置司法辅助岗位，深化落实基层法官助理规范便捷招录机制，畅通政法专业高校毕业生进入基层人民法院就业渠道。

## 二、依法规范新就业形态用工，推动平台经济可持续发展

6. 准确把握新就业形态民事纠纷案件审判工作要求。推进落实《人力资源社会保障部、国家发展改革委、交通运输部、应急部、市场监管总局、国家医保局、最高人民法院、全国总工会关于维护新就业形态劳动者劳动保障权益的指导意见》（以下简称新业态劳动者权益保障指导意见）有关制度和要求，加强灵活就业和新就业形态劳动者权益保障，支持和规范发展新就业形态，合理认定平台企业责任，支持网约配送、移动出行、网络直播等平台企业在引领发展、创造就业、国际竞争中大显身手。依法支持劳动者依托互联网平台就业，支持用人单位依法依规灵活用工，引导平台企业与劳动者就劳动报酬、工作时间、劳动保护等建立制度化、常态化沟通协调机制，保障新就业形态劳动者合法劳动权益。

适时制定司法政策，发布典型案例，统一裁判标准，发挥个案裁判和司法政策引领作用，推动形成新就业形态用工综合治理机制。

7. 依法合理认定新就业形态劳动关系。平台企业及其用工合作单位与劳动者建立劳动关系的，应当订立书面劳动合同。未订立书面劳动合同，劳动者主张与平台企业或者用工合作单位存在劳动关系的，人民法院应当根据用工事实和劳动管理程度，综合考虑劳动者对工作时间及工作量的自主决定程度、劳动过程受管理控制程度、劳动者是否需要遵守有关工作规则、劳动纪律和奖惩办法、劳动者工作的持续性、劳动者能否决定或者改变交易价格等因素，依法审慎予以认定。平台企业或者用工合作单位要求劳动者登记为个体工商户后再签订承揽、合作等合同，或者以其他方式规避与劳动者建立劳动关系，劳动者请求根据实际履行情况认定劳动关系的，人民法院应当在查明事实的基础上依法作出相应认定。

8. 加强新就业形态劳动者合法权益保障。不完全符合确立劳动关系情形但企业对劳动者进行劳动管理的，可以结合新业态劳动者权益保障指导意见有关规定，依法保障劳动者权益。依法保护劳动者按照约定或者法律规定获得劳动报酬的权利；劳动者因不可抗力、见义勇为、紧急救助以及工作量或者劳动强度明显不合理等非主观因素，超时完成工作任务或者受到消费者差评，主张不能因此扣减应得报酬的，人民法院应当依法支持。推动完善劳动者因执行工作任务遭受损害的责任分担机制。依法认定与用工管理相关的算法规则效力，保护劳动者取得劳动报酬、休息休假等基本合法权益；与用工管理相关的算法规则存在不符合日常生活经验法则、未考虑遵守交通规则等客观因素或者其他违背公序良俗情形，劳动者主张该算法规则对其不具有法律约束力或者请求赔偿因该算法规则不合理造成的损害，人民法院应当依法支持。

9. 推动健全新业态用工综合治理机制。依法妥善审理涉新就业形态社会保险纠纷案件，支持完善基本养老保险、医疗保险参保办法，推动企业引导和支持不完全符合确立劳动关系情形的新就业形态劳动者，根据自身情况参加相应社会保险。依法妥善审理保险合同纠纷案件，促进平台企业通过购买人身意外、雇主责任等商业保险，提升平台灵活就业人员保障水平。妥善审理机动车交通事故责任纠纷、非机动车交通事故责任纠纷等案件，依法合理认定各方责任，推动平台企业制定注重遵守交通规则等社会秩序的算法规则和规章制度，强化外卖快递从业人员遵守交通规则等社会秩序意识。配合有关部门推动行业协会、头部企业或者企业代表与工会组织、职工代表开展协商，签订行业集体合同或者协议，推动制定行业劳动标准；畅通裁审衔接程序，完善多元化解机制，支持各类调解组织、法律援助机构等依法为新就业形态劳动者提供更加便捷、优质高效的纠纷调解、法律咨询、法律援助等服务。

## 三、妥善处理劳动争议案件，依法保护双方权益

10. 注重依法保护原则。积极贯彻落实国家助企纾困、促稳定促发展、复工复产等政策要求，正确理解和参照适用国务院有关行政主管部门以及省级人民政府等制定的相关政策文件，准确把握新阶段疫情防控各项政策，妥善处理涉疫情劳动争议案件，积极引导用人单位与职工协商，推动构建和谐劳动关系，确保用人单位有序复工复产，保障劳动者合法权益。坚持依法保护劳动者合法权益和促进用人单位稳定有序发展相结合，努力寻找用人单位和劳动者之间的最佳利益平衡点和结合点，保障劳动者合法权益和就业稳定，为用人单位生存发

展、有序运转创造条件。

11. 妥善审理劳动合同纠纷案件。用人单位生产经营困难，按照法定程序经与职工代表大会讨论或者经与工会、职工代表等民主协商，对在合理期限内延迟支付工资、轮岗轮休等事项达成一致意见的，可以作为认定双方权利义务的依据。除依法按协商程序降低劳动报酬外，用人单位安排劳动者通过居家办公或者灵活办公等方式提供正常劳动，劳动者请求按正常工资标准支付其工资的，人民法院应当依法支持。依法妥善审理相关案件，积极引导和支持用人单位与劳动者依法协商，采取协商薪酬、调整工时、轮岗轮休、在岗培训等措施稳定工作岗位。

12. 推动劳动争议纠纷多元化解。准确适用《人力资源社会保障部、最高人民法院关于劳动人事争议仲裁与诉讼衔接有关问题的意见（一）》，推动劳动争议仲裁和诉讼有序衔接，逐步统一裁审受理范围和法律适用标准；加强与人社部门、工会、行业协会联动协作，促使劳动者与企业和解协商、共克时艰，推动构建和谐劳动关系。对于群体性、突发性、敏感性、涉重大利益等劳动争议，应当坚持把非诉讼纠纷解决机制挺在前面，积极推动诉源治理，及时做好风险预警，"调、裁、审"协作发力，充分维护劳动者与用人单位合法权益。

### 四、准确适用程序法律规定，依法保障诉讼权利行使

13. 准确适用期限顺延规定。当事人依据民事诉讼法第八十六条规定申请顺延期限的，应当根据疫情防控形势变化以及当事人提供的证据情况综合考虑是否准许，依法保护当事人诉讼权利。当事人及其诉讼代理人等因受疫情影响不能正常出庭参加诉讼，符合条件的，依法在线开展诉讼活动。当事人受疫情影响耽误起诉期限的，对耽误的时间依法予以扣除。劳动争议当事人提供证据证明其因受疫情影响无法在法定仲裁时效期间内申请仲裁，主张仲裁时效中止的，人民法院应当依法支持。

14. 切实提高诉讼服务水平。对于企业以及其他市场主体涉及的复工复产纠纷案件，应当高度重视其立案、审理、执行工作，依法高效妥善处理。对于确有困难的当事人申请免交、减交或者缓交诉讼费用的，人民法院应当依法审查并及时作出相应决定；确实需要其他司法救助的，依法及时采取救助措施。对于陷入困境的市场主体特别是中小微企业、个体工商户等，依法审慎采取财产保全措施，依法及时纠正超标的查封、乱查封，可以采取灵活的诉讼财产保全措施或者财产保全担保方式，减轻企业负担，助力复工复产。完善一站式多元解纷机制，加强线上诉讼服务和互联网审判，持续推动案件繁简分流、简案快审，使合法权益尽快得以实现，各种争议得到依法快速解决，切实降低诉讼成本。

2022 年 12 月 26 日

# 最高人民法院
# 关于加强新时代人民法院
# 司法警察队伍建设的意见

法发〔2022〕38号

我国人民警察是国家重要的治安行政和刑事司法力量。人民法院司法警察（以下简称司法警察）是人民警察的警种之一，是国家在人民法院设置的唯一具有武装性质的执法力量。司法警察的主要任务是维护审判执行秩序，维护诉讼参与人合法权益，预防、制止、处置妨害审判执行秩序的行为，保障人民法院审判执行工作安全有序。加强新时代司法警察队伍建设，是深入贯彻落实党中央关于做好人民警察工作决策部署和新时代党的建警治警方针的必然要求，是坚持党对司法工作绝对领导的重要举措，对于加强和改进司法警察工作，确保法律实施完整准确，推动新时代人民法院工作高质量发展，加快建设公正高效权威的社会主义司法制度，实现努力让人民群众在每一个司法案件中感受到公平正义的目标，具有重大意义。为加强新时代司法警察队伍建设，推进司法警察工作现代化，服务保障新时代人民法院工作高质量发展，现提出如下意见。

## 一、总体要求

（一）指导思想。以习近平新时代中国特色社会主义思想为指导，深入学习宣传贯彻党的二十大精神，全面贯彻习近平法治思想和习近平总书记重要训词精神，始终坚持司法警察队伍建设革命化正规化专业化职业化方向，大力弘扬伟大建党精神，在司法警察队伍中培育英模精神、工匠精神、职业精神，努力打造具有铁一般的理想信念、铁一般的责任担当、铁一般的过硬本领、铁一般的纪律作风的高素质司法警察铁军。

（二）目标任务。建设制度更健全、管理更科学、执法更规范、训练更专业、纪律更严明、保障更有力的司法警察队伍，始终坚持并健全完善司法警察双重领导、编队管理体制机制。加强思想政治建设，坚持政治建警方针，严明政治纪律和政治规矩。加强履职能力建设，坚持严格规范公正文明执法，提升司法警察工作法治化水平和执法公信力。加强纪律作风建设，坚持全面从严治警，以严的基调强化正风肃纪。完善从优待警政策，健全司法警察培养、使用、管理、保障制度体系，做好爱警暖警工作。

## 二、加强思想政治建设

（三）铸牢忠诚警魂。坚持党的绝对领导，深刻领悟"两个确立"的决定性意义，增强"四个意识"、坚定"四个自信"、做到"两个维护"，始终以党的旗帜为旗帜、以党的方向为方向、以党的意志为意志，坚决听从党中央命令、服从党中央指挥，确保绝对忠诚、绝对纯洁、绝对可靠。建立健全经常性思想教育机制，将习近平总书记重要训词精神、司法警察誓词等融入经常性思想教育，持续深入推进党史学习教育常态化，引导全体司法警察从党史中汲取强大精神力量。

（四）强化党建引领。加强司法警察部门基层党组织建设，符合条件的司法警察部门应当单独成立基层组织。有效发挥基层党组织的政治功能和组织功能，强化政治引领、思想引导和监督管理，引导全体司法警察切实增强政治判断力、政治领悟力、政治执行力。积极探索党建工作和司法警察业务工作融合发展的新路径，确保党中央和上级党组织的决策部署得到全面落实。

（五）健全激励体系。广泛开展司法警察向先进模范学习活动，营造崇尚英模、学习英模、关爱英模的浓厚氛围。加大先进典型选树培育和宣传力度，综合政治素养、执法实绩、业务创新等因素，深度发掘优秀警队和优秀个人。最高人民法院以及各高级、中级人民法院定期组织开展司法警察先进集体和先进个人评选，推动形成老典型带动新典型、区域性典型成长为全国典型的良好局面。

（六）注重文化育警。立足司法警察职业特点，以警务需求为导向，有的放矢地开展警营文化建设，进一步凝聚警心、鼓舞士气。在司法警察入警、立功授奖、授予（晋升）警衔、从警特定年限等职业生涯重要节点，举行司法警察荣誉仪式，奏唱司法警察之歌。认真开展"人民警察节"主题活动。积极建立警营文化长廊、荣誉室（墙）、队史陈列室（墙）。加强司法警察宣传阵地建设，形成内部刊物、法院专网、互联网平台相结合的宣传载体。

### 三、加强履职能力建设

（七）提高规范执法能力。科学确定司法警察工作岗位设置和编制人数，严格落实准入制度，建立完善司法警察招警便捷机制，不断提高警察类专业毕业生比例。深入推进司法警察执法规范化建设，切实把严格规范公正文明执法落到实处，不断提升司法警察工作法治化水平和执法公信力。进一步健全完善执法制度体系，探索建立案件评查机制、合法权益保护机制和依法履职免责制度。深化司法警察执法能力训练，抓住司法警察部门负责人这个"关键少数"，突出政治标准，做到带头尊崇法治、敬畏法律，了解法律、掌握法律，使尊法学法守法用法成为司法警察的自觉行为和必备素质，不断提高运用法治思维和法治方式防范化解风险、认识处理问题的能力。依托学科体系和专业教材建设，科学规划各层次学历教育专业设置、课程体系、教材编写、联合培养等问题，突出抓好司法警察依法履职能力培养。

（八）提高实战培训能力。扎实推进司法警察训练工作体系化、规范化、专业化、实战化建设，坚持政治领训、依法施训、需求导训、科技兴训、从严治训，以新警训练、晋升训练、专业训练、技战术训练、发展训练为主要内容，科学运用集中培训、岗位练兵、模拟演练、线上培训、比武竞赛、轮训轮值等训练方式，构建响应需求、适应实战、覆盖职业生涯的实战化训练体系。制定《人民法院司法警察训练条令》，修订《人民法院司法警察训练大纲》。加强教官队伍建设，研究制定警务教官人才库管理办法，健全完善跨区域教官人才联合培养、合作共建、交流锻炼等机制，着力打造在全国有知名度、警界叫得响的实战教官团队。推动专兼职司法警察类专业师资队伍建设，探索建立专业教师派驻警队实践、送教上门、警队专业教官选任驻校教官工作机制。

（九）提高科技应用能力。坚持走科技兴警道路，牢固树立向科技要警力、要战斗力的理念。加强智能预警、移动办公、可视管理、数据分析等司法警察智慧警务的研发应用，及时更新司法警察装备目录，积极推动司法警察装备现代化，持续推进司法警察工作信息化智能化建设，助推"汗水警务"向"智慧警务"跨越。加强人民法庭安全防范设施装备配备，重点提升乡村法庭安全防范设施装备科技水平。加强司法警察科技应用培训，推动网络平台互联互通、训练资源共建共享、训练课程互选互学，培养一批业务精、能力强的骨干人才。最高人民法院及时对各级人民法院围绕司法警察工作需求开展的科技创新，特别是与审判执行安全密切相关的创新性成果进行推广。

（十）提高理论研究能力。推进实践基础上的司法警察工作理论研究，形成司法警察研究理论、运用理论、创新理论的浓厚氛围。最高人民法院持续推进司法警察工作理论研究，组织司法警察课题研究、教学技能竞赛、精品课程评选等活动，每2年组织开展司法警察理论征文评选，及时总结、推介司法警察工作理论研究成果。各高级、中级人民法院应当定期组织司法警察工作理论研讨交流，司法警察部门积极参加相关活动，部门负责人应当带头开展理论研究工作。

## 四、加强纪律作风建设

（十一）抓好纪律教育。落实新时代党的建设总要求，毫不动摇坚持全面从严管党治警，坚持以严的基调强化正风肃纪，巩固深化政法队伍教育整顿工作成效。严格执行防止干预司法"三个规定"、新时代政法干警"十个严禁"等铁规禁令，严格遵守保密规定。

（十二）抓好法治教育。进一步强化司法警察队伍法治观念，大力弘扬社会主义法治精神，培育司法警察法治信仰，增强司法警察法治教育的针对性和实效性，引导司法警察做社会主义法治的忠实崇尚者、自觉遵守者、坚定捍卫者。

（十三）抓好作风教育。锲而不舍落实中央八项规定精神，持续深化纠治"四风"，重点纠治形式主义、官僚主义，坚持"三严三实"。经常性组织开展作风警示教育，用警示案例明确底线、敲响警钟。重点督察安全检查、立案信访、值庭押解等岗位司法警察的警容风纪管理，促进司法警察作风培养，切实树立良好形象。

## 五、完善从优待警政策

（十四）夯实基础工程。积极畅通司法警察职级晋升渠道，保障相关待遇落实到位。认真落实《人民警察伤亡特殊补助金管理办法》，做好伤残干警抚恤。鼓励司法警察通过参加在职教育、资格考试等方式，提升综合素养，打造"学习型"警队。

（十五）丰富工作措施。积极拓宽司法警察职业发展路径，积极推动司法警察到其他岗位交流任职。落实定期体检制度，根据不同年龄段司法警察的身体健康状态优化体检项目，确保每名司法警察每年至少接受一次全面身体检查。健全完善司法警察心理疏导机制，关注司法警察心理健康状况，将心理健康评测列为司法警察招录以及常规体检项目。

（十六）加大特勤保障。进一步健全对执行特殊勤务司法警察的保障制度，真正做到特殊对待、特别关爱。各高级、中级人民法院应当为执行特殊勤务司法警察提供心理疏导、健康疗养，鼓励有条件的单位提高特殊勤务补助、调班倒休、卫生保健等保障待遇。

## 六、强化贯彻落实措施

（十七）加强组织领导。各级人民法院党组要充分认识抓好新时代司法警察队伍建设的重要意义，把司法警察队伍建设摆在事关人民法院干部队伍长远建设、事关人民法院工作高质量发展、事关法律实施完整准确、事关努力让人民群众在每一个司法案件中感受到公平正义目标实现上来，切实发挥把方向、管大局、保落实的重要作用，将加强新时代司法警察队伍建设作为重要基础性工作做实做优。

（十八）认真贯彻落实。各级人民法院相关部门要高度重视、大力支持新时代司法警察队伍建设工作。政治部门要有力监督、管理、指导本级和下级法院落实司法警察组织管理规定。司法行政装备管理（综合）部门要提供工作相关物质基础保障。司法警察部门要提高思想认识，积极主动作为，推动意见落实。各高级人民法院要根据本意见，结合本地区具体情况，研究制定具体落实意见。

2022 年 12 月 26 日

# 最高人民法院
# 关于完整准确全面贯彻新发展理念
# 为积极稳妥推进碳达峰碳中和提供司法服务的意见

法发〔2023〕5 号

实现碳达峰碳中和，是以习近平同志为核心的党中央统筹国内国际两个大局作出的重大战略决策，是立足新发展阶段、贯彻新发展理念、构建新发展格局、推动高质量发展的内在要求。为深入学习贯彻习近平生态文明思想和习近平法治思想，贯彻落实党的二十大精神，完整准确全面贯彻新发展理念，推动绿色发展，促进人与自然和谐共生，进一步发挥人民法院审判职能作用，为积极稳妥推进碳达峰碳中和提供司法服务，提出如下意见。

## 一、指导思想和总体要求

1. 坚持以习近平生态文明思想和习近平法治思想为指导。坚持以人民为中心，服务国家发展大局，推进美丽中国建设。坚持绿水青山就是金山银山，生态优先、节约集约、绿色低碳发展。坚持系统保护，推进山水林田湖草沙一体化保护和系统治理，为实现碳达峰碳中和各项决策部署落地见效提供司法服务，推动实现人与自然和谐共生的中国式现代化。

2. 完整准确全面贯彻新发展理念。积极稳妥推进碳达峰碳中和，统筹产业结构调整、减污降碳、生态保护、应对气候变化。依法助力协调和平衡发展和减排、整体和局部、短期和中长期、政府和市场的关系。以促进能源绿色低碳发展为关键，推动形成节约资源和保护环境的产业结构、生产方式、生活方式、空间格局,走符合中国国情和实际的司法服务道路。

3. 贯彻最严格制度最严密法治。准确把握刑事、民事、行政法律涉及生态环境保护的立法精神,让制度成为刚性约束和不可触碰的高压线。正确适用民法典绿色原则和绿色条款,强化以环境保护法为基础,以生态保护、污染防治、资源利用以及能源开发等法律为主干,以行政法规规章为补充的碳达峰碳中和法律制度供给和执行,加快形成系统完备的裁判规则体系,确保法律适用统一。

4. 统筹国内法治与涉外法治。落实《世界环境司法大会昆明宣言》,秉持公平、共同但有区别的责任及各自能力原则,依法审理节能减排、低碳技术、碳交易、绿色金融等相关案件,促进气候变化减缓和适应。秉持人类命运共同体理念,坚定维护经济全球化和可持续发展,持续深化环境司法领域国际合作交流,积极参与应对气候变化全球治理。

## 二、服务经济社会发展全面绿色转型

5. 依法审理新业态新模式生产服务消费纠纷案件。把握好能源和生态环境市场被纳入全国统一要素和资源市场体系的重要契机,加大新类型生态资源权益司法保护力度,推进数字化赋能绿色低碳发展,强化对新类型环境权益交易模式、资源要素市场创新的规则指引,降低绿色项目开发和交易成本,形成节约集约、循环高效、普惠共享的生产服务新格局。妥善审理涉标的物包装方式争议的消费纠纷案件,对包装方式是否符合通用方式,是否足以保护标的物并且有利于碳减排、保护生态环境等因素作出合理判断,积极倡导电子商务平台绿色消费和可持续经营发展。

6. 依法审理温室气体排放侵权纠纷案件。审理温室气体排放生态环境侵权纠纷案件,依法认定企业排放行为与损害后果之间因果关系是否成立,明确侵权人承担停止侵害、排除妨碍、消除危险、生态环境修复、赔偿损失等民事责任。侵权人自愿购买核证自愿减排量并在碳排放权交易市场核销或购买其他碳汇产品折抵赔偿碳汇损失、生态环境受到损害至修复完成期间服务功能丧失导致损失的,坚持生态修复优先,处理好固碳和增汇的关系。

7. 依法审理大气污染防治案件。依法监督、支持行政机关依照法定权限和程序,对无证排放、通过逃避监管方式排放、超标排放大气污染物,机动车、非道路移动机械生产企业对发动机、污染控制装置弄虚作假,以及违法焚烧废弃物等行为进行行政处罚,对造成污染的排放设施设备实施查封、扣押等行政强制措施。推动行政机关充分利用生态环境制度体系促进低碳发展,采取多污染物与温室气体协同控制措施,全面提升减污降碳综合效能。对违法使用受控消耗臭氧层物质,走私木炭、硅砂等构成犯罪的,依法追究刑事责任。

8. 依法审理适应气候变化行政补偿案件。加大司法对行政机关采取措施积极适应气候变化的支持力度,推动行政争议实质性化解。审理企业退出重点生态功能区、生态环境敏感区和脆弱区、自然保护地等行政补偿纠纷案件,企业主张因行政机关变更或撤销行政许可而遭受实际损失的,依法对行政行为进行合法性审查,保障企业有序退出。审理收回国有土地使用权、规划变更、移民安置等行政补偿纠纷案件,依法保障行政相对人的合法权益,推动完善陆地生态系统保护和海洋生态系统保护,促进资源开发利用与生态环境保护相协调。

9. 依法审理企业环境信息披露纠纷案件。引导企业主动适应绿色低碳发展要求,强化环境责任意识,依法及时、真实、准确、完整披露环境信息。投资者以上市公司和发债企业等未按照企业环境信息披露管理要求,公布企业碳排放量、排放设施等碳排放信息,年度融资形式、金额、投向等信息,以及融资所投项目的应对气候变化、生态环境保护等相关信息,致其遭受损失为由提起侵权损害赔偿诉讼、符合法律规定情形的,依法确定上市公司和发债企业等承担相应侵权责任,确保资金投向气候友好型绿色低碳项目,切实保护投资者合法权益,维护公平、公正的气候投融资市场秩序。

### 三、保障产业结构深度调整

10. 依法审理产能置换纠纷案件。审理钢铁、水泥等产能置换纠纷案件,依法确认合同效力,结合产业政策,能源消耗、碳排放强度和总量控制要求,认定合同履行和违约责任,推动产能指标从高耗能、高碳排放企业向低耗能、低碳排放企业转移。审理债务人在建项目被纳入国家相关领域产业规划或产能置换范围的破产重整、破产和解或者破产清算等纠纷案件,积极引导债务人与债权人协商,协调解决企业兼并问题,完善市场主体救治和退出机制,推动实现产业结构调整目标。

11. 依法审理高耗能、高碳排放企业生态环境侵权纠纷案件。侵权人提出延长生态环境修复赔偿金交纳期限、分批赔偿申请,同时提供有效担保的,依法予以准许,引导企业有序开展节能降碳技术改造。侵权人按照生效裁判要求,在合理期限内履行生态环境修复义务,申请支付清洁生产改造费用折抵生态环境受到损害至修复完成期间服务功能丧失导致损失的,依法予以准许,加强绿色低碳技改抵扣赔偿损失方式的推广适用。

12. 依法审理绿色金融纠纷案件。审理清洁能源、节能环保、绿色交通、绿色建筑和碳减排技术等领域具有发展前景,但经营、资金周转暂遇困难的企业所涉金融借款合同纠纷案件,要充分考虑中国人民银行发布的碳减排支持工具、绿色专项再贷款、碳减排项目质押贷款等政策性开发性金融工具,促进金融机构为企业绿色低碳转型提供长期稳定融资支持,降低融资成本。审理绿色股权投资、绿色保险、绿色股票指数、绿色基金等纠纷案件,投资者以相关责任主体违反绿色金融管理规定或擅自改变资金绿色用途、致其遭受损失为由主张损害赔偿责任的,依法予以支持,有效保护投资者合法权益,鼓励更多资本和机构参与气候投融资。

### 四、助推构建清洁低碳安全高效能源体系

13. 依法审理煤炭资源利用和电源结构调整纠纷案件。审理涉煤炭资源整合案件,被兼并中小煤矿主张兼并煤炭企业与其新设目标公司共同承担矿业权转让债务清偿责任等的,要结合煤炭资源整合政策,合同签订主体、具体内容以及履行情况,依法保护中小煤矿合法权益,推动高碳排放企业低碳公正转型。审理煤炭中长期合同纠纷案件,坚守契约精神,依法推动完善煤炭生产企业与发电供热企业长协机制,并严格落实。审理电源结构调整纠纷案件,要促进有计划分步骤实施碳达峰行动,依法服务国家能源结构清洁高效转型,维护企业和员工的合法权益,防范社会风险。

14. 依法审理油气资源开发纠纷案件。审理油气资源矿业权转让合同纠纷案件,依法确

认合同中履行报批义务等条款的效力。负有报批义务的一方当事人未按照合同约定或者法律、行政法规规定办理申请批准等手续，合同相对方请求其履行报批义务的，依法予以支持，推动油气企业尽快释放产能。预约合同生效后，一方当事人不履行预约合同约定的订立委托、合作勘探开发油气资源本约合同义务，对方请求其承担违约损害赔偿责任的，依法予以支持。依法惩处涉能源资源非法采矿、破坏性采矿等犯罪行为，保障国家能源供应安全。

15. 依法审理可再生能源发展纠纷案件。审理清洁能源建设项目环境影响评价案件，要按照能源项目建设用地分类指导政策和国土空间规划要求，依法妥善处理好沙漠、戈壁、荒漠生态环境保护和大型风电、光伏发电基地等建设用地需求之间的关系，助力形成清洁低碳安全高效能源供应体系。依法推动行政机关主动公开涉及公众生态环境利益调整、需要公众广泛知晓或者公众参与决策的重大建设项目批准和实施情况、环境保护监督检查情况等政府信息。依法引导和推动电力企业重视促进碳减排和保护生态环境的社会责任，加大设备资金投入，提升电力系统对可再生能源电力的消纳能力。审理电网企业涉可再生能源发电并网、运行服务和涉分布式光伏发电并网运行纠纷案件，依法推动能源高效、清洁利用。

16. 依法审理合同能源管理节能服务合同纠纷案件。节能服务企业与用能单位以合同形式约定节能项目的节能目标，节能服务企业向用能单位提供节能服务，用能单位以节能效益支付节能服务企业投入及其合理利润，用能单位未依约支付节能效益分享款的，依法认定构成违约。节能服务企业作为出质人，以节能服务项目收益权作为质押财产出质并在法定登记机构办理登记，质权人主张就质押节能服务项目收益优先受偿的，依法予以支持。

## 五、推进完善碳市场交易机制

17. 依法审理碳排放配额、核证自愿减排量交易纠纷案件。重点排放单位、其他符合国家有关交易规则规定的机构或个人等碳排放权交易主体主张通过协议转让、单向竞价等方式订立的交易合同有效的，依法予以支持。审理碳排放配额、核证自愿减排量交易合同案件，依照法律法规，参照行政规章，结合碳市场业务规则、交易合同约定，全面、客观审核碳排放权注册登记系统、碳排放权交易系统以及核证自愿减排注册登记系统、核证自愿减排交易系统记载的分配、持有、交易、变更、注销等信息、数据，依法确定碳交易产品的归属。交易主体主张碳排放权、核证自愿减排注册登记机构、交易机构承担相关民事责任的，应当依照法律法规，参照行政规章关于注册登记机构与交易机构之间的职能划分和风险防范制度、结算风险准备金制度等规定，结合碳市场业务规则、交易合同约定等，依法予以认定，保障碳市场健康有序发展。

18. 依法审理碳排放配额、核证自愿减排量担保纠纷案件。担保合同当事人或者利害关系人以碳排放配额、核证自愿减排量不是可以设立担保的财产为由，主张担保合同无效的，从严认定合同无效情形，依法最大限度维护合同效力。当事人在碳排放权或者核证自愿减排注册登记系统等办理质押登记，债务人不履行到期债务或者发生当事人约定实现质权的情形，质权人主张就登记账户内的碳排放配额或者核证自愿减排量优先受偿的，依法予以支持，助力碳交易产品发挥融资功能，稳定市场预期。

19. 依法审理碳排放配额清缴行政处罚案件。温室气体重点排放单位实际排放量超过所持有的上一年度碳排放配额，未按时履行足额清缴义务，行政机关责令限期改正，重点排放单位逾期未改正、未补缴碳排放配额或未提交核证自愿减排量抵销,行政机关依法作出等量核减重点排放单位下一年度碳排放配额、罚款等行政处罚决定的,依法支持行政机关履行温室气体减排行政监管职责。

20. 依法办理涉碳排放配额、核证自愿减排量金钱债权执行案件。对被执行人的存款、现金、有价证券、机动车等可以执行的动产和其他方便执行的财产执行完毕后,债务仍未能得到清偿的,可依法查封、扣押、冻结被执行人的碳排放配额、核证自愿减排量。查封、扣押、冻结的财产不得超出被执行人应当履行义务部分的范围。应当向碳排放权、核证自愿减排注册登记机构、交易机构送达执行裁定书和协助执行通知书。

21. 依法审理涉温室气体排放报告纠纷案件。温室气体重点排放单位因拒绝履行温室气体排放报告义务,或者虚构、捏造、瞒报、漏报温室气体排放数据的,支持行政机关依法作出行政处罚决定。技术服务机构与温室气体重点排放单位恶意串通,虚构、捏造、瞒报、漏报温室气体排放数据,对他人造成损害,受害人主张侵权损害赔偿的,依法予以支持;构成犯罪的,依法追究刑事责任。

### 六、持续深化环境司法改革创新

22. 建立完善涉碳案件审判机制。构建有利于积极稳妥推进碳达峰碳中和的案件归口审理制度。完善由环境资源审判机构牵头,与立案、刑事、民事、行政、执行等相关部门分工配合的审判协调机制。对新类型、具有普遍法律适用指导意义、存在重大法律适用分歧的案件提级管辖。统筹有序推进碳达峰碳中和与应对气候变化,确保法律适用统一。

23. 着力提升专业化审判能力。加强对民法典绿色原则,新类型生态资源权益保护、担保融资等重大、前沿性基础理论研究,准确把握产业结构调整、能源体系建设、减污降碳协同、应对气候变化等相关纠纷案件特点和审理思路。加快具有跨部门法学理论,能够综合运用财政、金融和环境工程等基础知识,具有全球视野,通晓国际规则的碳达峰碳中和复合型审判人才储备。探索建立与域外涉碳案例交换分享机制、法律适用交流机制,加快涉碳案件审判经验积累。

24. 推动开展绿色低碳社会行动示范。加强与行政主管部门沟通协作。依法支持仲裁机构发挥更大作用,实现调解、仲裁和诉讼有机衔接。深度应用司法大数据技术,探索建立与全国碳排放权注册登记系统、交易系统,国家温室气体自愿减排注册登记系统、交易系统之间安全、高效的信息共享。持续开展世界地球日、世界环境日、全国节能宣传周、全国低碳日等主题宣传活动,提升公众对自身节能降碳行为的感知,鼓励企业、机构、个人建立碳账户、优先使用碳普惠减排量进行碳中和,加快形成全民参与的良好格局,共建天更蓝、山更绿、水更清的美好家园。

2023 年 2 月 16 日

# 最高人民法院　全国妇联
# 印发《关于开展家庭教育指导工作的意见》的通知

法发〔2023〕7号

各省、自治区、直辖市高级人民法院、妇联，解放军军事法院，新疆维吾尔自治区高级人民法院生产建设兵团分院，新疆生产建设兵团妇联：

为促进未成年人的父母或者其他监护人依法履行家庭教育职责，维护未成年人合法权益，预防未成年人违法犯罪，保障未成年人健康成长，根据《中华人民共和国未成年人保护法》、《中华人民共和国预防未成年人犯罪法》、《中华人民共和国家庭教育促进法》等法律规定，结合司法实践，最高人民法院、全国妇联联合制定了《关于开展家庭教育指导工作的意见》。现予以印发，请结合实际认真贯彻执行。在执行中遇到的问题，请及时分别报告最高人民法院、全国妇联。

2023年5月29日

# 最高人民法院　全国妇联
# 关于开展家庭教育指导工作的意见

为促进未成年人的父母或者其他监护人依法履行家庭教育职责，维护未成年人合法权益，预防未成年人违法犯罪，保障未成年人健康成长，根据《中华人民共和国未成年人保护法》、《中华人民共和国预防未成年人犯罪法》、《中华人民共和国家庭教育促进法》等法律规定，结合工作实际，制定本意见。

## 一、总体要求

1. 人民法院开展家庭教育指导工作，应当坚持以下原则：

（1）最有利于未成年人。尊重未成年人人格尊严，适应未成年人身心发展规律，给予未成年人特殊、优先保护，以保护未成年人健康成长为根本目标；

（2）坚持立德树人。指导未成年人的父母或者其他监护人依法履行家庭教育主体责任，传播正确家庭教育理念，培育和践行社会主义核心价值观，促进未成年人全面发展、健康成长；

（3）支持为主、干预为辅。尊重未成年人的父母或者其他监护人的人格尊严，注重引导、帮助，耐心细致、循循善诱开展工作，促进家庭和谐、避免激化矛盾；

（4）双向指导、教帮结合。既注重对未成年人的父母或者其他监护人的教育指导，也注重对未成年人的教育引导，根据情况和需要，帮助解决未成年人家庭的实际困难；

（5）专业指导、注重实效。结合具体案件情况，有针对性地确定家庭教育指导方案，及时评估教育指导效果，并视情调整教育指导方式和内容，确保取得良好效果。

2. 人民法院在法定职责范围内参与、配合、支持家庭教育指导服务体系建设。在办理涉未成年人刑事、民事、行政、执行等各类案件过程中，根据情况和需要，依法开展家庭教育指导工作。

妇联协调社会资源，通过家庭教育指导机构、社区家长学校、文明家庭建设等多种渠道，宣传普及家庭教育知识，组织开展家庭教育实践活动，推进覆盖城乡的家庭教育指导服务体系建设。

各级人民法院、妇联应当加强协作配合，建立联动机制，共同做好家庭教育指导工作。

## 二、指导情形

3. 人民法院在审理离婚案件过程中，对有未成年子女的夫妻双方，应当提供家庭教育指导。

对于抚养、收养、监护权、探望权纠纷等案件，以及涉留守未成年人、困境未成年人等特殊群体的案件，人民法院可以就监护和家庭教育情况主动开展调查、评估，必要时，依法提供家庭教育指导。

4. 人民法院在办理案件过程中，发现存在下列情形的，根据情况对未成年人的父母或者其他监护人予以训诫，并可以要求其接受家庭教育指导：

（1）未成年人的父母或者其他监护人违反《中华人民共和国未成年人保护法》第十六条及《中华人民共和国家庭教育促进法》第二十一条等规定，不依法履行监护职责的；

（2）未成年人的父母或者其他监护人违反《中华人民共和国未成年人保护法》第十七条、第二十四条及《中华人民共和国家庭教育促进法》第二十条、第二十三条的规定，侵犯未成年人合法权益的；

（3）未成年人存在严重不良行为或者实施犯罪行为的；

（4）未成年人的父母或者其他监护人不依法履行监护职责或者侵犯未成年人合法权益的其他情形。

符合前款第二、第三、第四项情形，未成年人的父母或者其他监护人拒不接受家庭教育指导，或者接受家庭教育指导后仍不依法履行监护职责的，人民法院可以以决定书的形式制发家庭教育指导令，依法责令其接受家庭教育指导。

5. 在办理涉及未成年人的案件时，未成年人的父母或者其他监护人主动请求对自己进行家庭教育指导的，人民法院应当提供。

6. 居民委员会、村民委员会、中小学校、幼儿园等开展家庭教育指导服务活动过程中，申请人民法院协助开展法治宣传教育的，人民法院应当支持。

## 三、指导要求

7. 人民法院应当根据《中华人民共和国家庭教育促进法》第十六条、第十七条的规定，结合案件具体情况，有针对性地确定家庭教育的内容，指导未成年人的父母或者其他监护人合理运用家庭教育方式方法。

8. 人民法院在开展家庭教育指导过程中，应当结合案件具体情况，对未成年人的父母或者其他监护人开展监护职责教育：

（1）教育未成年人的父母或者其他监护人依法履行监护责任，加强亲子陪伴，不得实施遗弃、虐待、伤害、歧视等侵害未成年人的行为；

（2）委托他人代为照护未成年人的，应当与被委托人、未成年人以及未成年人所在的学校、婴幼儿照顾服务机构保持联系，定期了解未成年人学习、生活情况和心理状况，履行好家庭教育责任；

（3）未成年人的父母分居或者离异的，明确告知其在诉讼期间、分居期间或者离婚后，应当相互配合共同履行家庭教育责任，任何一方不得拒绝或者怠于履行家庭教育责任，不得以抢夺、藏匿未成年子女等方式争夺抚养权或者阻碍另一方行使监护权、探望权。

9. 人民法院在开展家庭教育指导过程中，应当结合案件具体情况，对未成年人及其父母或者其他监护人开展法治教育：

（1）教育未成年人的父母或者其他监护人树立法治意识，增强法治观念；

（2）保障适龄未成年人依法接受并完成义务教育；

（3）教育未成年人遵纪守法，增强自我保护的意识和能力；

（4）发现未成年人存在不良行为、严重不良行为或者实施犯罪行为的，责令其父母或者其他监护人履行职责、加强管教，同时注重亲情感化，并教育未成年人认识错误，积极改过自新。

10. 人民法院决定委托专业机构开展家庭教育指导的，也应当依照前两条规定，自行做好监护职责教育和法治教育工作。

## 四、指导方式

11. 人民法院可以在诉前调解、案件审理、判后回访等各个环节，通过法庭教育、释法说理、现场辅导、网络辅导、心理干预、制发家庭教育责任告知书等多种形式开展家庭教育指导。

根据情况和需要，人民法院可以自行开展家庭教育指导，也可以委托专业机构、专业人员开展家庭教育指导，或者与专业机构、专业人员联合开展家庭教育指导。

委托专业机构、专业人员开展家庭教育指导的，人民法院应当跟踪评估家庭教育指导效果。

12. 对于需要开展专业化、个性化家庭教育指导的，人民法院可以根据未成年人的监护状况和实际需求，书面通知妇联开展或者协助开展家庭教育指导工作。

妇联应当加强与人民法院配合，协调发挥家庭教育指导机构、家长学校、妇女儿童活动中心、妇女儿童之家等阵地作用，支持、配合人民法院做好家庭教育指导工作。

13. 责令未成年人的父母或者其他监护人接受家庭教育指导的，家庭教育指导令应当载明责令理由和接受家庭教育指导的时间、场所和频次。

开展家庭教育指导的频次，应当与未成年人的父母或者其他监护人不正确履行家庭教育责任以及未成年人不良行为或者犯罪行为的程度相适应。

14. 人民法院向未成年人的父母或者其他监护人送达家庭教育指导令时，应当耐心、细致地做好法律释明工作，告知家庭教育指导对保护未成年人健康成长的重要意义，督促其自觉接受、主动配合家庭教育指导。

15. 未成年人的父母或者其他监护人对家庭教育指导令不服的，可以自收到决定书之日起五日内向作出决定书的人民法院申请复议一次。复议期间，不停止家庭教育指导令的执行。

16. 人民法院、妇联开展家庭教育指导工作，应当依法保护未成年人及其父母或者其他监护人的隐私和个人信息。通过购买社会服务形式开展家庭教育指导的，应当要求相关机构组织及工作人员签订保密承诺书。

人民法院制发的家庭教育指导令，不在互联网公布。

17. 未成年人遭受性侵害、虐待、拐卖、暴力伤害的，人民法院、妇联在开展家庭教育指导过程中应当与有关部门、人民团体、社会组织互相配合，视情采取心理干预、法律援助、司法救助、社会救助、转学安置等保护措施。

对于未成年人存在严重不良行为或者实施犯罪行为的，在开展家庭教育指导过程中，应当对未成年人进行跟踪帮教。

## 五、保障措施

18. 鼓励各地人民法院、妇联结合本地实际，单独或会同有关部门建立家庭教育指导工作站，设置专门场所，配备专门人员，开展家庭教育指导工作。

鼓励各地人民法院、妇联探索组建专业化家庭教育指导队伍，加强业务指导及专业培训，聘请熟悉家庭教育规律、热爱未成年人保护事业和善于做思想教育工作的人员参与家庭教育指导。

19. 人民法院在办理涉未成年人案件过程中，发现有关单位未尽到未成年人教育、管理、救助、看护等保护职责的，应当及时向有关单位发出司法建议。

20. 人民法院应当结合涉未成年人案件的特点和规律，有针对性地开展家庭教育宣传和法治宣传教育。

全国家庭教育宣传周期间，各地人民法院应当结合本地实际，组织开展家庭教育宣传和法治宣传教育活动。

21. 人民法院、妇联应当与有关部门、人民团体、社会组织加强协作配合，推动建立家庭教育指导工作联动机制，及时研究解决家庭教育指导领域困难问题，不断提升家庭教育指导工作实效。

22. 开展家庭教育指导的工作情况，纳入人民法院绩效考核范围。

23. 人民法院开展家庭教育指导工作，不收取任何费用，所需费用纳入本单位年度经费预算。

## 六、附则

24. 本意见自 2023 年 6 月 1 日起施行。

附件：××××人民法院决定书（家庭教育指导令）

附件

**××××人民法院决定书**
**（家庭教育指导令）**

（办理案件的案号）

……（接受责令人员信息）。
……（接受责令人员信息）。
本院在审理……（写明当事人及案由）一案中，发现×××作为未成年子女的监护人，未能依法正确履行家庭教育责任。
依照《中华人民共和国家庭教育促进法》第四十九条，决定如下：
责令×××于××年×月×日×时到×××接受家庭教育指导（责令多次接受家庭教育指导、接受网络指导等的，可对表述作出调整）。
如不服本决定，可以在收到决定书之日起五日内向本院申请复议一次，复议期间，不停止家庭教育指导令的执行。

××年××月××日
（院印）

**最高人民法院**
**印发《最高人民法院关于法律适用问题**
**请示答复的规定》的通知**

法〔2023〕88号

各省、自治区、直辖市高级人民法院，解放军军事法院，新疆维吾尔自治区高级人民法院生产建设兵团分院：
现将《最高人民法院关于法律适用问题请示答复的规定》印发给你们，请认真组织实施。实施过程中遇有情况和问题，请及时报告最高人民法院。

2023年5月26日

# 最高人民法院
# 关于法律适用问题请示答复的规定

## 一、一般规定

**第一条** 为规范人民法院法律适用问题请示答复工作，加强审判监督指导，提升司法公正与效率，根据有关法律、司法解释的规定，结合审判工作实际，制定本规定。

**第二条** 具有下列情形之一的，高级人民法院可以向最高人民法院提出请示：

（一）法律、法规、司法解释、规范性文件等没有明确规定，适用法律存在重大争议的；

（二）对法律、法规、司法解释、规范性文件等规定具体含义的理解存在重大争议的；

（三）司法解释、规范性文件制定时所依据的客观情况发生重大变化，继续适用有关规定明显有违公平正义的；

（四）类似案件裁判规则明显不统一的；

（五）其他对法律适用存在重大争议的。

技术类知识产权和反垄断法律适用问题，具有前款规定情形之一的，第一审人民法院可以向最高人民法院提出请示。

最高人民法院认为必要时，可以要求下级人民法院报告有关情况。

**第三条** 不得就案件的事实认定问题提出请示。

## 二、请示

**第四条** 向最高人民法院提出请示，应当经本院审判委员会讨论决定，就法律适用问题提出意见，并说明理由；有分歧意见的，应当写明倾向性意见。

**第五条** 请示应当按照审级逐级层报。

**第六条** 提出请示的人民法院应当以院名义制作书面请示，扼要写明请示的法律适用问题，并制作请示综合报告，写明以下内容：

（一）请示的法律适用问题及由来；

（二）合议庭、审判委员会对请示的法律适用问题的讨论情况、分歧意见及各自理由；

（三）类案检索情况；

（四）需要报告的其他情况；

（五）联系人及联系方式。

高级人民法院就基层、中级人民法院请示的法律适用问题向最高人民法院请示的，应当同时附下级人民法院的请示综合报告。

请示、请示综合报告一式五份，连同电子文本，一并报送最高人民法院立案庭。

## 三、办理

**第七条** 最高人民法院立案庭应当自收到请示材料之日起三个工作日内审查完毕。请示材料符合要求的，应当编定案号，并按照下列情形分别处理：

（一）符合请示范围、程序的，应当受理，并确定请示的承办部门；

（二）不属于请示范围，或者违反请示程序的，不予受理，并书面告知提出请示的人民法院。

请示材料不符合要求的，应当一次性告知提出请示的人民法院在指定的期限内补充。

**第八条** 最高人民法院立案庭应当按照下列规定确定请示的承办部门：

（一）请示的法律适用问题涉及司法解释、规范性文件规定的具体含义，或者属于司法解释、规范性文件所针对的同类问题的，由起草部门承办；有多个起草部门的，由主要起草部门承办；

（二）不属于前项规定情形的，根据职责分工确定请示的承办部门。

承办部门难以确定的，由立案庭会同研究室确定。

**第九条** 承办部门收到立案庭转来的请示材料后，经审查认为不属于本部门职责范围的，应当在三个工作日内，与立案庭协商退回；协商不成的，报分管院领导批准后，退回立案庭重新提出分办意见。有关部门不得自行移送、转办。

其他部门认为请示应当由本部门办理的，应当报分管院领导批准后，向立案庭提出意见。

**第十条** 承办部门应当指定专人办理请示。承办人研究提出处理意见后，承办部门应当组织集体研究。

对请示的法律适用问题，承办部门可以商请院内有关部门共同研究，或者提出初步处理意见后，征求院内有关部门意见。必要时，可以征求院外有关部门或者专家的意见。

**第十一条** 承办部门应当将处理意见报分管院领导审批。必要时，分管院领导可以报院长审批或者提请审判委员会讨论决定。

在报分管院领导审批前，承办部门应当将处理意见送研究室审核。研究室一般在五个工作日内出具审核意见。研究室提出不同意见的，承办部门在报分管院领导审批时，应当作出说明。

**第十二条** 最高人民法院应当分别按照以下情形作出处理：

（一）对请示的法律适用问题作出明确答复，并写明答复依据；

（二）不属于请示范围，或者违反请示程序的，不予答复，并书面告知提出请示的人民法院；

（三）最高人民法院对相同或者类似法律适用问题作出过答复的，可以不予答复，并将有关情况告知提出请示的人民法院。

**第十三条** 最高人民法院的答复应当以院名义作出。

答复一般采用书面形式。以电话答复等其他形式作出的，应当将底稿等材料留存备查。

答复作出后，承办部门应当及时将答复上传至查询数据库。

**第十四条** 最高人民法院应当尽快办理请示，至迟在受理请示之日起二个月内办结。需要征求院外有关部门意见或者提请审判委员会讨论的，可以延长二个月。

因特殊原因不能在前款规定的期限内办结的，承办部门应当在报告分管院领导后，及时通知提出请示的人民法院，并抄送审判管理办公室。

对于涉及刑事法律适用问题的请示，必要时，可以提醒有关人民法院依法变更强制措施。

第十五条　对最高人民法院的答复，提出请示的人民法院应当执行，但不得作为裁判依据援引。

第十六条　可以公开的答复，最高人民法院应当通过适当方式向社会公布。

## 四、其他规定

第十七条　最高人民法院对办理请示答复编定案号，类型代字为"法复"。

第十八条　最高人民法院在办理请示答复过程中，认为请示的法律适用问题具有普遍性、代表性，影响特别重大的，可以通知下级人民法院依法将有关案件移送本院审判。

第十九条　答复针对的法律适用问题具有普遍指导意义的，提出请示的人民法院可以编写案例，作为备选指导性案例向最高人民法院推荐。

第二十条　对请示的法律适用问题，必要时，最高人民法院可以制定司法解释作出明确。

第二十一条　最高人民法院应当建设本院办理请示答复的专门模块和查询数据库，对请示答复进行信息化办理、智能化管理和数字化分析应用。

请示答复的流程管理、质量评查等由审判管理办公室负责。

承办部门超过本规定第十四条规定期限未办结的，审判管理办公室应当要求承办部门书面说明情况，督促其限期办结，并视情予以通报。

第二十二条　提出、办理请示等工作，应当遵守有关保密工作规定。

第二十三条　基层、中级人民法院就法律适用问题提出请示，中级、高级人民法院对法律适用问题作出处理的，参照适用本规定。

第二十四条　各高级人民法院、解放军军事法院应当在每年1月31日之前，将上一年度本院作出的答复报送最高人民法院研究室。

第二十五条　本规定自2023年9月1日起施行。此前的规范性文件与本规定不一致的，以本规定为准。

附件：文书参考样式

**参考样式 1：请示**

<br>

## ×××高级人民法院
## 关于×××法律适用问题的请示

×高法请〔年份〕××号

最高人民法院：

  我院（或者×××人民法院）在审理（或者执行）×××（写明当事人姓名、案由）一案过程中，对×××法律适用问题存在重大争议。我院审判委员会讨论认为（或者倾向认为），……（简要写明审判委员会对法律适用问题的意见或者倾向性意见，以及相应理由）。根据《最高人民法院关于法律适用问题请示答复的规定》第二条第一款第×项的规定，现向你院提出请示。请予答复。

××××年××月××日
（院印）

联系人及联系方式：

【说明】

  （一）本样式供高级人民法院向最高人民法院提出请示用。技术类知识产权和垄断案件第一审人民法院向最高人民法院提出请示的，参照适用本样式。

  （二）请示是针对类案所反映的问题的，将"我院（或者×××人民法院）在审理（或者执行）×××（写明当事人姓名、案由）一案过程中"修改为"我院（或者×××人民法院）在审理（或者执行）案件过程中"。

**参考样式 2：请示综合报告**

# ×××高级人民法院
# 关于×××法律适用问题请示的综合报告

最高人民法院：

我院（或者×××人民法院）在审理（或者执行）×××（写明当事人姓名、案由）一案过程中，对×××法律适用问题存在重大争议。经我院审判委员会讨论，根据《最高人民法院关于法律适用问题请示答复的规定》第二条第一款第×项的规定，向你院提出请示。现将有关情况综合报告如下：

一、请示的法律适用问题及由来

……（此处主要写明需要请示的法律适用问题。必要时，可以围绕请示的法律适用问题写明相关事实）

二、合议庭、审判委员会对请示的法律适用问题的意见

……（此处详细写明合议庭、审判委员会对请示的法律适用问题的意见、依据以及理由；有不同意见的，一并写明）

三、类案检索情况

……（此处写明根据《最高人民法院关于统一法律适用加强类案检索的指导意见（试行）》进行类案检索的情况，重点是对最高人民法院发布的指导性案例、典型案例及裁判生效的案件的检索情况）

四、需要报告的其他情况

……（此处写明对法律适用可能产生影响的情况）

××××年××月××日<br>（院印）

联系人及联系方式：

【说明】

（一）本样式供高级人民法院向最高人民法院提出请示用。技术类知识产权和垄断案件第一审人民法院向最高人民法院提出请示的，参照适用本样式。

（二）请示是针对类案所反映的问题的，将正文第一段中"我院（或者×××人民法院）在审理（或者执行）×××（写明当事人姓名、案由）一案过程中"修改为"我院（或者×××人民法院）在审理（或者执行）案件过程中"。

**参考样式 3：答复**

<br>

# 最高人民法院
# 关于×××法律适用问题请示的答复

（××××）最高法法复××××号

×××高级人民法院：

　　你院×高法请〔年份〕××号《关于×××法律适用问题的请示》收悉。经研究，根据《最高人民法院关于法律适用问题请示答复的规定》第十二条第一项的规定，答复如下：

　　依照《×××》第×条（写明答复的依据）的规定，……（写明答复的具体内容）。

　　此复。

××××年××月××日
（院印）

【说明】

　　本样式供最高人民法院对高级人民法院的请示作出答复用。最高人民法院对技术类知识产权和垄断案件第一审人民法院的请示作出答复的，参照适用本样式。

**参考样式 4：不予受理通知书**

# 最高人民法院
# 关于×××法律适用问题请示的不予受理通知书

（××××）最高法法复××××号

×××高级人民法院：

　　你院×高法请〔年份〕××号《关于×××法律适用问题的请示》收悉。经研究，因……（写明不予受理的理由），根据《最高人民法院关于法律适用问题请示答复的规定》第七条第一款第二项的规定，不予受理。

此复。

××××年××月××日
（院印）

**【说明】**
本样式供最高人民法院对高级人民法院的请示不予受理用。最高人民法院对技术类知识产权和垄断案件第一审人民法院的请示不予受理的，参照适用本样式。

**参考样式 5：不予答复通知书**

# 最高人民法院
# 关于×××法律适用问题请示的不予答复通知书

（××××）最高法法复××××号

×××高级人民法院：

　　你院×高法请〔年份〕××号《关于×××法律适用问题的请示》收悉。经研究，因……（简要写明不予答复的理由。最高人民法院对相同或者类似法律适用问题作出过答复的，可以写明此前答复的内容，并附答复），根据《最高人民法院关于法律适用问题请示答复的规定》第十二条第二项（或者第三项）的规定，不予答复。

　　此复。

××××年××月××日
（院印）

**【说明】**
本样式供最高人民法院对高级人民法院的请示不予答复用。最高人民法院对技术类知识产权和垄断案件第一审人民法院的请示不予答复的，参照适用本样式。

# 刑　　事

## 最高人民法院　最高人民检察院　公安部
## 关于办理信息网络犯罪案件适用刑事诉讼程序若干问题的意见

法发〔2022〕23号

为依法惩治信息网络犯罪活动，根据《中华人民共和国刑法》《中华人民共和国刑事诉讼法》以及有关法律、司法解释的规定，结合侦查、起诉、审判实践，现就办理此类案件适用刑事诉讼程序问题提出以下意见。

### 一、关于信息网络犯罪案件的范围

1. 本意见所称信息网络犯罪案件包括：
（1）危害计算机信息系统安全犯罪案件；
（2）拒不履行信息网络安全管理义务、非法利用信息网络、帮助信息网络犯罪活动的犯罪案件；
（3）主要行为通过信息网络实施的诈骗、赌博、侵犯公民个人信息等其他犯罪案件。

### 二、关于信息网络犯罪案件的管辖

2. 信息网络犯罪案件由犯罪地公安机关立案侦查。必要时，可以由犯罪嫌疑人居住地公安机关立案侦查。

信息网络犯罪案件的犯罪地包括用于实施犯罪行为的网络服务使用的服务器所在地，网络服务提供者所在地，被侵害的信息网络系统及其管理者所在地，犯罪过程中犯罪嫌疑人、被害人或者其他涉案人员使用的信息网络系统所在地，被害人被侵害时所在地以及被害人财产遭受损失地等。

涉及多个环节的信息网络犯罪案件，犯罪嫌疑人为信息网络犯罪提供帮助的，其犯罪地、居住地或者被帮助对象的犯罪地公安机关可以立案侦查。

3. 有多个犯罪地的信息网络犯罪案件，由最初受理的公安机关或者主要犯罪地公安机关立案侦查。有争议的，按照有利于查清犯罪事实、有利于诉讼的原则，协商解决；经协商无法达成一致的，由共同上级公安机关指定有关公安机关立案侦查。需要提请批准逮捕、移送审查起诉、提起公诉的，由立案侦查的公安机关所在地的人民检察院、人民法院受理。

4. 具有下列情形之一的，公安机关、人民检察院、人民法院可以在其职责范围内并案处理：

（1）一人犯数罪的；

（2）共同犯罪的；

（3）共同犯罪的犯罪嫌疑人、被告人还实施其他犯罪的；

（4）多个犯罪嫌疑人、被告人实施的犯罪行为存在关联，并案处理有利于查明全部案件事实的。

对于为信息网络犯罪提供程序开发、互联网接入、服务器托管、网络存储、通讯传输等技术支持，或者广告推广、支付结算等帮助，涉嫌犯罪的，可以依照第一款的规定并案侦查。

有关公安机关依照前两款规定并案侦查的案件，需要提请批准逮捕、移送审查起诉、提起公诉的，由该公安机关所在地的人民检察院、人民法院受理。

5. 并案侦查的共同犯罪或者关联犯罪案件，犯罪嫌疑人人数众多、案情复杂的，公安机关可以分案移送审查起诉。分案移送审查起诉的，应当对并案侦查的依据、分案移送审查起诉的理由作出说明。

对于前款规定的案件，人民检察院可以分案提起公诉，人民法院可以分案审理。

分案处理应当以有利于保障诉讼质量和效率为前提，并不得影响当事人质证权等诉讼权利的行使。

6. 依照前条规定分案处理，公安机关、人民检察院、人民法院在分案前有管辖权的，分案后对相关案件的管辖权不受影响。根据具体情况，分案处理的相关案件可以由不同审级的人民法院分别审理。

7. 对于共同犯罪或者已并案侦查的关联犯罪案件，部分犯罪嫌疑人未到案，但不影响对已到案共同犯罪或者关联犯罪的犯罪嫌疑人、被告人的犯罪事实认定的，可以先行追究已到案犯罪嫌疑人、被告人的刑事责任。之前未到案的犯罪嫌疑人、被告人归案后，可以由原办案机关所在地公安机关、人民检察院、人民法院管辖其所涉及的案件。

8. 对于具有特殊情况，跨省（自治区、直辖市）指定异地公安机关侦查更有利于查清犯罪事实、保证案件公正处理的重大信息网络犯罪案件，以及在境外实施的信息网络犯罪案件，公安部可以商最高人民检察院和最高人民法院指定侦查管辖。

9. 人民检察院对于审查起诉的案件，按照刑事诉讼法的管辖规定，认为应当由上级人民检察院或者同级其他人民检察院起诉的，应当将案件移送有管辖权的人民检察院，并通知移送起诉的公安机关。人民检察院认为需要依照刑事诉讼法的规定指定审判管辖的，应当协商同级人民法院办理指定管辖有关事宜。

10. 犯罪嫌疑人被多个公安机关立案侦查的，有关公安机关一般应当协商并案处理，并依法移送案件。协商不成的，可以报请共同上级公安机关指定管辖。

人民检察院对于审查起诉的案件，发现犯罪嫌疑人还有犯罪被异地公安机关立案侦查的，应当通知移送审查起诉的公安机关。

人民法院对于提起公诉的案件，发现被告人还有其他犯罪被审查起诉、立案侦查的，可以协商人民检察院、公安机关并案处理，但可能造成审判过分迟延的除外。决定对有关犯罪并案处理，符合《中华人民共和国刑事诉讼法》第二百零四条规定的，人民检察院可以建议人民法院延期审理。

### 三、关于信息网络犯罪案件的调查核实

11. 公安机关对接受的案件或者发现的犯罪线索，在审查中发现案件事实或者线索不明，需要经过调查才能够确认是否达到刑事立案标准的，经公安机关办案部门负责人批准，可以进行调查核实；经过调查核实达到刑事立案标准的，应当及时立案。

12. 调查核实过程中，可以采取询问、查询、勘验、检查、鉴定、调取证据材料等不限制被调查对象人身、财产权利的措施，不得对被调查对象采取强制措施，不得查封、扣押、冻结被调查对象的财产，不得采取技术侦查措施。

13. 公安机关在调查核实过程中依法收集的电子数据等材料，可以根据有关规定作为证据使用。

调查核实过程中收集的材料作为证据使用的，应当随案移送，并附批准调查核实的相关材料。

调查核实过程中收集的证据材料经查证属实，且收集程序符合有关要求的，可以作为定案依据。

### 四、关于信息网络犯罪案件的取证

14. 公安机关向网络服务提供者调取电子数据的，应当制作调取证据通知书，注明需要调取的电子数据的相关信息。调取证据通知书及相关法律文书可以采用数据电文形式。跨地域调取电子数据的，可以通过公安机关信息化系统传输相关数据电文。

网络服务提供者向公安机关提供电子数据的，可以采用数据电文形式。采用数据电文形式提供电子数据的，应当保证电子数据的完整性，并制作电子证明文件，载明调证法律文书编号、单位电子公章、完整性校验值等保护电子数据完整性方法的说明等信息。

数据电文形式的法律文书和电子证明文件，应当使用电子签名、数字水印等方式保证完整性。

15. 询（讯）问异地证人、被害人以及与案件有关联的犯罪嫌疑人的，可以由办案地公安机关通过远程网络视频等方式进行并制作笔录。

远程询（讯）问的，应当由协作地公安机关事先核实被询（讯）问人的身份。办案地公安机关应当将询（讯）问笔录传输至协作地公安机关。询（讯）问笔录经被询（讯）问人确认并逐页签名、捺指印后，由协作地公安机关协作人员签名或者盖章，并将原件提供给办案地公安机关。询（讯）问人员收到笔录后，应当在首页右上方写明"于某年某月某日收到"，并签名或者盖章。

远程询（讯）问的，应当对询（讯）问过程同步录音录像，并随案移送。

异地证人、被害人以及与案件有关联的犯罪嫌疑人亲笔书写证词、供词的，参照执行本条第二款规定。

16. 人民检察院依法自行侦查、补充侦查，或者人民法院调查核实相关证据的，适用本意见第14条、第15条的有关规定。

17. 对于依照本意见第14条的规定调取的电子数据，人民检察院、人民法院可以通过核验电子签名、数字水印、电子数据完整性校验值及调证法律文书编号是否与证明文件相一致等方式，对电子数据进行审查判断。

对调取的电子数据有疑问的，由公安机关、提供电子数据的网络服务提供者作出说明，或者由原调取机关补充收集相关证据。

**五、关于信息网络犯罪案件的其他问题**

18. 采取技术侦查措施收集的材料作为证据使用的，应当随案移送，并附采取技术侦查措施的法律文书、证据材料清单和有关说明材料。

移送采取技术侦查措施收集的视听资料、电子数据的，应当由两名以上侦查人员制作复制件，并附制作说明，写明原始证据材料、原始存储介质的存放地点等信息，由制作人签名，并加盖单位印章。

19. 采取技术侦查措施收集的证据材料，应当经过当庭出示、辨认、质证等法庭调查程序查证。

当庭调查技术侦查证据材料可能危及有关人员的人身安全，或者可能产生其他严重后果的，法庭应当采取不暴露有关人员身份和技术侦查措施使用的技术设备、技术方法等保护措施。必要时，审判人员可以在庭外对证据进行核实。

20. 办理信息网络犯罪案件，对于数量特别众多且具有同类性质、特征或者功能的物证、书证、证人证言、被害人陈述、视听资料、电子数据等证据材料，确因客观条件限制无法逐一收集的，应当按照一定比例或者数量选取证据，并对选取情况作出说明和论证。

人民检察院、人民法院应当重点审查取证方法、过程是否科学。经审查认为取证不科学的，应当由原取证机关作出补充说明或者重新取证。

人民检察院、人民法院应当结合其他证据材料，以及犯罪嫌疑人、被告人及其辩护人所提辩解、辩护意见，审查认定取得的证据。经审查，对相关事实不能排除合理怀疑的，应当作出有利于犯罪嫌疑人、被告人的认定。

21. 对于涉案人数特别众多的信息网络犯罪案件，确因客观条件限制无法收集证据逐一证明、逐人核实涉案账户的资金来源，但根据银行账户、非银行支付账户等交易记录和其他证据材料，足以认定有关账户主要用于接收、流转涉案资金的，可以按照该账户接收的资金数额认定犯罪数额，但犯罪嫌疑人、被告人能够作出合理说明的除外。案外人提出异议的，应当依法审查。

22. 办理信息网络犯罪案件，应当依法及时查封、扣押、冻结涉案财物，督促涉案人员退赃退赔，及时追赃挽损。

公安机关应当全面收集证明涉案财物性质、权属情况、依法应予追缴、没收或者责令退赔的证据材料，在移送审查起诉时随案移送并作出说明。其中，涉案财物需要返还被害人的，应当尽可能查明被害人损失情况。人民检察院应当对涉案财物的证据材料进行审查，在提起公诉时提出处理意见。人民法院应当依法作出判决，对涉案财物作出处理。

对应当返还被害人的合法财产，权属明确的，应当依法及时返还；权属不明的，应当在人民法院判决、裁定生效后，按比例返还被害人，但已获退赔的部分应予扣除。

23. 本意见自2022年9月1日起施行。《最高人民法院、最高人民检察院、公安部关于办理网络犯罪案件适用刑事诉讼程序若干问题的意见》（公通字〔2014〕10号）同时废止。

2022年8月26日

# 最高人民法院
## 关于发布第33批指导性案例的通知

法〔2022〕236号

各省、自治区、直辖市高级人民法院，解放军军事法院，新疆维吾尔自治区高级人民法院生产建设兵团分院：

经最高人民法院审判委员会讨论决定，现将龚品文等组织、领导、参加黑社会性质组织案等三个案例（指导案例186—188号），作为第33批指导性案例发布，供审判类似案件时参照。

2022年11月29日

**指导案例186号**

## 龚品文等组织、领导、参加黑社会性质组织案

（最高人民法院审判委员会讨论通过　2022年11月29日发布）

**关键词**　刑事/组织、领导、参加黑社会性质组织罪/行为特征/软暴力

**裁判要点**

犯罪组织以其势力、影响和暴力手段的现实可能性为依托，有组织地长期采用多种"软暴力"手段实施大量违法犯罪行为，同时辅之以"硬暴力"，"软暴力"有向"硬暴力"转化的现实可能性，足以使群众产生恐惧、恐慌进而形成心理强制，并已造成严重危害后果，严重破坏经济、社会生活秩序的，应认定该犯罪组织具有黑社会性质组织的行为特征。

**相关法条**

《中华人民共和国刑法》第294条

**基本案情**

2013 年以来，被告人龚品文、刘海涛在江苏省常熟市从事开设赌场、高利放贷活动，并主动结识社会闲杂人员，逐渐积累经济实力。2014 年 7 月起，被告人龚品文、刘海涛组织被告人马海波、赵杰、王海东、王德运、陈春雷等人，形成了以被告人龚品文、刘海涛为首的较为稳定的犯罪组织，并于 2015 年 4 月实施了首次有组织犯罪。2016 年下半年、2017 年 8 月梁立志、崔海华先后加入该组织。

该组织人数众多，组织者、领导者明确，骨干成员固定。被告人龚品文为该组织的组织者、领导者，被告人刘海涛为该组织的领导者，被告人马海波、赵杰、王海东、王德运、陈春雷等人为积极参加者，被告人崔海华、梁立志等人为一般成员。该组织内部分工明确，龚品文、刘海涛负责决策和指挥整个组织的运转；被告人马海波、赵杰、王海东、王德运、陈春雷受被告人龚品文、刘海涛的指派开设赌场牟取利益，并在赌场内抽取"庄风款""放水"、记账，按照被告人龚品文、刘海涛的指派为讨债而实施非法拘禁、寻衅滋事、敲诈勒索、强迫交易等违法犯罪行为，崔海华、梁立志参与寻衅滋事违法犯罪行为。该组织为规避侦查，强化管理，维护自身利益，逐步形成了"红钱按比例分配""放贷本息如实上报，不得做手脚"等不成文的规约，对成员的行动进行约束。在借款时使用同伙名义，资金出借时留下痕迹，讨债时规避法律。建立奖惩制度，讨债积极者予以奖励，讨债不积极者予以训斥。该组织通过有组织地实施开设赌场、高利放贷等违法手段聚敛资产，具有较强的经济实力。其中，该组织通过开设赌场非法获利的金额仅查实的就达人民币 300 余万元。另，在上述被告人处搜查到放贷借条金额高达人民币 4000 余万元，资金流水人民币上亿元。该组织以非法聚敛的财产用于支持违法犯罪活动，或为违法犯罪活动"善后"，如购买 GPS 等装备、赔付因讨债而砸坏的物品，以及支付被刑事拘留后聘请律师的费用。该组织为维护其非法利益，以暴力、威胁等手段，有组织地实施了开设赌场、寻衅滋事、非法拘禁、强迫交易、敲诈勒索等违法犯罪活动，并长期实施多种"软暴力"行为，为非作恶，欺压、残害群众，严重破坏社会治安，妨害社会管理秩序，在江苏省常熟市及周边地区造成了恶劣的社会影响。该黑社会性质组织在形成、发展过程中，为寻求建立稳定犯罪组织，牟取高额非法利益而实施大量违法犯罪活动。主要犯罪事实如下：

（一）开设赌场罪

2015 年 4 月至 2018 年 2 月，被告人龚品文、刘海涛、马海波、王海东、赵杰、王德运、陈春雷多次伙同他人在江苏省常熟市海虞镇、辛庄镇等地开设赌场，仅查明的非法获利就达人民币 300 余万元。

（二）寻衅滋事罪

2014 年至 2018 年，被告人龚品文、刘海涛伙同其他被告人，在江苏省常熟市原虞山镇、梅李镇、辛庄镇等多地，发放年息 84%—360% 的高利贷，并为索要所谓"利息"，有组织地对被害人及其亲属采取拦截、辱骂、言语威胁、砸玻璃、在被害人住所喷漆、拉横幅等方式进行滋事，共计 56 起 120 余次。

（三）非法拘禁罪

2015 年至 2016 年，被告人龚品文、刘海涛、马海波、王海东、赵杰、王德运、陈春雷在江苏省常熟市等多地，为索要高利贷等目的非法拘禁他人 10 起，其中对部分被害人实施辱骂、泼水、打砸物品等行为。

（四）强迫交易罪

1. 2013 年 3 月，被告人龚品文向胡某某发放高利贷，张某某担保。为索要高利贷本金及利息，在非法拘禁被害人后，被告人龚品文强迫被害人张某某到王某某家提供家政服务长达一年有余，被告人龚品文从中非法获利人民币 25500 元。

2. 2014 年 11 月，被告人刘海涛、王海东向陈某某发放高利贷，陶某某担保。在多次进行滋事后，被告人王海东、刘海涛强迫被害人陶某某于 2017 年 4 月至 2018 年 1 月到被告人住处提供约定价值人民币 6000 余元的家政服务共计 80 余次。

（五）敲诈勒索罪

2017 年 8 月 31 日至 2018 年 1 月 21 日，被告人刘海涛、王海东、王德运、陈春雷实施敲诈勒索 3 起，以签订"车辆抵押合同"、安装 GPS 的方式，与被害人签订高出实际出借资金的借条并制造相应的资金走账流水，通过拖走车辆等方式对被害人进行要挟，并非法获利合计人民币 5.83 万元。

**裁判结果**

江苏省常熟市人民法院于 2018 年 10 月 19 日作出（2018）苏 0581 刑初 1121 号刑事判决，认定被告人龚品文犯组织、领导黑社会性质组织罪，与其所犯开设赌场罪、寻衅滋事罪、非法拘禁罪等数罪并罚，决定执行有期徒刑二十年，剥夺政治权利二年，并处没收个人全部财产，罚金人民币 12 万元；认定被告人刘海涛犯领导黑社会性质组织罪，与其所犯开设赌场罪、寻衅滋事罪、非法拘禁罪等数罪并罚，决定执行有期徒刑十八年，剥夺政治权利二年，并处没收个人全部财产，罚金人民币 11 万元；对其他参加黑社会性质组织的成员亦判处了相应刑罚。一审宣判后，龚品文、刘海涛等人提出上诉。江苏省苏州市中级人民法院于 2019 年 1 月 7 日作出（2018）苏 05 刑终 1055 号刑事裁定：驳回上诉，维持原判。

**裁判理由**

法院生效裁判认为：

（一）关于组织特征。一是该犯罪组织的成长轨迹明确。龚品文与刘海涛二人于 2007 年左右先后至江苏省常熟市打工，后龚品文从少量资金起步，与刘海涛等人合作开设赌场并放高利贷，逐步积累经济实力，后其他组织成员相继加入，参股放贷。在高利放贷过程中，因互相占股分利，组织成员利益相互交织，关系日趋紧密，架构不断成熟，并最终形成了以龚品文为组织者、领导者，刘海涛为领导者，王海东、王德运、陈春雷、马海波、赵杰为积极参加者，崔海华、梁立志为一般参加者的较稳定的违法犯罪组织。二是该犯罪组织的行为方式和组织意图明确，该组织通过开设赌场和高利放贷聚敛非法财富，在讨债过程中，以滋扰纠缠、打砸恐吓、出场摆势、言语威胁、围堵拦截等"软暴力"方式为惯常行为手段，实施一系列违法犯罪活动，目的是实现非法债权，意图最大限度攫取经济利益。由于组织成员系互相占股出资及分利，故无论组织中哪些成员实施违法犯罪活动，相关非法利益的实现均惠及全体出资的组织成员，符合组织利益及组织意图，为组织不断扩大非法放贷规模，增强犯罪能力等进一步发展提供基础，创造条件。三是该犯罪组织的层级结构明确，该组织以龚品文、刘海涛为基础，龚品文吸收发展马海波、赵杰，刘海涛吸收发展王海东、王德运、陈春雷，形成二元层级关系，各被告人对所谓"替谁帮忙、找谁商量"均有明确认识。在具体违法犯罪活动中，以共同开设赌场并非法放贷为标志，两股势力由合作进而汇流，互相占股出资放贷，共同违法犯罪讨债，后期又吸收崔海华、梁立志加入，形成三元层级结构。在组织架构中，组织、领导者非常明显，积极参加者和骨干成员基本固定，人员规模逐渐增大，且本案后续所涉及的黑社会性质组织的其他犯罪均是由这些组织成员所为。四是该犯罪组织的行为规则明确，组织成员均接受并认同出资后按比例记公账分利、讨债时替组织出头等行为规则。这些规则不仅有组织成员供述，也与组织的实际运作模式和实际违法犯罪活动情况相吻合，相关行事规则为纠合组织成员，形成共同利益，保持组织正常运转起到重要作用。综上，该组织有一定规模，人员基本稳定，有明确的组织者、领导者，骨干成员固定，内部层次分明，符合黑社会性质组织的组织特征。

（二）关于经济特征。一是该犯罪组织通过违法犯罪活动快速聚敛经济利益。该组织以开设赌场、非法高利放贷为基础和资金来源，通过大量实施寻衅滋事、非法拘禁等违法犯罪活动保障非法债权实现，大量攫取非法经济利益。其中，开设赌场并实施非法高利放贷部分，有据可查的非法获利金额就达人民币300余万元，且大部分被继续用于非法放贷。在案查获的部分放贷单据显示该组织放贷规模已达人民币4000余万元，查实银行资金流水已过亿元，具有较强的经济实力。二是该犯罪组织以经济实力支持该组织的活动。该组织获得的经济利益部分用于支持为组织利益而实施的违法犯罪活动，该组织经济利益的获取过程也是强化组织架构的过程。综上，该组织聚敛大量钱财，又继续用于维系和强化组织生存发展，符合黑社会性质组织的经济特征。

（三）关于行为特征。该组织为争取、维护组织及组织成员的经济利益，利用组织势力和形成的便利条件，有组织地多次实施开设赌场、寻衅滋事、非法拘禁、强迫交易等不同种类的违法犯罪活动，违法犯罪手段以"软暴力"为主，并体现出明显的组织化特点，多人出场摆势、分工配合，并以"硬暴力"为依托，实施多种"软暴力"讨债等违法犯罪活动，软硬暴力行为交织，"软暴力"可随时向"硬暴力"转化。这些行为系相关组织成员为确立强势地位、实现非法债权、牟取不法利益、按照组织惯常的行为模式与手段实施的，相关违法犯罪行为符合组织利益，体现组织意志，黑社会性质组织的行为特征明显。

（四）关于危害性特征。该犯罪组织通过实施一系列违法犯罪活动，为非作恶，欺压、残害群众。在社会秩序层面上，该犯罪组织长期实施开设赌场、非法放贷，"软暴力"讨债等违法犯罪活动，范围波及江苏省常熟市多个街道，给被害人及其家庭正常生活带来严重影响，给部分被害人企业的正常生产经营带来严重破坏，给部分被害人所在机关学校的正常工作和教学秩序带来严重冲击。相关违法犯罪行为败坏社会风气，冲击治安秩序，严重降低群众安全感、幸福感，影响十分恶劣。在管理秩序层面上，该犯罪组织刻意逃避公安机关的管理、整治和打击，破坏了正常社会管理秩序。在社会影响层面上，这些违法犯罪活动在一定区域内致使多名群众合法权益遭受侵害，从在案证据证实的群众切身感受看，群众普遍感觉心里恐慌，安全感下降，群众普遍要求进行整治，恢复经济、社会生活秩序。

综上所述，本案犯罪组织符合黑社会性质组织认定标准。该组织已经形成了"以黑养黑"的组织运作模式，这一模式使该组织明显区别于一般的共同犯罪和恶势力犯罪集团。龚品文犯罪组织虽然未发现"保护伞"，但通过实施违法犯罪行为，使当地群众产生心理恐惧和不安全感，严重破坏了当地的社会治安秩序、市场经济秩序。对黑社会组织的认定，不能仅根据一个或数个孤立事实来认定，而是要通过一系列的违法犯罪事实来反映。因为以"软暴力"为手段的行为通常不是实施一次就能符合刑法规定的犯罪构成，其单个的行为通常因为情节轻微或显著轻微、后果不严重而不作为犯罪处理或不能认定为犯罪，此时必须综合考虑"软暴力"行为的长期性、多样性来判断其社会影响及是否构成黑恶犯罪。黑社会性质组织犯罪的危害性特征所要求的"造成重大影响"是通过一系列的违法犯罪活动形成的，具有一定的深度和广度，而非个别的、一时的，特别是在以"软暴力"为主要手段的犯罪组织中，要结合违法犯罪活动的次数、时间跨度、性质、后果、侵害对象的个数、是否有向"硬暴力"转化的现实可能、造成的社会影响及群众安全感是否下降等因素综合判断，不能局限在必须要求具体的违法犯罪活动都要造成严重后果或者在社会上造成恶劣影响，也不能简单地以当地普通群众不知晓、非法控制不明显等，认为其危害性不严重。从本案中被告人非法放贷后通过"软暴力"讨债造成的被害人及其家庭、单位所受的具体影响和周边群众的切身感受等来看，社会危害性极其严重，构成了组织、领导、参加黑社会性质组织罪。

（生效裁判审判人员：李秀康、沈丽、王江）

## 指导案例 187 号

## 吴强等敲诈勒索、抢劫、故意伤害案

（最高人民法院审判委员会讨论通过　2022 年 11 月 29 日发布）

**关键词**　刑事/犯罪集团/恶势力犯罪集团/公然性

**裁判要点**

恶势力犯罪集团是符合犯罪集团法定条件的恶势力犯罪组织。恶势力犯罪集团应当具备"为非作恶、欺压百姓"特征，其行为"造成较为恶劣的社会影响"，因而实施违法犯罪活动必然具有一定的公然性，且手段应具有较严重的强迫性、压制性。普通犯罪集团实施犯罪活动如仅为牟取不法经济利益，缺乏造成较为恶劣社会影响的意图，在行为方式的公然性、犯罪手段的强迫压制程度等方面与恶势力犯罪集团存在区别，可按犯罪集团处理，但不应认定为恶势力犯罪集团。

**相关法条**

《中华人民共和国刑法》第 26 条

**基本案情**

2017 年 2 月初，被告人吴强、季少廷为牟取不法利益，与被告人曹兵共同商定，通过约熟人吃饭时"劝酒"，诱使被害人酒后驾驶机动车，而后再制造交通事故，以被害人系酒后驾驶机动车欲报警相要挟，索要他人钱财。后被告人曹静怡、李颖明知被告人吴强等人欲实施上述违法犯罪活动而积极加入。并在被告人吴强、季少廷的组织、安排下，逐步形成相对稳定、分工明确的犯罪团伙，开始实施敲诈勒索犯罪。在实施违法犯罪的过程中，为了增加人手，被告人吴强又通过被告人邵添麒将季某某、徐某某（均系未成年人，另案处理）带入敲诈勒索犯罪团伙。

2017年2月底至3月初，季某某、徐某某随被告人吴强共同居住于江苏省南通市通州高新技术产业开发区的租住地，并由吴强负责二人的起居、生活及日常开销。在短时间内，快速形成以吴强为首的犯罪集团，其中吴强为该犯罪集团的首要分子，被告人季少廷及季某某、徐某某为该犯罪集团的骨干成员，被告人曹静怡、李颖、邵添麒等人为该集团的主要成员，被告人季凯文、曹立强、姜东东、曹兵以及应某某（未成年人，另案处理）、邱某某（另案处理）为该犯罪集团的积极参加者。期间，吴强纠集季少廷、曹静怡、李颖、邵添麒、曹兵以及季某某、徐某某等人，以威胁、恐吓等手段，先后五次实施敲诈勒索的犯罪行为。后吴强发现赌场内的流动资金较多，且参与赌博人员害怕处理一般不敢报警，遂又纠集季凯文、曹立强、姜东东及季某某、徐某某、应某某等人持气手枪、管制刀具、电棍等，采用暴力手段实施抢劫。

2017年12月，江苏省南通市通州区人民检察院以被告人吴强等人犯抢劫罪、敲诈勒索罪，向江苏省南通市通州区人民法院提起公诉。审理中，江苏省南通市通州区人民检察院追加起诉吴强犯故意伤害罪，同时追加认定本案是以吴强为首带有恶势力性质的犯罪集团。

**裁判结果**

江苏省南通市通州区人民法院于2018年6月28日作出（2017）苏0612刑初830号刑事判决，认定被告人吴强犯抢劫罪，判处有期徒刑十二年，剥夺政治权利二年，并处罚金人民币4000元；犯敲诈勒索罪，判处有期徒刑二年，并处罚金人民币1万元；犯故意伤害罪，判处有期徒刑十个月，决定执行有期徒刑十三年六个月，剥夺政治权利二年，并处罚金人民币14000元。对本案其他被告人亦判处了相应刑罚。一审宣判后，被告人均未上诉，检察机关亦未抗诉。一审判决已发生法律效力。

**裁判理由**

法院生效裁判认为：被告人吴强、季少廷、曹静怡、李颖、邵添麒、季凯文、姜东东、曹立强、曹兵等人与另案处理的季某某、徐某某、应某某等人为共同实施犯罪而组成较为固定的犯罪组织，期间采取以暴力、威胁等手段，在一定区域内多次实施敲诈勒索、抢劫等违法犯罪活动，且在实施犯罪过程中目的明确、分工明细，严重扰乱经济、社会生活秩序，造成较为恶劣的社会影响，可以认定为犯罪集团。

被告人吴强组织、领导该犯罪集团实施一系列犯罪活动，是该犯罪集团的首要分子；被告人季少廷及季某某、徐某某等人参与谋划被告人吴强组织实施的敲诈勒索犯罪或抢劫犯罪，是该犯罪集团的骨干成员；被告人曹静怡、李颖多次积极参与该犯罪集团的敲诈勒索犯罪活动，被告人邵添麒将平时跟随其的未成年人季某某、徐某某介绍给被告人吴强，并同意让季某某、徐某某加入该犯罪集团，且其本人也亲自参与该犯罪集团的敲诈勒索犯罪活动，上述被告人是该集团的主要成员；被告人季凯文、曹立强、姜东东、曹兵以及未成年人应某某明知被告人吴强为首的犯罪集团实施违法犯罪活动，而积极参与商量、实施，上述被告人是该犯罪集团的积极参加者。对公诉机关指控本案属犯罪集团，人民法院予以支持。

被告人吴强等人实施的犯罪活动明显是为了牟取不法经济利益，但缺乏"形成非法影响、谋求强势地位",进而造成较为恶劣社会影响的意图。在敲诈勒索犯罪中,被告人吴强等人的主要犯罪手段是约熟人吃饭,设局"劝酒"造成被害人酒后驾车,再制造交通事故,进而以报警相要挟,通过所谓的"协商"实现对被害人财物的非法占有。吴强等人在单纯"谋财"意图的支配下实施敲诈勒索、抢劫犯罪,"为非作恶,欺压百姓"的特征尚不明显,犯罪手段、行为方式与典型的恶势力犯罪集团存在明显差异,实际所侵犯的法益也基本集中在公民财产权利方面。恶势力犯罪集团是符合犯罪集团法定条件的恶势力犯罪组织,其特征表现为:有三名以上的组织成员,有明显的首要分子,重要成员较为固定,组织成员经常纠集在一起,共同故意实施三次以上恶势力惯常实施的犯罪活动或其他犯罪活动。本案被告人系单纯为牟取不法经济利益而实施违法犯罪活动,不具有"为非作恶,欺压百姓"特征,参照《最高人民法院、最高人民检察院、公安部、司法部关于办理黑恶势力犯罪案件若干问题的指导意见》中关于恶势力、恶势力犯罪集团应符合"经常纠集在一起,以暴力、威胁或者其他手段,在一定区域或者行业内多次实施违法犯罪活动,为非作恶,欺压百姓,扰乱经济、社会生活秩序,造成较为恶劣的社会影响,但尚未形成黑社会性质组织的违法犯罪组织"的认定要求,本案不能认定为恶势力犯罪集团,应按一般犯罪集团对各被告人定罪量刑。

(生效裁判审判人员:李振男、金永南、施玉萍)

## 指导案例 188 号

# 史广振等组织、领导、参加黑社会性质组织案

(最高人民法院审判委员会讨论通过 2022 年 11 月 29 日发布)

**关键词** 刑事诉讼/组织、领导、参加黑社会性质组织罪/涉案财物权属/案外人

**裁判要点**

在涉黑社会性质组织犯罪案件审理中,应当对查封、扣押、冻结财物及其孳息的权属进行调查,案外人对查封、扣押、冻结财物及其孳息提出权属异议的,人民法院应当听取其意见,确有必要的,人民法院可以通知其出庭,以查明相关财物权属。

**相关法条**

《中华人民共和国刑法》第 294 条

**基本案情**

被告人史广振 2007 年 12 月即开始进行违法犯罪活动。2014 年以来,被告人史广振、赵振、付利刚等人先后实施组织、领导、参加黑社会性质组织,开设赌场,非法拘禁,聚众斗殴,寻衅滋事,妨害公务等违法犯罪行为。公安机关在侦查阶段查扣史广振前妻王某某房产一套及王某某出售其名下路虎越野车所得车款 60 万元,另查扣王某某工商银行卡一张,冻结存款 2221 元。河南省修武县人民检察院提起公诉后,王某某就扣押财物权属

提出异议并向法院提供相关证据。审理期间，人民法院通知王某某出庭。

法院经审理查明，被告人史广振与王某某 2012 年 9 月结婚。2013 年 7 月，王某某在河南省焦作市购置房产一处，现由王某某及其父母、女儿居住；2014 年 2 月，史广振、王某某以王某某名义购买路虎越野车一辆；另扣押王某某工商银行卡一张，冻结存款 2221 元。2014 年 12 月，史广振与王某某协议离婚，案涉房产、路虎越野车归王某某所有。路虎越野车已被王某某处分，得款 60 万元，现已查扣在案。

### 裁判结果

河南省修武县人民法院于 2018 年 12 月 28 日作出（2018）豫 0821 刑初 331 号刑事判决，认定被告人史广振犯组织、领导黑社会性质组织罪，聚众斗殴罪，寻衅滋事罪，开设赌场罪，非法拘禁罪，妨害公务罪，数罪并罚，决定执行有期徒刑十六年，剥夺政治权利四年，并处没收个人全部财产（含路虎越野车的全部卖车款 60 万元及王某某银行卡存款 2221 元）。本案其他被告人分别被判处有期徒刑七年零六个月至有期徒刑六个月不等的刑罚。宣判后，史广振、赵振、付利刚等被告人提出上诉，河南省焦作市中级人民法院于 2019 年 4 月 19 日作出（2019）豫 08 刑终 68 号刑事裁定：驳回上诉，维持原判。

### 裁判理由

法院生效裁判认为：被告人史广振、赵振、付利刚等人的行为分别构成组织、领导、参加黑社会性质组织罪，聚众斗殴罪，寻衅滋事罪，开设赌场罪，非法拘禁罪，妨害公务罪。

被告人史广振前妻王某某名下的路虎越野车系史广振与王某某夫妻关系存续期间购买，但史广振与王某某均无正当职业，以二人合法收入无力承担路虎越野车的购置费用。史广振因被网上追逃无法办理银行卡，其一直使用王某某的银行卡，该卡流水显示有大量资金进出。综上所述，可以认定购置路虎越野车的费用及该银行卡中剩余钱款均属于违法所得，故已查扣的卖车款 60 万元及银行卡中剩余钱款均应当予以没收。

（生效裁判审判人员：蔡有安、徐利民、蒋扬眉）

# 最高人民法院　最高人民检察院　公安部　司法部
# 关于进一步深化刑事案件律师辩护全覆盖试点工作的意见

司发通〔2022〕49 号

各省、自治区、直辖市高级人民法院、人民检察院、公安厅（局）、司法厅（局），新疆维吾尔自治区高级人民法院生产建设兵团分院、新疆生产建设兵团人民检察院、公安局、司法局：

2017 年 10 月，最高人民法院、司法部印发《关于开展刑事案件律师辩护全覆盖试点工作的办法》，在北京等 8 个省（直辖市）开展刑事案件审判阶段律师辩护全覆盖试点工作。

2018年12月，最高人民法院、司法部印发通知，将试点工作扩大至全国，对于审判阶段被告人没有委托辩护人的案件，由人民法院通知法律援助机构指派律师为其提供辩护或者由值班律师提供法律帮助，切实保障被告人合法权益。试点工作开展以来，各地加强统筹部署，理顺沟通衔接机制，加强法律援助质量监管，取得了积极成效。截至目前，全国共有2594个县（市、区）开展了审判阶段刑事案件律师辩护全覆盖试点工作，占县级行政区域总数的90%以上。2021年，各地因开展试点增加法律援助案件32万余件，占审判阶段刑事法律援助案件总数的63.6%，因开展试点值班律师提供法律帮助的案件55万余件，刑事案件律师辩护率大幅提高，刑事案件被告人人权司法保障进一步增强。但是，各地在工作中也暴露出律师资源不均、经费保障不足、工作衔接不畅等问题，需要通过深化试点加以解决。与此同时，认罪认罚从宽制度的广泛适用，也对审查起诉阶段律师辩护和值班律师法律帮助提出了更高要求。

2022年1月1日起，法律援助法正式施行，标志着我国法律援助事业进入了高质量发展的新阶段。法律援助法对扩大通知辩护范围、发挥值班律师法律帮助作用等作出明确规定，为深化刑事案件律师辩护全覆盖试点工作提供了依据。为贯彻落实法律援助法，进一步加强刑事案件犯罪嫌疑人、被告人人权司法保障，现就深化刑事案件律师辩护全覆盖试点工作提出如下意见。

## 一、充分认识深化刑事案件律师辩护全覆盖试点工作的重大意义

1. 深化刑事案件律师辩护全覆盖试点工作，是全面贯彻习近平法治思想，落实以人民为中心发展思想的必然要求。以人民为中心是习近平法治思想的根本立场。推进全面依法治国，根本目的是依法保障人民权益。在刑事案件中，对犯罪嫌疑人、被告人权利的保障程度，不仅关系他们的切身利益，也体现了司法文明水平。深化刑事案件律师辩护全覆盖试点工作，在审判阶段全覆盖基础上，逐步把全覆盖延伸到审查起诉阶段，能更好发挥值班律师法律帮助作用，为犯罪嫌疑人、被告人提供更广泛、更深入、更有效的刑事辩护或法律帮助，让每一名犯罪嫌疑人、被告人都能在刑事诉讼中感受到公平正义。

2. 深化刑事案件律师辩护全覆盖试点工作，是贯彻落实法律援助法，不断健全完善法律援助制度的内在要求。2021年8月，全国人大常委会审议通过法律援助法，这是我国法律援助事业法治化制度化发展的里程碑。法律援助法提出了新时代法律援助工作的指导思想和基本原则，扩大了法律援助范围，明确了提高法律援助质量、加强法律援助保障的具体举措，对新时代法律援助工作提出了新的更高要求。深化刑事案件律师辩护全覆盖试点工作，不仅是落实法律援助法有关规定的具体举措，也是进一步扩大刑事法律援助覆盖范围、不断健全完善法律援助制度的现实需要。

3. 深化刑事案件律师辩护全覆盖试点工作，是全面贯彻宽严相济刑事政策，精准适用认罪认罚从宽制度的重要举措。推行认罪认罚从宽制度是司法领域推动国家治理体系和治理能力现代化的重要举措，在及时有效惩治犯罪、加强人权司法保障、优化司法资源配置、提高刑事诉讼效率等方面意义重大。深化刑事案件律师辩护全覆盖试点工作，在办理认罪认罚案件中，提高辩护律师参与率，能充分发挥辩护律师、值班律师在引导犯罪嫌疑人、被告人理解认罪认罚法律后果，就罪名认定、量刑建议、案件处理提出法律意见等方面的作用，为

准确适用认罪认罚从宽制度创造积极条件。

## 二、巩固审判阶段刑事案件律师辩护全覆盖试点工作成效

4. 抓紧实现县域工作全覆盖。尚未实现审判阶段律师辩护全覆盖的省（自治区）司法厅要切实克服律师资源、经费保障等方面的困难，加快工作进度，尽快实现县级行政区域试点工作全覆盖，年底前基本实现审判阶段律师辩护全覆盖。

5. 从有形覆盖转向有效覆盖。各地要对照法律援助法和最高人民法院、司法部《关于扩大刑事案件律师辩护全覆盖试点范围的通知》等文件要求，及时总结审判阶段律师辩护全覆盖试点工作，找准工作中的薄弱环节，加强重要业务数据统计分析，提炼好经验好做法，充分发挥辩护律师、值班律师在审判阶段的职能作用，不断提高审判阶段律师辩护全覆盖试点工作质效。

## 三、开展审查起诉阶段律师辩护全覆盖试点工作

6. 确定试点区域。各司法厅（局）根据本地工作实际，商检察机关于今年11月底前确定2至3个地市（直辖市的区县）开展审查起诉阶段律师辩护全覆盖试点。已先行开展此项工作的地区，可以根据原工作方案进行。

7. 确定通知辩护范围。犯罪嫌疑人没有委托辩护人，且具有可能判处三年以上有期徒刑、本人或其共同犯罪嫌疑人拒不认罪、案情重大复杂、可能造成重大社会影响情形之一的，人民检察院应当通知法律援助机构指派律师为其提供辩护。已先行开展试点的地区，可以结合本地实际扩大通知辩护案件范围。

8. 确定工作程序。人民检察院自收到移送审查起诉的案件材料之日起三日内，应当告知犯罪嫌疑人有权委托辩护人。犯罪嫌疑人具有本意见第七条规定情形的，人民检察院应当告知其如果不委托辩护人，将通知法律援助机构指派律师为其提供辩护。犯罪嫌疑人决定不自行委托辩护人的，人民检察院应当记录在案并将通知辩护公函送交法律援助机构。通知辩护公函应当载明犯罪嫌疑人的姓名、涉嫌的罪名、羁押场所或者住所、通知辩护的理由、检察人员姓名和联系方式等。法律援助机构应当自收到通知辩护公函之日起三日内，确定承办律师并将辩护律师姓名、所属单位及联系方式函告人民检察院。

9. 辩护律师职责。辩护律师依照刑事诉讼法、律师法等规定，依法履行辩护职责。在审查起诉阶段，辩护律师应当向犯罪嫌疑人释明认罪认罚从宽的法律规定和法律后果，依法向犯罪嫌疑人提供法律咨询、程序选择建议、申请变更强制措施、提出羁押必要性审查申请等法律帮助。犯罪嫌疑人自愿认罪认罚的，辩护律师应当对刑事诉讼法第一百七十三条第二款规定的事项提出意见。法律援助机构指派的辩护律师应当自接到指派通知之日起及时阅卷、会见犯罪嫌疑人。对人民检察院拟建议适用速裁程序办理的犯罪嫌疑人认罪认罚案件，辩护律师应当在人民检察院办案期限内完成阅卷、会见。

10. 切实保障律师辩护权。人民检察院应当依法保障辩护律师会见、阅卷等诉讼权利，为辩护律师履行职责提供便利。人民检察院作出退回补充侦查、延长审查起诉期限、提起公诉、不起诉等重大程序性决定的，应当依法及时告知辩护律师，及时向辩护律师公开案件的流程信息。

11. 及时安排阅卷。辩护律师提出阅卷要求的，人民检察院应当及时安排阅卷，因工作等原因无法及时安排的，应当向辩护律师说明，并自即日起三个工作日内安排阅卷，不得限制辩护律师合理的阅卷次数和时间。有条件的地方可以设立阅卷预约平台，推行电子化阅卷，允许下载、刻录案卷材料。

12. 做好法律帮助衔接。犯罪嫌疑人没有委托辩护人的，也不属于本意见第七条规定由法律援助机构指派律师提供辩护情形的，人民检察院应当及时通知法律援助机构安排值班律师提供法律帮助。

13. 拒绝辩护处理。属于法律援助法第二十五条第一款、本意见第七条规定的应当通知辩护情形，犯罪嫌疑人拒绝法律援助机构指派的律师为其辩护的，人民检察院应当查明原因。理由正当的，应当准许，但犯罪嫌疑人必须另行委托辩护人；犯罪嫌疑人未另行委托辩护人的，应当书面通知法律援助机构另行指派律师为其提供辩护。犯罪嫌疑人拒绝法律援助机构指派的律师为其辩护，坚持自己行使辩护权，人民检察院准许的，法律援助机构应当作出终止法律援助的决定；对于有正当理由要求更换律师的，法律援助机构应当另行指派律师为其提供辩护。

### 四、实质发挥值班律师法律帮助作用

14. 完善值班律师派驻。人民法院、人民检察院、公安机关应当为法律援助工作站提供必要办公场所和设施，加快推进法律援助工作站建设。司法行政机关和法律援助机构应当根据当地律师资源状况、法律帮助需求灵活采用现场值班、电话值班、网络值班等多种形式，确保值班律师法律帮助全覆盖。

15. 落实权利告知。人民法院、人民检察院、公安机关应当在侦查、审查起诉、审判各阶段分别告知没有辩护人的犯罪嫌疑人、被告人有权约见值班律师获得法律帮助，并为犯罪嫌疑人、被告人约见值班律师提供便利。前一诉讼程序犯罪嫌疑人、被告人拒绝值班律师法律帮助的，后一诉讼程序的办案机关仍需告知其有权获得值班律师法律帮助，有关情况应当记录在案。

16. 及时通知值班律师。犯罪嫌疑人、被告人没有委托辩护人，法律援助机构也没有指派律师提供辩护的，犯罪嫌疑人、被告人申请约见值班律师的，人民法院、人民检察院、公安机关可以直接送达现场派驻的值班律师或即时通知电话、网络值班律师。不能直接安排或即时通知的，应当在二十四小时内将法律帮助通知书送达法律援助机构。法律援助机构应当在收到法律帮助通知书之日起两个工作日内确定值班律师，并将值班律师姓名、单位、联系方式告知办案机关。除通知值班律师到羁押场所提供法律帮助的情形外，人民检察院、人民法院可以商法律援助机构简化通知方式和通知手续。办案机关应当为值班律师与犯罪嫌疑人、被告人会见提供便利。

17. 切实保障值班律师权利。犯罪嫌疑人、被告人没有辩护人的，人民法院、人民检察院、公安机关应当在侦查、审查逮捕、审查起诉和审判阶段分别听取值班律师意见，充分发挥值班律师在各个诉讼阶段的法律帮助作用。人民法院、人民检察院、公安机关应当依法保障值班律师会见等诉讼权利。涉嫌危害国家安全犯罪、恐怖活动犯罪案件，在侦查期间，犯罪嫌疑人会见值班律师的，应当经侦查机关许可；侦查机关同意值班律师会见的，应当及时

通知值班律师。值班律师会见犯罪嫌疑人、被告人时不被监听。案件移送审查起诉后，值班律师可以查阅案卷材料，了解案情，人民检察院、人民法院应当及时安排，并提供便利。已经实现卷宗电子化的地方，人民检察院、人民法院可以安排在线阅卷。对于值班律师数量有限、案件量较大的地区，值班律师可采取集中查阅案卷方式。

18. 值班律师依法履行职责。值班律师提供法律帮助应当充分了解案情，对于案情较为复杂的案件，应当在查阅案卷材料并向犯罪嫌疑人、被告人充分释明相关诉讼权利和程序规定后对案件处理提出意见。犯罪嫌疑人、被告人自愿认罪认罚的，值班律师应当结合案情向犯罪嫌疑人、被告人释明认罪认罚的性质和法律规定，对人民检察院指控的罪名、量刑建议、诉讼程序适用等提出意见，在犯罪嫌疑人签署具结书时在场。

19. 值班律师的控告申诉。值班律师在提供法律帮助过程中，认为人民法院、人民检察院、公安机关及其工作人员明显违反法律规定，阻碍其依法提供法律帮助，侵犯律师执业权利的，有权向同级或者上一级人民检察院申诉或者控告。人民检察院对申诉或者控告应当及时审查，情况属实的，通知有关机关予以纠正。

## 五、健全完善衔接配合机制

20. 健全协调会商机制。人民法院、人民检察院、公安机关、司法行政机关要加强协同配合，建立健全联席会议、定期会商通报等协调机制，明确刑事案件律师辩护全覆盖试点工作联络员，及时沟通工作进展情况，协调解决工作中的困难问题。

21. 建立信息共享机制。人民法院、人民检察院、公安机关、司法行政机关要及时共享重要业务数据，建立工作台账，统一统计口径，做好统计分析，加强业务指导。

22. 提高衔接效率。加强信息化建设，推动实现律师辩护全覆盖试点工作通知、指派等各项流程电子化，进一步提高工作效率，给律师开展工作留出必要充足时间，为辩护律师、值班律师履职创造积极条件。

23. 强化律师权利保障。人民法院、人民检察院、公安机关、司法行政机关要切实保障辩护律师、值班律师各项权利，不得阻碍或变相阻碍辩护律师、值班律师依法行使诉讼权利。

## 六、加强组织领导

24. 争取党委政府支持。各地要积极争取各级党委、政府的重视支持，主动向党委、政府汇报工作，切实落实党委、政府保障职责。

25. 解决律师资源不足问题。建立健全法律服务资源依法跨区域流动机制，鼓励和支持律师事务所、律师等到律师资源严重不足的地区服务。建立完善律师资源动态调配机制，律师资源不平衡问题突出的地方以省级司法行政机关为主统筹调配，其他地方原则上以地市司法行政机关为主统筹调配，采取对口支援等方式提高法律援助服务能力。引导和规范法律援助机构具有律师资格或者法律职业资格的工作人员、具有律师执业证书的法律援助志愿者参与刑事法律援助工作，深入挖掘刑事法律援助人员潜力，进一步充实队伍力量。加强法律援助志愿服务工作，深入开展"1+1"中国法律援助志愿者行动、"援藏律师服务团"等法律援助项目，选派法律援助志愿律师到没有律师和律师资源严重不足的地区服务。

26. 解决经费保障不足问题。人民法院、人民检察院、公安机关应当配合司法行政机关加强与财政部门沟通协调，共同推动落实法律援助法有关法律援助业务经费保障相关规定，增加法律援助办案经费，动态调整法律援助补贴标准，切实保障办案工作需要。加大中央补助地方法律援助办案专款总量，发挥好中央补助专款的示范导向作用。司法行政机关应当根据案件难易和参与案件程度，合理确定法律援助补贴标准，推行办案补贴与服务质量挂钩的差别补贴机制，提高法律援助经费使用效率。

27. 强化指导监督。各级司法行政机关律师工作部门牵头做好试点工作，统筹调配律师资源，组织引导律师积极履行法律援助义务，加强律师权利保障和执业监管。法律援助管理部门要做好相关保障工作，协调有关部门落实试点工作经费，建立完善法律援助工作异地协作机制，加强对法律援助质量的指导监督。律师协会要发挥行业协会自身优势，配合法律援助管理部门做好律师参与法律援助工作培训等工作。法律援助机构要严格依法做好受理、审查、指派律师等工作，综合运用案卷检查、征询司法机关意见等措施，督促法律援助人员提升服务质量。

2022 年 10 月 12 日

# 最高人民法院
## 关于发布第 35 批指导性案例的通知

法〔2022〕265 号

各省、自治区、直辖市高级人民法院，解放军军事法院，新疆维吾尔自治区高级人民法院生产建设兵团分院：

经最高人民法院审判委员会讨论决定，现将李开祥侵犯公民个人信息刑事附带民事公益诉讼案等四个案例（指导性案例192—195 号），作为第 35 批指导性案例发布，供审判类似案件时参照。

2022 年 12 月 26 日

**指导案例 192 号**

# 李开祥侵犯公民个人信息刑事附带民事公益诉讼案

(最高人民法院审判委员会讨论通过　2022 年 12 月 26 日发布)

**关键词**　刑事/侵犯公民个人信息/刑事附带民事公益诉讼/人脸识别/人脸信息

**裁判要点**

使用人脸识别技术处理的人脸信息以及基于人脸识别技术生成的人脸信息均具有高度的可识别性，能够单独或者与其他信息结合识别特定自然人身份或者反映特定自然人活动情况，属于刑法规定的公民个人信息。行为人未经公民本人同意，未具备获得法律、相关部门授权等个人信息保护法规定的处理个人信息的合法事由，利用软件程序等方式窃取或者以其他方法非法获取上述信息，情节严重的，应依照《最高人民法院、最高人民检察院关于办理侵犯公民个人信息刑事案件适用法律若干问题的解释》第五条第一款第四项等规定定罪处罚。

**相关法条**

《中华人民共和国刑法》第 253 条之一

**基本案情**

2020 年 6 月至 9 月间，被告人李开祥制作一款具有非法窃取安装者相册照片功能的手机"黑客软件"，打包成安卓手机端的"APK 安装包"，发布于暗网"茶马古道"论坛售卖，并伪装成"颜值检测"软件发布于"芥子论坛"（后更名为"快猫社区"）提供访客免费下载。用户下载安装"颜值检测"软件使用时，"颜值检测"软件会自动在后台获取手机相册里的照片，并自动上传到被告人搭建的腾讯云服务器后台，从而窃取安装者相册照片共计 1751 张，其中部分照片含有人脸信息、自然人姓名、身份号码、联系方式、家庭住址等公民个人信息 100 余条。

2020 年 9 月，被告人李开祥在暗网"茶马古道"论坛看到"黑客资料"帖子，后用其此前在暗网售卖"APK 安装包"部分所得购买、下载标题为"社工库资料"数据转存于"MEGA"网盘，经其本人查看，确认含有个人真实信息。2021 年 2 月，被告人李开祥明知"社工库资料"中含有户籍信息、QQ 账号注册信息、京东账号注册信息、车主信息、借贷信息等，仍将网盘链接分享至其担任管理员的"翠湖庄园业主交流"QQ 群，提供给群成员免费下载。经鉴定，"社工库资料"经去除无效数据并进行合并去重后，包含各类公民个人信息共计 8100 万余条。

上海市奉贤区人民检察院以社会公共利益受到损害为由，向上海市奉贤区人民法院提起刑事附带民事公益诉讼。

被告人李开祥对起诉指控的基本犯罪事实及定性无异议，且自愿认罪认罚。

辩护人提出被告人李开祥系初犯，到案后如实供述所犯罪行，且自愿认罪认罚等辩护意见，建议对被告人李开祥从轻处罚，请求法庭对其适用缓刑。辩护人另辩称，检察机关未对涉案 8100 万余条数据信息的真实性核实确认。

**裁判结果**

上海市奉贤区人民法院于 2021 年 8 月 23 日以（2021）沪 0120 刑初 828 号刑事判决，认定被告人李开祥犯侵犯公民个人信息罪，判处有期徒刑三年，宣告缓刑三年，并处罚金人民币一万元；扣押在案的犯罪工具予以没收。判决李开祥在国家级新闻媒体上对其侵犯公民个人信息的行为公开赔礼道歉、删除"颜值检测"软件及相关代码、删除腾讯云网盘上存储的涉案照片、删除存储在"MEGA"网盘上相关公民个人信息，并注销侵权所用 QQ 号码。一审判决后，没有抗诉、上诉，判决现已生效。

**裁判理由**

法院生效裁判认为：本案争议焦点为利用涉案"颜值检测"软件窃取的"人脸信息"是否属于刑法规制范畴的"公民个人信息"。法院经审理认为，"人脸信息"属于刑法第二百五十三条之一规定的公民个人信息，利用"颜值检测"黑客软件窃取软件使用者"人脸信息"等公民个人信息的行为，属于刑法中"窃取或者以其他方法非法获取公民个人信息"的行为，依法应予惩处。主要理由如下：第一，"人脸信息"与其他明确列举的个人信息种类均具有明显的"可识别性"特征。《最高人民法院、最高人民检察院关于办理侵犯公民个人信息刑事案件适用法律若干问题的解释》（以下简称《解释》）中列举了公民个人信息种类，虽未对"人脸信息"单独列举，但允许依法在列举之外认定其他形式的个人信息。《解释》中对公民个人信息的定义及明确列举与民法典等法律规定中有关公民个人信息的认定标准一致，即将"可识别性"作为个人信息的认定标准，强调信息与信息主体之间被直接或间接识别出来的可能性。"人脸信息"属于生物识别信息，其具有不可更改性和唯一性，人脸与自然人个体一一对应，无须结合其他信息即可直接识别到特定自然人身份，具有极高的"可识别性"。第二，将"人脸信息"认定为公民个人信息遵循了法秩序统一性原理。民法等前置法将"人脸信息"作为公民个人信息予以保护。民法典第一千零三十四条规定了个人信息的定义和具体种类，个人信息保护法进一步将"人脸信息"纳入个人信息的保护范畴，侵犯"人脸信息"的行为构成侵犯自然人人格权益等侵权行为的，须承担相应的民事责任或行政、刑事责任。第三，采用"颜值检测"黑客软件窃取"人脸信息"具有较大的社会危害性和刑事可罚性。因"人脸信息"是识别特定个人的敏感信息，亦是社交属性较强、采集方便的个人信息，极易被他人直接利用或制作合成，从而破解人脸识别验证程序，引发侵害隐私权、名誉权等违法行为，甚至盗窃、诈骗等犯罪行为，社会危害较大。被告人李开祥操纵黑客软件伪装的"颜值检测"软件窃取用户自拍照片和手机相册中的存储照片，利用了互联网平台的开放性，以不特定公众为目标，手段隐蔽、欺骗性强、窃取面广，具有明显的社会危害性，需用刑法加以规制。

关于辩护人提出本案公民个人信息数量认定依据不足的辩护意见，法院经审理认为，公安机关侦查过程中采用了抽样验证的方法，随机挑选部分个人信息进行核实，能够确认涉案个人信息的真实性，被告人、辩护人亦未提出涉案信息不真实的线索或证据。司法鉴定机构通过去除无效信息，并采用合并去重的方法进行鉴定，检出有效个人信息 8100 万余条，公诉机关指控的公民个人信息数量客观、真实，且符合《解释》中确立的对批量公民个人信息具体数量的认定规则,故对辩护人的辩护意见不予采纳。

综上,被告人李开祥违反国家有关规定,非法获取并向他人提供公民个人信息,情节特别严重,其行为已构成侵犯公民个人信息罪。被告人李开祥到案后能如实供述自己的罪行,依法可以从轻处罚,且自愿认罪认罚,依法可以从宽处理。李开祥非法获取并向他人提供公民个人信息的侵权行为,侵害了众多公民个人信息安全,损害社会公共利益,应当承担相应的民事责任。故依法作出上述判决。

(生效裁判审判人员:李晓杰、管玉洁、高晔涛)

**指导案例 193 号**

# 闻巍等侵犯公民个人信息案

(最高人民法院审判委员会讨论通过　2022 年 12 月 26 日发布)

**关键词**　刑事/侵犯公民个人信息/居民身份证信息

**裁判要点**

居民身份证信息包含自然人姓名、人脸识别信息、身份号码、户籍地址等多种个人信息,属于《最高人民法院、最高人民检察院关于办理侵犯公民个人信息刑事案件适用法律若干问题的解释》第五条第一款第四项规定的"其他可能影响人身、财产安全的公民个人信息"。非法获取、出售或者提供居民身份证信息,情节严重的,依照刑法第二百五十三条之一第一款规定,构成侵犯公民个人信息罪。

**相关法条**

《中华人民共和国刑法》第 253 条之一

**基本案情**

2019 年 6 月至 8 月间,被告人闻巍(时任上海好体信息科技有限公司运营总监)经事先联系,与微信、QQ 名为"发乐""来立中""我怕冷风吹"等人约定,以人民币 6 元/张的价格为上述人员批量注册激活该公司"爱球钱包"App 应用的"中银通·魔方元"联名预付费卡,并从上述人员处通过利用微信、QQ 获得百度网盘分享链接的方式获取公民个人信息(居民身份证正反面照片),由被告人朱旭东从该网盘链接中下载至移动硬盘内,交由中银通工作人员用于批量注册激活。

2019 年 9 月至 2020 年 2 月间,被告人朱旭东在被告人闻巍离职后,负责上述联名预付费卡的批量注册激活工作,以人民币 6 元/张的价格以上述相同方式继续从"发乐""来立中""我怕冷风吹"等人处通过利用微信、QQ 获得百度网盘分享链接的方式获取公民个人信息(居民身份证正反面照片)并存储于其百度网盘内,后下载至其电脑硬盘内,交由中银通工作人员用于批量注册激活。

2019 年 10 月,被告人朱旭东与张坤(另案处理)经事先用微信联系,朱旭东以人民币

6元/张的价格以上述相同方式从张坤处通过利用QQ获得百度网盘分享链接的方式获取公民个人信息（居民身份证正反面照片）并存储于其百度网盘内，后下载至其电脑硬盘内，交由中银通工作人员用于批量注册激活。

2019年12月，被告人张江涛通过其所在的QQ群向他人购买公民个人信息数据并转存在其百度网盘账号内，同时将数据分多次转卖给张坤，分多次收取费用共计人民币19600元。

经核实，从被告人闻巍"ErnieGullit"网盘内清点公民个人信息（居民身份证正反面照片）10000余组，从被告人朱旭东"zhuxudn"网盘内清点公民个人信息（居民身份证正反面照片）3000余组，从张坤分享给朱旭东的网盘内清点公民个人信息（居民身份证正反面照片）41654组，从被告人张江涛的网盘内清点公民个人信息60101组。

上海市虹口区人民检察院指控被告人闻巍、朱旭东、张江涛犯侵犯公民个人信息罪，情节特别严重，其行为均应当以侵犯公民个人信息罪追究其刑事责任。

被告人闻巍及朱旭东的辩护人均提出本案指控的公民信息种类应认定为《最高人民法院、最高人民检察院关于办理侵犯公民个人信息刑事案件适用法律若干问题的解释》（以下简称《解释》）第五条第一款第五项中的普通信息范围，并非第五条第一款第四项中的特定信息种类范围，故根据现查获的数量，尚未构成情节特别严重。

**裁判结果**

上海市虹口区人民法院于2021年8月30日以（2020）沪0109刑初957号刑事判决，认定被告人闻巍犯侵犯公民个人信息罪，判处有期徒刑三年，并处罚金人民币1万元；被告人朱旭东犯侵犯公民个人信息罪，判处有期徒刑三年三个月，并处罚金人民币1万元；被告人张江涛犯侵犯公民个人信息罪，判处有期徒刑三年，并处罚金人民币2万元；违法所得及作案工具予以追缴没收。宣判后，被告人闻巍、朱旭东提起上诉。上海市第二中级人民法院于2021年11月11日以（2021）沪02刑终1055号刑事裁定，驳回上诉，维持原判。

**裁判理由**

法院生效裁判认为：本案争议焦点在于涉案居民身份证信息是否属于《解释》第五条第一款第四项中"其他可能影响人身、财产安全的公民个人信息"。根据《解释》第五条第一款第四项规定，非法获取、出售或者提供住宿信息、通讯信息、健康生理信息、交易信息等其他可能影响人身、财产安全的公民个人信息五百条以上的可认定为"情节严重"。同款第五项规定，非法获取、出售或者提供第三项、第四项规定以外的公民个人信息五千条以上的可认定为"情节严重"。即，如果认定涉案居民身份证信息属于《解释》第五条第一款第四项中"其他可能影响人身、财产安全的公民个人信息"的，那么交易五百条以上个人信息即可认定"情节严重"，五千条以上构成"情节特别严重"。

一审法院经审理认为，居民身份证上的住址是公民的实际居住地址或者名义户籍地址，无论何者，均与公民及其家人的人身安全、财产安全存在十分紧密而又重要的联系，家庭住址被非法曝光、泄露将对公民个人及其家人的人身安全、财产安全造成重大隐患，为精准实施各类违法犯罪行为大开方便之门，故理应予以重点保护，从举轻以明重的一般法理解释原则出发，其重要性也应高于作为公民临时性、过去性住所的"住宿信息"，故应被认定为《解释》第五条第一款第四项中所规定的信息种类。

二审法院经审理认为，居民身份证除包含户籍地址信息外，还是公民的姓名、人脸信息、唯一身份号码等信息的综合体，是公民重要的身份证件，在信息网络社会，居民身份证信息整体均系敏感信息，可用来注册、认证、绑定网络账号。公民的人脸信息、身份号码、姓名、地址信息结合后所形成的公民个人信息具备唯一性，可与公民个人精准匹配，并可诱发公民其他个人信息的进一步泄露，对公民个人信息权益侵害极大，应将居民身份证信息整体认定为涉公民人身、财产安全的信息。一审、二审法院虽认定思路和认定标准不同，但结论一致，认定一审法院对闻巍、朱旭东的定罪和适用法律正确，结合其犯罪手段、情节所作量刑并无不当，且审判程序合法。据此，裁定驳回上诉，维持原判。

（生效裁判审判人员：张松、白楠、张鹏飞）

**指导案例 194 号**

## 熊昌恒等侵犯公民个人信息案

（最高人民法院审判委员会讨论通过　2022 年 12 月 26 日发布）

**关键词**　刑事/侵犯公民个人信息/微信号/社交媒体账号/非法获取/合理处理

**裁判要点**

1. 违反国家有关规定，购买已注册但未使用的微信账号等社交媒体账号，通过具有智能群发、添加好友、建立讨论群组等功能的营销软件，非法制作带有公民个人信息可用于社交活动的微信账号等社交媒体账号出售、提供给他人，情节严重的，属于刑法第二百五十三条之一第一款规定的"违反国家有关规定，向他人出售或者提供公民个人信息"行为，构成侵犯公民个人信息罪。

2. 未经公民本人同意，或未具备具有法律授权等个人信息保护法规定的理由，通过购买、收受、交换等方式获取在一定范围内已公开的公民个人信息进行非法利用，改变了公民公开个人信息的范围、目的和用途，不属于法律规定的合理处理，属于刑法第二百五十三条之一第三款规定的"以其他方法非法获取公民个人信息"行为，情节严重的，构成侵犯公民个人信息罪。

**相关法条**

《中华人民共和国刑法》第 253 条之一

**基本案情**

2020 年 6 月，被告人熊昌恒邀集被告人熊昌林、熊恭浪、熊昌强一起从事贩卖载有公民个人信息可用于社交活动的成品微信号的经营活动，因缺乏经验，在此期间获利较少。为谋取更多利益，2020 年 9 月底，被告人熊昌恒、熊昌林、熊恭浪、熊昌强共同出资在网上购买了一款名叫"微骑兵"的软件（一款基于电脑版微信运行拥有多开、多号智能群发、加人、拉群、退群、清粉的营销软件），用于非法添加微信好友，并制作成品微信号予以贩卖。2020年10月，被告人熊昌恒的朋友秦英斌（在逃）投入5万元（占股百分之四十），熊昌恒投入2万元（占股百分之二十），被告人熊昌林、熊恭浪、熊昌强分别投入一定数量的电脑及手机（分别占股百分之十），被告人范佳聪未投资（占股百分之五），另百分之五的股份收益用于公司日常开支。后结伙共同购置办公桌、电脑、二手手机等物品，租赁江西省丰城市河洲街道物华路玲珑阁楼，挂牌成立了"丰城市昌文贸易公司"。由秦英斌负责对外采购空白微信号、销售成品微信号。被告人熊昌恒负责公司内部管理，并负责聘请公司员工。被告人熊昌林、熊恭浪、熊昌强、范佳聪与聘请的公司员工均直接参与，用"微骑兵"软件非法制作成品微信号。制作好的成品微信号通过秦英斌高价卖出，从中非法获取利益。

2021年1月，被告人熊昌恒、熊昌林、熊恭浪、熊昌强、范佳聪与秦英斌结伙，在贩卖成品微信号的同时，通过网上购买的方式，非法获取他人求职信息（含姓名、性别、电话号码等公民个人基本身份信息）后，将求职人员的信息分发给公司工作人员。以员工每添加到一名求职人员的微信号，赚约10元不等佣金的奖励方法，让员工谎称自己是"公共科技传媒"的工作人员，并通过事先准备好的"话术"以刷单兼职为理由，让求职者添加"导师"的微信，招揽被害人进群，致使部分被害人上当受骗。

经营期间，被告人熊昌恒、熊昌林、熊恭浪、熊昌强、范佳聪与秦英斌在支付工资及相关开支后，其获得的分红款共计人民币20余万元，按各自所占股份份额予以分配。具体获利数额如下：被告人熊昌恒5.8万余元、被告人熊昌林2.9万余元、被告人熊恭浪2.9万余元、被告人熊昌强2.9万余元、被告人范佳聪1.45万余元。

**裁判结果**

江西省丰城市人民法院于2021年9月23日以（2021）赣0981刑初376号刑事判决，认定被告人熊昌恒犯侵犯公民个人信息罪，判处有期徒刑三年零二个月，并处罚金人民币10万元；被告人熊昌林犯侵犯公民个人信息罪，判处有期徒刑一年零十个月，并处罚金人民币6万元；被告人熊恭浪犯侵犯公民个人信息罪，判处有期徒刑一年零十个月，并处罚金人民币6万元；被告人熊昌强犯侵犯公民个人信息罪，判处有期徒刑一年零十个月，并处罚金人民币6万元；被告人范佳聪犯侵犯公民个人信息罪，判处有期徒刑十个月，并处罚金人民币3万元（已缴纳）；被告人范佳聪退缴的违法所得人民币1.45万元予以没收，依法上缴国库；继续追缴被告人熊昌恒的违法所得人民币5.8万元、被告人熊昌林的违法所得人民币2.9万元、被告人熊恭浪的违法所得人民币2.9万元、被告人熊昌强的违法所得人民币2.9万元予以没收，依法上缴国库；扣押的手机予以没收，由扣押机关依法处理。

**裁判理由**

法院生效裁判认为：被告人熊昌恒等人违反国家有关规定，结伙出资购买空白微信号和一款智能群发、加人、拉群的营销软件，以及通过网络购买他人求职信息等方式，非法添加微信好友，制作成品微信号出售或者将非法获取的公民个人信息提供给他人，并从中获利，情节特别严重，其行为均已构成侵犯公民个人信息罪。本罪中的公民个人信息是指与公民个人密切相关的、不愿该信息被特定人群以外的其他人群所知悉的信息，非法获取的公民个人信息如属于公民隐私类信息或泄露后可能会产生极其不良后果的信息，不仅严重侵害公民个人信息安全和合法权益，也为网络赌博、电信网络诈骗等违法犯罪活动提供了帮助，严重扰乱了社会公共秩序，具有极大的社会危害性。微信不仅作为一种通讯工具，同时还具备社交、支付等功能。微信号和手机实名绑定，与银行卡绑定，和自然人一一对应，故微信号可认为是公民个人信息。

被告人违法处理已公开的个人信息并从中获利，违背了该信息公开的目的或者明显改变其用途，该信息被进一步利用后危及个人的人身或财产安全，情节特别严重，其行为构成侵犯公民个人信息罪。

综上，各被告人在未取得权利人同意及授权的前提下，非法获取他人微信号并转卖牟利，或者非法处理已公开的公民个人信息，使他人个人信息陷入泄露、失控风险，并从中获取巨额违法所得，其行为违反国家规定，侵犯了公民个人信息权利，构成侵犯公民个人信息罪。

（生效裁判审判人员：王跃华、胡一波、李鸾芳）

**指导案例 195 号**

# 罗文君、瞿小珍侵犯公民个人信息刑事附带民事公益诉讼案

（最高人民法院审判委员会讨论通过　2022 年 12 月 26 日发布）

**关键词**　刑事/侵犯公民个人信息/验证码/出售

**裁判要点**

服务提供者专门发给特定手机号码的数字、字母等单独或者其组合构成的验证码具有独特性、隐秘性，能够单独或者与其他信息结合识别特定自然人身份或者反映特定自然人活动情况的，属于刑法规定的公民个人信息。行为人将提供服务过程中获得的验证码及对应手机号码出售给他人，情节严重的，依照侵犯公民个人信息罪定罪处罚。

**相关法条**

《中华人民共和国刑法》第 253 条之一

**基本案情**

2019 年 12 月，被告人罗文君了解到通过获取他人手机号和随机验证码用以注册新的淘宝、京东等 APP 账号（简称"拉新"）可以赚钱，其便与微信昵称"悠悠 141319"（身份不明）、"A 我已成年爱谁睡"（身份不明）、"捷京淘"（身份不明）、"胖娥"（身份不明）、"河北黑志伟 80 后的见证"（身份不明）等专门从事"拉新"的人联系。"悠悠 141319"等人在知道罗文君手里有许多学员为电信员工，学员可以直接获取客户的手机号码和随机验证码等资源时，利用罗文君担任电信公司培训老师的便利，约定由罗文君建立、管理、维护微信群，并在群内公布"拉新"的规则、需求和具体价格；学员则根据要求，将非法获取的客户手机号码和随机验证码发送至群内；"悠悠 141319"等人根据发送的

手机号及验证码注册淘宝、京东 APP 等新账号。罗文君可对每条成功"拉新"的手机号码信息，获取 0.2—2 元/条报酬；而学员以每条 1 至 13 元不等的价格获取报酬，该报酬由罗文君分发或者直接由"悠悠 141319"等人按照群内公布的价格发送给学员。

2019 年 12 月至 2021 年 7 月期间，被告人罗文君利用株洲联盛通信有限责任公司渌口手机店、中国移动营业厅销售员瞿小珍和谢青、黄英、贺长青（三人均已被行政处罚）等人的职务之便，非法获取并且贩卖被害人彭某某、谭某某等个人信息手机号码和随机验证码给"悠悠 141319"等人。其中，被告人罗文君获利 13000 元，被告人瞿小珍获利 9266.5 元。

案发后，被告人瞿小珍已退缴违法所得 9926.5 元（侦查机关认定数额），罗文君已退缴违法所得 13000 元。被告人罗文君、瞿小珍均如实供述自己的犯罪事实并自愿认罪认罚。

另查明，株洲市渌口区人民检察院于 2021 年 7 月 22 日公告了案件情况，公告期内未有法律规定机关和有关组织提起民事公益诉讼，即株洲市渌口区人民检察院系提起附带民事公益诉讼的适格主体。

**裁判结果**

湖南省株洲市渌口区人民法院于 2021 年 11 月 30 日以（2021）湘 0212 刑初 149 号刑事判决，认定被告人罗文君犯侵犯公民个人信息罪，判处有期徒刑八个月，并处罚金人民币 2 万元。被告人瞿小珍犯侵犯公民个人信息罪，判处有期徒刑六个月，并处罚金人民币 15000 元。作案工具 OPPORENO 手机 1 台、华为 P30Pro 手机 1 台，予以没收，依法处理。被告人罗文君的违法所得人民币 13000 元、瞿小珍违法所得人民币 9266.5 元，予以没收，上缴国库。

**裁判理由**

法院生效裁判认为：被告人罗文君违反国家有关规定，设立出售、提供公民个人信息的通讯群组，情节严重，其行为同时构成非法利用信息网络罪和侵犯公民个人信息罪，依法应以侵犯公民个人信息罪定罪；被告人瞿小珍违反国家有关规定，在提供服务过程中将获得的公民个人信息出售给他人，情节严重，其行为已构成侵犯公民个人信息罪。公诉机关指控的犯罪事实和罪名成立，予以支持。

在共同犯罪中，被告人罗文君、瞿小珍所起作用相当，均应以主犯论。被告人瞿小珍在提供服务过程中将获得的公民个人信息出售给他人，应从重处罚；罗文君、瞿小珍到案后，如实交代全部犯罪事实，均系坦白，积极退缴全部赃款，且认罪认罚，可以从宽处理。公诉机关的量刑建议适当，予以采纳。罗文君辩护人提出手机号和验证码不属于个人信息，且"拉新"未造成具体损失的辩护意见。经查，个人信息是以电子或者其他方式记录的能够单独或者与其他信息结合识别特定自然人的各种信息，包括电话号码等；验证码系专门发给特定手机号的独一无二的数字组合，且依规不能发送给他人，证明验证码系具有识别、验证个人身份的通信内容，即二者均为能识别自然人身份的个人信息；侵犯公民个人信息罪不以造成具体损失为构成要件，故该辩护意见不予采纳。罗文君辩护人提出罗文君没有自行提供手机号和验证码。经查，罗文君不仅纠集瞿小珍等人"拉新"，还专门设立了提供、出售公民个人信息违法犯罪的通讯群组，并因此获利，依法应当从重处罚，故该意见不予采纳。罗文君辩护人提出对罗文君适用缓刑的意见。经查，综合本案的犯罪情节、对于社会的危害程度及被告人的悔罪表现，对被告人罗文君不适用缓刑，故该意见不予采纳。但其提出罗文君其他可从轻处罚的辩护意见与事实相符，予以采纳。瞿小珍辩护人提出瞿小珍有立功情节。经查，瞿小珍提供了罗文君的住址及联系方式等基本信息，系其应当交代的、与本人犯罪事实有关联的事实，不构成立功，故该意见不予采纳。其提出的可从轻处罚的辩护意见与事实相符，予以采纳。被告人罗文君、瞿小珍侵犯公民个人信息，其在承担刑事责任的同时，还应承担相应的民事责任。鉴于二被告对侵权行为均无异议，且均表示愿意公开赔礼道歉，以及永久删除涉案个人信息，故对附带民事公益诉讼起诉人的诉请，予以支持。

（生效裁判审判人员：王欣、周晓玲、赖国清、刘智群、刘云、袁水莲、曹玉婷）

# 最高人民法院 最高人民检察院 教育部印发《关于落实从业禁止制度的意见》的通知

法发〔2022〕32号

各省、自治区、直辖市高级人民法院、人民检察院、教育厅（教委），解放军军事法院、军事检察院，新疆维吾尔自治区高级人民法院生产建设兵团分院、新疆生产建设兵团人民检察院、教育局：

为严格执行犯罪人员从业禁止制度，净化校园环境，保护未成年人，根据刑法、未成年人保护法、教师法等法律规定，结合执法司法实践反映的情况，最高人民法院会同最高人民检察院、教育部制定了《关于落实从业禁止制度的意见》。现予以印发，请结合实际认真贯彻执行。在执行中遇到问题，请及时分别报告最高人民法院、最高人民检察院、教育部。

2022年11月10日

## 关于落实从业禁止制度的意见

为贯彻落实学校、幼儿园等教育机构、校外培训机构教职员工违法犯罪记录查询制度，严格执行犯罪人员从业禁止制度，净化校园环境，切实保护未成年人，根据《中华人民共和国刑法》（以下简称《刑法》）、《中华人民共和国未成年人保护法》（以下简称《未成年人保护法》）、《中华人民共和国教师法》（以下简称《教师法》）等法律规定，提出如下意见：

一、依照《刑法》第三十七条之一的规定，教职员工利用职业便利实施犯罪，或者实施违背职业要求的特定义务的犯罪被判处刑罚的，人民法院可以根据犯罪情况和预防再犯罪的需要，禁止其在一定期限内从事相关职业。其他法律、行政法规对其从事相关职业另有禁止或者限制性规定的，从其规定。

《未成年人保护法》、《教师法》属于前款规定的法律,《教师资格条例》属于前款规定的行政法规。

二、依照《未成年人保护法》第六十二条的规定,实施性侵害、虐待、拐卖、暴力伤害等违法犯罪的人员,禁止从事密切接触未成年人的工作。

依照《教师法》第十四条、《教师资格条例》第十八条的规定,受到剥夺政治权利或者故意犯罪受到有期徒刑以上刑罚的,不能取得教师资格;已经取得教师资格的,丧失教师资格,且不能重新取得教师资格。

三、教职员工实施性侵害、虐待、拐卖、暴力伤害等犯罪的,人民法院应当依照《未成年人保护法》第六十二条的规定,判决禁止其从事密切接触未成年人的工作。

教职员工实施前款规定以外的其他犯罪,人民法院可以根据犯罪情况和预防再犯罪的需要,依照《刑法》第三十七条之一第一款的规定,判决禁止其自刑罚执行完毕之日或者假释之日起从事相关职业,期限为三年至五年;或者依照《刑法》第三十八条第二款、第七十二条第二款的规定,对其适用禁止令。

四、对有必要禁止教职员工从事相关职业或者适用禁止令的,人民检察院在提起公诉时,应当提出相应建议。

五、教职员工犯罪的刑事案件,判决生效后,人民法院应当在三十日内将裁判文书送达被告人单位所在地的教育行政部门;必要时,教育行政部门应当将裁判文书转送有关主管部门。

因涉及未成年人隐私等原因,不宜送达裁判文书的,可以送达载明被告人的自然情况、罪名及刑期的相关证明材料。

六、教职员工犯罪,人民法院作出的判决生效后,所在单位、教育行政部门或者有关主管部门可以依照《未成年人保护法》、《教师法》、《教师资格条例》等法律法规给予相应处理、处分和处罚。

符合丧失教师资格或者撤销教师资格情形的,教育行政部门应当及时收缴其教师资格证书。

七、人民检察院应当对从业禁止和禁止令执行落实情况进行监督。

八、人民法院、人民检察院发现有关单位未履行犯罪记录查询制度、从业禁止制度的,应当向该单位提出建议。

九、本意见所称教职员工,是指在学校、幼儿园等教育机构工作的教师、教育教学辅助人员、行政人员、勤杂人员、安保人员,以及校外培训机构的相关工作人员。

学校、幼儿园等教育机构、校外培训机构的举办者、实际控制人犯罪,参照本意见执行。

十、本意见自2022年11月15日起施行。

# 最高人民法院　最高人民检察院　公安部　司法部
## 关于印发《关于办理性侵害未成年人刑事案件的意见》的通知

高检发〔2023〕4 号

各省、自治区、直辖市高级人民法院、人民检察院、公安厅（局）、司法厅（局），解放军军事法院、解放军军事检察院，新疆维吾尔自治区高级人民法院生产建设兵团分院，新疆生产建设兵团人民检察院、公安局、司法局：

为深入学习贯彻党的二十大精神，全面贯彻习近平法治思想，依法惩治性侵害未成年人犯罪，进一步提升性侵害未成年人刑事案件办理质效，加强未成年人司法保护，根据《中华人民共和国刑法》《中华人民共和国刑事诉讼法》《中华人民共和国未成年人保护法》等法律规定，最高人民法院、最高人民检察院、公安部、司法部制定了《关于办理性侵害未成年人刑事案件的意见》，现予以印发，请认真贯彻执行。

2023 年 5 月 24 日

## 关于办理性侵害未成年人刑事案件的意见

为深入贯彻习近平法治思想，依法惩治性侵害未成年人犯罪，规范办理性侵害未成年人刑事案件，加强未成年人司法保护，根据《中华人民共和国刑法》《中华人民共和国刑事诉讼法》《中华人民共和国未成年人保护法》等相关法律规定，结合司法实际，制定本意见。

### 一、总则

**第一条**　本意见所称性侵害未成年人犯罪，包括《中华人民共和国刑法》第二百三十六条、第二百三十六条之一、第二百三十七条、第三百五十八条、第三百五十九条规定的针对未成年人实施的强奸罪，负有照护职责人员性侵罪，强制猥亵、侮辱罪，猥亵儿童罪，组织卖淫罪，强迫卖淫罪，协助组织卖淫罪，引诱、容留、介绍卖淫罪，引诱幼女卖淫罪等。

**第二条**　办理性侵害未成年人刑事案件，应当坚持以下原则：
（一）依法从严惩处性侵害未成年人犯罪；
（二）坚持最有利于未成年人原则，充分考虑未成年人身心发育尚未成熟、易受伤害等特点，切实保障未成年人的合法权益；

（三）坚持双向保护原则，对于未成年人实施性侵害未成年人犯罪的，在依法保护未成年被害人的合法权益时，也要依法保护未成年犯罪嫌疑人、未成年被告人的合法权益。

**第三条** 人民法院、人民检察院、公安机关应当确定专门机构或者指定熟悉未成年人身心特点的专门人员，负责办理性侵害未成年人刑事案件。未成年被害人系女性的，应当有女性工作人员参与。

法律援助机构应当指派熟悉未成年人身心特点的律师为未成年人提供法律援助。

**第四条** 人民法院、人民检察院在办理性侵害未成年人刑事案件中发现社会治理漏洞的，依法提出司法建议、检察建议。

人民检察院依法对涉及性侵害未成年人的诉讼活动等进行监督，发现违法情形的，应当及时提出监督意见。发现未成年人合法权益受到侵犯，涉及公共利益的，应当依法提起公益诉讼。

## 二、案件办理

**第五条** 公安机关接到未成年人被性侵害的报案、控告、举报，应当及时受理，迅速审查。符合刑事立案条件的，应当立即立案侦查，重大、疑难、复杂案件立案审查期限原则上不超过七日。具有下列情形之一，公安机关应当在受理后直接立案侦查：

（一）精神发育明显迟滞的未成年人或者不满十四周岁的未成年人怀孕、妊娠终止或者分娩的；

（二）未成年人的生殖器官或者隐私部位遭受明显非正常损伤的；

（三）未成年人被组织、强迫、引诱、容留、介绍卖淫的；

（四）其他有证据证明性侵害未成年人犯罪发生的。

**第六条** 公安机关发现可能有未成年人被性侵害或者接报相关线索的，无论案件是否属于本单位管辖，都应当及时采取制止侵害行为、保护被害人、保护现场等紧急措施。必要时，应当通报有关部门对被害人予以临时安置、救助。

**第七条** 公安机关受理案件后，经过审查，认为有犯罪事实需要追究刑事责任，但因犯罪地、犯罪嫌疑人无法确定，管辖权不明的，受理案件的公安机关应当先立案侦查，经过侦查明确管辖后，及时将案件及证据材料移送有管辖权的公安机关。

**第八条** 人民检察院、公安机关办理性侵害未成年人刑事案件，应当坚持分工负责、互相配合、互相制约，加强侦查监督与协作配合，健全完善信息双向共享机制，形成合力。在侦查过程中，公安机关可以商请人民检察院就案件定性、证据收集、法律适用、未成年人保护要求等提出意见建议。

**第九条** 人民检察院认为公安机关应当立案侦查而不立案侦查的，或者被害人及其法定代理人、对未成年人负有特殊职责的人员据此向人民检察院提出异议，经审查其诉求合理的，人民检察院应当要求公安机关说明不立案的理由。人民检察院认为不立案理由不成立的，应当通知公安机关立案，公安机关接到通知后应当立案。

**第十条** 对性侵害未成年人的成年犯罪嫌疑人、被告人，应当依法从严把握适用非羁押强制措施，依法追诉，从严惩处。

**第十一条** 公安机关办理性侵害未成年人刑事案件，在提请批准逮捕、移送起诉时，案卷材料中应当包含证明案件来源与案发过程的有关材料和犯罪嫌疑人归案（抓获）情况的说明等。

**第十二条** 人民法院、人民检察院办理性侵害未成年人案件，应当及时告知未成年被害人及其法定代理人或者近亲属有权委托诉讼代理人，并告知其有权依法申请法律援助。

**第十三条** 人民法院、人民检察院、公安机关办理性侵害未成年人刑事案件，除有碍案件办理的情形外，应当将案件进展情况、案件处理结果及时告知未成年被害人及其法定代理人，并对有关情况予以说明。

**第十四条** 人民法院确定性侵害未成年人刑事案件开庭日期后，应当将开庭的时间、地点通知未成年被害人及其法定代理人。

**第十五条** 人民法院开庭审理性侵害未成年人刑事案件，未成年被害人、证人一般不出庭作证。确有必要出庭的，应当根据案件情况采取不暴露外貌、真实声音等保护措施，或者采取视频等方式播放询问未成年人的录音录像，播放视频亦应当采取技术处理等保护措施。

被告人及其辩护人当庭发问的方式或者内容不当，可能对未成年被害人、证人造成身心伤害的，审判长应当及时制止。未成年被害人、证人在庭审中出现恐慌、紧张、激动、抗拒等影响庭审正常进行的情形的，审判长应当宣布休庭，并采取相应的情绪安抚疏导措施，评估未成年被害人、证人继续出庭作证的必要性。

**第十六条** 办理性侵害未成年人刑事案件，对于涉及未成年人的身份信息及可能推断出身份信息的资料和涉及性侵害的细节等内容，审判人员、检察人员、侦查人员、律师及参与诉讼、知晓案情的相关人员应当保密。

对外公开的诉讼文书，不得披露未成年人身份信息及可能推断出身份信息的其他资料，对性侵害的事实必须以适当方式叙述。

办案人员到未成年人及其亲属所在学校、单位、住所调查取证的，应当避免驾驶警车、穿着制服或者采取其他可能暴露未成年人身份、影响未成年人名誉、隐私的方式。

**第十七条** 知道或者应当知道对方是不满十四周岁的幼女，而实施奸淫等性侵害行为的，应当认定行为人"明知"对方是幼女。

对不满十二周岁的被害人实施奸淫等性侵害行为的，应当认定行为人"明知"对方是幼女。

对已满十二周岁不满十四周岁的被害人，从其身体发育状况、言谈举止、衣着特征、生活作息规律等观察可能是幼女，而实施奸淫等性侵害行为的，应当认定行为人"明知"对方是幼女。

**第十八条** 在校园、游泳馆、儿童游乐场、学生集体宿舍等公共场所对未成年人实施强奸、猥亵犯罪，只要有其他多人在场，不论在场人员是否实际看到，均可以依照刑法第二百三十六条第三款、第二百三十七条的规定，认定为在公共场所"当众"强奸、猥亵。

**第十九条** 外国人在中华人民共和国领域内实施强奸、猥亵未成年人等犯罪的，在依法判处刑罚时，可以附加适用驱逐出境。对于尚不构成犯罪但构成违反治安管理行为的，或者有性侵害未成年人犯罪记录不适宜在境内继续停留居留的，公安机关可以依法适用限期出境或者驱逐出境。

**第二十条** 对性侵害未成年人的成年犯罪分子严格把握减刑、假释、暂予监外执行的适用条件。纳入社区矫正的，应当严管严控。

## 三、证据收集与审查判断

**第二十一条** 公安机关办理性侵害未成年人刑事案件，应当依照法定程序，及时、全面收集固定证据。对与犯罪有关的场所、物品、人身等及时进行勘验、检查，提取与案件有关的痕迹、物证、生物样本；及时调取与案件有关的住宿、通行、银行交易记录等书证，现场监控录像等视听资料，手机短信、即时通讯记录、社交软件记录、手机支付记录、音视频、网盘资料等电子数据。视听资料、电子数据等证据因保管不善灭失的，应当向原始数据存储单位重新调取，或者提交专业机构进行技术性恢复、修复。

**第二十二条** 未成年被害人陈述、未成年证人证言中提到其他犯罪线索，属于公安机关管辖的，公安机关应当及时调查核实；属于其他机关管辖的，应当移送有管辖权的机关。

具有密切接触未成年人便利条件的人员涉嫌性侵害未成年人犯罪的，公安机关应当注意摸排犯罪嫌疑人可能接触到的其他未成年人，以便全面查清犯罪事实。

对于发生在犯罪嫌疑人住所周边或者相同、类似场所且犯罪手法雷同的性侵害案件，符合并案条件的，应当及时并案侦查，防止遗漏犯罪事实。

**第二十三条** 询问未成年被害人，应当选择"一站式"取证场所、未成年人住所或者其他让未成年人心理上感到安全的场所进行，并通知法定代理人到场。法定代理人不能到场或者不宜到场的，应当通知其他合适成年人到场，并将相关情况记录在案。

询问未成年被害人，应当采取和缓的方式，以未成年人能够理解和接受的语言进行。坚持一次询问原则，尽可能避免多次反复询问，造成次生伤害。确有必要再次询问的，应当针对确有疑问需要核实的内容进行。

询问女性未成年被害人应当由女性工作人员进行。

**第二十四条** 询问未成年被害人应当进行同步录音录像。录音录像应当全程不间断进行，不得选择性录制，不得剪接、删改。录音录像声音、图像应当清晰稳定，被询问人面部应当清楚可辨，能够真实反映未成年被害人回答询问的状态。录音录像应当随案移送。

**第二十五条** 询问未成年被害人应当问明与性侵害犯罪有关的事实及情节，包括被害人的年龄等身份信息、与犯罪嫌疑人、被告人交往情况、侵害方式、时间、地点、次数、后果等。

询问尽量让被害人自由陈述，不得诱导，并将提问和未成年被害人的回答记录清楚。记录应当保持未成年人的语言特点，不得随意加工或者归纳。

**第二十六条** 未成年被害人陈述和犯罪嫌疑人、被告人供述中具有特殊性、非亲历不可知的细节，包括身体特征、行为特征和环境特征等，办案机关应当及时通过人身检查、现场勘查等调查取证方法固定证据。

**第二十七条** 能够证实未成年被害人和犯罪嫌疑人、被告人相识交往、矛盾纠纷及其异常表现、特殊癖好等情况，对完善证据链条、查清全部案情具有证明作用的证据，应当全面收集。

**第二十八条** 能够证实未成年人被性侵害后心理状况或者行为表现的证据，应当全面收集。未成年被害人出现心理创伤、精神抑郁或者自杀、自残等伤害后果的，应当及时检查、鉴定。

第二十九条　认定性侵害未成年人犯罪，应当坚持事实清楚，证据确实、充分，排除合理怀疑的证明标准。对案件事实的认定要立足证据，结合经验常识，考虑性侵害案件的特殊性和未成年人的身心特点，准确理解和把握证明标准。

第三十条　对未成年被害人陈述，应当着重审查陈述形成的时间、背景，被害人年龄、认知、记忆和表达能力，生理和精神状态是否影响陈述的自愿性、完整性，陈述与其他证据之间能否相互印证，有无矛盾。

低龄未成年人对被侵害细节前后陈述存在不一致的，应当考虑其身心特点，综合判断其陈述的主要事实是否客观、真实。

未成年被害人陈述了与犯罪嫌疑人、被告人或者性侵害事实相关的非亲历不可知的细节，并且可以排除指证、诱证、诬告、陷害可能的，一般应当采信。

未成年被害人询问笔录记载的内容与询问同步录音录像记载的内容不一致的，应当结合同步录音录像记载准确客观认定。

对未成年证人证言的审查判断，依照本条前四款规定进行。

第三十一条　对十四周岁以上未成年被害人真实意志的判断，不以其明确表示反对或者同意为唯一证据，应当结合未成年被害人的年龄、身体状况、被侵害前后表现以及双方关系、案发环境、案发过程等进行综合判断。

## 四、未成年被害人保护与救助

第三十二条　人民法院、人民检察院、公安机关办理性侵害未成年人刑事案件，应当根据未成年被害人的实际需要及当地情况，协调有关部门为未成年被害人提供心理疏导、临时照料、医疗救治、转学安置、经济帮扶等救助保护措施。

第三十三条　犯罪嫌疑人到案后，办案人员应当第一时间了解其有无艾滋病，发现犯罪嫌疑人患有艾滋病的，在征得未成年被害人监护人同意后，应当及时配合或者会同有关部门对未成年被害人采取阻断治疗等保护措施。

第三十四条　人民法院、人民检察院、公安机关办理性侵害未成年人刑事案件，发现未成年人的父母或者其他监护人不依法履行监护职责或者侵犯未成年人合法权益的，应当予以训诫，并书面督促其依法履行监护职责。必要时，可以责令未成年人父母或者其他监护人接受家庭教育指导。

第三十五条　未成年人受到监护人性侵害，其他具有监护资格的人员、民政部门等有关单位和组织向人民法院提出申请，要求撤销监护人资格，另行指定监护人的，人民法院依法予以支持。

有关个人和组织未及时向人民法院申请撤销监护人资格的，人民检察院可以依法督促、支持其提起诉讼。

第三十六条　对未成年人因被性侵害而造成人身损害，不能及时获得有效赔偿，生活困难的，人民法院、人民检察院、公安机关可会同有关部门，优先考虑予以救助。

## 五、其他

第三十七条　人民法院、人民检察院、公安机关、司法行政机关应当积极推动侵害未成年人案件强制报告制度落实。未履行报告义务造成严重后果的，应当依照《中华人民共和国未成年人保护法》等法律法规追究责任。

第三十八条　人民法院、人民检察院、公安机关、司法行政机关应当推动密切接触未成年人相关行业依法建立完善准入查询性侵害违法犯罪信息制度，建立性侵害违法犯罪人员信息库，协助密切接触未成年人单位开展信息查询工作。

第三十九条　办案机关应当建立完善性侵害未成年人案件"一站式"办案救助机制，通过设立专门场所、配置专用设备、完善工作流程和引入专业社会力量等方式，尽可能一次性完成询问、人身检查、生物样本采集、侦查辨认等取证工作，同步开展救助保护工作。

## 六、附则

第四十条　本意见自 2023 年 6 月 1 日起施行。本意见施行后，《最高人民法院 最高人民检察院 公安部 司法部关于依法惩治性侵害未成年人犯罪的意见》（法发〔2013〕12 号）同时废止。

## 最高人民法院　最高人民检察院　中国海警局
## 关于印发《依法打击涉海砂违法犯罪座谈会纪要》的通知

法发〔2023〕9 号

各省、自治区、直辖市高级人民法院、人民检察院，解放军军事法院、军事检察院，新疆维吾尔自治区高级人民法院生产建设兵团分院、新疆生产建设兵团人民检察院，中国海警局各分局、直属局，沿海省、自治区、直辖市海警局：

为深入学习贯彻习近平新时代中国特色社会主义思想，全面贯彻习近平生态文明思想和习近平法治思想，依法打击涉海砂违法犯罪，切实维护海洋生态环境和矿产资源安全，根据《中华人民共和国刑法》、《中华人民共和国刑事诉讼法》等法律规定，最高人民法院、最高人民检察院、中国海警局制定了《依法打击涉海砂违法犯罪座谈会纪要》，现予以印发，请结合实际认真贯彻执行。在执行中遇到的问题，请及时分别报告最高人民法院、最高人民检察院、中国海警局。

2023 年 6 月 6 日

# 最高人民法院 最高人民检察院 中国海警局
## 依法打击涉海砂违法犯罪座谈会纪要

党的二十大作出"发展海洋经济，保护海洋生态环境，加快建设海洋强国"的战略部署，将海洋强国建设作为推动中国式现代化的有机组成和重要任务。面对严峻复杂的海洋形势与国际形势，我国作为海洋贸易和航运大国，依法打击涉海洋违法犯罪活动，加快推进海洋法治建设，是深入学习贯彻习近平新时代中国特色社会主义思想，贯彻落实习近平生态文明思想和习近平法治思想，完善涉外法治体系的必然要求。2022年7月、2023年2月，最高人民法院、最高人民检察院、中国海警局先后在福建、广东、海南、浙江四省召开座谈会，分析研判当前涉海砂违法犯罪的严峻形势，总结交流办理涉海砂刑事案件的经验做法，研究探讨办案中的疑难问题，对人民法院、人民检察院、海警机构依法打击涉海砂违法犯罪、统一法律适用标准达成了共识。

会议指出，近年来，涉海砂违法犯罪活动高发多发，威胁海洋生态环境安全，催生海上黑恶势力，危害建筑工程安全，影响海上通航安全，具有较大的社会危害性。会议要求，各部门要切实提高政治站位，牢记"国之大者"，紧紧围绕党和国家工作大局，用最严格制度、最严密法治筑牢维护海洋生态环境和海砂资源安全的执法司法屏障。会议强调，各部门要正确理解和准确适用刑法和《最高人民法院、最高人民检察院关于办理非法采矿、破坏性采矿刑事案件适用法律若干问题的解释》（法释〔2016〕25号，以下简称《非法采矿解释》）、《最高人民法院关于充分发挥环境资源审判职能作用依法惩处盗采矿产资源犯罪的意见》（法发〔2022〕19号）等规定，坚持宽严相济刑事政策，统一执法司法尺度，依法加大对涉海砂违法犯罪的惩治力度，切实维护海洋生态环境和矿产资源安全。现形成纪要如下。

### 一、关于罪名适用

1. 未取得海砂开采海域使用权证，且未取得采矿许可证，在中华人民共和国内水、领海采挖海砂，符合刑法第三百四十三条第一款和《非法采矿解释》第二条、第三条规定的，以非法采矿罪定罪处罚。

对于在中华人民共和国毗连区、专属经济区、大陆架以及中华人民共和国管辖的其他海域实施前款规定的行为，适用我国刑法追究刑事责任的案件，参照前款规定定罪处罚。

2. 具有下列情形之一的，对过驳和运输海砂的船主或者船长，依照刑法第三百四十三条第一款的规定，以非法采矿罪定罪处罚：

（1）与非法采挖海砂犯罪分子事前通谋，指使或者驾驶运砂船前往指定海域直接从采砂船过驳和运输海砂的；

（2）未与非法采挖海砂犯罪分子事前通谋，但受其雇佣，指使或者驾驶运砂船前往指定海域，在非法采砂行为仍在进行时，明知系非法采挖的海砂，仍直接从采砂船过驳和运输海砂的；

（3）未与非法采挖海砂犯罪分子事前通谋，也未受其雇佣，在非法采砂行为仍在进行时，明知系非法采挖的海砂，临时与非法采挖海砂犯罪分子约定时间、地点，直接从采砂船过驳和运输海砂的。

具有下列情形之一的，对过驳和运输海砂的船主或者船长，依照刑法第三百一十二条的规定，以掩饰、隐瞒犯罪所得罪定罪处罚：

（1）未与非法采挖海砂犯罪分子事前通谋，指使或者驾驶运砂船前往相关海域，在非法采砂行为已经完成后，明知系非法采挖的海砂，仍直接从采砂船过驳和运输海砂的；

（2）与非法收购海砂犯罪分子事前通谋，指使或者驾驶运砂船前往指定海域过驳和运输海砂的；

（3）无证据证明非法采挖、运输、收购海砂犯罪分子之间存在事前通谋或者事中共同犯罪故意，但受其中一方雇佣后，指使或者驾驶运砂船前往指定海域，明知系非法采挖的海砂，仍从其他运砂船上过驳和运输海砂的。

## 二、关于主观故意认定

3. 判断过驳和运输海砂的船主或者船长是否具有犯罪故意，应当依据其任职情况、职业经历、专业背景、培训经历、本人因同类行为受到行政处罚或者刑事责任追究情况等证据，结合其供述，进行综合分析判断。

实践中，具有下列情形之一，行为人不能作出合理解释的，一般可以认定其"明知系非法采挖的海砂"，但有相反证据的除外：

（1）故意关闭船舶自动识别系统，或者船舶上有多套船舶自动识别系统，或者故意毁弃船载卫星电话、船舶自动识别系统、定位系统数据及手机存储数据的；

（2）故意绕行正常航线和码头、在隐蔽水域或者在明显不合理的隐蔽时间过驳和运输，或者使用暗号、暗语、信物等方式进行联络、接头的；

（3）使用"三无"船舶、虚假船名船舶或非法改装船舶，或者故意遮蔽船号，掩盖船体特征的；

（4）虚假记录船舶航海日志、轮机日志，或者进出港未申报、虚假申报的；

（5）套用相关许可证、拍卖手续、合同等合法文件资料，或者使用虚假、伪造文件资料的；

（6）无法出具合法有效海砂来源证明，或者拒不提供海砂真实来源证明的；

（7）以明显低于市场价格进行交易的；

（8）支付、收取或者约定的报酬明显不合理，或者使用控制的他人名下银行账户收付海砂交易款项的；

（9）逃避、抗拒执法检查，或者事前制定逃避检查预案的；

（10）其他足以认定的情形。

4. 明知他人实施非法采挖、运输、收购海砂犯罪，仍为其提供资金、场地、工具、技术、单据、证明、手续等重要便利条件或者居间联络，对犯罪产生实质性帮助作用的，以非法采矿罪或者掩饰、隐瞒犯罪所得罪的共同犯罪论处。

### 三、关于下游行为的处理

5. 认定非法运输、收购、代为销售或者以其他方法掩饰、隐瞒非法采挖的海砂及其产生的收益构成掩饰、隐瞒犯罪所得、犯罪所得收益罪,以上游非法采矿犯罪事实成立为前提。上游犯罪尚未依法裁判,但查证属实的,不影响掩饰、隐瞒犯罪所得、犯罪所得收益罪的认定。上游非法采挖海砂未达到非法采矿罪"情节严重"标准的,对下游对应的掩饰、隐瞒行为可以依照海洋环境保护法、海域使用管理法、治安管理处罚法等法律法规给予行政处罚。

6. 明知是非法采挖的海砂及其产生的收益,而予以运输、收购、代为销售或者以其他方法掩饰、隐瞒,一年内曾因实施此类行为受过行政处罚,又实施此类行为的,应当依照刑法第三百一十二条的规定,以掩饰、隐瞒犯罪所得、犯罪所得收益罪定罪处罚。多次实施此类行为,未经行政处罚,依法应当追诉的,犯罪所得、犯罪所得收益的数额应当累计计算。

7. 以掩饰、隐瞒犯罪所得、犯罪所得收益罪定罪处罚的,应当注意与上游非法采矿犯罪保持量刑均衡。

### 四、关于劳务人员的责任认定

8. 《非法采矿解释》第十一条规定,对受雇佣提供劳务的人员,除参与利润分成或者领取高额固定工资的以外,一般不以犯罪论处,但曾因非法采矿、破坏性采矿受过处罚的除外。对于该条中"高额固定工资"的理解,不宜停留在对"高额"的字面理解层面,应当结合其在整个犯罪活动中的职责分工、参与程度等因素进行综合判断。

实践中,要注意结合本地区经济社会发展水平,以及采矿行业提供劳务人员的平均工资水平审查认定。一般情况下,领取或者约定领取上一年度本省(自治区、直辖市)同种类采矿、运输等行业提供劳务人员平均工资二倍以上固定财产性收益的,包括工资、奖金、补贴、物质奖励等,可以认定为"高额固定工资"。

9. 具有下列情形之一的,一般不适用《非法采矿解释》第十一条"一般不以犯罪论处"的规定:

(1) 明知他人实施非法采挖、运输、收购海砂犯罪,仍多次为其提供开采、装卸、运输、销售等实质性帮助或者重要技术支持,情节较重的;

(2) 在相关犯罪活动中,承担一定发起、策划、操纵、管理、协调职责的;

(3) 多次逃避检查,或者采取通风报信等方式为非法采挖海砂犯罪活动逃避监管或者为犯罪分子逃避处罚提供帮助的。

### 五、关于涉案海砂价格的认定

10. 对于涉案海砂价值,有销赃数额的,一般根据销赃数额认定;对于无销赃数额,销赃数额难以查证,或者根据销赃数额认定明显不合理的,根据海砂市场交易价格和数量认定。

非法采挖的海砂在不同环节销赃,非法采挖、运输、保管等过程中产生的成本支出,在销赃数额中不予扣除。

11. 海砂价值难以确定的，依据当地政府相关部门所属价格认证机构出具的报告认定，或者依据省级以上人民政府自然资源、水行政、海洋等主管部门出具的报告，结合其他证据作出认定。

12. 确定非法开采的海砂价值，一般应当以实施犯罪行为终了时当地海砂市场交易价格或者非法采挖期间当地海砂的平均市场价格为基准。犯罪行为存在明显时段连续性的，可以分别按照不同时段实施犯罪行为时当地海砂市场交易价格为基准。如当地县（市、区）无海砂市场交易价格，可参照周边地区海砂市场交易价格。

## 六、关于涉案船舶、财物的处置

13. 对涉案船舶，海警机构应当依法及时查封、扣押，扣押后一般由海警机构自行保管，特殊情况下，也可以交由船主或者船长暂时保管。

14. 具有下列情形之一的，一般可以认定为《非法采矿解释》第十二条第二款规定的"用于犯罪的专门工具"，并依法予以没收：

（1）犯罪分子所有，并专门用于非法采挖海砂犯罪的工具；

（2）长期不作登记或者系"三无"船舶或者挂靠、登记在他人名下，但实为犯罪分子控制，并专门用于非法采挖海砂犯罪的工具；

（3）船舶、机具所有人明知犯罪分子专门用于非法采挖海砂违法犯罪而出租、出借船舶、机具，构成共同犯罪或者相关犯罪的。

15. 具有下列情形之一的，一般可以认定为船舶所有人明知他人专门用于非法采挖海砂违法犯罪而出租、出借船舶，但是能够作出合理解释或者有相反证据的除外：

（1）未经有关部门批准，擅自将船舶改装为可用于采挖、运输海砂的船舶或者进行伪装的；

（2）同意或者默许犯罪分子将船舶改装为可用于采挖、运输海砂的船舶或者进行伪装的；

（3）曾因出租、出借船舶用于非法采挖、运输海砂受过行政处罚，又将船舶出租、出借给同一违法犯罪分子的；

（4）拒不提供真实的实际使用人信息，或者提供虚假的实际使用人信息的；

（5）其他足以认定明知的情形。

16. 非法采挖、运输海砂犯罪分子为逃避专门用于犯罪的船舶被依法罚没，或者为逃避一年内曾因非法采挖、运输海砂受过行政处罚，又实施此类行为被追究刑事责任，而通过虚构买卖合同、口头协议等方式转让船舶所有权，但并未进行物权变动登记，也未实际支付船舶转让价款的，可以依法认定涉案船舶为"用于犯罪的专门工具"。

17. 涉案船舶的价值与涉案金额过于悬殊，且涉案船舶证件真实有效、权属明确、船证一致的，一般不予没收。实践中，应当综合行为的性质、情节、后果、社会危害程度及行为人认罪悔罪表现等因素，对涉案船舶依法处置。

18. 船主以非法运输海砂为业，明知是非法采挖海砂仍一年内多次实施非法运输海砂犯罪活动，构成共同犯罪或者相关犯罪的，涉案船舶可以认定为《非法采矿解释》第十二条第二款规定的"供犯罪所用的本人财物"，并依法予以没收。

19. 海警机构对查扣的涉案海砂，在固定证据和留存样本后，经县级以上海警机构主要负责人批准，可以依法先行拍卖，并对拍卖进行全流程监管。拍卖所得价款暂予保管，诉讼终结后依法处理。

对于涉案船舶上采运砂机具等设施设备，海警机构在侦查过程中应当及时查封、扣押，人民法院原则上应当依法判决没收，或者交由相关主管部门予以拆除。

## 七、关于加强协作配合与监督制约

20. 案件发生后，犯罪嫌疑人、被告人从海上返回陆地的登陆地的海警机构、人民检察院、人民法院可以依法行使管辖权。"登陆地"既包括犯罪嫌疑人、被告人自行或者通过其他途径"主动登陆地"，也包括被海警机构等执法部门押解返回陆地的"被动登陆地"。海警机构应当按照就近登陆、便利侦查的原则选择登陆地。

21. 各级人民法院、人民检察院、海警机构办理涉海砂刑事案件和刑事附带民事公益诉讼案件，应当充分发挥职能作用，分工负责，互相配合，互相制约，有效形成打击合力。各级海警机构要加强串并研判，注重深挖彻查，依法全面收集、固定、完善相关证据，提升办案质量，依法提请批准逮捕、移送审查起诉。各级人民检察院要依法充分履行法律监督职责，高质效开展涉海砂刑事案件审查批准逮捕、审查起诉等工作。必要时，人民检察院可提前介入侦查，引导海警机构全面收集、固定刑事案件和刑事附带民事公益诉讼案件证据。各级人民法院在审理涉海砂刑事案件时，要切实发挥审判职能，贯彻宽严相济刑事政策，准确适用法律，确保罚当其罪。

22. 各级人民法院、人民检察院、海警机构应当建立健全日常联络、信息通报、案件会商、类案研判等制度机制，及时对涉海砂违法犯罪活动出现的新情况新问题进行研究，解决重大疑难复杂问题，提升案件办理效果。

23. 各级人民法院、人民检察院、海警机构在办理涉海砂刑事案件时，应当结合工作职责，认真分析研判涉海砂违法犯罪规律、形成原因，统筹运用制发司法建议、检察建议、开展检察公益诉讼、进行法治宣传、以案释法等方式，构建惩防并举、预防为先、治理为本的综合性防控体系；在注重打击犯罪的同时，积极推动涉海砂违法犯罪的诉源治理、综合治理，斩断利益链条，铲除犯罪滋生土壤。

# 民 事

## 最高人民法院
## 关于发布第 36 批指导性案例的通知

法〔2022〕267 号

各省、自治区、直辖市高级人民法院,解放军军事法院,新疆维吾尔自治区高级人民法院生产建设兵团分院:

经最高人民法院审判委员会讨论决定,现将运裕有限公司与深圳市中苑城商业投资控股有限公司申请确认仲裁协议效力案等六个案例(指导性案例 196—201 号),作为第 36 批指导性案例发布,供审判类似案件时参照。

2022 年 12 月 27 日

**指导案例 196 号**

## 运裕有限公司与深圳市中苑城商业投资控股
## 有限公司申请确认仲裁协议效力案

(最高人民法院审判委员会讨论通过　2022 年 12 月 27 日发布)

**关键词**　民事/申请确认仲裁协议效力/仲裁条款成立

**裁判要点**

1. 当事人以仲裁条款未成立为由请求确认仲裁协议不存在的,人民法院应当按照申请确认仲裁协议效力案件予以审查。

2. 仲裁条款独立存在,其成立、效力与合同其他条款是独立、可分的。当事人在订立合同时对仲裁条款进行磋商并就提交仲裁达成合意的,合同成立与否不影响仲裁条款的成立、效力。

**相关法条**

《中华人民共和国仲裁法》第 16 条、第 19 条、第 20 条第 1 款

**基本案情**

中国旅游集团有限公司（以下简称中旅公司），原名为中国旅游集团公司、中国港中旅集团公司，是国有独资公司。香港中旅（集团）有限公司（以下简称香港中旅公司）是中旅公司的全资子公司，注册于香港。运裕有限公司（以下简称运裕公司）是香港中旅公司的全资子公司，注册于英属维尔京群岛。新劲公司是运裕公司的全资子公司，亦注册于英属维尔京群岛。

2016 年 3 月 24 日，中旅公司作出《关于同意挂牌转让 NEWPOWERENTERPRISESINC. 100%股权的批复》，同意运裕公司依法合规转让其所持有的新劲公司 100%的股权。2017 年 3 月 29 日，运裕公司通过北交所公开挂牌转让其持有的新劲公司 100%的股权。深圳市中苑城商业投资控股有限公司（以下简称中苑城公司）作为意向受让人与运裕公司等就签订案涉项目的产权交易合同等事宜开展磋商。

2017 年 5 月 9 日，港中旅酒店有限公司（中旅公司的全资子公司）投资管理部经理张欣发送电子邮件给深圳市泰隆金融控股集团有限公司（中苑城公司的上级集团公司）风控法务张瑞瑞。电子邮件的附件《产权交易合同》，系北交所提供的标准文本，载明甲方为运裕公司，乙方为中苑城公司，双方根据合同法和《企业国有产权转让管理暂行办法》等相关法律、法规、规章的规定，就运裕公司向中苑城公司转让其拥有的新劲公司 100%股权签订《产权交易合同》。合同第十六条管辖及争议解决方式：16.1 本合同及产权交易中的行为均适用中华人民共和国法律；16.2 有关本合同的解释或履行，当事人之间发生争议的，应由双方协商解决；协商解决不成的，提交北京仲裁委员会仲裁。上述电子邮件的附件《债权清偿协议》第十二条约定：本协议适用中华人民共和国法律。有关本协议的解释或履行，当事人之间发生争议的，应由各方协商解决；协商解决不成的，任何一方均有权提交北京仲裁委员会以仲裁方式解决。

2017 年 5 月 10 日，张瑞瑞发送电子邮件给张欣、刘祯，内容为："附件为我们公司对合同的一个修改意见，请贵公司在基于平等、公平的原则及合同签订后的有效原则慎重考虑加以确认"。在该邮件的附件中，《产权交易合同》文本第十六条"管辖及争议解决方式"修改为"16.1 本合同及产权交易中的行为均适用中华人民共和国法律。16.2 有关本合同的解释或履行，当事人之间发生争议的，应由双方协商解决；协商解决不成的，提交深圳国际仲裁院仲裁"；《债权清偿协议》文本第十二条修改为"本协议适用中华人民共和国法律。有关本协议的解释或履行，当事人之间发生争议的，应由各方协商解决；协商解决不成的，任何一方均有权提交深圳国际仲裁院以仲裁方式解决"。

2017 年 5 月 11 日 13 时 42 分，张欣发送电子邮件给张瑞瑞和中苑城公司高级管理人员李俊，针对中苑城公司对两个合同文本提出的修改意见进行了回应，并表示"现将修订后的合同草签版发送给贵司，请接到附件内容后尽快回复意见。贵方与我司确认后的合同将被提交至北交所及我司内部审批流程，经北交所及我司集团公司最终确认后方可签署（如有修改我司会再与贵司确认）"。该邮件附件《产权交易合同》（草签版）第十六条"管辖及争议解决方式"与《债权清偿协议》（草签版）第十二条和上述 5 月

10日张瑞瑞发送给张欣、刘祯的电子邮件附件中的有关内容相同。同日18时39分，张瑞瑞发送电子邮件给张欣，内容为"附件为我司签署完毕的《产权交易合同》（草签版）及《债权清偿协议》（草签版）、项目签约说明函等扫描件，请查收并回复"。该邮件附件《产权交易合同》（草签版）和《债权清偿协议》（草签版）的管辖及争议解决方式的内容与张欣在同日发送电子邮件附件中的有关内容相同。中苑城公司在合同上盖章，并将该文本送达运裕公司。

2017年5月17日，张欣发送电子邮件给李俊，载明："深圳项目我司集团最终审批流程目前正进行中，如审批顺利计划可在本周五上午在北京维景国际大酒店举办签约仪式，具体情况待我司确认后通知贵司。现将《产权交易合同》及《债权清偿协议》拟签署版本提前发送给贵司以便核对。"该邮件附件1为《股权转让项目产权交易合同》（拟签署版），附件2为《股权转让项目债权清偿协议》（拟签署版）。上述两个合同文本中的仲裁条款仍与草签版相同。

2017年10月27日，运裕公司发函中苑城公司取消交易。2018年4月4日，中苑城公司根据《产权交易合同》（草签版）第16.2条及《债权清偿协议》（草签版）第十二条的约定，向深圳国际仲裁院提出仲裁申请，将运裕公司等列为共同被申请人。在仲裁庭开庭前，运裕公司等分别向广东省深圳市中级人民法院提起诉讼，申请确认仲裁协议不存在。该院于2018年9月11日立案，形成了本案和另外两个关联案件。在该院审查期间，最高人民法院认为，本案及关联案件有重大法律意义，由国际商事法庭审查有利于统一适用法律，且有利于提高纠纷解决效率，故依照民事诉讼法第三十八条第一款、《最高人民法院关于设立国际商事法庭若干问题的规定》第二条第五项之规定，裁定本案由最高人民法院第一国际商事法庭审查。

**裁判结果**

最高人民法院于2019年9月18日作出（2019）最高法民特1号民事裁定，驳回运裕有限公司的申请。

**裁判理由**

最高人民法院认为：运裕公司在中苑城公司申请仲裁后，以仲裁条款未成立为由，向人民法院申请确认双方之间不存在有效的仲裁条款。虽然这不同于要求确认仲裁协议无效，但是仲裁协议是否存在与是否有效同样直接影响到纠纷解决方式，同样属于需要解决的先决问题，因而要求确认当事人之间不存在仲裁协议也属于广义的对仲裁协议效力的异议。仲裁法第二十条第一款规定："当事人对仲裁协议的效力有异议的，可以请求仲裁委员会作出决定或者请求人民法院作出裁定。据此，当事人以仲裁条款未成立为由要求确认仲裁协议不存在的，属于申请确认仲裁协议效力案件，人民法院应予立案审查。"

在确认仲裁协议效力时，首先要确定准据法。涉外民事关系法律适用法第十八条规定："当事人可以协议选择仲裁协议适用的法律。当事人没有选择的，适用仲裁机构所在地法律或者仲裁地法律。"在法庭询问时，各方当事人均明确表示同意适用中华人民共和国法律确定案涉仲裁协议效力。因此，本案仲裁协议适用中华人民共和国法律。

仲裁法第十六条第一款规定："仲裁协议包括合同中订立的仲裁条款和以其他书面方式

在纠纷发生前或者纠纷发生后达成的请求仲裁的协议。"可见,合同中的仲裁条款和独立的仲裁协议这两种类型,都属于仲裁协议,仲裁条款的成立和效力的认定也适用关于仲裁协议的法律规定。

仲裁协议独立性是广泛认可的一项基本法律原则,是指仲裁协议与主合同是可分的,互相独立,它们的存在与效力,以及适用于它们的准据法都是可分的。由于仲裁条款是仲裁协议的主要类型,仲裁条款与合同其他条款出现在同一文件中,赋予仲裁条款独立性,比强调独立的仲裁协议具有独立性更有实践意义,甚至可以说仲裁协议独立性主要是指仲裁条款和主合同是可分的。对于仲裁协议的独立性,中华人民共和国法律和司法解释均有规定。仲裁法第十九条第一款规定:"仲裁协议独立存在,合同的变更、解除、终止或者无效,不影响仲裁协议的效力。"从上下文关系看,该条是在仲裁法第十六条明确了仲裁条款属于仲裁协议之后,规定了仲裁协议的独立性。因此,仲裁条款独立于合同。对于仲裁条款能否完全独立于合同而成立,仲裁法的规定似乎不是特别清晰,不如已成立合同的变更、解除、终止或者无效不影响仲裁协议效力的规定那么明确。在司法实践中,合同是否成立与其中的仲裁条款是否成立这两个问题常常纠缠不清。但是,仲裁法第十九条第一款开头部分"仲裁协议独立存在",是概括性、总领性的表述,应当涵盖仲裁协议是否存在即是否成立的问题,之后的表述则是进一步强调列举的几类情形也不能影响仲裁协议的效力。《最高人民法院关于适用〈中华人民共和国仲裁法〉若干问题的解释》第十条第二款进一步明确:"当事人在订立合同时就争议达成仲裁协议的,合同未成立不影响仲裁协议的效力。"因此,在确定仲裁条款效力包括仲裁条款是否成立时,可以先行确定仲裁条款本身的效力;在确有必要时,才考虑对整个合同的效力包括合同是否成立进行认定。本案亦依此规则,先根据本案具体情况来确定仲裁条款是否成立。

仲裁条款是否成立,主要是指当事人双方是否有将争议提交仲裁的合意,即是否达成了仲裁协议。仲裁协议是一种合同,判断双方是否就仲裁达成合意,应适用合同法关于要约、承诺的规定。从本案磋商情况看,当事人双方一直共同认可将争议提交仲裁解决。本案最早的《产权交易合同》,系北交所提供的标准文本,连同《债权清偿协议》由运裕公司等一方发给中苑城公司,两份合同均包含将争议提交北京仲裁委员会仲裁的条款。之后,当事人就仲裁机构进行了磋商。运裕公司等一方发出的合同草签版的仲裁条款,已将仲裁机构确定为深圳国际仲裁院。就仲裁条款而言,这是运裕公司等发出的要约。中苑城公司在合同草签版上盖章,表示同意,并于2017年5月11日将盖章合同文本送达运裕公司,这是中苑城公司的承诺。根据合同法第二十五条、第二十六条相关规定,承诺通知到达要约人时生效,承诺生效时合同成立。因此,《产权交易合同》《债权清偿协议》中的仲裁条款于2017年5月11日分别在两个合同的各方当事人之间成立。之后,当事人就合同某些其他事项进行交涉,但从未对仲裁条款有过争议。鉴于运裕公司等并未主张仲裁条款存在法定无效情形,故应当认定双方当事人之间存在有效的仲裁条款,双方争议应由深圳国际仲裁院进行仲裁。虽然运裕公司等没有在最后的合同文本上盖章,其法定代表人也未在文本上签字,不符合合同经双方法定代表人或授权代表签字并盖章后生效的要求,但根据《最高人民法院关于适用〈中华人民共和国仲裁法〉若干问题的解释》第十条第二款的规定,即使合同未成立,仲裁条款的效力也不受影响。在当事人已达成仲裁协议的情况下,对于本案合同是否成立的问题无须再行认定，该问题应在仲裁中解决。综上，运裕公司的理由和请求不能成立，人民法院驳回其申请。

**指导案例 197 号**

# 深圳市实正共盈投资控股有限公司与深圳市交通运输局申请确认仲裁协议效力案

（最高人民法院审判委员会讨论通过　2022 年 12 月 27 日发布）

**关键词**　民事/申请确认仲裁协议效力/首次开庭/重新仲裁

**裁判要点**

当事人未在仲裁庭首次开庭前对仲裁协议的效力提出异议的，应当认定当事人接受仲裁庭对案件的管辖权。虽然案件重新进入仲裁程序，但仍是对同一纠纷进行的仲裁程序，当事人在重新仲裁开庭前对仲裁协议效力提出异议的，不属于《中华人民共和国仲裁法》第二十条第二款规定的"在仲裁庭首次开庭前提出"的情形。

**相关法条**

《中华人民共和国仲裁法》第 20 条第 2 款

**基本案情**

深圳市实正共盈投资控股有限公司（以下简称实正共盈公司）诉称：实正共盈公司与深圳市交通运输局的纠纷由深圳国际仲裁院于 2020 年 2 月 20 日作出重新裁决的决定，该案目前尚未重新组庭，处于首次开庭前的阶段。两个案件程序相互独立，现在提起确认仲裁协议的效力时间应当被认定为首次开庭前，一审裁定依据《最高人民法院关于适用〈中华人民共和国仲裁法〉若干问题的解释》第十三条规定属于法律适用错误。

广东省深圳市交通运输局辩称：案涉仲裁案件于 2017 年 8 月 18 日首次开庭审理，庭审过程中，实正共盈公司当庭确认其对仲裁庭已经进行的程序没有异议，实正共盈公司已认可深圳国际仲裁院对案涉仲裁案件的管辖，其无权因案件进入重新仲裁程序而获得之前放弃的权利。一审裁定适用法律正确。

法院经审理查明：华南国际经济贸易仲裁委员会（又名深圳国际仲裁院，曾名中国国际经济贸易仲裁委员会华南分会、中国国际经济贸易仲裁委员会深圳分会）于 2016 年受理本案所涉仲裁案件。2017 年 8 月 18 日，仲裁庭进行开庭审理，在仲裁申请人陈述和固定仲裁请求依据的事实和理由前，仲裁庭询问"双方当事人对本案已经进行的程序，是否有异议"，本案申请人回答"没有异议"；在庭审结束时，本案申请人表示，"截止到目前为止对于已经进行的仲裁程序"没有异议。2018 年 3 月 29 日，华南国际经济贸易仲裁委员会作出裁决书。该裁决作出后，实正共盈公司向深圳市中级人民法院申请不予执行该仲裁裁决。法院经审查认为，可以由仲裁庭重新仲裁，由于仲裁庭在法院指定的期限内已同意重新仲裁，故不予执行仲裁裁决的审查程序应予终结。2020年2月26日，法院裁定终结该案审查程序。

**裁判结果**

广东省深圳市中级人民法院于2020年6月3日作出（2020）粤03民特249号民事裁定，驳回申请人实正共盈公司的申请。实正共盈公司不服，向广东省高级人民法院提起上诉。广东省高级人民法院于2020年9月18日作出（2020）粤民终2212号民事裁定，驳回上诉，维持原裁定。

**裁判理由**

法院生效裁判认为：《中华人民共和国仲裁法》第二十条第二款规定："当事人对仲裁协议的效力有异议，应当在仲裁庭首次开庭前提出"，当事人未在仲裁庭首次开庭前对仲裁协议的效力提出异议的，视为当事人接受仲裁庭对案件的管辖权。本案虽然进入重新仲裁程序，但仍为同一纠纷，实正共盈公司在仲裁过程中未对仲裁协议效力提出异议并确认对仲裁程序无异议，其行为在重新仲裁过程中仍具有效力。根据《最高人民法院关于适用〈中华人民共和国仲裁法〉若干问题的解释》第十三条"依照仲裁法第二十条第二款的规定，当事人在仲裁庭首次开庭前没有对仲裁协议的效力提出异议，而后向人民法院申请确认仲裁协议无效的，人民法院不予受理"的规定，一审法院不应受理实正共盈公司提出的确认仲裁协议效力申请。一审法院受理本案后，根据《最高人民法院审理仲裁司法审查案件若干问题的规定》第八条第一款"人民法院立案后发现不符合受理条件的，裁定驳回申请"的规定，裁定驳回实正共盈公司的申请，并无不当。

（生效裁判审判人员：辜恩臻、潘晓璇、贺伟）

**指导案例198号**

# 中国工商银行股份有限公司岳阳分行与刘友良申请撤销仲裁裁决案

（最高人民法院审判委员会讨论通过　2022年12月27日发布）

**关键词**　民事/申请撤销仲裁裁决/仲裁协议/实际施工人

**裁判要点**

实际施工人并非发包人与承包人签订的施工合同的当事人，亦未与发包人、承包人订立有效仲裁协议，不应受发包人与承包人的仲裁协议约束。实际施工人依据发包人与承包人的仲裁协议申请仲裁，仲裁机构作出仲裁裁决后，发包人请求撤销仲裁裁决的，人民法院应予支持。

**相关法条**

《中华人民共和国仲裁法》第58条

**基本案情**

2012年8月30日,中国工商银行股份有限公司岳阳分行(以下简称工行岳阳分行)与湖南巴陵建设有限公司(以下简称巴陵公司)签订《装修工程施工合同》,工行岳阳分行将其办公大楼整体装修改造内部装饰项目发包给巴陵公司,同时在合同第15.11条约定"本合同发生争议时,先由双方协商解决,协商不成时,向岳阳仲裁委员会申请仲裁解决。"2012年9月10日,巴陵公司与刘友良签订《内部项目责任承包合同书》,巴陵公司将工行岳阳分行办公大楼整体装修改造内部装饰项目的工程内容及保修以大包干方式承包给刘友良,并收取一定的管理费及相关保证金。2013年7月23日,工行岳阳分行与巴陵公司又签订了《装饰安装工程施工补充合同》,工行岳阳分行将其八楼主机房碳纤维加固、防水、基层装饰、外屏管道整修、室内拆旧及未进入决算的相关工程发包给巴陵公司。由于工行岳阳分行未能按照约定支付工程款,2017年7月4日,刘友良以工行岳阳分行为被申请人向岳阳仲裁委员会申请仲裁。2017年8月7日,工行岳阳分行以其与刘友良未达成仲裁协议为由提出仲裁管辖异议。2017年8月8日,岳阳仲裁委员会以岳仲决字〔2017〕8号决定驳回了工行岳阳分行的仲裁管辖异议。2017年12月22日,岳阳仲裁委员会作出岳仲决字〔2017〕696号裁决,裁定工行岳阳分行向刘友良支付到期应付工程价款及违约金。工行岳阳分行遂向湖南省岳阳市中级人民法院申请撤销该仲裁裁决。

**裁判结果**

湖南省岳阳市中级人民法院于2018年11月12日作出(2018)湘06民特1号民事裁定,撤销岳阳仲裁委员会岳仲决字〔2017〕696号裁决。

**裁判理由**

法院生效裁判认为:仲裁协议是当事人达成的自愿将他们之间业已产生或可能产生的有关特定的无论是契约性还是非契约性的法律争议的全部或特定争议提交仲裁的合意。仲裁协议是仲裁机构取得管辖权的依据,是仲裁合法性、正当性的基础,其集中体现了仲裁自愿原则和协议仲裁制度。本案中,工行岳阳分行与巴陵公司签订的《装修工程施工合同》第15.11条约定"本合同发生争议时,先由双方协商解决,协商不成时,向岳阳仲裁委员会申请仲裁",故工行岳阳分行与巴陵公司之间因工程款结算及支付引起的争议应当通过仲裁解决。但刘友良作为实际施工人,其并非工行岳阳分行与巴陵公司签订的《装修工程施工合同》的当事人,刘友良与工行岳阳分行及巴陵公司之间均未达成仲裁合意,不受该合同中仲裁条款的约束。除非另有约定,刘友良无权援引工行岳阳分行与巴陵公司之间《装修工程施工合同》中的仲裁条款向合同当事方主张权利。刘友良以巴陵公司的名义施工,巴陵公司作为《装修工程施工合同》的主体仍然存在并承担相应的权利义务,案件当事人之间并未构成《最高人民法院关于适用〈中华人民共和国仲裁法〉若干问题的解释》第八条规定的合同仲裁条款"承继"情形,亦不构成上述解释第九条规定的合同主体变更情形。2004年《最高人民法院关于审理建设工程施工合同纠纷案件适用法律问题的解释》第二十六条虽然规定实际施工人可以发包人为被告主张权利且发包人只在欠付工程款的范围内对实际施工人承担责任,但上述内容仅规定了实际施工人对发包人的诉权以及发包人承担责任的范围,不应视为实际施工人援引《装修工程施工合同》中仲裁条款的依据。综上,工行岳阳分行与刘友良之间不存在仲裁协议,岳阳仲裁委员会基于刘友良的申请以仲裁方式解决工行岳阳分行与刘友良之间的工程款争议无法律依据。实际施工人依据发包人与承包人的仲裁协议申请仲裁，仲裁机构作出仲裁裁决后，发包人请求撤销仲裁裁决的，人民法院应予支持。

（生效裁判审判人员：间开海、宋红燕、苏洁）

**指导案例 199 号**

# 高哲宇与深圳市云丝路创新发展基金企业、李斌申请撤销仲裁裁决案

（最高人民法院审判委员会讨论通过　2022 年 12 月 27 日发布）

**关键词**　民事/申请撤销仲裁裁决/比特币/社会公共利益

**裁判要点**

仲裁裁决裁定被申请人赔偿与比特币等值的美元，再将美元折算成人民币，属于变相支持比特币与法定货币之间的兑付交易，违反了国家对虚拟货币金融监管的规定，违背了社会公共利益，人民法院应当裁定撤销仲裁裁决。

**相关法条**

《中华人民共和国仲裁法》第 58 条

**基本案情**

2017 年 12 月 2 日，深圳市云丝路创新发展基金企业（以下简称云丝路企业）、高哲宇、李斌签订了《股权转让协议》，根据该协议约定，云丝路企业将其持有的深圳极驱科技有限公司（以下简称极驱公司）5%股权以 55 万元转让给高哲宇；李斌同意代替高哲宇向云丝路企业支付 30 万元股权转让款，高哲宇直接向云丝路企业支付 25 万元股权转让款，同时高哲宇将李斌委托其进行理财的比特币全部归还至李斌的电子钱包。该协议签订后，高哲宇未履行合同义务。

云丝路企业、李斌向深圳仲裁委员会申请仲裁，主要请求为：变更云丝路企业持有的极驱公司 5%股权到高哲宇名下，高哲宇向云丝路企业支付股权款 25 万元，高哲宇向李斌归还与比特币资产相等价值的美金 493158.40 美元及利息，高哲宇支付李斌违约金 10 万元。

仲裁庭经审理认为，高哲宇未依照案涉合同的约定交付双方共同约定并视为有财产意义的比特币等，构成违约，应予赔偿。仲裁庭参考李斌提供的 okcoin.com 网站公布的合同约定履行时点有关比特币收盘价的公开信息，估算应赔偿的财产损失为 401780 美元。仲裁庭裁决，变更云丝路企业持有的极驱公司 5%股权至高哲宇名下；高哲宇向云丝路企业支付股权转让款 25 万元；高哲宇向李斌支付 401780 美元（按裁决作出之日的美元兑人民币汇率结算为人民币）；高哲宇向李斌支付违约金 10 万元。

高哲宇认为该仲裁裁决违背社会公共利益，请求人民法院予以撤销。

**裁判结果**

广东省深圳市中级人民法院于2020年4月26日作出（2018）粤03民特719号民事裁定，撤销深圳仲裁委员会（2018）深仲裁字第64号仲裁裁决。

**裁判理由**

法院生效裁判认为：《中国人民银行工业和信息化部中国银行业监督管理委员会中国证券监督管理委员会中国保险监督管理委员会关于防范比特币风险的通知》（银发〔2013〕289号）明确规定，比特币不具有与货币等同的法律地位，不能且不应作为货币在市场上流通使用。2017年中国人民银行等七部委联合发布关于防范代币发行融资风险的公告，重申了上述规定，同时从防范金融风险的角度，进一步提出任何所谓的代币融资交易平台不得从事法定货币与代币、虚拟货币相互之间的兑换业务，不得买卖或作为中央对手方买卖代币或虚拟货币，不得为代币或虚拟货币提供定价、信息中介等服务。上述文件实质上禁止了比特币的兑付、交易及流通，炒作比特币等行为涉嫌从事非法金融活动，扰乱金融秩序，影响金融稳定。涉案仲裁裁决高哲宇赔偿李斌与比特币等值的美元，再将美元折算成人民币，实质上是变相支持了比特币与法定货币之间的兑付、交易，与上述文件精神不符，违背了社会公共利益，该仲裁裁决应予撤销。

（生效裁判审判人员：朱萍、梁乐乐、赵雪琳）

**指导案例 200 号**

# 斯万斯克蜂蜜加工公司申请承认和执行外国仲裁裁决案

（最高人民法院审判委员会讨论通过　2022年12月27日发布）

**关键词**　民事/申请承认和执行外国仲裁裁决/快速仲裁/临时仲裁

**裁判要点**

仲裁协议仅约定通过快速仲裁解决争议，未明确约定仲裁机构的，由临时仲裁庭作出裁决，不属于《承认及执行外国仲裁裁决公约》第五条第一款规定的情形，被申请人以采用临时仲裁不符合仲裁协议约定为由，主张不予承认和执行该临时仲裁裁决的，人民法院不予支持。

**相关法条**

1. 《中华人民共和国民事诉讼法》第290条（本案适用的是2017年6月27日修正的《中华人民共和国民事诉讼法》第283条）

2. 《承认及执行外国仲裁裁决公约》第5条

**基本案情**

2013年5月17日，卖方南京常力蜂业有限公司（以下简称常力蜂业公司）与买方斯万斯克蜂蜜加工公司（SvenskHonungsfora-dlingAB）（以下简称斯万斯克公司）签订了编号为NJRS13001的英文版蜂蜜销售《合同》，约定的争议解决条款为"in case of disputes governed by Swedish law and that disputes should be settled by Expedited arbitration in Sweden."（中文直译为："在受瑞典法律管辖的情况下，争议应在瑞典通过快速仲裁解决。"）。另《合同》约定了相应的质量标准：蜂蜜其他参数符合欧洲（2001/112/EC，2001年12月20日），无美国污仔病、微粒子虫、瓦螨病等。

在合同履行过程中，双方因蜂蜜品质问题发生纠纷。2015年2月23日，斯万斯克公司以常力蜂业公司为被申请人就案涉《合同》向瑞典斯德哥尔摩商会仲裁院申请仲裁，请求常力蜂业公司赔偿。该仲裁院于2015年12月18日以其无管辖权为由作出SCCF2015/023仲裁裁决，驳回了斯万斯克公司的申请。

2016年3月22日，斯万斯克公司再次以常力蜂业公司为被申请人就案涉《合同》在瑞典申请临时仲裁。在仲裁审查期间，临时仲裁庭及斯德哥尔摩地方法院向常力蜂业公司及该公司法定代表人邮寄了相应材料，但截至2017年5月4日，临时仲裁庭除了收到常力蜂业公司关于陈述《合同》没有约定仲裁条款、不应适用瑞典法的两份电子邮件外，未收到其他任何意见。此后临时仲裁庭收到常力蜂业公司代理律师提交的关于反对仲裁庭管辖权及延长提交答辩书的意见书。2018年3月5日、6日，临时仲裁庭组织双方当事人进行了听证。听证中，常力蜂业公司的代理人对仲裁庭的管辖权不再持异议，常力蜂业公司的法定代表人赵上生也未提出相应异议。该临时仲裁庭于2018年6月9日依据瑞典仲裁法作出仲裁裁决：1. 常力蜂业公司违反了《合同》约定，应向斯万斯克公司支付286230美元及相应利息；2. 常力蜂业公司应向斯万斯克公司赔偿781614瑞典克朗、1021718.45港元。

2018年11月22日，斯万斯克公司向江苏省南京市中级人民法院申请承认和执行上述仲裁裁决。

法院审查期间，双方均认为应当按照瑞典法律来理解《合同》中的仲裁条款。斯万斯克公司认为争议解决条款的中文意思是"如发生任何争议，应适用瑞典法律并在瑞典通过快速仲裁解决。"而常力蜂业公司则认为上述条款的中文意思是"为瑞典法律管辖下的争议在瑞典进行快速仲裁解决。"

**裁判结果**

江苏省南京市中级人民法院于2019年7月15日作出（2018）苏01协外认8号民事裁定，承认和执行由PeterThorp、StureLarsson和NilsEliasson组成的临时仲裁庭于2018年6月9日针对斯万斯克公司与常力蜂业公司关于NJRS13001《合同》作出的仲裁裁决。

**裁判理由**

法院生效裁判认为：依据查明及认定的事实，由PeterThorp、StureLarsson和NilsEliasson组成的临时仲裁庭作出的案涉仲裁裁决不具有《承认及执行外国仲裁裁决公约》第五条第一款乙、丙、丁项规定的不予承认和执行的情形，也不违反我国加入该公约时所作出的保留性声明条款，或违反我国公共政策或争议事项不能以仲裁解决的情形，故对该裁决应当予以承认和执行。

关于临时仲裁裁决的程序是否存在与仲裁协议不符的情形。该项争议系双方对《合同》约定的争议解决条款"in case of disputes governed by Swedish law and that disputes should be settled by Expedited Arbitration in Sweden"的理解问题。从双方对该条款中文意思的表述看，双方对在瑞典通过快速仲裁解决争端并无异议，仅对快速仲裁是否可以通过临时仲裁解决发生争议。快速仲裁相对于普通仲裁而言，更加高效、便捷、经济，其核心在于简化了仲裁程序、缩短了仲裁时间、降低了仲裁费用等，从而使当事人的争议以较为高效和经济的方式得到解决。而临时仲裁庭相对于常设的仲裁机构而言，也具有高效、便捷、经济的特点。具体到本案，双方同意通过快速仲裁的方式解决争议，但该快速仲裁并未排除通过临时仲裁的方式解决，当事人在仲裁听证过程中也没有对临时仲裁提出异议，在此情形下，由临时仲裁庭作出裁决，符合双方当事人的合意。故应认定案涉争议通过临时仲裁庭处理，并不存在与仲裁协议不符的情形。

（生效裁判审判人员：姜欣、蔡晓文、吴勇）

**指导案例 201 号**

# 德拉甘·可可托维奇诉上海恩渥餐饮管理有限公司、吕恩劳务合同纠纷案

（最高人民法院审判委员会讨论通过　2022 年 12 月 27 日发布）

**关键词**　民事/劳务合同/《承认及执行外国仲裁裁决公约》/国际单项体育组织/仲裁协议效力

**裁判要点**

1. 国际单项体育组织内部纠纷解决机构作出的纠纷处理决定不属于《承认及执行外国仲裁裁决公约》项下的外国仲裁裁决。

2. 当事人约定，发生纠纷后提交国际单项体育组织解决，如果国际单项体育组织没有管辖权则提交国际体育仲裁院仲裁，该约定不存在准据法规定的无效情形的，应认定该约定有效。国际单项体育组织实际行使了管辖权，涉案争议不符合当事人约定的提起仲裁条件的，人民法院对涉案争议依法享有司法管辖权。

**相关法条**

1. 《中华人民共和国涉外民事关系法律适用法》第 18 条
2. 《承认及执行外国仲裁裁决公约》第 1 条第 1 款、第 2 款

**基本案情**

2017 年 1 月 23 日，上海聚运动足球俱乐部有限公司（以下简称聚运动公司）与原告塞尔维亚籍教练员 DraganKokotovic（中文名：德拉甘·可可托维奇）签订《职业教练工作合同》，约定德拉甘·可可托维奇作为职业教练为聚运动公司名下的足球俱乐部提供教练方面的劳务。2017 年 7 月 1 日，双方签订《解除合同协议》，约定《职业教练工作合同》自当日终止，聚运动公司向德拉甘·可可托维奇支付剩余工资等款项。关于争议解决，《解除合同

协议》第 5.1 条约定,"与本解除合同协议相关,或由此产生的任何争议或诉讼,应当受限于国际足联球员身份委员(FIFAPlayers' StatusCommittee,以下简称球员身份委员会)或任何其他国际足联有权机构的管理。"第 5.2 条约定,"如果国际足联对于任何争议不享有司法管辖权的,协议方应当将上述争议提交至国际体育仲裁院,根据《与体育相关的仲裁规则》予以受理。相关仲裁程序应当在瑞士洛桑举行。"

因聚运动公司未按照约定支付相应款项,德拉甘·可可托维奇向球员身份委员会申请解决案涉争议。球员身份委员会于 2018 年 6 月 5 日作出《单一法官裁决》,要求聚运动公司自收到该裁决通知之日起 30 日内向德拉甘·可可托维奇支付剩余工资等款项。《单一法官裁决》另载明,如果当事人对裁决结果有异议,应当按照规定程序向国际体育仲裁院提起上诉,否则《单一法官裁决》将成为终局性、具有约束力的裁决。后双方均未就《单一法官裁决》向国际体育仲裁院提起上诉。

之后,聚运动公司变更为上海恩渥餐饮管理有限公司(以下简称恩渥公司),吕恩为其独资股东及法定代表人。因恩渥公司未按照《单一法官裁决》支付款项,且因聚运动俱乐部已解散并不再在中国足球协会注册,上述裁决无法通过足球行业自治机制获得执行,德拉甘·可可托维奇向上海市徐汇区人民法院提起诉讼,请求法院判令:一、恩渥公司向德拉甘·可可托维奇支付剩余工资等款项;二、吕恩就上述债务承担连带责任。恩渥公司和吕恩在提交答辩状期间对人民法院受理该案提出异议,认为根据《解除合同协议》第 5.2 条约定,案涉争议应当提交国际体育仲裁院仲裁,人民法院无管辖权,请求裁定对德拉甘·可可托维奇的起诉不予受理。

**裁判结果**

上海市徐汇区人民法院于 2020 年 1 月 21 日作出(2020)沪 0104 民初 1814 号民事裁定,驳回德拉甘·可可托维奇的起诉。德拉甘·可可托维奇不服一审裁定,提起上诉。上海市第一中级人民法院经审理,并依据《最高人民法院关于仲裁司法审查案件报核问题的有关规定》第八条规定层报上海市高级人民法院、最高人民法院审核,于 2022 年 6 月 29 日作出(2020)沪 01 民终 3346 号民事裁定,一、撤销上海市徐汇区人民法院(2020)沪 0104 民初 1814 号民事裁定;二、本案指令上海市徐汇区人民法院审理。

**裁判理由**

法院生效裁判认为:本案争议焦点包括两个方面:第一,球员身份委员会作出的《单一法官裁决》是否属于《承认及执行外国仲裁裁决公约》规定的外国仲裁裁决;第二,案涉仲裁条款是否可以排除人民法院的管辖权。

首先,球员身份委员会作出的涉案《单一法官裁决》不属于《承认及执行外国仲裁裁决公约》项下的外国仲裁裁决。根据《承认及执行外国仲裁裁决公约》的目的、宗旨及规定,《承认及执行外国仲裁裁决公约》项下的仲裁裁决是指常设仲裁机关或专案仲裁庭基于当事人的仲裁协议,对当事人提交的争议作出的终局性、有约束力的裁决,而球员身份委员会作出的《单一法官裁决》与上述界定并不相符。国际足联球员身份委员会的决定程序并非仲裁程序,而是行业自治解决纠纷的内部程序。第一,球员身份委员会系依据内部条例和规则受理并处理争议的国际单项体育组织内设的自治纠纷解决机构,并非具有独立性的仲裁机构;第二,球员身份委员会仅就其会员单位和成员之间的争议进行调处,其作出的《单一法官裁决》，系国际单项体育组织的内部决定，主要依靠行业内部自治机制获得执行，不具有普遍、严格的约束力，故不符合仲裁裁决的本质特征；第三，依据国际足联《球员身份和转会管理条例》第22条、第23条第4款之规定，国际足联处理相关争议并不影响球员或俱乐部就该争议向法院寻求救济的权利，当事人亦可就球员身份委员会作出的处理决定向国际体育仲裁院提起上诉。上述规定明确了国际足联的处理决定不具有终局性，不排除当事人寻求司法救济的权利。综上，球员身份委员会作出的《单一法官裁决》与《承认及执行外国仲裁裁决公约》项下"仲裁裁决"的界定不符，不宜认定为外国仲裁裁决。

其次，案涉仲裁条款不能排除人民法院对本案行使管辖权。案涉当事人在《解除合同协议》第5条约定，发生纠纷后应当首先提交球员身份委员会或者国际足联的其他内设机构解决，如果国际足联没有管辖权则提交国际体育仲裁院仲裁。既已明确球员身份委员会及国际足联其他内设机构的纠纷解决程序不属于仲裁程序，则相关约定不影响人民法院对本案行使管辖权。但当事人约定应将争议提交至国际体育仲裁院进行仲裁，本质系有关仲裁主管的约定，故需进一步审查仲裁协议的效力及其是否排除人民法院的管辖权。

因案涉协议中的仲裁条款并未明确约定相应的准据法，根据《中华人民共和国涉外民事关系法律适用法》第十八条之规定，有关案涉仲裁条款效力的准据法应为瑞士法。最高人民法院在依据《最高人民法院关于仲裁司法审查案件报核问题的有关规定》第八条规定审核案涉仲裁协议效力问题期间查明，瑞士关于仲裁协议效力的法律规定为《瑞士联邦国际私法》第178条。该条就仲裁协议效力规定如下："（一）在形式上，仲裁协议如果是通过书写、电报、电传、传真或其他可构成书面证明的通讯方式作出，即为有效。（二）在实质上，仲裁协议如果符合当事人所选择的法律或支配争议标的的法律尤其是适用于主合同的法律或瑞士的法律所规定的条件，即为有效。（三）对仲裁协议的有效性不得以主合同可能无效或仲裁协议是针对尚未发生的争议为理由而提出异议。"结合查明的事实分析，《解除合同协议》第5.2条的约定符合上述瑞士法律的规定，故该仲裁条款合法有效。但依据该仲裁条款约定，只有在满足"国际足联不享有司法管辖权"的情形下，才可将案涉争议提交国际体育仲裁院进行仲裁。现球员身份委员会已经受理案涉争议并作出《单一法官裁决》，即本案争议已由国际足联行使了管辖权。因此，本案不符合案涉仲裁条款所约定的将争议提交国际体育仲裁院进行仲裁的条件，该仲裁条款不适用于本案，不能排除一审法院作为被告住所地人民法院行使管辖权。

（生效裁判审判人员：乔林、赵鹃、侯晓燕）

人力资源社会保障部　中央政法委　最高人民法院
工业和信息化部　司法部　财政部　中华全国总工会
中华全国工商业联合会　中国企业联合会/中国企业家协会
**关于进一步加强劳动人事争议协商调解工作的意见**

人社部发〔2022〕71号

劳动人事争议协商调解是社会矛盾纠纷多元预防调处化解综合机制的重要组成部分。通过协商调解等方式柔性化解劳动人事争议，对于防范化解劳动关系风险、维护劳动者合法权益、构建和谐劳动关系、维护社会稳定具有重要意义。为深入贯彻党的二十大精神，落实党中央、国务院关于"防范化解重大风险""坚持把非诉讼纠纷解决机制挺在前面"的重要决策部署，进一步强化劳动人事争议源头治理，现就加强劳动人事争议协商调解工作，提出如下意见：

### 一、总体要求

（一）指导思想。以习近平新时代中国特色社会主义思想为指导，深入贯彻习近平法治思想，坚持系统观念、目标导向和问题导向，着力强化风险防控，加强源头治理，健全多元处理机制，提升协商调解能力，促进中国特色和谐劳动关系高质量发展。

（二）基本原则

1. 坚持人民至上，把为民服务理念贯穿协商调解工作全过程，拓展服务领域，优化服务方式，提升服务能力，打造协商调解服务优质品牌。

2. 坚持源头治理，充分发挥协商调解的前端性、基础性作用，做到关口前移、重心下沉，最大限度地把劳动人事争议解决在基层和萌芽状态。

3. 坚持创新发展，尊重基层首创精神，积极探索新理念、新机制、新举措，促进各类调解联动融合，推动社会协同共治，形成体现中国特色、符合劳动人事争议多元处理规律、满足时代需求的协商调解工作格局。

4. 坚持灵活高效，充分发挥协商调解柔性高效、灵活便捷的优势，运用法治思维和法治方式，推动案结事了人和，促进劳动关系和谐与社会稳定。

（三）目标任务。从2022年10月开始，持续加强协商调解制度机制和能力建设，力争用5年左右时间，基本实现组织机构进一步健全、队伍建设进一步强化、制度建设进一步完善、基础保障进一步夯实，党委领导、政府负责、人力资源社会保障部门牵头和有关部门参与、司法保障、科技支撑的劳动人事争议多元处理机制更加健全，部门联动质效明显提升，协商调解解决的劳动人事争议案件数量在案件总量中的比重显著提高，劳动人事争议诉讼案件稳步下降至合理区间，协商调解工作的规范化、标准化、专业化、智能化水平显著提高。

## 二、加强源头治理

（四）强化劳动人事争议预防指导。充分发挥用人单位基层党组织在劳动关系治理、协商调解工作中的重要作用，以党建引领劳动关系和谐发展。完善民主管理制度，保障劳动者对用人单位重大决策和重大事项的知情权、参与权、表达权、监督权。推行典型案例发布、工会劳动法律监督提示函和意见书、调解建议书、仲裁建议书、司法建议书、信用承诺书等制度，引导用人单位依法合规用工、劳动者依法理性表达诉求。发挥中小企业服务机构作用，通过培训、咨询等服务，推动中小企业完善劳动管理制度、加强劳动人事争议预防，具备相应资质的服务机构可开展劳动关系事务托管服务。把用人单位建立劳动人事争议调解组织、开展协商调解工作情况作为和谐劳动关系创建等评选表彰示范创建的重要考虑因素。发挥律师、法律顾问职能作用，推进依法治企，强化劳动用工领域合规管理，减少劳动人事争议。

（五）健全劳动人事争议风险监测预警机制。建立健全劳动人事争议风险监测机制，通过税费缴纳、社保欠费、案件受理、投诉举报、信访处理、社会舆情等反映劳动关系运行的重要指标变化情况，准确研判劳动人事争议态势。完善重大劳动人事争议风险预警机制，聚焦重要时间节点，突出农民工和劳务派遣、新就业形态劳动者等重点群体，围绕确认劳动关系、追索劳动报酬、工作时间、解除和终止劳动合同等主要劳动人事争议类型，强化监测预警，建立风险台账，制定应对预案。

（六）加强劳动人事争议隐患排查化解工作。建立重点区域、重点行业、重点企业联系点制度，以工业园区和互联网、建筑施工、劳动密集型加工制造行业以及受客观经济情况发生重大变化、突发事件等影响导致生产经营困难的企业为重点，全面开展排查，及时发现苗头性、倾向性问题，妥善化解因欠薪、不规范用工等引发的风险隐患。加强劳动人事争议隐患协同治理，完善调解仲裁机构与劳动关系、劳动保障监察机构以及工会劳动法律监督组织信息共享、协调联动，共同加强劳动用工指导，履行好"抓前端、治未病"的预防功能。

## 三、强化协商和解

（七）指导建立内部劳动人事争议协商机制。培育用人单位和劳动者的劳动人事争议协商意识，推动用人单位以设立负责人接待日、召开劳资恳谈会、开通热线电话或者电子邮箱、设立意见箱、组建网络通讯群组等方式，建立健全沟通对话机制，畅通劳动者诉求表达渠道。指导用人单位完善内部申诉、协商回应制度，优化劳动人事争议协商流程，认真研究制定解决方案，及时回应劳动者协商诉求。

（八）协助开展劳动人事争议协商。工会组织统筹劳动法律监督委员会和集体协商指导员、法律援助志愿者队伍等资源力量，推动健全劳动者申诉渠道和争议协商平台，帮助劳动者与用人单位开展劳动人事争议协商，做好咨询解答、释法说理、劝解疏导、促成和解等工作。各级地方工会可设立劳动人事争议协商室，做好劳动人事争议协商工作。企业代表组织指导企业加强协商能力建设，完善企业内部劳动争议协商程序。鼓励、支持社会力量开展劳动人事争议协商咨询、代理服务工作。

（九）强化和解协议履行和效力。劳动者与用人单位就劳动人事争议协商达成一致的，工会组织要主动引导签订和解协议，并推动和解协议履行。劳动者或者用人单位未按期履行和解协议的，工会组织要主动做好引导申请调解等工作。经劳动人事争议仲裁委员会审查，和解协议程序和内容合法有效的，可在仲裁办案中作为证据使用；但劳动者或者用人单位为达成和解目的作出的妥协认可的事实，不得在后续的仲裁、诉讼中作为对其不利的根据，但法律另有规定或者劳动者、用人单位均同意的除外。

### 四、做实多元调解

（十）推进基层劳动人事争议调解组织建设。人力资源社会保障部门会同司法行政、工会、企业代表组织和企事业单位、社会团体，推动用人单位加大调解组织建设力度。推动大中型企业普遍建立劳动争议调解委员会，建立健全以乡镇（街道）、工会、行业商（协）会、区域性等调解组织为支撑、调解员（信息员）为落点的小微型企业劳动争议协商调解机制。推动事业单位、社会团体加强调解组织建设，规范劳动人事管理和用工行为。

（十一）建设市、县级劳动人事争议仲裁院调解中心和工会法律服务工作站。推动在有条件的市、县级劳动人事争议仲裁院（以下简称仲裁院）内设劳动人事争议调解中心（以下简称调解中心），通过配备工作人员或者购买服务等方式提供劳动人事争议调解服务。调解中心负责办理仲裁院、人民法院委派委托调解的案件，协助人力资源社会保障部门指导辖区内的乡镇（街道）、工会、行业商（协）会、区域性等调解组织做好工作。探索推进工会组织在劳动人事争议案件较多、劳动者诉求反映集中的仲裁院、人民法院设立工会法律服务工作站，具备条件的地方工会可安排专人入驻开展争议协商、调解和法律服务工作，建立常态化调解与仲裁、诉讼对接机制。

（十二）加强调解工作规范化建设。人力资源社会保障部门会同司法行政、工会、企业代表组织等部门，落实调解组织和调解员名册制度，指导各类劳动人事争议调解组织建立健全调解受理登记、调解办理、告知引导、回访反馈、档案管理、统计报告等制度，提升调解工作规范化水平。加大督促调解协议履行力度，加强对当事人履约能力评估，达成调解协议后向当事人发放履行告知书。总结、推广调解组织在实践中形成的成熟经验和特色做法，发挥典型引领作用。

（十三）发挥各类调解组织特色优势。企业劳动争议调解委员会发挥熟悉内部运营规则和劳动者情况的优势，引导当事人优先通过调解方式解决劳动争议。人民调解组织发挥扎根基层、贴近群众、熟悉社情民意的优势，加大劳动人事争议调处工作力度。乡镇（街道）劳动人事争议调解组织发挥专业性优势，积极推进标准化、规范化、智能化建设，帮助辖区内用人单位做好劳动人事争议预防化解工作。行业性、区域性劳动人事争议调解组织发挥具有行业影响力、区域带动力的优势，帮助企业培养调解人员、开展调解工作。商（协）会调解组织发挥贴近企业的优势，积极化解劳动争议、协同社会治理。人力资源社会保障部门、司法行政部门、工会、企业代表组织引导和规范有意向的社会组织及律师、专家学者等社会力量，积极有序参与调解工作，进一步增加调解服务供给。

## 五、健全联动工作体系

（十四）健全劳动人事争议调解与人民调解、行政调解、司法调解联动工作体系。人力资源社会保障部门在党委政法委的统筹协调下，加强与司法行政、法院、工会、企业代表组织等部门的工作沟通，形成矛盾联调、力量联动、信息联通的工作格局，建立健全重大劳动人事争议应急联合调处机制。有条件的地区，可建立"一窗式"劳动人事争议受理和流转办理机制，通过联通各类网上调解平台、设立实体化联调中心等方式，强化各类调解资源整合。可根据实际情况建立调解员、专家库共享机制，灵活调配人员，提高案件办理专业性。

（十五）参与社会矛盾纠纷调处中心建设。各相关部门主动融入地方党委、政府主导的社会矛盾纠纷多元预防调处化解综合机制，发挥职能优势，向社会矛盾纠纷调处中心派驻调解仲裁工作人员，办理劳动人事争议案件、参与联动化解、提供业务支持，做好人员、经费、场所、设备等保障工作。

（十六）强化调解与仲裁、诉讼衔接。完善调解与仲裁的衔接，建立仲裁员分片联系调解组织制度。双方当事人经调解达成一致的，调解组织引导双方提起仲裁审查申请或者司法确认申请，及时巩固调解成果。仲裁机构通过建议调解、委托调解等方式，积极引导未经调解的当事人到调解组织先行调解。加强调解与诉讼的衔接，对追索劳动报酬、经济补偿等适宜调解的纠纷，先行通过诉前调解等非诉讼方式解决。推进劳动人事争议"总对总"在线诉调对接，开展全流程在线委派委托调解、音视频调解、申请调解协议司法确认等工作。建立省级劳动人事争议调解专家库，并将符合条件的调解组织和人员纳入特邀调解名册，参与调解化解重大疑难复杂劳动人事争议。依法落实支付令制度。

## 六、提升服务能力

（十七）加强调解员队伍建设。通过政府购买服务等方式提升劳动人事争议协商调解能力。扩大兼职调解员来源渠道，广泛吸纳法学专家、仲裁员、律师、劳动关系协调员（师）、退休法官、退休检察官等专业力量参与调解。加强对调解员的培训指导，开发国家职业技能标准，切实提高调解员职业道德、增强服务意识，提升办案能力。

（十八）加强智慧协商调解建设。推动信息化技术与协商调解深度融合，建立部门间数据信息互通共享机制，整合运用各类大数据开展劳动人事争议情况分析研判。完善网络平台和手机 APP、微信小程序、微信公众号等平台的调解功能，推进"网上办""掌上办"，实现协商调解向智能化不断迈进。

（十九）保障工作经费。人力资源社会保障部门将协商调解纳入政府购买服务指导性目录。地方财政部门结合当地实际和财力可能，合理安排经费，对协商调解工作经费给予必要的支持和保障，加强硬件保障，为调解组织提供必要的办公办案设施设备。

（二十）落实工作责任。构建和谐劳动关系，是增强党的执政基础、巩固党的执政地位的必然要求，是加强和创新社会治理、保障和改善民生的重要内容，是促进经济高质量发展、社会和谐稳定的重要基础。各地要把做好协商调解工作作为构建和谐劳动关系的一项重要任务，切实增强责任感、使命感、紧迫感，积极争取党委、政府支持，将这项工作纳入当地经济社会发展总体规划和政府目标责任考核体系，推动工作扎实有效开展。各级党委政法委要将劳动人事争议多元处理机制建设工作纳入平安建设考核，推动相关部门细化考评标准，完善督导检查、考评推动等工作。人力资源社会保障部门要发挥在劳动人事争议多元处理中的牵头作用，会同有关部门统筹推进调解组织、制度和队伍建设，完善调解成效考核评价机制。人民法院要发挥司法引领、推动和保障作用，加强调解与诉讼有机衔接。司法行政部门要指导调解组织积极开展劳动人事争议调解工作，加强对调解员的劳动法律政策知识培训，鼓励、引导律师参与法律援助和社会化调解。财政部门要保障协商调解工作经费，督促有关部门加强资金管理，发挥资金使用效益。中小企业主管部门要进一步健全服务体系，指导中小企业服务机构帮助企业依法合规用工，降低用工风险，构建和谐劳动关系。工会要积极参与劳动人事争议多元化解，引导劳动者依法理性表达利益诉求，帮助劳动者协商化解劳动人事争议，依法为劳动者提供法律服务，切实维护劳动者合法权益，竭诚服务劳动者。工商联、企业联合会等要发挥代表作用，引导和支持企业守法诚信经营、履行社会责任，建立健全内部劳动人事争议解决机制。

各省级人力资源社会保障部门要会同有关部门，按照本意见精神，制定切实可行的实施方案，明确任务、明确措施、明确责任、明确要求，定期对本意见落实情况进行督促检查，及时向人力资源社会保障部报送工作进展情况。

2022 年 10 月 13 日

# 环 境 资 源

## 最高人民法院
## 关于发布第 37 批指导性案例的通知

法〔2022〕277 号

各省、自治区、直辖市高级人民法院，解放军军事法院，新疆维吾尔自治区高级人民法院生产建设兵团分院：

经最高人民法院审判委员会讨论决定，现将武汉卓航江海贸易有限公司、向阳等 12 人污染环境刑事附带民事公益诉讼案等十个案例（指导性案例 202—211 号），作为第 37 批指导性案例发布，供审判类似案件时参照。

2022 年 12 月 30 日

**指导案例 202 号**

# 武汉卓航江海贸易有限公司、向阳等 12 人污染环境刑事附带民事公益诉讼案

(最高人民法院审判委员会讨论通过　2022 年 12 月 30 日发布)

**关键词**　刑事/刑事附带民事公益诉讼/船舶偷排含油污水/损害认定/污染物性质鉴定

**裁判要点**

1. 船舶偷排含油污水案件中，人民法院可以根据船舶航行轨迹、污染防治设施运行状况、污染物处置去向，结合被告人供述、证人证言、专家意见等证据对违法排放污染物的行为及其造成的损害作出认定。

2. 认定船舶偷排的含油污水是否属于有毒物质时，由于客观原因无法取样的，可以依据来源相同、性质稳定的舱底残留污水进行污染物性质鉴定。

**相关法条**

《中华人民共和国刑法》［根据 2011 年 5 月 1 日起施行的《中华人民共和国刑法修正案（八）》修正］第 338 条

《中华人民共和国水污染防治法》（2017 年 6 月 27 日修正）第 59 条

**基本案情**

被告单位武汉卓航江海贸易有限公司（以下简称卓航公司）通过租赁船舶从事国内水上货物定线运输业务，其经营的国裕 1 号船的航线为从江苏省南京市经安徽省芜湖市至浙江省台州市以及宁波市北仑港返回南京市。

依照法律法规，被告单位卓航公司制定《防止船舶造成污染管理须知》，该须知规定国裕 1 号船舱底含油污水可通过油水分离器处理达标后排放，也可由具备接收资质的第三方接收。被告单位卓航公司机务部常年不采购、不更换油水分离器滤芯，船舶油水分离器无法正常工作，分管机务部的副总经理等人指示工作人员用纯净水替代油水分离器出水口水样送检，纵容船舶逃避监管实施偷排；其亦未将含油污水交给有资质第三方处理，含油污水长期无合法处置去向。

2017 年 8 月至 2019 年 3 月期间，先后担任国裕 1 号船船长的被告人向阳、担任轮机长的被告人殷江林、胡国政伙同同案其他被告人违反法律规定，先后五次偷排船舶含油污水。后又购买污水接收证明自行填写后附于油类记录簿应付检查。2019 年 3 月，经举报，国裕 1 号船将含油污水偷排入长江的行为及作案工具被查获。

归案后，被告人向阳等各被告人供述了国裕 1 号船轮机长等为公司利益多次指使轮机部管轮、机工等人逃避监管，拒不执行法律法规规定的防污措施，于 2017 年 8 月至 2019 年 3 月五次将舱底含油污水不经油水分离器处理偷排至长江及近海自然水域的事实。各被告人供述能够相互印证，并有证人证言佐证，亦与涉案船舶常年定线运行，含油污水积累速度和偷

排频率相对稳定的情形相符，足以认定案件相关事实。

因排入外界的含油污水因客观原因已无法取样，鉴于案涉船舶常年定线运输、偷排频次稳定，设备及操作规程没有变化，舱底残留含油污水与排入外界的含油污水，来源相同且性质稳定，不存在本质变化，故就舱底残留含油污水取样送检。经鉴定，国裕1号船舱底含油污水属于"有毒物质"。生态环境损害的专家评估意见证实，以虚拟治理成本法计算得出五次偷排含油污水造成的生态环境损害数额为10000元至37500元。

江苏省南京市鼓楼区人民检察院同时提起刑事附带民事公益诉讼，指控被告单位卓航公司及各被告人犯污染环境罪，并请求判令被告卓航公司承担本案环境损害赔偿费用23750元、专家评估费用9000元及公告费用700元。

**裁判结果**

江苏省南京市玄武区人民法院于2020年7月16日以（2020）苏0102刑初24号刑事附带民事判决，认定被告单位卓航公司犯污染环境罪，判处罚金人民币4万元；以污染环境罪分别判处被告人向阳等12名被告人有期徒刑一年六个月至八个月，并处罚金人民币3万元至1万元；判令附带民事公益诉讼被告卓航公司支付生态环境损害赔偿费用人民币23750元及专家评估费用人民币9000元、公告费用人民币700元，合计人民币33450元。宣判后，被告人向阳提出上诉。南京市中级人民法院于2020年12月23日以（2020）苏01刑终575号刑事附带民事裁定，驳回上诉，维持原判。

**裁判理由**

法院生效裁判认为：根据水污染防治法等法律法规，被告单位卓航公司虽制定了舱底含油污水等污染环境防治措施，但相关措施在实际运行中流于形式，没有实际执行，用于防治污染的油水分离器不能正常使用。被告单位卓航公司弄虚作假获取油水分离器水样合格的检测报告、低价购置含油污水接收证明逃避监管。案涉船舶常年定线运输，航线上千公里，随着航程增加必然产生并持续累积含油污水，但含油污水既未经油水分离器处理又未交由有资质第三方接收。各被告人供述、证人证言及在案物证关于偷排污水行为的方式、时间、参与人员的内容互相吻合，足以认定各被告人实施了将含油污水排至长江及近海水域的污染环境行为。涉案含油污水的性质稳定，案涉船舶常年定线运输，设备、操作规程及含油污水产生机理稳定，舱底残留含油污水与被偷排的污水系同一整体、性状一致，可以取样据以进行污染物性质鉴定。经鉴定，该含油污水系有毒物质。

案涉污染环境行为系为了被告单位卓航公司的单位利益，在公司分管副总经理指使下，由国裕1号船船长、国裕1号船轮机长、机工等多人参与，共同将未经处理的舱底含油污水偷排至驶经的长江及近海水域，应当认定为单位犯罪。卓航公司违反国家规定，以逃避监管的方式排放有毒物质，严重污染环境，其行为构成污染环境罪。被告人向阳等各被告人系单位犯罪中直接负责的主管人员或其他直接责任人员，应当以污染环境罪对其定罪处罚。

附带民事公益诉讼被告卓航公司污染环境，依法应承担生态环境损害赔偿责任。卓航公司将未经处理的舱底含油污水多次偷排至自然水域，专家意见以虚拟治理成本法量化生态环境损害数额并无不当，卓航公司对此不持异议。经评估，案涉船舶五次将未经处理的舱底含油污水偷排至驶经的长江及近海水域行为造成的生态环境损害数额为10000元至37500元。公益诉讼起诉人南京市鼓楼区人民检察院取其中间值主张的生态环境损害赔偿费用数额，具有法律和事实依据，依法予以支持。公益诉讼起诉人主张的专家评估费用及公告费用，属于为诉讼支出的合理费用，依法予以支持。

（生效裁判审判人员：姜立、刘尚雷、于元祝）

**指导案例 203 号**

# 左勇、徐鹤污染环境刑事附带民事公益诉讼案

（最高人民法院审判委员会讨论通过　2022 年 12 月 30 日发布）

**关键词**　刑事/刑事附带民事公益诉讼/应急处置措施/必要合理范围/公私财产损失/生态环境损害

**裁判要点**

对于必要、合理、适度的环境污染处置费用，人民法院应当认定为属于污染环境刑事附带民事公益诉讼案件中的公私财产损失及生态环境损害赔偿范围。对于明显超出必要合理范围的处置费用，不应当作为追究被告人刑事责任，以及附带民事公益诉讼被告承担生态环境损害赔偿责任的依据。

**相关法条**

《中华人民共和国刑法》［根据 2011 年 5 月 1 日起施行的《中华人民共和国刑法修正案（八）》修正］第 338 条

**基本案情**

自 2018 年 6 月始，被告人左勇在江苏省淮安市淮安区车桥镇租赁厂房，未经审批生产铝锭，后被告人徐鹤等人明知左勇无危险废物经营许可证，仍在左勇上述厂房中筛选铝灰生产铝锭，共计产生约 100 吨废铝灰。2019 年 4 月 23 日，左勇、徐鹤安排人员在淮安市淮安区车桥镇大兴村开挖坑塘倾倒上述废铝灰。在倾倒 20 余吨时，因废铝灰发热、冒烟被群众发现制止并报警。

同年 4 月 24 日，淮安市淮安区原环境保护局委托江苏新锐环境监测有限公司司法鉴定所对坑塘内废铝灰进行取样鉴定、委托淮安翔宇环境检测技术有限公司对涉案坑塘下风向的空气与废气进行取样检测。4 月 28 日，经淮安翔宇环境检测技术有限公司检测，涉案坑塘下风向氨超标。4 月 29 日，经江苏新锐环境监测有限公司司法鉴定所鉴定，涉案倾倒的废铝灰 13 个样品中，有 4 个样品氟化物（浸出毒性）超出标准值，超标份样数超出了《危险废物鉴别技术规范》（HJ/T298-2007）中规定的相应下限值，该废铝灰为具有浸出毒性特性的危险废物。《国家危险废物名录》（2021 版）规定再生铝和铝材加工过程中，废铝及铝锭重熔、精炼、合金化、铸造熔体表面产生的铝灰渣及其回收铝过程产生的盐渣和二次铝灰属于危险废物。

同年 4 月 27 日，淮安市淮安区车桥镇人民政府组织人员对上述燃烧的废铝灰用土壤搅

拌熄灭，搅拌后的废铝灰与土壤的混合物重453.84吨。

2019年11月，江苏省环境科学研究院受淮安市淮安区车桥镇人民政府委托，编制应急处置方案认为：涉案废铝灰与土壤的混合物因经费及时间问题未进行危险废物属性鉴别工作，根据《国家危险废物名录》（2016版）豁免管理清单第10条规定，建议采用水泥窑协同处置方式进行处置。该院对此次事件生态环境损害评估认为：本次污染事件无人身损害，存在财产损害，费用主要包括财产损害费用、应急处置费用和生态环境损害费用。财产损害费用为清理过程中造成农户的小麦、油菜、蚕豆、蔬菜损失共计3400元；应急处置费用包括应急监测费用7800元（实收7200元）、废铝灰与土壤的混合物的清理费用76161元、处置费用因暂未处置暂按1000元/吨估算；生态环境损害费用18000元（坑塘回填恢复，即填土费用）。

2020年3月18日，淮安市淮安区车桥镇人民政府委托南京中联水泥有限公司对废铝灰与土壤的混合物按照危险废物进行处置，处置单价为2800元/吨，该价格含税、含运费。此外还产生江苏新锐环境监测有限公司鉴定费用80000元、江苏省环境科学研究院应急处置方案费用70000元及生态环境损害评估费用250000元，合计400000元。

关于本案应急处置的相关问题，江苏省环境科学研究院出庭鉴定人明确，应急处置方案针对的是已经清挖出的废铝灰与土壤的混合物，该混合物不能直接判定为危险废物，按照豁免程序处理可提高经济性和实操性，本案受污染的土壤采用水泥窑协同处置的价格为1000元/吨。出庭有专门知识的人认为，铝灰不会大面积燃烧，只需用土壤将明火掩盖即可，20吨废铝灰经土壤混合搅拌后，清理出的混合物应在60吨至120吨范围内，否则属于过度处置。

淮安市淮安区人民检察院提起刑事附带民事环境公益诉讼，指控被告人左勇、徐鹤犯污染环境罪，请求判令被告左勇、徐鹤共同赔偿污染环境造成的财产损害费用3400元、应急处置费用1431788元、生态环境损害费用18000元以及检验、鉴定等其他合理费用400000元，合计1853188元；判令被告左勇、徐鹤在淮安市级媒体上向社会公众公开赔礼道歉。

**裁判结果**

江苏省盱眙县人民法院于2021年6月24日以（2019）苏0830刑初534号刑事附带民事判决，认定被告人左勇犯污染环境罪，判处有期徒刑二年，并处罚金人民币5万元；被告人徐鹤犯污染环境罪，判处有期徒刑二年，并处罚金人民币5万元；责令被告人左勇退缴违法所得人民币13000元，上缴国库；被告人左勇、徐鹤连带赔偿财产损害费用人民币3400元、应急处置费用人民币156489元、生态环境损害费用人民币18000元、鉴定评估等事务性费用等人民币400000元，合计人民币577889元，于判决生效后十五日内履行；责令被告人左勇、徐鹤在淮安市级媒体上向社会公众公开赔礼道歉；驳回刑事附带民事公益诉讼起诉人淮安市淮安区人民检察院的其他诉讼请求。宣判后，没有上诉、抗诉，判决已生效。

**裁判理由**

法院生效裁判认为：被告人左勇、徐鹤违反国家规定，共同倾倒危险废物，严重污染环境，其行为均已构成污染环境罪。二被告人的行为造成了生态环境损害，损害了社会公共利益，除应受到刑事处罚外，还应依法承担相应的民事责任，包括赔偿损失和赔礼道歉，被告人左勇、徐鹤依法应对造成的生态环境损害后果承担连带赔偿责任。

为维护国家利益和社会公共利益，刑事附带民事公益诉讼起诉人主张两被告人承担生态环境损害赔偿责任，应予以支持，但生态环境损害数额的确定应当遵循合理、必要原则。检察机关在提起公益诉讼时，更应当基于社会公共利益目的、公平正义立场和节约资源、保护生态环境原则，合理提出诉求、准确审查证据。即环境污染事故发生后，行政机关采取应急处置措施应当以必要、合理、适度为原则。对必要、合理、适度的处置费用，应当作为追究被告人刑事责任、承担生态环境损害赔偿责任的依据。但明显超出必要、合理范围的处置费用，不应当认定为环境污染事故造成的公私财产损失，不能将此不合理处置费用作为追究被告人刑事责任的依据，也不能据此作为被告人承担生态环境损害赔偿责任的依据。本案的焦点在于应急处置措施是否超出了必要、合理的限度。

**一、关于用 400 余吨土壤覆盖 20 余吨废铝灰的应急处置措施是否合理、必要问题**

污染环境事故发生后，行政机关为消除危险、清除污染、防止损害后果进一步扩大所采取应急处置的手段和方式应当予以认可，但在条件允许的前提下，仍应当以必要、合理、适度处置为基本原则。本案中，相关行政机关接到报警赴现场勘查后已经确定倾倒的物质系废铝灰。废铝灰不会大面积燃烧，即使局部燃烧只需用土壤将明火掩盖即可。对废铝灰的处置技术即"泥土覆盖"技术相对简单且具有普适性，本案应急处置与污染事件发生间隔几天，时间上已经不具有紧迫性，应急处置人员有充足的时间研究、制定更加合理的方案。行政机关组织人员采用土壤混合搅拌的措施具有可行性，能够达到应急的效果，但使用的泥土量应当在合理、必要范围内，否则既会造成受污染的土壤过多，消耗国家资源，也会增加相应的处置费用。本案实际清挖出混合物数量是专家建议最高值的近 4 倍，差距过大，此次环境污染事件使用土壤搅拌后清理出混合物 453.84 吨属于处置过当。根据适度处置、节约资源的原则并结合专家意见，酌定此污染事件清理出混合物合理必要的数量为 120 吨。

**二、关于将废铝灰与土壤的混合物直接按照危险废物以 2800 元/吨价格委托处置是否合理问题**

江苏省环境科学研究院制作的应急处置方案明确载明，本案中涉案废铝灰混合物转移和处置可以根据《国家危险废物名录》（2016 版）豁免管理清单第 10 条规定，不按危险废物进行管理，并建议采用水泥窑协同处置方式进行处置，处置费用估算为 1000 元/吨（含运费）。故该混合物的处置、利用可以不按危险废物进行管理，直接以受污染的土壤即 1000 元/吨的价格送交处置更加合理。但本案处置价格过高，对超出 1000 元/吨的部分，不予认定。

**三、关于生态环境损害评估报告中未列入，但已实际发生的装车列支费用与运输费用是否应当计入应急处置费用的问题**

经查，应急处置人员在实际处置废铝灰与土壤的混合物时，产生了混合物装车列支费用与运输费用。到庭的鉴定人明确表示生态环境损害评估报告中 1000 元/吨的处置费用包含运输费用但不包含装车列支费用，故实际处置中额外支付的运输费用，属于不合理、不必要范围，故不予支持；但装车列支费用属于《最高人民法院关于审理环境民事公益诉讼案件适用法律若干问题的解释》第十九条规定的"原告为停止侵害、排除妨碍、消除危险采取合理预防、处置措施而发生的费用"，予以支持。

### 四、关于公私财产损失数额认定及附带民事公益诉讼赔偿数额认定的问题

经查，本案的公私财产损失包括污染环境行为直接造成的财产损失、减少的实际价值，亦包括污染场地回填等为防止污染扩大、消除污染而采取必要合理措施所产生的费用，以及处置突发环境事件的应急监测费用。依据江苏省环境科学研究院评估，结合实际处置情况，认定被告人左勇、徐鹤污染环境行为造成的公私财产损失数额如下：1. 财产损害费用3400元：即清理过程中造成农户的小麦、油菜、蚕豆、蔬菜损失共计3400元。2. 应急处置费用：156489元。应急处置费用包括：（1）应急监测费用7200元；（2）清理费用20137元；（3）处置费用129152元。3. 生态环境损害费用：18000元。坑塘经过应急清理后已基本消除污染，但需要进行回填恢复，填土费用18000元。以上费用共计177889元。即公私财产损失数额应当认定为177889元，但未达到司法解释规定的1000000元，不属于后果特别严重情节。

附带民事公益诉讼起诉人主张赔偿的生态环境损害数额包括上述公私财产损失数额，同时还包括生态环境损害赔偿鉴定及评估费用、应急方案编制费用共计400000元。综上，被告人左勇、徐鹤应当承担的生态环境损害赔偿数额共计577889元。

（生效裁判审判人员：孙在桐、蒋莹莹、王玉林、张春艳、翟顺昌、陈志艺、薛琴）

**指导案例 204 号**

# 重庆市人民检察院第五分院诉重庆瑜煌电力设备制造有限公司等环境污染民事公益诉讼案

（最高人民法院审判委员会讨论通过　2022年12月30日发布）

**关键词**　民事/环境污染民事公益诉讼/环保技术改造/费用抵扣/生态环境损害赔偿金

**裁判要点**

1. 受损生态环境无法修复或无修复必要，侵权人在已经履行生态环境保护法律法规规定的强制性义务基础上，通过资源节约集约循环利用等方式实施环保技术改造，经评估能够实现节能减排、减污降碳、降低风险效果的，人民法院可以根据侵权人的申请，结合环保技术改造的时间节点、生态环境保护守法情况等因素，将由此产生的环保技术改造费用适当抵扣其应承担的生态环境损害赔偿金。

2. 为达到环境影响评价要求、排污许可证设定的污染物排放标准或者履行其他生态环境保护法律法规规定的强制性义务而实施环保技术改造发生的费用，侵权人申请抵扣其应承担的生态环境损害赔偿金的，人民法院不予支持。

**相关法条**

《中华人民共和国环境保护法》第36条、第40条第1款
《中华人民共和国循环经济促进法》第3条

**基本案情**

重庆市鹏展化工有限公司（以下简称鹏展公司）、重庆瑜煌电力设备制造有限公司（以下简称瑜煌公司）、重庆顺泰铁塔制造有限公司（以下简称顺泰公司）均无危险废物经营资质。2015年4月10日，鹏展公司分别与瑜煌公司、顺泰公司签订合同，约定鹏展公司以420元/吨的价格向瑜煌公司、顺泰公司出售盐酸，由鹏展公司承担运费。前述价格包含销售盐酸的价格和鹏展公司将废盐酸运回进行处置的费用。2015年7月开始，鹏展公司将废盐酸从瑜煌公司、顺泰公司运回后，将废盐酸直接非法排放。2015年7月至2016年3月，鹏展公司非法排放废盐酸累计至少达717.14吨，造成跳蹬河受到污染。经评估，本次事件生态环境损害数额为6454260元，同时还产生事务性费用25100元及鉴定费5000元。本次污染事件发生后，瑜煌公司和顺泰公司投入资金开展酸雾收集、助镀槽再生系统等多个方面的技术改造，环境保护水平有所提升。公益诉讼起诉人重庆市人民检察院第五分院认为鹏展公司、瑜煌公司和顺泰公司应承担本次环境污染事件造成的损失，遂向人民法院提起诉讼请求判决鹏展公司、瑜煌公司、顺泰公司承担生态环境损害赔偿金及鉴定费等共计6484360元，并向社会公众赔礼道歉。

**裁判结果**

重庆市第五中级人民法院于2019年11月29日作出（2019）渝05民初256号民事判决：一、被告鹏展公司赔偿因非法排放废盐酸产生的生态环境修复费用6479360元、技术咨询费5000元，合计6484360元，限本判决生效之日起十日内支付至本院指定的司法生态修复费专款账户。二、被告瑜煌公司和被告顺泰公司对本判决第一项确定的被告鹏展公司的赔偿款分别承担3242180元的连带清偿责任。三、被告鹏展公司、瑜煌公司和被告顺泰公司在本判决生效之日起三十日内在重庆市市级以上媒体向社会公众赔礼道歉。宣判后，瑜煌公司和顺泰公司不服，提起上诉，并在二审中提出分期支付申请和对其技改费用予以抵扣请求。重庆市高级人民法院于2020年12月25日作出（2020）渝民终387号民事判决：一、维持重庆市第五中级人民法院（2019）渝05民初256号民事判决第一、第三项。二、撤销重庆市第五中级人民法院（2019）渝05民初256号民事判决第二项。三、瑜煌公司、顺泰公司对鹏展公司应承担的生态环境损害赔偿金分别承担3242180元的连带清偿责任，在向重庆市第五中级人民法院提供有效担保后，按照25%、25%及50%的比例分三期支付。具体支付时间为本判决生效之日起十日内各支付809920元及技术咨询费2500元；2021年12月31日前各支付809920元；2022年12月31日前各支付1619840元。技术咨询费在执行到位后十日内支付到重庆市人民检察院第五分院指定的账户。四、如果瑜煌公司、顺泰公司在本判决生效后实施技术改造，在相同产能的前提下明显减少危险废物的产生或降低资源的消耗，且未因环境违法行为受到处罚，其已支付的技术改造费用可以凭技术改造效果评估意见和具有法定资质的中介机构出具的技术改造投入资金审计报告，可在支付第三期款项时向人民法院申请抵扣。

**裁判理由**

法院生效裁判认为：根据《中华人民共和国固体废物污染环境防治法》（2015年修正）第五十七条规定，从事收集、贮存、处置危险废物经营活动的单位，必须向县级以上人民政府环境保护行政主管部门申请领取经营许可证；从事利用危险废物经营活动的单位,必须向国务院环境保护行政主管部门或者省、自治区、直辖市人民政府环境保护行政主管部门申请领取经营许可证。本案中,瑜煌公司、顺泰公司作为危险废物的生产者,却将涉案危险废物交由未取得危险废物经营许可证的鹏展公司处置,违反了危险废物污染防治的法定义务。鹏展公司非法排放的危险废物中无法区分瑜煌公司、顺泰公司各自提供的具体数量或所占份额,构成共同侵权,故瑜煌公司和顺泰公司应对鹏展公司所造成的生态环境损害承担连带责任。

环境公益诉讼作为环境保护法确立的重要诉讼制度,其诉讼目的不仅仅是追究环境侵权责任,更重要的是督促引导环境侵权人实施环境修复,鼓励企业走生态优先、绿色发展的道路,实现环境保护同经济建设和社会发展相协调。瑜煌公司和顺泰公司在案涉污染事件发生后实施技术改造,并请求以技术改造费用抵扣生态环境损害赔偿金。对技术改造费用能否用以抵扣应承担的生态环境损害赔偿金的问题,应秉持前述环境司法理念,对企业实施的环保技术改造的项目和目的加以区分,分类对待。如果企业实施的环保技术改造的项目和目的仅满足其环境影响评价要求、达到排污许可证设定的污染物排放标准或者履行其他法定的强制性义务,那么对该部分技术改造费用应不予抵扣;如果企业在已完全履行法律对企业设定的强制性环境保护义务基础之上,通过使用清洁能源、采用更优技术、工艺或设备等方式,实现资源利用率更高、污染物排放量减少、废弃物综合利用率提升等效果,则该部分技术改造费用就应考虑予以适当抵扣。

本案中,由于河流具有自净能力,受到污染的水体现已无必要进行生态环境修复。瑜煌公司和顺泰公司愿意继续进行技术改造,其承诺实施的技术改造,有利于实现污染物的减量化、再利用和资源化,亦有利于降低当地的环境风险。因此,将瑜煌公司和顺泰公司已实际支付的环保技术改造费用用于抵扣其应承担的生态环境损害赔偿金,符合环境公益诉讼维护社会公共利益的目的。为支持企业绿色转型,鼓励瑜煌公司和顺泰公司投入更多的资金用于节能减排,法院将瑜煌公司和顺泰公司各自可以抵扣的上限设定为其应承担的生态环境损害赔偿金的50%。故瑜煌公司和顺泰公司在本判决生效后开展技术改造,在相同产能的前提下明显减少危险废物的产生或降低资源的消耗,且未因环境违法行为受到处罚,其已支付的技术改造费用凭技术改造效果评估意见和具有法定资质的中介机构出具的技术改造投入资金审计报告,可向人民法院申请抵扣。

在环境民事公益诉讼案件中,既要确保受损的生态环境得到及时有效修复,又要给予正确面对自身环境违法行为、愿意积极承担环境法律责任的企业继续进行合法生产经营的机会,实现保护生态环境与促进经济发展的平衡。新冠肺炎疫情期间,瑜煌公司和顺泰公司的生产经营受到一定影响,两家企业在案发后投入大量资金实施技术改造,且部分尚欠的技术改造费用已到清偿期,两家企业当前均出现一定程度的经营困难。为促发展、稳预期、保民生,最大限度维持企业的持续经营能力,对瑜煌公司和顺泰公司请求分期支付的意见予以采纳,准许其两年内分三期支付生态环境损害赔偿金。

(生效裁判审判人员:唐亚林、赵翎、黄成)

**指导案例 205 号**

## 上海市人民检察院第三分院诉郎溪华远固体废物处置有限公司、宁波高新区米泰贸易有限公司、黄德庭、薛强环境污染民事公益诉讼案

(最高人民法院审判委员会讨论通过 2022 年 12 月 30 日发布)

**关键词** 民事/环境污染民事公益诉讼/固体废物/走私/处置费用

**裁判要点**

1. 侵权人走私固体废物，造成生态环境损害或者具有污染环境、破坏生态重大风险，国家规定的机关或者法律规定的组织请求其依法承担生态环境侵权责任的，人民法院应予支持。在因同一行为引发的刑事案件中未被判处刑事责任的侵权人主张不承担生态环境侵权责任的，人民法院不予支持。

2. 对非法入境后因客观原因无法退运的固体废物采取无害化处置是防止生态环境损害发生和扩大的必要措施，所支出的合理费用应由侵权人承担。侵权人以固体废物已被行政执法机关查扣没收，处置费用应纳入行政执法成本作为抗辩理由的，人民法院不予支持。

**相关法条**

《中华人民共和国民法典》第 179 条、第 187 条（本案适用的是自 2010 年 7 月 1 日起实施的《中华人民共和国侵权责任法》第 4 条、第 15 条）

**基本案情**

法院经审理查明：2015 年初，郎溪华远固体废物处置有限公司（以下简称华远公司）法定代表人联系黄德庭，欲购买进口含铜固体废物，黄德庭随即联系宁波高新区米泰贸易有限公司（以下简称米泰公司）实际经营者陈亚君以及薛强，商定分工开展进口含铜固体废物的活动。同年 9 月，薛强在韩国组织了一票 138.66 吨的铜污泥，由米泰公司以铜矿砂品名制作了虚假报关单证，并将进口的货物清单以传真等方式告知华远公司，华远公司根据货物清单上的报价向米泰公司支付了货款 458793.90 元，再由黄德庭在上海港报关进口。后该票固体废物被海关查获滞留港区，无法退运，危害我国生态环境安全。上海市固体废物管理中心认为，涉案铜污泥中含有大量重金属，应从严管理，委托有危险废物经营许可证单位进行无害化处置。经上海市价格认证中心评估，涉案铜污泥处置费用为 1053700 元。

另查明，2017 年 12 月 25 日，上海市人民检察院第三分院就米泰公司、黄德庭、薛强共同实施走私国家禁止进口固体废物，向上海市第三中级人民法院提起公诉。上海市第三中级人民法院于 2018 年 9 月 18 日作出（2018）沪 03 刑初 8 号刑事判决，判决米泰公司犯走私废物罪，判处罚金 20 万元；黄德庭犯走私废物罪，判处有期徒刑四年，并处罚金 30 万

元;薛强犯走私废物罪,判处有期徒刑二年,并处罚金5万元。该刑事判决已生效。

**裁判结果**

上海市第三中级人民法院于2019年9月5日作出(2019)沪03民初11号民事判决:被告米泰公司、被告黄德庭、被告薛强、被告华远公司于本判决生效之日起十日内,连带赔偿非法进口固体废物(铜污泥)的处置费1053700元,支付至上海市人民检察院第三分院公益诉讼专门账户。华远公司不服,提起上诉。上海市高级人民法院于2020年12月25日作出(2019)沪民终450号民事判决:驳回上诉,维持原判。

**裁判理由**

法院生效裁判认为:行为人未在走私废物犯罪案件中被判处刑事责任,不代表其必然无须在民事公益诉讼中承担民事责任,是否应当承担民事责任,需要依据民事法律规范予以判断,若符合相应民事责任构成要件的,仍应承担民事赔偿责任。本案中,相关证据能够证明华远公司与米泰公司、黄德庭、薛强之间就进口铜污泥行为存在共同商议,其属于进口铜污泥行为的需求方和发起者,具有共同的侵权故意,符合共同实施环境民事侵权行为的构成要件。

对于非法入境的国家禁止进口的固体废物,即使因被查扣尚未造成实际的生态环境损害,但对国家生态环境安全存在重大侵害风险的,侵权行为人仍应负有消除危险的民事责任。相关行为人应当首先承担退运固体废物的法律责任,并由其自行负担退运成本,在无法退运的情形下,生态环境安全隐患和影响仍客观存在,行为人不应当因无法退运而免除排除污染风险的法律责任。故在本案中,四被告应当共同承担消除危险的民事责任。

针对非法入境而滞留境内的固体废物,无害化处置是消除危险的必要措施,相应的处置费用应由侵权行为人承担。为防止生态环境损害的发生,行为人应当承担为停止侵害、消除危险等采取合理预防、处置措施而发生的费用。案涉铜污泥无法退运,为消除环境污染危险,需要委托有关专业单位采取无害化处置,此系必要的、合理的预防处置措施。相关费用属于因消除污染危险而产生的费用,华远公司与其他各方应承担连带赔偿责任。侵权行为人以固体废物已被行政执法机关查扣没收,处置费用应纳入行政执法成本作为抗辩理由的,不应予以支持。

(生效裁判审判人员:殷勇磊、张心全、陈振宇)

**指导案例206号**

# 北京市人民检察院第四分院诉朱清良、朱清涛环境污染民事公益诉讼案

(最高人民法院审判委员会讨论通过 2022年12月30日发布)

**关键词** 民事/环境污染民事公益诉讼/土壤污染/生态环境功能损失赔偿/生态环境修复/修复效果评估

**裁判要点**

1. 两个以上侵权人分别实施污染环境、破坏生态行为造成同一损害，每一个侵权人的污染环境、破坏生态行为都不足以造成全部损害，部分侵权人根据修复方案确定的整体修复要求履行全部修复义务后，请求以代其他侵权人支出的修复费用折抵其应当承担的生态环境服务功能损失赔偿金的，人民法院应予支持。

2. 对于侵权人实施的生态环境修复工程，应当进行修复效果评估。经评估，受损生态环境服务功能已经恢复的，可以认定侵权人已经履行生态环境修复责任。

**相关法条**

《中华人民共和国民法典》第1167条、第1229条（本案适用的是自2010年7月1日起实施的《中华人民共和国侵权责任法》第21条、第65条）

**基本案情**

2015年10月至12月，朱清良、朱清涛在承包土地内非法开采建筑用砂89370.8立方米，价值人民币4468540元。经鉴定，朱清良二人非法开采的土地覆被类型为果园，地块内原生土壤丧失，原生态系统被完全破坏，生态系统服务能力严重受损，确认存在生态环境损害。鉴定机构确定生态环境损害恢复方案为将损害地块恢复为园林地，将地块内缺失土壤进行客土回填，下层回填普通土，表层覆盖60厘米种植土，使地块重新具备果树种植条件。恢复工程费用评估核算为2254578.58元。北京市人民检察院第四分院以朱清良、朱清涛非法开采造成土壤受损，破坏生态环境，损害社会公共利益为由提起环境民事公益诉讼（本案刑事部分另案审理）。

2020年6月24日，朱清良、朱清涛的代理人朱某某签署生态环境修复承诺书，承诺按照生态环境修复方案开展修复工作。修复工程自2020年6月25日开始，至2020年10月15日完成。2020年10月15日，北京市房山区有关单位对该修复工程施工质量进行现场勘验，均认为修复工程依法合规、施工安全有序开展、施工过程中未出现安全性问题、环境污染问题，施工程序、工程质量均符合修复方案要求。施工过程严格按照生态环境修复方案各项具体要求进行，回填土壤质量符合标准，地块修复平整，表层覆盖超过60厘米的种植土，已重新具备果树种植条件。

上述涉案土地内存在无法查明的他人倾倒的21392.1立方米渣土，朱清良、朱清涛在履行修复过程中对该部分渣土进行环境清理支付工程费用75.4万元。

**裁判结果**

北京市第四中级人民法院于2020年12月21日作出（2020）京04民初277号民事判决：一、朱清良、朱清涛对其造成的北京市房山区长阳镇朱岗子村西的14650.95平方米土地生态环境损害承担恢复原状的民事责任，确认朱清良、朱清涛已根据《房山区朱清良等人盗采砂石矿案生态环境损害鉴定评估报告书》确定的修复方案将上述受损生态环境修复到损害发生之前的状态和功能（已履行完毕）。二、朱清良、朱清涛赔偿生态环境受到损害至恢复原状期间的服务功能损失652896.75元；朱清良、朱清涛在履行本判决第一项修复义务时处理涉案地块上建筑垃圾所支付费用754000元折抵其应赔偿的生态环境受到损害至恢复原状期间的服务功能损失652896.75元。三、朱清良、朱清涛于本判决生效之日起七日内给付北京市人民检察院第四分院鉴定费115000元。四、朱清良、朱清涛在一家全国公开发行的媒体上向社会公开赔礼道歉，赔礼道歉的内容及媒体、版面、字体需经本院审核，朱清良、朱清涛应于本判决生效之日起十五日内向本院提交，并于审核通过之日起三十日内刊登，如未履行上述义务，则由本院选择媒体刊登判决主要内容，所需费用由朱清良、朱清涛负担。判决后，双方当事人均未提出上诉。

**裁判理由**

法院生效裁判认为：朱清良、朱清涛非法开采的行为，造成了生态环境破坏，侵害了不特定多数人的合法权益，损害了社会公共利益，构成环境民事侵权。朱清良、朱清涛作为非法开采行为人，违反了保护环境的法定义务，应对造成的生态环境损害承担民事责任。

一、关于被告对他人倾倒渣土的处理费用能否折抵生态功能损失赔偿费用的问题。从环境法的角度而言，生态环境具有供给服务、调节服务、文化服务以及支持服务等功能。生态环境受损将导致其向公众或其他生态系统提供上述服务的功能减少或丧失。朱清良、朱清涛在其租赁的林果地上非法开采，造成地块土壤受损，属于破坏生态环境、损害社会公共利益的行为，还应赔偿生态环境受到损害至恢复原状期间的服务功能损失。根据鉴定评估报告对生态服务价值损失的评估意见，确定朱清良、朱清涛应承担的服务功能损失赔偿金额为652896.75元。《最高人民法院关于审理环境民事公益诉讼案件适用法律若干问题的解释》第二十四条第一款规定，人民法院判决被告承担的生态环境修复费用、生态环境受到损害至恢复原状期间服务功能损失等款项，应当用于修复被损害的生态环境。故被告承担的生态环境受到损害至恢复原状期间服务功能损失的款项应当专项用于该案环境修复、治理或异地公共生态环境修复、治理。朱清良、朱清涛对案涉土地进行生态修复时，土地上还存在无法查明的他人倾倒渣土。朱清涛、朱清良非法开采的行为造成受损地块原生土壤丧失、土壤的物理结构变化，而他人倾倒渣土的行为则会造成土壤养分的改变，两个侵权行为叠加造成现在的土壤生态环境损害。为全面及时恢复生态环境，朱清良、朱清涛根据修复方案对涉案地块整体修复的要求，对该环境内所倾倒渣土进行清理并为此实际支出75.4万元，系属于对案涉环境积极的修复、治理，这与法律、司法解释规定的被告承担生态功能损失赔偿责任的目的和效果是一致的。同时，侵权人在承担修复责任的同时，积极采取措施，对他人破坏环境造成的后果予以修复治理，有益于生态环境保护，在修复效果和综合治理上亦更能体现及时优化生态环境的特点。因此，综合两项费用的功能目的以及赔偿费用专项执行的实际效果考虑，朱清良、朱清涛对倾倒渣土环境进行清理的费用可以折抵朱清良、朱清涛需要承担的生态功能损失赔偿费用。

二、关于被告诉讼过程中自行进行生态修复的效果评估问题。朱清良、朱清涛在诉讼过程中主动履行环境修复义务，并于2020年6月25日至10月15日期间按照承诺书载明的生态环境修复方案对案涉地块进行了回填修复。根据《最高人民法院关于审理生态环境损害赔偿案件的若干规定（试行）》第九条规定，负有相关环境资源保护监督管理职责的部门或者其委托的机构在行政执法过程中形成的事件调查报告、检验报告、监测报告、评估报告、监测数据等，经当事人质证并符合证据标准的，可以作为认定案件事实的根据。本案中，北京市房山区有关单位积极履行环境监督管理职责，对于被告自行实施的生态修复工程进行过程监督并出具相应的验收意见，符合其职责范围，且具备相应的专业判断能力，有关单位联合出具的验收意见，可以作为认定当事人自行实施的生态修复工程质量符合标准的重要依据。同时，评估机构在此基础上，对修复工程进行了效果评估，确认案涉受损地块内土壤已恢复至基线水平，据此可以认定侵权人已经履行生态环境修复责任。

（生效裁判审判人员：马军、梅宇、赵佳、王鹏宇、张桂荣、张风光、衡军）

**指导案例 207 号**

# 江苏省南京市人民检察院诉王玉林
# 生态破坏民事公益诉讼案

（最高人民法院审判委员会讨论通过　2022 年 12 月 30 日发布）

**关键词**　民事/生态破坏民事公益诉讼/非法采矿/生态环境损害/损失整体认定/系统保护修复

**裁判要点**

1. 人民法院审理环境民事公益诉讼案件，应当坚持山水林田湖草沙一体化保护和系统治理。对非法采矿造成的生态环境损害，不仅要对造成山体（矿产资源）的损失进行认定，还要对开采区域的林草、水土、生物资源及其栖息地等生态环境要素的受损情况进行整体认定。

2. 人民法院审理环境民事公益诉讼案件，应当充分重视提高生态环境修复的针对性、有效性，可以在判决侵权人承担生态环境修复费用时，结合生态环境基础修复及生物多样性修复方案，确定修复费用的具体使用方向。

**相关法条**

《中华人民共和国环境保护法》第 64 条

《中华人民共和国民法典》第 1165 条（本案适用的是自 2010 年 7 月 1 日起实施的《中华人民共和国侵权责任法》第 6 条）

**基本案情**

2015 年至 2018 年期间，王玉林违反国家管理矿产资源法律规定，在未取得采矿许可证的情况下，使用机械在南京市浦口区永宁镇老山林场原山林二矿老宕口内、北沿山大道建设施工红线外非法开采泥灰岩、泥页岩等合计十余万吨。南京市浦口区人民检察院以王玉林等人的行为构成非法采矿罪向南京市玄武区人民法院提起公诉。该案审理期间，王玉林已退赔矿石资源款 4455998.6 元。2020 年 3 月、8 月，江苏省环境科学研究院先后出具《"南京市浦口区王玉林等人非法采矿案"生态环境损害评估报告》（以下简称《评估报告》）《"南京市浦口区王玉林等人非法采矿案"生态环境损害（动物类）补充说明》（以下简称《补充说明》）。南京市人民检察院认为，王玉林非法采矿造成国家矿产资源和生态环境破坏，损害社会公共利益，遂提起本案诉讼，诉请判令王玉林承担生态破坏侵权责任，赔偿生态环境损害修复费用 1893112 元（具体包括：1. 生态资源的损失中林木的直接经济损失

861750元；2.生态系统功能受到影响的损失：森林涵养水损失440233元；水土流失损失50850元；土壤侵蚀损失81360元；树木放氧量减少损失64243元；鸟类生态价值损失243122元；哺乳动物栖息地服务价值损失18744元；3.修复期间生物多样性的价值损失132810元）以及事务性费用400000元，并提出了相应的修复方案。

**裁判结果**

江苏省南京市中级人民法院于2020年12月4日作出（2020）苏01民初798号民事判决：一、被告王玉林对其非法采矿造成的生态资源损失1893112元（已缴纳）承担赔偿责任，其中1498436元用于南京市山林二矿生态修复工程及南京市浦口区永宁街道大桥林场路口地质灾害治理工程，394676元用于上述地区生物多样性的恢复及保护。二、被告王玉林承担损害评估等事务性费用400000元（已缴纳），该款项于本判决生效后十日内划转至南京市人民检察院。判决后，南京市人民检察院与王玉林均未上诉，判决已发生法律效力。

**裁判理由**

法院生效裁判认为：非法采矿对生态资源造成复合性危害，在长江沿岸非法露天采矿，不仅造成国家矿产资源损失，还必然造成开采区域生态环境破坏及生态要素损失。环境和生物之间、生物和生物之间协同共生，相互影响、相互依存，形成动态的平衡。一个生态要素的破坏，必然会对整个生态系统的多个要素造成不利影响。非法采矿将直接导致开采区域的植被和土壤破坏，山体损坏影响到林、草蓄积，林、草减少影响到水土涵养，上述生态要素的破坏又直接、间接影响到鸟类和其他动物的栖息环境，造成生态系统的整体破坏及生物多样性的减少，自然要素生态利益的系统损害必将最终影响到人类的生产生活和优美生态环境的实现。被告王玉林违反矿产资源法的规定，未取得采矿许可证即实施非法采矿行为，造成生态环境的破坏，主观存在过错，非法采矿行为与生态环境损害之间具有因果关系，应当依照《中华人民共和国侵权责任法》第六条之规定，对其行为造成的生态环境损害后果承担赔偿责任。

**一、关于生态环境损害计算问题**

（一）生态资源的经济损失计算合理。非法采矿必将使被开采区域的植被遭到严重破坏，受损山体的修复及自然林地的恢复均需要合理周期，即较长时间才能重新恢复林地的生态服务功能水平，故《评估报告》以具有20年生长年限的林地作为参照计算具有一定合理性，《评估报告》制作人关于林木经济损失计算的解释科学，故应对非法采矿行为造成林木经济损失861750元依法予以认定。

（二）鸟类生态价值损失计算恰当。森林资源为鸟类提供了栖息地和食物来源，鸟类种群维持着食物链的完整性，保持营养物质循环的顺利进行，栖息地的破坏必然导致林鸟迁徙或者食物链条断裂，一旦食物链的完整性被破坏，必将对整个森林生态系统产生严重的后果。《补充说明》载明，两处非法开采点是林鸟种群的主要栖息地和适宜生境，非法采矿行为造成鸟类栖息地被严重破坏，由此必然产生种子传播收益额及改善土壤收益额的损失。鸟类为种子的主要传播者和捕食者，可携带或者吞食植物种子，有利于生态系统次生林的自然演替；同时，次生林和原始森林系统的良性循环，也同样为鸟类的自然栖息地提供了庇护，对植物种子的传播具有积极意义。《补充说明》制作人从生态系统的完整性和种间生态平衡的角度，对非法采矿行为造成平衡性和生物多样性的破坏等方面对鸟类传播种子损失作出了详细解释，解释科学合理，故对非法采矿造成鸟类生态价值损失243122元予以认定。

（三）哺乳动物栖息地服务价值损失客观存在。森林生态系统是陆地生态系统的重要组成部分，同时也是哺乳动物繁衍和生存的主要栖息地之一。哺乳动物不仅对维持生态系统平衡有重要作用，还能够调节植物竞争，维护物种多样性以及参与物质和能量循环等，是改变生态系统内部各构件配置的最基本动力。虽然因客观因素无法量化栖息地生态环境损害价值，但非法采矿行为造成山体破坏和植被毁坏，导致哺乳动物过境受到严重影响，哺乳动物栖息地服务价值损失客观存在。结合案涉非法采矿区域位于矿坑宕口及林场路口的实际情况，综合考虑上述区域植被覆盖率以及人类活动影响造成两区域内哺乳动物的种类和数量较少等客观因素，公益诉讼起诉人主张按照其他生态环境损失1874368元的1%计算哺乳动物栖息地服务价值损失18744元具有一定的合理性，应当依法予以支持。

**二、关于生态环境修复问题**

恢复性司法理念要求受损的生态环境切实得到有效修复，系统保护需要从各个生态要素全方位、全地域、全过程保护，对破坏生态所造成的损失修复，也要从系统的角度对不同生态要素所遭受的实际影响予以综合考量，注重从源头上系统开展生态环境修复，注重自然要素生态利益的有效发挥，对长江流域生态系统提供切实有效的保护。鉴于非法采矿给生态环境造成了严重的破坏，应当采取消除受损山体存在的地质灾害隐患，以及从尽可能恢复其生态环境功能的角度出发，结合经济、社会、人文等实际发展需要进行总体分析判断。

案涉修复方案涵盖了山体修复、植被复种、绿地平整等生态修复治理的多个方面，充分考虑了所在区域生态环境结构的功能定位，体现了强化山水林田湖草沙等各种生态要素协同治理的理念，已经法庭技术顾问论证，结论科学，方法可行。王玉林赔偿的生态环境损失费用中，属于改善受破坏的自然环境状况，恢复和维持生态环境要素正常生态功能发挥范畴的，可用于侵权行为发生地生态修复工程及地质灾害治理工程使用。本案中生物栖息地也是重要的生态保护和修复目标，生物多样性受到影响的损失即鸟类生态价值损失、哺乳动物栖息地服务价值损失、修复期间生物多样性价值恢复费用属于生物多样性恢复考量范畴，可在基础修复工程完成后，用于侵权行为发生地生物多样性的恢复及保护使用。

综上，法院最终判决王玉林对其非法采矿造成的生态资源损失承担赔偿责任，并在判决主文中写明了生态修复、地质治理等项目和生物多样性保护等费用使用方向。

（生效裁判审判人员：陈迎、姜立、刘尚雷、陈美芳、毛建美、丁茜、任重远）

**指导案例 208 号**

# 江西省上饶市人民检察院诉张永明、张鹭、毛伟明生态破坏民事公益诉讼案

(最高人民法院审判委员会讨论通过 2022 年 12 月 30 日发布)

**关键词** 民事/生态破坏民事公益诉讼/自然遗迹/风景名胜/生态环境损害赔偿金额

**裁判要点**

1. 破坏自然遗迹和风景名胜造成生态环境损害,国家规定的机关或者法律规定的组织请求侵权人依法承担修复和赔偿责任的,人民法院应予支持。

2. 对于破坏自然遗迹和风景名胜造成的损失,在没有法定鉴定机构鉴定的情况下,人民法院可以参考专家采用条件价值法作出的评估意见,综合考虑评估方法的科学性及评估结果的不确定性,以及自然遗迹的珍稀性、损害的严重性等因素,合理确定生态环境损害赔偿金额。

**相关法条**

《中华人民共和国环境保护法》第 2 条

**基本案情**

公益诉讼起诉人上饶市人民检察院诉称:张永明、张鹭、毛伟明三人以破坏性方式攀爬巨蟒峰,在世界自然遗产地、世界地质公园三清山风景名胜区的核心景区巨蟒峰上打入 26 个岩钉,造成严重损毁,构成对社会公共利益的严重损害。因此应判决确认三人连带赔偿对巨蟒峰非使用价值(根据环境资源价值理论,非使用价值是人们从旅游资源获得的并非来源于自己使用的效用,主要包括存在价值、遗产价值和选择价值)造成的损失最低阈值 1190 万元;在全国性知名媒体公开赔礼道歉;依法连带承担聘请专家所支出的评估费用 15 万元。

被告张永明、张鹭、毛伟明辩称:本案不属于生态环境公益诉讼,检察院不能提起民事公益诉讼;张永明等人主观上没有过错,也没有造成巨蟒峰的严重损毁,风险不等于实际的损害结果,故不构成侵权;专家组出具的评估报告不能采信。

法院经审理查明:2017 年 4 月份左右,被告张永明、张鹭、毛伟明三人通过微信联系,约定前往三清山风景名胜区攀爬"巨蟒出山"岩柱体(又称巨蟒峰)。2017 年 4 月 15 日凌晨 4 时左右,张永明、张鹭、毛伟明三人携带电钻、岩钉(即膨胀螺栓,不锈钢材质)、铁锤、绳索等工具到达巨蟒峰底部。被告张永明首先攀爬,毛伟明、张鹭在下面拉住绳索保护张永明的安全。在攀爬过程中,张永明在有危险的地方打岩钉,使用电钻在巨蟒峰岩体上钻孔,再用铁锤将岩钉打入孔内,用扳手拧紧,然后在岩钉上布绳索。张永明通过这种方式于早上 6 时 49 分左右攀爬至巨蟒峰顶部。毛伟明一直跟在张永明后面为张永明拉绳索做保护,并沿着张永明布好的绳索于早上 7 时左右攀爬到巨蟒峰顶部。在张永明、毛伟明

攀爬开始时，张鹭为张永明拉绳索做保护，之后沿着张永明布好的绳索于早上7时30分左右攀爬至巨蟒峰顶部，在顶部使用无人机进行拍摄。在巨蟒峰顶部，张永明将多余的工具给毛伟明，毛伟明顺着绳索下降，将多余的工具带回宾馆，随后又返回巨蟒峰，攀爬至巨蟒峰10多米处，被三清山管委会工作人员发现后劝下并被民警控制。张鹭、张永明在工作人员劝说下，也先后于上午9时左右、9时40分左右下到巨蟒峰底部并被民警控制。经现场勘查，张永明在巨蟒峰上打入岩钉26个。经专家论证，三被告的行为对巨蟒峰地质遗迹点造成了严重损毁。

本案刑事部分已另案审理。

2018年3月28日，受上饶市检察院委托，江西财经大学专家组针对张永明等三人攀爬巨蟒峰时打入的26枚岩钉对巨蟒峰乃至三清山风景名胜区造成的损毁进行价值评估。2018年5月3日，江西财经大学专家组出具了《三清山巨蟒峰受损价值评估报告》。该评估报告载明：专家组依据确定的价值类型，采用国际上通行的条件价值法对上述故意损毁行为及其后果进行价值评估，巨蟒峰价值受损评估结果为，"巨蟒峰案"三名当事人的行为虽未造成巨蟒峰山体坍塌，但对其造成了不可修复的严重损毁，对巨蟒峰作为世界自然遗产的存在造成了极大的负面影响，加速了山体崩塌的可能性。因此，专家组认为：此次"巨蟒峰案的价值损失评估值"不应低于该事件对巨蟒峰非使用价值造成的损失最低阈值，即1190万元。

**裁判结果**

江西省上饶市中级人民法院于2019年12月27日作出（2018）赣11民初303号民事判决：一、被告张永明、张鹭、毛伟明在判决生效后十日内在全国性媒体上刊登公告，向社会公众赔礼道歉，公告内容应由一审法院审定；二、被告张永明、张鹭、毛伟明连带赔偿环境资源损失计人民币6000000元，于判决生效后三十日内支付至一审法院指定的账户，用于公共生态环境保护和修复；三、被告张永明、张鹭、毛伟明在判决生效后十日内赔偿公益诉讼起诉人上饶市检察院支出的专家费150000元。宣判后，张永明、张鹭提起上诉。江西省高级人民法院于2020年5月18日作出（2020）赣民终317号民事判决：驳回上诉，维持原判。

**裁判理由**

法院生效裁判认为：

**一、关于人民法院对检察机关提起的本案生态破坏民事公益诉讼可否支持的问题**

首先，张永明上诉称其三人行为仅构成对自然资源的破坏而非对生态环境的破坏，该主张不能成立。《中华人民共和国宪法》第二十六条明确"国家保护和改善生活环境和生态环境，防治污染和其他公害。"该法条将环境分为生活环境和生态环境。生活环境指向与人类活动有关的环境，生态环境指向与自然活动有关的环境。《中华人民共和国环境保护法》第二条"本法所称环境，是指影响人类生存和发展的各种天然的和经过人工改造的自然因素的总体，包括大气、水、海洋、土地、矿藏、森林、草原、湿地、野生生物、自然遗迹、人文遗迹、自然保护区、风景名胜区、城市和乡村等。"该法条将环境分为自然环境和人工环境。自然环境指与人类生存和发展有密切关系的自然条件和自然资源，人工环境指经过人类活动改造过的环境。由以上分析可以认定张永明等三人采取打岩钉方式攀爬行为对巨蟒峰自然遗迹的损害构成对自然环境，亦即对生态环境的破坏。

其次，张永明等三人采取打岩钉方式攀爬对巨蟒峰的破坏损害了社会公共利益。巨蟒峰作为独一无二的自然遗迹，是不可再生的珍稀自然资源型资产，其所具有的重大科学价值、美学价值和经济价值不仅是当代人的共同财富，也是后代人应当有机会享有的环境资源。本案中，张永明等三人采取打岩钉方式攀爬对巨蟒峰的损害，侵害的是不特定社会公众的环境权益，不特定的多数人享有的利益正是社会公共利益的内涵。人们享有的环境权益不仅包含清新的空气、洁净的水源等人们生存发展所必不可少的环境基本要素，也包含基于环境而产生的可以满足人们更高层次需求的生态环境资源，例如优美的风景、具有重大科研价值的濒危动物或具有生态保护意义的稀缺植物或稀缺自然资源等。对这些资源的损害，直接损害了人们可以感受到的生态环境的自然性、多样性，甚至产生人们短时间内无法感受到的生态风险。

综上，张永明等三人的行为对巨蟒峰自然遗迹的损害，属于生态环境资源保护领域损害社会公共利益的行为，检察机关请求本案三被告依法承担破坏自然遗迹和风景名胜造成的生态环境损害赔偿责任，人民法院应予支持。

**二、关于赔偿数额如何确定的问题**

本案三行为人对巨蟒峰造成的损失量化问题，目前全国难以找到鉴定机构进行鉴定。依据《最高人民法院关于审理环境民事公益诉讼案件适用法律若干问题的解释》第二十三条规定，法院可以结合破坏生态的范围和程度、生态环境的稀缺性、生态环境恢复的难易程度以及被告的过错程度等因素，并可以参考相关部门意见、专家意见等合理确定。

2018年3月28日，上饶市人民检察院委托江西财经大学专家组就本案所涉巨蟒峰损失进行价值评估。江西财经大学专家组于2018年5月3日作出《三清山巨蟒峰受损价值评估报告》（以下简称《评估报告》）。该专家组成员具有环境经济、旅游管理、生态学方面的专业知识，采用国际上通行的条件价值法对本案所涉价值进行了评估，专家组成员均出庭对《评估报告》进行了说明并接受了各方当事人的质证。该《评估报告》符合《最高人民法院关于审理环境民事公益诉讼案件适用法律若干问题的解释》第十五条规定的"专家意见"，依法可作为本案认定事实的参考依据。

《评估报告》采用的条件价值法属于环境保护部下发的《环境损害鉴定评估推荐方法（第Ⅱ版）》确定的评估方法之一。虽然该方法存在一定的不确定性，但其科学性在世界范围内得到认可，且目前就本案情形没有更合适的评估方法。故根据以上意见，参考《评估报告》结论"'巨蟒峰案的价值损失评估值'不应低于该事件对巨蟒峰非使用价值造成的损失最低阈值，即1190万元"，综合考虑本案的法律、社会、经济因素，具体结合了三被告已被追究刑事责任的情形、本案查明的事实、当事人的过错程度、当事人的履行能力、江西的经济发展水平等，酌定赔偿金额为600万元。

裁判同时明确，生态环境是人类生存和发展的根基，对自然资源的破坏即是对生态环境的破坏。我国法律明确将自然遗迹、风景名胜区作为环境要素加以保护，规定一切单位和个人都有保护环境的义务，因破坏生态环境造成损害的，应当承担侵权责任。特别是在推进生态文明建设的进程中，只有实行最严格的制度、最严密的法治，才能更好地保护我们的生态环境。张永明、张鹭、毛伟明三人采用打岩钉方式攀爬行为给巨蟒峰造成不可修复的永久性伤害，损害了社会公共利益，构成共同侵权。判决三人承担环境侵权赔偿责任，旨在引导社会公众树立正确的生态文明观，珍惜和善待人类赖以生存和发展的生态环境。

（生效裁判审判人员：胡淑珠、黄训荣、王慧军）

**指导案例 209 号**

# 浙江省遂昌县人民检察院诉叶继成生态破坏民事公益诉讼案

（最高人民法院审判委员会讨论通过 2022 年 12 月 30 日发布）

**关键词** 民事诉讼/生态破坏民事公益诉讼/恢复性司法/先予执行

**裁判要点**

生态恢复性司法的核心理念为及时修复受损生态环境，恢复生态功能。生态环境修复具有时效性、季节性、紧迫性的，不立即修复将导致生态环境损害扩大的，属于《中华人民共和国民事诉讼法》第一百零九条第三项规定的"因情况紧急需要先予执行的"情形，人民法院可以依法裁定先予执行。

**相关法条**

《中华人民共和国民事诉讼法》第 109 条（本案适用的是 2017 年 6 月 27 日修正的《中华人民共和国民事诉讼法》第 106 条）

**基本案情**

2018 年 11 月初，被告叶继成雇请他人在浙江省遂昌县妙高街道龙潭村村后属于龙潭村范围内（土名"龙潭湾"）的山场上清理枯死松木，期间滥伐活松树 89 株。经鉴定，叶继成滥伐的立木蓄积量为 22.9964 立方米，折合材积 13.798 立方米，且案发山场属于国家三级公益林。根据林业专家出具的修复意见，叶继成应在案涉山场补植 2 至 3 年生木荷、枫香等阔叶树容器苗 1075 株。浙江省遂昌县人民检察院认为不需要追究叶继成的刑事责任，于 2019 年 7 月作出不起诉决定，但叶继成滥伐公益林山场林木的行为造成森林资源损失，破坏生态环境，遂于 2020 年 3 月 27 日提起环境民事公益诉讼。由于遂昌县春季绿化造林工作即将结束，公益诉讼起诉人在起诉同时提出先予执行申请，要求叶继成根据前述专家修复意见原地完成补植工作。后由于种植木荷、枫香等阔叶树的时间节点已过，难以购置树苗，经林业专家重新进行修复评估，认定根据案涉林木损毁价值及补植费用 9658.4 元核算，共需补植 1 至 2 年生杉木苗 1288 株。检察机关据此于 2020 年 4 月 2 日变更诉讼请求和先予执行申请，要求叶继成按照重新出具的修复意见进行补植。

**裁判结果**

浙江省丽水市中级人民法院于 2020 年 3 月 31 日作出（2020）浙 11 民初 35 号裁定，裁定准予先予执行，要求被告叶继成在收到裁定书之日起三十日内在案发山场及周边完成补植复绿工作。叶继成根据变更后的修复意见，于 2020 年 4 月 7 日完成补植，浙江省遂昌县自然资源和规划局于当日验收。

浙江省丽水市中级人民法院于 2020 年 5 月 11 日作出（2020）浙 11 民初 35 号判决：一、被告叶继成自收到本院（2020）浙 11 民初 35 号民事裁定书之日起三十日内在"龙潭湾"山场补植 1—2 年生杉木苗 1288 株，连续抚育 3 年（截止到 2023 年 4 月 7 日），且种植当年成活率不低于 95%，3 年后成活率不低于 90%。二、如果被告叶继成未按本判决的第一项履行判决确定的义务，则需承担生态功能修复费用 9658.4 元。宣判后，双方当事人均未上诉，判决已生效。

**裁判理由**

法院生效裁判认为：森林生态环境修复需要考虑节气及种植气候等因素，如果未及时采取修复措施补种树苗，不仅增加修复成本，影响修复效果，而且将导致生态环境受到损害至修复完成期间的服务功能损失进一步扩大。叶继成滥伐林木、破坏生态环境的行为清楚明确，而当时正是植树造林的有利时机，及时补种树苗有利于新植树木的成活和生态环境的及时有效恢复。基于案涉补植树苗的季节性要求和修复生态环境的紧迫性，本案符合《中华人民共和国民事诉讼法》第一百零六条第三项规定的因情况紧急需要先予执行的情形，故对公益诉讼起诉人的先予执行申请予以准许。

林地是森林资源的重要组成部分，是林业发展的根本。林地资源保护是生态文明建设中的重要环节，对于应对全球气候变化，改善生态环境有着重要作用。被告叶继成违反《中华人民共和国森林法》第二十三条、第三十二条的规定，未经许可，在公益林山场滥伐林木，数量较大，破坏了林业资源和生态环境，对社会公共利益造成了损害，应当承担相应的环境侵权责任。综合全案事实和鉴定评估意见，人民法院对公益诉讼起诉人要求叶继成承担生态环境修复责任的主张予以支持。

（生效裁判审判人员：程建勇、单欣欣、聂伟杰、张锡斌、余俊、韩黎明、叶水火）

**指导案例 210 号**

# 九江市人民政府诉江西正鹏环保科技有限公司、杭州连新建材有限公司、李德等生态环境损害赔偿诉讼案

（最高人民法院审判委员会讨论通过　2022 年 12 月 30 日发布）

**关键词**　民事/生态环境损害赔偿诉讼/部分诉前磋商/司法确认/证据/继续审理

**裁判要点**

1. 生态环境损害赔偿案件中，国家规定的机关通过诉前磋商，与部分赔偿义务人达成生态环境损害赔偿协议的，可以依法向人民法院申请司法确认；对磋商不成的其他赔偿义务人，国家规定的机关可以依法提起生态环境损害赔偿诉讼。

2. 侵权人虽因同一污染环境、破坏生态行为涉嫌刑事犯罪，但生态环境损害赔偿诉讼案件中认定侵权事实证据充分的，不以相关刑事案件审理结果为依据，人民法院应当继续审理，依法判决侵权人承担生态环境修复和赔偿责任。

**相关法条**

《中华人民共和国民法典》第1229条（本案适用的是自2010年7月1日起实施的《中华人民共和国侵权责任法》第65条）

**基本案情**

2017年至2018年间，江西正鹏环保科技有限公司（以下简称正鹏公司）与杭州塘栖热电有限公司（以下简称塘栖公司）等签署合同，运输、处置多家公司生产过程中产生的污泥，收取相应的污泥处理费用。正鹏公司实际负责人李德将从多处收购来的污泥直接倾倒，与丰城市志合新材料有限公司（以下简称志合公司，已注销）合作倾倒，或者交由不具有处置资质的张永良、舒正峰等人倾倒至九江市区多处地块，杭州连新建材有限公司（以下简称连新公司）明知张永良从事非法转运污泥，仍放任其持有加盖公司公章的空白合同处置污泥。经鉴定，上述被倾倒的污泥共计1.48万吨，造成土壤、水及空气污染，所需修复费用1446.288万元。案发后，九江市浔阳区人民检察院依法对被告人张永良等6人提起刑事诉讼，后经九江市中级人民法院二审审理，于2019年10月25日判处被告人张永良、舒正峰、黄永、陈世水、马祖兴、沈孝军6人犯污染环境罪（李德、夏吉萍另案处理），有期徒刑三年二个月至有期徒刑十个月不等，并处罚金10万元至5万元不等。九江市人民政府依据相关规定开展磋商，与塘栖公司达成金额计4872387元的赔偿协议，但未能与正鹏公司、连新公司、李德等7人达成赔偿协议。塘栖公司所赔款项包括1号地块、2号地块全部修复费用及4号地块部分修复费用等，已按协议全部履行。协议双方向九江市中级人民法院申请司法确认，九江市中级人民法院已依法裁定对该磋商协议作出确认。因未能与正鹏公司、连新公司、李德等7人达成赔偿协议，九江市人民政府就3号地块、5号地块修复费用及4号地块剩余修复费用等提起本案诉讼，要求各被告履行修复生态环境义务，支付生态环境修复费用、公开赔礼道歉并承担律师费和诉讼费用。

**裁判结果**

江西省九江市中级人民法院于2019年11月4日作出（2019）赣04民初201号民事判决：一、被告正鹏公司、李德、黄永、舒正峰、陈世水于本判决生效后三个月内对九江市经济技术开发区沙阎路附近山坳地块（3号地块）污泥共同承担生态修复义务，如未履行该修复义务，则上述各被告应于期限届满之日起十日内共同赔偿生态修复费用280.3396万元（被告舒正峰已自愿缴纳10万元生态修复金至法院账户）；二、被告正鹏公司、连新公司、张永良、李德、黄永、舒正峰、夏吉萍、陈世水于本判决生效后三个月内对九江市经济技术开发区沙阎路伍丰村郑家湾地块（4号地块）污泥共同承担生态修复义务，如未履行该修复义务，则上述各被告应于期限届满之日起十日内共同赔偿生态修复费用201.8515万元（被告连新公司已自愿缴纳100万元生态修复金至法院账户）；三、被告正鹏公司、张永良、李德、夏吉萍、马祖兴于本判决生效后三个月内对九江市永修县九颂山河珑园周边地块（5号地块）污泥共同承担生态修复义务，如未履行该修复义务，则上述各被告应于期限届满之日起十日内共同赔偿生态修复费用448.9181万元；四、各被告应于本判决生效后十日内共同支付环评报告编制费20万元，风险评估方案编制费10万元及律师代理费4万元；

五、各被告于本判决生效后十日内，在省级或以上媒体向社会公开赔礼道歉；六、驳回原告九江市人民政府的其他诉讼请求。宣判后，当事人未上诉，一审判决生效。

**裁判理由**

法院生效裁判认为：正鹏公司、连新公司、张永良、李德、舒正峰、黄永、夏吉萍、陈世水、马祖兴以分工合作的方式非法转运、倾倒污泥造成生态环境污染，损害了社会公共利益，应当承担相应的生态环境损害赔偿责任。因各被告倾倒的每一地块污泥已混同，同一地块的污泥无法分开进行修复，应由相关被告承担同一地块的共同修复责任。本案各被告对案涉3、4、5号地块环境污染应承担的侵权责任逐一认定如下：

一、3号地块污泥系李德从长江江面多家公司接手，由黄永、舒正峰、陈世水分工合作倾倒，该地块修复费用280.3396万元，应由上述各被告共同承担。陈世水辩解其系李德雇员且在非法倾倒行为中非法所得较少及作用较小，应由雇主李德承担赔偿责任或由其承担较小赔偿责任。因环境共同侵权并非以非法所得或作用大小来计算修复责任大小，该案无证据可证明陈世水系李德雇员，陈世水与其他被告系以分工合作的方式非法倾倒污泥，应承担共同侵权连带环境修复责任。

二、4号地块部分污泥来源于连新公司（系张永良以连新公司名义获得），由李德、黄永、舒正峰、陈世水分工合作进行倾倒，该地块剩余修复费用201.8515万元，应由上述各被告共同承担。连新公司辩称来源于张永良的污泥并不等同于来源于连新公司，连新公司不应承担赔偿责任。依据审理查明的事实可知，连新公司是在处理污泥能力有限的情况下，将公司公章、空白合同交由张永良处理污泥，其对张永良处理污泥的过程未按照法律规定的流程进行追踪，存在明显监管过失，且张永良、证人黄某某证言证实4号地块的部分污泥来源于连新公司。因而，连新公司该抗辩意见不应予以支持。

三、5号地块污泥来源于张永良，由李德、马祖兴分工合作进行倾倒，该地块修复费用448.9181万元，应由上述各被告共同承担。环境损害鉴定报告中评估报告编制费20万元，风险评估方案编制费10万元以及律师代理费4万元，均属本案诉讼的合理支出费用，原告主张的上述费用应予以支持。生态环境损害赔偿案件承担责任的方式包括赔礼道歉，九江市人民政府要求被告在省级或以上媒体向社会公开道歉的诉讼请求于法有据，应予以支持。

本案裁判还认为，李德作为正鹏公司的实际控制人，在正鹏公司无处理污泥资质及能力的情况下，以正鹏公司的名义参与污泥的非法倾倒，李德与正鹏公司应共同承担生态环境修复责任。在上述4号、5号地块的污泥非法倾倒中，夏吉萍以志合公司的名义与正鹏公司合作处理污泥的方式参与其中，且作为志合公司实际负责人取得相关利润分成，故夏吉萍应共同承担上述地块的生态修复责任。对夏吉萍辩称其不明知被告正鹏公司非法倾倒污泥的行为，不应承担生态环境损害修复责任，其本人涉嫌环境污染刑事犯罪正在公诉，刑案应优先于本案审理的理由，本案正鹏公司与志合公司的合作协议、银行流水记录及李德、夏吉萍、张永良的供述、证人王某某的证言、志合公司转运联单等证据足以证明志合公司与正鹏公司于2017年9月14日合作后，双方共同参与了涉案污泥倾倒，夏吉萍取得倾倒污泥的利润分成，应当承担所涉污泥倾倒导致的环境损害赔偿责任。本案对夏吉萍侵权事实的认定已有相关证据予以支撑，并非必须以相关刑事案件审理结果为依据，继续审理并无不妥。

（生效裁判审判人员：鄢清员、沈双武、施龙西、钱振华、沈爱、周卉、徐军）

**指导案例 211 号**

## 铜仁市万山区人民检察院诉铜仁市万山区林业局
## 不履行林业行政管理职责行政公益诉讼案

(最高人民法院审判委员会讨论通过　2022 年 12 月 30 日发布)

**关键词**　行政/行政公益诉讼/林业行政管理/行政处罚与刑罚衔接/特殊功能区环境修复

**裁判要点**

1. 违法行为人的同一行为既违反行政法应受行政处罚，又触犯刑法应受刑罚处罚的情形下，行政机关在将案件移送公安机关时不应因案件移送而撤销已经作出的行政处罚。对刑事判决未涉及的行政处罚事项，行政机关在刑事判决生效后作出行政处罚决定的，人民法院应予支持。

2. 违法行为人在刑事判决中未承担生态环境修复责任的，林业等行政主管部门应当及时责令其依法履行修复义务，若违法行为人不履行或者不完全履行时应组织代为履行。林业等行政主管部门未履行法定生态修复监督管理职责，行政公益诉讼起诉人请求其依法履职的，人民法院应予支持。

3. 特殊功能区生态环境被破坏，原则上应当原地修复。修复义务人或者代履行人主张异地修复，但不能证明原地修复已不可能或者没有必要的，人民法院不予支持。

**相关法条**

《中华人民共和国森林法》(2019 年修订) 第 74 条、第 81 条 (本案适用的是 2009 年修正的《中华人民共和国森林法》第 10 条、第 44 条)

《中华人民共和国行政处罚法》(2021 年修订) 第 35 条 (本案适用的是 2017 年修正的《中华人民共和国行政处罚法》第 28 条)

**基本案情**

2014 年 4 月，被告人沈中祥投资设立一人公司武陵农木业公司并任法定代表人。2014 年 5 月至 7 月，该公司以修建种植、养殖场为由，在没有办理林地使用许可手续的情况下，雇佣施工队使用挖掘机械在贵州省铜仁市万山区茶店街道梅花村隘口山组及万山区大坪乡大坪村马鞍山等处林地剥离地表植被进行挖掘，致使地表植被毁坏，山石裸露。经鉴定，毁坏林地 276.17 亩，其中重点公益林 49.38 亩，一般公益林 72.91 亩，重点商品林 108.93 亩，一般商品林 44.95 亩。涉案公益林功能设定为水土保持和水源涵养。本案一审审理时，被毁坏林地部分新植马尾松苗，苗木低矮枯黄，地表干涸破碎；水源涵养公益林部分未作任何处理，山岩裸露，碎石堆积，形如戈壁。

2015 年 1 月，铜仁市万山区林业局 (以下简称万山区林业局) 以上述行为涉嫌构成非法占用农用地罪移送铜仁市公安局万山分局，但公安机关立案侦查后作撤案处理。万山区林业局遂对沈中祥和武陵农木业公司作出行政处罚决定：责令限期恢复原状 (未载明期限），并处罚款 1841134 元，但被处罚人均未履行。2016 年 1 月 20 日，铜仁市公安局万山分局重新立案侦查。次日，万山区林业局撤销上述行政处罚决定。2016 年 12 月，铜仁市万山区人民法院以（2016）黔 0603 刑初 67 号刑事判决，认定被告人沈中祥犯非法占用农用地罪，判处有期徒刑二年，并处罚金人民币五万元。判决生效后，铜仁市万山区人民检察院向万山区林业局发出检察建议，建议其依法履行森林资源保护监管职责，责令沈中祥限期恢复原状，按每平方米 10 元至 30 元并处罚款。万山区林业局书面回复，因沈中祥在服刑，公司倒闭，人员解散，无法实施复绿；林业局拟部分复绿造林，对其中难以复绿造林地块异地补植复绿；按一事不再罚原则不予罚款处罚。

检察机关以万山区林业局既未对沈中祥作出行政处罚，也未采取有效措施予以补植复绿，没有履行生态环境监管职责，导致林地被破坏的状态持续存在，当地生态环境遭受严重破坏为由提起行政公益诉讼，请求确认万山区林业局未依法履行监管职责的行为违法并判令其依法履行环境保护监管职责。

**裁判结果**

贵州省遵义市播州区人民法院于 2017 年 9 月 29 日作出（2017）黔 0321 行初 97 号行政判决：由被告铜仁市万山区林业局对沈中祥以铜仁市万山区武陵农木业生产开发有限公司名义毁坏铜仁市万山区茶店街道梅花村隘口山组、大坪乡大坪村马鞍山林地补植复绿恢复原状依法履行监督管理法定职责，并限期完成复绿工程验收。宣判后，双方均未上诉，判决发生法律效力。

**裁判理由**

法院生效裁判认为：

**一、万山区林业局未依法履行职责**

万山区林业局作为万山区人民政府林业行政主管部门，依照《中华人民共和国森林法》（2009 年修改）第十条规定，负责对万山区行政区域内森林资源保护、利用、更新的监督管理。万山区林业局应当依法履行职责，对违反林业管理法律、法规占用、毁坏森林资源、改变林地用途的行为依法查处。依照《中华人民共和国森林法》（2009 年修改）第四十四条的规定，责令违法行为人停止违法行为并按法律规定补种树木，违法行为人拒不补种或者补种不符合国家有关规定的，由林业主管部门代为补种，所需费用向违法行为人追偿，但是万山区林业局未依法履行职责。

**二、公安机关立案侦查后，万山区林业局撤销行政处罚的决定违法**

违法行为人的同一行为既违反行政法应受行政处罚，又触犯刑法应受刑罚处罚的情形下，行政执法机关在将案件移送司法机关之前已经作出的行政处罚，折抵相同功能的刑罚。依照《中华人民共和国行政处罚法》（2017 年修正）第二十八条"违法行为构成犯罪，人民法院判处拘役或者有期徒刑时，行政机关已经给予当事人行政拘留的，应当依法折抵相应刑期。违法行为构成犯罪，人民法院判处罚金时，行政机关已经给予当事人罚款的，应当折抵相应罚金"，《行政执法机关移送涉嫌犯罪案件的规定》第十一条第三款"行政执法机关向公安机关移送涉嫌犯罪案件前，已经依法给予当事人罚款的，人民法院判处罚金时，依法折抵相应罚金"的规定，这种折抵是执行上的折抵，而不是处罚决定本身的折抵，且仅折抵惩罚功能相同的处罚，功能不同的处罚内容不能折抵。因此，在刑事侦查立案前已经作出的行政处罚不应撤销。万山区林业局在将涉嫌犯罪的行政违法行为移送公安机关，公安机关立案后万山区林业局又撤销其在先已经作出的行政处罚决定时，不但撤销了与刑事裁判可能作出的罚金刑功能相同的罚款处罚，还一并撤销了不属于刑罚处罚功能的责令违法行为人补植复绿以恢复原状的行政处罚。万山区林业局这一撤销行为违反了法律规定。

### 三、刑事判决生效后，万山区林业局未责令违法行为人恢复被毁坏林地的行为违法

对刑事判决未涉及的处罚事项，行政机关在刑事判决生效后应作出行政处罚决定。责令犯罪人补植复绿以修复环境，不属于刑罚处罚范畴，而属于法律赋予行政主管机关的行政权，属于行政处罚范围。刑事判决生效后，在先没有作出行政处罚的，刑事判决生效后，行政机关不得基于同一行为作出与刑罚功能相同的行政处罚。在对违法行为人追究刑事责任后，刑罚处罚未涉及环境修复责任的，行政机关应当依法作出决定，责令违法行为人按森林法要求种植树木、修复环境。因此，万山区林业局在刑事判决生效后应当依法作出责令违法行为人履行补植复绿义务的行政处罚决定并监督违法行为人履行，违法行为人拒不履行或者履行不合格的，应当代为补植复绿，并责令违法行为人承担费用。被告万山区林业局未作出责令沈中祥及武陵农木业公司补植复绿以恢复原状并监督履行的行为违法。

### 四、万山区林业局未履行代为补植复绿职责

特殊功能区生态环境被破坏的，原则上应当原地修复。修复义务人或者代履行人主张异地修复，但不能证明原地修复已不可能或者没有必要的，人民法院不予支持。万山区林业局在未作出责令违法行为人修复环境决定的情形下，会同乡镇人民政府等在被毁坏的林地上种植了部分树苗，但效果较差，没有保证成活率，没有达到环境修复的目的。且对于毁坏严重，形同戈壁的土地未进行治理复绿。鉴于被毁坏林地及林木的公益林性质和水源涵养、水土保持功能，补植复绿应当就地进行，不得异地替代。万山区林业局代为补植树木的行为，虽已部分履行职责，但尚未正确、全面履行，仍应继续履行。

（生效裁判审判人员：何林、李兴蓉、何德华）

# 最高人民法院
# 关于贯彻实施《中华人民共和国黄河保护法》的意见

法发〔2023〕8号

为深入贯彻习近平新时代中国特色社会主义思想，深学笃行习近平法治思想和习近平生态文明思想，全面落实党的二十大精神，准确实施《中华人民共和国黄河保护法》，充分发挥人民法院审判职能作用，以高质量司法服务黄河流域生态保护和高质量发展，结合人民法院工作实际，制定如下实施意见。

## 一、切实提高政治站位,不断增强司法服务黄河流域生态保护和高质量发展的责任感使命感

1. 贯彻实施黄河保护法是落实习近平总书记重要指示批示精神和党中央决策部署的重要举措。黄河流域生态保护和高质量发展是习近平总书记亲自谋划、亲自部署、亲自推动的重大国家战略。黄河保护法的出台,为人民法院在法治轨道上扎实服务推进黄河流域生态保护和高质量发展提供了制度支撑。各级人民法院要进一步提高政治站位,把贯彻实施黄河保护法作为落实"两个维护"的具体行动,贯穿到黄河流域司法保护工作的全过程各方面,为实现人与自然和谐共生、中华民族永续发展提供坚实司法保障。

2. 贯彻实施黄河保护法是回应人民群众对黄河长久安澜美好向往的重要实践。黄河保护法坚持以人民为中心,始终为人民谋福祉,积极回应人民群众对黄河优美生态环境和高质量发展的新追求新期盼。各级人民法院要始终牢记初心使命,充分认识生态环境保护是重要的民生问题,立足审判职能,依法公正高效审理各类环境资源案件,着力解决好人民群众急难愁盼问题,服务好黄河流域生态保护和高质量发展,守护好黄河流域的青山碧水蓝天净土,努力让黄河成为造福人民的幸福河。

3. 贯彻实施黄河保护法是推进黄河流域生态保护和高质量发展的重要保障。黄河保护法坚持问题导向,旨在系统治理黄河流域生态环境突出问题。各级人民法院要落实最严格制度最严密法治,全面学习领会黄河保护法立法精神,准确把握立法特殊性和侧重点,结合山水相济大保护的流域司法特色,持续加强黄河流域生态保护与修复,推进水资源节约集约利用,保障水沙调控与防洪安全,深入打好污染防治攻坚战,服务绿色高质量发展,保护传承弘扬黄河文化,真正把黄河保护法的立法目的、基本原则和各项制度落到实处。

## 二、准确把握立法原则,紧紧围绕推动黄河流域生态保护和高质量发展持续用力

4. 坚持生态优先、绿色发展。牢固树立和践行绿水青山就是金山银山的理念,正确处理保护和发展、发展和安全、全局和局部、当前和长远等重大关系问题,找准统筹生态环境司法保护、经济社会发展和民生保障的平衡点。准确把握重在保护、要在治理的战略要求,助推环境问题整治,促进生态保护修复,服务绿色低碳发展,协同推进黄河流域生态环境高水平保护和经济社会高质量发展。

5. 坚持量水而行、节水为重。根据以水定城、以水定地、以水定人、以水定产的治水思路,全面落实水资源刚性约束制度,依法保障城乡居民生活用水、基本生态用水、生产用水,服务构建与水资源承载能力相适应的现代产业体系。聚焦保水、固土、治沙、防洪等黄河流域审判工作重点,促进水资源合理分配,提高水资源利用效率,抑制不合理用水需求,加强违规取用水规制,推动用水方式由粗放向节约集约转变。

6. 坚持因地制宜、分类施策。对标《黄河流域生态保护和高质量发展规划纲要》要求,瞄准各地在黄河流域生态保护和高质量发展战略布局中的不同定位,结合区域特点和地方实际,找准人民法院环境资源审判工作的结合点着力点。充分考虑黄河上下游、干支

流、左右岸差异,加强生态环境分区管控,抓好江河源头和饮用水水源地、重要湖泊水库、河道堤坝岸线的保护治理,坚守生态保护红线、环境质量底线、资源利用上线。

7. 坚持统筹谋划、协同推进。深化对流域司法保护的规律性认识,坚持山水林田湖草沙一体化保护和系统治理,从生态系统的完整性、地理单元的连续性和经济社会发展的可持续性角度出发,强化黄河流域系统治理、整体治理、协同治理。全领域全过程贯彻生态环境保护理念,统筹适用刑事、民事、行政法律责任,打造畅通高效的内外协调联动机制,健全完善源头严防、过程严管、损害严惩和充分修复的现代环境司法保障体系。

### 三、充分发挥审判职能,着力提高贯彻实施黄河保护法各项工作的针对性靶向性实效性

8. 丰富修复举措,持续加强生态保护与修复。加大对黄河源头和水源涵养区、重要生态功能区、生态敏感脆弱区的司法保护力度,依法惩治非法采矿、采砂、渔猎、养殖、采伐、开垦、建设等违法犯罪活动,加强外来入侵物种治理。着力提升流域生态系统质量和稳定性,系统保护修复雪山冰川、高原冻土、高寒草甸、草原、湿地、森林、荒漠、泉域及其他流域特有生态环境要素,助力国家公园等自然保护地体系建设。探索创新预防性、惩罚性、恢复性司法措施,科学合理运用补植复绿、增殖放流、劳务代偿、技改抵扣、碳汇认购等多元化生态修复方式,健全完善生态环境修复资金管理使用及修复效果评估机制,努力实现"预防—保护—惩罚—修复"的完整闭环。

9. 促进绿色用水,推动水资源节约集约利用。依法审理取水许可、权属确认等行政争议案件和水资源使用权民事纠纷案件,推动高耗水项目技术改造或有序退出,规范用水权交易市场,促进水资源配置优化。配合行政执法机关整治挖湖造景、地下水超采、盲目上马"公园热"等不合理用水行为,确保流域用水安全。妥善审理涉节水产业、节水技术、节水设施案件,鼓励能源、化工、建材等高耗水产业节水增效,支持城乡老旧供水设施和管网改造,服务推进节水型社会建设。

10. 注重综合防治,保障水沙调控与防洪安全。依法惩治违法利用占用河道、湖泊水域岸线、水库库区的行为,保障黄河行洪安全,促进黄河流域各类生产建设活动规范有序。依法审理涉水沙调控和防洪防凌调度、水功能区管理、山洪泥石流灾害防治案件,服务重点区域水土流失治理,筑牢黄河流域生态屏障。妥善审理黄河滩区居民迁建、退耕还湿、违章建筑拆除、小水电整改退出相关案件,监督支持行政机关依法行使职权,保护行政相对人合法权益。

11. 严格落实责任,深入打好污染防治攻坚战。加强黄河流域水、土壤、大气污染惩治力度,注重农业面源污染、工业污染、城乡生活污染综合治理,坚持精准科学依法治污,扎实推进城乡人居环境整治。依法审理水污染防治、水环境治理、水资源监管、环境影响评价和排污许可管理相关案件,从严惩处污染黄河干流、重要支流、重要湖库等重点水域及环境监管失职、环境监测数据造假等违法犯罪行为。准确适用生态环境侵权责任和禁止令、惩罚性赔偿,及时制止侵害行为,充分救济受损权益,严厉制裁恶意侵权人,切实提高环境违法成本。

12. 支持创新驱动,服务流域绿色高质量发展。完整准确全面贯彻新发展理念,准确适

用《中华人民共和国民法典》绿色原则和绿色条款,依法审理涉产业结构、能源结构、交通运输结构等优化调整案件及碳排放权、排污权、用能权、用水权等新型权益案件,探索碳汇等生态产品价值实现司法方案,依法保护产权,支持科技创新,服务乡村振兴。妥善审理涉高耗水、高污染、高耗能项目案件及相关企业破产重整、清算案件,监督支持行政机关依法查处未批先建、批建不符等违法行为,促进企业合规绿色转型。

13. 加强文化保护,助力传承和弘扬黄河文化。严厉惩处破坏文物、名胜古迹违法犯罪行为,依法追究盗掘(盗窃)、销赃、倒卖等全链条各环节参与人的法律责任。妥善审理涉历史文化名城名镇名村、水文化遗产、农耕文化遗产、文化旅游等案件,依法保护传统技艺、医药、曲艺、民俗等非物质文化遗产,助力黄河国家文化公园建设,促进黄河文化创造性发展。加强革命文物遗迹保护力度,妥善审理违法占用、毁损具有革命纪念意义的文物和遗迹案件,传承弘扬黄河红色文化,筑牢中华民族的根和魂。

## 四、持续深化改革创新,为保障黄河安澜服务民族复兴再立新功

14. 着力推进环境资源审判专门化。坚持守正创新,增强系统观念,不断完善环境资源审判体制机制。各级人民法院要以黄河保护法施行为契机,立足流域保护特点和治理需要,因地制宜推进以生态系统或生态功能区为单位的跨行政区划环境资源审判集中管辖机制,扎实推进环境资源刑事、民事、行政案件统一由专门审判机构审理,完善环境公益诉讼、生态环境损害赔偿诉讼制度,丰富流域区域生态环境保护裁判规则,实现对生态环境的整体系统保护。

15. 着力推进审判机构运行实质化。按照司法体制改革、四级法院审级职能定位改革以及诉讼制度改革要求,找准涉及各类生态环境要素的刑事、民事、行政案件中的小切口,细化环境资源审判庭归口审理案件的范围和职责,促进审判职能、人员、理念的实质融合,确保聚焦主业主责。完善环境资源案件提级管辖机制,对新类型、具有普遍法律适用指导意义、存在重大法律适用分歧的案件依法提级管辖,强化指导性案例和典型案例培树机制。用足用好环境资源审判信息平台,丰富环境资源审判分案识别要素,以信息化助推专业化建设。

16. 着力推进审判能力水平现代化。始终把党的政治建设摆在首位,坚持为大局服务、为人民司法,全面提高流域司法保护能力水平。狠抓审判质效,健全完善契合环境资源审判实际的绩效考核和培训交流机制,打造纪律作风过硬、适应审判职能"三合一"需要、具有国际视野的专业队伍。突出问题导向,大兴调查研究,针对流域司法保护的特点、重点、难点问题,积极探索创新,统一法律适用,以高质量司法服务高质量发展。

17. 着力推进环境司法功能多元化。坚持能动司法,做实"抓前端、治未病",通过诉源治理、多元解纷、司法建议等方式主动融入社会综合治理。加强以案释法普法,充分发挥典型案例的教育引导作用,多途径开展法治宣传,推动美丽中国建设全民行动。深化环境司法国际合作,推进经验交流互鉴、成果惠益分享,讲好中国环境法治故事,传播中国软实力。

18. 着力推进流域司法协作常效化。加强流域区域尤其是跨省级行政区划人民法院之间在立案、审判、执行方面的工作协调对接,健全远程立案、在线庭审、电子送达、修复资金移送等配套机制,促进各类协作机制落实落地。积极开展行政与司法协同合作,优化与检察

机关、公安机关、行政执法机关之间在信息通报、形势会商、证据调取、线索移交、纠纷化解、生态修复等方面的衔接配合，不断完善生态环境保护多元共治格局。

2023 年 6 月 27 日

# 知识产权

## 最高人民法院关于加强中医药知识产权司法保护的意见

法发〔2022〕34 号

为深入贯彻落实党的二十大精神，落实党中央、国务院关于中医药振兴发展的重大决策部署和《知识产权强国建设纲要（2021-2035 年）》有关要求，全面加强中医药知识产权司法保护，促进中医药传承精华、守正创新，推动中医药事业和产业高质量发展，制定本意见。

**一、坚持正确方向，准确把握新时代加强中医药知识产权司法保护的总体要求**

1. 指导思想。坚持以习近平新时代中国特色社会主义思想为指导，全面贯彻落实党的二十大精神，深入贯彻习近平法治思想，认真学习贯彻习近平总书记关于中医药工作的重要指示，深刻领悟"两个确立"的决定性意义，增强"四个意识"、坚定"四个自信"、做到"两个维护"，坚持以推动高质量发展为主题，在新时代新征程上不断提高中医药知识产权司法保护水平，促进中医药传承创新发展，弘扬中华优秀传统文化，推进健康中国建设，为以中国式现代化全面推进中华民族伟大复兴提供有力司法服务。

2. 基本原则。坚持以人民为中心，充分发挥司法职能作用，促进中医药服务能力提升，更好发挥中医药防病治病独特优势，更好保障人民健康。坚持促进传承创新，立足新发展阶段中医药发展需求，健全完善中医药知识产权司法保护体系，推动中医药传统知识保护与现代知识产权制度有效衔接，助力中医药现代化、产业化。坚持依法严格保护，正确适用民法典、知识产权部门法、中医药法等法律法规，切实维护社会公平正义和权利人合法权益，落实知识产权惩罚性赔偿，推动中医药创造性转化、创新性发展。坚持公正合理保护，合理确定中医药知识产权的权利边界和保护方式，实现保护范围、强度与中医药技术贡献程度相适应，促进中医药传承创新能力持续增强。

## 二、强化审判职能，全面提升中医药知识产权司法保护水平

3. 加强中医药专利保护。遵循中医药发展规律，准确把握中医药创新特点，完善中医药领域专利司法保护规则。正确把握中药组合物、中药提取物、中药剂型、中药制备方法、中医中药设备、医药用途等不同主题专利特点，依法加强中医药专利授权确权行政行为的司法审查，促进行政执法标准与司法裁判标准统一，不断满足中医药专利保护需求。结合中医药传统理论和行业特点，合理确定中医药专利权保护范围，完善侵权判断标准。严格落实药品专利纠纷早期解决机制，促进中药专利侵权纠纷及时解决。

4. 加强中医药商业标志保护。加强中医药驰名商标、传统品牌和老字号司法保护，依法妥善处理历史遗留问题，促进中医药品牌传承发展。依法制裁中医药领域商标恶意注册行为，坚决惩治恶意诉讼，遏制权利滥用，努力营造诚实守信的社会环境。严厉打击中医药商标侵权行为，切实保障权利人合法权益，促进中医药品牌建设。

5. 加强中药材资源保护。研究完善中药材地理标志保护法律适用规则，遏制侵犯中药材地理标志行为，引导地理标志权利正确行使，通过地理标志保护机制加强道地中药材的保护，推动中药材地理标志与特色产业发展、生态文明建设、历史文化传承及全面推进乡村振兴有机融合。依法加强中药材植物新品种权等保护，推动健全系统完整、科学高效的中药材种质资源保护与利用体系。

6. 维护中医药市场公平竞争秩序。坚持规范和发展并重，加强对中医药领域垄断行为的司法规制，维护统一开放、竞争有序的中医药市场。依法制裁虚假宣传、商业诋毁、擅自使用中医药知名企业名称及仿冒中药知名药品名称、包装、装潢等不正当竞争行为，强化中医药行业公平竞争意识，促进中医药事业健康有序发展，切实维护消费者合法权益和社会公共利益。

7. 加强中医药商业秘密及国家秘密保护。依法保护中医药商业秘密，有效遏制侵犯中医药商业秘密行为，促进中医药技术传承创新。准确把握信息披露与商业秘密保护的关系，依法保护中药因上市注册、补充申请、药品再注册等原因依法向行政机关披露的中医药信息。妥善处理中医药商业秘密保护与中医药领域从业者合理流动的关系，在依法保护商业秘密的同时，维护中医药领域从业者正当就业创业合法权益。对经依法认定属于国家秘密的传统中药处方组成和生产工艺实行特殊保护，严惩窃取、泄露中医药国家秘密行为。

8. 加强中医药著作权及相关权利保护。依法把握作品认定标准，加强对中医药配方、秘方、诊疗技术收集考证、挖掘整理形成的智力成果保护和创作者权益保护。依法保护对中医药古籍版本整理形成的成果，鼓励创作中医药文化和科普作品，推动中医药文化传承发展。加强中医药遗传资源、传统文化、传统知识、民间文艺等知识产权保护，促进非物质文化遗产的整理和利用。依法保护对中医药传统知识等进行整理、研究形成的数据资源，支持中医药传统知识保护数据库建设，推进中医药数据开发利用。

9. 加强中药品种保护。依法保护中药保护品种证书持有者合法权益，促进完善中药品种保护制度，鼓励企业研制开发具有临床价值的中药品种，提高中药产品质量，促进中药市场健康有序发展。

10. 加强中医药创新主体合法权益保护。准确把握中医药传承与创新关系，依法保护以

古代经典名方等为基础的中药新药研发，鼓励开展中医药技术创新活动。准确认定中医药企业提供的物质基础、临床试验条件与中医药研发人员的智力劳动对中医药技术成果形成所发挥的作用，准确界定职务发明与非职务发明的法律界限，依法支持对完成、转化中医药技术成果做出重要贡献的人员获得奖励和报酬的权利，不断激发中医药创新发展的潜力和活力。

11. 加大对侵犯中医药知识产权行为惩治力度。依法采取行为保全、制裁妨害诉讼行为等措施，及时有效阻遏中医药领域侵权行为。积极适用证据保全、证据提供令、举证责任转移、证明妨碍规则，减轻中医药知识产权权利人举证负担。正确把握惩罚性赔偿构成要件，对于重复侵权、以侵权为业等侵权行为情节严重的，依法支持权利人惩罚性赔偿请求，有效提高侵权赔偿数额。加大刑事打击力度，依法惩治侵犯中医药知识产权犯罪行为，充分发挥刑罚威慑、预防和矫正功能。

### 三、深化改革创新，健全中医药知识产权综合保护体系

12. 完善中医药技术事实查明机制。有针对性地选任中医药领域专业技术人员，充实到全国法院技术调查人才库。不断健全技术调查官、技术咨询专家、技术鉴定人员、专家辅助人员参与诉讼的多元技术事实查明机制。建立技术调查人才共享机制，加快实现中医药技术人才在全国范围内"按需调派"和"人才共享"。遴选中医药领域专业技术人员参与案件审理，推动建立专家陪审制度。完善中医药领域技术人员出庭、就专业问题提出意见并接受询问的程序。

13. 加强中医药知识产权协同保护。做好中医药领域不同知识产权保护方式的衔接，推动知识产权司法保护体系不断完善。深入推行民事、刑事、行政"三合一"审判机制，提高中医药知识产权司法保护整体效能。健全知识产权行政保护与司法保护衔接机制，加强与农业农村部、卫生健康委、市场监管总局、版权局、林草局、中医药局、药监局、知识产权局等协调配合，实现信息资源共享和协同，支持地方拓宽交流渠道和方式，推动形成工作合力。支持和拓展中医药知识产权纠纷多元化解决机制，依托人民法院调解平台大力推进诉调对接，探索行政调解协议司法确认制度，推动纠纷综合治理、源头治理。

14. 提升中医药知识产权司法服务保障能力。健全人才培养培训机制，进一步提升中医药知识产权审判人才专业化水平。深刻把握新形势新要求，积极开展中医药知识产权司法保护问题的调查研究，研判审判态势，总结审判经验，及时回应社会关切。加强中医药知识产权法治宣传，建立健全案例指导体系，积极发布中医药知识产权保护典型案例，通过典型案例的审判和宣传加强中医药知识传播，营造全社会共同关心和支持中医药发展的良好氛围。

15. 加强中医药知识产权司法保护科技和信息化建设。提升中医药知识产权审判信息化水平，运用大数据、区块链等技术构建与专利、商标、版权等知识产权平台的协同机制，支持对知识产权的权属、登记、转让等信息的查询核验。大力推进信息化技术的普及应用，实现全流程审判业务网上办理，提高中医药知识产权司法保护质效。

16. 加强中医药知识产权司法保护国际交流合作。加强涉外中医药知识产权审判，依法平等保护中外权利人的合法权益，服务保障中医药国际化发展。坚持统筹推进国内法治和涉

外法治，积极参与中医药领域国际知识产权规则构建，推进中医药融入高质量共建"一带一路"，助力中医药走向世界。

2022 年 12 月 21 日

# 行政与国家赔偿

## 最高人民法院
## 印发《关于司法赔偿案件案由的规定》的通知

法〔2023〕68 号

各省、自治区、直辖市高级人民法院，解放军军事法院，新疆维吾尔自治区高级人民法院生产建设兵团分院：

最高人民法院《关于司法赔偿案件案由的规定》已于 2023 年 4 月 3 日由最高人民法院审判委员会第 1883 次会议讨论通过，自 2023 年 6 月 1 日起施行，《关于国家赔偿案件案由的规定》（法〔2012〕32 号）同时废止。现将《关于司法赔偿案件案由的规定》（以下简称《案由规定》）印发给你们，并就适用《案由规定》的有关问题通知如下。

### 一、认真学习和准确适用《案由规定》

本次对案由规定进行修改，坚持以国家赔偿法为依据，重点解决原案由规定过于简单笼统、案由划分过于粗疏以及司法赔偿审判实践中部分案件无案由可用、以申请赔偿理由代替案由等问题。案由规定的修改以必要性和实用性为原则，尊重既往案由使用习惯，结合审判实践需要，确保修改后的案由规定体系完整、分类准确、适用方便。

准确适用司法赔偿案件案由，有利于人民法院司法赔偿立案、审判工作的精细化，有利于提高案件统计的准确性，可以为人民法院司法决策提供有效参考。各级人民法院要充分认识到准确适用司法赔偿案件案由的重要性，认真学习《案由规定》，理解案由层级式列举的体系和具体适用规则，准确选择适用具体案由，依法维护赔偿请求人申请赔偿权利，切实落实新时代司法赔偿审判工作"人民性"理念，不断促进司法赔偿审判精细化发展。

### 二、案由的体系编排和确定标准

《案由规定》坚持以国家赔偿法篇章体系为依据，将案由的列举方式由原案由规定的平铺式改为层级式，以"刑事赔偿""非刑事司法赔偿"2 个一级案由为基础，进行三级分类，使每一个司法赔偿案件都有可适用的案由。其中，"刑事赔偿"案由按照侵权客体分为3个二级案由，分别是"人身自由损害刑事赔偿""生命健康损害刑事赔偿"和"财产损害刑事赔偿"；"非刑事司法赔偿"案由按照侵权行为分为4个二级案由，分别是"违法采取对妨害诉讼的强制措施赔偿""违法保全赔偿""违法先予执行赔偿"和"错误执行赔偿"。

三级案由以原有的14个案由为基础，除"违法保全赔偿""错误执行赔偿"被保留为二级案由外，其他12个原有案由均被保留为三级案由。同时，根据司法赔偿审判实践需要，新增三级案由8个，分别是"变相羁押赔偿""怠于履行监管职责致伤、致死赔偿""违法没收、拒不退还取保候审保证金赔偿"以及涉执行司法赔偿案由"无依据、超范围执行赔偿""违法执行损害案外人权益赔偿""违法采取执行措施赔偿""违法采取执行强制措施赔偿""违法不执行、拖延执行赔偿"。

### 三、案由具体适用规则

（一）一般适用规则

《案由规定》实现了人民法院各种司法赔偿案件类型的全覆盖。在具体适用时，不应在《案由规定》之外创设其他案由，如"其他赔偿""国家赔偿"等。应当按照层级递进原则，由下至上，先适用三级案由；无对应的三级案由时，适用二级案由；二级案由仍不对应的，适用一级案由。在有下一层级案由可适用的情况下，不能直接适用上一层级案由。例如，赔偿请求人主张赔偿义务机关违法刑事拘留侵害人身自由申请赔偿，应适用三级案由"违法刑事拘留赔偿"，而非"人身自由损害刑事赔偿"或者"刑事赔偿"。

（二）选择性案由适用规则

本次修改，《案由规定》中共有选择性案由9个，即"刑讯逼供致伤、致死赔偿""殴打、虐待致伤、致死赔偿""怠于履行监管职责致伤、致死赔偿""违法使用武器、警械致伤、致死赔偿""刑事违法查封、扣押、冻结、追缴赔偿""违法没收、拒不退还取保候审保证金赔偿""错判罚金、没收财产赔偿""无依据、超范围执行赔偿""违法不执行、拖延执行赔偿"。在适用选择性案由时应根据赔偿请求人的具体理由、请求确定，如赔偿请求人主张赔偿义务机关刑讯逼供致身体伤残申请赔偿，案由应为"刑讯逼供致伤赔偿"，并非"刑讯逼供致伤、致死赔偿"；主张赔偿义务机关在刑事诉讼过程中违法扣押、追缴财产致财产损失申请赔偿，案由应为"刑事违法扣押、追缴赔偿"，并非"刑事违法查封、扣押、冻结、追缴赔偿"。

（三）多个案由合并适用规则

赔偿义务机关实施了多个侵权行为，赔偿请求人在一个案件中申请一并赔偿时，可以并列适用不同的案由。如赔偿请求人主张赔偿义务机关违法刑事拘留并刑讯逼供致身体受伤申请赔偿，案由应为"违法刑事拘留、刑讯逼供致伤赔偿"。如果多个案由分属不同层级，按照由下至上的顺序排列案由。如赔偿请求人主张执行法院错误执行其享有质权的财产，并在其申诉过程中存在拉扯拖拽行为致身体伤害申请赔偿，可适用三级案由"违法执行损害案外人权益赔偿"和一级案由"非刑事司法赔偿"，在决定书中可表述为"违法执行损害案外人权益、非刑事司法赔偿"。

四、其他应注意的问题

（一）各级人民法院要准确把握司法赔偿案件案由的性质和功能。《案由规定》不是司法赔偿案件受案范围规定，人民法院在确定具体个案是否属于受案范围时，应当根据国家赔偿法及相关司法解释的规定进行判断，不能以《案由规定》作为判断依据。

（二）申请赔偿的事项不属于国家赔偿法调整范围的，人民法院可以根据申请赔偿的具体理由确定相应案由，如赔偿请求人在国家赔偿法实施前被再审改判无罪，申请国家赔偿虽不属于人民法院国家赔偿案件的受案范围，但仍可适用"再审无罪赔偿"案由。如以民事、行政判决错误为由请求作出原错判的人民法院承担赔偿责任，可以适用"非刑事司法赔偿"案由。

（三）案件名称的表述应与案由表述保持一致，不能用申请赔偿的理由代替案由。如赔偿请求人主张人民法院违法保全侵犯财产权申请赔偿，案件名称应表述为"某某申请某某人民法院违法保全赔偿案"，不应表述为"某某以违法保全为由申请某某人民法院国家赔偿案"。

（四）本通知下发后，各高级人民法院要切实抓好辖区内法院相关人员对《案由规定》的学习、培训工作，确保培训到人，尤其是从事立案登记和司法统计的人员。今后在适用《案由规定》填写案由时，各级人民法院务必要切实负起责任，认真按照本通知要求予以填写。对于未做培训或者不负责任、随意填写的法院，最高人民法院将适时予以通报批评。

2023 年 4 月 19 日

# 关于司法赔偿案件案由的规定

(2023 年 4 月 3 日最高人民法院审判委员会第 1883 次会议通过，
自 2023 年 6 月 1 日起施行)

为正确适用法律，统一确定案由，根据《中华人民共和国国家赔偿法》等法律规定，结合人民法院司法赔偿审判工作实际情况，对司法赔偿案件案由规定如下：

## 一、刑事赔偿

适用于赔偿请求人主张赔偿义务机关在行使刑事司法职权时侵犯人身权或者财产权的赔偿案件。

（一）人身自由损害刑事赔偿

适用于赔偿请求人主张赔偿义务机关在行使刑事司法职权时侵犯人身自由的赔偿案件。

1. 违法刑事拘留赔偿

适用于赔偿请求人主张赔偿义务机关违反刑事诉讼法规定的条件、程序或者时限采取拘留措施的赔偿案件。

2. 变相羁押赔偿

适用于赔偿请求人主张赔偿义务机关违反刑事诉讼法的规定指定居所监视居住或者超出法定时限连续传唤、拘传，实际已达到刑事拘留效果的赔偿案件。

3. 无罪逮捕赔偿

适用于赔偿请求人主张赔偿义务机关采取逮捕措施错误的赔偿案件。

4. 二审无罪赔偿

适用于赔偿请求人主张二审已改判无罪，赔偿义务机关此前作出一审有罪错判的赔偿案件。

5. 重审无罪赔偿

适用于赔偿请求人主张二审发回重审后已作无罪处理，赔偿义务机关此前作出一审有罪错判的赔偿案件。

6. 再审无罪赔偿

适用于赔偿请求人主张依照审判监督程序已再审改判无罪或者改判部分无罪，赔偿义务机关此前作出原生效有罪错判的赔偿案件。

（二）生命健康损害刑事赔偿

适用于赔偿请求人主张赔偿义务机关在行使刑事司法职权时侵犯生命健康的赔偿案件。

1. 刑讯逼供致伤、致死赔偿

适用于赔偿请求人主张赔偿义务机关刑讯逼供造成身体伤害或者死亡的赔偿案件。

2. 殴打、虐待致伤、致死赔偿

适用于赔偿请求人主张赔偿义务机关以殴打、虐待行为或者唆使、放纵他人以殴打、虐待行为造成身体伤害或者死亡的赔偿案件。

3. 怠于履行监管职责致伤、致死赔偿

适用于赔偿请求人主张赔偿义务机关未尽法定监管、救治职责，造成被羁押人身体伤害或者死亡的赔偿案件。

4. 违法使用武器、警械致伤、致死赔偿

适用于赔偿请求人主张赔偿义务机关违法使用武器、警械造成身体伤害或者死亡的赔偿案件。

（三）财产损害刑事赔偿

适用于赔偿请求人主张赔偿义务机关在行使刑事司法职权时侵犯财产权益的赔偿案件。

1. 刑事违法查封、扣押、冻结、追缴赔偿

适用于赔偿请求人主张赔偿义务机关在刑事诉讼过程中，违法对财产采取查封、扣押、冻结、追缴措施的赔偿案件。

2. 违法没收、拒不退还取保候审保证金赔偿

适用于赔偿请求人主张赔偿义务机关违法没收取保候审保证金、无正当理由对应当退还的取保候审保证金不予退还的赔偿案件。

3. 错判罚金、没收财产赔偿

适用于赔偿请求人主张原判罚金、没收财产执行后，依照审判监督程序已再审改判财产刑的赔偿案件。

## 二、非刑事司法赔偿

适用于赔偿请求人主张人民法院在民事、行政诉讼等非刑事司法活动中,侵犯人身权或者财产权的赔偿案件。

(四)违法采取对妨害诉讼的强制措施赔偿

适用于赔偿请求人主张人民法院在民事、行政诉讼中,违法采取对妨害诉讼的强制措施的赔偿案件。

1. 违法司法罚款赔偿

适用于赔偿请求人主张人民法院在民事、行政诉讼中,违法司法罚款的赔偿案件。

2. 违法司法拘留赔偿

适用于赔偿请求人主张人民法院在民事、行政诉讼中,违法司法拘留的赔偿案件。

(五)违法保全赔偿

适用于赔偿请求人主张人民法院在民事、行政诉讼中,违法采取或者违法解除保全措施的赔偿案件。

(六)违法先予执行赔偿

适用于赔偿请求人主张人民法院在民事、行政诉讼中,违法采取先予执行措施的赔偿案件。

(七)错误执行赔偿

适用于赔偿请求人主张人民法院对民事、行政判决、裁定以及其他生效法律文书执行错误的赔偿案件。

1. 无依据、超范围执行赔偿

适用于赔偿请求人主张人民法院执行未生效法律文书,或者超出生效法律文书确定的数额、范围执行的赔偿案件。

2. 违法执行损害案外人权益赔偿

适用于赔偿请求人主张人民法院违法执行案外人财产、未依法保护案外人优先受偿权等合法权益,或者对其他法院已经依法保全、执行的财产违法执行的赔偿案件。

3. 违法采取执行措施赔偿

适用于赔偿请求人主张人民法院违法采取查封、扣押、冻结、拍卖、变卖、以物抵债、交付等执行措施,或者在采取前述措施过程中存在未履行监管职责等过错的赔偿案件。

4. 违法采取执行强制措施赔偿

适用于赔偿请求人主张人民法院违法采取纳入失信被执行人名单、限制消费、限制出境、罚款、拘留等执行强制措施的赔偿案件。

5. 违法不执行、拖延执行赔偿

适用于赔偿请求人主张人民法院违法不执行、拖延执行或者应当依法恢复执行而不恢复的赔偿案件。

# 最高人民法院
## 关于 2023 年作出的国家赔偿决定涉及侵犯公民人身自由赔偿金计算标准的通知

法〔2023〕77 号

各省、自治区、直辖市高级人民法院,解放军军事法院,新疆维吾尔自治区高级人民法院生产建设兵团分院:

国家统计局 2023 年 5 月 9 日公布,2022 年全国城镇非私营单位就业人员年平均工资为 114029 元。按照人力资源和社会保障部提供的日平均工资计算公式,日平均工资为 436.89 元。根据国家赔偿法第三十三条和《最高人民法院、最高人民检察院关于办理刑事赔偿案件适用法律若干问题的解释》第二十一条第二款规定,各级人民法院自 2023 年 5 月 10 日起作出国家赔偿决定时,对侵犯公民人身自由的赔偿金,按照每日 436.89 元计算。

特此通知,请遵照执行。

2023 年 5 月 10 日

# 执 行

# 最高人民法院
## 关于办理申请执行监督案件若干问题的意见

法发〔2023〕4 号

为进一步完善申请执行监督案件办理程序,推动法律正确统一适用,根据《中华人民共和国民事诉讼法》的规定和《最高人民法院关于进一步完善执行权制约机制加强执行监督的意见》的要求,结合执行工作实际,制定本意见。

**第一条** 当事人、利害关系人对于人民法院依照民事诉讼法第二百三十二条规定作出的执行复议裁定不服,向上一级人民法院申请执行监督,人民法院应当立案,但法律、司法解释或者本意见另有规定的除外。

申请人依法应当提出执行异议而未提出，直接向异议法院的上一级人民法院申请执行监督的，人民法院应当告知其向异议法院提出执行异议或者申请执行监督；申请人依法应当申请复议而未申请，直接向复议法院的上一级人民法院申请执行监督的，人民法院应当告知其向复议法院申请复议或者申请执行监督。

人民法院在办理执行申诉信访过程中，发现信访诉求符合前两款规定情形的，按照前两款规定处理。

第二条　申请执行人认为人民法院应当采取执行措施而未采取，向执行法院请求采取执行措施的，人民法院应当及时审查处理，一般不立执行异议案件。

执行法院在法定期限内未执行，申请执行人依照民事诉讼法第二百三十三条规定请求上一级人民法院提级执行、责令下级人民法院限期执行或者指令其他人民法院执行的，应当立案办理。

第三条　当事人对执行裁定不服，向人民法院申请复议或者申请执行监督，有下列情形之一的，人民法院应当以适当的方式向其释明法律规定或者法定救济途径，一般不作为执行复议或者执行监督案件受理：

（一）依照民事诉讼法第二百三十四条规定，对案外人异议裁定不服，依照审判监督程序办理或者向人民法院提起诉讼的；

（二）依照《最高人民法院关于民事执行中变更、追加当事人若干问题的规定》第三十二条规定，对处理变更、追加当事人申请的裁定不服，可以向人民法院提起执行异议之诉的；

（三）依照民事诉讼法第二百四十四条规定，仲裁裁决被人民法院裁定不予执行，当事人可以重新申请仲裁或者向人民法院起诉的；

（四）依照《最高人民法院关于公证债权文书执行若干问题的规定》第二十条规定，公证债权文书被裁定不予执行或者部分不予执行，当事人可以向人民法院提起诉讼的；

（五）法律或者司法解释规定不通过执行复议程序进行救济的其他情形。

第四条　申请人向人民法院申请执行监督，有下列情形之一的，不予受理：

（一）针对人民法院就复议裁定作出的执行监督裁定提出执行监督申请的；

（二）在人民检察院对申请人的申请作出不予提出检察建议后又提出执行监督申请的。

前款第一项规定情形，人民法院应当告知当事人可以向人民检察院申请检察建议，但因人民检察院提出检察建议而作出执行监督裁定的除外。

第五条　申请人对执行复议裁定不服向人民法院申请执行监督的，参照民事诉讼法第二百一十二条规定，应当在执行复议裁定发生法律效力后六个月内提出。

申请人因超过提出执行异议期限或者申请复议期限向人民法院申请执行监督的，应当在提出异议期限或者申请复议期限届满之日起六个月内提出。

申请人超过上述期限向人民法院申请执行监督的，人民法院不予受理；已经受理的，裁定终结审查。

第六条　申请人对高级人民法院作出的执行复议裁定不服的，应当向原审高级人民法院申请执行监督；申请人向最高人民法院申请执行监督，符合下列情形之一的，最高人民法院应当受理：

（一）申请人对执行复议裁定认定的基本事实和审查程序无异议，但认为适用法律有错误的；

（二）执行复议裁定经高级人民法院审判委员会讨论决定的。

**第七条** 向最高人民法院申请执行监督的，执行监督申请书除依法必须载明的事项外，还应当声明对原裁定认定的基本事实、适用的审查程序没有异议，同时载明案件所涉法律适用问题的争议焦点、论证裁定适用法律存在错误的理由和依据。

申请人提交的执行监督申请书不符合前款规定要求的，最高人民法院应当给予指导和释明，一次性全面告知其在十日内予以补正；申请人无正当理由逾期未予补正的，按撤回监督申请处理。

**第八条** 高级人民法院作出的执行复议裁定适用法律确有错误，且符合下列情形之一的，最高人民法院可以立执行监督案件：

（一）具有普遍法律适用指导意义的；

（二）最高人民法院或者不同高级人民法院之间近三年裁判生效的同类案件存在重大法律适用分歧，截至案件审查时仍未解决的；

（三）最高人民法院认为应当立执行监督案件的其他情形。

最高人民法院对地方各级人民法院、专门人民法院已经发生法律效力的执行裁定，发现确有错误，且符合前款所列情形之一的，可以立案监督。

**第九条** 向最高人民法院申请的执行监督案件符合下列情形之一的，最高人民法院可以决定由原审高级人民法院审查：

（一）案件可能存在基本事实不清、审查程序违法、遗漏异议请求情形的；

（二）原执行复议裁定适用法律可能存在错误，但不具有普遍法律适用指导意义的。

**第十条** 高级人民法院经审查，认为原裁定适用法律确有错误，且符合本意见第八条第一项、第二项规定情形之一，需要由最高人民法院审查的，经该院审判委员会讨论决定后，可以报请最高人民法院审查。

最高人民法院收到高级人民法院根据前款规定提出的报请后，认为有必要由本院审查的，应当立案审查；认为没有必要的，不予立案，并决定交高级人民法院立案审查。

**第十一条** 最高人民法院应当自收到执行监督申请书之日起三十日内，决定由本院或者作出执行复议裁定的高级人民法院立案审查。

最高人民法院决定由原审高级人民法院审查的，应当在作出决定之日起十日内将执行监督申请书和相关材料交原审高级人民法院立案审查，并及时通知申请人。

**第十二条** 除《最高人民法院关于执行案件立案、结案若干问题的意见》第二十六条规定的结案方式外，执行监督案件还可采用以下方式结案：

（一）撤销执行异议裁定和执行复议裁定，发回异议法院重新审查；或者撤销执行复议裁定，发回复议法院重新审查；

（二）按撤回执行监督申请处理；

（三）终结审查。

**第十三条** 人民法院审查执行监督案件，一般应当作出执行裁定，但不支持申诉请求的，可以根据案件具体情况作出驳回通知书。

**第十四条** 本意见自 2023 年 2 月 1 日起施行。本意见施行以后,最高人民法院之前有关意见的规定与本意见不一致的,按照本意见执行。

最高人民法院于本意见施行之前受理的申请执行监督案件,施行当日尚未审查完毕的,应当继续审查处理。

2023 年 1 月 19 日

# 司 法 统 计

## 2022 年全国法院司法统计公报

**各类案件情况**

|  | 收案 | 结案 | 未结 |
|---|---|---|---|
| 总计 | 30314250 | 30809860 | 2893648 |

注：收案是指当期新收案件，结案中包括上期旧存案件。下同

**管辖案件情况**

|  | 收案 | 结案 | 未结 |
|---|---|---|---|
| 合计 | 146677 | 145925 | 3962 |

**刑事案件情况**

|  | 收案 | 结案 | 未结 |
|---|---|---|---|
| 合计 | 1512075 | 1513890 | 127776 |
| 刑事一审 | 1039612 | 1038523 | 96594 |
| 刑事二审 | 119676 | 122335 | 11873 |
| 刑事依职权再审审查 | 2343 | 2429 | 276 |
| 刑事申诉再审审查 | 27153 | 27288 | 3388 |
| 刑事抗诉再审审查 | 1260 | 1252 | 119 |
| 刑事再审 | 3526 | 3583 | 1184 |
| 申请没收违法所得 | 65 | 62 | 35 |
| 法定刑以下判处刑罚复核 | 77 | 108 | 10 |
| 申请强制医疗审查 | 1131 | 1152 | 52 |
| 解除强制医疗审查 | 633 | 636 | 74 |

续表

|  | 收案 | 结案 | 未结 |
|---|---|---|---|
| 强制医疗复议 | 42 | 43 | 1 |
| 强制医疗监督 | 1 | 2 |  |
| 刑罚与执行变更审查 | 282843 | 282775 | 12350 |
| 刑罚与执行变更监督 | 506 | 510 | 200 |
| 刑罚与执行变更备案 | 1787 | 1721 | 575 |
| 其他刑事案件 | 31420 | 31471 | 1045 |

## 民事案件情况

|  | 收案 | 结案 | 未结 |
|---|---|---|---|
| 合计 | 18129692 | 18425332 | 1953122 |
| 民事一审 | 15827199 | 16113798 | 1680360 |
| 民事二审 | 1596368 | 1598951 | 184920 |
| 民事依职权再审审查 | 20077 | 20670 | 1144 |
| 民事申请再审审查 | 273905 | 272607 | 53962 |
| 民事抗诉再审审查 | 4392 | 4423 | 62 |
| 民事再审 | 52015 | 54135 | 13681 |
| 第三人撤销之诉 | 3965 | 4089 | 1145 |
| 选民资格 | 22 | 22 | 11 |
| 宣告失踪、宣告死亡 | 7195 | 8258 | 4015 |
| 财产代管人申请变更代管 | 25 | 23 | 4 |
| 行为能力认定 | 28816 | 29160 | 3596 |
| 监护关系变更 | 6270 | 6370 | 363 |
| 认定财产无主 | 255 | 334 | 88 |
| 实现担保物权 | 7411 | 7408 | 133 |
| 调解协议司法确认 | 89206 | 93736 | 833 |
| 设立海事赔偿责任限制基金 | 29 | 31 | 8 |
| 海事债权登记与受偿 | 885 | 909 | 19 |
| 撤销仲裁裁决 | 30336 | 30299 | 2586 |
| 申请确认仲裁协议效力 | 3392 | 3157 | 777 |
| 民事特别程序监督 | 745 | 746 | 138 |

续表

|  | 收案 | 结案 | 未结 |
|---|---|---|---|
| 指定遗产管理人 | 155 | 101 | 85 |
| 船舶优先权催告 | 1 | 3 | 2 |
| 公示催告 | 1817 | 2052 | 309 |
| 申请支付令审查 | 159679 | 158615 | 3990 |
| 支付令监督 | 54 | 38 | 61 |
| 人格权保护禁令申请审查 | 5216 | 5209 | 73 |
| 人格权保护禁令变更 | 45 | 45 |  |
| 其他民事 | 10217 | 10143 | 757 |

**行政案件情况**

|  | 收案 | 结案 | 未结 |
|---|---|---|---|
| 合计 | 664486 | 673433 | 80929 |
| 行政一审 | 278304 | 283532 | 54873 |
| 行政二审 | 146363 | 150779 | 12881 |
| 行政依职权再审审查 | 1105 | 1149 | 54 |
| 行政申请再审审查 | 44815 | 44133 | 10408 |
| 行政抗诉再审审查 | 191 | 191 | 4 |
| 行政再审 | 1765 | 1751 | 364 |
| 非诉行政行为申请执行审查 | 188761 | 188741 | 2201 |
| 非诉行政行为申请执行审查复议 | 1188 | 1192 | 40 |
| 其他行政 | 1994 | 1965 | 104 |

**国家赔偿与司法救助案件情况**

|  | 收案 | 结案 | 未结 |
|---|---|---|---|
| 合计 | 63705 | 64487 | 8276 |
| 行政赔偿一审 | 13490 | 13897 | 3559 |
| 行政赔偿二审 | 10630 | 10770 | 1269 |
| 行政赔偿依职权再审审查 | 10 | 10 | 1 |
| 行政赔偿申请再审审查 | 5171 | 5216 | 1075 |
| 行政赔偿抗诉再审审查 | 4 | 4 |  |

续表

|  | 收案 | 结案 | 未结 |
|---|---|---|---|
| 行政赔偿再审 | 236 | 241 | 90 |
| 其他行政赔偿 | 24 | 23 | 1 |
| 法院作为赔偿义务机关自赔 | 2204 | 2173 | 340 |
| 赔偿委员会审理赔偿 | 2278 | 2257 | 450 |
| 司法赔偿监督审查 | 1027 | 1050 | 198 |
| 赔偿确认申诉审查 |  |  |  |
| 司法赔偿监督上级法院赔偿委员会重审 | 23 | 19 | 12 |
| 司法赔偿监督本院赔偿委员会重审 | 67 | 60 | 20 |
| 其他赔偿 | 66 | 66 |  |
| 司法救助 | 28475 | 28701 | 1261 |

**区际司法协助案件情况**

|  | 收案 | 结案 | 未结 |
|---|---|---|---|
| 合计 | 13827 | 14204 | 10806 |
| 认可与执行申请审查 | 103 | 95 | 72 |
| 送达文书 | 12784 | 13033 | 9463 |
| 调查取证 | 940 | 1076 | 1267 |
| 其他 |  |  | 4 |

**国际司法协助案件情况**

|  | 收案 | 结案 | 未结 |
|---|---|---|---|
| 合计 | 4939 | 4603 | 8031 |
| 承认与执行申请审查 | 170 | 165 | 101 |
| 送达文书 | 4705 | 4378 | 7856 |
| 调查取证 | 64 | 60 | 74 |
| 其他 |  |  |  |

## 司法制裁案件情况

|  | 收案 | 结案 | 未结 |
|---|---|---|---|
| 合计 | 19373 | 19862 | 603 |
| 司法制裁审查 | 17771 | 18266 | 542 |
| 司法制裁复议 | 1602 | 1596 | 61 |

## 非诉保全案件情况

|  | 收案 | 结案 | 未结 |
|---|---|---|---|
| 合计 | 705315 | 705335 | 6661 |
| 非诉财产保全审查 | 704475 | 704484 | 6626 |
| 非诉行为保全审查 | 190 | 202 | 7 |
| 非诉行为保全复议 | 84 | 84 | 4 |
| 非诉证据保全审查 | 566 | 565 | 24 |

## 执行案件情况

|  | 收案 | 结案 | 未结 |
|---|---|---|---|
| 合计 | 8977437 | 9175054 | 651834 |
| 首次执行 | 8511188 | 8706091 | 626670 |
| 执行异议 | 359693 | 362118 | 18052 |
| 执行复议 | 54110 | 54616 | 3398 |
| 执行监督 | 23327 | 23121 | 1834 |
| 执行协调 | 2784 | 2746 | 94 |
| 其他执行 | 26335 | 26362 | 1786 |

## 强制清算与破产案件情况

|  | 收案 | 结案 | 未结 |
|---|---|---|---|
| 合计 | 76724 | 67735 | 41648 |
| 强制清算申请审查 | 15306 | 14234 | 1757 |
| 强制清算 | 13185 | 9292 | 7134 |
| 破产申请审查 | 27132 | 26426 | 4883 |
| 破产 | 20119 | 16915 | 27491 |

续表

|  | 收案 | 结案 | 未结 |
|---|---|---|---|
| 强制清算与破产上诉 | 973 | 855 | 379 |
| 强制清算与破产监督 | 9 | 13 | 4 |

**刑事一审案件情况**

|  | 收案 | 结案 | 未结 |
|---|---|---|---|
| 合计 | 1039612 | 1038523 | 96594 |
| 危害公共安全罪 | 349753 | 350290 | 9081 |
| 破坏社会主义市场经济秩序罪 | 51807 | 53902 | 14183 |
| 侵犯公民人身权利民主权利罪 | 117364 | 115982 | 17380 |
| 侵犯财产罪 | 205494 | 205573 | 20275 |
| 妨害社会管理秩序罪 | 300622 | 298803 | 30221 |
| 危害国防利益罪 | 285 | 290 | 33 |
| 贪污贿赂罪 | 12460 | 11858 | 4584 |
| 渎职罪 | 1567 | 1607 | 631 |
| 其他 | 260 | 218 | 206 |

**民事一审案件情况**

|  | 收案 | 结案 | 结案方式 | | | | | | 未结 |
|---|---|---|---|---|---|---|---|---|---|
|  |  |  | 判决 | 不予受理 | 驳回起诉 | 撤诉 | 调解 | 其他 |  |
| 合计 | 15827199 | 16113798 | 7657032 | 43125 | 401041 | 4261618 | 3547192 | 203790 | 1680360 |
| 人格权纠纷 | 165278 | 169370 | 90074 | 505 | 3380 | 39272 | 35095 | 1044 | 25368 |
| 婚姻家庭、继承纠纷 | 1791301 | 1816025 | 667002 | 1818 | 19223 | 335466 | 776502 | 16014 | 106879 |
| 物权纠纷 | 320131 | 331164 | 152819 | 2742 | 26614 | 100070 | 45398 | 3521 | 58378 |
| 合同、准合同纠纷 | 10909728 | 11120124 | 5358544 | 32376 | 291084 | 3117351 | 2212434 | 108335 | 1081287 |
| 知识产权与竞争纠纷 | 438480 | 457805 | 148117 | 499 | 5421 | 243934 | 44155 | 15679 | 64167 |
| 劳动争议、人事争议 | 506858 | 508852 | 269312 | 2315 | 18076 | 86063 | 115090 | 17996 | 77759 |
| 海事海商纠纷 | 15577 | 15426 | 6020 | 21 | 294 | 4796 | 3434 | 861 | 2778 |
| 与公司、证券、保险、票据等有关的民事纠纷 | 624795 | 610433 | 340548 | 1384 | 16701 | 130077 | 86843 | 34880 | 110690 |
| 侵权责任纠纷 | 974044 | 1002322 | 567393 | 1128 | 14800 | 188332 | 226584 | 4085 | 129490 |
| 其他 | 81007 | 82277 | 57203 | 337 | 5448 | 16257 | 1657 | 1375 | 23564 |

## 婚姻家庭、继承一审案件情况

| | 收案 | 结案 | 结案方式 | | | | | | 未结 |
|---|---|---|---|---|---|---|---|---|---|
| | | | 判决 | 不予受理 | 驳回起诉 | 撤诉 | 调解 | 其他 | |
| 合计 | 1791301 | 1816025 | 667002 | 1818 | 19223 | 335466 | 776502 | 16014 | 106879 |
| 婚姻家庭纠纷小计 | 1689844 | 1711949 | 632701 | 1661 | 16208 | 316433 | 729923 | 15023 | 88710 |
| 离婚纠纷 | 1415385 | 1431282 | 521116 | 1049 | 11218 | 251983 | 635322 | 10594 | 66808 |
| 抚养纠纷 | 115929 | 118377 | 45059 | 151 | 1616 | 24976 | 45058 | 1517 | 6182 |
| 扶养纠纷 | 3003 | 3111 | 1335 | 6 | 48 | 786 | 896 | 40 | 200 |
| 赡养纠纷 | 19753 | 20112 | 8201 | 19 | 311 | 5324 | 5786 | 471 | 1351 |
| 收养关系纠纷 | 1392 | 1435 | 536 | 8 | 38 | 310 | 528 | 15 | 76 |
| 监护权纠纷 | 614 | 626 | 212 | 3 | 20 | 270 | 115 | 6 | 62 |
| 探望权纠纷 | 6660 | 6842 | 2681 | 22 | 92 | 1494 | 2441 | 112 | 395 |
| 其他婚姻家庭纠纷 | 127108 | 130164 | 53561 | 403 | 2865 | 31290 | 39777 | 2268 | 13636 |
| 继承纠纷小计 | 99604 | 101953 | 33615 | 148 | 2978 | 18574 | 45679 | 959 | 17999 |
| 法定继承纠纷 | 38860 | 39354 | 8709 | 37 | 759 | 6317 | 23272 | 260 | 6330 |
| 遗嘱继承纠纷 | 6426 | 6594 | 2952 | 2 | 180 | 1261 | 2138 | 61 | 1839 |
| 其他继承纠纷 | 54318 | 56005 | 21954 | 109 | 2039 | 10996 | 20269 | 638 | 9830 |
| 其他婚姻家庭、继承纠纷 | 1853 | 2123 | 686 | 9 | 37 | 459 | 900 | 32 | 170 |

## 行政一审案件情况

| | 收案 | 结案 | 结案方式 | | | | | | 未结 |
|---|---|---|---|---|---|---|---|---|---|
| | | | 判决 | 不予立案 | 驳回起诉 | 撤诉 | 调解 | 其他 | |
| 合计 | 278304 | 283532 | 139373 | 13998 | 56614 | 62537 | 1965 | 9045 | 54873 |
| 公安 | 28216 | 28475 | 14064 | 1575 | 4092 | 8175 | 52 | 517 | 4256 |
| 资源 | 38070 | 39569 | 17098 | 2393 | 10786 | 7308 | 340 | 1644 | 6034 |
| 城建 | 49887 | 53506 | 23999 | 2691 | 13678 | 10066 | 505 | 2567 | 8635 |
| 计划生育 | 63 | 70 | 22 | 9 | 23 | 15 | | 1 | 7 |
| 工商 | 5841 | 6387 | 2411 | 507 | 1391 | 1887 | 56 | 135 | 1118 |
| 商标 | 18738 | 15932 | 14969 | 33 | 79 | 799 | 3 | 49 | 10897 |
| 质量监督 | 1157 | 1142 | 464 | 39 | 184 | 391 | 32 | 32 | 213 |
| 卫生 | 1238 | 1215 | 578 | 100 | 293 | 223 | 9 | 12 | 291 |
| 食品、药品 | 1315 | 1361 | 696 | 34 | 189 | 390 | 30 | 22 | 197 |
| 农业 | 578 | 616 | 278 | 38 | 163 | 109 | 2 | 26 | 68 |
| 物价 | 108 | 74 | 36 | 4 | 11 | 19 | 1 | 3 | 41 |
| 环保 | 2454 | 2627 | 1702 | 36 | 257 | 496 | 49 | 87 | 464 |

续表

| | 收案 | 结案 | 结案方式 | | | | | | 未结 |
|---|---|---|---|---|---|---|---|---|---|
| | | | 判决 | 不予立案 | 驳回起诉 | 撤诉 | 调解 | 其他 | |
| 交通 | 1670 | 1802 | 680 | 95 | 338 | 652 | 12 | 25 | 189 |
| 信息、电讯 | 218 | 213 | 99 | 18 | 45 | 45 | 1 | 5 | 34 |
| 邮政 | 92 | 84 | 30 | 7 | 26 | 16 | | 5 | 20 |
| 专利 | 1876 | 1688 | 1497 | 7 | 9 | 167 | | 8 | 1851 |
| 集成电路布图设计 | | | | | | | | | |
| 反垄断 | 5 | 2 | | 1 | | 1 | | | 3 |
| 新闻、出版 | 12 | 6 | 1 | | 3 | 1 | | 1 | 6 |
| 税务 | 990 | 1018 | 419 | 59 | 293 | 219 | 1 | 27 | 221 |
| 金融 | 684 | 661 | 285 | 76 | 184 | 103 | 1 | 12 | 170 |
| 外汇 | 10 | 10 | 5 | 2 | | 2 | | 1 | 2 |
| 海关 | 44 | 43 | 18 | 1 | 8 | 13 | 1 | 2 | 13 |
| 财政 | 460 | 495 | 238 | 18 | 113 | 118 | 3 | 5 | 58 |
| 劳动、社会保障 | 24975 | 25314 | 16478 | 506 | 1985 | 6025 | 64 | 256 | 3497 |
| 审计 | 69 | 75 | 25 | 7 | 29 | 9 | | 5 | 10 |
| 内贸、外贸 | 19 | 22 | 6 | | 9 | 6 | | 1 | 4 |
| 水利 | 539 | 571 | 232 | 20 | 194 | 98 | 6 | 21 | 118 |
| 旅游 | 52 | 59 | 29 | 2 | 5 | 16 | 2 | 5 | 11 |
| 烟草专卖 | 102 | 106 | 44 | 3 | 21 | 36 | | 2 | 10 |
| 司法行政 | 1347 | 1369 | 523 | 95 | 318 | 404 | 2 | 27 | 190 |
| 民政 | 1999 | 2107 | 579 | 188 | 527 | 782 | 5 | 26 | 175 |
| 教育 | 779 | 805 | 216 | 119 | 335 | 118 | 2 | 15 | 120 |
| 文化 | 83 | 102 | 41 | 12 | 20 | 25 | | 4 | 14 |
| 广电 | 13 | 16 | 5 | 1 | 9 | 1 | | | 1 |
| 统计 | 9 | 13 | 4 | | 1 | 8 | | | |
| 电力 | 96 | 122 | 22 | 3 | 63 | 32 | | 2 | 7 |
| 国资 | 109 | 129 | 36 | 9 | 66 | 15 | 1 | 2 | 23 |
| 外资管理 | 10 | 10 | 2 | | | 8 | | | |
| 盐业 | 10 | 8 | | | | 7 | 1 | | 2 |
| 体育 | 27 | 29 | 6 | 4 | 10 | 9 | | | 5 |
| 监察 | 230 | 226 | 53 | 22 | 115 | 26 | | 10 | 26 |
| 乡政府 | 20635 | 21627 | 10077 | 1161 | 4806 | 4284 | 228 | 1071 | 4237 |
| 其他 | 73475 | 73826 | 31406 | 4103 | 15936 | 19413 | 556 | 2412 | 11635 |

## 各类二审案件情况

| | 收案 | 结案 | 结案方式 | | | | | | 未结 |
|---|---|---|---|---|---|---|---|---|---|
| | | | 维持 | 改判 | 发回重审 | 撤诉 | 调解 | 其他 | |
| 合计 | 1873037 | 1882835 | 1217448 | 209279 | 73242 | 223603 | 113151 | 46112 | 210943 |
| 刑事 | 119676 | 122335 | 88470 | 11553 | 7070 | 14031 | 128 | 1083 | 11873 |
| 民事 | 1596368 | 1598951 | 993204 | 189178 | 63374 | 202468 | 112641 | 38086 | 184920 |
| 行政 | 146363 | 150779 | 127609 | 7508 | 2212 | 6613 | 311 | 6526 | 12881 |
| 行政赔偿 | 10630 | 10770 | 8165 | 1040 | 586 | 491 | 71 | 417 | 1269 |

## 各类再审案件情况

| | 收案 | 结案 | 结案方式 | | | | | | | 未结 |
|---|---|---|---|---|---|---|---|---|---|---|
| | | | 维持 | 改判 | 发回重审 | 撤诉 | 调解 | 驳回再审申请 | 其他 | |
| 合计 | 57542 | 59710 | 10663 | 20602 | 7126 | 2466 | 3575 | 442 | 14836 | 15319 |
| 刑事 | 3526 | 3583 | 737 | 1996 | 317 | 42 | 5 | | 486 | 1184 |
| 民事 | 52015 | 54135 | 9629 | 17953 | 6611 | 2201 | 3548 | 439 | 13754 | 13681 |
| 行政 | 1765 | 1751 | 284 | 607 | 171 | 85 | 19 | 3 | 582 | 364 |
| 行政赔偿 | 236 | 241 | 13 | 46 | 27 | 138 | 3 | | 14 | 90 |

## 首次执行案件情况

| | 收案 | 结案 | 结案方式 | | | | | | 未结 |
|---|---|---|---|---|---|---|---|---|---|
| | | | 不予执行 | 驳回申请 | 执行完毕 | 终结执行 | 终结本次执行程序 | 其他 | |
| 合计 | 8511188 | 8706091 | 4428 | 37094 | 2798891 | 2179731 | 3598169 | 87778 | 626670 |
| 刑事财产刑或附带民事赔偿生效判决、裁定、调解书 | 806023 | 823393 | 177 | 1303 | 438778 | 89257 | 289506 | 4372 | 31929 |
| 具有执行内容民事案件生效判决书、裁定书、调解书、支付令 | 7008703 | 7172310 | 1244 | 22667 | 2099126 | 1937829 | 3075055 | 36389 | 539960 |
| 具有执行内容行政案件生效判决书、裁定书、调解书 | 91036 | 97827 | 32 | 1077 | 43300 | 17388 | 35656 | 374 | 4379 |
| 具有执行内容行政赔偿案件生效判决书、裁定书、调解书 | 9413 | 10865 | 2 | 118 | 4405 | 2283 | 4015 | 42 | 427 |

续表

|  | 收案 | 结案 | 结案方式 | | | | | | 未结 |
|---|---|---|---|---|---|---|---|---|---|
|  |  |  | 不予执行 | 驳回申请 | 执行完毕 | 终结执行 | 终结本次执行程序 | 其他 |  |
| 经人民法院裁定认可的香港特区法院裁判 | 4558 | 4165 |  | 7 | 1229 | 1000 | 1894 | 35 | 448 |
| 经人民法院裁定认可的澳门特区法院裁判 | 48 | 68 | 1 | 1 | 12 | 31 | 23 |  | 4 |
| 经人民法院裁定认可的台湾地区法院裁判 | 33 | 69 |  |  | 12 | 8 | 38 | 11 | 1 |
| 香港特区仲裁裁决 | 124 | 181 | 1 | 1 | 57 | 40 | 79 | 3 | 12 |
| 经人民法院裁定认可的澳门特区仲裁裁决 | 4 | 4 |  | 1 | 2 | 1 |  |  |  |
| 经人民法院裁定认可的台湾地区仲裁裁决 | 13 | 13 |  |  | 5 | 2 | 5 | 1 | 3 |
| 经人民法院裁定承认的外国法院裁判 | 97 | 101 |  |  | 14 | 41 | 45 | 1 | 4 |
| 经人民法院裁定承认的国外仲裁裁决 | 7456 | 7465 |  | 11 | 2132 | 4772 | 532 | 18 | 35 |
| 国内仲裁裁决 | 447263 | 452508 | 2128 | 10558 | 153905 | 93583 | 146824 | 45510 | 36926 |
| 具有强制执行力的公证债权文书 | 30703 | 31529 | 403 | 412 | 5435 | 13164 | 11541 | 574 | 5419 |
| 经人民法院裁定准予强制执行的非诉行政行为 | 30520 | 30065 | 348 | 495 | 15402 | 4894 | 8875 | 51 | 1741 |
| 先予执行裁定 | 6246 | 6148 |  | 29 | 3522 | 1272 | 1265 | 60 | 341 |
| 司法罚款决定 | 8697 | 8708 | 3 | 4 | 7629 | 557 | 503 | 12 | 116 |
| 其他 | 60251 | 60672 | 89 | 410 | 23926 | 13609 | 22313 | 325 | 4925 |

## 刑事案件被告人判决生效情况

| | 生效判决人数 | 宣告无罪 | 宣告不负刑事责任 | 免予刑事处罚 | 5年以上至死刑 | 超过3年不满5年 | 1年以上3年以下 | 不满1年 | 拘役 | 缓刑 | 管制 | 单处附加刑 | | |
|---|---|---|---|---|---|---|---|---|---|---|---|---|---|---|
| | | | | | | | | | | | | 罚金 | 剥夺政治权利 | 驱逐出境 |
| 合计 | 1431585 | 631 | 89 | 4096 | 118036 | 83078 | 339833 | 247587 | 229301 | 399042 | 2441 | 7383 | 33 | 35 |
| 危害公共安全罪 | 367302 | 21 | 4 | 923 | 6989 | 4256 | 21951 | 8240 | 173742 | 150764 | 287 | 123 | 1 | 1 |
| 破坏社会主义市场经济秩序罪 | 101504 | 50 | 14 | 549 | 15273 | 9587 | 32019 | 8534 | 1477 | 33562 | 12 | 427 | | |
| 侵犯公民人身权利民主权利罪 | 134872 | 269 | 18 | 594 | 24823 | 14476 | 42763 | 18347 | 2580 | 30506 | 274 | 200 | 22 | |
| 侵犯财产罪 | 277212 | 174 | 14 | 465 | 31069 | 23317 | 77405 | 71988 | 16573 | 52456 | 379 | 3370 | 1 | 1 |
| 妨害社会管理秩序罪 | 535273 | 109 | 38 | 1148 | 35456 | 28868 | 161289 | 139828 | 34823 | 128929 | 1489 | 3254 | 9 | 33 |
| 危害国防利益罪 | 522 | | | 4 | 18 | 21 | 190 | 91 | 31 | 167 | | | | |
| 贪污贿赂罪 | 12511 | 3 | 1 | 120 | 3930 | 2343 | 3385 | 395 | 58 | 2267 | | 9 | | |
| 渎职罪 | 1939 | 5 | | 290 | 254 | 191 | 662 | 137 | 16 | 384 | | | | |
| 其他 | 450 | | | 3 | 224 | 19 | 169 | 27 | 1 | 7 | | | | |

## 罪犯情况

| | 罪犯人数 | 作案时年龄 | | | | 女性罪犯 | 作案时年龄 | |
|---|---|---|---|---|---|---|---|---|
| | | 不满18岁 | 18岁以上不满25岁 | 25岁以上不满60岁 | 60岁以上 | | 不满18岁 | 18岁以上不满25岁 |
| 合计 | 1430865 | 27757 | 220028 | 1135788 | 47292 | 152653 | 2063 | 19114 |
| 危害公共安全罪 | 367277 | 789 | 23118 | 329778 | 13592 | 13203 | 25 | 887 |
| 破坏社会主义市场经济秩序罪 | 101440 | 233 | 7762 | 89935 | 3510 | 25529 | 43 | 1874 |
| 侵犯公民人身权利民主权利罪 | 134585 | 8560 | 21893 | 95703 | 8429 | 10442 | 564 | 1147 |
| 侵犯财产罪 | 277024 | 9834 | 49866 | 208516 | 8808 | 31060 | 635 | 5839 |
| 妨害社会管理秩序罪 | 535126 | 8327 | 117059 | 397503 | 12237 | 70801 | 796 | 9338 |
| 危害国防利益罪 | 522 | 8 | 64 | 434 | 16 | 78 | | 3 |
| 贪污贿赂罪 | 12507 | 1 | 100 | 11784 | 622 | 1335 | | 18 |
| 渎职罪 | 1934 | | 60 | 1809 | 65 | 109 | | 3 |
| 其他 | 450 | 5 | 106 | 326 | 13 | 96 | | 5 |

# 裁判文书选登

## 民　　事

## 江西腾荣实业有限公司与江西银行股份有限公司南昌高新支行债权转让合同纠纷案

**【裁判要旨】**

借款人与贷款银行在双方签订的借款合同之外，另行签订债权转让及资产委托管理协议，约定借款人受让贷款银行的债权并支付一定金额的债权转让费用，但不获取任何利益的，应认定该债权转让及资产委托管理协议系以变相收取借款利息等为目的。双方签订该债权转让及资产委托管理协议的行为系以虚假的意思表示实施，依法应认定为无效；该行为所隐藏的收取利息的行为的效力，依照有关法律规定处理。

### 最高人民法院民事裁定书

（2020）最高法民申 7094 号

再审申请人（一审原告、二审被上诉人）：江西腾荣实业有限公司，住所地江西省南昌市新建区长堎镇解放路 297 号 2 栋 2 单元 301 室。

法定代表人：熊慎武，该公司董事长。

委托诉讼代理人：万印云，江西经辉律师事务所律师。

委托诉讼代理人：袁艳，江西经辉律师事务所律师。

被申请人（一审被告、二审上诉人）：江西银行股份有限公司南昌高新支行，住所地江西省南昌市高新开发区火炬大街188号丰源智能大厦。

负责人：张豫，该支行行长。

再审申请人江西腾荣实业有限公司（简称腾荣公司）因与被申请人江西银行股份有限公司南昌高新支行（简称江西银行南昌高新支行）债权转让合同纠纷一案，不服江西省高级人民法院（2020）赣民终267号民事判决，向本院申请再审。本院依法组成合议庭进行了审查，现已审查终结。

腾荣公司申请再审称：本案符合《中华人民共和国民事诉讼法》第二百条第二项、第六项规定的情形，应予再审。主要事实和理由是：（一）二审判决认定基本事实错误。1.二审判决认定案涉《资产委托管理协议》合法有效错误。该《资产委托管理协议》是伪造的，既未依法签订、生效，也未实际履行，更不是腾荣公司的真实意思表示，不具有法律效力。2.二审判决认定案涉《债权转让协议》已履行完毕错误。腾荣公司已全面履行了案涉《债权转让协议》所约定的义务，并全额支付了10620439.51元的债权转让款，但江西银行南昌高新支行并未依约将债权凭证移交给腾荣公司，而是以自己的名义提起诉讼并申请执行，已构成根本违约。现债务人江西省维财实业有限公司及担保人江西南发实业有限公司已被工商部门吊销营业执照，已无清偿债务的能力。腾荣公司已无法向债务人及担保人主张权利，其受让案涉债权的合同目的已无法实现。（二）二审判决驳回腾荣公司的诉讼请求错误。二审判决对前述基本事实认定错误，致使判决结果错误，严重损害了腾荣公司的合法权益。

本院经审查认为：本案腾荣公司与江西银行南昌高新支行所签订的《债权转让协议》和《资产委托管理协议》名为债权转让和资产委托管理协议，实为双方订立的本金为5400万元的借款合同的组成部分。理由如下：首先，从《债权转让协议》和《资产委托管理协议》的约定看，该两份协议约定的内容不符合常理。一般而言，腾荣公司作为案涉债权受让方及资产委托管理方，其受让案涉债权并委托江西银行南昌高新支行清收，应以获取收益为目的，但本案双方签订的《债权转让协议》《资产委托管理协议》约定，腾荣公司以10620439.51元的对价受让江西银行南昌高新支行的债权，再委托江西银行南昌高新支行予以清收，清收所得款项在扣除支出费用后，剩余款项全部作为委托管理费归江西银行南昌高新支行所有，即腾荣公司在向江西银行南昌高新支行支付了10620439.51元的债权转让款后，并不能从受让的上述债权中获取任何收益。其次，从双方签订《债权转让协议》《资产委托管理协议》的目的看，腾荣公司是为了与江西银行南昌高新支行签订借款合同，以获得江西银行南昌高新支行5400万元的借款；江西银行南昌高新支行与腾荣公司签订《债权转让协议》《资产委托管理协议》是为了在借款合同之外另行收取10620439.51元的款项，并达到剥离不良资产即案涉债权的目的。腾荣公司2015年5月13日向江西银行南昌高新支行出具的《关于要求提供债务人信息资料的报告》中载明："我公司为了在贵行贷款伍仟肆佰万元人民币，接受了贵行债务人江西维财实业有限公司的不良贷款债权转让条件……"江西银行南昌高新支行在本案一审中也有关于"该借款腾荣公司享受了优惠的利率政策，年利率仅为6.15%，当时江西银行南昌高新支行的贷款利率执行的标准为年利率

13%左右,这也是腾荣公司同意接受本案债权的原因所在"的陈述。第三,从《债权转让协议》和《资产委托管理协议》的实际履行情况看,江西银行南昌高新支行并未实际履行该两份协议。《债权转让协议》第二条约定,江西银行南昌高新支行应在交割日即2013年10月28日将案涉债权及从权利转让给腾荣公司,但根据江西银行南昌高新支行在本案一审中自认的事实,其在收到腾荣公司支付的10620439.51元债权转让款后并未将案涉债权移交给腾荣公司,而是继续以自己的名义通过提起诉讼、申请法院强制执行的方式对案涉债权进行追讨,且江西银行南昌高新支行并未提供证据证明其已将相关债权追讨情况告知了腾荣公司。综合以上分析可以看出,腾荣公司与江西银行南昌高新支行关于债权转让及资产委托管理的意思表示是虚假的,江西银行南昌高新支行收取的10620439.51元的债权转让款应认定为其就案涉5400万元借款在双方于2013年10月21日签订的《借款合同》之外另行收取的利息。《中华人民共和国民法总则》第一百四十六条规定:"行为人与相对人以虚假的意思表示实施的民事法律行为无效。以虚假的意思表示隐藏的民事法律行为的效力,依照有关法律规定处理。"根据该条法律规定,本案中腾荣公司与江西银行南昌高新支行以虚假的意思表示所实施的债权转让及资产委托管理行为应为无效;双方以该虚假的意思表示所隐藏的支付10620439.51元借款利息的行为,实际系双方订立本金为5400万元的借款合同这一民事法律行为的组成部分,对该行为的效力应依照有关法律规定处理。鉴于本案中腾荣公司并未就双方订立的本金为5400万元的借款合同提出相应的诉讼请求,故本院对该借款合同的效力不作审查和认定。二审判决认定《债权转让协议》和《资产委托管理协议》合法有效虽有不当,但判决驳回腾荣公司关于解除《债权转让协议》及江西银行南昌高新支行返还债权转让款和相应利息的诉讼请求,并无不妥。

综上,腾荣公司提出的再审事由不能成立,其再审申请不符合《中华人民共和国民事诉讼法》第二百条第二项、第六项规定的情形。依照《中华人民共和国民事诉讼法》第二百零四条第一款,《最高人民法院关于适用〈中华人民共和国民事诉讼法〉的解释》第三百九十五条第二款规定,裁定如下:

驳回江西腾荣实业有限公司的再审申请。

审 判 长 汪 军
审 判 员 薛贵忠
审 判 员 杜微科

二○二一年六月二十五日

法官助理 唐广征
书 记 员 盛家璐

# 四川中成煤炭建设（集团）有限责任公司与成都泓昌嘉泰房地产有限公司建设工程施工合同纠纷案

**【裁判要旨】**

建设工程中基坑工程承包人投入的建筑材料和劳动力已物化到建筑物中，与建筑物不可分割，基坑施工合同的承包人应享有优先受偿权。

对于同一建设工程，可能存在多个承包人，如承包人完成的工程属于建设工程，且共同完成的建设工程宜于折价、拍卖的，则应依法保障承包人的优先受偿权。根据建筑行业管理规范和办法，深基坑工程施工包括支护结构施工、地下水和地表水控制、土石方开挖等内容，故基坑支护、降水、土石方挖运工程施工合同的承包人，要求在未受偿工程款范围内享有优先受偿权的，人民法院应予支持。

## 最高人民法院民事判决书

（2021）最高法民再188号

再审申请人（一审原告、二审上诉人）：四川中成煤炭建设（集团）有限责任公司，住所地四川省成都市青羊区青华路38号。

法定代表人：柯军，该公司董事长。

委托诉讼代理人：杜丽娟，四川时代经纬律师事务所律师。

委托诉讼代理人：马瑜苹，北京市高通（成都）律师事务所律师。

被申请人（一审被告、二审被上诉人）：成都泓昌嘉泰房地产有限公司，住所地四川省成都市高新区芳草街76号。

诉讼代表人：雷君，该公司管理人负责人。

委托诉讼代理人：王欢，该公司管理人工作人员。

再审申请人四川中成煤炭建设（集团）有限责任公司（以下简称中成煤建公司）因与被申请人成都泓昌嘉泰房地产有限公司（以下简称鸿昌嘉泰公司）建设工程施工合同纠纷一案，不服四川省高级人民法院（2020）川民终1582号民事判决，向本院申请再审。本院于2021年6月19日作出（2021）最高法民申3675号民事裁定，提审本案。本院依法组成合议庭，公开开庭审理了本案。再审申请人中成煤建公司的委托诉讼代理人杜丽娟、马瑜苹以及被申请人鸿昌嘉泰公司的诉讼代表人雷君、委托诉讼代理人王欢到庭参加诉讼。本案现已审理终结。

中成煤建公司申请再审称，一、案涉基坑工程是海峡友谊大厦施工中不可分离的组成部分，其劳动成果已经物化到建筑物本身，而非对土地的改造增值。中成煤建公司完成的深基坑挖掘、土石方挖运、支护等地下施工部分系根据对应建筑物地下室空间构造、高层建筑地基牢度、建筑物使用年限等参数所施工，已融合到整个建筑物中，是建筑物不可分离的组成部分。从施工技术规范上讲，基坑施工是建筑物施工不可缺少的施工环节。中成煤建公司的施工是配合建筑物的地下室与地上部分而进行的专门的、有针对性的建设施工，若变更建筑物的功用、地下室设计、建造高度、地基强度，则该基坑工程并不能适用。从价值附加上讲，案涉基坑施工的劳动成果已物化到建筑物本身，而非针对依附土地的改造增值。此外，根据双方合同明确约定，取水资源费属于建设工程成本和应付工程款范畴，应纳入优先受偿权范围。二、二审法院关于"中成煤建公司施工的相关工程是对土地现状进行的改变，尚未形成单独的建筑物或构筑物，不能进行拍卖和变更，故对其诉请的工程价款优先受偿权不予支持"的认定系适用法律错误。《最高人民法院关于审理建设工程施工合同纠纷案件适用法律问题的解释（二）》第十七条规定中的"就工程折价或者拍卖"中的"工程"指的是案涉工程融入的单体建筑，而并不局限于请求权人已完成的工程部分。该文义解释可以从《最高人民法院关于审理建设工程施工合同纠纷案件适用法律问题的解释（二）》第十八条关于装修装饰工程价款享有优先受偿权的规定中得到印证。即便优先受偿权的价值范围限于施工部分的价值，但执行拍卖时应指向承包人施工的单体建筑而非仅就案涉施工部分进行拍卖、折价。三、从立法目的来看，建设工程价款优先权是为保障农民工的权益，案涉基坑施工绝大部分成本费用皆为民工工资。综上，请求：1. 撤销二审判决第一项中的后半部分，即"维持四川省成都市中级人民法院作出的（2020）川01民初340号民事判决第三项"；2. 改判中成煤建公司针对工程款15398977.71元就位于四川省成都市高新区金融总部商务区8号地块的案涉海峡友谊大厦建筑物折价或者拍卖后的价款享有优先受偿权；3. 本案一、二审案件受理费、鉴定费由泓昌嘉泰公司承担。

鸿昌嘉泰公司辩称，一、中成煤建公司承包工程范围为基坑支护、降水、土石方挖运，不属于主体工程范围，是对土地现状的改变，没有形成单独的建筑物或构筑物，不具备单独拍卖、变卖的条件。因此，中成煤建公司不应享有建设工程价款优先受偿权。二、即使认定中成煤建公司享有优先受偿权，其主张的范围亦超过了法律规定的范围。现有在建工程地下四层以及地上四层多并非中成煤建公司修建，其主张优先受偿权的范围不应涵盖整个在建工程，应仅限于其施工部分。三、中成煤建公司主张享有优先受偿权的价款包含取水资源费，该费用属于行政管理费用，不属于工程价款的范围，应予以排除。

中成煤建公司向四川省成都市中级人民法院（以下简称一审法院）起诉请求：1. 判令解除中成煤建公司与泓昌嘉泰公司签署的《海峡友谊大厦（暂定名）项目基坑支护、降水、土石方挖运工程设计、施工合同》（以下简称《设计、施工合同》）及其《补充协议》《补充协议（二）》；2. 判令泓昌嘉泰公司向中成煤建公司支付应付未付的工程款、违约金共计38546286.70元，违约金暂计算至2019年4月30日，实际应计算至泓昌嘉泰公司付清款项之日止，降水台班费暂计算至2019年4月30日，后续发生的费用中成煤建公司保留另行主张的权利；3. 判令中成煤建公司享有案涉建筑工程折价或拍卖后的优先受偿权。

一审法院认定事实：2010年10月27日，泓昌嘉泰公司作为建设方（甲方），与承包方中成煤建公司（乙方）签署了《设计、施工合同》，泓昌嘉泰公司将位于成都市南部新区金融总部商务区8号地块项目名称为海峡友谊大厦（暂定名）范围内全部的基坑支护、降水、土石方挖运工程的设计、施工交由中成煤建公司完成。合同约定的包干价为1900万元，包设计、包质量、包工期、包安全文明施工，乙方不得再以任何理由要求变更。《设计、施工合同》还对工程款支付、竣工结算、工程总工期、违约责任等进行了约定，其中对工程款支付约定如下，基坑支护工程、降水工程（不含降水维持期）、土石方挖运工程，各工程按期完成，经甲方、监理方、总包方及相关职能部门验收合格，并书面确认后，开始办理结算。

2013年4月18日，泓昌嘉泰公司与中成煤建公司签订《海峡友谊大厦（暂定名）项目基坑支护、降水、土石方挖运工程补充协议》（以下简称《补充协议》），泓昌嘉泰公司将原合同项目基坑支护工程的补充部分，即项目基坑护壁加固施工的补充部分委托中成煤建公司施工。《补充协议》约定，工程协议包干总价为378万元；完成所有基坑护壁加固工作内容后，经甲方、监理方、总包方及职能部门验收合格，并书面确认后，甲方确认在收到乙方提供的甲方认可的正式发票后，十个工作日内甲方支付乙方此协议所有工程余款。

2013年7月18日，泓昌嘉泰公司作为甲方，与乙方中成煤建公司就项目现有的土石方挖运、补贴、原合同调整等事宜经协商达成了协议，签订《海峡友谊大厦（暂定名）项目基坑支护、降水、土石方挖运工程补充协议（二）》[以下简称《补充协议（二）》]，《补充协议（二）》包括工程款结算及支付、工期约定、工程施工的配合等条款，约定，所有土石方挖运、回填等工作按期完成（含加固反压部分），经甲方、监理方、总包方及相关职能部门验收合格并书面确认后，开始办理结算；工程施工中，乙方应无条件配合甲方、监理方及总包单位，不得以任何理由、任何方式阻碍总包方施工等。

《设计、施工合同》签订后，中成煤建公司组织人员对工程进行了施工。泓昌嘉泰公司陈述主体工程发包给成都建工集团有限公司施工，该主体工程于2015年11月停工，至今未复工。成都建工集团有限公司与鸿昌嘉泰公司正因建设工程合同纠纷进行诉讼。

一审审理过程中，中成煤建公司提出造价鉴定申请，人民法院委托四川蜀威工程项目管理咨询有限公司（以下简称蜀威咨询公司）对案涉的《设计、施工合同》《补充协议》《补充协议（二）》约定的工程内容完成进度及造价等进行了鉴定。蜀威咨询公司于2019年9月30日出具川蜀威（2019）造鉴第4号《造价鉴定报告》，鉴定结果为：1.《设计、施工合同》《补充协议》及《补充协议（二）》中包干价部分鉴定金额为26146002.97元；2.上述协议包干部分以外的内容鉴定金额为6152974.74元；其中，取水资源费为2282688.38元。

2019年3月19日和9月27日，中成煤建公司分别向蜀威咨询公司转款100万元、167926.05元。蜀威咨询公司于2019年9月27日向中成煤建公司开具了金额合计为1167926.05元的11张增值税普通发票。

泓昌嘉泰公司主张其向中成煤建公司（含张宿国）共支付工程款1790万元，并提供了相应的转账凭证及收据。质证时，中成煤建公司对2011年1月28日和9月6日泓昌嘉泰公司支付的两笔共计100万元款项性质提出异议，主张该款项为退还的履行保证金。对于其他1690万元付款无异议。经审查，泓昌嘉泰公司提供的2011年1月27日的《收据》载明的内容为"收到泓昌嘉泰公司海峡友谊大厦保证金600000元"，经手人为张宿国，并加盖中成煤建公司财务专用章，泓昌嘉泰公司于2011年1月28日通过成都银行向中成煤建公司转款600000元。2011年9月1日的《收据》载明的内容为"收到泓昌嘉泰公司退海峡友谊大厦（暂定名）基坑护壁工程履约保证金 400000 元"，经手人为辜××并加盖中成煤建公司财务专用章，泓昌嘉泰公司于 2011 年 9 月 6 日通过中国建设银行股份有限公司成都第一支行向中成煤建公司转款 400000 元，《现金交款单》载明的款项来源为保证金。泓昌嘉泰公司于 2011 年 11 月 24 日向中成煤建公司转账支付 300 万元，2012 年 1 月 11 日转账支付 200 万元，2012 年 1 月 12 日转账支付 974786.28 元、1025213.72 元工程款，2012 年 12 月 6 日转账支付 50 万元，2012 年 12 月 26 日转账付款 200 万元，2013 年 2 月 6 日转账支付 100 万元，2013 年 8 月 15 日转账支付 100 万元，2013 年 10 月 28 日转账付款 100 万元，2014 年 1 月 20 日转账支付 200 万元，2014 年 5 月 19 日转账付款 100 万元，2015 年 2 月 16 日向张宿国转账支付两笔 50 万元，2015 年 8 月 14 日向张宿国转账付款 40 万元。张宿国于 2015 年 2 月 15 日和 2015 年 8 月 14 日分别向泓昌嘉泰公司出具借条两张，分别借款 100 万元和 40 万元，用于发人工工资。

本案中成煤建公司已经完成的工程造价为 32298977.71 元（26146002.97 元 + 6152974.74 元）。鸿昌嘉泰公司向中成煤建公司支付的工程款为 1690 万元，尚应向中成煤建公司支付工程款 15398977.71 元。双方未进行结算。

一审法院于 2019 年 9 月 17 日以（2018）川 01 民初 3286 号案件受理成都建工集团有限公司与泓昌嘉泰公司建设工程施工合同纠纷一案。

综上，依照《中华人民共和国合同法》第九十四条第四项、第九十七条、第二百八十六条之规定，一审法院于 2020 年 7 月 20 日作出（2020）川 01 民初 340 号民事判决：一、解除中成煤建公司与泓昌嘉泰公司于 2010 年 10 月 27 日签订的《海峡友谊大厦（暂定名）项目基坑支护、降水、土石方挖运工程设计、施工合同》、2013 年 4 月 18 日签订的《海峡友谊大厦（暂定名）项目基坑支护、降水、土石方挖运工程补充协议》和 2013 年 7 月 18 日签订的《海峡友谊大厦（暂定名）项目基坑支护、降水、土石方挖运工程补充协议（二）》；二、泓昌嘉泰公司于判决生效之日起十五日内，向中成煤建公司支付工程款 15398977.71 元；三、驳回中成煤建公司的其他诉讼请求。如果未按本判决指定的期间履行给付金钱义务，应当依照《中华人民共和国民事诉讼法》第二百五十三条之规定，加倍支付迟延履行期间的债务利息。案件受理费 232181 元，由中成煤建公司负担 139426.28 元，由泓昌嘉泰公司负担 92754.72 元。鉴定费 1167926.05 元，由中成煤建公司负担 583963.02 元，由泓昌嘉泰公司负担 583963.03 元。该鉴定费已由中成煤建公司支付，在履行判决义务时由泓昌嘉泰公司一并向中成煤建公司支付。

中成煤建公司不服一审判决，上诉请求：1. 请求撤销一审判决；2. 请求依法改判泓昌嘉泰公司承担违约金（以未付工程款 9246002.97 元为基数，按照日 0.05% 利率，从 2014 年 9 月 18 日计算至工程款付清之日止，暂计算至 2020 年 8 月 4 日，违约金金额为 9930207.22 元）；3. 请求依法改判中成煤建公司对泓昌嘉泰公司开发建设的海峡友谊大厦项目的拍卖或折价价款中就工程款 15398977.71 元享有优先受偿权；4. 一审、二审诉讼费用由泓昌嘉泰公司负担。

二审法院确认一审法院查明的事实。另查明，2020 年 11 月 11 日，四川省成都市中级人民法院作出（2020）川 01 破 18 号民事裁定，裁定受理四川九泓昌进出口贸易有限公司对泓昌嘉泰公司破产清算一案，并指定北京炜衡（成都）律师事务所、亚太（集团）会计师事务所四川分所担任破产管理人。

二审法院认为，一、泓昌嘉泰公司是否应当承担逾期付款的违约责任。根据案涉《设计、施工合同》《补充协议》《补充协议（二）》的约定，主要工程款的支付需同时符合"完工、验收合格并书面确认、结算完成"。根据一审法院查明的事实，中成煤建公司目前仍然没有完工，并且一直没有进行结算，故一审法院通过鉴定予以确定案涉工程造价。由于中成煤建公司与泓昌嘉泰公司并没有进行结算，中成煤建公司也没有提供证据证明在2014年9月18日时泓昌嘉泰公司拖欠中成煤建公司9246002.97元工程进度款的事实，故中成煤建公司要求泓昌嘉泰公司承担逾期付款违约责任的诉请不能成立，一审法院不予支持并无不当。二、中成煤建公司是否应就案涉项目拍卖、折价款就其施工内容范围的15398977.71元工程款享有优先受偿权。根据《中华人民共和国合同法》第二百八十六条规定，承包人享有的建设工程价款优先受偿权只及于完成的建筑物、构筑物本身，并不及于所依附的土地使用权。本案中，中成煤建公司施工的相关工程实质是对拟修建的建筑物所依附的土地现状进行的改变，尚未形成单独的建筑物或者构筑物，不能进行拍卖和变卖。故对中成煤建公司诉请的工程价款优先受偿权不予支持。因二审中发生泓昌嘉泰公司进入破产程序的新事实，本案债权债务清偿须由破产程序集中处理，本案仅对债权人向泓昌嘉泰公司主张的债权进行确认。

综上，依照《中华人民共和国企业破产法》第十六条、第四十六条、《中华人民共和国民事诉讼法》第一百七十条第一款第二项规定，二审法院于2020年12月31日作出（2020）川民终1582号民事判决：一、维持四川省成都市中级人民法院（2020）川01民初340号民事判决第一项、第三项；二、变更四川省成都市中级人民法院（2020）川01民初340号民事判决第二项为"确认截至2020年11月11日，四川中成煤炭建设（集团）有限责任公司对成都泓昌嘉泰房地产有限公司享有15398977.71元工程款债权"。本判决生效后中成煤建公司应当依照《中华人民共和国企业破产法》规定的程序申报上述债权并行使权利。一审案件受理费、鉴定费按一审判决方式执行，二审案件受理费168445.92元，由中成煤建公司负担。

在再审程序中，中成煤建公司向本院提交了以下证据：

第一组证据为分包合同信息，包括：1.《设计、施工合同》；2.《补充协议》；3.《补充协议（二）》。拟以上述合同的相关条款内容证明案涉深基坑工程是与主体建筑物施工密不可分的一部分，案涉深基坑工程成果物化到整个建筑物。

第二组证据为行业标准规范和相关规定，包括：4.《建筑深基坑工程施工安全技术规范（JGJ 311—2013）》；5.《建筑变形测量规范（JGJ 8—2016）》；6.《建筑边坡工程技术规范（GB 50330—2013）》；7.《岩土锚杆与喷射混凝土支护工程技术规范（GB 50086—2015）》；8.《四川省建筑地基基础检测技术规程（DBJ51/T014—2013）》；9.《四川省建筑边坡工程施工质量验收规范（DBJ51/T044—2015）》；10.《成都地区基坑工程安全技术规范（DB51/T5072—2011）》；11.中国建筑工业出版社出版的《基坑工程手册》第二版节选；12.中国建筑工业出版社出版的《地基基础实用设计施工手册》；13.《危险性较大的分部分项工程安全管理规定》；14.《住房城乡建设部办公厅关于实施〈危险性较大的分部分项工程安全管理规定〉有关问题的通知》；15.《成都市建设委员会关于印发〈成都市建筑工程深基坑施工管理办法〉的通知》。拟以上述规范和规定的相关内容证明，基坑工程为建筑物地基工程的一部分，与建筑主体工程密切结合，深基坑工程原则上实行建筑工程施工总承包管理，建设单位确需对深度超过五米的基坑工程实行单独发包的，应办理建筑工程（深基坑）施工许可证，以保障施工难度大、危险性高的深基坑工程的质量和安全。

第三组证据为涉及案涉深基坑工程概况的相关文件、照片等资料，包括：16. 海峡友谊大厦深基坑施工过程照片和开挖放线图；17.《海峡友谊大厦基坑土方、护壁、降水施工组织设计》；18.《海峡友谊大厦基坑土方、护壁、降水方案设计》《海峡友谊大厦（暂定名）基坑护壁加固方案》；19.《领悦中心（立项名：海峡友谊大厦）项目（考虑精装修）施工图预算汇报》；20.《深基坑工程施工组织设计方案咨询意见书》《深基坑工程咨询意见书》；21. 案涉基坑工程的《建筑工程施工许可证》；22. 中成煤建公司与泓昌嘉泰公司就基坑土石方工程形成的公函、海峡友谊大厦（暂定名）工作联系函、工作联系单；23.《基坑支护交验表》《（工程验收计价）现场情况确认流程表》；24.《海峡友谊大厦项目监理例会（第六期）会议纪要》；25.《关于延长管井降水时间的工作联系函》；26.《关于取水许可证延期的联系函》；27.《建筑工地降水协议》。拟以上述证据证明案涉深基坑工程属于整个海峡友谊大厦土建施工不可或缺的一部分，受到整个建筑物设计方案影响，而非简单的土地平整与挖掘。

第四组证据为案涉海峡友谊大厦工程现状材料，包括：28. 海峡友谊大厦现状视频、《公证书》、一审证据目录及照片 2 张，拟证明在海峡友谊大厦施工过程中中成煤建公司与总包方配合作业，深基坑作业中的支护、降水贯穿于整个建设工程，至今还在进行。

第五组证据为关联案件判决，即：29. 四川省成都市中级人民法院（2018）川 01 民初 3286 号民事判决书，拟证明该判决确认案涉海峡友谊大厦的总包方就包含降水费在内的工程价款享有优先受偿权，中成煤建公司与总包方配合，也应享有优先受偿权。

第六组证据为参考案例信息，包括：30. 最高人民法院（2017）最高法民终 410 号民事判决书；31. 海南省高级人民法院（2017）琼民终 336 号民事判决书；32. 最高人民法院（2018）最高法民申 2301 号民事裁定书。

在再审开庭审理时，中成煤建公司申请的证人中冶成都勘察研究总院公司总工程师李耀家、中国建筑西南勘察设计研究院有限公司总经理助理王新出庭作证。该两位证人陈述，深基坑工程属于建筑工程，建筑物分为地表建筑和地下建筑，深基坑工程是地下室施工不可分割的部分；海峡友谊大厦的深基坑工程只能用于本项目。

鸿昌嘉泰公司质证认为，对第一组证据真实性和合法性无异议，对关联性有异议；对第二组证据的真实性无异议，但该组证据不是对案件事实的证明，由人民法院决定是否采纳；对第三组证据中的证据 16 所述的施工工艺真实性没有异议，但对其中数据的真实性无法核实。对证据 17 的真实性有异议，认可证据 21、27 的真实性。对于证据 18—20 的真实性，请人民法院依法确认。对于证据 22—26，经核实有过证据 22—26 所体现的函件和会议，但破产管理人未接管相关原件，无法确认该复印件是否与原件一致；对第四组证据的真实性、合法性无异议；对第五组证据的关联性不予认可；对第六组证据的真实性、合法性予以认可，但并非本案证据。

本院认为，虽然鸿昌嘉泰公司对于证据 16—20、22—26 的真实性无法确认，但未提供反驳证据，而且上述证据与其他证据能够互相印证或者载有编制单位可供核实，本院认可中成煤建公司提供证据的真实性，对于相关证据的内容以及能否证明中成煤建公司的主张将在本院认为部分阐述。

鸿昌嘉泰公司未提交证据。

本院再审审理查明：2010年11月5日，成都高新技术产业开发区规划建设局就中成煤建公司施工的土石方挖运、基坑支护、降水工程颁发了《建筑工程施工许可证》。根据证据17-18，案涉深基坑的深度由原先设计的17米变更为19.1米。根据证据19，案涉海峡友谊大厦项目施工图预算为15.186亿元，其中土方、基坑支护、降水为鸿昌嘉泰公司直接分包，其预算为2600万元，包含在总预算之内。

中成煤建公司、鸿昌嘉泰公司均认可，成都建工集团有限公司也应当对案涉海峡友谊大厦项目工程建筑物享有工程价款优先受偿权。

本院对一、二审法院查明的其他事实，予以确认。此外，中成煤建公司提供证据拟证明深基坑工程与地上建筑物的关系等事实，本院将结合相关证据在本院认为部分进行阐述。

本院再审认为，本案的争议焦点为，中成煤建公司施工的基坑支护、降水、土石方挖运工程是否属于建设工程，中成煤建公司针对未支付工程价款15398977.71元是否就案涉海峡友谊大厦工程折价或者拍卖的价款享有优先受偿权。

《中华人民共和国合同法》第二百八十六条规定，"发包人未按照约定支付价款的，承包人可以催告发包人在合理期限内支付价款。发包人逾期不支付的，除按照建设工程的性质不宜折价、拍卖的以外，承包人可以与发包人协议将该工程折价，也可以申请人民法院将该工程依法拍卖。建设工程的价款就该工程折价或者拍卖的价款优先受偿。"《最高人民法院关于审理建设工程施工合同纠纷案件适用法律问题的解释（二）》第十七条规定，"与发包人订立建设工程施工合同的承包人，根据合同法第二百八十六条规定请求其承建工程的价款就工程折价或者拍卖的价款优先受偿的，人民法院应予支持。"第十八条规定，"装饰装修工程的承包人，请求装饰装修工程价款就该装饰装修工程折价或者拍卖的价款优先受偿的，人民法院应予支持，但装饰装修工程的发包人不是该建筑物的所有权人的除外。"第二十一条第一款规定，"承包人建设工程价款优先受偿的范围依照国务院有关行政主管部门关于建设工程价款范围的规定确定。"从上述规定可知，《中华人民共和国合同法》第二百八十六条规定的享有优先受偿权的承包人所完成的工程并不局限于单独的建筑物或构筑物，如装饰装修工程的承包人也享有优先受偿权。对于同一建设工程，由于工程技术内容不同、需要多方投资等原因，存在多个承包人是常见现象；只要承包人完成的工程属于建设工程，且共同完成的建设工程宜于折价、拍卖的，就应当依法保障承包人的优先受偿权。

本案中，根据中成煤建公司提供的证据4-15等行业标准规范和相关规定，《建筑深基坑工程施工安全技术规范（JGJ311-2013）》是由住房和城乡建设部根据《关于印发〈2011年工程建设标准规范制订、修订计划〉的通知》的要求编制，规范的主要内容即深基坑工程施工包括支护结构施工、地下水和地表水控制、土石方开挖等，深基坑工程施工技术规范应符合建设工程有关管理规定；对建筑地基进行的检测，包含了对基坑（边坡）工程即支护结构施工的检测；包括建筑总平面图、各层建筑和结构平面图等主体结构的设计资料是基坑支护结构设计必不可少的依据；各种建筑都需要有一个坚固的基础，其造价要占到一幢房屋建筑的 1/5，甚至 1/3；开挖深度超过五米（含五米）的基坑的土方开挖、支护、降水工程即深基坑工程，属于房屋建筑施工中超过一定规模的危险性较大的分部分项工程。根据《成都市建筑工程深基坑施工管理办法》第五条规定，深基坑工程原则上实行建筑工程施工总承包管理，建设单位确需对深度超过五米的基坑工程实行单独发包的，应办理建筑工程（深基坑）施工许可证。本案中，案涉海峡友谊大厦的基坑深度达 19.1 米，鸿昌嘉泰公司将案涉项目的基坑支护、降水、土石方挖运工程发包给中成煤建公司施工，中成煤建公司就其施工工程办理了《建筑工程施工许可证》。成都建工集团有限公司是案涉海峡友谊大厦的总包方，对工程主体进行施工。根据中成煤建公司与鸿昌嘉泰公司签订的《设计、施工合同》《补充协议》《补充协议（二）》的相关约定，中成煤建公司施工的基坑等工程的方案设计图应当通过鸿昌嘉泰公司和专组的审查，并接受其检测；中成煤建公司必须服从甲方、监理方、总包方的管理，其施工的基坑支护、降水、土石方挖运工程按期完工并经甲方、监理方、总包方及相关职能部门验收合格、书面确认后办理结算。根据证据19，案涉项目施工图预算 15.186 亿元，包含了中成煤建公司承包工程的预算 2600 万元。根据证据 23—25，中成煤建公司向总包方交付基坑护壁工程后，仍参与案涉项目监理例会，会议要求中成煤建公司纳入总包方管理范围，继续做好降水井排水工作；为满足施工需要和确保建筑物安全，在回填之前需继续保持基坑周围管井降水。上述事实能够证明，中成煤建公司施工的基坑支护、降水、土石方挖运工程，从设计到具体施工，均与总包方密切联系，与主体工程的施工严密配合，交叉进行，属于案涉海峡友谊大厦项目建设工程不可缺少的内容。在整个施工过程中，中成煤建公司投入的建筑材料和劳动力已经物化到案涉海峡友谊大厦项目整个建筑物之中，与建筑物不可分割。中成煤建公司作为与发包方鸿昌嘉泰公司订立建设工程施工合同的承包人，在未受偿工程款 15398977.71 元范围内有权就案涉海峡友谊大厦工程折价或者拍卖的价款优先受偿。一、二审法院认定中成煤建公司施工内容实质是对拟修建建筑物所依附的土地现状进行的改变，尚未形成单独的建筑物或构筑物，客观上不具备行使建设工程价款优先受偿权的条件，系认定事实和适用法律错误，本院予以纠正。

本案中，中成煤建公司的工程价款中包含了取水资源费 2282688.38 元。《最高人民法院关于建设工程价款优先受偿权问题的批复》第三条规定，"建筑工程价款包括承包人为建设工程应当支付的工作人员报酬、材料款等实际支出的费用，不包括承包人因发包人违约所造成的损失。"原建设部印发的《建设工程施工发包与承包价格管理暂行规定》第五条规定，工程价格由成本（直接成本、间接成本）、利润（酬金）和税金构成。本案中，根据中成煤建公司提交的《取水许可证》《取水许可证变更申请表》等证据，结合一审法院查明的中成煤建公司一直为案涉工程降水的事实，取水资源费应系中成煤建公司为建设工程应当支付的实际支出费用，属于建设工程价款直接成本的一部分。根据《最高人民法院关于审理建设工程施工合同纠纷案件适用法律问题的解释（二）》第二十一条和《建设工程施工发包与承包价格管理暂行规定》第五条规定，取水资源费作为建设工程价款，应当属于优先受偿的范围。鸿昌嘉泰公司关于取水资源费不应纳入优先受偿范围的主张，本院不予支持。

双方当事人均认可，案涉工程承包方为成都建工集团有限公司和中成煤建公司；成都建工集团有限公司诉鸿昌嘉泰公司建设工程施工合同纠纷一案目前在二审审理过程中；案涉海峡友谊大厦已经停工，目前处于已经完成地下四层以及地上四层封顶、五层开始初步施工的现状。因此，中成煤建公司不是就案涉海峡友谊大厦折价或者拍卖的价款享有优先受偿权的唯一施工人。

综上所述，中成煤建公司的再审请求成立，本院予以支持。依照《中华人民共和国民事诉讼法》第二百零七条第一款、第一百七十条第一款第二项规定，判决如下：

一、撤销四川省高级人民法院（2020）川民终1582号民事判决和四川省成都市中级人民法院（2020）川01民初340号民事判决；

二、解除四川中成煤炭建设（集团）有限责任公司与成都泓昌嘉泰房地产有限公司于2010年10月27日签订的《海峡友谊大厦（暂定名）项目基坑支护、降水、土石方挖运工程设计、施工合同》、2013年4月18日签订的《海峡友谊大厦（暂定名）项目基坑支护、降水、土石方挖运工程补充协议》和2013年7月18日签订的《海峡友谊大厦（暂定名）项目基坑支护、降水、土石方挖运工程补充协议（二）》；

三、确认截至2020年11月11日四川中成煤炭建设（集团）有限责任公司对成都泓昌嘉泰房地产有限公司享有15398977.71元工程款债权，并且在上述工程款范围内就案涉海峡友谊大厦工程折价或者拍卖的价款享有优先受偿权；

四、驳回四川中成煤炭建设（集团）有限责任公司的其他诉讼请求。

本判决生效后四川中成煤炭建设（集团）有限责任公司应当依照《中华人民共和国企业破产法》规定的程序申报上述债权并行使权利。

一审案件受理费232181元，由四川中成煤炭建设（集团）有限责任公司负担139426.28元，由成都泓昌嘉泰房地产有限公司负担92754.72元。鉴定费1167926.05元，由四川中成煤炭建设（集团）有限责任公司负担583963.02元，由成都泓昌嘉泰房地产有限公司负担583963.03元。二审案件受理费168445.92元，由四川中成煤炭建设（集团）有限责任公司负担66038.56元，成都泓昌嘉泰房地产有限公司负担102407.36元。

本判决为终审判决。

审 判 长 郎贵梅
审 判 员 王朝辉
审 判 员 刘丽芳

二〇二一年十一月九日

法官助理 唐 敏
书 记 员 舒胤凯

# 金昌久策工业气体有限公司与甘肃丰盛环保科技股份有限公司加工合同纠纷案

**【裁判要旨】**

合同约定的逾期付款违约金与民事诉讼法规定的迟延履行金系两种不同且可并用的民事责任。法院判决生效后,逾期付款的违约行为在债务清偿前持续存在,债务人应继续承担逾期付款违约责任,债权人请求将违约金计算至实际清偿之日的,人民法院应予支持。

## 最高人民法院民事判决书

(2022)最高法民再 77 号

再审申请人(一审原告、二审上诉人):金昌久策工业气体有限公司。住所地甘肃省金昌市永昌县河西堡镇化工循环经济产业园经三路旁。

法定代表人:熊志海,该公司经理。

委托诉讼代理人:林庚,国浩律师(福州)事务所律师。

委托诉讼代理人:林晓瑜,国浩律师(福州)事务所律师。

被申请人(一审被告、二审被上诉人):甘肃丰盛环保科技股份有限公司。住所地甘肃省金昌市永昌县河西堡镇化工循环经济产业园。

法定代表人:王虎,该公司董事长。

委托诉讼代理人:张永成,该公司员工。

委托诉讼代理人:罗文虎,甘肃众纳律师事务所律师。

再审申请人金昌久策工业气体有限公司(以下简称久策公司)因与被申请人甘肃丰盛环保科技股份有限公司(以下简称丰盛公司)加工合同纠纷一案,不服甘肃省高级人民法院(2020)甘民终 143 号民事判决,向本院申请再审。本院于 2021 年 4 月 30 日作出(2021)最高法民申 945 号民事裁定,提审本案。本院依法组成合议庭,于 2022 年 3 月 1 日公开开庭审理了本案。再审申请人久策公司委托诉讼代理人林庚、林晓瑜,被申请人丰盛公司委托诉讼代理人张永成、罗文虎,到庭参加诉讼。本案现已审理终结。

久策公司申请再审称:1. 变更二审判决第二项,改判丰盛公司向久策公司支付 2013 年 10 月 10 日至 2015 年 2 月 13 日期间的加工费 8652289.71 元,并支付该加工费 2017 年 12 月 31 日前的逾期付款违约金 5461480.52 元及以 8652289.71 元为基数按日利率 0.05%计算自 2018 年 1 月 1 日至款项清偿之日止的逾期付款违约金;2. 变更二审判决第三项为:丰盛公司向久策公司支付 2015 年 2 月 14 日至 2017 年 7 月 31 日停产期间的加工费 22468215.13

元，并支付逾期付款违约金（计算至 2017 年 12 月 31 日止为 6441687.55 元，之后以 22468215.13 元为基数，按日利率 0.05% 计算至款项清偿之日止）。3. 本案诉讼费用由丰盛公司承担。事实和理由：

（一）二审判决将逾期付款违约金计算截止时间调整至判决生效时止，适用法律错误。1. 双方均未对逾期付款违约金计算的截止时间进行上诉，二审判决将该时间调整至判决生效时止，超出上诉请求，违反《最高人民法院关于适用〈中华人民共和国民事诉讼法〉的解释》第三百二十三条"第二审人民法院应当围绕当事人的上诉请求进行审理。当事人没有提出请求的，不予审理"的规定。2. 二审判决认定"违约金责任的确认和承担应自人民法院裁判生效之日即予以终结，此后未按判决履行义务的行为不再归属于违约行为"，于法无据。丰盛公司至今未向久策公司支付拖欠的加工费，逾期付款状态仍在持续，丰盛公司应向久策公司支付逾期付款违约金，直至清偿之日止。3. 逾期付款违约金与《中华人民共和国民事诉讼法》（2017 年修正）第二百五十三条规定的法定迟延履行责任是两种不同的责任。该规定系督促被执行人尽快履行生效法律文书，是一种法定补充责任，与逾期付款违约责任并不冲突，二者不存在混淆或重复。二审判决以"一审判决违反法律禁止性规定，或者损害国家利益、社会公共利益、他人合法权益"为由，对逾期付款违约责任的截止时间进行调整，适用法律错误，严重损害了久策公司的合法权益。

（二）二审判决对停产期间的加工费认定错误，且未支持该加工费的逾期付款违约金请求错误。1. 久策公司要求丰盛公司按最低年加工量赔偿其停产期间的加工费损失有合同依据，且在合同条款中多处反复确认，该损失赔偿数额在订立合同时已经充分预见，应予支持。（1）二审判决已经认定丰盛公司停产不属于免责事由，应按合同约定承担违约责任。案涉合同第 6.1.1 条关于丰盛公司应按最低年加工量支付加工费的约定，实质上是关于年加工量未达约定值时丰盛公司应向久策公司赔偿损失的计算方法，按照此约定应当以最低年加工量赔偿停产期间加工费损失。只有在当事人没有约定的情况下才适用《中华人民共和国合同法》第一百一十三条关于法定赔偿的规定，但二审判决却无视双方关于损失赔偿数额的约定，错误适用该规定。（2）《中华人民共和国合同法》第一百一十四条规定，只有在当事人请求的情况下，法院才可以适当减少违约金。本案中，丰盛公司从未主张最低加工费过分高于造成的损失，更未就此举证。即使丰盛公司提出请求，法院也应适用该规定第二款考量是否对损失赔偿额进行调整。（3）二审判决将久策公司的损失视为预期可得利益，以年利润率 20% 认定久策公司的损失，无事实和法律依据。根据《中华人民共和国合同法》第一百一十三条的规定，久策公司因丰盛公司违约所遭受的损失，不仅包括预期可得利益，还包括停产期间机器设备的维护费用、折旧费用、必要的管理费用及员工薪资支出等实际损失。二审法院未要求久策公司对项目成本以及停产期间的设备维护、人工支出等费用举证，却在判决中认为久策公司应对该事实承担举证责任，错误加重了久策公司的举证责任。预期可得利益和利润率并非完全等同，二审判决认定久策公司"适当利润率"为 20%，无事实依据，超出了自由裁量范围。2. 二审判决未支持停工期间加工费的逾期付款违约金与合同约定不符。案涉合同第 6.1.3 条与第 6.1.1 条不存在冲突。加工合同第 6.1.1 条约定"丰盛公司应遵守本合同第三章第 3.5 条关于最低年加工量限制的约定，如实际年加工量低于最低年加工量时，丰盛公司应按最低年加工量支付加工费用"，根据该条约定丰盛公司应按约定时间按最低年加工量支付加工费，如逾期支付，则属于第6.1.3条所约定的迟延付款情形，应承担逾期付款违约责任。

（三）二审判决将一、二审案件受理费的负担未进行区分，导致久策公司应承担的一、二审案件受理费金额不明，造成久策公司至今无法申请退还，应予纠正。

丰盛公司辩称，请依法驳回久策公司的再审请求，依法纠正二审判决的错误。（一）二审判决根据《最高人民法院关于适用〈中华人民共和国民事诉讼法〉的解释》第三百二十三条的规定，将正常生产期间的逾期付款违约金计算截止时间调整至判决生效时止，符合法律规定。（二）2015年2月至2017年7月丰盛公司未使用久策公司氧气，此期间停产原因是丰盛公司自身无法控制的，属双方约定的免责事由，丰盛公司不应承担违约责任，亦不应承担停产期间加工费的逾期付款违约金。1.久策公司因为能源短缺造成停产，属于合同约定的免责事由，丰盛公司不应当承担责任。（1）双方在加工合同第二章合作背景中明确载明，丰盛公司的化工装置处在循环经济链的中间。本案中，内蒙古太西煤集团金昌鑫华焦化有限责任公司（以下简称鑫华焦化公司）供应的焦炉煤气对丰盛公司来说既是能源燃料也是原料，属于合同约定的免责事由即能源的范畴。一审法院认为原料气的短缺属于合同约定的免责事由，并无不当。（2）因全国煤化工行业不景气、积压焦炭严重等原因导致鑫华焦化公司无法提供焦炉气，并非丰盛公司拖欠货款所致。焦炉气是鑫华焦化公司生产焦炭的伴生产品，除其自身有限利用外，只能供给下游用户或排放。（3）一审判决认为丰盛公司未使用久策公司的氧气符合加工合同第6.3条免责事由正确，二审判决认为停止使用氧气不属于免责事由错误。如果支持久策公司的诉求，将导致久策公司不用组织生产就能得到比组织生产还要多的利益，显失公平。久策公司在2015年2月至2017年7月期间未加工气体，不能依据最低年加工量计算违约损失。20%利润率系久策公司代理人估算，无事实依据。丰盛公司不认可二审判决，因丰盛公司经营状况困难无力支付相关费用，故没有申请再审。2.如前所述，停产期间属合同约定的免责事由，丰盛公司不应承担停产期间加工费，自不应承担该部分逾期付款违约金。

久策公司向一审法院起诉请求：丰盛公司向久策公司支付加工费31121888.04元、违约金11903897.01元，共计43025785.05元。诉讼中，久策公司变更诉讼请求为：1.丰盛公司向久策公司支付加工费31120504.84元；2.丰盛公司按日利率0.05%向久策公司支付2017年12月31日前的逾期付款违约金11903168.07元；3.丰盛公司以31120504.84元为基数，按日利率0.05%向久策公司支付自2018年1月1日至加工费清偿之日的违约金。

一审法院认定事实：2010年10月1日，甘肃金昌化学工业集团有限公司（以下简称金化公司）与福建久策工业气体有限公司（以下简称福建久策公司）签订《金化公司20万吨合成氨、30万吨尿素配套空分项目氧气加工合同》，约定：福建久策公司在河西堡镇化工循环经济产业园为金化公司20万吨合成氨、30万吨尿素配套空分项目提供氧气和氮气，金化公司负责向福建久策公司提供建设用地，并向福建久策公司新设立的公司提供所需双回路电源、净化冷却水。福建久策公司新设立的加气公司负责投资、建设、管理空分装置，包括空气压缩机、氧气压缩机等其他配套设施，为金化公司加工氧气、氮气，并按金化公司要求输送。福建久策公司新设加气公司一年为金化公司加工的氧气量最高为3960万$Nm^3$（每小时加工生产氧气$5000Nm^3$，每天24小时，每年330个加工日计算），最低为3841万$Nm^3$（每小时加工氧气 4850Nm³，每天 24 小时，每年 330 个加工日），加工过程中产生的剩余气体产品，归福建久策公司新设公司所有。氧气加工费结算价格为含税价 0.235 元/Nm³，加工费每月结算一次。结算方式为双方每月 5 日前确认上月福建久策公司新设公司消耗的电量、水量、氧气供应量及加工费，福建久策公司新设公司在确认的次日开出加工费增值税发票，金化公司在收到发票后 5 日内以银行转账的方式付清上月的加工费。金化公司应严格遵守关于最低年加工量限制的约定，如实际年加工量低于最低年加工量时，金化公司应按最低年加工量支付加工费。金化公司应及时按合同约定支付加工费，如迟延付款，福建久策公司新设公司有权停止为金化公司加工氧气，并有权按日向金化公司收取拖延款项 0.05%的滞纳金。由于法律规定的不可抗力及无法取得电力、能源或交通、公用设施的短缺等一方无法控制的原因，造成其未能履行合同义务的，该方不承担因此而造成的违约责任，但必须在 24 小时内书面通知对方以避免损失扩大。合同期限自 2010 年 10 月 1 日至 2025 年 9 月 30 日。

2012 年 3 月 15 日，福建久策公司、金化公司、久策公司、丰盛公司签订《金化公司 20 万吨合成氨、30 万吨尿素配套空分项目氧气加工合同补充协议》，约定：金化公司、福建久策公司不再执行原合同，由久策公司、丰盛公司执行原合同。合同签订后，丰盛公司向久策公司提供生产所需的电力和净化冷却水，久策公司利用其生产设备为丰盛公司加工氧气。

2013 年 10 月 10 日至 2015 年 2 月 13 日期间，丰盛公司未于收到发票后 5 日内付清上月的加工费，累计拖欠久策公司加工费 8652289.71 元，该欠款按约定利率计算，截至 2017 年 12 月 31 日的逾期付款利息为 5462209.46 元。丰盛公司处于河西堡镇循环经济产业园循环经济链的中下游，以鑫华焦化公司生产焦炭的废气为原料生产合成氨。2015 年 2 月 12 日，鑫华焦化公司函告丰盛公司，该公司不能向丰盛公司提供生产所需的原料气。函件的主要内容为：因丰盛公司拖欠五千余万元货款，其他单位拖欠三千余万元货款，市场持续低迷、库存积压 18 万吨焦炭，鑫华焦化公司被占用资金达 2.3 亿元，导致流动资金严重短缺；受经济下滑的影响，部分洗煤厂停产，鑫华焦化公司原料煤储存不足 6 万吨，已无法维持正常生产，被迫减产降负荷，不能保证后续煤气供应，待恢复生产负荷后再考虑供气，此举实属无奈，请丰盛公司谅解。

鑫华焦化公司定于 2015 年 2 月 13 日 8 时停止向丰盛公司供气。当日，丰盛公司书面通知久策公司停止向丰盛公司供应氧气。2015 年 2 月 14 日至 2017 年 7 月 31 日期间，久策公司再未向丰盛公司供气，按双方约定的最低年供气量 3841 万 Nm³ 计算，该期间的加工费为 2211.46 万元。

一审法院认为，关于丰盛公司停止接收久策公司的氧气是否属于合同约定的免除违约责任事由问题。双方在合同中约定"由于法律规定的不可抗力及无法取得电力、能源或交通、公用设施短缺等一方无法控制的原因，造成其未能履行合同义务的，该方不承担因此而造成的违约责任"，虽然该条款仅将"无法取得电力和能源以及交通、公用设施短缺"这四种情形列为免责事由，但在该事由后还约定有"等一方无法控制的原因"内容。根据该条款内容的文义，免责事由还应包括与电力、能源、交通、公用设施作用相当且为合同一方无法控制的生产要素。丰盛公司处于河西堡镇循环经济产业园循环经济链的中下游，以鑫华焦化公司生产焦炭的废气为原料，无法以其他方法取得原料气。原料气是与电力、能源、交通、公用设施作用相当的生产要素，丰盛公司对于上游企业的原料供应无法控制，故原料气短缺属于免除其承担违约责任的事由。

关于双方约定按日利率0.05%计算逾期付款违约金是否过分高于因丰盛公司违约造成久策公司损失问题。日利率0.05%相当于年利率18.25%，该约定虽超过了中国人民银行同期贷款基准利率，但现实经济生活中的借款成本或贷款收益往往高于该基准利率，故不能以该基准利率作为衡量因逾期付款造成对方损失的唯一标准，丰盛公司主张以该利率确定久策公司损失的理由依据不足。日利率0.05%的约定未超过法律规定的民间融资年利率24%的上限，亦符合双方订立合同时的预期，故以日利率0.05%计算逾期付款违约金与丰盛公司违约造成久策公司的损失相当，应以日利率0.05%的标准确定久策公司的损失。

久策公司、丰盛公司签订的加工合同合法有效，丰盛公司应向久策公司支付所欠2013年10月10日至2015年2月13日期间的加工费8652289.71元，并按日利率0.05%支付该欠款的逾期付款违约金。丰盛公司于2015年2月14日至2017年7月31日停止接收久策公司供应的氧气，是因为生产原料短缺这一免责事由导致，丰盛公司因此不承担按最低年供气量3841万$Nm^3$支付加工费的违约责任。双方约定的逾期付款违约金与丰盛公司违约造成久策公司的损失相当，一审法院对丰盛公司要求调整违约金的理由不予支持。

综上所述，依照《中华人民共和国合同法》第一百零七条、第一百一十四条、第二百六十三条、《最高人民法院关于适用〈中华人民共和国合同法〉若干问题的解释（二）》第二十九条的规定，一审法院判决：一、丰盛公司向久策公司支付2013年10月10日至2015年2月13日期间的加工费8652289.71元，支付该加工费2017年12月31日前的逾期付款违约金5461480.52元，支付按日利率0.05%计算的自2018年1月1日至该加工费清偿之日的逾期付款违约金，限于本判决生效后三十日内履行；二、驳回久策公司的其他诉讼请求。案件受理费256918元，由久策公司负担172138元，丰盛公司负担84780元。

久策公司上诉请求：撤销一审判决第二项，改判丰盛公司向久策公司支付2015年2月13日至2017年7月31日停产期间的加工费22468215.13元及该加工费按日利率0.05%暂计至2017年12月31日止的逾期付款违约金6441687.55元，之后以22468215.13元为基数，按日利率0.05%继续计算至欠款清偿之日止，并由丰盛公司负担本案一、二审诉讼费。

二审法院审理查明，案涉合成氨及氧气加工项目均已于2017年8月1日恢复生产。根据久策公司在本案重审一审中提交的《变更诉讼请求申请书》，丰盛公司于2013年10月10日至2015年2月13日期间拖欠久策公司加工费应在原诉请8653672.91元基础上扣减水费1383.20元，为8652289.71元，该加工费至2017年12月31日产生的逾期付款违约金应为扣减前述水费对应的728.94元违约金之后的5461480.52元而非一审判决事实认定部分确认的5462209.46元。二审查明的其他事实与一审基本一致。

二审法院认为，久策公司与丰盛公司签订的案涉加工合同系双方真实意思表示，内容不违反法律法规的效力性强制性规定，合法有效，应予确认。双方均应按约履行义务并承担相应责任。2013年10月10日至2015年2月13日期间，丰盛公司拖欠久策公司加工费8652289.71元及该加工费至2017年12月31日的逾期付款违约金5461480.52元，双方对此事实均无异议，二审法院予以确认。对于该加工费自2018年1月1日起的逾期付款违约金，一审判决将其履行期限确认支付至该款项实际清偿之日止。违约金属合同约定的违约责任的承担方式,该责任的确认和承担应自人民法院裁判生效之日即予以终结。此后,未按判决履行义务的行为不再归属于违约行为,其责任承担方式亦不再是支付违约金,而是按照《中华人民共和国民事诉讼法》(2017年修正)第二百五十三条之规定,承担未履行生效法律文书确定的给付义务的法定迟延履行责任,一审判决将该部分逾期付款违约金确认支付至实际清偿之日,使前述两种不同阶段的责任形式及其承担方式产生混淆、重复和冲突,丰盛公司虽未对此提起上诉,但根据《最高人民法院关于适用〈中华人民共和国民事诉讼法〉的解释》第三百二十三条"第二审人民法院应当围绕当事人的上诉请求进行审理。当事人没有提出请求的,不予审理,但一审判决违反法律禁止性规定,或者损害国家利益、社会公共利益、他人合法权益的除外"的规定,二审法院对该问题予以纠正。

关于丰盛公司因案外人鑫华焦化公司所供焦炉气的停产减量而停止使用久策公司氧气的事实是否属于案涉加工合同第6.3条约定的免责事由问题。《中华人民共和国合同法》第一百二十五条第一款规定:当事人对合同条款的理解有争议的,应当按照合同所使用的词句、合同的有关条款、合同的目的、交易习惯及诚实信用原则,确定该条款的真实意思。本案中,久策公司与丰盛公司签订的加工合同第6.3条约定系双方主要分歧所在,根据前述法律规定,分析认定如下:

从合同文义解释角度分析,该条约定中"法律规定的不可抗力"与"一方无法控制的原因"以"及"字相连接,表明二者以并列关系共同成为免除违约责任事由的两个选择性构成要件。在"一方无法控制的原因"中,又以列举方式将其限缩为"无法取得电力、能源"或"交通、公用设施短缺"两种情形,其后以"等"字兜底。因"电力、能源、交通、公用设施"均属政府公共基础设施,其供应和短缺具有"不可预见、不可避免、不能克服"之特性,故该"等"字应当是能够与"无法取得电力、能源"或"交通、公用设施短缺"事件相对等、相匹配的类似或程度相当的情形。因此,该6.3条对于"一方无法控制的原因"采严格限定之初衷,不可任意扩大解释。丰盛公司主张焦炉气为"燃料",属该第6.3条"一方无法控制的原因"中列举的"能源",但其一审提交的甘肃省或金昌市相关政府部门针对案涉项目下发的多份文件均载明焦炉气为"原料",故其该项主张不能成立。

从合同目的解释及诚实信用原则解释的角度分析,久策公司系福建久策公司为案涉合成氨项目专门在金昌设立的氧气加工公司,其签订加工合同的目的在于通过长期稳定地为丰盛公司加工氧气而获取投资回报,丰盛公司签订加工合同的目的则在于取得长期稳定的氧气供应,以保障其合成氨项目的正常运转,因此,案涉加工合同对双方的违约责任均作了严格且对等的规定。为避免己方在合同履行中陷入不安之境地,案涉双方均不可能接受对合同第6.3条约定的"一方无法控制的原因"进行不受限制的扩大解释。

案外人鑫华焦化公司与丰盛公司签有《焦炉煤气供应协议》。该公司于2015年2月12日出具的《工作联系函》表明,丰盛公司自2012年10月共拖欠鑫华焦化公司焦炭款、煤气款五千万元,该欠款已占到鑫华焦化公司对外货款债权八千万元的63%。丰盛公司认可该五千万元至今未偿还。该《工作联系函》另表明,"尚维持运营的洗煤厂不予赊欠原煤致鑫华焦化公司原料煤储备不足"是造成其减产降负荷的主要原因之一,而丰盛公司拖欠大额货款无疑会对鑫华焦化公司购买原煤进行生产产生负面影响。鉴于丰盛公司与鑫华焦化公司所签《焦炉煤气供应协议》对双方权利、义务进行了明确约定,并以违约责任条款方式对焦炉气供应风险进行了预先规制，故原料气短缺问题应属丰盛公司可以预见并可采取措施予以避免或克服的商业风险，并非加工合同6.3条约定的"一方无法控制的原因"。如将该种自身可控或可追索的行为作为"一方无法控制的原因"并据以免责，则案涉加工合同第3.5条关于最低年加工量限制的规定、第6.1.1条实际年加工量低于最低年加工量时的费用支付方式等都将失去约定的必要性，有悖双方订立合同的目的和初衷，亦有违构建诚信社会和优化营商环境的司法导向。

丰盛公司认为循环经济链中上游企业所供原料气的停产减量导致下游企业被迫停产系循环工业园区循环经济链本身存在的致命弱点，其并不构成违约。该主张恰恰表明，丰盛公司可以充分预见到循环经济链中可能出现因某一环节中断供应而导致的商业风险，因此，其在与鑫华焦化公司签订履行期限为无限期合作的《焦炉煤气供应协议》以及在与久策公司签订案涉加工合同时，即应对该种可预见的商业风险予以考量，但其在加工合同签订时并未将"原料气短缺"明确纳入免责事由。

综上，丰盛公司因案外人鑫华焦化公司所供焦炉气的停产减量而停止使用久策公司氧气的事实不属于案涉加工合同第6.3条约定的免责事由，其应当向久策公司承担违约责任。一审判决对此认定有误，二审法院予以纠正。

关于丰盛公司是否应向久策公司支付2015年2月14日至2017年7月31日停产期间加工费的问题。案涉合成氨加工项目于2013年10月实际开工，2015年2月始至2017年7月停工共29个月。如前所述，久策公司系福建久策公司为丰盛公司合成氨项目生产用氧专门在金昌市设立的气体加工企业，按加工合同约定，该公司必须在首先满足丰盛公司生产用氧的前提下，方可对多余气体自行处置。故对于专门为丰盛公司设立且收入80%来源于案涉氧气加工项目的久策公司而言，在丰盛公司违约导致其氧气加工项目停产的情形下，久策公司必然会遭受损失。《中华人民共和国合同法》第一百零七条规定："当事人一方不履行合同义务或者履行合同义务不符合约定的，应当承担继续履行、采取补救措施或者赔偿损失等违约责任。"《中华人民共和国合同法》第一百一十三条规定："当事人一方不履行合同义务或者履行合同义务不符合约定，给对方造成损失的，损失赔偿额应当相当于因违约所造成的损失，包括合同履行后可以获得的利益，但不得超过违反合同一方订立合同时预见到或者应当预见到的因违反合同可能造成的损失。"因久策公司设立性质的特殊性，案涉加工合同第3.5条、第4.1条和第6.1.1条对年最低加工量约定了具有保底作用的限制条款。但从合同整体解释的角度，前述约定应是对该合同正常履行期间的履行行为的规制。停产期间，久策公司并未实际加工氧气，此情形下，若仍按正常加工期间的氧气加工费用予以支付，不符合本案实际。但丰盛公司在久策公司未违约的情况下，单方停止使用久策公司加工的氧气致其停产并遭受损失，应承担相应违约责任，包括支付合同正常履行后可以获得的预期可得利益，即在加工收入中扣除成本、费用等支出后的利润。久策公司提交的《审计报告》虽载明其营业成本包括销售费用、财务费用及资产减值损失等，但该公司并未对上述成本项目以及其上诉所述停产期间的设备维护、人工支出等其他费用予以举证。此情形下，二审法院参考案涉加工项目在该停产时段的正常加工费，以适当利润率为标准计算该预期可得利益，此即为久策公司在停工期间可获得的加工费。

一审判决事实认定部分确认2015年2月14日至2017年7月31日停工期间的加工费为

2211.46万元，久策公司对此数额持有异议，认为应以其上诉请求22468215.13元为准。丰盛公司则以其构成免责，不应承担停产期间的加工费为由对此亦不认可。根据庭审调查，案涉加工项目2015年2月14日停产，当月停产15天。2015年3月1日至2017年7月31日停产29个月，按加工合同约定的每月28天计，停产期间合计827天。以合同第3.5条约定的最低氧气加工量每小时4850$Nm^3$计算，此期间若正常生产，产生的加工费应为4850$Nm^3$×24小时×0.235元/$Nm^3$×827天=22621758元，但因久策公司只主张了22468215.13元，故二审法院以此为据，确认在正常生产条件下，丰盛公司于2015年2月14日至2017年7月31日期间应向久策公司支付加工费22468215.13元。久策公司二审庭审中陈述其年利润率为20%左右，二审法院根据该陈述，并结合该公司提交的《审计报告》所反映的利润率，酌定以22468215.13元为基数，以20%为标准计算久策公司停产期间的预期可得利益为4493643.03元。

案涉加工合同第6.1.3条约定：若丰盛公司迟延支付加工费，久策公司有权停止为其加工氧气，并按日收取拖延款0.05%的滞纳金。该条是对丰盛公司在正常生产条件下，出现拖延付款情形时所应承担的逾期付款责任的规定。停产期间，久策公司并未实际进行生产，在其对此期间的其他实际损失未能提交证据予以证明的情形下，前述预期可得利益（加工费）即是对其停工损失的弥补。该款项是丰盛公司承担违约责任的具体方式，而非加工合同第6.1.3条所述拖延未付款项。故二审法院对久策公司所提对其停工期间的加工费自2015年2月13日起以日利率0.05%计算逾期付款违约金至实际付清之日止的上诉请求不予支持。

关于丰盛公司辩称以日利率0.05%计算违约金过分高于中国人民银行同期贷款利率应予调整的问题。违约金是事前约定的，就未来可能违约作出的约束方式。其作用在于维护合同交易，提高合同履约率，是对合同履行的一种担保，具有一定惩罚性。《最高人民法院关于适用〈中华人民共和国民事诉讼法〉的解释》第九十一条规定，主张法律关系变更、消灭或者权利受到妨害的当事人，应当对该法律关系变更、消灭或者权利受到妨害的基本事实承担举证证明责任。丰盛公司主张违约金过高而要求予以调整，其实质是对双方合意的一种变更，但其并未提交日利率0.05%的违约金过分高于因其拖延付款给久策公司造成的实际损失的证据。《最高人民法院关于适用〈中华人民共和国合同法〉若干问题的解释（二）》第二十九条规定，当事人主张的违约金过高请求予以适当减少的，人民法院应当以实际损失为基础，兼顾合同的履行情况、当事人的过错程度以及预期利益等综合因素，根据公平原则和诚实信用原则予以衡量，并作出裁决。本案中，丰盛公司未按时、全面地履行停产之前的加工合同，至今仍拖欠该期间的加工费8652289.71元，后又因其单方违约导致久策公司停产，其行为有违诚实信用原则，过错较大，故丰盛公司要求调整案涉违约金的主张不能成立，二审法院不予支持。

综上所述，久策公司的上诉请求部分成立，应予支持。依照《中华人民共和国合同法》第一百零七条、第一百一十三条、第一百二十五条第一款、第二百六十三条、《最高人民法院关于适用〈中华人民共和国合同法〉若干问题的解释（二）》第二十九条、《最高人民法院关于适用〈中华人民共和国民事诉讼法〉的解释》第三百二十三条、《中华人民共和国民事诉讼法》（2017年修正）第一百七十条第一款第二项规定，二审法院判决：一、维持甘肃省金昌市中级人民法院（2019）甘03民初17号民事判决第二项，即：驳回久策公司的其他诉讼请求。二、变更甘肃省金昌市中级人民法院（2019）甘03民初17号民事判决第一项为：丰盛公司向久策公司支付2013年10月10日至2015年2月13日期间的加工费8652289.71元，支付该加工费2017年12月31日前的逾期付款违约金5461480.52元，支付按日利率0.05%计算的自2018年1月1日至本判决生效之日的逾期付款违约金，限于本判决生效后三十日内履行；三、丰盛公司于本判决生效三十日内支付久策公司2015年2月14日至2017年7月31日停产期间的加工费4493643.03元。一审案件受理费256918元，二审案件受理费256918元，合计513836元，由久策公司负担154150.80元，由丰盛公司负担359685.20元。

再审中，久策公司提交了其公司2019年度及2020年度审计报告及部分财务报表，证明2019年度作为恢复生产后的第二个完整会计年度，公司的营业收入约1585万元，净利润约570万元；2020年度作为恢复生产后的第三个完整会计年度，久策公司的营业收入约1797万元，净利润约611万元。以上证据结合久策公司原审中提交的2014年度至2018年度审计报告，证明久策公司正常生产期间营业收入和利润收入可观。2016年停产期间净利润为负648万余元，按照近年中最低净利润年度盈亏相抵后，损失高达933万余元，故停产期间的亏损和正常生产期间的利润之和，远高于正常生产期间最低年加工量对应的加工费，合同约定的损失赔偿低于实际损失。

丰盛公司质证称，审计报告和财务报表中均没有财务负责人的签字，所附的会计师资格证和会计公司资格证上无有效期的截止日期，故对上述证据的合法性不认可，该证据不能作为有效证据使用，对证明目的亦不认可。

本院对久策公司提交的上述证据将结合本案事实在论理部分综合认定。

本院认为，本案再审的争议焦点为：1. 二审判决将丰盛公司向久策公司支付的正常生产期间加工费逾期付款违约金的计算截止时间调整至判决生效之日，适用法律是否错误；2. 二审判决对停产期间加工费的认定以及未支持停产期间加工费的逾期付款违约金是否错误。

（一）二审判决将逾期付款违约金的计算截止时间调整至判决生效之日，适用法律错误，久策公司关于将该违约金判决至实际清偿之日的再审请求成立，本院予以支持。具体分析如下：

一审判决丰盛公司向久策公司支付正常生产期间拖欠的加工费及该加工费计算至清偿之日的逾期付款违约金，在双方均未对该逾期付款违约金上诉的情况下，二审判决以《最高人民法院关于适用〈中华人民共和国民事诉讼法〉的解释》第三百二十三条"第二审人民法院应当围绕当事人的上诉请求进行审理。当事人没有提出请求的，不予审理，但一审判决违反法律禁止性规定，或者损害国家利益、社会公共利益、他人合法权益的除外"的但书规定，对逾期付款违约金的截止时间进行调整。而一审判决关于逾期付款违约金的判决内容，不存在违反法律禁止性规定，也没有损害国家利益、社会公共利益、他人合法权益，并不符合该条但书规定的情形，二审判决适用上述规定对逾期付款违约金的计算截止时间进行改判，适用法律错误，本院予以纠正。

逾期付款违约金与《中华人民共和国民事诉讼法》（2017修正）第二百五十三条规定的法定迟延履行责任是两种不同的责任。逾期付款违约责任是基于双方合同约定，在发生逾期付款事实时产生的责任。法定迟延履行责任是一种间接强制措施，兼具补偿性和惩罚性，其目的是督促被执行人及时履行生效法律文书确定的义务。法定迟延履行责任与生效判决所确定的逾期付款违约责任在法律依据、性质、适用范围等方面均存在不同。法定迟延履行责任的承担不能免除逾期付款违约责任。再者，根据《最高人民法院关于执行程序中计算迟延履行期间的债务利息适用法律若干问题的解释》第一条有关"加倍计算之后的迟延履行期间的债务利息"的规定，迟延履行期间的一般债务利息，根据生效法律文书确定的方法计算，违约金判决至判决生效之日，违约金只能计算至判决生效之日，之后只能按照日万分之一点七五以欠付加工费为基数计算迟延履行金，将导致迟延履行生效判决的责任低于当事人约定的违约责任，有违合同约定。丰盛公司在清偿加工费前，逾期付款的事实持续存在，二审判决认定违约责任的确认和承担自法院裁判生效之日即终结、此后责任的承担方式为法定迟延履行责任，对违约金计算的截止日进行改判，无法律依据，应予纠正。一审判决按照久策公司的诉讼请求，判决逾期付款违约金计算至加工费实际清偿之日，符合合同约定和法律规定。

（二）关于二审判决对停产期间加工费的认定以及未支持停产期间加工费的逾期付款违约金是否错误问题

1. 关于对停产期间的加工费的认定问题。

久策公司再审认为应以加工合同中对最低年加工量的约定认定停产期间的加工费。丰盛公司抗辩认为，停产属于合同约定的免责事由，故其不应承担责任。因此，停产期间加工费的认定包含以下几方面问题：

（1）丰盛公司是否对其停止收取气体承担责任。

根据原审查明的事实，丰盛公司处于河西堡镇循环经济产业园循环经济链的中下游，以鑫华焦化公司生产焦炭的废气为原料生产合成氨，鑫华焦化公司停止供气导致丰盛公司无法获得生产原料，被迫停止收取久策公司供应的氧气。从鑫华焦化公司向丰盛公司发送的停止供气函件的内容来看，停止供应焦炉煤气是多方面因素造成。既有丰盛公司及其他单位拖欠货款、市场持续低迷、焦炭库存积压导致鑫华焦化公司资金被占用的因素，又受经济下滑的影响部分洗煤厂停产其公司原料煤储存不足无法维持正常生产的因素。丰盛公司认为停止收取氧气属于其无法控制的原因，根据案涉加工合同中第6.3条"由于法律规定的不可抗力及无法取得电力、能源或交通、公用设施的短缺等一方无法控制的原因，造成其未能履行合同义务的，该方不承担因此而造成的违约责任"的约定，其不应承担违约责任。二审判决从合同的文义解释、合同的目的解释及诚实信用原则的角度，对该条约定进行了解释，认为该约定中的"一方无法控制的原因"不能进行扩大解释，并无不当。丰盛公司明知其在循环经济链中的地位，上游企业原料供应不足会影响其生产，但并未将第三方原料气供应不足作为其违约的免责事由，且鑫华焦化公司停止供气亦有丰盛公司拖欠货款的因素。因此，丰盛公司停止收取氧气不属于合同约定的免责事由，丰盛公司关于其不承担责任的抗辩理由不能成立。

根据各方签订的案涉加工合同的约定，久策公司系为丰盛公司合成氨项目专门设立的氧气加工公司，其签订加工合同的目的在于能长期稳定地为丰盛公司加工氧气从而获取投资回报。丰盛公司停止收取久策公司氧气，违反合同关于由丰盛公司收取气体的约定。根据

《中华人民共和国合同法》第一百零七条"当事人一方不履行合同义务或者履行合同义务不符合约定的,应当承担继续履行、采取补救措施或者赔偿损失等违约责任"的规定,丰盛公司应当承担违约责任。

(2) 久策公司以最低年加工量约定主张停产期间加工费是否成立。

久策公司主张应以案涉加工合同中关于最低年加工量的约定认定停产期间的加工费,但根据合同约定,该最低年加工量系在合同正常履行期间对加工量的最低限制,以通过补偿的方式保证久策公司在正常生产期间的稳定收益。停产期间,久策公司并未加工气体,其以合同正常履行期间对最低年加工量限制的约定为由,主张停工期间的加工费,无事实依据,本院不予支持。

(3) 对久策公司损失赔偿数额的认定。

久策公司按照最低年加工量对应的加工费主张停产期间加工费,实质是就丰盛公司停止收取气体对其造成的损失的主张。故在对久策公司所主张的停产期间加工费不予支持的情况下,应当进一步认定对久策公司的损失赔偿数额。

《中华人民共和国合同法》第一百一十四条第一款规定:"当事人可以约定一方违约时应当根据违约情况向对方支付一定数额的违约金,也可以约定因违约产生的损失赔偿额的计算方法。"而案涉合同中并无关于停产期间违约责任或者损失赔偿的计算方法的约定。故应当根据《中华人民共和国合同法》第一百一十三条关于"当事人一方不履行合同义务或者履行合同义务不符合约定,给对方造成损失的,损失赔偿额应当相当于因违约所造成的损失"的规定认定久策公司的损失,二审判决适用该规定认定久策公司的损失赔偿额,适用法律并无不当。

二审审理过程中,久策公司提交的《审计报告》虽显示营业成本中各项目(管理费用、财务费用、资产减值损失)数额,但久策公司并未举证证明该部分损失的具体情况。在此情况下,二审法院根据久策公司对年利润的陈述,结合久策公司二审期间提交的《审计报告》所反映的利润率,酌定按照年利润率20%认定久策公司停产期间的预期可得利益,并以此确定久策公司的损失数额为4493643.03元,并无不当。久策公司再审提交的2019年度及2020年度审计报告及部分财务报表是对其以最低年加工量主张停产损失的说明,虽该证据显示利润率为30%以上,但并不能直接反映停产期间的损失,且为单方证据,故对此部分证据不再进行认定。再者,根据《中华人民共和国合同法》第一百一十九条"当事人一方违约后,对方应当采取适当措施防止损失的扩大;没有采取适当措施致使损失扩大的,不得就扩大的损失要求赔偿。当事人因防止损失扩大而支出的合理费用,由违约方承担"的规定,久策公司有防止损失扩大的义务,对于扩大损失丰盛公司不应当承担责任。基于以上,考虑久策公司在丰盛公司停止收取其气体期间未采取措施防止损失扩大并结合丰盛公司的过错程度等因素,本院对二审认定的损失数额不再进行调整。

二审所认定的预期可得利益实质系停止收取气体期间久策公司的损失,其在判决主文部分表述为"停产期间的加工费"不妥,但数额认定妥当,亦不影响各方责任的承担,故本院对该判项不再作调整。

2. 关于停止供气期间加工费逾期付款违约金的认定问题。

久策公司以案涉加工合同第6.1.3条关于迟延支付加工费违约责任的约定,主张停止供气期间加工费的逾期付款违约责任。如前所述,久策公司关于停止供气期间加工费的主张不成立,故其依据该条约定主张停止供气期间加工费逾期付款违约责任亦不成立。本院已对久策公司停止供气期间的损失进行了认定,对久策公司该主张不再支持。

另,二审判决将一、二审案件受理费一并计算处理,未进行区分,导致案件受理费承担数额不明确,本院一并予以纠正。

综上所述,久策公司关于违约金的再审请求成立,予以支持。一、二审判决部分事实认定不清,适用法律错误,予以纠正。依照《中华人民共和国民事诉讼法》第二百一十四条第一款、第一百七十七条第一款第二项、第二百六十条、《最高人民法院关于适用〈中华人民共和国民事诉讼法〉的解释》第三百二十三条之规定,判决如下:

一、维持甘肃省高级人民法院(2020)甘民终143号民事判决第三项即"甘肃丰盛环保科技股份有限公司于本判决生效三十日内支付金昌久策工业气体有限公司2015年2月14日至2017年7月31日停产期间的加工费4493643.03元";

二、撤销甘肃省高级人民法院(2020)甘民终143号民事判决第二项,维持甘肃省金昌市中级人民法院(2019)甘03民初7号民事判决第一项即"甘肃丰盛环保科技股份有限公司向金昌久策工业气体有限公司支付2013年10月10日至2015年2月13日期间的加工费8652289.71元,支付该加工费2017年12月31日前的逾期付款违约金5461480.52元,支付按日利率0.05%计算的自2018年1月1日至该加工费清偿之日的逾期付款违约金,限于本判决生效后三十日内履行";

三、变更甘肃省高级人民法院(2020)甘民终143号民事判决第一项为:驳回金昌久策工业气体有限公司的其他诉讼请求。

如果未按本判决指定的期间履行给付金钱义务,应当依照《中华人民共和国民事诉讼法》第二百六十条之规定,加倍支付迟延履行期间的债务利息。

一审案件受理费256918元,由金昌久策工业气体有限公司负担145809元,由甘肃丰盛环保科技股份有限公司负担111109元。二审案件受理费256918元,由金昌久策工业气体有限公司负担216984元,由甘肃丰盛环保科技股份有限公司负担39934元。

本判决为终审判决。

审 判 长 吴兆祥

审 判 员 龙 飞

审 判 员 张 梅

二〇二二年三月三十一日

法官助理 赵 静

书 记 员 古子滢

# 伟富国际有限公司与黄建荣、上海海成资源（集团）有限公司等服务合同纠纷案

**【裁判要旨】**

认定连带责任必须以有明确的法律规定或合同约定为基础，不能通过行使自由裁量权的方式任意判定承担连带责任。

## 最高人民法院民事判决书

（2022）最高法民再91号

再审申请人（一审被告、二审上诉人）：黄建荣，男，1957年10月3日出生，汉族，住上海市静安区。

委托诉讼代理人：钱前，上海虹桥正瀚律师事务所律师。

委托诉讼代理人：肖轶，上海虹桥正瀚律师事务所律师。

再审申请人（一审被告、二审上诉人）：上海海成资源（集团）有限公司，住所地上海市静安区柳营路305号1201-08室。

法定代表人：黄建荣，该公司董事长。

委托诉讼代理人：钱前，上海虹桥正瀚律师事务所律师。

委托诉讼代理人：肖轶，上海虹桥正瀚律师事务所律师。

被申请人（一审原告、二审被上诉人）：伟富国际有限公司，住所地香港特别行政区上环永乐街204-210号启发大厦7楼B室。

法定代表人：盛永平，该公司董事。

委托诉讼代理人：李慈玲，上海市理诚律师事务所律师。

一审第三人：上海磐石投资有限公司，住所地上海市黄浦区北京东路666号H区（东座）6楼H666室。

法定代表人：王力群，该公司董事长。

委托诉讼代理人：金淳，北京市惠诚律师事务所上海分所律师。

再审申请人黄建荣、上海海成资源（集团）有限公司（简称海成公司）因与被申请人伟富国际有限公司（简称伟富公司）、一审第三人上海磐石投资有限公司（简称磐石公司）服务合同纠纷一案，不服上海市高级人民法院（2020）沪民终308号民事判决，向本院申请再审。本院于2021年12月13日作出（2021）最高法民申7091号民事裁定，提审本案。本院依法组成合议庭，开庭审理了本案。再审申请人黄建荣、海成公司的委托诉讼代理人钱前、肖轶，被申请人伟富公司的委托诉讼代理人李慈玲，一审第三人磐石公司的法定代

表人王力群及委托诉讼代理人金淳到庭参加诉讼。本案现已审理终结。

黄建荣、海成公司申请再审请求：1. 撤销上海市高级人民法院（2020）沪民终308号民事判决、上海市第二中级人民法院（2018）沪02民初1164号民事判决，驳回伟富公司全部诉讼请求；2. 本案一、二审案件受理费由伟富公司承担。主要事实和理由为：（一）原审判决认定黄建荣向伟富公司支付服务费的条件已成就错误。1. 原审判决错误认定了伟富公司提供服务的范围。根据案涉《咨询中介协议》第二条的约定，伟富公司的服务范围应系"引进投融资人"及与推荐投融资人相关的服务，而非"投融资"，纵观整个交易过程，不存在伟富公司介绍的投融资人，伟富公司也没有做任何与引进投融资人相关的工作，未履行《咨询中介协议》所约定的义务；"债务重组"相关服务与"引进投融资人"相关服务是不同的服务范围，虽然陆继林向海成公司引荐了磐石公司的法定代表人王力群，但磐石公司属于为海成公司债务重组提供服务的服务者，不能基于此认为陆继林完成了《咨询中介协议》所约定的义务，且债务重组阶段，伟富公司或陆继林没有提供过任何服务。2. 提供"服务"的是陆继林个人，而非伟富公司，无证据证明陆继林是伟富公司员工。3. 在案涉《咨询中介协议》签订时，相关债务重组方案已接近成熟，黄建荣与伟富公司签订该《咨询中介协议》不是为了付款而签订，是为了帮助陆继林报销个人费用，该协议本身是不可能履行的。4. 伟富公司在原审时列举了一系列所谓的"各项工作"，并提交了成本开销清单，但该等证据绝大多数与本案无关，部分事实为陆继林虚构。（二）原审判决海成公司承担连带责任错误。连带责任系一种重大的责任承担形式，应由法律明确规定或当事人明确约定而形成，不能通过法院的自由裁量权任意认定。本案中，签订案涉《咨询中介协议》的当事人仅为黄建荣与伟富公司两方，且该协议也系黄建荣以个人名义签署，并不代表海成公司，故案涉《咨询中介协议》与海成公司无关。双方在该协议之外，也不存在任何让海成公司承担连带责任的意思表示。在无合同约定，也无法律规定的情况下，原审判决依据公平原则判令海成公司承担连带责任错误。

伟富公司辩称：（一）伟富公司已履行案涉《咨询中介协议》约定的义务，有权获取服务报酬。1. 投融资是广义的概念，债务重组包含在投融资范围之中。伟富公司在案涉项目服务过程中，投入了大量的人力、物力和精力，前期开展了大量的推介、走访、调研、洽谈、协调、筛选方案等工作，最终选定了磐石公司的债务重组方案。而后当中国证券监督管理委员会（简称证监会）未批准海成公司债务重组方案时，伟富公司又利用自身广泛资源出面协调推动该项目实施。黄建荣、海成公司从未否认伟富公司在案涉项目服务过程中所起到的重要作用。2. 2012年11月底，在以债务重组方式解决黄建荣及海成公司14亿元巨额债务的方案已确定的情况下，黄建荣、海成公司与伟富公司和磐石公司分别签订案涉《咨询中介协议》和《财务顾问协议》，可以证明黄建荣、海成公司对伟富公司工作的充分认可。3. 黄建荣、海成公司主张案涉《咨询中介协议》是为陆继林报销费用所签，与事实不符。黄建荣、海成公司在原审中从未提出该主张；磐石公司法定代表人王力群关于"2012年11月26日，黄建荣、陆继林都在我办公室，陆继林为了报销，黄建荣帮忙签了一份与香港（伟富）公司的协议"的陈述，与磐石公司原审中关于"我们不知道原告与黄建荣之间有一份协议"的表述相矛盾，系虚假陈述。（二）海成公司应当依法承担连带责任。1. 案涉《咨询中介协议》的序言中载明"就甲方塔中矿业投融资项目"，而黄建荣未直接持有塔中矿业的股份，故该协议的甲方应指向海成公司。2. 黄建荣作为海成公司的法定代表人和实际控制人，持有海成公司20%的股权，伟富公司基于表见代理，相信黄建荣有权直接代表海成公司对外签订协议。3. 海成公司副总张杰元代表海成公司与伟富公司积极沟通、海成公司接受伟富公司服务等情况表明海成公司系案涉《咨询中介协议》的实际签约方，海成公司未在协议上盖章的瑕疵已因实际履行而得到弥补。4. 海成公司作为案涉《咨询中介协议》的实际受益人，应当承担相应的法律义务，否则将导致权利和义务不对等，违背诚实信用原则。

磐石公司述称：案涉项目的债务重组主要由磐石公司负责，伟富公司和陆继林并未参与其中，伟富公司和陆继林从未参加过债务重组会议，也没有提供任何直接证据证明其为债务重组提供了服务；伟富公司在一审庭审后提交的《伟富公司承担黄建荣及海成公司塔中矿业债转股项目（包括磐石公司）投融资咨询服务直接成本初略统计表》中有关磐石公司和磐石公司法定代表人王力群的内容不属实。

伟富公司一审诉讼请求：1. 判令黄建荣向伟富公司支付咨询中介服务费用28989871.02元；2. 判令海成公司连带承担支付伟富公司上述费用；3. 本案诉讼费由黄建荣、海成公司共同承担。

一审法院认定事实：黄建荣、黄瑛系海成公司股东；海成公司系新疆塔城国际资源有限公司（简称新疆塔城公司）股东；新疆塔城公司持有塔中矿业有限公司（简称塔中矿业公司）的股权，且系西藏珠峰工业股份有限公司（简称西藏珠峰公司）、中国环球新技术进出口有限公司（简称中环技公司）股东；黄建荣系海成公司、新疆塔城公司、西藏珠峰公司、中环技公司的法定代表人。陆继林系伟富公司员工。

2011年10月14日，案外人东方国际集团上海市对外贸易有限公司（简称东方外贸公司）以海成公司、新疆塔城公司、黄建荣、黄瑛、中环技公司、塔中矿业公司、中环技（香港）有限公司为被告，诉至上海市高级人民法院，请求判令海成公司支付1205062762.39元的货款、代理费及延期履行赔偿金，判令东方外贸公司有权处分新疆塔城公司持有的塔中矿业公司92%股权并在12亿元内优先受偿，黄建荣、黄瑛、中环技（香港）有限公司、新疆塔城公司、中环技公司、塔中矿业公司在一定范围内承担连带赔偿责任。上海市高级人民法院根据东方外贸公司的申请出具了民事裁定书，对该案的被告采取了财产保全措施。

2012年年初，黄建荣找到东方外贸公司原总经理刘建伟，商量解决上述欠款事宜，刘建伟向黄建荣推荐了陆继林。

2012年7月31日，伟富公司与上海东浩国际商务有限公司（简称东浩公司）签订《合作协议书》，约定：鉴于以黄建荣为实际控制人的海成公司因东方外贸公司所提起的民事诉讼及相关保全行为陷入债务危机，为求解决巨额债务，伟富公司与黄建荣、海成公司就塔中矿业公司引进战略投资者项目的咨询中介工作已达成口头协议，伟富公司为黄建荣及海成公司提供该投融资项目的咨询中介服务，故伟富公司拟与东浩公司就该咨询中介项目展开合作，由东浩公司作为该项目的协助方，全程参与到伟富公司为黄建荣等提供咨询中介的工作中；东浩公司的权利义务主要包括组织并筹办与该项目有关的会务，安排会务日程和地点，与该项目有关的商务考察工作，与该项目有关的联络工作及咨询中介协议的书面签订工作等。

2012年8月，东浩公司员工李静安排了招商洽谈，伟富公司陆继林、新兴际华集团、鹏欣集团、郭氏集团、高登集团、绿地集团、磐石公司的相关人员参与。黄建荣、海成公司对各方的融资方案进行了讨论和筛选。

2012年8月10日，西藏珠峰公司董事会秘书孙华向陆继林、李静发送邮件二封，主题为"塔中矿业公司引进战略投资者合作方案"及"吉尔吉斯矿山项目报告书"。10月10日，孙华向陆继林、李静发送两封邮件，内容为"陆总，按董事长要求，将以下资料发给您"，邮件主题为"西藏珠峰重组方案分析说明（一）""西藏珠峰重组方案分析说明（二）"，附件为"西藏珠峰重组方案分析说明、非公开发行股票预案（摘要）、重大资产重组预案（摘要）"。11月20日，李静向孙华发出邮件一封，内容为"黄董和陆总商讨后，以下考察组人员将于12月10日-15日左右赴塔吉克斯坦塔中矿业公司现场考察：陆继林、WEI GORDON MINQUAN、李静，随函附上三人护照扫描件，烦请协助至塔国签证邀请事宜"。嗣后，孙华回复："收到，我会安排。"11月21日，海成公司张杰元向李静发送邮件一封，附件为"调解协议（修改版11.19）"。

2012年11月26日，黄建荣（甲方）与伟富公司（乙方）签订《咨询中介协议》，约定：甲乙双方就甲方塔中矿业公司股权投融资项目经友好协商，由甲方委托乙方承担该项目的咨询中介工作；甲方的权利义务——提供项目的有关资料、谈判过程中拥有项目的最终裁定权、根据协议规定按时支付乙方费用；乙方的权利义务——推荐本项目投融资人、接待并组织投融资人进行现场考察、与投融资人沟通、按协议收取费用；咨询中介费为投融资额的百分之二，在投融资完成（以融资到位日为准）后五个工作日内，甲方应完成向乙方的支付；与本合同有关的一切税费由双方各自承担。

2012年11月，新疆塔城公司、磐石公司、海成公司、黄建荣签订《财务顾问框架协议》《财务顾问补充协议》各一份。《财务顾问框架协议》主要内容为：新疆塔城公司委托磐石公司在本协议规定的条款和条件下，作为新疆塔城公司、海成公司、黄建荣与东方外贸公司之间确认债务额为12亿元的债务重组方案的财务顾问，为本次债务重组提供本协议项下的服务；新疆塔城公司完成债务重组后，磐石公司为新疆塔城公司长期独家财务顾问，如新疆塔城公司聘用任何第三方完成了未来任何轮次的本协议涵盖的磐石公司工作，新疆塔城公司仍按本协议约定的方式向磐石公司全额支付相应的顾问费用；磐石公司为新疆塔城公司提供的债务重组财务顾问费用为80万元以及为财务顾问所支出的差旅费和住宿费。《财务顾问补充协议》约定：各方同意，在新疆塔城公司IPO上市或新疆塔城公司主要资产借壳重组上市后，且在新疆塔城公司持有或间接持有的上市公司股权解禁期到期日前10日，磐石公司应退还已经向新疆塔城公司收取的80万元财务顾问费，在退还费用后15日内，新疆塔城公司或其指定的第三方应向磐石公司支付IPO上市公司或借壳重组上市注入资产部分所对应的1%股份；就上述1%股份的支付方式届时可另行协商，但无论如何磐石公司获得的该股份将不再支付对价。

2012年12月13日，东方外贸公司与海成公司、新疆塔城公司、黄建荣、黄瑛、中环技公司、塔中矿业公司共同签订编号为SHWMHC20121213的《调解协议》，约定：各方共同确认截至2012年6月30日，海成公司欠付东方外贸公司债务本金12亿元及利息2亿元，2012年6月30日以后以14亿元为计息本金，按同期银行贷款利率计算利息直至实际清偿之日止；新疆塔城公司、黄建荣、黄瑛共同对上述债务承担连带责任，黄建荣、黄瑛提供其所有的房产进行抵押担保。还款方式为：法院根据调解协议出具调解书，且调解书生效后两个工作日内，由新疆塔城公司向东方外贸公司转让其持有的西部矿业股份有限公司的股票中已质押给东方外贸公司的4635万股股票（含孳息），并按实际转让之日的前二十个交易日的加权平均价计算并扣除转让所需税费后进行抵债，用以清偿债务；剩余的债务由东方外贸公司通过受让新疆塔城公司持有的塔中矿业公司部分股权进行部分抵债，抵债后各方同意将塔中矿业公司股权整体注入西藏珠峰公司进行资产重组并最终结算。有关塔中矿业公司股权部分的具体处理方式为对塔中矿业公司进行评估、审计并完成尽职调查；评估、审计、尽职调查完成之日起30日内，新疆塔城公司将向东方外贸公司转让其持有的塔中矿业公司46%的抵债股权，由新疆塔城公司按照注册资本金（3000万美元）的46%计1380万美元（按汇率6.24计算，折合人民币8611.20万元）转让，该款项完成股权变更登记同日在计息本金中予以扣除；股权转让完成后，各方同意将塔中矿业公司股权整体注入西藏珠峰公司，实现西藏珠峰公司资产重组；若2014年6月1日前重组方案已获得证监会批准且东方外贸公司通过西藏珠峰公司重组实际获得46%塔中矿业公司股权所对应的西藏珠峰公司股票的，禁售期届满后东方外贸公司有权按其认为适当的价格抛售其持有的西藏珠峰公司的股票，若抛售所得款项，在扣除1380万美元（折合人民币8611.20万元）及东方外贸公司因受让以及出让塔中矿业公司股权等所产生的一切税费后，超出剩余部分的资产由东方外贸公司以同样的资产形式退予新疆塔城公司。2013年1月22日，上述各方又签订《调解协议之补充协议》，对《调解协议》作了进一步的明确和补充。

2013年1月25日，上海市高级人民法院基于上述《调解协议》及《调解协议之补充协议》，出具（2011）沪高民二（商）初字第S5号民事调解书，内容与《调解协议》基本一致，另约定了东方外贸公司可申请法院强制执行的情形等内容。

2013年5月6日，海成公司张杰元向李静发送邮件三封，附件为"西藏珠峰重大资产重组情况说明""民事调解书""调解协议、调解协议之补充协议"。5月14日，海成公司张杰元向李静转发了由磐石公司投资部黄竞彦发送给张杰元的邮件一封，附件为"财务顾问协议（按年）""财务顾问协议补充协议（新）"。8月2日，李静将案涉《咨询中介协议》通过邮件发给了磐石公司的黄竞彦。

2015年8月27日，西藏珠峰公司做出《关于公司非公开发行股票结果暨股本变动公告》，公告披露：西藏珠峰公司以发行股份的方式向新疆塔城公司、东方外贸公司、中环技公司购买其合计持有的塔中矿业公司100%股权，此次西藏珠峰公司发行股票总数量为494673930股，每股计价6.73元，其中向东方外贸公司共计发行227550008股，计1449493550.96元。

2015年9月，新疆塔城公司、磐石公司、海成公司、黄建荣签订《财务顾问补充协议二》，约定：根据框架协议及补充协议的约定，新疆塔城公司支付给磐石公司的顾问费用为西藏珠峰公司494.6739万股股份，自该协议签订之日起股份所有权应转移给磐石公司，并依法办理相应过户手续。

2015年10月29日、11月16日，伟富公司陆继林与黄建荣两次对话，对话记录主要反映伟富公司陆继林向黄建荣询问有关磐石公司、伟富公司、海成公司之间就收取咨询费事宜的协议及比例。黄建荣的主要意见为伟富公司的费用从磐石公司自海成公司方支付的费用中获得,比例应不少于30%,但最终未达成三方协议。此后,伟富公司亦多次就收费事宜向黄建荣发送短信。

2016年3月23日,新疆塔城公司、磐石公司、海成公司、黄建荣签订《财务顾问补充协议三》,约定:各方确认,新疆塔城公司支付给磐石公司的财务顾问费用为西藏珠峰公司494.6739万股股份;自本协议签订之日起五日内,新疆塔城公司向磐石公司支付2000万元,支付完成后视为新疆塔城公司完成向磐石公司支付250万股股票;磐石公司将由其关联公司就本协议约定之款项,继续向新疆塔城公司提供财务顾问咨询服务,相关各方将另行签订协议;海成公司和黄建荣作为西藏珠峰公司的实际控制人,就本协议约定的新疆塔城公司给付义务承担连带责任。

2016年6月24日,东方外贸公司向上海市高级人民法院申请执行。同年7月7日,根据上海市高级人民法院执行裁定书,东方外贸公司所持227550008股西藏珠峰公司限售流通股完成划转手续,前述民事调解书项下债权实现清偿。

2016年7月12日,西藏珠峰公司做出《关于回复上海证券交易所问询函的公告》,公告对于"与东方外贸公司债务纠纷的发生、东方外贸公司成为塔中矿业公司股东、东方外贸公司成为西藏珠峰公司股东、本次代偿债务的执行裁定经过"进行了补充说明。其中有关"本次代偿债务的执行裁定经过"部分载明:法院受理东方外贸公司申请后,新疆塔城公司作为被执行人提出引入第三人的清偿债务方案。依据《调解协议》第二条第二款的约定,被执行人请第三人九州证券股份有限公司(简称九州证券)、上海歌石祥金投资合伙企业(有限合伙)(简称歌石祥金)和自然人刘美宝按照分配方案代为偿还债务,由上述第三人根据分配方案直接连本带息支付现金给东方外贸公司,东方外贸公司将持有的西藏珠峰公司限售股票227550008股依据分配方案交付第三人215330000股,剩余的12220008股由东方外贸公司退还新疆塔城公司。第三人均致函法院,明示同意代被执行人向东方外贸公司偿还债务,接受被执行人提出的偿债方案,东方外贸公司对此表示接受。据此,上海市高级人民法院作出了(2016)沪执9号执行裁定书:第三人九州证券、歌石祥金、刘美宝各自分别向东方外贸公司支付51268万元、61530万元、17230万元,东方外贸公司将持有的西藏珠峰公司的"西藏珠峰"(代码600338)限售股股票227550008股退还被执行人。其中,8333万股归第三人九州证券所有,1亿股归第三人歌石祥金所有,3200万股归第三人刘美宝所有,12220008股退还新疆塔城公司。截至2016年7月7日,上述代为偿债资金已完成支付,对应限售流通股股票也已扣划至各相关人的证券账户。

一审审理中,伟富公司提供客户满意度调查表复印件一份,其上载明:公司名称"磐石公司"、客户名称"海成公司、黄建荣董事长"、项目名称"海成公司及其法定代表人与东方外贸之间债务重组、各种相关法律、财务以及税务的咨询、国资委政策的咨询与沟通、项目融资与兼并收购等独家财务顾问"、项目来源"伟富公司介绍",客户满意度"很满意",海成公司在该表上盖章。

一审法院判决:一、黄建荣于判决生效之日起十日内向伟富公司支付服务费28989871.02元;二、海成公司对黄建荣上述第一项付款义务承担连带责任。案件受理费

186749.36 元，由黄建荣、海成公司共同负担。

黄建荣和海成公司不服一审判决，提起上诉。黄建荣和海成公司上诉请求：撤销一审判决，将本案发回重审或依法改判驳回伟富公司全部诉讼请求。

二审法院对一审法院查明的事实予以确认。

二审审理中，伟富公司向二审法院提交书面材料一份，表示为尽快了结纠纷，愿意主动调低一审诉讼请求，仅要求黄建荣、海成公司支付服务费 1490 万元。

二审法院认为：关于本案的法律适用，伟富公司系设立于香港特别行政区的公司法人，本案系涉港案件。因案涉《咨询中介协议》的履行在内地，各方当事人在本案一审中一致选择适用中华人民共和国内地法律，故本案适用中华人民共和国内地法律。

二审的争议焦点为：一、《咨询中介协议》的法律效力；二、伟富公司是否有权主张服务报酬；三、海成公司是否应当承担连带付款责任。

第一，关于《咨询中介协议》法律效力。案涉《咨询中介协议》是当事人的真实意思表示，合法有效。伟富公司虽为香港公司，但本案所涉投融资居间介绍及咨询事宜不属禁止或限制准入范围，故未在内地登记经营不足以构成《咨询中介协议》无效。

第二，关于伟富公司是否有权主张服务报酬的问题。各方核心争议在于《咨询中介协议》约定的"塔中矿业公司股权投融资项目"是否包含资产重组方式，还是仅指引入外部资金。二审法院认为，《咨询中介协议》关于"投融资项目"的约定并不清晰，应结合案涉协议签订背景、履行情况等方面予以综合判定。首先，从《咨询中介协议》的签订背景来看，因黄建荣、海成公司等关联公司陷入巨额债务危机，黄建荣为解决债务纠纷，委托伟富公司开展相关融资咨询服务。因此《咨询中介协议》的签订目的在于解决债务纠纷，对采取何种方式解决债务危机并没有限定，而投融资包括多种方式，现黄建荣主张《咨询中介协议》中约定的投融资项目仅指引入外部资金，不包括内部资产重组方式，缺乏有效证据予以支持。其次，从履行情况来看，伟富公司在《咨询中介协议》签订前，已委托东浩公司开展一系列招商洽谈等工作，在此过程中，伟富公司向黄建荣、海成公司推荐了磐石公司董事长王力群。结合各方往来邮件，海成公司向东浩公司李静发送了相关资产重组方案、调解协议以及与磐石公司之间签订的财务顾问协议。虽然，伟富公司和东浩公司并未直接参与草拟重组方案，但伟富公司的服务工作对促进重组计划、解决债务危机起到了重要作用。再次，从各方事后协商的录音情况来看，黄建荣从未以伟富公司未完成外部资金引入为由否认伟富公司可获得收益，且黄建荣还表示伟富公司收取的报酬应不少于磐石公司所获报酬的 30%。虽然，黄建荣认为上述报酬应当由磐石公司支付，但各方对此并无明确约定。基于伟富公司开展案涉融资咨询服务，系接受黄建荣委托，黄建荣亦由此最终解决了债务危机，故伟富公司有权依据《咨询中介协议》要求黄建荣支付相应的服务报酬。二审审理过程中，伟富公司自愿调整诉讼请求，仅要求黄建荣、海成公司支付 1490 万元服务费，结合伟富公司的履约情况及对整个债务纠纷解决的贡献，上述报酬金额尚属合理，二审法院予以支持。

第三，关于海成公司是否应当承担连带付款责任。海成公司虽非《咨询中介协议》的签约当事人，但其系东方外贸公司相关债务纠纷案件的主债务人，是案涉资产重组方案的实际获益人。黄建荣作为海成公司的法定代表人，委托伟富公司提供案涉融资服务，实际是为海成公司的利益而实施的行为，故伟富公司要求海成公司对黄建荣在本案中的付款义务承担连带责任，应予支持。

二审法院判决：一、维持上海市第二中级人民法院（2018）沪02民初1164号民事判决第二项；二、变更上海市第二中级人民法院（2018）沪02民初1164号民事判决第一项为黄建荣应于判决生效之日起十日内向伟富公司支付服务费1490万元。一审案件受理费186749.36元，由黄建荣、海成公司共同负担93374.68元，由伟富公司负担93374.68元；二审案件受理费186749.36元，由黄建荣、海成公司共同负担93374.68元，由伟富公司负担93374.68元。

再审审理期间，当事人围绕再审请求提交了新证据，本院依法组织各方进行了质证。

黄建荣、海成公司新提交三组证据。第一组证据：王力群出具的《关于伟富公司与黄建荣案件的事实情况说明》一份。证明目的为：陆继林只有找到合适的投资者接盘债务，黄建荣才会支付2%报酬；在债务重组过程中，陆继林未提供任何服务；黄建荣与陆继林签订案涉《咨询中介协议》是为报销所需；伟富公司前期提交的费用支出凭证与本项目无关。第二组证据：证人华伟的证言、金珏园餐厅发票复印件一张。证明目的为：伟富公司向原审法院提供支出凭证表存在虚假信息，华伟从未代黄建荣收取红酒；2012年8月12日，于上海金苑会所的餐叙会费用开销由黄建荣一方承担。第三组证据：唐韵与黄建荣、王力群往来短信打印件6张。证明目的为：陆继林主张的款项是基于介绍王力群提供服务后按照商业惯例获取的好处费，并非《咨询中介协议》约定的2%的报酬，其从未向黄建荣主张过协议报酬，均是向王力群主张。

伟富公司的质证意见为：对王力群出具的《关于伟富公司与黄建荣案件的事实情况说明》的真实性、合法性不予认可，认为王力群作为第三人磐石公司法定代表人，依法不能作为证人；对证人华伟的证言真实性予以认可，关联性、合法性不予认可，认为证人华伟是西藏珠峰公司的部门经理，与黄建荣系利害关系人，其所作证言也与本案没有关联性；对金珏园餐厅发票的真实性、关联性、合法性不予认可，该发票不是原件，且所证明内容与本案无关；对唐韵与黄建荣、王力群往来短信打印件的真实性不予认可，认为该短信内容不完整且未经公证。

磐石公司未发表质证意见。

鉴于伟富公司对黄建荣、海成公司提交的证人华伟的证言真实性无异议，本院对该证据的真实性予以确认。对该证据的证明力，结合案件事实及其他证据予以认定。王力群作为一审第三人磐石公司法定代表人参加了再审庭审，并就相关问题接受了询问，作了陈述，故对黄建荣、海成公司提交的王力群出具的《关于伟富公司与黄建荣案件的事实情况说明》，本院不予采信。黄建荣、海成公司提交的金珏园餐厅发票复印件、唐韵与黄建荣、王力群往来短信打印件，因不是原件且伟富公司对上述证据的真实性不予认可，故本院亦不予采信。

对原审查明的事实，除"陆继林系伟富公司员工"外，本院予以确认。

本院认为：本案是民法典施行前的法律事实引起的民事纠纷案件，依据《最高人民法院关于适用〈中华人民共和国民法典〉时间效力的若干规定》第一条第二款规定，应当适用当时的法律、司法解释的规定。根据《最高人民法院关于适用〈中华人民共和国民事诉讼法〉的解释》第四百零三条的规定，人民法院审理再审案件应当围绕再审请求进行。根据各方当事人的诉辩意见，本案再审争议焦点为：1. 原审判决判令黄建荣向伟富公司支付服务报酬是否适当；2. 原审判决判令海成公司对黄建荣向伟富公司支付服务报酬义务承担连带责任是否适当。

（一）关于原审判决判令黄建荣向伟富公司支付服务报酬是否适当的问题。本案中，伟富公司在签订案涉《咨询中介协议》之前，已委托东浩公司开展了一系列招商洽谈等工作，并向黄建荣推荐了磐石公司董事长王力群。2012年11月26日，黄建荣与伟富公司签订了案涉《咨询中介协议》，并约定了咨询中介费的支付标准和支付时间，而磐石公司与新疆塔城公司、海成公司、黄建荣系于2012年11月签订《财务顾问框架协议》及补充协议，之后，东方外贸公司与海成公司、黄建荣、塔中矿业公司等于2012年12月13日签订以资产重组方式解决海成公司14亿元巨额债务的《调解协议》。原审法院据此认为，如此规模和复杂程度的资产重组方案，2012年11月26日时应已接近完成，如该重组方案与伟富公司提供的"投融资"服务无关，则黄建荣此时再与伟富公司签订案涉《咨询中介协议》显然不符合商业逻辑，并无不当。黄建荣作为一名理性的商人，应当预见到签订案涉《咨询中介协议》的后果，从其与伟富公司签订协议的时机分析，可以推定黄建荣对伟富公司工作予以认可并愿意支付相应的中介服务费，2015年10月29日、11月16日陆继林与黄建荣两次对话内容也证实了这一点。综上，原审判决综合考虑伟富公司已经提供了一定的中介服务，在资产重组方案近乎完成的情况下黄建荣愿意与伟富公司签订案涉《咨询中介协议》等情况，认定伟富公司有权依据案涉《咨询中介协议》要求黄建荣支付相应的1490万元服务报酬，并无不妥。

黄建荣主张案涉《咨询中介协议》约定的"投融资"服务仅指"引进投融资人"，并不包含内部资产重组，但从案涉《咨询中介协议》的签订背景看，黄建荣与伟富公司签订《咨询中介协议》的目的是解决其本人及海成公司等关联公司的巨额债务纠纷，而《咨询中介协议》所约定的"投融资"服务本身即包括多种方式，在黄建荣、海成公司与磐石公司另行签有《财务顾问框架协议》《财务顾问补充协议》等协议的情况下，为避免伟富公司和磐石公司的服务内容出现重叠或冲突，黄建荣、海成公司理应在相关协议中就上述两家公司的服务内容作出明确划分，但本案中并无任何证据证明该情况。黄建荣主张债务重组主要由磐石公司牵头完成，伟富公司、陆继林没有参加任何一次债务重组会议，没有提供任何书面融资方案，但根据案涉《咨询中介协议》的约定，"参与债重组会议、制定融资方案"不是伟富公司必须履行的义务，不能因此而否定伟富公司在重组前期所做的工作。黄建荣主张陆继林不是伟富公司的员工，但其自愿以陆继林提供前期服务为基础与伟富公司签订案涉《咨询中介协议》，足以证明黄建荣认可陆继林提供的前期服务由伟富公司予以承继，故陆继林是否为伟富公司员工不影响伟富公司依据《咨询中介协议》向黄建荣主张权利。黄建荣、海成公司提出案涉《咨询中介协议》的签订目的仅是为了帮助陆继林报销个人费用，但其在一、二审中并未提出该主张，且无相应证据证明，故本院不予支持。黄建荣、海成公司提交的证人华伟的证言、餐饮费发票及相关短信聊天记录等不足以推翻原审认定的事实。综上，黄建荣关于原审判决认定黄建荣向伟富公司支付服务费的条件已成就错误的主张，不能成立。

（二）关于原审判决判令海成公司对黄建荣向伟富公司支付服务报酬义务承担连带责任

是否适当问题。连带责任是一种法定责任,由法律规定或者当事人约定产生。由于连带责任对责任人苛以较为严格的共同责任,使得责任人处于较为不利地位,因此对连带责任的适用应当遵循严格的法定原则,即不能通过自由裁量权行使的方式任意将多人责任关系认定为连带责任,而必须具有明确的法律规定或合同约定,才能适用连带责任。本案中,首先,原审判决判令海成公司对黄建荣向伟富公司支付服务报酬义务承担连带责任并无明确法律依据。其次,案涉《咨询中介协议》系黄建荣以其个人名义签署,海成公司并非该协议的签约当事人,伟富公司也无充分证据证明黄建荣与其签订上述协议的行为系代表海成公司而实施或海成公司在该协议之外与其达成过为黄建荣的案涉债务承担付款责任的补充约定。虽然海成公司客观上从案涉资产重组方案中获得了利益,但是根据合同相对性原则,海成公司不是合同相对人,不应承担该合同责任。因此,原审判决判令海成公司承担连带责任也缺乏当事人约定依据。最后,原审判决不应直接适用公平原则,行使自由裁量权判令海成公司对黄建荣向伟富公司支付服务报酬义务承担连带责任。民事审判中,只有在法律没有具体规定的情况下,为了实现个案正义,法院才可以适用法律的基本原则和基本精神进行裁判。通常情况下,法院不能直接将"公平原则"这一法律基本原则作为裁判规则,否则就构成向一般条款逃逸,违背法律适用的基本规则。本案原审判决以公平原则认定非合同当事人的实际受益人海成公司对黄建荣的付款义务承担连带责任,既缺乏当事人的意思自治,又无视当事人在民商事活动中的预期,还容易开启自由裁量的滥用。综上,在既无法律规定也无合同约定的情况下,原审判决仅以黄建荣系海成公司的法定代表人,其委托伟富公司提供案涉融资服务实际系为海成公司的利益而实施为由,判令海成公司对黄建荣支付服务报酬义务承担连带责任,确属不当,本院予以纠正。

综上所述,黄建荣、海成公司的再审请求部分成立,本院予以支持。依照《中华人民共和国民事诉讼法》第二百一十四条第一款、第一百七十七条第一款第二项规定,判决如下:

一、撤销上海市高级人民法院(2020)沪民终308号民事判决、上海市第二中级人民法院(2018)沪02民初1164号民事判决;

二、黄建荣于本判决发生法律效力之日起十日内向伟富国际有限公司支付服务费1490万元;

三、驳回伟富国际有限公司的其他诉讼请求。

一审案件受理费186749.36元,由黄建荣负担93374.68元,由伟富国际有限公司负担93374.68元;二审案件受理费186749.36元,由黄建荣负担93374.68元,由伟富国际有限公司负担93374.68元。

本判决为终审判决。

审　判　长　汪　军
审　判　员　李晓云
审　判　员　金　悦

二〇二二年十月十四日

法官助理　施文烨
书　记　员　盛家璐

# 芜湖华融兴商投资合伙企业（有限合伙）与黄山市黄山区名人国际艺术家庄园置业有限公司等借款合同纠纷案

【裁判要旨】

合伙企业是否就经营中发生争议提起诉讼，属于合伙企业较为重大的经营事项，不能简单归于经营活动中的日常事务。如合伙协议对该事项未约定明确的表决方式，合伙企业的执行事务合伙人就该事项产生争议时，其决议适用资本多数决进行表决不利于保护中小投资者利益，亦不能体现合伙企业的人合性质，应根据《中华人民共和国合伙企业法》第三十条的规定，实行合伙人一人一票并经全体合伙人过半数通过的表决办法。

## 最高人民法院民事裁定书

（2022）最高法民终 145 号

上诉人（一审原告）：芜湖华融兴商投资合伙企业（有限合伙）。主要经营场所：安徽省芜湖市镜湖区观澜路 1 号滨江商务楼 17 层 17170 室。

执行事务合伙人：华融新兴产业投资管理有限公司（原华融新兴产业投资管理股份有限公司）。住所地：北京市顺义区顺通路 25 号 5 幢 228 室。

委托诉讼代理人：田大鹏，北京德和衡律师事务所律师。

委托诉讼代理人：全婧，北京德和衡律师事务所实习律师。

被上诉人（一审被告）：黄山市黄山区名人国际艺术家庄园置业有限公司。住所地：安徽省黄山市黄山区太平湖镇塔岭。

诉讼代表人：安徽中皖律师事务所，黄山市黄山区名人国际艺术家庄园置业有限公司管理人。

委托诉讼代理人：汪涛，安徽中皖律师事务所律师。

被上诉人（一审被告）：南京市龙昌房地产开发集团有限公司。住所地：江苏省南京市鼓楼区山西路 24 号金山大厦 B 楼 21 层 C1 座。

法定代表人：祝金龙，该公司董事长。

被上诉人（一审被告）：祝金龙，男，1953 年 1 月 13 日出生，汉族，住江苏省南京市鼓楼区。

被上诉人（一审被告）：张建和，女，1959 年 6 月 28 日出生，汉族，住江苏省南京市白下区。

被上诉人（一审被告）：中国中石金融集团有限公司（China Gem Financial Group Limited）。住所地：香港特别行政区中环夏慤道 12 号美国银行中心 26 楼 2606C 室（FLAT/RM2606C26/F, BANK OF AMERICA TOWER, 12HARCOURT ROAD, CENTRAL, HONG KONG）。

诉讼代表人：刘杰山，该公司董事。

被上诉人（一审被告）：刘杰山，男，1973 年 10 月 30 日出生，香港特别行政区居民。

一审第三人：华融新兴产业投资管理有限公司（原华融新兴产业投资管理股份有限公司）。住所地：北京市顺义区顺通路 25 号 5 幢 228 室。

法定代表人：周立，该公司董事长。

一审第三人：芜湖华融兴融投资合伙企业（有限合伙）。主要经营场所：安徽省芜湖市镜湖区观澜路 1 号滨江商务楼 17 层 17167 室。

执行事务合伙人：华融新兴产业投资管理有限公司（原华融新兴产业投资管理股份有限公司）。住所地：北京市顺义区顺通路 25 号 5 幢 228 室。

一审第三人：中石企业发展（江苏）有限公司。住所地：江苏省镇江市丹徒区世业镇世政路 3 号卫技站 2 楼。

法定代表人：方忆涛，该公司执行董事。

委托诉讼代理人：方丽晴，北京市百瑞律师事务所律师。

一审第三人：亲来投资产管理（上海）有限公司。住所地：中国（上海）自由贸易试验区日京路 35 号 4 层 4141 室。

法定代表人：杨槐君，该公司执行董事。

上诉人芜湖华融兴商投资合伙企业（有限合伙）（以下简称华融兴商）因与被上诉人黄山市黄山区名人国际艺术家庄园置业有限公司（以下简称黄山名人庄园）、南京市龙昌房地产开发集团有限公司（以下简称南京龙昌公司）、祝金龙、张建和、中国中石金融集团有限公司（以下简称中石金融公司）、刘杰山以及一审第三人华融新兴产业投资管理有限公司（原华融新兴产业投资管理股份有限公司）（以下简称华融新兴公司）、芜湖华融兴融投资合伙企业（有限合伙）（以下简称华融兴融）、中石企业发展（江苏）有限公司（以下简称中石江苏公司）、亲来投资产管理（上海）有限公司（以下简称亲来投公司）借款合同纠纷一案，不服北京市高级人民法院（2018）京民初 126 号之三民事裁定，向本院提起上诉。本院受理后，依法组成合议庭审理了本案。本案现已审理终结。

华融兴商向一审法院提出诉讼请求：1. 判决黄山名人庄园向华融兴商支付借款本金人民币 57155 万元；2. 判决黄山名人庄园向华融兴商支付违约金人民币 13717.2 万元；3. 判决南京龙昌公司、祝金龙、张建和、中石金融公司、刘杰山对上述第一项、第二项诉讼请求项下的债务承担连带保证责任；4. 对上述第一项、第二项诉讼请求，华融兴商对黄山名人庄园已办理抵押登记的不动产享有优先受偿的权利；5. 本案诉讼费用、保全费、保全担保费用、评估费、相关人员差旅费、律师费及其他华融兴商实现债权的合理费用由黄山名人庄园、南京龙昌公司、祝金龙、张建和、中石金融公司、刘杰山共同承担。

本案审理过程中，亲来投公司于 2019 年 3 月 13 日向一审法院提交了《异议申请》，认为华融新兴公司无权单方以华融兴商的名义提起本案诉讼。

2019 年 7 月 5 日，亲来投公司、中石江苏公司分别向一审法院提交了内容基本一致的

《申请书》，申请事项为：1. 请求作为第三人参加本案诉讼；2. 请求解除华融新兴公司合伙人的执行事务管理权；3. 请求对华融兴商进行解散清算；4. 请求裁定驳回华融兴商的起诉。

一审法院查明，根据华融兴商工商登记信息显示，华融兴商成立于2017年3月27日，企业类型为有限合伙企业。2017年12月25日，普通合伙人华融新兴公司、普通合伙人亲来投公司、优先级有限合伙人华融兴融及劣后级有限合伙人中石江苏公司共同签订了《芜湖华融兴商投资合伙企业（有限合伙）之合伙协议》（编号：华融新兴-2017-068-016）（以下简称《合伙协议》），其中约定：……第五条合伙人的权利义务5.1合伙人的基本权利如下：……（5）参加全体合伙人会议并依其实缴出资额行使表决权。第六条执行事务合伙人。6.1执行事务合伙人。6.1.1普通合伙人华融新兴公司、普通合伙人亲来投公司共同担任本有限合伙企业的执行事务合伙人，执行事务合伙人有权对合伙企业的财产进行投资、管理、运用和处置，并接受其他普通合伙人和有限合伙人的监督。6.1.2本有限合伙企业的合伙事务由执行事务合伙人执行，执行事务合伙人为执行合伙事务依照合伙企业法及本协议采取的全部行为，均对本有限合伙企业具有约束力。6.2执行事务合伙人应具备的条件和选择程序。6.2.2全体合伙人以签署本协议的方式一致选择普通合伙人华融新兴公司、普通合伙人亲来投公司共同担任本有限合伙企业的执行事务合伙人。6.3执行事务合伙人的权限。执行事务合伙人拥有合伙企业法规定及本协议约定的对于合伙企业事务的独占及排他的如下执行权利（包括但不限于）：……（18）为本有限合伙企业的利益提起诉讼、仲裁或应诉，与争议对方进行协商、和解并适时采取一切合理和必要的行动以保障本有限合伙企业的财产安全，减少因本有限合伙企业的业务活动而对合伙人及其财产可能带来的风险。8.3合伙人会议表决方式。合伙会议由全体合伙人按照其各自的实缴出资额比例行使表决权，本协议第8.4条约定的所有事项，必须经全体实缴出资的合伙人同意方可通过合伙人会议。8.4合伙人会议的职权。合伙人企业的下列事项应经过合伙人大会作出决议：（1）审议批准执行事务合伙人的年度报告；（2）修订或补充本协议；（3）审议批准普通合伙人转让其在有限合伙企业的财产份额（但普通合伙人向其关联人转让的除外）；（4）审议批准合伙人将其持有的有限合伙企业的财产份额对外质押；（5）审议批准对本合伙企业的任何印鉴进行注销、变更或其他类似操作；（6）审议批准现有合伙人增加对合伙企业的出资；（7）审议批准普通合伙人、执行事务合伙人的除名或变更；（8）审议批准普通合伙人与有限合伙人相互转变的事宜；（9）审议批准合伙人的入伙、退伙、合伙人资格继承事宜；（10）决定本合伙企业的解散及清算事宜；（11）审议批准以合伙企业名义为他人提供的担保、合伙企业的对外举债；（12）决定延长或缩短合伙企业经营期限或投资期限；（13）法律法规规定应当由合伙人会议决定的其他事项。

按照上述合伙协议的约定，华融兴商的两个执行事务合伙人华融新兴公司及亲来投公司均有权为合伙企业的利益提起诉讼。因本案审理期间，亲来投公司就华融新兴公司代表华融兴商提起本案诉讼的事项向一审法院提交了《异议申请》，其他合伙人中石江苏公司亦向一审法院提交了《申请书》，均表示不同意此事项，并提出华融兴商作为本案原告的诉讼主体资格不适格，且华融兴商的4个合伙人对此未能形成一致意见，故一审法院依照《中华人民共和国民事诉讼法》第五十六条之规定，通知华融兴商的4个合伙人华融新兴公司、亲来投公司、华融兴融及中石江苏公司作为本案第三人参加诉讼。在华融兴商的4个合伙人对华融新兴公司代表华融兴商提起本案诉讼的事项仍然一直未能形成一致意见的情况下，一审法院依照《中华人民共和国合伙企业法》（以下简称《合伙企业法》）相关规定，并根据上述合伙协议的约定，责令华融兴商召开全体合伙人会议就本案诉讼事项进行表决决定。2021年10月11日，华融兴商召开2021年第一次临时合伙人会议并作出了决议，主要内容为：依照合伙企业法、编号为"华融新兴-2017-068-016"的合伙协议及编号为"华融新兴-2017-068-017"的补充协议的有关规定，华融兴商合伙人于2021年10月11日上午10点在北京市西城区百万庄大街甲2号院北楼华融汇通资产管理有限公司518会议室召开临时合伙人会议。全体合伙人共有4个，普通合伙人华融新兴公司、普通合伙人亲来投公司、优先级有限合伙人华融兴融、劣后级有限合伙人中石江苏公司均到场参加了本次合伙人会议。到场合伙人认缴出资额占合伙企业全体合伙人认缴出资额的100%，到场合伙人实缴出资额占合伙企业全体合伙人实缴出资额的100%。本次合伙人会议的召开符合本合伙企业合伙协议及有关法律的要求。根据合伙协议第8.3条和第8.4条规定的表决机制，本次合伙人会议审议的事项经过了全体合伙人的表决，并获得了实缴出资额占全体合伙人实缴出资额71.43%比例的合伙人同意，为合法有效表决。经过表决，本次合伙人会议形成了如下决议：一、因借款人黄山名人庄园未按期偿还《委托贷款借款合同》（合同编号：华融新兴-2017-068-002）及《委托贷款借款合同补充协议》（合同编号：华融新兴-2017-068-003）项下5.7155亿元借款，相关保证人亦未承担连带保证责任，为维护合伙企业的合法权利，维护全体合伙人的合法利益，经决议，同意本合伙企业针对借款人黄山名人庄园及保证人南京龙昌公司、祝金龙、张建和、中石金融公司、刘杰山提起诉讼，通过诉讼对债务人及保证人进行债权清收。二、同意并授权执行事务合伙人华融新兴公司办理诉讼相关事宜。华融新兴公司、华融兴融在该决议上均加盖公章及其授权代表名章，亲来投公司、中石江苏公司均未签字盖章。华融兴商2021年第一次临时合伙人会议表决票显示：华融新兴公司、华融兴融均投了赞成票，亲来投公司、中石江苏公司均投了反对票。

后，华融兴商、华融兴融委托诉讼代理人向一审法院提交了相关法律意见书，称：针对本次合伙人会议审议的上述表决事项，实缴出资额占全体合伙人实缴出资额71.43%比例的合伙人华融新兴公司和华融兴融投了同意票，实缴出资额占全体合伙人实缴出资额28.57%比例的合伙人亲来投公司和中石江苏公司投了反对票。依照《合伙企业法》第三十条"合伙人对合伙企业有关事项作出决议，按照合伙协议约定的表决办法办理。合伙协议未约定或者约定不明确的，实行合伙人一人一票并经全体合伙人过半数通过的表决办法。本法对合伙企业的表决办法另有规定的，从其规定"之规定，只有当合伙协议针对合伙企业的决议事项没有约定或者约定不明的情况下，才实行合伙人一人一票且需要经过全体合伙人过半数通过的表决办法。鉴于案涉《合伙协议》第5.1条"合伙人的基本权利"第（5）项明确约定合伙人参加合伙人会议时依其实缴出资额行使表决权，第8.3条"合伙人会议表决方式"明确约定合伙人会议的表决方式为"由全体合伙人按照其各自实缴出资额比例来行使表决权"，第8.4条"合伙人会议的职权"明确地列举了需要全体合伙人通过的例外情形。鉴于本次合伙人会议决议的事项不属于合伙协议第8.4条约定的需要经全体合伙人同意的例外情形，因此，本次合伙人会议决议应当按照全体合伙人实缴出资额比例来进行投票表决，不适用一人一票的表决方式。根据少数服从多数的原则，本次合伙人会议决议只需获得实缴出资额占全体合伙人实缴出资额比例过半数的合伙人同意即可通过。鉴于本次合伙人会议决议已获得实缴出资额占比 71.43% 的合伙人同意，即获得了拥有 71.43% 表决权的合伙人同意，因此，本次合伙人决议合法有效地通过。

2021 年 1 月 13 日，安徽省黄山市黄山区人民法院致一审法院（2020）皖 1003 破 9 号之一《通知书》，告知该院于 2020 年 12 月 14 日裁定受理黄山名人庄园破产清算一案，并于 2020 年 12 月 16 日作出（2020）皖 1003 破 9 号《决定书》，指定安徽中皖律师事务所为管理人。

一审法院认为，《合伙企业法》第二十九条第一款规定："合伙人分别执行合伙事务的，执行事务合伙人可以对其他合伙人执行的事务提出异议。提出异议时，应当暂停该项事务的执行。如果发生争议，依照本法第三十条规定作出决定。"为了促进合伙企业经营活动的顺利开展，发挥各合伙人之所长，按照合伙协议的约定或者经全体合伙人决定，可以将合伙企业的有关事务委托给一个或者数个合伙人来分别执行。但是，在分别执行时，执行事务合伙人难免会有考虑不周及执行不当的情况发生，同时也不排除个别合伙人未尽诚实信用谨慎态度对待其所执行的合伙事务。针对此种情况，如果执行事务的合伙人的行为不当或错误，有损于合伙企业的利益，执行事务合伙人可以对其他合伙人执行的事务提出异议。提出异议权不仅是执行事务合伙人一项不容侵犯的法定权利，而且也是对其他合伙人权利的一种限制，它体现了合伙人对合伙事务执行的监督权，是维护合伙企业也即是全体合伙人共同利益的根本保证。同时，执行事务合伙人对其他合伙人执行的事务提出异议时，还应当暂停该项事务的执行，即防止其他合伙人对提出的异议置之不理的可能性，从而避免可能给合伙企业造成的损害扩大。本案中，亲来投公司作为华融兴商的执行事务合伙人之一，就华融新兴公司代表华融兴商提起本案诉讼的事项向一审法院提交了《异议申请》，表示不同意此事项，并提出华融兴商作为本案原告的诉讼主体资格不适格，故依照《合伙企业法》的上述规定，华融新兴公司应当暂停本案诉讼事项的执行。在华融兴商各合伙人之间对本案诉讼事项发生争议时，应当依照《合伙企业法》第三十条的规定作出相关决定。

《合伙企业法》第三十条第一款规定："合伙人对合伙企业有关事项作出决议，按照合伙协议约定的表决办法办理。合伙协议未约定或者约定不明确的，实行合伙人一人一票并经全体合伙人过半数通过的表决办法。"合伙企业事务可以由全体合伙人共同执行，而共同执行是指共同决定的意思。共同决定的事务有全体合伙人一致同意和多数合伙人同意两种情况，这需根据法律的有关规定或者合伙协议的约定而定。为了充分尊重合伙人的意思自治，合伙人对合伙企业有关事项作出决议，按照合伙协议约定的表决办法办理。除法律已有明确规定或者合伙协议另有约定外，当合伙协议未约定或者约定不明确时，鉴于每个合伙人对合伙企业的出资可能多少不一，而除有限合伙人以外的普通合伙人对合伙企业债务均承担无限连带责任，为保护出资较少的合伙人，《合伙企业法》第三十条第一款规定此种情况下实行合伙人一人一票并经全体合伙人过半数通过的表决办法。需要指出的是，合伙企业的人合性质决定了根据多数合伙人的意见对合伙企业有关事项作出的决议不能损害少数或个别合伙人的利益，而适用少数服从多数原则来表决的合伙企业有关事项通常也应仅限于合伙企业经营中的日常事务，至于处理合伙企业的重大问题当不在此列。本案中，虽然合伙协议第 5.1 条第（5）项约定合伙人参加合伙人会议时依其实缴出资额行使表决权，第 8.3 条约定合伙人会议的表决方式为"由全体合伙人按照其各自实缴出资额比例来行使表决权"。但是，合伙协议第 8.3 条同时约定"本协议第 8.4 条约定的所有事项，必须经全体实缴出资的合伙人同意方可通过合伙人会议"。8.4条合伙人会议的职权第（13）项约定"法律法规规定应当由合伙人会议决定的其他事项"。按照合伙协议第6.3条第（18）项的约定，华融兴商的两个执行事务合伙人华融新兴公司及亲来投公司均有权为合伙企业的利益提起诉讼，而提起诉讼事项并非合伙企业经营中的日常事务，应属于涉及合伙企业利益的重大问题。鉴于合伙协议对如果两个执行事务合伙人就此发生争议的处理方式没有进行约定，故应视为《合伙企业法》第三十条第一款规定的"合伙协议未约定或者约定不明确"的情形。现亲来投公司就华融新兴公司代表华融兴商提起本案诉讼的事项向一审法院提交了《异议申请》，表示不同意此事项，并提出华融兴商作为本案原告的诉讼主体资格不适格，华融兴商的4个合伙人对此事项亦未能形成一致意见。在此情况下，应当依照《合伙企业法》第三十条第一款关于"合伙协议未约定或者约定不明确的，实行合伙人一人一票并经全体合伙人过半数通过的表决办法"对本案诉讼事项进行表决。由于华融新兴公司、华融兴融均投了赞成票，亲来投公司、中石江苏公司均投了反对票，未达到全体合伙人过半数通过的法定情形，故此次合伙人会议决议并未得到通过。据此，华融兴商委托诉讼代理人关于"本次合伙人会议决议应当按照全体合伙人实缴出资额比例来进行投票表决，不适用一人一票的表决方式。根据少数服从多数的原则，本次合伙人会议决议只需获得实缴出资额占全体合伙人实缴出资额比例过半数的合伙人同意即可通过。鉴于本次合伙人会议决议已获得实缴出资额占比71.43%的合伙人同意，即获得了拥有71.43%表决权的合伙人同意，因此，本次合伙人决议合法有效地通过"的意见，一审法院不予采纳。

综上所述，鉴于案涉《合伙协议》未就合伙企业华融兴商的两个执行事务合伙人对华融新兴公司代表华融兴商提出本案诉讼事项发生争议后的处理方式进行约定，华融兴商召开2021年第一次临时合伙人会议所作出的决议未经全体合伙人过半数通过，且华融兴商的4个合伙人至今对此未能形成一致意见，故华融新兴公司无权单方代表华融兴商提起本案诉讼，本案诉讼不应视为华融兴商的真实意思表示。依照《中华人民共和国民事诉讼法》第一百五十四条第一款第三项、第一百六十九条第一款之规定，裁定如下：驳回华融兴商的起诉。

华融兴商不服一审裁定，向本院提起上诉称：（一）《合伙协议》第6.3条明确约定执行事务合伙人的权限包括为合伙企业的利益提起诉讼，减少合伙企业的业务活动对合伙人及其财产可能带来的风险。在合伙企业的债务人及保证人拒不向其偿还借款本金57155万元及相应利息时，执行事务合伙人华融新兴公司以合伙企业华融兴商的名义提起本案诉讼，既是《合伙企业法》以及《合伙协议》赋予的权利，也是华融新兴公司必须承担的义务。另外，《合伙协议》第8.3条约定了合伙人会议表决方式为"由全体合伙人按照其各自的实缴出资额比例来行使表决权"，本次会议决议不适用一人一票表决方式，且只需获得实缴出资额占全体合伙人实缴出资额比例过半数的合伙人同意即可通过。一审法院依据《合伙企业法》第三十条认定华融新兴公司以华融兴商的名义提起本案诉讼需要经过全体合伙人一人一票过半数同意，属于适用法律错误。因此，一审法院认定华融新兴公司无权单方代表华融兴商提起本案诉讼，本案诉讼不应视为华融兴商的真实意思表示，缺乏事实和法律依据。（二）亲来投公司针对本案诉讼提出异议是为规避合伙企业针对其直接利益关联方刘杰山及中石金融公司追究保证责任，该异议行为严重损害了合伙企业和其他合伙人的利益，也与执行事务合伙人身份和职责不符，一审法院适用《合伙企业法》第二十九条的规定支持其异议，属于适用法律错误。(三) 合伙人中石江苏公司的代表刘杰山与执行事务合伙人亲来投公司的法定代表人杨槐君与本案有直接利害关系，该二人分别代表中石江苏公司和亲来投公司参加案涉合伙人会议并行使表决权的行为无效。(四) 按照一审法院的法律适用，如果全体合伙人无法形成一致意见，合伙企业即不能提起诉讼，这无疑从程序和实体上直接剥夺合伙企业的诉权，也与《合伙企业法》第六十八条规定并为司法实践认可的有限合伙人可以提起派生诉讼的精神相违背，亦与"有案必立""有诉必理"的精神不符。综上，华融兴商请求撤销一审裁定，指令一审法院进行审理。

中石江苏公司向本院提交意见称：(一) 亲来投公司与华融新兴公司均为华融兴商的执行事务合伙人，具有相同权限。华融新兴公司利用管理合伙企业公章便利，擅自操控华融兴商对黄山名人庄园提起诉讼、保全及上诉，严重侵害合伙企业其他合伙人的权益。本案诉讼不能视为华融兴商的真实意思表示。(二) 华融新兴公司擅自利用合伙企业华融兴商的公章，启动本案诉讼及诉前保全程序，并且未经中石江苏公司的同意，将本金为57155万元的债权申报为213232万元，阻碍破产清算进程。华融新兴公司的关联公司华融兴融出资不到位，华融新兴公司并未向其主张出资及逾期出资违约金，其不作为行为损害了合伙企业的利益。(三) 全体合伙人无法达成一致意见的根源在于华融新兴公司仅考虑优先级合伙人华融兴融的利益，未考虑合伙企业的利益。综上，华融兴商的上诉请求不能成立，应予驳回。

本院认为，虽然《合伙协议》第6.3条"执行事务合伙人的权限"第（18）项规定，华融兴商的两个执行事务合伙人华融新兴公司及亲来投公司均有权为合伙企业的利益提起诉讼。但是，在华融新兴公司以合伙企业名义提起诉讼之后，包括亲来投公司在内的其他合伙人对华融新兴公司是否有权代表合伙企业提起诉讼提出异议，华融兴商召开合伙人会议就是否提起本案诉讼事项作出决议。本案争议的问题，是上述决议的表决方式是否符合《合伙协议》或者相关法律规定的要求以及执行事务合伙人之一华融新兴公司是否有权依据决议以合伙企业华融兴商的名义提起本案诉讼。

亲来投公司作为华融兴商的执行事务合伙人之一，就华融新兴公司代表华融兴商提起本案诉讼的事项提出异议，认为华融兴商作为本案原告的诉讼主体资格不适格。上述事实说明合伙人之间就合伙事务的执行产生争议。根据《合伙企业法》第二十九条第一款的规定，合伙人分别执行合伙事务的，执行事务合伙人可以对其他合伙人执行的事务提出异议。提出异议时，应当暂停该项事务的执行。如果发生争议，依照《合伙企业法》第三十条规定作出决定。合伙人对合伙企业有关事项所作的决议针对的是合伙事务，为充分尊重当事人意思自治，合伙人可以在合伙协议中约定合伙企业有关事项的具体表决办法。根据《合伙企业法》第三十条的规定，除法律另有规定外，如果合伙协议对于表决事项及相应的表决办法未约定或者约定不明确，合伙人对合伙企业有关事项作出决议时，实行合伙人一人一票并经全体合伙人过半数通过的表决办法。

本案《合伙协议》第8.3条约定了合伙人会议的两种表决方式，即"由全体合伙人按照其各自实缴出资额比例来行使表决权"，以及"第8.4条约定的所有事项必须经全体实缴出资的合伙人同意方可通过合伙人会议"。从《合伙协议》第8.4条的约定来看，其涉及的表决事项具体内容与合伙企业重大利益有关。但是，该条有关须经全体合伙人通过之表决事项的约定并未包括案涉诉讼争议事项。《合伙协议》第8.3条未约定表决事项的具体内容，本案争议事项是否可以适用《合伙协议》第8.3条约定的表决方式，应当结合《合伙协议》第8.4条约定的内容以及合伙企业的性质进行综合判断。合伙企业是否就其经营中出现的法律争议事项提起诉讼，事关合伙企业较为重大的经营利益，且不能简单归于合伙企业经营活动中的日常事务。在合伙企业的两个执行事务合伙人就此发生争议的情况下，其决议适用资本多数决方式进行表决不利于中小投资者利益的保护，亦不能体现合伙企业的人合性质。因此，本案争议事项的表决方式，不应解释为涵盖在《合伙协议》第8.3条有关"由全体合伙人按照其各自实缴出资额比例来行使表决权"的约定内容之内。华融兴商上诉认为应当适用《合伙协议》第8.3条关于"由全体合伙人按照其各自实缴出资额比例来行使表决权"的上诉理由，本院不予采纳。鉴于《合伙协议》未就本案争议事项约定具体明确的表决方式，根据《合伙企业法》第三十条之规定，应当实行合伙人一人一票并经全体合伙人过半数通过的表决办法。华融兴商虽就是否提起诉讼问题召开了合伙人会议，但所作出的决议未经全体合伙人过半数表决通过。一审法院据此认定华融新兴公司无权单方代表华融兴商提起本案诉讼，本案诉讼不应视为华融兴商的真实意思表示并裁定驳回华融兴商的起诉，具有事实和法律依据，本院予以维持。

至于亲来投公司针对本案诉讼提出异议的目的，以及该异议行为是否损害合伙企业和其他合伙人的利益，与本案争议的诉讼主体资格问题无关。华融兴商虽然主张中石江苏公司的代表刘杰山与亲来投公司的法定代表人杨槐君与本案有直接利害关系，该二人代表中石江苏公司和亲来投公司参加合伙人会议并行使表决权的行为无效，但是没有提交证据证明，本院不予支持。

本案涉及合伙企业的两个执行事务合伙人就是否提起本案诉讼发生的争议，在合伙人会议就案涉争议所作决议未经全体合伙人过半数表决通过的情况下，执行事务合伙人之一华融新兴公司是否有权以合伙企业华融兴商的名义提起本案诉讼。上述情形与《合伙企业法》第六十八条规定的有限合伙人在"执行事务合伙人怠于行使权利时，督促其行使权利或者为了本企业的利益以自己的名义提起诉讼"不同。本案并不存在华融新兴公司以自己的名义提起诉讼的情形。华融兴商关于一审裁定直接剥夺合伙企业诉权，且与有限合伙人可以提起派生诉讼的精神相违背的主张缺乏依据，本院不予支持。

综上，一审裁定认定事实清楚，适用法律正确。本院依照《中华人民共和国民事诉讼法》（2021年修正）第一百七十七条第一款第一项、第一百七十八条之规定，裁定如下：

驳回上诉，维持原裁定。

本裁定为终审裁定。

审 判 长 李桂顺
审 判 员 杨弘磊
审 判 员 黄西武

二〇二三年三月三十日

法官助理 李 娜
书 记 员 房建屹

# 商 事

## 甘肃乾金达矿业开发集团有限公司与万城商务东升庙有限责任公司盈余分配纠纷案

【裁判要旨】

股东要求公司分配利润的必要条件是提交载明具体分配方案的股东会决议。具体的利润分配方案应当包括待分配利润数额、分配政策、分配范围以及分配时间等具体分配事项内容。判断利润分配方案是否具体，关键在于综合现有信息能否确定主张分配的权利人根据方案能够得到的具体利润数额。如公司股东会决议确定了待分配利润总额、分配时间，结合公司章程中关于股东按照出资比例分取红利的分配政策之约定，能够确定股东根据方案应当得到的具体利润数额的，该股东会决议载明的利润分配方案应当认为是具体的。

载明具体分配方案的股东会决议一经作出，抽象性的利润分配请求权即转化为具体性的利润分配请求权，从股东的成员权转化为独立于股东权利的普通债权。股东转让股权时，抽象性的利润分配请求权随之转让，而具体的利润分配请求权除合同中有明确约定外并不随股权转让而转让。当分配利润时间届至而公司未分配时，权利人可以直接请求公司按照决议载明的具体分配方案给付利润。

### 最高人民法院民事判决书

（2021）最高法民再 23 号

再审申请人（一审原告、二审上诉人）：甘肃乾金达矿业开发集团有限公司，住所地甘肃省兰州市城关区静宁路 298 号（中海国际写字楼 1 座 1604C 室）。
法定代表人：李巍，该公司总经理。
委托诉讼代理人：尹悍东，北京市盛法律师事务所律师。
委托诉讼代理人：罗瑞芳，天津允公（北京）律师事务所律师。
被申请人（一审被告、二审上诉人）：万城商务东升庙有限责任公司，住所地内蒙古自治区巴彦淖尔市乌后旗巴音镇。
法定代表人：叶国君，该公司总经理。

委托诉讼代理人：丁灿平，北京舟之同律师事务所律师。
委托诉讼代理人：全迎红，甘肃德言盛律师事务所律师。

再审申请人甘肃乾金达矿业开发集团有限公司（以下简称乾金达公司）与被申请人万城商务东升庙有限责任公司（以下简称万城公司）盈余分配纠纷一案，不服内蒙古自治区高级人民法院（2019）内民终349号民事判决，向本院申请再审。本院于2020年4月14日作出（2020）最高法民申419号民事裁定，提审本案。本院依法组成合议庭，开庭审理了本案。再审申请人乾金达公司、被申请人万城公司到庭参加诉讼。本案现已审理终结。

乾金达公司申请再审称，请求：1.撤销内蒙古自治区高级人民法院（2019）内民终349号民事判决，维持内蒙古自治区巴彦淖尔市中级人民法院（2018）内08民初60号民事判决第一项，即判令万城公司给付乾金达公司2013年度未付利润29888366.29元，并从2018年9月12日起按中国人民银行同期贷款利率承担该利润的利息，至实际付清之日止。2.撤销内蒙古自治区巴彦淖尔市中级人民法院（2018）内08民初60号民事判决第二项，判令万城公司给付乾金达公司2014年度未付利润4459170.94元，并支付相应利息，至实际清偿之日止。事实和理由：一、要求按照持股比例支付股东会已决定分配的2013年度未支付利润，是乾金达公司的法定权利。乾金达公司出资比例与持股比例一致。万城公司全体股东并未约定不按出资比例分取红利，依据《中华人民共和国公司法》第三十四条的规定，乾金达公司享有按持股比例分取红利的法定权利。不论2014年2号股东会决议对2013年度未支付利润的分配比例是否明确，均不影响乾金达公司根据其持有的52.50%股权从已决定分配的未支付利润中分得相应利润。二、二审判决认为不能根据公司章程按出资比例支付2013年度未支付利润，没有法律依据，非法剥夺了乾金达公司依法享有的债权。万城公司章程中约定"按照出资比例分取红利"，当股东会决议未明确各股东分配利润的比例时，适用公司章程规定的分配比例向股东支付红利，符合全体股东的共同意思，充分体现了公司意思自治。2014年2号股东会决议中确立了2013年度剩余未支付利润数额，明确了支付时间，应当结合公司章程约定的分红比例，认定该分配方案具体明确。三、应当认定2013年度未支付利润的分配方案明确具体。万城公司章程中约定了按照出资比例分取红利，不能仅依据2014年2号股东会决议认定2013年度未支付利润分配方案是否明确具体，还应结合公司章程认定。四、根据2014年2号股东会决议内容和公司章程的规定，2013年度未支付利润属于能够确定的债权，乾金达公司有权要求支付。五、二审判决驳回乾金达公司要求支付2013年度未支付利润的诉讼请求，实属支持公司不遵守公司章程，明显违法且社会影响恶劣。六、乾金达公司要求给付2014年度未付利润的诉求，合法有据，应予支持。2014年6月25日的《万城商务东升庙有限责任公司2014年第二次临时股东会议纪要》（以下简称《临时股东会议纪要》）有参会股东及其代表的盖章和签名，会议决定2014年按季度分红。审计报告虽不能代表公司的分配方案，但能够证明万城公司实际执行的分配方案及2014年度应分配的利润数额，应当认定2014年度应分配利润数额明确具体。七、原审部分事实未查清。2015年9月24日，乾金达公司将持有的万城公司52.5%的股权转移登记到下属全资子公司甘肃乾金达资产管理有限责任公司（以下简称乾金达资产管理公司）名下。2015年6月8日，乾金达公司和赵金堂签订《股权转让协议书》，约定以4.8亿元将乾金达资产管理公司全部股权转让给赵金堂，但2015年12月11日，乾金达公司和赵金堂又签订《股权转让协议》约定，股权转让价款由双方签署补充协议约定。赵金堂实际支付了4亿股权款，双方至今未能约定股权转让款数额。原判决认定事实不清。

万城公司辩称，一、2014年2号股东会决议及《临时股东会议纪要》对于分配数额及分配方式约定不够准确具体，且不具有可操作性，不属于司法解释中规定的分配方案。2016年6月万城公司财务账上虽有4200余万元的款项，但其中4000万元属于中国银行到期借款，无法分红。且《临时股东会议纪要》也不属于常规股东会决议，不是具体分配方案。二、乾金达公司进行股权转让时，万城公司账目记载没有对外负债或应付未付款项，亦没有相关账目记载或对外披露，说明万城公司当时没有应分配而未分配的利润。三、乾金达公司直至2018年9月份才提起相关诉讼，诉讼是因当年7月份乾金达公司在其他案件中败诉而引起的。在长达四年后提起诉讼不符合常理且超过诉讼时效，应当认为其明知或应当知道不存在具体分配方案。

乾金达公司向一审法院起诉请求：1. 判令万城公司给付乾金达公司2013年度未付的利润款人民币29888366.29元；2. 判令万城公司给付乾金达公司2014年度未付的利润款人民币4459170.94元；3. 判令万城公司承担逾期付款造成乾金达公司的损失（以34347537.23元为基数，按年利率6%计算，从2015年12月22日计算到实际支付之日）；4. 诉讼费用由万城公司承担。

一审法院认定事实：2013年7月30日，乾金达公司将原名称海南乾金达矿业集团有限公司变更为现名称甘肃乾金达矿业开发集团有限公司，该公司持有万城公司52.5%股份。2014年2月19日，临河德彰联合会计师事务所（以下简称德彰会计师事务所）对万城公司进行2013年度财务审计，并作出临德会审字〔2014〕第019号《临河德彰联合会计师事务所审计报告》，该审计报告中利润及利润分配表载明，2013年度万城公司净利润为169649601.28元，可供股东分配利润218930221.51元，已付股利为162000000元，未分配利润为56930221.51元。2014年3月27日，万城公司股东紫金矿业集团股份有限公司、巴彦淖尔紫金有色金属有限公司及乾金达公司三方召开股东会议，并形成万城股字〔2014〕2号股东会决议，决定：公司2013年度实现利润总额227050779.10元，可供股东分配的利润为218930221.51元，本年度已分配支付利润162000000元，剩余未分配利润56930221.51元暂未支付，决定2014年6月份之前，将这部分剩余未分配利润分配完毕。2014年6月25日，紫金矿业集团股份有限公司、乾金达公司召开2014年第二次临时股东会，并形成《临时股东会议纪要》，该会议纪要第六条为：会议同意对万城公司2013年未分配利润在7月底之前进行分红，2014年按季度分红。2015年1月28日，德彰会计师事务所对万城公司进行2014年度财务审计，并作出临德会审字〔2015〕第004号《临河德彰联合会计师事务所审计报告》，该审计报告中利润及利润分配表载明，2014年度净利润为53583822.26元，2013年度未分配利润56930221.51元，可供股东分配利润105423880.44元，应付股利为40000000元，未分配利润65423880.44元。2015年9月24日，乾金达公司将其持有的万城公司52.5%股权转移登记到乾金达公司下属全资子公司乾金达资产管理公司名下。2015年6月18日，乾金达公司与赵金堂签订《股权转让协议书》，乾金达公司以48000万元将其全资子公司乾金达资产管理公司100%的股权转让给赵金堂，该协议第6.3条约定："自本协议签署后，甲方承诺不再对乾金达资产管理公司、万城公司进行直接或间接分红，不再动用乾金达资产管理公司、万城公司资金账户内的资金，不得出现任何可能减少乙方股东权益的行为"。2015年12月17日，乾金达资产管理公司100%的股权从乾金达公司名下转移登记到案外人赵金堂名下。2017年10月10日，乾金达公司向万城公司、紫金矿业集团股份有限公司、巴彦淖尔紫金有色金属有限公司、乾金达资产管理公司、赵金堂送达一份《公司函件》，函件主要内容为：乾金达公司要求万城公司向乾金达公司支付2015年6月18日前的利润34732804.98元。乾金达公司通过顺丰速递向万城公司、万城公司股东及赵金堂邮寄送达了该函件，各公司相关人员对该函件进行签收。

另查明，2012年度万城公司执行万城股字〔2013〕1号股东会决议，以现金形式向各股东按持股比例分配了利润。

一审法院认为，利润分配是股东的一项基本权利。2014年3月27日，万城公司股东紫金矿业集团股份有限公司、巴彦淖尔紫金有色金属有限公司及乾金达公司三方召开了股东会议，并形成万城股字〔2014〕2号股东会决议，全体股东均签名盖章，该股东会决议内容并未违反相关法律、行政法规规定，应视为有效决议。该决议决定对万城公司2013年度剩余未分配利润56930221.51元于2014年6月份之前分配完毕。2014年6月25日，紫金矿业集团股份有限公司、乾金达公司召开2014年第二次临时股东会，并形成《临时股东会议纪要》，该会议纪要进一步明确同意对万城公司2013年未分配利润在7月底之前进行分红，2014年按季度分红。以上股东会决议及纪要已明确2013年度未分配利润数额及分配时间。虽然万城股字〔2014〕2号股东会决议对各股东具体分配数额、形式未明确，但2012年度万城公司亦是执行万城股字〔2013〕1号股东会决议，以现金形式给各股东按持股比例分配利润，对此事实原、被告双方均认可。根据万城公司2012年度的分配原则，2013年度万城公司未分配利润为56930221.51元，按乾金达公司持股比例52.5%计算，乾金达公司应分得的利润为29888366.29元（56930221.51元×52.5%）。故万城公司提出万城股字〔2014〕2号股东会决议对分红的数额、形式未明确的抗辩理由不能成立。2015年9月24日，乾金达公司将持有的万城公司52.5%股权转移登记到乾金达公司下属全资子公司乾金达资产管理公司名下。2015年6月18日，乾金达公司将其全资子公司乾金达资产管理公司100%股权转让给赵金堂，乾金达公司与赵金堂签订《股权转让协议书》，该协议第6.3条约定："自本协议签署后，甲方承诺不再对管理公司、万城公司进行直接或间接分红，不再动用管理公司、万城公司资金账户内的资金，不得出现任何可能减少乙方股东权益的行为"。对2015年6月18日之前的2013、2014年度未分配利润并未明确转让给赵金堂，协议中约定的转让费是否包括2013、2014年度未分配利润亦未明确。公司未作出利润分配决议，股东享有的是抽象利润分配请求权，该权利是股东基于成员资格享有的股东权利，属于股权组成部分，股东转让其成员资格的，包括利润分配请求权在内的所有权利一并转让。公司作出利润分配决议，股东享有的是具体利润分配请求权，该权利产生于作为成员权的抽象利润分配请求权，但已经脱离利润分配请求权及股东成员资格独立存在，性质上与普通债权无异。股东转让其成员资格，如果没有特别规定，利润分配决议形成前已经确定的利润属于原股东，原股东仍可基于利润分配决议向公司主张权利。现万城公司辩称其并不拖欠乾金达公司应分未分股利，但并未提供其已将2013年度应付股利向乾金达公司进行分配的证据，故应由其承担举证不能的法律后果。乾金达公司主张万城公司应给付2013年度未付利润款 29888366.29 元（56930221.51 元×52.5%）的诉讼请求，该院予以支持。对于乾金达公司主张的 2014 年度未付利润款人民币 4459170.94 元，因《临时股东会议纪要》中只提到 2014 年按季度分红，并未载明 2014 年度具体利润分配方案，且该纪要亦非股东会有效决议，故对乾金达公司的该主张，该院不予支持。

关于本案是否已超法定诉讼时效问题。诉讼时效期间自权利人知道或者应当知道权利受到损害以及义务人之日起计算。2015 年 9 月 24 日，乾金达公司将所持万城公司 52.5% 的股权转移登记至乾金达公司下属全资子公司乾金达资产管理公司名下；2015 年 12 月 17 日，乾金达资产管理公司 100% 股权从乾金达公司名下转移登记至案外人赵金堂名下。在此之前，乾金达公司一直是万城公司控股股东及公司主要经营管理人，属于既是权利人又是义务人的双重身份，无法实现自己向自己主张权利，故本案应从乾金达公司 2015 年 12 月 17 日退出万城公司即乾金达公司已非万城公司控股股东之日起计算诉讼时效。2017 年 10 月 10 日，乾金达公司向万城公司、万城公司股东紫金矿业集团股份有限公司、巴彦淖尔紫金有色金属有限公司、乾金达资产管理公司、赵金堂各邮寄送达一份《公司函件》，要求万城公司向乾金达公司支付 2015 年 6 月 18 日前的利润，该行为应视为诉讼时效中断事由，自此至 2018 年 9 月 12 日乾金达公司起诉，并未超法定诉讼时效期间。故对万城公司主张本案已超诉讼时效的抗辩理由，该院不予支持。关于乾金达公司要求万城公司承担从 2015 年 12 月 22 日起至实际支付之日止按年利率 6% 计算逾期所造成的损失的问题。因在股东会决议中对此并未进行约定，该诉讼请求于法无据，该院不予支持。但应从乾金达公司主张权利之日起，按中国人民银行同期同类贷款利率计息，至清偿之日止。

综上所述，该院对乾金达公司合理诉求予以支持，于 2019 年 2 月 19 日作出（2018）内 08 民初 60 号民事判决，依照《中华人民共和国公司法》第四条、《最高人民法院关于适用〈中华人民共和国公司法〉若干问题的规定（四）》（以下简称《公司法解释四》）第十三条第一款、第十四条、第十五条之规定，判令：一、万城公司自该判决生效之日起十五日内给付乾金达公司 2013 年度应分得的利润 29888366.29 元，并从 2018 年 9 月 12 日起按中国人民银行同期同类贷款利率承担该利润的利息，至实际清偿之日止；二、驳回乾金达公司其他诉讼请求。如果未按该判决指定的期间履行给付金钱义务的，应当依照《中华人民共和国民事诉讼法》第二百五十三条的规定，加倍支付延期履行期间的债务利息。案件受理费 213537.68 元，由万城公司负担 185815.14 元，由乾金达公司负担 27722.54 元；保全费 5000 元，由万城公司负担。

乾金达公司不服一审判决，上诉请求：1. 维持一审判决第一项；2. 撤销一审判决第二项，判令万城公司给付乾金达公司 2014 年度未付的利润款人民币 4459170.94 元，并从 2018 年 9 月 12 日起按照中国人民银行同期贷款利率承担该利润的利息至实际清偿之日止。

万城公司不服一审判决，上诉请求：1. 撤销一审判决；2. 驳回乾金达公司的全部诉讼请求；3. 由乾金达公司承担本案一、二审诉讼费用。

二审中，乾金达公司提交如下新证据：证据一，万城公司的公司章程及章程修正案，证明万城公司章程明确规定各股东按照持股比例进行分红。证据二，万城公司向乾金达公司支付 2014 年度的利润 2100 万元的对账单和支付凭证、收款通知，证明 2014 年 6 月 25 日《临时股东会议纪要》明确 2014 年度按季度分红，且万城公司已经向乾金达公司以现金方式支付2100万元。万城公司质证认为，对证据一，真实性因没有原件无法核实，证明目的不认可，根据《公司法解释四》依据章程确定盈余分配只是法律规定的特殊情况，章程不能确定盈余分配的具体方案。章程修正案与本案无关，其中没有盈余分配的约定。对于证据二，真实性认可，证明目的不认可，附言中均写明属于货款，不属于利润分配。

万城公司提交如下新证据：证据一，2015第024号采矿评估报告，证明2015年采矿权评估价值是36857.32万元，该评估报告包括了固定资产投资，机器设备和构筑物评估价值为6308.12万元，因此2015年公司价值共计43165.44万元，而乾金达公司和赵金堂之间约定的股权价款是4.8亿元，故股权转让价格确立时并没有将盈余分配排除，已将其计算于股权转让价款之内。证据二，2013年1号股东会决议，证明2013年1月22日股东会决议对于利润分配明确约定了分配比例以及各股东应当分得的利润数额，同时，其中明确约定对于2013年度的利润分配待年终审计后决定利润分配具体数额。乾金达公司质证认为，对证据一，评估报告与本案无关，乾金达公司与赵金堂2015年6月18日签订的股权转让协议是双方议定的股权转让价款，并非根据评估结果确定。对证据二的真实性认可，对其证明目的不认可。该院对于上述证据予以综合认证。

二审经审理查明的事实与一审查明的事实一致，该院予以确认。

二审法院认为，本案为公司盈余分配纠纷。《公司法解释四》第十四条规定："股东提交载明具体分配方案的股东会或者股东大会的有效决议，请求公司分配利润，公司拒绝分配利润且其关于无法执行决议的抗辩理由不成立的，人民法院应当判决公司按照决议载明的具体分配方案向股东分配利润。"乾金达公司主张应当依照2014年2号股东会决议以及2014年万城公司第二次临时股东会决议的内容按股东持股比例进行分配。对此，该院认为，原股东向公司主张利润分配请求权应当基于原股东在转让股权之前公司是否经股东会或股东大会决议形成了具体的分配方案，及该股东是否已经基于该分配方案享有具体利润分配请求权。本案中，万城公司2014年2号股东会决议以及2014年万城公司第二次临时股东会决议并非具体明确。根据万城公司2013年1号股东会决议，该决议中万城公司股东会通过了2012年度利润分配方案，该决议完整描述了万城公司可分配给股东的利润总额、利润的分配比例以及各股东可分得的利润数额。而在该公司2014年2号股东会决议中，股东会虽决议通过2013年度利润分配方案，但经庭审询问，双方均认可除该份股东会决议外再未形成其他利润分配方案。且该份股东会决议明确表述，"剩余未分配利润暂未支付，2014年6月之前，将该部分剩余未分配利润分配完毕"。根据该决议内容，万城公司股东会仅就2013年度待分配的利润总数额进行了决议，对于每位股东应当分配的利润尚未确定具体明确的分配方案。2014年万城公司第二次临时股东会决议则仅仅是对2013年度利润分配时间变更进行了表述。虽然万城公司章程中规定按照股东持股比例进行分红，但公司章程并不能代替股东会决议，乾金达公司亦无其他充分证据佐证该分配方案明确具体。因此，乾金达公司作为原股东，其主张分配利润的请求权并未转化为对公司应当支付其利润的确定的债权，其关于万城公司应支付2013年度未分配公司利润的请求，该院不予支持。原审判决万城公司给付乾金达公司2013年度利润及利息事实、法律依据不足。

关于万城公司应否支付2014年度公司未分配利润的问题。二审中，乾金达公司提交的对账单、支付凭证、收款通知等新证据均载明款项为货款，不能充分证明万城公司支付的

2100 万元系 2014 年分红款。且 2014 年万城公司第二次临时股东会决议仅决定按季度分红，对于股东应分配利润比例及具体数额均未作出决议，临德会审字〔2015〕第 004 号审计报告亦不能代表公司的分配方案。故现有证据无法证明万城公司应分配给各个股东的利润数额，乾金达公司关于万城公司应向其支付 2014 年度未分配利润的上诉请求不能成立，应予驳回，原审对此认定并无不当。

关于乾金达公司的诉讼请求是否超过诉讼时效的问题。如前所述，乾金达公司未能证明其享有具体的利润分配请求权，故本案不涉及是否超过诉讼时效的问题。

综上所述，万城公司的上诉请求成立，予以支持。乾金达公司的上诉请求不能成立，应予驳回。该院于 2019 年 7 月 8 日作出（2019）内民终 349 号民事判决，依照《中华人民共和国民事诉讼法》第一百七十条第一款第二项规定，判令：一、撤销内蒙古自治区巴彦淖尔市中级人民法院（2018）内 08 民初 60 号民事判决；二、驳回乾金达公司的诉讼请求。一审案件受理费 213537.68 元、保全费 5000 元及二审案件受理费 233715.20 元，均由乾金达公司负担。

再审中，乾金达公司提交如下新证据：1. 万城公司 2013 年分红账，证明目的为：2013 年分配模式即为按照股权比例分配，因此 2014 年 2 号股东会决议中关于 2013 年未分配利润的分配决定也是具体明确指向按照股权比例分红；2. 万城公司 2014 年分红账，证明已实际按照《临时股东会议纪要》记载的要求，按季度结算并按照股东持股比例向股东实际发放分红款，乾金达公司已经实际取得 2014 年分红款 2100 万元；3. 万城公司财务人员发送分红账资料至乾金达公司财务人员的邮件截屏，证明 2013 年及 2014 年分红账是来自于万城公司账目记载，万城公司对于应当支付乾金达公司主张的利润分配款的义务是明知的。

万城公司质证认为，同意乾金达公司以上证据作为新证据提交，万城公司对其中所涉具体数据及分配方式有原始凭证，应按照原始凭证载明的内容认定。2013 年分红款，能看出万城公司分配利润的规律，即先分 2012 年未分完的，再分 2013 年分红。分红并非按照季度分配，均按照现金流随机分。

万城公司提交如下新证据：1. 万城股字〔2011〕1 号及 2010 年度利润分配方案；2. 万城股字〔2012〕1 号及 2011 年度利润分配方案。证明：万城公司历年利润分配方案包括分配比例和每位股东的分配数额以及以现金进行分红的分配方式，明确具体可执行。3. 2014 年 1 月 26 日的记账凭证和付款回单；4. 2014 年 2 月份会计报表一份；5. 2014 年 3 月会计报表及企业所得税月（季）度预缴纳税申报表；6. 2014 年 6 月会计报表；7. 2014 年 6 月企业所得税月（季）度预缴纳税申报表；8. 2014 年 6 月 28 日记账凭证；9. 流动资金借款合同；10. 中国银行股份有限公司巴彦淖尔市分行借款凭证；11. 2014 年 7 月会计报表；12. 2014 年 7 月 14 日记账凭证和付款回单；13. 2014 年 8 月 8 日记账凭证和付款回单；14. 2015 年 5 月会计报表；15. 2015 年 6 月企业所得税月（季）度预缴纳税申报表。证明：万城公司财务状况。16. 2014 年 9 月 9 日的记账凭证和付款回单，证明：2014 年 9 月向股东分配截至 2014 年 8 月末累计未分配利润 1000 万元；17. 2015 年 1 月 27 日的记账凭证和付款回单，证明：2015 年 1 月向股东分配截至 2014 年 12 月末累计未分配利润 500 万元。

乾金达公司质证认为：上述证据不是新证据，不应采纳。对证据 1、2 真实性无异议，证明目的有异议。万城公司仅以两个年度中董事会制作了分配方案证明历年来利润分配方案的制作和审议流程，属于以偏概全。对证据3、12、13、16、17真实性及合法性有异议。上述证据为万城公司单方制作，真实性无法认可，且内容与万城公司二审表述存在矛盾之处。对证据4、5、6、7、8、9、10、11、14、15的关联性及证明力有异议。该10份证据均为万城公司账目资料，应以审计报告为准。公司内部现金流不足不能作为不履行对外债务的依据。公司内部记账未将股东会决议确认成立的各股东享有的应得分红进行记载，不能证明公司不存在对股东利润分配的债务。本院将对上述证据进行综合认证。

本院再审认为，本案再审的争议焦点有二：一是乾金达公司是否有权要求万城公司支付2013年度未支付利润；二是乾金达公司是否有权要求万城公司分配2014年度利润。

**一、关于乾金达公司是否有权要求万城公司支付2013年度未支付利润的问题**

首先，关于案涉股东会决议是否载明了具体利润分配方案的问题。《公司法解释四》第十四条关于"股东提交载明具体分配方案的股东会或者股东大会的有效决议，请求公司分配利润，公司拒绝分配利润且其关于无法执行决议的抗辩理由不成立的，人民法院应当判决公司按照决议载明的具体分配方案向股东分配利润"之规定，不仅要求股东会或者股东大会通过利润分配决议，而且要求利润分配方案内容具体。原则上，一项具体的利润分配方案应当包括待分配利润数额、分配政策、分配范围以及分配时间等具体分配事项内容，判断利润分配方案是否具体的关键在于能否综合现有信息确定主张分配的权利人根据方案能够得到的具体利润数额。本案中，万城股字〔2014〕2号股东会决议通过了万城公司《2013年度利润分配方案》，确定了万城公司2013年度待分配利润总额，并决定"2014年6月份之前，将这部分剩余未分配利润分配完毕"。之后的《临时股东会议纪要》将利润分配时间变更为2014年7月底之前。上述方案中确实没有写明各股东分配比例以及具体计算出各股东具体分配数额。然而，万城公司章程第十条股东权利条款中规定了"按照出资比例分取红利"，第三十七条规定了"弥补亏损和提取公积金、法定公益金所余利润，按照股东的出资比例进行分配"。且万城公司此前亦是按照出资比例分配利润。综合考虑上述事实，能够确定万城公司2013年利润分配是按照股东持股比例进行分配的。综上，案涉股东会决议载明了2013年度利润分配总额、分配时间，结合公司章程中关于股东按照出资比例分取红利的分配政策之约定，能够确定乾金达公司根据方案应当得到的具体利润数额，故该股东会决议载明的2013年度公司利润分配方案是具体的，符合《公司法解释四》第十四条之规定。二审判决对此认定确有错误，本院予以纠正。

其次，关于乾金达公司将其持有的万城公司股权转让后是否仍享有利润分配请求权的问题。本案中，万城公司作出了分配2013年度利润的股东会决议并载明具体分配方案。该决议一经作出，抽象性的利润分配请求权即转化为具体性的利润分配请求权，权利性质发生变化，从股东的成员权转化为独立于股东权利的普通债权，不必然随着股权的转让而转移。除非有明确约定，否则股东转让股权的，已经转化为普通债权的具体性的利润分配请求权并不随之转让。因此，乾金达公司虽于2015年将所持万城公司股权转让给他人，但当事人均确认，该股权转让协议中并没有对2013年度利润分配请求权作出特别约定，故乾金达公司对于万城公司2013年度未分配利润仍享有请求权。

再次，关于诉讼时效问题。载明具体分配方案的利润分配决议一经作出，则股东的利润分配请求权由期待性的权利转化为确定性的权利，性质上转化为普通债权。当分配利润期限届满而公司仍未分配时，股东可以直接请求公司按照决议载明的具体分配方案给付利润。本案中，2014年3月27日，万城公司形成万城股字〔2014〕2号股东会决议，决定分配公司2013年度未分配利润，并载明了具体利润分配方案。根据万城股字〔2014〕2号股东会决议及其后的《临时股东会议纪要》，明确了2013年度未分配利润应当在2014年7月底之前分配完毕。当期限届满而万城公司仍未分配利润时，乾金达公司所享有的利润分配请求权即受到侵害，因此，其行使具体利润分配请求权的诉讼时效期间应当从2014年8月1日起算。乾金达公司当时是万成公司大股东也并不影响其向万成公司主张权利。而乾金达公司于2017年10月10日才向万城公司及其股东发函首次要求支付该部分利润，诉讼时效期间已经届满。故乾金达公司要求万城公司向其交付2013年度未分配利润的请求不能得到支持。

综上，二审判决关于案涉股东会决议是否载明具体利润分配方案的认定不当，本院予以纠正，但不予支持乾金达公司要求万城公司支付2013年度未支付利润请求的裁判结果正确，本院予以维持。

**二、关于乾金达公司是否有权要求分配2014年度利润的问题**

本案中，对于乾金达公司主张的2014年度万城公司未分配利润，《临时股东会议纪要》中仅载明"2014年利润按季度分红"，对应当分配的利润数额等事项并无记载。虽然乾金达公司主张审计报告中记载了当年利润数，但审计报告不能代替股东会决议，公司是否分配利润以及分配多少利润，应当作出相应的决议。故根据现有信息无法确定乾金达公司能够获得的利润数额，上述股东会决议中未载明具体利润分配方案。而乾金达公司亦未提交其他证据证明万城公司就2014年度利润分配已做出具体分配方案。因此，乾金达公司关于万城公司应向其支付2014年度未分配利润的主张不能成立。一、二审判决对此认定并无不当，本院予以维持。

综上所述，乾金达公司的再审请求不能成立。二审判决部分裁判理由不当，本院已予纠正；其裁判结果正确，本院予以维持。依照《中华人民共和国民事诉讼法》第二百零七条第一款、第一百七十条第一款第一项之规定，判决如下：

维持内蒙古自治区高级人民法院（2019）内民终349号民事判决。

审　判　长　刘崇理
审　判　员　黄　年
审　判　员　潘勇锋

二〇二一年十二月十七日

法官助理　孙亚菲
书　记　员　李　婧

# 陈龙与陕西博鑫体育文化传播有限公司等公司解散纠纷案

**【裁判要旨】**

一、根据《最高人民法院关于适用〈中华人民共和国公司法〉若干问题的规定（三）》第十六条的规定，股东因未履行或者未全面履行出资义务而受限的股东权利，并不包括其提起解散公司之诉的权利。

二、《中华人民共和国公司法》第一百八十二条规定的"严重困难"包括对外的生产经营困难及对内的管理困难。

## 最高人民法院民事裁定书

（2021）最高法民申6453号

再审申请人（一审被告、二审上诉人）：陕西博鑫体育文化传播有限公司。住所地：陕西省西安市高新区丈八路303号陕西省体育训练中心院内训练中心餐厅三楼西侧。

法定代表人：任双成，该公司执行董事兼总经理。

委托诉讼代理人：李洪斌，该公司员工。

被申请人（一审原告、二审被上诉人）：陈龙，男，1980年12月21日出生，汉族，住陕西省西安市。

委托诉讼代理人：赵蓓，陕西博硕律师事务所律师。

委托诉讼代理人：丁锦安，陕西博硕律师事务所律师。

一审第三人：任双成，男，1970年5月13日出生，汉族，住陕西省西安市。

再审申请人陕西博鑫体育文化传播有限公司（以下简称博鑫公司）因与被申请人陈龙及一审第三人任双成公司解散纠纷一案，不服陕西省高级人民法院（2021）陕民终206号民事判决，向本院申请再审。本院依法组成合议庭进行了审查，现已审查终结。

博鑫公司申请再审称，（一）有"新的证据"九份：证据一，博鑫公司公司章程。证据二，关于催告公司股东陈龙履行出资义务的函。证据三，中国邮政EMS签单据。证据四，（2019）陕证民字第004644号公证书。证据五，股东会议通知及决议。证据六，（2019）陕证民字第005330号公证书。证据七，（2019）陕证民字第005331号公证书。证据八，中共陕西省纪委驻省体育局纪检组《关于举报信中违纪问题举证材料的催办通知》（以下简称《催办通知》）、陕西省纪委监委驻省文化和旅游厅纪检监察组驻陕文旅纪监询通〔2021〕5号《询问通知书》。证据九，陕西省高级人民法院（2021）陕刑终132号刑事裁定书。以上证据，用于证明下列客观事实：1.陈龙系《中华人民共和国公务员法》所规定的参公人员，其参股经商行为因违法而无效。2.陈龙没有履行出资义务，违反公司章程及《中华人民共和国公司法》相关规定，不得行使股东权利。3.陈龙涉嫌的违法犯罪行为已由纪委和公安机关调查侦查,其中包括利用暴力、软暴力强行入股企业。(二)基于上述事实,二审判决认定陈龙的股东资格并判令解散博鑫公司,违反了《中华人民共和国公务员法》及其他相关法律法规的规定,使陈龙通过恶意诉讼达到了无本获利的非法目的,对博鑫公司和实际出资并自主经营的任双成极不公平,应当依法纠正以保护企业合法权益和营商环境。(三)陈龙申请公司解散的法定条件不成立,二审判决适用法律不当。博鑫公司自设立以来一直依法经营、依法纳税。陈龙要求解散公司的理由是"公司没有给其分红",没有召开股东大会,事实上陈龙根本没有履行出资义务,公司催告其出资和参加股东大会时均遭其拒绝,陈龙所述的解散理由均没有证据支持。(四)二审程序严重违法。本案曾被二审法院以事实不清为由发回重审,一审法院在事实和证据无变化的情况下作出和重审前一样的判决,有枉法裁判的嫌疑。二审判决未依据事实和法律纠正一审判决错误。综上,博鑫公司依据《中华人民共和国民事诉讼法》第二百条第一项、第二项、第六项之规定,请求再审本案。

陈龙提交意见称,(一)二审判决认定事实的证据充分。博鑫公司在申请书中所述陈龙未出资、身份不符合法律规定等没有事实基础,陈龙是博鑫公司股东且已履行部分出资义务的事实已经人民法院生效判决确认,陈龙起诉解散公司的主体适格。(二)二审判决适用法律正确。一方面,陈龙持有博鑫公司49%的股份,依法享有请求人民法院解散公司的权利。另一方面,博鑫公司自设立以来,长期未召开股东会,两名股东长期冲突,博鑫公司及任双成曾伪造陈龙签名、出具虚假资料变更陈龙股权,博鑫公司、任双成和陈龙就陈龙股东资格问题曾进行过两次诉讼,公司继续存续势必对陈龙的合法权益造成严重损害,且因陈龙、任双成分别持有49%和51%的股份,无法就公司经营管理中的重大事项作出有效决策,股东会机制实质已经失灵,足以证实公司经营管理发生严重困难。另,任双成因涉嫌违法犯罪,已于2021年3月被纪检监察部门立案调查,博鑫公司两名股东已无共同经营可能性。故博鑫公司解散的法定条件已经成就。(三)二审判决认定事实清楚,适用法律正确,程序正当,博鑫公司称程序违法没有事实和法律基础。另外,二审判决生效后,博鑫公司未能在15日内成立清算组进行清算,故陈龙已向人民法院申请强制清算,陕西省西安市中级人民法院已受理陈龙的申请并于2021年7月13日作出(2021)陕01强清21号之一《关于指定陕西博鑫体育文化传播有限公司清算组的决定》。现博鑫公司清算组正在有序进行清算事宜。

本院经审查认为,本案系当事人申请再审案件,应当围绕博鑫公司的再审事由能否成立进行审查,相应的审查重点为:博鑫公司提供的"新的证据"的证明力;陈龙是否具有博鑫公司股东资格,可否行使提起公司解散之诉的股东权利;博鑫公司是否具备法定解散事由;二审程序是否有严重违法之处。

关于博鑫公司提供的"新的证据"的证明力。关于证据一至七,经查,该七份证据在此前程序已由法院组织质证,且证据一已被法院采用,而证据二至七仅能证明博鑫公司曾催告陈龙出资、参加股东会等,不足以证明陈龙未出资,故该七份证据均不满足"新的证据"的形式要件,也不具有"足以推翻原判决、裁定"的证明力。关于证据八,经查,《催办通知》在此前程序已由人民法院组织质证,《询问通知书》落款时间是在二审判决作出之后,但上述两份通知当中均未明示也无法从中推断陈龙为参公人员,而且另案生效判决已指出陈龙是否为参公人员、是否违反相关法律规定与本案诉争的法律关系并无直接联系,博鑫公司可另寻途径解决,故证据八不具有"足以推翻原判决、裁定"的证明力。关于证据九,经查,虽然该刑事裁定形成于二审庭审结束后,认定的事实亦不包括博鑫公司所称的陈龙强行入股一节，且陈龙仅作为证人参与诉讼，故与本案关联性不足，也不具有"足以推翻原判决、裁定"的证明力。综上，博鑫公司申请再审所提交的"新的证据"，不符合《中华人民共和国民事诉讼法》第二百条第一项规定的情形。

关于陈龙是否具有博鑫公司股东资格，可否行使提起公司解散之诉的股东权利的问题。经查，陈龙持有博鑫公司49%的股份且已实缴部分出资的事实已由一、二审判决根据公司章程、工商登记资料、另案生效裁判查明认定。而且，根据《最高人民法院关于适用〈中华人民共和国公司法〉若干问题的规定（三）》第十六条的规定，股东因未履行或者未全面履行出资义务而受限的股东权利，并不包括其提起解散公司之诉的权利。博鑫公司本节申请再审理由不成立，本院不予支持。

关于博鑫公司是否具备法定解散事由的问题。《中华人民共和国公司法》第一百八十二条规定的"严重困难"包括对外的生产经营困难、对内的管理困难。本案中，一、二审法院已查明认定博鑫公司的股东会机制失灵，股东之间矛盾无法调和，且经法院协调仍难以打破公司僵局；而博鑫公司申请再审事由中也反映出其客观上存在着管理方面的严重困难。因此，二审判决认定博鑫公司已具备《最高人民法院关于适用〈中华人民共和国公司法〉若干问题的规定（二）》第一条规定的解散事由，在事实认定和法律适用上并无不当。博鑫公司本节申请再审理由不成立，本院不予支持。

关于二审程序是否有严重违法之处的问题。一方面，博鑫公司未指明其所称程序违法情况符合《中华人民共和国民事诉讼法》第二百条哪项情形，且其所称程序违法情况亦不符合该条任一具体情形。另一方面，2020年4月3日，陕西省西安市中级人民法院就本案作出（2019）陕01民初1276号民事判决，认定陈龙和任双成对博鑫公司出资均存在争议。2020年4月7日，陕西省西安市中级人民法院就另案即博鑫公司与陈龙变更股东登记纠纷案作出（2020）陕01民终803号民事判决，认定陈龙履行了部分出资义务。此后，本案二审法院以本案原一审判决事实不清为由，将本案发回重审。重审后，一审法院已将（2020）陕01民终803号民事判决内容纳入查明事实并做出裁判，二审法院予以维持。上述审理过程，符合法定审判程序。博鑫公司本节申请再审理由不成立，本院不予支持。

综上，博鑫公司的再审申请不符合《中华人民共和国民事诉讼法》第二百条第一项、第二项、第六项规定的情形。本院依照《中华人民共和国民事诉讼法》第二百零四条第一款、《最高人民法院关于适用〈中华人民共和国民事诉讼法〉的解释》第三百九十五条第二款之规定，裁定如下：

驳回陕西博鑫体育文化传播有限公司的再审申请。

审判长　高晓力
审判员　徐　超
审判员　董俊武

二〇二一年十一月三十日

法官助理　李　欣
书记员　韩　岐

# 吴良好与如皋市金鼎置业有限公司等股东资格确认纠纷案

**【裁判要旨】**

外商投资企业股权变更登记行为不属于外商投资法第四条所称负面清单管理范围的,当事人以相关法律行为发生在外商投资法实施之前,主张变更登记应征得外商投资企业审批机关同意的,人民法院依照外商投资法规定的"给予国民待遇"和"内外资一致"的原则,不予支持。

## 最高人民法院民事裁定书

（2021）最高法民申 1074 号

再审申请人（一审被告、二审上诉人）：如皋市金鼎置业有限公司,住所地江苏省如皋市如城街道解放西路 59 号。

法定代表人：冯学平,该公司董事长。

委托诉讼代理人：杨明宇,福建业博律师事务所律师。

再审申请人（一审第三人）：南通正达房地产开发有限公司,住所地江苏省如皋市如城街道解放西路 59 号。

法定代表人：冯学平,该公司执行董事。

委托诉讼代理人：杨洁,江苏瀛联律师事务所律师。

委托诉讼代理人：张峰,江苏瀛联律师事务所律师。

被申请人（一审原告、二审被上诉人）：吴良好,男,1951 年 9 月 26 日出生,香港特别行政区永久性居民,住香港特别行政区大潭道 20 号 8 号屋。

委托诉讼代理人：徐红兵,江苏如一律师事务所律师。

二审上诉人（一审被告）：叶宏滨,男,1957 年 10 月 20 日出生,香港特别行政区永久性居民,住福建省莆田市涵江区涵西大汉巷 18 号。

委托诉讼代理人：杨明宇,福建业博律师事务所律师。

一审第三人：福建涵江大地房地产开发有限公司,住所地福建省莆田市涵江家具装饰材料市场。

法定代表人：陈淑琴。

再审申请人如皋市金鼎置业有限公司（以下简称金鼎公司）、南通正达房地产开发有限公司（以下简称正达公司）因与被申请人吴良好、二审上诉人叶宏滨、一审第三人福建涵江大地房地产开发有限公司（以下简称大地公司）股东资格确认纠纷一案,不服江苏省高级人民法院（2019）苏民终1194号民事判决，向本院申请再审。本院依法组成合议庭进行了审查，现已审查终结。

金鼎公司、正达公司申请再审称，（一）被申请人主张的股权变更登记并未征得外商投资企业审批机关的同意，不符合《最高人民法院关于审理外商投资企业纠纷案件若干问题的规定（一）》[以下简称《规定（一）》]第十四条第三项有关"征得了外商投资企业审批机关的同意"的规定。（二）一、二审法院没有考虑正达公司的意见，适用法律错误。正达公司于2018年9月受让叶宏滨的股份，登记成为金鼎公司股东。被申请人与叶宏滨之间为代持股关系，虽然叶宏滨在股东会议纪要中同意被申请人显名并办理股权变更登记，但对包括正达公司在内的其他人没有法律效力。（三）股东会议纪要载明了"以上登记在2013年11月15日前完成"，被申请人提起本案诉讼超过了法律规定的诉讼时效。本案不属于股东资格确认纠纷，而是有关叶宏滨、金鼎公司是否应当履行股权变更登记义务的纠纷。（四）二审判决结果违背正达公司意志，与判决正达公司承担民事责任并无本质区别，二审法院认定正达公司无权提起上诉错误。（五）本案有关事实并未查清，如被申请人是否实际出资、是否履行了与金鼎公司20%的股份对应的借款债务等。据此，金鼎公司、正达公司依照《中华人民共和国民事诉讼法》第二百条第二项、第六项的规定，请求本院：撤销一、二审判决，改判驳回被申请人的诉讼请求，或者将本案发回重审。

被申请人提交意见称，（一）《中华人民共和国外商投资法》（以下简称外商投资法）第四条第一款规定："国家对外商投资实行准入前国民待遇加负面清单管理制度。"依照该款规定以及外商投资法第二十四条、第二十八条、第二十九条、第三十一条的规定，对于《规定（一）》第十四条第三项的规定，应当理解为并非所有外商投资企业隐名股东的显名变更登记均需要得到外商投资企业审批机关的同意。二审判决后，被申请人已经就案涉股权进行了登记，未被要求办理任何批准手续。（二）被申请人请求确认其持有金鼎公司20%的股份的股东身份并进行显名登记，无须征得正达公司的同意。1. 在股东会议纪要形成时以及被申请人提起本案诉讼时，正达公司均非金鼎公司的股东；2. 依照权利义务一并转让的原则，正达公司对其所受让股份的原持股股东的承诺，应当承担继续履行的义务；3. 最高人民法院（2017）最高法民申3988号民事裁定（以下简称3988号裁定）以及二审法院作出的（2016）苏民终1220号民事判决（以下简称1220号判决）、（2016）苏民终1463号民事判决（以下简称1463号判决）等生效裁判，均确认被申请人持有金鼎公司股份，正达公司对此是明知和认可的。（三）对案涉股份进行工商变更登记是金鼎公司持续承担的法定义务，不适用诉讼时效的相关规定。被申请人于2015年8月18日通过案外人吴丽萍向叶宏滨发送联系函，要求其在30日内履行变更登记义务，叶宏滨进行了回复，构成诉讼时效中断。（四）一、二审法院未判决正达公司承担民事责任，正达公司无权申请再审。

本院经审查，另查明以下与本案争议焦点有关的事实：

金鼎公司为有限责任公司（台港澳与境内合资），经营范围为房地产开发（凭资质经营）。

叶宏滨于2021年4月8日出具《关于如皋市金鼎置业有限公司股权现状情况说明》，载明："2005年9月，登记股东为叶宏滨99.9%、大地公司0.1%；2018年10月18日，登记股东为正达公司66.7%、叶宏滨33.3%；2021年1月27日，登记股东为正达公司

66.7%、叶宏滨13.3%、被申请人20%。目前登记在被申请人名下的20%，是法院判决被申请人显名之后执行过户而来。"

被申请人提交了其通过案外人吴丽萍的邮箱，于2015年8月11日向叶宏滨发送的《联系函》。该函载明："股东会议纪要已明确了各实际股东的股权比例，且你作为显名股东明确同意办理工商登记变更，将登记在你名下的股份，根据该决议确认的比例转让给各实际所有人或实际所有人成立的全资公司，并在2013年11月15日前完成。"被申请人还提交了金鼎公司、叶宏滨的回函。对于前述证据，金鼎公司、叶宏滨未在本院指定的期限内提出异议或提交相反证据。

本院认为，根据申请再审理由以及被申请人的意见，本案争议焦点是：（一）再审申请人有关案涉股权变更登记应当征得外商投资企业审批机关同意的主张是否成立？（二）再审申请人有关二审法院未考虑正达公司关于案涉股权变更登记的意见，存在错误的主张是否成立？

**一、再审申请人有关案涉股权变更登记应当征得外商投资企业审批机关同意的主张是否成立**

外商投资法第四条第一、二款规定："国家对外商投资实行准入前国民待遇加负面清单管理制度。前款所称准入前国民待遇，是指在投资准入阶段给予外国投资者及其投资不低于本国投资者及其投资的待遇；所称负面清单，是指国家规定在特定领域对外商投资实施的准入特别管理措施。国家对负面清单之外的外商投资，给予国民待遇。"外商投资法第二十八条第三款规定："外商投资准入负面清单以外的领域，按照内外资一致的原则实施管理。"第三十一条规定："外商投资企业的组织形式、组织机构及其活动准则，适用《中华人民共和国公司法》、《中华人民共和国合伙企业法》等法律的规定。"依照《中华人民共和国外商投资法实施条例》（以下简称外商投资法实施条例）第四十八条第一款的规定，香港特别行政区投资者在内地投资，参照外商投资法和外商投资法实施条例执行；法律、行政法规或者国务院另有规定的，从其规定。

本案中，案涉股东会议纪要确认被申请人享有金鼎公司20%的股份，明确了案涉股权变更登记应在2013年11月15日前完成，当时施行的《中华人民共和国中外合资经营企业法》（以下简称中外合资经营企业法）第三条规定："合营各方签订的合营协议、合同、章程，应报国家对外经济贸易主管部门审查批准。"2016年修正的中外合资经营企业法第十五条规定："举办合营企业不涉及国家规定实施准入特别管理措施的，对本法第三条、第十三条、第十四条规定的审批事项，适用备案管理。"二审法院审理期间，外商投资法、外商投资法实施条例，以及商务部、国家市场监督管理总局制定的《外商投资信息报告办法》于2020年1月1日起施行，对外商投资实行准入前国民待遇加负面清单管理以及外商投资信息报告等制度。关于负面清单以外的领域，外商投资法第四条规定了"给予国民待遇"，第二十八条第三款规定："按照内外资一致的原则实施管理。"

外商投资法、外商投资法实施条例施行后，中外合资经营企业法、《中华人民共和国外资企业法》《中华人民共和国中外合作经营企业法》及其实施条例或实施细则同时废止。这些已被废止的法律、行政法规中有关审批、备案管理的制度不再实行。因此，虽然相关法律行为发生在外商投资法实施之前，但是涉争外商投资企业的股权变更登记不属于外商投资法

第四条所称的负面清单的管理范围的,人民法院应当依照"给予国民待遇"和"内外资一致"的原则,对当事人有关应当征得外商投资企业审批机关同意的主张不予支持。本案中,金鼎公司的经营范围为"房地产开发",案涉股权变更登记不属于负面清单的管理范围,因此,再审申请人的相关申请再审理由不能成立。

**二、再审申请人有关二审法院未考虑正达公司关于案涉股权变更登记的意见,存在错误的主张是否成立**

《最高人民法院关于适用〈中华人民共和国公司法〉若干问题的规定(三)》第二十二条规定:"当事人之间对股权归属发生争议,一方请求人民法院确认其享有股权的,应当证明以下事实之一:(一)已经依法向公司出资或者认缴出资,且不违反法律法规强制性规定;(二)已经受让或者以其他形式继受公司股权,且不违反法律法规强制性规定。"第二十三条规定:"当事人依法履行出资义务或者依法继受取得股权后,公司未根据公司法第三十二条、第三十三条的规定签发出资证明书、记载于股东名册并办理公司登记机关登记,当事人请求公司履行上述义务的,人民法院应予支持。"本案中,根据股东会议纪要、2013年10月20日的《股权确认书》等证据,能够证明被申请人已实际投资并享有金鼎公司20%的股份。被申请人受叶宏滨的委托主持股东会议,与其他股东共同推荐董事,已实际参与公司经营管理活动,行使股东权利。被申请人于2017年6月26日提起本案诉讼,正达公司于2018年10月18日受让叶宏滨名下的金鼎公司股份,根据已经生效的3988号裁定、1220号判决、1463号判决的认定,再审申请人有关二审法院未考虑正达公司意见,存在错误的主张不能成立。

2015年8月,被申请人通过案外人吴丽萍的邮箱发送联系函,要求叶宏滨和金鼎公司依照股东会议纪要办理案涉股权变更登记,再审申请人有关超出诉讼时效的申请再审理由不能成立。正达公司在一审中是没有独立请求权的第三人,案涉股权变更登记不涉及正达公司享有的股权,一审判决也没有判令其承担法律责任,正达公司有关其有权提起上诉的申请再审理由也不能成立。

综上所述,金鼎公司、正达公司的再审申请不符合《中华人民共和国民事诉讼法》第二百条规定的情形。依照《中华人民共和国民事诉讼法》第二百零四条第一款、《最高人民法院关于适用〈中华人民共和国民事诉讼法〉的解释》第三百九十五条第二款规定,裁定如下:

驳回如皋市金鼎置业有限公司、南通正达房地产开发有限公司的再审申请。

审 判 长 杜微科
审 判 员 薛贵忠
审 判 员 汪 军

二〇二一年六月三十日

法官助理 缪 羽
书 记 员 李 璐

# 知识产权

## 河北华穗种业有限公司与武威市搏盛种业有限责任公司侵害技术秘密纠纷案

**【裁判要旨】**

作物育种过程中形成的育种中间材料、自交系亲本等,不同于自然界发现的植物材料,是育种者付出创造性劳动的智力成果,具有技术信息和载体实物兼而有之的特点,且二者不可分离。通过育种创新活动获得的具有商业价值的育种材料,在具备不为公众所知悉并采取相应保密措施等条件下,可以作为商业秘密依法获得法律保护。

育种材料生长依赖土壤、水分、空气和阳光,需要田间管理,权利人对于该作物材料采取的保密措施难以做到万无一失,其保密措施是否合理,需要考虑育种材料自身的特点,应以在正常情况下能够达到防止被泄露的防范程度为宜。制订保密制度、签署保密协议、禁止对外扩散、对繁殖材料以代号称之等,在具体情况下均可构成合理的保密措施。

## 最高人民法院民事判决书

(2022)最高法知民终 147 号

上诉人(一审被告):武威市搏盛种业有限责任公司。住所地:甘肃省武威市凉州区皇台二区公租房第 1 幢 115 号一层商铺。

法定代表人:任新文,该公司总经理。

委托诉讼代理人:梁顺伟,北京市开越律师事务所律师。

被上诉人(一审原告):河北华穗种业有限公司。住所地:河北省张家口市万全区矿机路 3 号。

法定代表人:任文彬,该公司董事长。

委托诉讼代理人:展建军,甘肃正鼎律师事务所律师。

委托诉讼代理人:丁峰,北京市广渡律师事务所律师。

上诉人武威市搏盛种业有限责任公司(以下简称搏盛种业公司)因与被上诉人河北华

穗种业有限公司（以下简称华穗种业公司）侵害技术秘密纠纷一案，不服甘肃省兰州市中级人民法院（以下简称一审法院）于2021年7月15日作出的（2020）甘01知民初61号民事判决，向本院提起上诉。本院于2022年2月7日立案受理后，依法组成合议庭，并于2022年3月4日公开开庭审理了本案。上诉人搏盛种业公司的委托诉讼代理人梁顺伟，被上诉人华穗种业公司的委托诉讼代理人展建军、丁峰到庭参加诉讼。本案现已审理终结。

搏盛种业公司上诉请求：1. 撤销一审判决，改判驳回华穗种业公司的诉讼请求；2. 判令一、二审案件受理费由华穗种业公司负担。事实与理由为：（一）涉案自交系亲本"W68"是杂交种"万糯2000"玉米植物新品种的父本。"万糯2000"作为审定品种，其审定公告记载，该品种于2009年选育而成，以"W67"为母本，以"W68"为父本杂交，上述审定公告披露了"W68"是用万6选系与万2选系杂交后，经自交6代选育而成。因此"W68"已经为公众所知悉，不属于商业秘密。（二）"万糯2000"最早在2014年审定，华穗种业公司自2015年开始一直生产经营"万糯2000"品种，根据种业生产行业常识，华穗种业公司在委托种子繁育公司生产"万糯2000"时，不会免费将"W68"提供给制种的农户，而是先销售给种子繁育公司，再由种子繁育公司销售给农户，一般每斤价格为12元左右。该事实表明，华穗种业公司及其利害关系人已经将"W68"作为产品销售。"W68"是公开销售的产品，就不可能属于商业秘密，不具备商业秘密要求的秘密性。（三）华穗种业公司并没有提供有效证据证明"W68"是其选育的，有权作为自己的商业秘密予以保护，与"W68"具有相同特征特性的繁殖材料已经在多个审定品种上使用，华穗种业公司作为本案原告的主体资格存疑。（四）华穗种业公司并没有采取足够的保密措施防止"W68"为他人知悉。华穗种业公司将"W68"作为产品销售给种子繁育公司用于生产杂交种"万糯2000"，而种子繁育公司则再次将其作为产品加价后销售给村社以及农户种植。华穗种业公司虽然与种子繁育公司签订有保密条款，但种子繁育公司与村社、农户之间并没有保密协议，村社、农户也不对种子繁育公司和华穗种业公司承担保密义务，一审法院仅凭华穗种业公司和一家种子繁育公司存在保密条款，就认定华穗种业公司已经采取了足够的保密措施，与客观事实不符。（五）一审判决对于亲本繁殖材料的保护条件过于宽松，只要权利人声称品种已经审定，并且审定证书记载了相应的亲本繁殖材料名称，就可以无限期、无原则予以保护，会导致无限扩大亲本的保护范围，损害植物新品种保护制度，阻碍植物新品种创新。（六）搏盛种业公司将"W68"用于科研，搏盛种业公司对该亲本种子的取得具有合法依据。一审法院判令搏盛种业公司将其生产的库存"W68"玉米种子全部交付给华穗种业公司，意味着搏盛种业公司没有使用亲本种子从事科研的权利，显然违背《中华人民共和国种子法》（以下简称种子法）和《中华人民共和国植物新品种保护条例》的立法宗旨。

华穗种业公司辩称：一审判决认定事实清楚、适用法律正确，搏盛种业公司的上诉理由不能成立，请求法院驳回上诉、维持原判。（一）"W68"是华穗种业公司的育种家使用万6选系与万2选系作为基础材料，经过多年持续选育最终繁育而成的优良自交系亲本种子，具有优良品质和独特性状特征，不为公众所知悉，能够为华穗种业公司带来经济利益，具有实用性，并被华穗种业公司采取了合理的保密措施。根据《中华人民共和国反不正当竞争法》（以下简称反不正当竞争法）第九条以及《最高人民法院关于审理侵犯商业秘密民事案件适用法律若干问题的规定》第一条的规定，作为华穗种业公司"万糯2000"等杂交品种的亲本材料,"W68"属于技术秘密。(二)搏盛种业公司未能提供其获得"W68"的合法来源的证据,一审法院认定其侵害华穗种业公司的技术秘密正确。(三)搏盛种业公司存在恶意披露华穗种业公司商业秘密的行为,应当加重其赔偿责任。

华穗种业公司向一审法院提起诉讼,一审法院于2020年10月16日立案受理。华穗种业公司起诉请求:1.判令搏盛种业公司立即停止侵害华穗种业公司"W68"玉米自交系亲本种子技术秘密,将库存的"W68"自交系亲本种子交还华穗种业公司;2.判令搏盛种业公司赔偿华穗种业公司经济损失150万元;3.判令搏盛种业公司承担本案的保全费、差旅费、律师费、鉴定费及诉讼费。事实与理由为:"W67"和"W68"是华穗种业公司多年培育而成的优良玉米自交系品种,具有良好的种质品质,华穗种业公司利用"W67"为母本,"W68"为父本培育的"万糯2000"玉米杂交种于2015年11月1日取得植物新品种权,品种权号为CNA20120515.0。华穗种业公司未对外公开"W67""W68"玉米自交系品种,亦未允许任何第三方使用。搏盛种业公司通过不正当手段获取华穗种业公司"W68"玉米自交系品种。华穗种业公司于2020年9月24日申请甘肃省武威市凉州区人民法院(以下简称凉州区人民法院)对搏盛种业公司的"W68"种子样品进行了现场证据保全。搏盛种业公司存在侵害华穗种业公司技术秘密的行为,应当承担相应责任。搏盛种业公司因侵权所得获益及华穗种业公司因侵权遭受损失均难以确定,华穗种业公司参照2015年修订的种子法第七十三条的规定,向搏盛种业公司主张损害赔偿150万元。

搏盛种业公司辩称:搏盛种业公司没有生产"W68"玉米自交系种子,华穗种业公司申请凉州区人民法院保全的是搏盛种业公司试种、研制的"盛甜糯9号"玉米种子。技术秘密是不为公众所知悉,具有商业价值并经权利人采取保密措施的技术信息。华穗种业公司主张其享有植物新品种权的是"万糯2000"玉米品种,但搏盛种业公司并未生产"万糯2000"。"W68"仅是一个虚拟代号,华穗种业公司无证据证明"W68"是国家授权予以保护的植物新品种。华穗种业公司没有证据证明搏盛种业公司侵害了华穗种业公司的技术信息,请求法院驳回华穗种业公司的诉讼请求。

一审法院经审理查明如下事实:"万糯2000"玉米品种于2014年4月18日经上海市农作物品种审定委员会审定为上海市农作物审定品种,于2014年7月25日经河北省农作物品种审定委员会审定为河北省农作物审定品种,于2015年3月6日经广东省农作物品种审定委员会审定为广东省农作物审定品种,于2015年9月2日经原农业部国家农作物品种审定委员会审定为国家农作物品种。以上审定证书均记载"万糯2000"品种来源为"W67"×"W68"。

2015年11月1日,"万糯2000"玉米品种被原农业部授予植物新品种权,品种权申请日为2012年6月11日,育种者为郭少臣、郭英,品种权号为CNA20120515.0,品种权人为河北省万全县华穗特用玉米种业有限责任公司。

2014年1月1日,河北省万全县华穗特用玉米种业有限责任公司制定保密制度,规定公司的育种技术资料、育种样品、育种亲本、繁殖材料等属于公司秘密,不得泄露。2014年1月3日,该公司与郭少臣、郭英、丁守斌、周海分别签订保密协议,约定郭少臣、郭英、丁守斌、周海在任职期间及离职后的一定期间对种子育种方法、育种亲本、用于繁育种子技术材料、繁殖材料等商业秘密进行保密,离职时应将所持有的所有商业秘密资料等物品移交指定人员并办妥相关手续,否则承担违约责任。

2016年8月18日,河北省万全县华穗特用玉米种业有限责任公司经工商登记变更企业名称为"河北华穗种业有限公司"。

2017年1月1日,华穗种业公司制定保密管理制度,规定公司用于开发培育的种子亲本及研发种子样品、研发技术资料、种子繁殖材料等属于公司秘密,需采取相应的保密措施,不得泄露。2017年1月5日,华穗种业公司与郭少臣、郭英、丁守斌、周海分别签订保密协议,约定郭少臣、郭英、丁守斌、周海在任职期间及离职后应保守华穗种业公司的商业秘密,商业秘密包含任职期间执行公司任务或利用公司条件信息完成的技术成果和商业成果。

2020年9月12日,华穗种业公司与案外人甘肃金源种业股份有限公司(以下简称金源种业公司)签订委托繁育合同,繁育玉米种子品种名称为"209"等。合同约定金源种业公司按计划生产的合格种子全部交给华穗种业公司,不得截留和自行销售,否则承担违约责任,金源种业公司对华穗种业公司提供的自交系亲本种子要负责保密,不得向外扩散。2020年11月13日,金源种业公司出具证明记载,委托繁育合同中约定的名称为"209"的玉米品种系"万糯2000"玉米品种。

2020年9月21日,华穗种业公司向凉州区人民法院申请诉前证据保全。2020年9月22日,凉州区人民法院作出(2020)甘0602证保2号民事裁定,对搏盛种业公司繁育的玉米进行取样,对搏盛种业公司持有的委托制种合同、制种面积核算表、抽雄去杂验收表、亲本发放单、制种种子收购数量表、种子付款承诺书、种子收购入库单等证据进行保全。

华穗种业公司向一审法院申请调取凉州区人民法院保全的样品及现场取样的视频。2020年10月21日,一审法院向凉州区人民法院发出(2020)甘01知民初61号协助调取证据函,凉州区人民法院向一审法院邮寄证据保全样品。一审庭审展示证据保全的样品封装在两个档案袋内,内装若干玉米果穗,档案袋封口有凉州区人民法院封条,日期为2020年9月24日,加盖有凉州区人民法院印章。一个档案袋封条处书写"总厂"字样,有执行员及书记员签名,在场人处有"任新文""展建军"签名,取样人处有"潘明财"签名。另一档案袋封条处书写"晒场"字样,有执行员及书记员签名,在场人处有"赵延林"签名,取样人处有"潘明财""展建军"签名。因邮寄档案袋底部均有部分破损,一审法院经双方当事人质证后对档案袋再次进行封贴,并交由双方当事人签字确认。一审庭审中,华穗种业公司申请对封条处书写"总厂"字样的保全样品与"W68"进行品种真实性鉴定。

2021年5月25日,一审法院向农业农村部申请提取"万糯2000"的父本"W68"的标准样品,经农业农村部审核后,一审法院于2021年6月9日向中国农业科学院国家种质保藏中心提取了"万糯2000"的父本"W68"标准样品,并于当日提交北京玉米种子检测中心,与凉州区人民法院证据保全的档案袋封条处书写"总厂"字样的玉米样品进行品种真实性鉴定。北京玉米种子检测中心于2021年6月17日作出BJYJ202100701257号检验报告。该报告记载,待测样品与"万糯2000"的父本"W68"标准样品的比较位点数40,差异位点数0,检验结论为极近似或相同。华穗种业公司支付北京玉米种子检测中心检测费5000元。

一审法院另查明:2020年3月4日,"盛甜糯9号"经甘肃省农作物品种审定委员会审定为甘肃省主要农作物品种，品种来源为"白糯913"×"BS白甜928"，申请者为搏盛种业公司与武威市祥林种苗有限责任公司，育种者为搏盛种业公司。一审庭审中，搏盛种业公司陈述凉州区人民法院保全的玉米种子系"白糯913"，一审法院询问搏盛种业公司是否申请将凉州区人民法院保全的玉米种子与"白糯913"进行品种真实性鉴定，搏盛种业公司表示不申请鉴定。

一审法院认为：在自然界中，不同植物品种之间性状表现的差异性是由不同植物品种所含的不同基因型表达出的遗传信息所决定，该遗传信息的载体为植物品种的繁殖材料。植物新品种是由育种者经过长期培育繁殖改良而成，蕴含了育种者的技术与劳动智慧，植物新品种的繁殖材料是育种者长期劳动智慧的结晶，属于育种者的专有技术信息。因杂交种是由不同亲本杂交配制而来，亲本包含杂交种的遗传信息，亲本的选择与选育是杂交种品种优良性的决定因素。当杂交种被授予植物新品种权后，杂交种的繁殖材料即受植物新品种权保护，而杂交种的亲本，因其包含杂交种的遗传信息，属于技术信息，在符合秘密性等法定条件下属于商业秘密，应当受到保护。本案所涉植物新品种"万糯2000"系玉米杂交种，其父本"W68"及母本"W67"作为"万糯2000"的亲本，属于反不正当竞争法规定的技术信息。一审审理中，没有证据显示"W68"系普通玉米品种，已在行业内被公开，为玉米育种领域的相关人员所普遍知悉，故"W68"玉米品种属于未公开的技术秘密。根据《最高人民法院关于审理侵犯商业秘密民事案件适用法律若干问题的规定》第六条规定，权利人具有签订保密协议或在合同中约定保密义务、通过章程制度提出保密要求等在正常情况下足以防止商业秘密泄露的，应当认定权利人采取了相应的保密措施。本案中，华穗种业公司已经提交证据证明其通过与"万糯2000"玉米植物新品种的育种者、公司高管、委托制种企业签订保密协议，制定公司保密制度等方式对"W68"技术信息采取了保密措施。经鉴定，凉州区人民法院在搏盛种业公司取样的玉米样品即植物新品种"万糯2000"的父本"W68"，搏盛种业公司虽主张该玉米样品系"盛甜糯9号"，但未提交相应证据证明，且不申请鉴定，故对其抗辩理由不予采信。搏盛种业公司作为制种企业，在其生产经营活动中使用华穗种业公司"W68"技术信息，属于使用华穗种业公司技术秘密的行为。搏盛种业公司在诉讼中并不能说明其使用的"W68"技术信息具有合法正当来源，故一审法院采信华穗种业公司关于搏盛种业公司通过不正当手段获取"W68"玉米自交系品种的主张。搏盛种业公司应当承担侵害华穗种业公司技术秘密的相应民事责任。根据《最高人民法院关于审理侵犯商业秘密民事案件适用法律若干问题的规定》第十八条规定，权利人请求判决侵权人返还或者销毁商业秘密载体的，人民法院一般应予支持。故对华穗种业公司主张搏盛种业公司停止侵权，将库存的"W68"玉米种子交还华穗种业公司的诉讼请求予以支持。

关于赔偿数额。考虑"W68"作为"万糯2000"玉米植物新品种的父本，经过多年培育，创新程度较高、研发成本较大，同时作为优良的玉米自交系品种，亦可与其他品种配制新的玉米杂交品种，具有较大的商业竞争优势，能够形成较大的商业价值。搏盛种业公司作为成立近20年的农作物种子生产企业，对其所生产或使用的玉米品种及来源应当知晓，搏盛种业公司使用具有植物新品种权的杂交玉米品种的亲本，主观过错明显，侵权行为性质恶劣，一审法院对华穗种业公司主张搏盛种业公司赔偿150万元经济损失的诉讼请求予以支持。华穗种业公司支付的鉴定费5000元系华穗种业公司维权的合理开支，一审法院予以支持。对华穗种业公司主张的保全费、差旅费、律师费等，因华穗种业公司未提交具体证据证明，且考虑本案已全额支持华穗种业公司的赔偿请求，故对以上维权合理开支，一审法院不再另行酌定支持。

一审法院依照《中华人民共和国反不正当竞争法》第九条第一款第一项、第二项、第十七条，《中华人民共和国民事诉讼法》（2017年修正）第一百五十二条，《最高人民法院关于审理侵犯商业秘密民事案件适用法律若干问题的规定》第一条第一款、第三条、第六条第一项、第二项、第九条、第十八条、第二十条之规定，判决：一、武威市搏盛种业有限责任公司立即停止使用玉米植物新品种"万糯2000"的父本"W68"技术秘密的行为，将库存的"W68"玉米种子交还河北华穗种业有限公司；二、武威市搏盛种业有限责任公司于判决生效之日起十日内赔偿河北华穗种业有限公司经济损失及维权合理开支150.5万元；三、驳回河北华穗种业有限公司的其他诉讼请求。武威市搏盛种业有限责任公司如未按判决指定的期限履行给付金钱义务，应当按照《中华人民共和国民事诉讼法》（2017年修正）第二百五十三条规定，加倍支付迟延履行期间的债务利息。案件受理费18300元，由武威市搏盛种业有限责任公司负担。

本院二审期间，搏盛种业公司向本院提交如下两组新证据：第一组证据为（2022）甘张临公内第112号公证书，拟证明"万糯2000"与"农科糯336"使用了同一个亲本，其亲本属于公共资源。该公证书记载搏盛种业公司提供三个亲本委托张掖国家级玉米种子生产基地种子质量监督检验中心检测，并附四份品种真实性检验报告ZGZ20220122、ZGZ20220123、ZGZ20220124、ZGZ20220125、现场工作记录、现场照片及手机截屏照片、录像光盘。搏盛种业公司主张，根据上述检验报告，亲本1号与亲本2号有26个位点差异，亲本1号与亲本3号有17个位点差异，"万糯2000"是由亲本1号、2号生产的、"农科糯336"是由亲本3号、2号生产的。搏盛种业公司认为，上述检验报告可以证明"万糯2000"的亲本可能是其他人选育，而非华穗种业公司。第二组证据为"农科糯336"的品种审定证书，该品种的亲本组合为"ZN3"×"D6644-2"。结合第一组证据，搏盛种业公司认为存在不同的主体同时选育相同亲本繁殖材料，并以不同名称命名、组培、生产杂交种的事实，"万糯2000"的亲本组合未对外公开亦未允许第三方使用的所谓秘密事实并不存在。

华穗种业公司对此质证认为，搏盛种业公司提交的证据超过了法定举证期限，不属于二审新证据。第一组证据中的公证书所涉三袋散装玉米籽粒没有证据表明其来源，不具有合法性。所涉四份检验报告记载的用两份样品种子和一份对照样品"农科糯336"进行对比，以及用两份样品种子与一份"万糯2000"对照样品进行对比，均不是按照鉴定报告所引用的标准检测方法进行检测。鉴定报告引用的标准是《GB/T 39914—2021 主要农作物品种真实性和纯度SSR分子标准检测玉米》，该标准规定一对一鉴定，而非两个品种的亲本种子混合后与一个品种的杂交种子进行鉴定。鉴定报告不具有合法性。搏盛种业公司在一审程序中陈述法院保全的种子是其自行研制的"盛甜糯9号"的亲本"白糯913"，二审中又主张是"农科糯336"的亲本，前后矛盾，对其在二审程序提交的证据不应采纳。相反，搏盛种业公司提交的鉴定报告足以证明其侵害"W68"商业秘密。根据鉴定报告，亲本1号、亲本2号与"万糯2000"相比无差异，证明搏盛种业公司同时拥有"万糯2000"品种的父本和母本,并用于非法生产"万糯2000"品种。凉州区人民法院证据保全的时间距离搏盛种业公司新提交鉴定报告取样的时间为1年5个月,此时搏盛种业公司还能够使用亲本进行公证和检测,足以证明搏盛种业公司存在通过繁育"W68"亲本自交系获利,也存在直接组配"万糯2000"品种获利,且属于专业侵权公司,侵权行为持续至今。

关于搏盛种业公司提交的上述证据的证明力,本院将结合本案争议问题进行分析认定。

华穗种业公司在二审期间向本院提交了如下4份证据:1.2019年金源种业公司与甘肃省张掖市临泽县板桥镇土桥村村民委员会签订的《甘肃省农作物种子生产合同》。2.2020年金源种业公司与甘肃省张掖市甘州区大满镇柏家沟村村民委员会签订的《甘州区玉米种子生产合同书》。上述两份合同均约定了"将生产的合格种子全部交售给甲方,保证甲方提供的亲本种子(原种)不外流、不自留""违反合同约定的,按《甘肃省农作物种子生产基地管理办法》的有关规定进行处理"。3.《甘肃省农作物种子生产基地管理办法》。该办法第十五条规定:"禁止非合同方种子生产、经营单位和个人与制种农户恶意串通,私留、倒卖亲本(原种)或合同约定种子。"第二十一条规定:"非合同方种子生产、经营单位和个人与制种农户恶意串通,私留、倒卖亲本(原种)或合同约定种子的,由县级以上种子管理部门没收双方取得的种子和违法所得,并分别处以1000元以上1万元以下罚款。"华穗种业公司主张,结合其在一审程序提交的证据和上述3份证据,可以证明华穗种业公司已经对"W68"采取了合理的保密措施。4."万糯2000"的《品种选育报告》。其中记载"万糯2000"品种来源为"W67"×"W68","W68"是用万6选系与万2选系杂交后,经自交6代选育而成。

搏盛种业公司质证认为,对于两份合同的真实性、合法性、关联性予以认可,但是不认可华穗种业公司的证明主张。"万糯2000"自2010年开始生产至今,华穗种业公司仅提交了2016年、2018年、2020年、2021年的《委托繁种合同》,上述合同中"W68"都是按照每公斤10元的价格销售给种子繁育公司的,搏盛种业公司新提交的两份种子生产合同虽然没有注明亲本名称,但也是以每亩80元或每公斤16元销售给农户种植的,既然"W68"已经作价销售,就不属于商业秘密,而是可以交易的产品。两份种子生产合同也不能证明华穗种业公司采取了足够的保密措施,使得保密措施连贯、合理且适当,且从上述两份种子生产合同来看,亲本繁殖材料对于村社或农户并没有采取保密措施。对于《甘肃省农作物种子生产基地管理办法》的真实性、合法性、关联性没有异议,但认为现实中对于村社和农户来讲,亲本是自己购买的,售卖属于正常情况,不能将上述规定认定为华穗种业公司的保密措施。对于《品种选育报告》的真实性无法确认,但是上述报告内容在审定公告时会公开,社会公众均知悉"万糯2000"的品种来源,也均知晓"W68"的选育方法,"W68"的育种技术信息已经没有商业价值。

本案双方当事人对于"万糯2000"品种来源为"W67"×"W68","W68"是用万6选系与万2选系杂交后,经自交6代选育而成的事实无异议,本院经审查予以确认。关于华穗种业公司提交的其他证据的证明力,本院将结合本案争议问题进行分析认定。

一审查明的事实基本属实,本院予以确认。

本院认为,本案被诉侵权行为是经凉州区人民法院于2020年9月21日采取证据保全措施指向搏盛种业公司获取、使用"万糯2000"的亲本"W68"技术信息的行为,应当适用

2019年修正的反不正当竞争法。根据当事人上诉以及答辩情况，本案二审争议焦点在于：华穗种业公司是否有权提起本案侵权之诉；"万糯2000"的亲本"W68"是否符合商业秘密的保护条件；搏盛种业公司是否实施了侵害商业秘密的行为；一审判令将搏盛种业公司生产的库存"W68"玉米种子全部交付给华穗种业公司是否正确。

(一) 关于华穗种业公司是否有权提起本案侵权之诉

搏盛种业公司认为华穗种业公司不能证明其为本案"W68"亲本的权利人，其无权提起本案侵权之诉。对此，本院认为，玉米育种主要包括自交系育种和杂交种育种，在杂交种的选育中，通常以利用杂种优势为主，从选育自交系开始。选育出优良的自交系是选育出优良杂交种的基础。对于玉米自交系的选育而言，一般从玉米单株开始，经过连续多代自交结合选择出具有一致性状以及遗传上相对稳定的自交后代系统，通常需要经过连续5—7代的自交和选择，并通过产量测试从而保证其产量和品质的优势。选育自交系的基本材料可以来自地方品种、各种类型的杂交种综合品种以及经过改良的群体，也可以选择杂交种后代选育出的自交系，采用哪一种基本材料与育种单位所拥有的种质资源基础、育种目标、育种者的经验和技术水平有关。本案中，"万糯2000"品种审定公告记载，"W68"和"W67"组配的"万糯2000"品种的选育人为华穗种业公司，搏盛种业公司亦认可"W68"是在万6选系和万2选系杂交基础上经过自交六代形成的自交系。从华穗种业公司以"W68"作为亲本进行组配选育"万糯2000"，并合法持有"W68"和"W67"组配的"万糯2000"品种，以及"W68"是在万6选系和万2选系杂交基础上经过了长达六代进行自交选择的事实可以推定，选育"W68"的基本材料来源于育种单位华穗种业公司所持有的种质资源，在无相反证据的情况下，结合玉米杂交育种领域常规做法，可以初步证明华穗种业公司为"万糯2000"父本自交系"W68"的育种开发者或权利人。因此，华穗种业公司有权针对"万糯2000"的亲本"W68"提起侵权之诉。

搏盛种业公司在二审程序中提交其自行委托的检验报告以及公证书，拟证明"万糯2000"与案外品种"农科糯336"使用的是同一个亲本，由此主张"万糯2000"的亲本是他人选育，而非华穗种业公司，华穗种业公司作为本案原告的主体不适格，同时认为"W68"属于公共资源。对此，本院认为，"农科糯336"的品种审定公告记载，育种者为北京市农林科学院玉米研究中心，品种来源为"ZN3"×"D6644-2"，搏盛种业公司亦认可该品种的亲本组合为"ZN3"×"D6644-2"，而"万糯2000"的审定公告记载的"万糯2000"的品种来源为"W67"×"W68"。据此比较可初步表明，上述两个品种的育种亲本来源不相同。搏盛种业公司在二审中根据其自行委托的检验报告主张上述两个品种的育种亲本实际相同。但该检验报告为其自行委托有关机构出具的意见，需要对检测程序的合法性、检测方法的科学性以及对照样品的真实性等进行审查。经审查，该检验报告所涉育种亲本样品来源不详。通过杂交种检测育种亲本来源的检验事项与该检验所依据的品种真实性和纯度的检验事项不同。由于该检验报告缺乏来源可靠的检材，且与搏盛种业公司所主张的待证事项之间缺乏关联性，其不能够证明"万糯2000"的亲本"W68"是"农科糯336"的亲本。故该检验报告不具有证明力，本院不予采纳。因此，搏盛种业公司提交的检验报告不能否定品种审定公告记载有关育种来源的事实，不能证明两个不同品种的亲本来源相同，更不能证明"W68"属于公共育种资源。对搏盛种业公司关于华穗种业公司提起本案侵权之诉主体不适格的上诉理由，本院不予支持。

（二）关于"万糯2000"的亲本"W68"是否符合商业秘密的保护条件

根据2019年修正的反不正当竞争法第九条第四款的规定，商业秘密是指不为公众所知悉、具有商业价值并经权利人采取相应保密措施的技术信息、经营信息等商业信息。根据当事人的有关诉辩主张，本案"万糯2000"的亲本"W68"是否符合商业秘密保护条件主要涉及以下具体问题。

1. 关于杂交种的亲本是否属于商业秘密保护的客体

华穗种业公司在本案中仅主张"W68"作为亲本属于商业秘密，并未主张其育种技术为商业秘密。搏盛种业公司在二审开庭审理中认为，只有与亲本相关的育种技术信息才属于反不正当竞争法保护的商业秘密，"W68"作为亲本不属于商业秘密的保护客体。对此，本院认为，作物育种过程中形成的育种中间材料、自交系亲本等，不同于自然界发现的植物材料，其是育种者付出创造性劳动的智力成果，承载有育种者对自然界的植物材料选择驯化或对已有品种的性状进行选择而形成的特定遗传基因，该育种材料具有技术信息和载体实物兼而有之的特点，且二者不可分离。通过育种创新活动获得的具有商业价值的育种材料，在具备不为公众所知悉并采取相应保密措施等条件下，可以作为商业秘密依法获得法律保护。本案"W68"作为"万糯2000"亲本的事实已经证明，其在组配具有优良农艺性状、良好制种产量的杂交种中具备商业价值，具有竞争优势。因此，在其符合不为公众所知悉，并经权利人采取相应保密措施的条件下，可以作为商业秘密获得反不正当竞争法的保护。搏盛种业公司关于只有与亲本相关的育种技术信息才能作为商业秘密保护对象的主张，法律依据不足，不能成立，本院不予支持。

2. "W68"在被诉侵权行为发生时是否不为公众所知悉，具有秘密性

搏盛种业公司上诉称，华穗种业公司及其利害关系人已经将"W68"作为产品销售，华穗种业公司委托种子繁育公司的制种行为导致"W68"成为商品被农民公开销售，因此"W68"不属于商业秘密。对此，本院认为，亲本是育种者最为核心的育种材料，通常不会进行公开买卖销售。育种者通常会委托种子繁育公司扩繁亲本进行制种，但委托制种的行为并非销售亲本的行为。《中华人民共和国民事诉讼法》（2021年修正）第六十七条第一款规定，当事人对自己提出的主张，有责任提供证据。搏盛种业公司主张华穗种业公司将"W68"作为商品进行公开销售，对此有提供证据予以证明的责任，但搏盛种业公司未提交任何证据加以证明。在二审庭审中，搏盛种业公司称可以在市场上随时购买到"W68"种子，但明确拒绝向本院提供销售"W68"种子的主体信息，既难以证明其所称的可以通过市场购买得到的种子即为"W68"种子，又难以证明该购买渠道合法。搏盛种业公司对于其主张"W68"属于公开销售的品种或者"W68"已被推广应用的事实并未举证证明，因此不足以证明"W68"已经脱离了华穗种业公司的控制，处于公众容易获得的状态。

搏盛种业公司上诉认为"万糯2000"的审定公告对"W68"及其来源予以了披露，"W68"已经为公众所知悉，不属于商业秘密。对此，本院认为，"W68"作为商业秘密保护的客体是否为公众所知悉，应当以其是否为所属领域的相关人员普遍知悉和容易获得为标准，同时是否为公众所知悉的对象应当是指具体的技术信息内容，而非只是技术信息的名称

或代号。权利人对育种材料的实际控制是利用其遗传信息进行育种的关键,尚未脱离权利人实际控制、依法采取保密措施的育种材料难以满足为所属领域的相关人员普遍知悉和容易获得的构成要件,即具有秘密性。本案中,"W68"属于不为公众所知悉的育种材料,主要理由如下:

第一,对于选择育种而言,从杂种第一次分离世代开始选株,分别种成株行到以后世代的选育,均是在优良的系统中选择优良单株,直到选出优良一致的品系。为便于考查株系历史和亲缘关系,对各世代中的单株、株系均予以系统的编号。"W68"仅是育种材料的编号,是育种者在作物育种过程中为了下一步选择育种而自行给定的代号,其指向的是育种者实际控制的育种材料。虽然特定编号如"W68"代表了育种者对自然界的植物材料选择驯化形成的特定遗传基因,但是特定遗传基因承载于作物材料中,脱离作物材料本身的代号并不具有育种价值,对育种材料的实际控制才是利用其特定遗传信息的前提。在创造变异、选择变异、固定变异的育种过程中,作物代号仅用于标注遗传信息的来源,只凭借品种审定公告中披露"W68"的名称信息,并不能实际知悉、获得、利用"W68"育种材料所承载的特定遗传信息。由于育种创新的成果体现在植物材料的特定基因中,无法将其与承载创新成果的植物材料相分离,公开该代号并不等于公开该作物材料的遗传信息,在该作物材料未脱离育种者控制的情况下,相关公众无法实际知悉、获得、利用该代号所指育种材料的遗传信息。因此,公开代号的行为并不会导致其所指育种材料承载的遗传信息的公开。

第二,审定公告记载"万糯2000"以"W67"为母本、以"W68"为父本杂交,披露了"W68"是用万6选系与万2选系杂交后,经自交6代选育而成。该事实证明"W68"的育种来源已经被公开,但不能证明"W68"本身属于容易获得的育种材料,丧失了不为公众所知悉的秘密性。首先,万2选系和万6选系作为选育亲本的作物材料,按照育种领域的惯例,是作物育种的核心竞争力,通常育种者并不进行公开销售,公众难以获得。搏盛种业公司并无证据证明万2选系和万6选系属于公共育种资源。而如果没有万2选系和万6选系的育种来源,则难以进行选择育种进而获得稳定的自交系"W68"。其次,杂交育种涉及杂交亲本的选配、杂交技术与杂交方式的确定、杂交后代的选择等育种阶段,需要进行大量的选种制种工作,且杂交的结果并不唯一。在通过杂交创造变异的群体,然后在变异的群体中选择变异,自交后稳定变异,最后形成纯系品种的选育过程中,各世代要经历选择变异和稳定变异的环节。因此,退一步而言,即便能够获得万2选系和万6选系,在选育自交系亲本的过程中,育种者面临对优良单株、株系的选择时,在子代的选择中具有一定程度的不确定性。对于玉米制种而言,即使在公开亲本自交系的选育来源以及作物目标的情况下,不同的育种者得到的纯系品种也不可能完全一致。因此,即便能够利用万2选系和万6选系进行杂交育种,获得的自交系也并不必然是"W68",不能仅从公开"W68"的育种来源推定得出"W68"已为公众所知悉。

第三,搏盛种业公司上诉认为"万糯2000"公开销售的事实导致其亲本"W68"丧失秘密性,主张"W68"可以通过公开销售的"万糯2000"获得。对此,本院认为,尽管玉米杂交种是由其亲本杂交育种获得,但是基于玉米杂交繁育特点和当前的技术条件,从杂交种反向获得其亲本的难度很大。反向获得的难易程度与所付出的成本呈正相关性,需要付出的成本越高则反向获得的难度越高,反向获得的可能性就越小。从已公开销售"万糯2000"

的事实是否可以推定得出其亲本"W68"丧失秘密性，需要审查通过"万糯2000"获取其亲本"W68"的所付出的成本，从而判断是否容易获得。很显然，从子代分离出亲本并培育亲本并非普通育种者不付出创造性的劳动就容易实现。如果不通过对"万糯2000"进行专业的测序、分离，难以获得其亲本，更难以保证获得的亲本与"W68"完全相同。搏盛种业公司也并未提供任何证据证明通过"万糯2000"可以容易获得其亲本"W68"。因此，公开销售"万糯2000"的事实不能当然导致其亲本"W68"为公众容易获得，更不能得出亲本"W68"丧失秘密性的结论。

3. "W68"是否经权利人采取了相应的保密措施

搏盛种业公司上诉认为，华穗种业公司并没有对"W68"采取足够的保密措施，因此不应当作为商业秘密受到保护。对此，本院认为，权利人在被诉侵权行为发生以前采取了合理保密措施，在正常情况下足以防止商业秘密泄露的，人民法院应当认定权利人采取了作为商业秘密法定构成要件的"相应的保密措施"。人民法院认定保密措施时，应当考虑保密措施与商业秘密的对应程度。植物生长依赖土壤、水分、空气和阳光，需要进行光合作用，"W68"作为育种材料自交系亲本，必须施以合理的种植管理，具备一定的制种规模。在进行田间管理中，权利人对于该作物材料采取的保密措施难以做到万无一失。因此，对于育种材料技术信息的保密措施是否合理，需要考虑育种材料自身的特点，对于采取合理保密措施的认定不宜过于严苛，应以在正常情况下能够达到防止被泄露的防范程度为宜。

华穗种业公司在一审中提交了该公司的保密制度以及其与"万糯2000"玉米新品种的育种者、公司高管、委托制种企业签订的保密协议。结合华穗种业公司在二审中提交的证据，经本院审查，对内而言，华穗种业公司内部有保密制度，规定了公司育种技术资料、育种样品以及育种亲本等繁殖材料属于公司秘密，不得泄露，规定了公司相关人员在任职期间以及离职后的一定期间对种子育种方法、育种亲本以及用于繁育种子的技术资料、繁殖材料等商业秘密进行保密，离职时应当将自己持有的所有商业秘密资料等物品移交指定人员并办妥相关手续，否则承担违约责任；对外而言，华穗种业公司与其有委托制种关系的案外人金源种业公司签订的《委托繁种合同》中约定，繁育品种名称予以代号，金源种业公司按计划生产的合格种子全部交给华穗种业公司，不得截留和自行销售，并对华穗种业公司提供的自交系负责保密，不得向外扩散。在金源种业公司委托前述村民委员会制种的繁育合同中，约定亲本种子不外流、不自留。还需要指出的是，在制种基地，相关行政管理部门要求受委托制种的生产者进行备案，备案内容要求完整，特别是要求委托生产合同齐全，品种权属以及亲本来源清晰，生产品种以及面积与合同约定相一致，上述内容属于生产者在履行合同时应当承担的义务，也是制种散户在履行委托制种合同时应当承担的义务。委托育种合同的受托人擅自扩大委托育种合同的生产繁殖规模、私自截留、私繁滥制、盗取亲本的行为均属于违法违规行为。而且，本案并无证据证明"W68"已被受委托制种单位非法披露、扩散。根据《最高人民法院关于审理侵犯商业秘密民事案件适用法律若干问题的规定》第六条的规定，综合考虑杂交育种的行业惯例、繁育材料以代号称之、制种行为的可获知程度等因素，华穗种业公司采取的上述避免亲本被他人非法盗取、获得及不正当使用的保密措施，符合商业秘密法定构成要件的"相应的保密措施"。

综上，"W68"属于反不正当竞争法下商业秘密保护的客体，作为通过育种创新获得的具有育种竞争优势的育种材料，具有商业价值，不为所属领域的相关人员普遍知悉也不容易获得，且经权利人采取了相应的保密措施，符合商业秘密的构成要件，依法应当受到反不正当竞争法的保护。

（三）关于搏盛种业公司是否实施了侵害商业秘密的行为

搏盛种业公司上诉主张被诉侵权种子是其合法取得，用于科研活动的繁殖材料。对此，本院认为，首先，搏盛种业公司对被诉侵权种子是其合法获得或者通过自主繁育取得的主张有责任提供证据证明。对于合法获得的问题，搏盛种业公司未提交"W68"的交易记录或者获得信息，其生产繁殖"W68"所用育种材料的来源无据可查；对于自主繁育问题，如前所述，搏盛种业公司既无证据证明其持有选育"W68"的万2选系和万6选系，也无证据证明其被诉侵权种子是由其他育种选系选育而来。搏盛种业公司不能提供被诉侵权种子的任何购买或自主繁育记录，其关于"W68"是合法取得的上诉主张，缺乏事实依据，本院不予支持。其次，搏盛种业公司主张其种植"W68"属于科研行为，然而，其并没有提交被诉侵权种子与科研育种相关的任何育种计划、育种记录或者委托育种合同。而且，在科研活动中正当利用他人享有权利的繁殖材料进行育种，原则上必须用于科研目的，且不得超出实现科研目的所必需的规模和数量。从搏盛种业公司种植"W68"的规模和数量看，难以符合上述要求。再次，搏盛种业公司有意隐瞒被诉侵权种子的真实信息。搏盛种业公司在一审庭审中对于证据保全的被诉侵权种子主张是"盛甜糯9号"的亲本自交系"白糯913"，二审中又主张是"农科糯336"的亲本。可见，搏盛种业公司有掩饰和隐瞒其扩繁获得被诉侵权种子的不正当行为。综上，搏盛种业公司关于生产繁殖"W68"的行为属于科研行为的上诉主张，缺乏事实依据，本院不予支持。

根据反不正当竞争法第三十二条第一款的规定，在侵犯商业秘密的民事审判程序中，商业秘密权利人提供初步证据，证明其已经对所主张的商业秘密采取保密措施，且合理表明商业秘密被侵犯，涉嫌侵权人应当证明权利人所主张的商业秘密不属于本法规定的商业秘密。本案中，证据保全获得的被诉侵权玉米果穗共两袋，分别标注总厂和晒场，将前者与中国农业科学院国家种质保藏中心的"W68"标准样品进行鉴定，鉴定结果为分子检测位点一致。至此，华穗种业公司已完成证明其权利被侵害的初步举证责任。搏盛种业公司作为被诉侵权方，未能举出有效证据证明"W68"不符合商业秘密的保护条件，相反，其种植获得的被诉侵权种子为"W68"的事实表明其实际生产繁殖了"W68"。搏盛种业公司既不能提交证据证明是通过对"W68"的育种来源合法繁育获得的被诉侵权种子，也不能证明其是自主繁育获得与"W68"相同的被诉侵权种子。综合前述作物选择育种的基本情况，足以认定被诉侵权种子是搏盛种业公司采取不正当手段获取"W68"后扩繁生产而来，该行为属于反不正当竞争法第九条第一款第一项、第二项规定的侵犯商业秘密行为。一审法院关于搏盛种业公司构成侵害商业秘密行为的认定正确，本院予以维持。

需要强调的是，综合运用植物新品种权、专利权、商业秘密等多种知识产权保护手段，构建多元化、立体式的农作物育种成果综合法律保护体系，符合我国种业发展的现状。植物新品种和商业秘密两种制度在权利产生方式、保护条件、保护范围等方面都存在差异，权利人可以根据实际情况选择不同保护方式。在作物育种过程中，符合植物品种权保护条件的育种创新成果，可以受到植物新品种权制度的保护。同时，杂交种的亲本等育种材料符合商业秘密保护要件的，可以受到反不正当竞争法的兜底保护。将未获得植物新品种保护的育种创新成果在符合商业秘密的条件下给予制止不正当竞争的保护，是鼓励育种创新的必然要求，也是加强知识产权保护的应有之义。法律并未限制作物育种材料只能通过植物新品种保护而排除商业秘密等其他知识产权保护，对作物育种材料给予商业秘密等其他知识产权保护不会削弱植物新品种保护法律制度，而是相辅相成、相得益彰的关系。当然，对作物育种材料给予商业秘密保护，并不妨碍他人通过独立研发等合法途径来繁育品种，也并不妨碍科研活动的自由。搏盛种业公司认为一审法院对亲本繁殖材料无限期、无原则的保护会削弱植物新品种保护制度的主张，本院不予认同。

（四）关于一审判令将搏盛种业公司生产的库存"W68"玉米种子全部交付给华穗种业公司是否正确

根据上述分析，搏盛种业公司的有关行为已经构成对华穗种业公司商业秘密的侵害，依法应当承担停止侵害、赔偿损失等民事责任。就本案民事责任承担问题，搏盛种业公司虽上诉请求撤销一审判决，改判驳回华穗种业公司的诉讼请求，但并未对一审判决确定的立即停止侵害和损害赔偿数额的民事责任提出具体的上诉主张和理由，仅对一审判令将搏盛种业公司生产的库存"W68"玉米种子全部交付给华穗种业公司提出异议。在侵权定性成立、被诉侵权人依法应当承担相应侵权责任，而被诉侵权人上诉中并未对立即停止侵害和损害赔偿数额问题提出具体主张和理由，且本院亦未发现一审判决有关内容有明显不妥的情况下，本院对此不再作进一步审查，一审判决的有关认定和处理应予维持。

关于搏盛种业公司生产的库存"W68"玉米种子，如前所述，"W68"作为反不正当竞争法保护的商业秘密，具有技术信息和载体实物兼而有之的特点。《最高人民法院关于审理侵犯商业秘密民事案件适用法律若干问题的规定》第十八条规定："权利人请求判决侵权人返还或者销毁商业秘密载体，清除其控制的商业秘密信息的，人民法院一般应予支持"。一审判令搏盛种业公司将其库存"W68"玉米种子全部交还给华穗种业公司，并无不当。

综上所述，搏盛种业公司的上诉请求不能成立，应予驳回；一审判决认定事实基本清楚，适用法律正确，应予维持。依照《中华人民共和国民事诉讼法》第一百七十七条第一款第一项之规定，判决如下：

驳回上诉，维持原判。

二审案件受理费18300元，由上诉人武威市搏盛种业有限责任公司负担。

本判决为终审判决。

审 判 长　罗　霞
审 判 员　刘晓梅
审 判 员　雷艳珍

二〇二二年十一月二日

法官助理　徐卍超
书 记 员　李思倩

# 上海环莘电子科技有限公司与广东法瑞纳科技有限公司等侵害实用新型专利权纠纷案

**【裁判要旨】**

侵害专利权纠纷案件中,被诉侵权人据以主张现有技术抗辩的现有技术系其本人或者其授意的第三人违反明示或者默示的保密义务而公开的技术方案的,人民法院对其基于该技术方案的现有技术抗辩不予支持。

## 最高人民法院民事判决书

(2020)最高法知民终 1568 号

上诉人(原审原告):上海环莘电子科技有限公司。住所地:上海市徐汇区桂平路 481 号 15 幢 5C8-1 室。

法定代表人:赵为,该公司总经理。

委托诉讼代理人:娄俊,上海市君悦律师事务所律师。

被上诉人(原审被告):广东法瑞纳科技有限公司。住所地:广东省东莞市长安镇长安振安东路 2 号。

法定代表人:房建涛,该公司执行董事和经理。

委托诉讼代理人:黄仁东,广东君熙律师事务所律师。

被上诉人(原审被告):江苏水乡周庄旅游股份有限公司。住所地:江苏省昆山市周庄镇全福路。

法定代表人:朱丽荣,该公司董事长。

委托诉讼代理人:周彬,上海市金茂(昆山)律师事务所律师。

委托诉讼代理人:倪雪晶,上海市金茂(昆山)律师事务所律师。

被上诉人(原审被告):北京镇边网络科技股份有限公司。住所地:北京市平谷区平谷镇府前西街 40 号 205 室。

法定代表人:左秀荣,该公司总经理。

委托诉讼代理人:王道宽,北京市振邦律师事务所律师。

上诉人上海环莘电子科技有限公司(以下简称环莘公司)因与被上诉人广东法瑞纳科技有限公司(以下简称法瑞纳公司)、江苏水乡周庄旅游股份有限公司(以下简称周庄旅游公司)、北京镇边网络科技股份有限公司(以下简称镇边公司)侵害实用新型专利权纠纷一案,不服江苏省苏州市中级人民法院于 2020 年 6 月 24 日作出的(2019)苏 05 民初 177 号民事判决,向本院提起上诉。本院于 2020 年 10 月 9 日立案后,依法组成合议庭,并于 2020 年

12月3日、2021年3月18日询问当事人,上诉人环莘公司的委托诉讼代理人娄俊,被上诉人法瑞纳公司的委托诉讼代理人黄仁东,被上诉人周庄旅游公司的委托诉讼代理人周彬、倪雪晶,被上诉人镇边公司的委托诉讼代理人王道宽到庭参加询问。本案现已审理终结。

环莘公司上诉请求:撤销原审判决;改判支持环莘公司全部诉讼请求;由法瑞纳公司承担一、二审诉讼费用。事实与理由:(一)原审法院认定涉案连接手柄产品(以下简称被诉侵权产品)使用的是现有技术,认定事实和适用法律错误。1. 专利号为201820194071.3号、名称为"一种应用于自动租售终端系统的连接手柄"的实用新型专利(以下简称涉案专利)涉及一种连接手柄。涉案儿童推车租赁设备由童车车身以及童车存储设备(车桩)两部分组成,被诉侵权产品是童车车身的一部分,并未包含在童车存储设备(车桩)之中。环莘公司委托法瑞纳公司生产的仅系童车存储设备(车桩),不涉及童车车身,因此,法瑞纳公司交付的童车存储设备(车桩)不会导致被诉侵权产品所使用的技术方案(以下简称被诉侵权技术方案)被公开。2. 原审法院关于被诉侵权技术方案因相关产品交付承运人运输后即投入市场而被公开之认定有误。法瑞纳公司仅是将《采购合同》项下的产品交付承运人承运,无论法瑞纳公司实际交付承运的产品中是否包含了被诉侵权产品,该产品仍然处于法瑞纳公司或环莘公司的实际控制之下,仍处于生产制造的中间环节,相关产品并未实际进入市场流通领域。而且,环莘公司于2018年2月8日后(晚于涉案专利申请日)才收到法瑞纳公司交付承运的产品。(二)涉案专利技术方案系环莘公司自行研发,与法瑞纳公司无关。根据环莘公司与法瑞纳公司签订的《采购合同》,法瑞纳公司对儿童推车租赁设备负有严格保密义务。法瑞纳公司因其违约公开涉案专利技术方案的行为而获取不正当利益,实质损害了环莘公司的合法权益,有违公平原则与合同约定。

法瑞纳公司辩称:(一)被诉侵权产品系由法瑞纳公司设计和打样,并在涉案专利申请日前,分别于2017年12月16日、2018年1月25日、2018年2月4日三次向环莘公司交付,交付的产品均为"滑槽车桩+蘑菇头手柄"结构,原审法院关于被诉侵权技术方案属于现有技术的认定正确。(二)环莘公司根据《采购合同》第三条的约定认为法瑞纳公司负有保密义务,交付产品在实际运抵环莘公司之前没有公开,不构成现有技术,该主张与环莘公司关于实际交付承运的产品不包括被诉侵权产品的主张相矛盾。(三)被诉侵权技术方案系由法瑞纳公司设计,并应用于法瑞纳公司其他项目的技术方案。环莘公司由于看中了法瑞纳公司的该项技术,抛弃了原合同,转而采购了法瑞纳公司的该项技术,并为此变更了采购产品的价格和交付日期。因此被诉侵权技术方案不属于《采购合同》约定的内容,法瑞纳公司不负有保密义务。(四)法瑞纳公司在涉案专利申请日前已将包括被诉侵权技术方案的产品图片和介绍在须知网上公开,因此被诉侵权产品使用的是现有技术。综上,请求驳回环莘公司的上诉,维持原判。

镇边公司辩称:镇边公司正常购买法瑞纳公司的产品用于周庄旅游景区的经营,无任何侵害知识产权的行为。无论涉案专利技术归属于环莘公司还是法瑞纳公司,镇边公司均不应承担侵权责任。环莘公司阻止镇边公司合法经营并提起诉讼,镇边公司将保留追究赔偿的权利。综上,请求驳回环莘公司的上诉,维持原判。

周庄旅游公司辩称:周庄旅游公司只是提供场地给镇边公司经营,与涉案专利侵权纠纷没有任何联系,请求驳回环莘公司的上诉,维持原判。

环莘公司向原审法院提起诉讼,原审法院于2019年1月22日立案受理,环莘公司起诉请求：1. 周庄旅游公司立即停止侵害环莘公司涉案专利权的行为，停止使用被诉侵权产品；2. 镇边公司立即停止侵害环莘公司涉案专利权的行为，停止使用、许诺销售、销售被诉侵权产品；3. 法瑞纳公司立即停止侵害环莘公司涉案专利权的行为，停止制造、使用、许诺销售、销售被诉侵权产品；4. 周庄旅游公司、镇边公司、法瑞纳公司共同赔偿环莘公司经济损失50万元及维权合理费用20904.3元；5. 本案诉讼费用由周庄旅游公司、镇边公司、法瑞纳公司共同承担。事实与理由：环莘公司系涉案专利的专利权人。周庄旅游公司管理的周庄旅游景区内使用的被诉侵权产品并非环莘公司生产且未经该公司同意使用。另据周庄旅游公司称，被诉侵权产品系镇边公司向法瑞纳公司购买。周庄旅游公司、镇边公司、法瑞纳公司的上述行为侵害了环莘公司的涉案专利权并造成严重经济损失。

周庄旅游公司原审辩称：（一）被诉侵权产品的权利人为镇边公司，周庄旅游公司不具有独立被告主体资格。（二）周庄旅游景区的童车租赁设备具有从外观设计专利、实用新型专利到软件开发的完整授权，不构成侵权。（三）被诉侵权产品具有合法来源，且未落入涉案专利权的保护范围。综上，请求驳回环莘公司的诉讼请求。

镇边公司原审辩称：其系被诉侵权产品的购买使用者，有合法来源，法瑞纳公司具有相应知识产权，镇边公司无侵权故意。

法瑞纳公司原审辩称：（一）该公司在涉案专利申请日前已经制造和销售被诉侵权产品。（二）在涉案专利申请日前，法瑞纳公司已经将被诉侵权产品销售给北京芭玛科技有限公司（以下简称芭玛公司）、杭州袋鼠街软件科技有限公司（以下简称袋鼠街公司），同时也已交付环莘公司，被诉侵权产品已经投放市场。原审庭审中，环莘公司也已承认这一事实，因此被诉侵权产品使用的是现有技术。（三）环莘公司主张50万元的侵权赔偿数额没有法律依据。本案只有一台被诉侵权产品，即便认定侵权，50万元的赔偿数额也过高。

原审法院认定如下事实：

2018年2月5日，环莘公司向国家知识产权局申请涉案专利，并于2018年9月4日获得授权公告。该专利现处有效期内。本案中，环莘公司主张保护涉案专利权利要求1：一种应用于自动租售终端系统的连接手柄，其特征在于：包括与共享件连接的连接部，所述连接部的上端设有蘑菇状的固定部。所述固定部包括识别头和位于所述识别头与所述连接部之间的锁定颈，所述识别头上设有识别标签；所述连接部上设有握持部。说明书部分载明：本实用新型所要解决的技术问题是提供一种结构简单且能实现共享管理的应用于自动租售终端系统的连接手柄。具体实施方式载明：一种应用于自动租售终端系统的连接手柄，包括与共享件连接的连接部。固定部采用圆形蘑菇头的结构，可以方便地把共享件挂到固定桩内，在保证牢固的同时可以方便地使共享件在固定桩内滑动。所述连接部上设有握持部，握持部与连接部形成T形，方便握持。

2018年10月22日，上海市东方公证处依环莘公司申请，在周庄旅游景区内对被诉侵权产品进行证据保全公证，并出具（2018）沪东证经字第18456号公证书。

原审法院经比对，被诉侵权产品具备涉案专利权利要求1的全部技术特征，落入权利要求1的保护范围。法瑞纳公司对于被诉侵权产品与涉案专利权利要求1的技术特征相同无异议，但认为涉案专利技术方案系其设计完成并使用在先，提出先用权抗辩和现有技术抗辩。

原审法院据此进一步查明：

2017年11月17日，袋鼠街公司（甲方）与法瑞纳公司（乙方）签订2017111601号

《合同》一份，载明：甲方从乙方购买产品：共享儿童手推车设备。法瑞纳公司送货单载明：送货日期为 2017 年 12 月 30 日，合同号为 2017111601，产品名称为共享儿童手推车。送货日期为 2017 年 11 月 25 日，合同号为 2017111601，产品名称为共享儿童手推车 3D 打印手柄（带芯片）。

2017 年 10 月 24 日，芭玛公司（甲方）与法瑞纳公司（乙方）签订 2017102401 号《采购合同》一份，载明：甲方向乙方购买共享推车设备三台。

2018 年 2 月 1 日，芭玛公司（甲方）与法瑞纳公司（乙方）签订 2018012901 号《承揽合同》一份，载明：乙方根据甲方在设计和质量方面的要求，完成甲方共享儿童车手柄模具的制作及首期试用产品的生产。承揽产品名称为共享儿童手推车手柄，备注配备 RFID 感应片及二维码，产品外观形状。法瑞纳公司送货单载明：送货日期为 2018 年 4 月 4 日，合同号为 2018012901，产品名称为共享儿童手推车配件（手柄、二维码）。

2017 年 10 月 27 日，环莘公司（甲方、采购人）与法瑞纳公司（乙方、成交人）签订《采购合同》，载明：甲方从乙方购买如下产品：儿童推车租赁设备（车桩）50 台，供货单价 2000 元，总价 10 万元，备注：采用一字直管悬挂方式存放儿童推车。此外，还采购共享雨伞租赁设备（伞桩）、伞柄、物联网卡、共享雨伞扫码借还系统软件、共享儿童推车扫码借还系统软件。产品要求：乙方提供的共享雨伞租赁设备（伞桩）、伞柄、儿童推车租赁设备（车桩）、车手柄，外观颜色、LOGO 需按照甲方提供的颜色及 LOGO 要求进行喷涂。乙方负责雨伞及儿童推车租赁设备的设计，甲方提供儿童推车配合乙方。乙方负责儿童推车手柄的设计及生产，甲方提供儿童推车样品配合乙方。合同金额 145650 元。保密协议：甲乙双方保证对在讨论、签订、执行本合同过程中所获悉的属于对方的且无法自公开渠道获得的文件及资料（包括公司计划、运营活动、技术信息及其他商业秘密）予以保密。未经该资料和文件的原提供方同意，另一方不得向任何第三方泄露该商业秘密的全部或部分内容。乙方对甲方的儿童推车租赁设备知识产权、产品资料、业务模式、软件功能有绝对保密的义务，禁止以任何形式对外传播。知识产权：本合同中甲方采购的儿童推车租赁设备相关的设计意念、产品设计外形、结构、系统软件功能、业务模式为甲方提供，知识产权属甲方所有，乙方不得申请儿童推车租赁设备的相关专利。

2017 年 10 月 17 日，微信名为"环莘-崔钰新"与法瑞纳公司房建涛微信聊天记录显示：2017 年 10 月 17 日，"环莘-崔钰新"称：绿色是伞桩规格，黄色是车桩规格，并发送图片。法瑞纳公司以此佐证其主张的双方 2017 年 10 月 27 日《采购合同》中关于童车租赁设备约定采用一字直管悬挂方式，所使用的手柄为 C 型手柄而非本案被诉侵权产品的蘑菇头手柄。

名称为"法瑞纳-环莘共享……供货合作"的微信群聊天记录显示：2017 年 10 月 30 日，微信名为"环莘周伟宁"称："@房建涛．法瑞纳房总，手柄的设计开始了吗？什么时候可以给我们确认？"……微信名为"法瑞纳吴秀文-商务部"称：我们结构工程师罗工已经接到这个任务的话，他肯定会尽心尽力去完成的。2017 年 11 月 1 日，微信名为"环莘-崔钰新"称：刚才已经和房总沟通好了，儿童推车的手柄由贵方设计，我们负责后续的开模及生产。2017 年 11 月 3 日"法瑞纳吴秀文-商务部"发送设计图片，并称"这是手推车手柄的设计图"。2017 年 11 月 3 日，微信名为"环莘法人赵为"称：技术上咱们共同进行柄的结构改造吧，目前这款还不行。2017 年 11 月 4 日微信名为"环莘周伟宁"称："先让他花十分钟在纸上画下外形,看他的理解是否正确?这个一定要做,别到时发出来不对。"微信名为"法瑞纳吴秀文-商务部"发送设计图片。微信名为"环莘周伟宁":形状对了,继续往前走。跟你们工程师说,手推的杆子尺寸和原车上保持一致。2017年11月6日,微信名为"环莘周伟宁"称:"具体设计文件好了吗?"微信名为"法瑞纳吴秀文-商务部"回复称:"明天过来看看吧。"2017年11月7日,微信名为"法瑞纳罗国云"发送图片。2017年11月9日,微信名为"环莘周伟宁"称:RFID标签采购的钱已经打过去了,希望各位帮忙全力推进。2017年11月10日,微信名为"法瑞纳罗国云"发送产品打样图片。

法瑞纳公司FS2017111401号送货单载明:送货日期为2017年11月14日,收货单位环莘公司,产品名称为花粉伞机、伞柄。法瑞纳公司FS2017121601号送货单载明:送货日期为2017年12月16日,收货单位环莘公司,产品名称为共享儿童手推车1台,合同编号2017102601,备注:配件齐全。法瑞纳公司2018012501号送货单载明:送货日期为2018年1月25日,收货单位环莘公司,产品名称为遛娃宝1台。法瑞纳公司FS2018020502号送货单载明:送货日期为2018年2月5日,收货单位环莘公司,产品名称为遛娃神器20台,合同编号2017102601,备注:有两台在2月4日发出。法瑞纳公司FS2018031401号送货单载明:送货日期为2018年3月14日,收货单位环莘公司,产品名称为儿童推车租赁设备(车桩),合同编号2017102601。2018年5月8日,环莘公司向法瑞纳公司转账35500元,备注:法瑞纳共享儿童推车合同首付款。2018年6月11日,环莘公司向法瑞纳公司转账10000元,备注:第二批采购二期款(部分)。2018年6月22日,环莘公司向法瑞纳公司转账25500元,备注:法瑞纳第二批采购合同尾款。

2017年12月5日,搜狐网发布文章《一台合格的共享遛娃神器(遛娃小车)所具备的功能特点》记载:设备内置(RFID)电子芯片,记录车辆的全部信息,包括车辆配置、出厂时间以及最近一次的详细租车记录,可实现无卡还车功能。

原审法院认为:涉案专利合法有效,应受法律保护。诉讼中经比对,被诉侵权产品包含涉案专利权利要求1的全部技术特征,落入涉案专利权的保护范围。本案主要争议在于法瑞纳公司所提的先用权抗辩、现有设计抗辩能否成立。

(一)关于先用权抗辩

法瑞纳公司主张在涉案专利申请日前,其已经制造与涉案专利技术相同的产品并销售给芭玛公司、袋鼠街公司,但其提交的与袋鼠街公司的合同并未记载产品使用的技术方案,微信聊天记录有相应设计图,但在无其他证据佐证情况下,尚难以据此直接认定合同项下实际交付投入市场的产品使用了涉案专利技术方案;法瑞纳公司提交的2017年10月24日与芭玛公司签订的合同未披露共享推车设备所使用的技术方案,提交的2018年2月1日与芭玛公司签订的承揽合同记载了产品设计图,但仅有正面外观设计图,未完整披露所使用的技术方案,即便合同备注载明配备RFID感应片,但未披露识别标签位置技术特征;其次,即便在与袋鼠街公司、芭玛公司签订的合同项下,法瑞纳公司制造和销售了与涉案专利相同的产品,在案证据显示涉案蘑菇头手柄的设计图亦是在其与环莘公司履行《采购合同》过程中所形成的,而依照合同约定,法瑞纳公司对环莘公司的儿童推车租赁设备知识产权、产品资料、业务模式、软件功能有绝对保密的义务,故在违反合同约定情况下,其主张在芭玛公司、袋鼠街公司合同项下的使用亦不构成在先使用。故法瑞纳公司的先用权抗辩不能成立。

(二)关于现有技术抗辩

法瑞纳公司提交证据表明在《采购合同》项下,其于2017年12月16日、2018年1月25日、2018年2月4日三次向环莘公司交付了使用被诉侵权技术方案的产品,对此尽管环莘公司不予认可,认为仅是外形相似,但首先,双方微信群聊天记录表明在履行该合同中,双方已就涉案专利有关的技术方案进行了详细论证,2017年11月7日的设计图、2017年11月10日的产品实物图,清楚揭示了涉案专利的技术特征;其次,环莘公司在诉讼中认可法瑞纳公司前述发货产品用于自动租售终端系统,前述送货单中亦均明确记载了采购合同编号,故综合在案证据可以认定在前述送货单项下,法瑞纳公司交付了使用被诉侵权技术方案的产品,在法瑞纳公司无证据表明其要求环莘公司针对运输中产品采取保密措施情况下,可以推定被诉侵权技术方案于2018年2月4日相关产品交付承运人运输后即因投入市场而被公开,法瑞纳公司的现有技术抗辩成立。据此,环莘公司主张法瑞纳公司、周庄旅游公司、镇边公司实施了侵害涉案专利权的行为无法律依据。

原审法院依照2008年修正的《中华人民共和国专利法》(以下简称专利法)第二十二条第五款、第六十二条、第六十九条第一款第二项、《最高人民法院关于审理侵犯专利权纠纷案件应用法律若干问题的解释》第十五条第一款之规定,于2020年6月24日作出(2019)苏05民初177号民事判决,判决如下:驳回上海环莘电子科技有限公司的诉讼请求。一审案件受理费9009元,由环莘公司负担。

二审期间,环莘公司向本院提交了下列证据:

证据1:环莘公司与案外人永康市涵创模具加工厂(以下简称涵创加工厂)签订的《遛娃车车柄模具制作合同》及对应的付款凭证。内容为环莘公司委托涵创加工厂制作遛娃车车柄模具,合同金额为11100元,约定由环莘公司向涵创加工厂提供2D、3D图档等相关资料,合同从双方签订起生效,开模周期15天。落款日期为2017年11月12日。付款凭证显示环莘公司于2017年11月15日、2018年1月4日分别转账5500、5600元给徐勇达,其中第二次付款凭证中注明为"开模尾款"。

证据2:微信聊天记录。环莘公司主张聊天记录中的"伟宁"为环莘公司员工,"Aa阿达(涵创塑料模具制造)"为涵创加工厂工作人员。"伟宁"于2017年11月7日向"Aa阿达(涵创塑料模具制造)"发送了体现涉案专利全部技术特征的车柄图片。

上述证据1、2拟证明环莘公司委托案外人涵创加工厂制作遛娃车车柄模具,因此涉案专利技术方案并非由法瑞纳公司完成,更非法瑞纳公司制造,法瑞纳公司不可能就涉案专利产品向环莘公司交付。

证据3:环莘公司与案外人永康市宜源工贸有限公司(以下简称宜源公司)签订的《遛娃车采购及改造服务合同》及对应的付款凭证。内容为环莘公司提供遛娃车车柄模具,由宜源公司按模具生产遛娃车车柄并适配到环莘公司提供的遛娃车推车杆上。拟证明环莘公司委托案外人宜源公司制造涉案专利产品,因此涉案专利技术方案并非法瑞纳公司研发,法瑞纳公司也未为此制造遛娃车车柄,法瑞纳公司不可能就涉案专利产品向环莘公司交付。

证据4:环莘公司与专利代理公司的微信聊天记录及相应图片。

证据5:环莘公司在微信聊天记录中发给专利代理公司的涉案专利技术交底书。

上述证据4、5拟证明涉案专利技术方案是环莘公司与专利代理公司在探讨过程中形成的,并非由法瑞纳公司研发,法瑞纳公司不可能就涉案专利产品向环莘公司交付。

证据6:广州知识产权法院(2019)粤73知民初783号、(2019)粤73知民初1211号、(2019)粤73知民初1212号民事判决书。拟证明法瑞纳公司在与环莘公司的合作中恶意抢先申请专利,经环莘公司提起专利权权属诉讼,广州知识产权法院已经判决三案中由法瑞纳公司抢先申请的专利权归属于环莘公司。

证据7:百世快运的邮单复印件及邮单查询、聊天记录。邮单号为10695496033号,寄送人为"周",收件人为"马庆勇",收件地址为"山东聊城湖南路摩天轮观乐城售票中心",物品栏记载"共享雨架",件数"1件",包装"木箱"。查询记录显示2018年2月4日该快件由广东省东莞市长安镇沙头发出,于2月8日被签收。拟证明法瑞纳公司于2018年2月4日交付承运的产品不包括涉案专利产品,而是共享雨架,且产品在运输中严格包装,不构成现有技术。

证据8:须知网网页打印件。该网页显示登录须知网网页(http://www.xuzhi.net/d198/15030620.html)后,仅显示文字而无图片。

证据9:360搜索结果网页打印件。该网页显示通过360搜索"共享遛娃小车",搜索结果中未见法瑞纳公司主张的须知网文章及图片。

上述证据8、9拟证明法瑞纳公司主张的须知网文章并无相关图片,未公开被诉侵权技术方案,不构成现有技术。

证据10:国家知识产权局于2021年1月6日作出的第47424号无效宣告请求决定(以下简称第47424号决定)。该决定系针对法瑞纳公司就涉案专利提出的无效宣告请求作出。该决定记载,无效宣告程序中,国家知识产权局组织双方当庭演示了须知网的发帖及修改网帖内容再发布的过程,国家知识产权局对上述网帖内容的真实性以及公开日期予以认可,认为该证据可以作为评价涉案专利新颖性的现有技术。该决定认定:涉案专利权利要求1请求保护的技术方案具备新颖性。拟证明涉案专利权效力稳定。

法瑞纳公司质证意见:对证据1—5的真实性、合法性、关联性均不予认可。即使环莘公司委托案外人制造模具和手柄,也不能证明法瑞纳公司没有交付包含涉案专利技术方案的产品,无法达到其证明目的。法瑞纳公司最早向环莘公司发送显示涉案专利技术图片的时间为2017年11月7日,早于环莘公司委托案外人开模的时间。在案证据可以间接证明法瑞纳公司每次交付均包括被诉侵权产品。认可证据6的真实性,但上述判决并非生效判决。不认可证据7与本案的关联性。认可证据8—10的真实性,但并不能据此推翻法瑞纳公司主张的事实。法瑞纳公司已就证据10的无效决定提起行政诉讼,该无效决定并未生效。

镇边公司、周庄旅游公司质证意见:上述证据的形成时间均早于原审判决,不属于二审新证据,且与本案缺乏关联性。

本院认证意见:根据证据本身的形式并结合法瑞纳公司、镇边公司、周庄旅游公司的质证意见,对证据1—10的真实性予以确认。证据1—3虽可以证明环莘公司委托案外人制作涉案专利产品的模具,并根据模具制造产品。但上述证据不足以否定法瑞纳公司曾基于双方的合同关系制造涉案专利产品并邮寄给环莘公司,故环莘公司提交的证据1—3不足以达到其证明目的。关于证据4—5,环莘公司与专利代理机构的沟通记录及技术交底书,与法瑞纳公司是否制造并向环莘公司邮寄涉案专利产品缺乏关联性。证据6并未涉及涉案专利,与本案侵权认定并无直接关联。证据7邮单的收件人、寄件人、收件地址等信息与原审法院查明的法瑞纳公司于2018年2月4日向环荸公司邮寄的快递缺乏直接的对应关系，不足以达到其证明目的。证据8—9的网页打印件虽未显示相关图片，但国家知识产权局在无效宣告程序中对相关网页内容进行现场演示，且法瑞纳公司据此提供了须知网客服对此问题的答复，该答复具有一定合理性，故环荸公司提交的证据8、9不足以达到其证明目的。证据10系国家知识产权局作出的无效决定，对其真实性、合法性及证明目的予以确认。

二审中，法瑞纳公司亦向本院提交了三份证据：

反证1：（2020）粤莞南华第4872号公证书。2020年4月20日，法瑞纳公司代理人杨小慧委托广东省东莞市南华公证处对须知网（网址 http://www.xuzhi.net/d198/15030620.html）浏览过程进行公证，公证网页显示文章题目为《共享遛娃小车系统，崇左共享遛娃小车，法瑞纳共享遛娃小车》，发布时间及主体显示为：2017-12-5 12:08:07，广东法瑞纳科技有限公司。该文章简要回顾了共享儿童推车的发展过程，并介绍了共享儿童推车的模式以及法瑞纳公司情况。该证据内容与第47424号决定中的证据1-1相同。

反证2：（2020）粤莞南华第13799号公证书。2020年8月3日，法瑞纳公司代理人杨小慧委托广东省东莞市南华公证处通过www.so.com网页搜索"共享遛娃小车"，在显示的搜索结果中点击"共享遛娃小车系统，崇左共享遛娃小车，法瑞纳共享遛娃小车（须知网）"，显示的页面与反证1内容一致。

上述反证1、2拟证明被诉侵权技术方案在申请日前已通过互联网为公众所知，属于现有技术。

反证3：国家知识产权局于2020年5月6日作出的《无效宣告请求受理通知书》，决定对涉案专利的无效宣告请求予以受理。拟证明涉案专利权效力不稳定。

环荸公司质证意见：上述反证系二审庭后提交的证据。对反证1、2的真实性、关联性均不予认可。经网页查询，浏览相关网页显示的页面仅有文字，并未见图片，故两份证据存在伪造可能。即使真实，该网页显示的图片也是平面图，并未公开被诉侵权技术方案的全部技术特征，特别是图片上各个部件并没有文字介绍，本领域技术人员即使看到也无法与被诉侵权技术方案的各个部件产生一一对应关系。特别是，法瑞纳公司曾以该份证据作为对比文件提起无效宣告请求，国家知识产权局作出的第47424号决定明确认定反证1、2未公开涉案专利权利要求1的技术方案。对反证3的真实性予以认可，但是第47424号决定已经维持涉案专利权有效。

镇边公司、周庄旅游公司质证意见：认可上述证据的真实性、合法性。

本院认证意见：反证1、2系公证书，在无相反证据推翻该公证书所记载内容的情况下，本院对该证据的形式和内容的真实性予以确认。反证3系国家知识产权局作出的文件，对其真实性、合法性予以确认。关于上述证据是否能够达到法瑞纳公司的证明目的，将结合全案事实予以综合认定。

原审查明的事实基本属实，本院予以确认。

本院另查明，广州知识产权法院于2019年6月24日立案受理环荸公司与法瑞纳公司就专利号为201820489897.2、名称为"共享儿童推车车桩"实用新型专利权权属纠纷一案，并判决该专利权归环荸公司所有。2020年11月20日，本院作出（2020）最高法知民终1008号民事判决（以下简称1008号判决），驳回上诉，维持原判。该判决认定："结合涉案合同知识产权条款的字面意思,相关合同条款应理解为涉案合同涉及的儿童推车租赁设备及相关设计的专利权归属于环莘公司。""法瑞纳公司对环莘公司的儿童推车租赁设备的知识产权、产品资料、业务模式、软件功能负有保密义务。"

还查明,2018年5月7日,镇边公司(甲方)与法瑞纳公司(乙方)签订2018050701号《买卖合同》一份,载明:甲方向乙方采购共享儿童推车设备及儿童推车软件程序。其中,购买共享儿童推车设备50台,单价3500元,总价175000元;购买儿童推车软件程序1套,单价为20000元。2018年12月5日,法瑞纳公司向镇边公司出具确认书一份,载明:"兹确认贵司从我司处购买的外观设计专利产品——共享儿童手推车设备(专利号:ZL201730601817.9)、共享儿童手推车手柄(专利号:ZL201730603149.3)、共享儿童推车车桩(专利号:ZL201820489897.2)、共享遛娃车分时租赁系统V1.0(计算机软件著作权登记证书登记号:2018SR436374)(具体购买情况以双方实际交易为准)可以运用到贵司运营的花粉共享儿童推车上。本确认书在贵司向我司购买上述外观专利产品期间均有效。"

本案为侵害发明专利权纠纷,因被诉侵权行为发生在2009年10月1日以后、2021年6月1日前,故本案应适用2008年修正的专利法。本院认为,结合本案案情及各方当事人的诉辩意见,本案二审的争议焦点为:法瑞纳公司交付承运的产品是否包括被诉侵权产品;法瑞纳公司主张的现有技术抗辩能否成立;本案法律责任的承担。

(一)关于法瑞纳公司交付承运的产品是否包括被诉侵权产品的问题

环莘公司上诉主张,其委托法瑞纳公司制造的仅系童车存储设备(车桩),不包括被诉侵权产品,因此法瑞纳公司交付承运的产品不包括被诉侵权产品。对此,本院认为:

首先,根据原审法院查明的事实,在法瑞纳公司与环莘公司签订的《采购合同》项下,双方就涉案专利手柄技术方案进行了详细论证。2017年11月7日和10日,双方在工作微信群中先后发送了儿童推车的效果设计图和产品实物图,该图片已清楚揭示了被诉侵权技术方案。随后,法瑞纳公司先后三次向环莘公司交付了儿童推车产品。原审法院据此认定法瑞纳公司向环莘公司交付了使用被诉侵权技术方案的产品。其次,环莘公司二审提交的证据1—5只能证明环莘公司曾经委托案外人制作涉案专利产品模具,并根据模具制造产品,以及涉案专利由环莘公司委托专利代理公司申请等事实,并不能证明法瑞纳公司交付承运的产品中不包括被诉侵权产品。而环莘公司二审提交的证据7虽然记载交付承运的物品为"共享雨架",但是该邮单信息与原审查明的送货单缺乏对应关系,不能证明法瑞纳公司交付承运的产品不包括被诉侵权产品。因此,环莘公司二审提交的前述证据不足以推翻原审认定的事实,在案证据可以证明法瑞纳公司已根据双方合同约定向环莘公司交付了被诉侵权产品。原审法院的相关认定正确,本院予以维持。环莘公司的该项上诉主张,本院不予支持。

(二)关于法瑞纳公司主张的现有技术抗辩能否成立的问题

专利法第六十二条规定:"在专利侵权纠纷中,被诉侵权人有证据证明其实施的技术或者设计属于现有技术或者现有设计的,不构成侵犯专利权。"第二十二条第五款规定:"本法所称现有技术,是指申请日以前在国内外为公众所知的技术。"由此可见,现有技术成立的前提是该技术在涉案专利申请日前处于为公众所知的状态。

本案中,法瑞纳公司对于被诉侵权产品包含涉案专利权利要求1的全部技术特征、落入涉案专利保护范围并无异议。其对于不侵权抗辩的主要理由是被诉侵权产品使用的是现有技术,具体包括两项:一是法瑞纳公司在须知网公开的文章及图片导致被诉侵权技术方案为公众所知;二是法瑞纳公司将涉案儿童推车租赁设备交付承运导致被诉侵权技术方案为公众所知。

1. 关于法瑞纳公司在须知网公开的文章及图片是否导致被诉侵权技术方案为公众所知。

现有技术抗辩制度一方面可以防止社会公众遭受不当授权的专利权人提出的侵权诉讼的侵扰,在无效宣告行政程序之外提供更为便捷的救济措施;另一方面,其也为善意使用现有技术的社会公众提供一种稳定的合理预期,可以对自身行为进行合理预测和评价。就前者而言,不当授权的专利显然不应获得法律保护,社会公众可以自由使用该项技术。对后者而言,不论被诉侵权产品是否落入涉案专利的保护范围,只要行为人使用的是现有技术,即可以合法使用。因此一般情况下,只要是属于申请日以前在国内外为公众所知的技术(包括但不限于通过公开出版、公开使用方式公开的技术),均可以作为被诉侵权人提出现有技术抗辩的依据。

但是,民事主体从事民事活动,应当遵循诚信原则,同时不得违反法律和公序良俗,这是民法的基本原则。作为一项民事诉讼中的侵权抗辩事由,现有技术抗辩的行使也应遵循上述民法基本原则,被诉侵权人在有关抗辩事由中应当是善意或者无过错的一方,任何人不能因自身违法或不当行为而获得利益。如果被诉侵权人主张现有技术抗辩的现有技术,系由其本人或者由其授意的第三人违反明示或者默示保密义务而公开的技术方案,则该被诉侵权人不得依据该项现有技术主张现有技术抗辩,否则将使得被诉侵权人因自身违法公开行为而获得利益,明显违反民法基本原则和专利法立法精神。

本案中,根据环莘公司与法瑞纳公司于2017年10月27日签订的《采购合同》的约定,环莘公司采购的儿童推车租赁设备及相关设计的专利权属于环莘公司,且法瑞纳公司对儿童推车租赁设备的知识产权、产品资料、业务模式、软件功能负有保密义务。据此,法瑞纳公司在须知网公开文章及图片的行为属于违反合同保密义务的披露行为。法瑞纳公司未经专利权人环莘公司同意而公开涉案专利技术方案,违反合同义务,其行为具有违法性和可责难性,基于前述有关民法基本原则,其不能依据该项现有技术主张现有技术抗辩。法瑞纳公司二审提交的相关反证不能用于支持其所主张的现有技术抗辩,本院对此不予支持。

2. 关于法瑞纳公司将涉案儿童推车租赁设备交付承运是否导致被诉侵权技术方案为公众所知。

根据"谁主张谁举证"的原则,法瑞纳公司主张其交付承运的产品使得被诉侵权技术方案公开,其就应当对交付承运导致被诉侵权技术方案为公众所知的状态承担举证责任。但是本案中,法瑞纳公司没有证据证明其交付承运的产品处于公众想获知就能够获知其技术内容的状态。

首先,法瑞纳公司作为寄件人,并未提交证据证明涉案产品交付承运时处于何种包装状态,即没有证据证明其交付承运的产品未经密封包装而处于随时可见的状态;亦未证明儿童手推车类产品在交付承运时通常采用不包装或者透明材料包装的方式。故原审法院以环莘公司无证据表明其要求法瑞纳公司对运输中产品采取保密措施而推定相关产品处于公开状态,既不符合民事举证规则,也缺乏合理性。

其次,即使法瑞纳公司交付承运的产品未经密封包装,也不能就此认为其处于公众想获知就能够获知其技术内容的状态。一般而言,产品只有进入市场销售环节,才可以推定为公众所知。运输、仓储等过程一般相对封闭,在运输、仓储等过程中,产品并不处于公众可以自由接触或观察的状态，并非公众想获知就能够获知。而负责运输、仓储的人员，即使对于交付运输、仓储的产品有所接触、甚至对所涉产品的技术方案有一定了解，因其对产品负有法定或者约定的保管、看护义务，也不能认定其属于专利法上的公众，除非有相反证据证明在这一过程中，存在着针对不特定人员的对外展示、宣传等公开产品及其技术内容的事实。本案中，法瑞纳公司提供的证据不能证明在承运过程中，承运人员存在针对不特定人员的对外展示、宣传等披露产品及其技术内容的行为，进而使得涉案产品及其技术内容处于公众想获知就能够获知的状态。

因此，法瑞纳公司将相关产品交付承运并未导致被诉侵权技术方案为公众所知，原审法院关于相关产品交付承运人运输后即因投入市场而导致被诉侵权技术方案被公开的认定有所不当，本院予以纠正。

综上，法瑞纳公司主张的两项现有技术抗辩均不能成立，环莘公司的相关上诉主张成立，本院予以支持。

(三) 关于法律责任的承担问题

1. 关于法瑞纳公司应承担的民事责任。

如前所述，法瑞纳公司制造、销售被诉侵权产品的行为侵害了环莘公司的涉案专利权，环莘公司关于请求法瑞纳公司停止制造被诉侵权产品及赔偿损失的请求应予支持。但在案证据不能证明法瑞纳公司存在使用、许诺销售被诉侵权产品等侵权行为，对环莘公司的该项诉请，本院不予支持。

2. 关于镇边公司、周庄旅游公司应承担的民事责任。

首先，在案证据不能证明镇边公司存在销售、许诺销售被诉侵权产品的侵权行为，故对环莘公司要求镇边公司停止销售、许诺销售被诉侵权产品的主张，本院不予支持。

其次，根据镇边公司提交的该公司与法瑞纳公司签订的《买卖合同》以及法瑞纳公司向镇边公司出具的确认书，可以证明镇边公司使用的被诉侵权产品来源于法瑞纳公司。同时，根据上述确认书中关于外观设计专利权的授权内容，可以进一步证明镇边公司在本案中已尽合理注意义务、并无侵权故意。故结合在案证据，镇边公司的合法来源抗辩具有事实和法律依据，其可以不承担赔偿损失的民事责任，且因其支付了合理对价，根据《最高人民法院关于审理侵犯专利权纠纷案件应用法律若干问题的解释（二）》第二十五条之规定，其亦无须承担停止使用被诉侵权产品的民事责任。基于相同事实和理由，周庄旅游公司的合法来源抗辩亦成立，其亦无须承担停止使用被诉侵权产品和赔偿损失的民事责任。对环莘公司的相应主张，本院不予支持。

3. 关于经济损失和合理开支。

专利法第六十五条规定："侵犯专利权的赔偿数额按照权利人因被侵权所受到的实际损失确定；实际损失难以确定的，可以按照侵权人因侵权所获得的利益确定。权利人的损失或者侵权人获得的利益难以确定的，参照该专利许可使用费的倍数合理确定。赔偿数额还应当包括权利人为制止侵权行为所支付的合理开支。权利人的损失、侵权人获得的利益和专利许可使用费均难以确定的，人民法院可以根据专利权的类型、侵权行为的性质和情节等因素，确定给予一万元以上一百万元以下的赔偿。"

本案中，在案证据不能证明环莘公司因法瑞纳公司侵权所受到的实际损失或者法瑞纳公司的侵权获利，本案亦缺乏可供参考的专利许可使用费。本院将根据环莘公司的诉讼主张,在综合考虑涉案专利的类型、被诉侵权行为的性质、侵权情节等因素的基础上合理确定赔偿数额。具体来说,本院考虑了以下几方面因素:1. 涉案专利的类型为实用新型;2. 被诉侵权行为发生在旅游景区,人员往来频繁;3. 法瑞纳公司与环莘公司在双方签订的采购合同中,已对儿童推车租赁设备的知识产权归属及保密义务作出明确约定,在此情形下,法瑞纳公司仍然违背民法基本原则和合同保密义务,在互联网上公开了涉案儿童推车租赁设备的图片及功能等信息,并将此作为主张现有技术抗辩的证据。在综合考虑上述因素的情况下,本院对环莘公司主张的经济损失50万元予以全额支持。

关于合理开支,环莘公司为本案诉讼支付的公证费、律师费客观存在,且有相应证据予以佐证,故对其合理开支20904.3元予以全额支持。虽然镇边公司、周庄旅游公司的合法来源抗辩成立,但合法来源抗辩仅是免除赔偿责任的抗辩,而非不侵权抗辩。合法来源抗辩成立,并未改变使用被诉侵权产品这一行为的侵权性质,而维权合理开支系基于侵权行为而发生,故在合法来源抗辩成立的情况下,镇边公司、周庄旅游公司仍须与法瑞纳公司共同承担环莘公司就本案诉讼支付的合理开支。

综上,环莘公司的上诉请求部分成立。依照2008年修正的《中华人民共和国专利法》第二十二条第五款、第六十二条、第六十五条、第七十条,《最高人民法院关于审理侵犯专利权纠纷案件应用法律若干问题的解释(二)》第二十五条,《中华人民共和国民事诉讼法》第一百七十条第一款第二项之规定,判决如下:

一、撤销江苏省苏州市中级人民法院(2019)苏05民初177号民事判决;

二、广东法瑞纳科技有限公司立即停止侵害第201820194071.3号、名称为"一种应用于自动租售终端系统的连接手柄"实用新型专利权的行为,即立即停止制造、销售被诉侵权产品;

三、广东法瑞纳科技有限公司于本判决书生效之日起十日内赔偿上海环莘电子科技有限公司经济损失50万元及合理开支20904.3元。北京镇边网络科技股份有限公司、江苏水乡周庄旅游股份有限公司对其中合理开支20904.3元承担连带责任;

四、驳回上海环莘电子科技有限公司的其他诉讼请求。

如果未按本判决指定的期间履行给付金钱义务,应当依照《中华人民共和国民事诉讼法》第二百五十三条之规定,加倍支付迟延履行期间的债务利息。

一审案件受理费9009元,二审案件受理费9009元,均由广东法瑞纳科技有限公司负担。

本判决为终审判决。

审　判　长　张晓阳
审　判　员　傅　蕾
审　判　员　何　隽

二〇二一年七月九日

法官助理　宾岳成
书　记　员　谢思琳

# 北京派尔特医疗科技股份有限公司与深圳市科烸芯科技有限公司技术开发合同纠纷案

**【裁判要旨】**

在双务合同纠纷案件中，双方互负对待给付义务，一方因对方违约未实际履行己方对待给付义务，但请求对方履行义务的，人民法院不宜仅基于请求方未履行对待给付义务而径行驳回其诉讼请求。为实现双方订立合同的目的，可依据案件事实判决双方互为对待给付义务。

## 最高人民法院民事判决书

（2021）最高法知民终 887 号

上诉人（原审原告）：北京派尔特医疗科技股份有限公司。住所地：北京市昌平区科技园区火炬街 28 号 1 号楼三层。

法定代表人：曲超，该公司董事长。

委托诉讼代理人：刘立波，男，该公司员工。

委托诉讼代理人：黄海鸣，北京市金杜律师事务所律师。

被上诉人（原审被告）：深圳市科烸芯科技有限公司。住所地：广东省深圳市宝安区燕罗街道山门社区燕罗安信大厦 713。

法定代表人：张颖，该公司总经理。

委托诉讼代理人：谭剑波，男，该公司员工。

委托诉讼代理人：张其函，北京市万商天勤律师事务所律师。

上诉人北京派尔特医疗科技股份有限公司（以下简称派尔特公司）因与被上诉人深圳市科烸芯科技有限公司（以下简称科烸芯公司）技术开发合同纠纷一案，不服北京知识产权法院（以下简称原审法院）于 2020 年 12 月 15 日作出的（2019）京 73 民初 1716 号民事判决，向本院提起上诉。本院于 2021 年 4 月 26 日立案后，依法组成合议庭，于 2021 年 6 月 15 日、9 月 24 日进行了两次询问。诉讼中，上诉人派尔特公司将原委托诉讼代理人北京五辰律师事务所范新梅律师变更为黄海鸣，被上诉人科烸芯公司将原委托诉讼代理人北京慧诚智道知识产权代理事务所（特殊普通合伙）专利代理师李楠变更为谭剑波。上诉人派尔特公司的委托诉讼代理人刘立波参加了两次询问，范新梅参加了第一次询问，黄海鸣参加了第二次询问。被上诉人科烸芯公司的委托诉讼代理人张其函参加了两次询问，谭剑波参加了第二次询问。本案现已审理终结。

派尔特公司上诉请求：1. 撤销原审判决；2. 改判科烸芯公司将名称为"一种手术吻合

器及其控制方法",申请号为201811480727.9(以下简称涉案专利申请)的发明专利申请权转移至派尔特公司名下;3.改判科烸芯公司支付派尔特公司违约金6100元;4.改判科烸芯公司赔偿派尔特公司经济损失7750.24元;5.改判科烸芯公司承担派尔特公司律师费10万元、公证费4212元;6.一、二审诉讼费用由科烸芯公司承担。事实和理由:(一)原审法院认定派尔特公司不能证明科烸芯公司未通过验收错误,应对实际交付的设计资料是否符合约定进行审查。科烸芯公司在《关于〈吻合器电控系统开发设计资料验收报告〉的复函》(以下简称复函)中称已经按照约定提供了资料,但是派尔特公司基于2019年2月13日提供的资料进行验证验收形成的《吻合器电控系统开发设计资料验收报告》(以下简称设计资料验收报告)结论为"验收不通过",科烸芯公司于2019年3月28日提供新的资料包,已经超出《关于〈技术开发合同书〉文件提交及尾款支付的补充协议》(以下简称补充协议)约定的期限,构成违约。即使派尔特公司出于善意而接受,也无法在补充协议约定的2019年4月14日前完成验收。科烸芯公司的复函单方认为已经按《技术开发合同书》(以下简称涉案合同)提供了资料,并表示不再履行合同义务,构成预期违约。(二)原审法院认定派尔特公司关于涉案专利申请权属的诉讼请求缺乏请求权基础,属于对合同约定的错误理解。涉案合同对知识产权归属作了约定,相关知识产权在开发费用全部结清后归派尔特公司所有,是为了保障科烸芯公司获得报酬的权利。由于科烸芯公司交付的资料验收不合格,派尔特公司有权拒绝支付尾款,不构成违约。(三)2018年12月5日,涉案合同尚在履行期间,且科烸芯公司尚未交付任何资料、合同履行尚未发生争议的情况下,科烸芯公司已经申请涉案专利,恶意侵占本应属于派尔特公司的知识产权,不排除其利用合同中模糊的条款而故意使得验收不合格,从而达到侵占知识产权之目的。

科烸芯公司辩称:原审判决认定事实清楚,适用法律正确,请求驳回上诉,维持原判。事实和理由:(一)涉案合同项下的技术开发成果仅是涉案专利申请的具体实施例。(二)科烸芯公司于2017年10月27日发送给派尔特公司的邮件是科烸芯公司自己的技术方案(以下简称合同前方案),谭剑波作为发明人,在电控技术领域有丰富的开发经验,申请了一系列专利,并阅读了相关专利文献。双方在合同前方案的基础上协商设计指标、参数,形成涉案合同附件的《吻合器控制系统设计要求》(以下简称系统设计要求),并于2017年11月22日正式签署涉案合同。科烸芯公司基于保护合同前方案的考虑,申请了涉案专利。(三)双方关于设计资料的争议是双方对于合同条款认知差异导致的,不涉及违约问题。科烸芯公司第一次提交资料是2019年1月23日,派尔特公司第一时间查验了资料并索要PCB工艺要求,此后没有提出其他异议,说明其默认科烸芯公司提交的资料合格。实际上,科烸芯公司提交的设计资料符合涉案合同约定。(四)涉案合同约定相关知识产权在开发费用全部结清后归派尔特公司所有,在此之前归科烸芯公司所有。派尔特公司在接收资料后,单方以设计资料验收不通过为由拒绝支付尾款,构成根本违约,放弃了要求知识产权的权利。

派尔特公司向原审法院提起诉讼,原审法院于2019年11月11日立案受理。派尔特公司向原审法院起诉请求:1.判令科烸芯公司继续履行涉案合同项下义务,包括但不限于提交符合系统设计要求的吻合器电控系统开发资料、开发系统的源代码、消除程序刷入限制条件等,由派尔特公司进行验证,确认设计资料满足涉案合同及合同附件的功能需求;2.判令确认涉案专利申请权属于派尔特公司;3.判令科烸芯公司承担因其违约行为给派尔特公司造成的损失即额外制样所支出的费用7750.24元；4. 判令科烸芯公司支付违约金6100元；5. 判令科烸芯公司承担律师费10万元、公证费4212元；6. 判令科烸芯公司承担本案诉讼费用。

科烸芯公司在原审中辩称：（一）派尔特公司以产品开发标准进行验收，超越了合同约定的开发范围。科烸芯公司根据涉案合同及补充协议的约定，完成了吻合器电控部分的技术开发，并依约提交了所有的设计资料，已经完全履行了合同义务；派尔特公司在"默认"验收合格后，拒不履行付款义务，构成根本违约，双方的合同已经解除。因此，涉案合同缺少继续履行的基础。（二）涉案专利申请技术方案为科烸芯公司自主开发设计，涉案合同仅对派尔特公司的资料有知识产权保护要求，并未对科烸芯公司申请专利进行限制或约定。（三）科烸芯公司已经完成合同义务，派尔特公司要求支付违约金、损害赔偿金等缺乏事实依据；其主张的律师费、公证费亦不应得到支持。

原审法院认定事实如下：

2017年11月22日，双方签订了涉案合同，合同附件为系统设计要求。涉案合同的委托方（甲方）为派尔特公司，开发方（乙方）为科烸芯公司，项目名称为"吻合器电控系统开发"。合同主要约定如下内容：1. 关于合同标的，合同的技术内容、设计要求及指标参数详见合同附件；科烸芯公司仅对纯电控部分负责，其他包括但不限于结构、机械等方面由派尔特公司自行开发。对于传动位移控制精度等结构与电子相配合的指标，双方共同协商解决方案。2. 关于设计资料，包括设计原理图，PCB版图，PCB工程文件，BOM表，嵌入式软件，设计说明；在交付上述资料后的三个月内，科烸芯公司对派尔特公司完成电控系统验收及产品开发其他所需文件的编制进行远程专业协助。3. 关于开发周期与技术协作，在交付第二项的资料后的六个月内提供必要技术支持，配合完成EMC认证及专利申请。4. 关于开发经费及其支付或结算方式，开发经费总计75000元（含税），按40%、40%、20%比例方式付款。科烸芯公司将涉案合同第二项所包括的设计资料及辅助资料全部交付给派尔特公司，派尔特公司验收合格后支付15000元。5. 关于知识产权，因执行合同产生的可交付物〔包括但不限于咨询报告、许可软件作为涉案合同标的的配置文档、提交文档及开发成果（包括源代码）〕及相关知识产权在开发费用全部结清后方归派尔特公司所有，在此之前归科烸芯公司所有。6. 关于风险责任的承担，科烸芯公司违反合同第一、二、三条约定，应承担违约责任，支付违约金上限为已付金额的10%。科烸芯公司违约致使项目失败，科烸芯公司应退还已支付的开发费用；逾期两个月未支付约定经费，派尔特公司须补交经费同时，支付合同额10%的违约金，科烸芯公司有权解除合同；如科烸芯公司在合同允许的范围之外使用派尔特公司原有知识产权或根据合同新开发或创作的属于派尔特公司的知识产权及其技术或作品，科烸芯公司须承担违约责任。7. 关于争议的解决办法，在合同履行过程中发生争议，双方应当协商解决。合同附件系统设计要求进一步就合同标的"吻合器控制系统"的原理图设计、PCB、焊接调试、软件设计等功能模块作了约定。

2018年12月5日，科烸芯公司向国家知识产权局申请了涉案专利。

2019年1月11日，派尔特公司通过电子邮件给科烸芯公司发送了《PE项目电控系统验收报告》，报告结论显示：该次验收进行让步接收，可进入下一阶段文件验收。

合同履行过程中，双方又签订了补充协议，派尔特公司的签署时间为2019年1月21

日,科炜芯公司的签署时间为 2019 年 1 月 19 日。补充协议主要约定如下内容:科炜芯公司在 2019 年 1 月 24 日前提供设计资料,并在 3 月 14 日前完成后续 13 项的改善优化和设计资料的更新;派尔特公司接到科炜芯公司设计资料后,使用科炜芯公司所提供的设计资料进行打样;PCB 根据派尔特公司需求有调整,但相同版本的固件,PCBA 的功能相同;派尔特公司需在 2019 年 4 月 14 日前完成资料验收,逾期视为资料验收合格;科炜芯公司提供的资料达到第 1、2 两项约定并经派尔特公司验收合格后,派尔特公司需在 2019 年 5 月 14 日前支付尾款 15000 元;若逾期支付,除支付尾款外,还需按逾期天数额外支付滞纳金(按合同总额 1%/日计算)。

2019 年 1 月 23 日,科炜芯公司通过电子邮件向派尔特公司发送了资料包,主要包含:电池和控制板的原理图和 PCB 文件;电池和控制板的源代码;电池和控制板电子元器件清单;控制板设计说明。2019 年 2 月 13 日和 3 月 28 日,科炜芯公司通过电子邮件向派尔特公司发送了更新的资料包。

2019 年 4 月 1 日,派尔特公司向科炜芯公司出具了设计资料验收报告,结论为:设计资料不符合涉案合同及附件的要求,验证不通过;设计说明书中描述内容不满足产品制成及调试使用要求,验证不通过;实际制成样板测试设计尺寸偏差较大、不可装配,功能性能因上述原因未能进行相应验证,验证不通过。综上所述,科炜芯公司提交的设计资料验收不通过。

针对上述设计资料验收报告,科炜芯公司于 2019 年 4 月 3 日通过电子邮件向派尔特公司发送了复函,主要内容为:科炜芯公司已按涉案合同及补充协议履行义务,派尔特公司超越合同范围作出验收不合格的结论,科炜芯公司敦促派尔特公司按补充协议约定于 2019 年 4 月 14 日之前完成资料验收。2019 年 4 月 10 日,科炜芯公司通过顺丰速递向派尔特公司员工刘立波快递纸质版复函,被拒收;通过顺丰速运下单系统转递派尔特公司员工白玉玲,被拒收。2019 年 4 月 11 日,科炜芯公司通过 EMS 投递复函,显示复函于 2019 年 4 月 15 日被签收。

2019 年 7 月 17 日,科炜芯公司向派尔特公司开具解除函,称因派尔特公司未按合同约定于 5 月 14 日前支付尾款 15000 元,经科炜芯公司多次催告,派尔特公司一直拒绝签收相关文件并拒绝付款,已构成根本违约,科炜芯公司致函解除涉案合同。该解除函于 2019 年 7 月 19 日通过电子邮件向派尔特公司送达,解除函中称,自电子邮件到达之日起,合同解除。

为证明涉案专利申请技术方案的各个技术要素及资料来源系履行涉案合同,派尔特公司向原审法院提交了(2019)京长安内经证字第 63470、63471 号两份公证书,其中保全了派尔特公司的工作人员陈晓强就涉案项目开发与科炜芯公司联系人之间的电子邮件往来和微信聊天记录截屏。

为证明其各项损失和合理支出,派尔特公司向原审法院提交了"吻合器控制系统 50 套样板"报价单、"样品制作费"发票,上述制样费显示金额为 7750.24 元;派尔特公司的委托代理合同、付款回单和律师费发票显示金额为 10 万元;派尔特公司的公证费发票显示金额为 4212 元。

原审法院认为:双方签订的涉案合同及附件、补充协议,均系双方真实意思表示,内容不违反法律、行政法规的强制性规定，属于合法有效的合同，双方均应依约履行。本案中，派尔特公司认为科烠芯公司存在两项违约行为：一是将涉案项目中的技术私自申报专利；二是科烠芯公司提交的设计资料未通过验收。

首先，本案的案由为计算机软件开发合同纠纷，依据《中华人民共和国合同法》第一百零七条的规定，基于合同请求权提出的诉讼请求通常为继续履行、支付违约金或赔偿损失等，而涉案专利申请权权属问题在涉案合同中并未明确约定，故派尔特公司的此项诉讼请求缺乏请求权基础。即使按照涉案合同约定，涉案专利申请技术方案可能涉及"因执行本合同产生的可交付物"，该款也明确约定"相关知识产权在开发费用全部结清后方归甲方所有，在此之前归乙方所有"，因此，在派尔特公司未能举证其已全部结清开发费用的情况下，其提出的该项诉讼请求亦不能成立。

其次，针对科烠芯公司开发的系统，派尔特公司先是于2019年1月11日出具了一份验收报告，后又于2019年4月1日出具了一份关于设计资料验收不通过的验收报告；科烠芯公司于2019年4月3日复函指出派尔特公司验收超出了合同范围，并督促派尔特公司进行验收。根据《中华人民共和国合同法》的精神及涉案合同第九条的约定，双方应协商解决科烠芯公司所提交的设计资料是否符合约定，验收是否应予通过的问题。科烠芯公司及时与派尔特公司进行沟通，并在复函中对于设计资料验收报告涉及的问题进行了回应、作出了解释，而派尔特公司收到复函后，未与科烠芯公司进行进一步沟通，导致双方在设计资料的问题上缺乏沟通协商而未解决该问题。因此，派尔特公司提交的在案证据不足以证明科烠芯公司提交的设计资料未通过验收的事实构成违反涉案合同的违约行为。派尔特公司关于要求科烠芯公司支付违约金的诉讼请求不能成立，原审法院不予支持。在派尔特公司未能就复函与科烠芯公司进一步协商且拒付尾款的情况下，科烠芯公司向派尔特公司致函解除涉案合同，符合《中华人民共和国合同法》第九十四条第三项的规定，故涉案合同在科烠芯公司的解除函送达派尔特公司时已经解除，原审法院予以确认。因此，派尔特公司关于要求科烠芯公司继续履行合同的诉讼请求亦无依据，原审法院不予支持。

关于派尔特公司提出的要求科烠芯公司支付其额外制样费、律师费和公证费等诉讼请求，因已认定科烠芯公司不存在违约行为，派尔特公司的上述诉讼请求亦不能成立，原审法院不予支持。

据此，原审法院依照《中华人民共和国合同法》第九十四条第三项、《中华人民共和国民事诉讼法》（2017年修正）第六十四条第一款之规定，于2020年12月15日作出（2019）京73民初1716号民事判决：驳回北京派尔特医疗科技股份有限公司的全部诉讼请求。一审案件受理费2662元，由北京派尔特医疗科技股份有限公司负担。

本院二审中，派尔特公司向本院提交了如下新的证据：1. 专利号为201822038269.5、名称为"一种手术吻合器"的实用新型专利文件，用于证明涉案合同履行期间，科烠芯公司于2018年12月5日就提出了上述专利申请，该专利发明人为谭剑波，违反了合同约定，构成严重违约。2. 派尔特公司的员工刘立波于2017年10月20日与案外人关于涉案合同中系统设计要求具体指标参数的往来邮件及对该邮件公证的（2021）京长安内经证字第39001号公证书（以下简称39001号公证书），用于证明涉案合同签订前，早于科烠芯公司提交邮件显示的时间，派尔特公司就提出了系统设计要求。

3. 科烸芯公司的谭剑波于 2017 年 10 月 26 日、10 月 27 日、11 月 1 日向派尔特公司发送关于吻合器开发报价的邮件及进入邮箱过程的视频，用于证明科烸芯公司的报价是对派尔特公司设计需求的回应，科烸芯公司报价前认可了进行样品验收、提交设计资料等要求。4. （2021）京长安内经证字第 39000 号公证书，用于证明科烸芯公司交付的资料不符合验收标准。5. （2021）京长安内经证字第 38999 号公证书（以下简称 38999 号公证书），用于证明派尔特公司在与科烸芯公司签订涉案合同前已经和多名案外人沟通电动吻合器方案。6. 派尔特公司 2016 年 Coremail 邮箱续费合同，用于证明派尔特公司的邮箱服务由案外人提供，邮件内容客观、真实。

科烸芯公司的质证意见为：认可证据 1 的真实性；不认可证据 2、3 的真实性；认可证据 4、5、6 的真实性、合法性，但不认可其与本案的关联性；证据 2 关于刘立波的邮件从技术上不排除伪造的可能，从内容上没有其他证据佐证，无法证明派尔特公司将系统设计要求提供给科烸芯公司并对科烸芯公司的技术方案存在技术启示。

本院经审核对上述证据的真实性、合法性、关联性及证明力认定如下：派尔特公司提交了（2021）京长安内经证字第 38999、39000、39001 号公证书的原件，结合科烸芯公司的质证意见，本院确认证据 1、4—6 的真实性；对于证据 2 及其中包含派尔特公司于 2017 年 10 月 20 日发送的系统设计要求的真实性问题，证据 6 可以证明派尔特公司的邮件系统由案外人提供服务，且上述邮件经过公证保全，在没有相反证据的情况下，可以认定 39001 号公证书及上述邮件的真实性；对于证据 3，本院将结合在案其他证据、事实，对科烸芯公司提交的设计资料是否符合约定进行综合分析认定。

派尔特公司认为原审法院漏查了补充协议的相关内容。科烸芯公司对原审判决查明的事实无异议。本院经审核，原审判决查明了补充协议的主要内容，派尔特公司关于原审判决漏查相关内容的主张不能成立。

原审法院查明的事实有证据佐证，本院予以确认。

本院另查明：

（一）与涉案专利申请相关的事实

涉案专利申请说明书记载：本发明所要解决的技术问题是提供一种手术吻合器及其控制方法，能实现精确定位。本发明的有益效果在于 RFID 读取器可以读取钳口的规格信息，控制器可以根据钳口的规格信息控制驱动传动装置带动钳口运动，可以对钳口的运动进行精确控制；钳口的规格信息不同时，其需要的运动行程也不同，本发明的手术吻合器适用于不同规格的钳口；通过比较编码器的实际脉冲数和理论脉冲数判断钳口是否运动到位，可以在手术过程中实现钳口的精确定位；本发明最关键的构思在于设置 RFID 读取器读取钳口的规格信息，控制器可以根据钳口的规格信息控制驱动件驱动传动装置带动钳口运动，可以对钳口的运动进行精确控制。

（二）与涉案合同及合同履行相关的事实

涉案合同约定了生产协议条款：如合同内容开发成功，并经派尔特公司验证合格，派尔特公司依据实际需求委托科烸芯公司生产组件；每批次委托生产前，双方还须签订批次采购协议，规定委托生产数量、总价及交期。

作为涉案合同附件的系统设计要求包含"设计要求""输出产品及文件"等栏目。软件设计的设计要求包括：1. RFID识别，读取设备和标签体积小，读取灵敏度100%；输出文件包括信息源代码。2. 电机正反转及推进行程控制，不同型号钳口推进行程的精度为设定值±0.3mm；输出文件包括源代码（含代码释义）。

派尔特公司作出的设计资料验收报告包含如下内容：以涉案合同及合同附件为依据，结合电控组件及系统验收规范，对设计资料进行验证；科烸芯公司未按约定提供资料包括：RFID模块PCB版图、原理图、电子BOM表、源代码等；科烸芯公司已提交资料问题包括：源代码未按照合同要求提供完整源代码及对应的源代码释义等。

科烸芯公司给派尔特公司的复函包含如下内容：涉案合同第二条明确了设计资料的内容，并且涉案合同和附件多处明确附件为技术开发的开发依据，而非提交资料的清单。针对派尔特公司要求交付完整源代码及释义的问题，上述复函答复："合同无此过分要求"。

（三）其他相关事实

38999号公证书对派尔特公司员工刘立波、白玉玲的企业邮箱部分内容进行了证据保全。邮件显示：2017年10月，派尔特公司与华软汇思（北京）物联科技有限公司（以下简称汇思公司）进行过合同磋商。双方拟定了合同书，合同标的为吻合器控制系统，合同价款为88000元。上述合同没有生产协议条款，项目开发所依据的附件内容与涉案合同附件内容相同，该合同的知识产权条款与涉案合同约定相同，即"执行本合同产生的可交付物〔包括但不限于咨询报告、许可软件、作为本合同标的的配置文档、提交文档及开发成果（包括源码）〕及相关知识产权均属于委托制作，其所有权和相关权益归派尔特公司所有"。

39001号公证书对刘立波企业邮箱的部分内容进行了证据保全。邮件显示：2017年8月，派尔特公司内部对电动腔镜吻合器的市场需求、产品功能、机械部分设计、电路设计需求等进行了沟通。2017年10月20日，派尔特公司内部在对汇思公司的合同内容进行沟通过程中形成了系统设计要求，内容与涉案合同附件基本相同。

上述与汇思公司磋商的合同书未最终签署。

上述公证保全的邮件往来期间，派尔特公司企业邮箱由案外人北京成讯天下信息技术有限公司提供邮箱服务。

派尔特公司成立于2002年9月，经营范围包括生产吻合器、皮肤吻合器、施夹吻合器、荷包吻合器、OO-6809管型吻合器在内的Ⅱ类医疗器械。

二审诉讼中，派尔特公司明确表示放弃原审中第一项诉讼请求（即要求科烸芯公司继续交付技术资料、源代码，由派尔特公司进行验证等）；同时提出，由于目前涉案专利以科烸芯公司名义提出申请，要求确认专利申请权归属必然涉及要求科烸芯公司向其转移涉案专利申请权；关于合同尾款，派尔特公司表示同意支付合同余款，并实际支付至科烸芯公司账户，但科烸芯公司认为合同已经解除，从而将款项退回。

关于涉案专利申请所涉技术方案是否为涉案合同项下开发成果的问题，科烸芯公司在原审及本院二审期间于2021年6月23日提交的代理意见均确认：涉案专利申请要求保护的主要内容就是涉案合同约定的由科烸芯公司负责开发的电路部分，但认为涉案技术方案由科烸芯公司独立研发完成。在本院组织双方进行的第二次询问中，科烸芯公司否认涉案专利申请所涉技术方案为涉案合同项下开发成果，提出为科烸芯公司的合同前方案。就该问题，涉案专利申请文件记载的发明人谭剑波在第二次询问中作为科烸芯公司的委托诉讼代理人出庭,作如下陈述:实现精度 0.3mm 是设计指标,如何实现上述精度有很多方式,如何实现是方法。对于本院询问涉案合同项下交付给派尔特公司的是哪种方案,谭剑波答复是涉案专利申请权利要求 6 提供的方法。

本院认为:涉案合同和补充协议的签订、履行主要发生在 2021 年 1 月 1 日以前,本案应适用《中华人民共和国合同法》。关于派尔特公司和科烸芯公司之间法律关系的性质,科烸芯公司主张双方实际为合作关系,涉案合同约定的开发费用过低,双方约定科烸芯公司通过代理生产收回开发成本。对此,应当通过涉案合同约定的主要内容来确定双方之间权利义务关系的性质。涉案合同虽然约定了"生产协议"条款,但从内容看其是对将来双方订立合同的安排,为预约性合同条款,不构成涉案合同中双方权利义务的内容。通过涉案合同关于"交付资料后三个月内乙方对甲方完成电控系统验收及产品开发其他所需文件的编制进行远程专业协助"及"因执行本合同产生的可交付物〔包括但不限于咨询报告、许可软件、作为本合同标的的配置文档、提交文档及开发成果(包括源码)〕及相关知识产权在开发费用结清后归甲方所有,在此之前归乙方所有"的约定可知,派尔特公司的合同目的是取得、掌握开发成果,双方的主要权利义务关系为委托开发关系,而非合作关系。同时,通过派尔特公司提交的证据可知,其就涉案开发项目与案外人汇思公司也进行过合同磋商,磋商过程中形成的合同文本虽未最后签署,但可以作为涉案项目开发市场费用的参考。上述合同文本约定的开发费用为 88000 元,且合同并未约定代理生产条款。因此,科烸芯公司关于通过代理生产摊薄研发成本的主张证据不足。涉案合同为技术开发合同,包含计算机软件开发的内容,本案为技术开发合同纠纷。涉案合同、补充协议均为双方真实意思表示,且不违反法律、行政法规的强制性规定,应为有效。双方均应按照合同约定行使权利、履行义务。虽然派尔特公司在二审中不再坚持原审第一项要求科烸芯公司交付设计资料、进行验证等的诉讼请求,但仍坚持要求取得涉案专利申请权,其真实意思是要求科烸芯公司继续履行涉案合同关于交付开发成果知识产权的该部分内容。根据双方当事人的诉辩主张,本案二审中的争议焦点为:涉案专利申请权的归属及派尔特公司是否有权要求科烸芯公司承担其主张的违约责任。

(一)关于涉案专利申请权的归属

1. 关于涉案合同对于知识产权归属的约定。

依据《中华人民共和国合同法》第三百三十九条第一款的规定,委托开发完成的发明创造,除当事人另有约定的以外,申请专利的权利属于研究开发人;研究开发人取得专利权的,委托人可以免费实施该专利。按照涉案合同关于资料交付、验收、知识产权归属的约定,科烸芯公司交付设计资料及辅助资料,派尔特公司验收合格后支付最后一笔合同款项 15000 元;全部开发费用结清后,包括源代码在内的可交付物及知识产权归派尔特公司所有,在此之前归科烸芯公司所有。同时涉案合同对于专利申请还作出了特别约定:(科烸芯公司)交付设计资料的六个月内提供必要技术支持,配合完成专利申请。结合上述约定内容可知,涉案合同对开发成果的专利申请权归属进行了约定。按照约定内容,开发费用结清前开发成果的专利申请权归科烸芯公司所有,结清后科烸芯公司提供技术支持由派尔特公司进行专利申请。据此,本案中派尔特公司是否有权请求确认涉案专利申请权、要求科烸芯公司向其转移专利申请权,主要取决于涉案专利申请技术是否为涉案合同项下的开发成果,以及开发费用结清这一条件是否成就。

2. 关于涉案专利申请所涉技术是否为涉案合同项下开发成果。

认定该问题，需要根据双方的举证情况和在诉讼中的陈述，考察涉案专利申请技术方案的构思和开发是否源于涉案合同、涉案专利申请所解决的技术问题及采用的技术手段与涉案合同的相关开发内容是否实质相同，综合分析判断受托方是否系基于涉案合同进行技术开发。从科烸芯公司一、二审期间的陈述内容看，在一审及二审期间于2021年6月23日提交的代理意见中，科烸芯公司均确认涉案专利申请要求保护的主要内容就是涉案合同约定的由科烸芯公司负责开发的电路部分，实际认可了涉案专利申请技术方案为开发成果这一事实。此后，在第二次询问中，科烸芯公司否认了该事实，但对于本院询问科烸芯公司交付给派尔特公司的开发成果采用的是哪一种解决方案时，发明人谭剑波答复为涉案专利申请权利要求6采用的解决方案。结合科烸芯公司的上述陈述内容，并考虑下述因素，本院认定涉案专利申请技术方案是科烸芯公司围绕涉案合同约定的技术需求开发形成的，属于应交付给派尔特公司的涉案合同项下的开发成果：

第一，从涉案专利申请技术方案的内容看。根据涉案专利申请的说明书的记载，涉案专利旨在提供一种适用于不同规格钳口且能够实现精确定位的手术吻合器及其控制方法。为此涉案专利申请采用RFID读取器读取钳口规格信息，根据该信息控制驱动件驱动传动装置带动钳口运动；通过比较编码器的实际脉冲数和理论脉冲数判断钳口是否运动到位，从而实现钳口的精确定位。这与作为开发依据的合同附件系统设计要求中"软件设计部分"要求"RFID识别读取设备和标签体积小，读取灵敏度100%""推进行程控制：……不同型号钳口推进行程的精度为：设定值±0.3mm"的描述相符。至于通过获取并比较理论脉冲数和实际脉冲数控制钳口运动行程，属于实现系统设计要求中控制精度这一要求的具体方式。据此可以认定，涉案专利申请技术方案和系统设计要求记载的内容都是通过RFID读取器读取钳口规格信息来控制行程，从而实现钳口的精确定位，两者系采用相同技术手段解决相同技术问题。

第二，从双方的经营事项看。科烸芯公司二审中陈述了涉案专利申请技术方案的构思、开发过程，但没有提供证据证明其出于其他需要进行了相关技术开发；发明人谭剑波虽然在电控技术领域有开发经验，但在此之前并未进行过医疗器械领域的开发工作，且对于其陈述独立构思、研发的过程并未提供证据证明。相反，派尔特公司作为从事医疗器械经营的企业，经营范围包括各类吻合器的生产，其提交的39001号公证书等证据可以证明其对腔镜吻合器等进行了市场调研、需求设计等前期工作，并与其他公司就相同开发项目进行过合同磋商。

第三，从科烸芯公司的抗辩看。派尔特公司提交39001号公证书后，科烸芯公司又提出涉案专利申请技术为其合同前方案的主张，其主要证据是2017年10月27日发送给派尔特公司的邮件中就包含了系统设计要求，但39001号公证书可以证明早在2017年10月20日派尔特公司的内部邮件中已经出现了该份系统设计要求。因此，在案证据不能证明系统设计要求由科烸芯公司在先提出，科烸芯公司主张系统设计要求为其合同前方案，不能成立。退一步讲，即使如科烸芯公司所言，系统设计要求为谭剑波首先提出，涉案专利申请技术方案由科烸芯公司独立构思、开发完成，但双方签订合同后，系统设计要求已经成为涉案合同的一部分，成为科烯芯公司的开发依据。在技术委托开发合同中，开发方利用自己的经验、技术完成开发任务是其主要合同义务之一，在合同对包括专利申请权在内的知识产权归属作出明确约定的情况下，科烯芯公司独立完成研发并不构成应由其享有专利申请权的抗辩。

3. 关于交付开发成果知识产权的条件是否成就的问题。

派尔特公司提起本案诉讼时尚未支付最后一笔合同款项，按照合同约定科烯芯公司交付知识产权的条件尚未成就，但还应考察是否因科烯芯公司的不当交付或者其他行为而导致派尔特公司支付最后一笔款项的对待给付义务条件未成就。

关于设计资料的验收标准，双方存在争议，派尔特公司主张以合同附件为准，科烯芯公司则主张附件为开发依据，设计资料的交付内容应以涉案合同第二条为标准。涉案合同为技术委托开发合同，依据《中华人民共和国合同法》第三百三十二条的规定，委托开发合同的研究开发人应当按照约定按期完成研究开发工作，交付研究开发成果，提供有关的技术资料和必要的技术指导，帮助委托人掌握研究开发成果。可见，在委托技术开发合同中，委托方的合同目的是掌握开发成果，委托方在提供技术资料时，应按照合同约定，并以有利于实现委托方掌握开发成果的合同目的进行交付。同时，如果开发合同约定了由委托方取得开发成果知识产权，受托方还应当交付与之相关的技术资料。

涉案合同约定，科烯芯公司负责电控部分的开发，相关知识产权在结清开发费用后由派尔特公司享有。为了达成取得开发成果知识产权的合同约定内容，实现掌握开发成果的合同目的，派尔特公司对于科烯芯公司交付电控部分相关源代码以及其他开发成果相关资料具有合理预期，科烯芯公司也应配合在条件成就时交付相应资料。除合同约定的设计资料外，交付"输出产品及文件"栏目所列的源代码、代码释义也是实现上述合同目的的当然之意。科烯芯公司在复函中对于派尔特公司要求交付源代码的回复是"合同无此过分要求"，并在二审中明确表示合同附件所列清单并非双方约定的资料交付清单，科烯芯公司只需要交付嵌入式软件，而无须交付源代码。上述表示既不符合合同约定，也属于明确以自己的行为表明将不履行债务。因此，本院认定科烯芯公司的资料交付不符合合同约定。据此，虽然科烯芯公司向派尔特公司交付开发成果知识产权的条件未成就，但派尔特公司未支付最后一笔合同款项是由于科烯芯公司的不当交付导致，条件不成就并不阻碍派尔特公司在诉讼中依据合同约定要求科烯芯公司向其转移涉案专利申请权。

鉴于科烯芯公司交付设计资料不符合合同约定，其发送复函时付款条件尚未成就，派尔特公司未付款行为不构成违约，故科烯芯公司发出的解除函不能发生解除合同的法律效力。原审法院认定涉案合同在科烯芯公司的解除函送达时已经解除，认定不当，本院予以纠正。

4. 关于涉案专利申请权权属如何处理。

派尔特公司在原审中请求确认涉案专利申请权归属，二审中表示由于涉案专利由科烯芯公司提出申请，其请求确认申请权归属也包括请求法院判令科烯芯公司向其转移涉案专利申请权。按照合同约定，派尔特公司的上述请求以其支付最后一笔款项为条件。合同订立的目的主要在于保障合同双方依约履行。在双务合同纠纷案件中，双方互负对待给付义务。一方请求对方履行义务，但因对方违约或者其他正当理由未实际履行自己一方的对待给付义务，人民法院不宜仅基于请求方未履行对待给付义务而径行驳回请求方的诉讼请求，可以根据具体案情判决双方互为对待给付义务，以实现双方订立合同的目的，便于纠纷一次性解决。特别是当请求方愿意履行自己一方的对待给付义务，但因对方拒绝受领或者其他违约行为而请求方有正当理由未实际履行时，人民法院可以判决对方履行其给付义务，同时判决请求方也相应履行自己的对待给付义务。

本案中，科烸芯公司不当交付在先，派尔特公司可以据此行使抗辩权而不履行在后的支付义务，派尔特公司本身对未支付尾款有正当理由。而且，派尔特公司同意支付尾款，其在二审期间的实际履行因科烸芯公司拒绝接收而履行未果。该情形属于科烸芯公司不当阻止派尔特公司请求的条件成就，应视为该条件即派尔特公司请求取得涉案专利申请权的条件已成就。据此，派尔特公司要求取得涉案专利申请权的诉讼请求应予支持。同时，基于派尔特公司愿意给付尾款15000元的事实，为促使双方全面履行合同、一次性解决纠纷，人民法院可一并要求派尔特公司向科烸芯公司支付尾款（最后一笔开发费）。关于派尔特公司对待给付的方式，可以要求派尔特公司在申请执行本判决时向执行法院支付其对待给付款项，以确保该对待给付义务在本判决项下科烸芯公司的义务履行后也立即得到履行，但鉴于派尔特公司对待给付款项的金额不大，且科烸芯公司对派尔特公司还负有给付违约金6000元的义务，本案中无派尔特公司不履行其对待给付义务之虞，故本院不特别要求派尔特公司向原审法院先行交付该笔款项。综合考虑上述因素，本院确认涉案专利申请权归派尔特公司所有，并判令双方为对待给付，即科烸芯公司配合派尔特公司办理涉案专利申请权变更登记，派尔特公司向科烸芯公司支付开发费尾款15000元。

（二）关于派尔特公司主张的违约责任

科烸芯公司未能交付符合约定的设计资料，并在派尔特公司提出异议后仍拒绝交付，构成违约。至于科烸芯公司申请涉案专利的行为，由于涉案合同约定包括专利申请权在内的知识产权在开发费用全部结清前归科烸芯公司所有，科烸芯公司在合同履行中于2018年12月5日申请涉案专利并未违反上述约定，不构成违约行为。

按照合同约定，科烸芯公司违反交付设计资料义务的违约金上限为已付金额的10%，派尔特公司已支付合同款项共计60000元，故科烸芯公司因不当交付设计资料应支付违约金6000元。对于派尔特公司主张的制样费，因无法确定与涉案合同标的物有关，且科烸芯公司不认可，本院对此不予支持。涉案合同并未约定违约责任包括承担实现债权的费用，派尔特公司请求科烸芯公司赔偿律师费和公证费，缺乏事实和法律依据，本院不予支持。

综上所述，派尔特公司的部分上诉请求成立，应予支持；原审判决认定事实与适用法律错误，应予改判。本院依照《中华人民共和国合同法》第一百零七条、第三百三十二条、第三百三十九条第一款，《中华人民共和国民事诉讼法》第一百七十七条第一款第二项之规定，判决如下：

一、撤销北京知识产权法院（2019）京73民初1716号民事判决；

二、确认申请号为201811480727.9、名称为"一种手术吻合器及其控制方法"的发明专利申请权归北京派尔特医疗科技股份有限公司所有。本判决生效后十日内，深圳市科烸芯科技有限公司配合北京派尔特医疗科技股份有限公司办理专利申请权转移登记，北京派尔特医疗科技股份有限公司向深圳市科烸芯科技有限公司支付开发费15000元；

三、本判决生效之日起十日内，深圳市科烸芯科技有限公司向北京派尔特医疗科技股份

有限公司支付违约金 6000 元;

四、驳回北京派尔特医疗科技股份有限公司的其他诉讼请求。

如果未按本判决指定的期间履行给付金钱义务,应当依照《中华人民共和国民事诉讼法》第二百六十条的规定,加倍支付迟延履行期间的债务利息;未按本判决指定的期间履行其他义务的,应当依照上述规定支付迟延履行金。

一审案件受理费 2662 元,由北京派尔特医疗科技股份有限公司负担 1000 元,深圳市科烯芯科技有限公司负担 1662 元。二审案件受理费 2662 元,由北京派尔特医疗科技股份有限公司负担 1000 元,深圳市科烯芯科技有限公司负担 1662 元。

本判决为终审判决。

审 判 长 余晓汉
审 判 员 雷艳珍
审 判 员 詹靖康

二〇二二年四月二十一日

法官助理 王 亮
书 记 员 吴迪楠

# 行　　政

## 文昌盈海清澜水务有限公司与海南省文昌市生态环境局等行政处罚及行政复议案

【裁判要旨】

环境行政处罚应贯彻过罚相当原则,结合违法原因、违法情节、主观过错、危害程度以及改正情况等因素,作出与违法行为的性质、情节以及社会危害程度相当的处罚。

对于相对人主观无过错情况下实施的、没有造成危害的未验收先运营行为,且处罚前已经竣工验收合格的,行政机关不应予以行政处罚。

# 最高人民法院行政判决书

(2022) 最高法行再 329 号

再审申请人（一审原告、二审上诉人）：文昌盈海清澜水务有限公司。住所地：海南省文昌市文城镇清群村委会地段文昌清澜污水处理厂。

法定代表人：李詠铮，该公司执行董事。

委托诉讼代理人：林秋嫩，海南昌宇律师事务所律师。

委托诉讼代理人：娄春艳，海南昌宇律师事务所律师。

被申请人（一审被告、二审被上诉人）：海南省文昌市生态环境局。住所地：海南省文昌市清澜开发区市政府大院西楼1楼。

法定代表人：云大诗，该局局长。

委托诉讼代理人：谢东亮，该局工作人员。

委托诉讼代理人：罗长立，海南凯志律师事务所律师。

被申请人（一审被告、二审被上诉人）：海南省文昌市人民政府。住所地：海南省文昌市文城镇清澜新区市政府大院。

法定代表人：刘冲，该市市长。

委托诉讼代理人：李明，该市司法局工作人员。

委托诉讼代理人：陈海涛，海南法立信律师事务所律师。

再审申请人文昌盈海清澜水务有限公司（以下简称盈海公司）因诉被申请人海南省文昌市生态环境局（以下简称文昌市环境局）、海南省文昌市人民政府（以下简称文昌市政府）行政处罚及行政复议一案，不服海南省高级人民法院（2020）琼行终658号行政判决，向本院申请再审。本院于2022年5月20日作出（2021）最高法行申6733号行政裁定，依法提审本案。提审后，依法组成合议庭进行审理。现已审理终结。

一、二审法院查明以下事实，盈海公司建设运营的文昌清澜污水处理厂（以下简称清澜污水处理厂）位于海南省文昌市文城镇清群村委会地段，于2012年开始建设，2014年竣工，2017年1月1日投入使用。2012年3月5日，文昌市水务局与盈海公司签订《文昌市清澜污水处理厂项目特许经营（BOT）补充合同》（以下简称《BOT合同》）。2017年4月24日，文昌市政府作出文府函〔2017〕350号《关于清澜污水处理厂特许经营期限的批复》（以下简称350号《批复》），同意文昌市水务局按照《BOT合同》执行，清澜污水处理厂从2017年1月1日起试运营3个月，试运营期间污水处理出水达到规定工况，通过在线监测验收后，及时委托有资质监测单位开展环保验收监测，监测合格可向文昌市环境局申请办理环保验收。环保验收通过后，可申报正式运营。2017年11月23日，海口恒科检测技术有限公司（以下简称海口恒科检测公司）向文昌市水务局出具《关于文昌市清澜污水处理厂项目竣工环境保护验收说明》（以下简称《不同意验收说明》）称，清澜污水处理厂生产负荷未达到设计能力75%以上，文昌市环境局不同意该项目进行竣工环保验收。

2018年7月11日,文昌市环境局对清澜污水处理厂进行现场检查,发现该厂需要配套建设的环境保护设施未经验收合格,擅自投入使用。2018年7月23日,海南省环境监测中心站对清澜污水处理厂处理效果进行调查监测。2018年8月24日,文昌市环境局作出《关于我市清澜污水处理厂污水处理效果调查监测情况的报告》(以下简称《文昌市环境局报告》),结论为:污水处理量远未达设计处理水量负荷;污水进水浓度远未达设计要求;污染物处理效率长期达不到设计要求;清澜污水处理厂污水经处理后均达到排放标准要求。该报告建议:建设单位应按相关文件要求自行对项目进行验收并组织实施;加快清澜地区污水收集管网的改造与建设,解决"两低"难题。

2018年8月20日,文昌市环境局作出文环保责改字〔2018〕38号《责令改正违法行为决定书》(以下简称38号责令改正决定),认为清澜污水处理厂经现场检查发现配套建设的环保设施未经验收合格,擅自投入使用,违反《建设项目环境保护管理条例》第十九条规定。依据《建设项目环境保护管理条例》第二十三条规定,责令盈海公司于2018年11月30日前办理环保验收手续;如未在规定时间内办理环保验收手续的,将依法依规进行处理。2018年11月17日,文昌市环境局作出文环保罚决字〔2018〕29号《行政处罚决定书》,对盈海公司罚款300000元。盈海公司缴纳了该罚款。

2018年12月20日,盈海公司请求文昌市水务局牵头做好清澜污水处理厂环境竣工验收工作。2019年1月3日,文昌市水务局作出《关于文昌市清澜污水处理厂项目环境竣工验收的批复》,同意盈海公司按有关规定委托有资质的机构进行环境竣工验收。2019年1月14日,盈海公司与海南中环能检测技术有限公司签订《建设项目竣工环境保护验收委托协议书》,委托其对清澜污水处理厂项目进行竣工环保验收监测工作。

2019年3月29日,文昌市环境局再次对清澜污水处理厂进行巡查,认为盈海公司仍未办理环保验收手续并继续生产、经营,于2019年4月10日立案处置。2019年4月12日,文昌市环境局经集体讨论,认为盈海公司违法事实清楚,拟对盈海公司罚款1222100元。2019年4月15日,文昌市环境局作出文环责改字〔2019〕16号《责令改正违法行为决定书》,认为盈海公司逾期不改正环境违法行为,也未提出逾期不改正环境违法行为情况报告,责令盈海公司立即改正违法行为。同日,文昌市环境局作出文环罚告字〔2019〕76号《行政处罚事先(听证)告知书》,告知拟对盈海公司罚款1222100元,盈海公司可提出陈述申辩及听证的要求。

2019年4月14日,清澜污水处理厂通过竣工环保验收,2019年4月16日至2019年5月14日在网上公示,公示期满无反馈意见。2019年5月9日,文昌市环境局经盈海公司申请举行听证会,听取了盈海公司的意见。2019年5月15日,清澜污水处理厂竣工环保验收相关材料在全国建设竣工环保验收信息系统备案。2019年5月16日,盈海公司向文昌市环境局提交了《关于文昌市清澜污水处理厂竣工验收环境保护验收工作情况的报告》。

2019年9月23日,文昌市环境局作出文环罚决字〔2019〕51号《行政处罚决定书》(以下简称51号处罚决定),认为盈海公司建设的清澜污水处理厂需要配套建设的环境保护设施未经验收合格,擅自投入使用。文昌市环境局已下达38号责令改正决定,责令盈海公司2018年11月30日前办理环保验收手续。盈海公司逾期不改正环境违法行为,也未向文昌市环境局提出逾期不改正环境违法行为的情况报告,上述行为违反《建设项目环境保护管理条例》第十九条"编制环境影响报告书、环境影响报告表的建设项目，其配套建设的环境保护设施经验收合格，方可投入生产或者使用；未经验收或者验收不合格，不得投入生产或者使用"的规定。依据《建设项目环境保护管理条例》第二十三条规定，决定对盈海公司罚款1000000元。盈海公司不服，向文昌市政府申请行政复议。2020年1月6日，文昌市政府作出文府复决字〔2019〕44号《行政复议决定书》（以下简称44号复议决定），维持51号处罚决定。盈海公司遂提起本案行政诉讼，请求撤销51号处罚决定和44号复议决定。

海南省第一中级人民法院（2020）琼96行初41号行政判决认为，依照《环境行政处罚办法》第十一条规定，责令改正期限届满，当事人未按要求改正，违法行为仍处于继续或连续状态的，可认定为新的环境违法行为。盈海公司应于2018年11月30日前完成环保验收工作，其逾期不改正的行为已属于新的违法行为。其已于2019年5月15日通过环保验收备案完毕的理由，不能阻却其违法性质的认定。盈海公司关于环境保护验收无法完成应当归责于文昌市水务局的主张，系其与文昌市水务局之间的合同纠纷，可通过其他途径另行解决。综上，一审判决驳回盈海公司的诉讼请求。盈海公司不服，提起上诉。

海南省高级人民法院（2020）琼行终658号行政判决认为，文昌市环境局作出被诉行政处罚决定，证据确凿，适用法律、法规正确，符合法定程序。350号《批复》仅批准3个月试运营期，且已作出通过环保验收后方可申报正式运营的要求，盈海公司关于文昌市水务局、文昌市环境局同意清澜污水处理厂继续运营，不应予以行政处罚的上诉理由，不能成立。违法行为产生的原因，不属于行政诉讼中对行政行为合法性审查的范围，盈海公司关于未能通过环保验收原因在于政府的上诉理由不能成立。盈海公司后改正违法行为，不能否定违法事实的存在。综上，二审判决驳回上诉，维持原判。

盈海公司向本院申请再审称：1. 盈海公司建设运营的清澜污水处理厂是经政府允许的、为通过环保验收进行污水处理和监测的试运营，属于"未验先试"，不属于"未验先投"，不构成擅自投入使用。2. 盈海公司被第一次行政处罚后，已立即开展环保验收，并不构成逾期不改正。3. 导致盈海公司未按期取得环保竣工验收的原因，系因为进水量和进水浓度"两低"，而"两低"的原因系因为政府污水收集配套管网建设不足，相关责任应当由政府相关部门承担。4. 盈海公司在接受第一次行政处罚后向政府报告申请关停清澜污水处理厂，但政府相关部门仍要求清澜污水处理厂继续试运营；且如果清澜污水处理厂停止处理污水，将会产生更严重的污染，故清澜污水处理厂无法关停。文昌市环境局明知擅自关停会产生更严重环境污染，仍作出被诉51号处罚决定，违背依法行政、合理行政和比例原则。5. 被诉51号处罚决定作出前，清澜污水处理厂已通过环保竣工验收，文昌市环境局仍然作出处罚决定，违背合理行政原则。综上，盈海公司请求：撤销一、二审判决；撤销51号处罚决定和44号复议决定。

文昌市环境局辩称：1. 盈海公司的试运营期应当以政府批复的3个月期限为准，在已超过试运营期限且未延期的情况下，未经环保验收仍继续运行的行为即构成擅自运营。2. 盈海公司应当积极开展自主验收，文昌市环境局不存在不同意盈海公司验收的情形。3. 盈海公司主张"两低"的原因和配套管网建设问题，属于其与文昌市水务局之间的行政协议争议，应当另行解决。其主张的未经过验收的原因，不属于行政处罚需要考虑的因素。4. 盈海公司在处罚决定之前完成环保验收，不能阻却逾期不改正行为的违法性。5. 文昌市环境局作出处罚决定时，已考虑到补办环保手续事实，将处罚金额从 122 万元调整至法定幅度内最低罚款 100 万元。

文昌市政府辩称：盈海公司未经验收合格擅自运营事实清楚；文昌市环境局已在裁量幅度内给予最轻的罚款，符合依法行政、合理行政原则。

本院认定的事实与原审认定的基本事实一致。

本院认为，本案系文昌市环境局认为盈海公司在清澜污水处理厂试运营期限届满后，相关环境保护设施未按规定进行竣工验收即正式运营构成"未验收先运营"因而作出处罚决定而引发。原审判决业已查明，清澜污水处理厂处理后排放的污水符合国家规定，达到排放标准要求。本案争议的特殊性在于：在文昌市政府批复清澜污水处理厂 3 个月试运营期限届满后，由于污水收集管网建设滞后造成输送到清澜污水处理厂的污水量和污水浓度低，污水处理厂工况达不到设计产能的 75%，文昌市环境局根据规定不同意环保竣工验收，而文昌市政府及文昌市水务局又因处理污水实际需要不同意停止运营的情况下，环保部门再次以违反"未经验收或者验收不合格的，不得投入生产或者使用"规定作出处罚决定是否合法、是否与盈海公司的违法行为事实、性质、情节以及社会危害程度相当的问题。具体而言，本案涉及四个焦点问题：（一）关于环境保护设施竣工验收制度目的与验收主体变革问题；（二）关于盈海公司环保设施未竣工验收的原因与验收标准变革问题；（三）关于盈海公司"未验收先运营"的主观过错与主动纠正问题；（四）关于被诉处罚决定的合法性与必要性问题。

（一）关于环境保护设施竣工验收制度目的与验收主体变革问题

"三同时"制度是我国环境保护法律所确认的重要管理制度，其中，建设项目竣工环境保护验收制度作为监督建设项目落实环境影响评价文件要求的保障性措施，是"三同时"制度的重要组成部分。随着政府职能转变和行政审批体制改革推进，结合环境保护实践需要，相关立法对竣工验收制度不断改革完善，验收主体、验收程序、验收标准持续简化优化。1989 年制定的《中华人民共和国环境保护法》第二十六条第一款规定"建设项目中防治污染的设施，必须与主体工程同时设计、同时施工、同时投产使用。防治污染的设施必须经原审批环境影响报告书的环境保护行政主管部门验收合格后，该建设项目方可投入生产或者使用"。1998 年制定的《建设项目环境保护管理条例》第二十条规定"建设项目竣工后，建设单位应当向审批该建设项目环境影响报告书、环境影响报告表或者环境影响登记表的环境保护行政主管部门，申请该建设项目需要配套建设的环境保护设施竣工验收"。而 2014 年修订的《中华人民共和国环境保护法》明确删除了修订前该法第二十六条第一款有关"防治污染的设施必须经原审批环境影响报告书的环境保护行政主管部门验收合格后，该建设项目方可投入生产或者使用"的规定。在此基础上，2017 年 7 月 16 日修订的《建设项目环境保护管理条例》取消了建设项目竣工环境保护验收行政许可，对验收主体和监督方式作了改革，将竣工验收的主体由环保部门调整为建设单位，并改环保部门事前验收许可为事中事后监管。该条例第十七条规定"编制环境影响报告书、环境影响报告表的建设项目竣工后，建设单位应当按照国务院环境保护行政主管部门规定的标准和程序，对配套建设的环境保护设施进行验收，编制验收报告。建设单位在环境保护设施验收过程中，应当如实查验、监测、记载建设项目环境保护设施的建设和调试情况，不得弄虚作假。除按照国家规定需要保密的情形外，建设单位应当依法向社会公开验收报告"。

本案中，文昌市政府于2017年4月24日作出350号《批复》，要求盈海公司在试运营期间监测合格后可向文昌市环境局申请办理环保验收；海口恒科检测公司于2017年11月23日向文昌市水务局出具《不同意验收说明》称环保部门不同意竣工验收。2019年盈海公司第二次验收时，按新的规定自行组织验收并验收通过。可见，清澜污水处理厂项目竣工验收恰逢新旧竣工验收制度过渡期。然而，修订后的《建设项目环境保护管理条例》已经于2017年10月1日施行，文昌市环境局之后并无组织验收的行政职权，盈海公司自行组织验收并如实编制验收合格报告，即可正式运营。因此，文昌市环境局在新条例施行后，本应主动进行行政指导，及时告知盈海公司尽快自行组织验收，但其却告知检测单位不同意竣工验收。此既有违新条例规定和改革方向，又客观上造成清澜污水处理厂试运营期满后即面临"未验收先运营"困境。

（二）关于盈海公司环保设施未竣工验收的原因与验收标准变革问题

海口恒科检测公司的《不同意验收说明》业已载明："文昌市清澜污水处理厂设计规模20000$m^3$/d，实际规模5000$m^3$/d，生产负荷未达到设计能力的75%以上，文昌市生态环境保护局不同意该项目进行竣工环境保护验收。"

2000年发布的《建设项目环境保护设施竣工验收监测技术要求（试行）》第9.1.1条规定"工业生产型建设项目，验收监测应在工况稳定、生产达到设计生产能力的负荷达75%以上（国家、地方排放标准对生产负荷另有规定的按标准规定执行）的情况下进行"，因此将生产负荷达到75%以上标准（以下简称75%验收工况标准）作为环境保护设施竣工验收的技术标准，有相应的规定作为依据。然而，企业生产负荷是否达到75%验收工况标准，取决于多种因素。建设项目环境保护设施竣工验收，应当重点验收建设项目工况是否稳定、环境保护设施能否正常运行、实际工况是否如实记录监测，而不宜拘泥于75%验收工况标准。生产负荷达到75%以上始终是一个循序渐进的过程，一概要求未达75%验收工况标准的污水处理厂不得验收，进而不得投入使用，容易让建设项目陷入"两难"：投入运营构成违法面临处罚；停止运营则无法逐步提升工况，从而始终达不到75%验收工况标准，始终无法竣工验收。此境况不仅让污水处理厂无法得到有效利用，且与"三同时"制度和环境保护设施竣工验收制度的初衷相悖。"法律不应强人所难"，至少就部分建设项目而言，75%验收工况标准应当予以修订。环境保护部2016年7月13日发布的《关于废止部分环保部门规章和规范性文件的决定》，即明确废止了75%验收工况标准。2017年11月施行的《建设项目竣工环境保护验收暂行办法》第五条第一款、第二款规定"建设项目竣工后，建设单位应当如实查验、监测、记载建设项目环境保护设施的建设和调试情况，编制验收监测（调查）报告。以排放污染物为主的建设项目，参照《建设项目竣工环境保护验收技术指南污染影响类》编制验收监测报告"；2018年5月发布的《建设项目竣工环境保护验收技术指南 污染影响类》第6.1条进一步规定"验收监测应当在确保主体工程工况稳定、环境保护设施运行正常的情况下进行，并如实记录监测时的实际工况以及决定或影响工况的关键参数，如实记录能够反映环境保护设施运行状态的主要指标。典型行业主体工程、环保工程及辅助工程在验收监测期间的工况记录推荐方法见附录3"。新的技术规范取消了验收监测期间工况应达75%以上的要求，明确了验收监测应在确保主体工程工况稳定、环境保护设施运行正常的情况下进行，如实记录监测时的实际工况即可。

本案中，文昌市环境局在《关于废止部分环保部门规章和规范性文件的决定》于2016年7月13日施行后，即不应再沿用75%验收工况标准，并应在修订后的《建设项目环境保护管理条例》于2017年10月1日施行后，主动对清澜污水处理厂进行行政指导，督促其尽快按新规委托竣工验收，并无须再考虑75%验收工况标准。但《不同意验收说明》已经充分证明，文昌市环境局至少在2017年4月至11月间，仍继续执行75%验收工况标准，且继续行使竣工验收权，客观上造成清澜污水处理厂未及时竣工验收并形成"未验收先运营"困境。相应不利后果，不应全部由清澜污水处理厂承担。

（三）关于盈海公司"未验收先运营"的主观过错与主动纠正问题

根据《中华人民共和国水污染防治法》第四十九条第三款规定，县级以上地方人民政府建设主管部门应当按照城镇污水处理设施建设规划，组织建设城镇污水集中处理设施及配套管网，并加强对城镇污水集中处理设施运营的监督管理。根据文昌市水务局（甲方）与盈海公司（乙方）签订的《BOT合同》第8.3条约定，甲方应确保在整个特许经营期内，收集和输送污水至污水处理项目交付点，基本达到本合同第9条款规定的水量和进水水质。因此，文昌市水务局不仅负有建设配套管网和收集污水的职责，而且还要确保收集的污水达到基本水量和进水水质的要求。文昌市环境局2018年8月24日向文昌市政府作出的《文昌市环境局报告》也载明，当日进水量占设计日处理能力的51%，污水处理量远未达到设计处理水量负荷；污水进水浓度不到设计进水水质浓度的50%，进水主要污染物浓度严重偏低。该报告建议加快污水收集管网的改造与建设，实施新增管网建设等，以解决污水进水水量和进水浓度严重偏低的"两低"难题。由此可见，清澜污水处理厂生产负荷未达设计能力75%，系因污水收集配套管网建设不到位而造成的"两低"所致，清澜污水处理厂对此不具有主观过错。

为尽快解决"两低"问题，通过竣工环保验收，盈海公司接受首次行政处罚后，即积极与文昌市水务局沟通并主动向文昌市政府提出报告。文昌市水务局于2018年4月23日作出的《研究清澜污水处理厂项目存在的问题专题会议纪要》载明，会议研究清澜污水处理厂项目竣工验收等问题，要求尽快解决清澜污水处理厂"两低"问题，文昌市水务局尽快完成清澜片区污水截污并流工程（二期）施工，收集高隆大道白金路以东片区污水；加快推进清澜片区污水截污并流工程（三期）项目前期工作，争取早日开发建设。文昌市环境局2018年8月24日向文昌市政府提交的《文昌市环境局报告》也建议加快清澜地区污水收集管网的改造与建设，解决"两低"难题。

为加快推进竣工验收，盈海公司于2018年12月20日还向文昌市水务局提出《关于文昌市清澜污水处理厂项目环境竣工验收的申请》，恳请文昌市水务局支持牵头做好该项目的环境竣工验收工作。2019年1月3日，文昌市水务局向盈海公司作出《关于文昌市清澜污水处理厂项目环境竣工验收的批复》，同意盈海公司按规定委托有资质的机构对项目进行环境竣工验收工作。2019年1月14日，盈海公司即与海南中环能检测技术有限公司签订《建设项目竣工环境保护验收委托协议书》，委托其进行竣工环保验收监测工作。2019年4月14日，验收工作组出具《文昌市清澜污水处理厂项目竣工环境保护验收意见》，项目基本满足国家建设项目竣工环保验收条件，同意该项目通过竣工环境保护验收，同时将相关信息在网上进行了公示，该项目竣工环保验收材料还于2019年5月15日在全国建设竣工环境保护验收信息系统进行备案。2019年5月16日,盈海公司向文昌市环境局提出《关于文昌市清澜污水处理厂竣工环境保护验收工作情况的报告》,报告已完成竣工环境保护验收工作情况。2019年5月23日,盈海公司向文昌市水务局作出《关于文昌市清澜污水处理厂申请正式运营的报告》,提出正式运营的申请。

上述表明,文昌市环境局对生产负荷长期未达到75%验收工况标准的原因是明知的,即进水量和进水浓度"两低"主要系政府污水收集配套管网建设不足。此均非盈海公司所能控制,也非其责任,其不具有主观过错。盈海公司在首次处罚决定作出后一个月即请求文昌市水务局牵头做好环境竣工验收工作,委托检测公司进行环境竣工验收,并在第二次处罚决定作出之前四个月即已完成所有验收手续,在主观上具有纠正违法状态的意愿,客观上根据行政机关指引实施了主动纠正违法的行为。盈海公司对"未验收先运营"状态未能及时消除并不存在主观过错,且积极进行了改正。文昌市环境局实施行政处罚时应当全面、客观、公正地调查并收集对当事人不利及有利的证据,亦应将违法行为客观原因与主观过错等因素与情节纳入考量范围,其有关不应考虑违法行为客观原因等主张,不符合2017年修正的《中华人民共和国行政处罚法》(以下简称《行政处罚法》)第三十六条规定的"必须全面、客观、公正地调查,收集有关证据"的规定。原审判决认为违法行为产生的原因,不属于行政诉讼中对行政行为合法性审查的范围的观点,于法不合,应予纠正。

(四)关于被诉处罚决定的合法性与必要性问题

《行政处罚法》第四条第二款规定,设定和实施行政处罚必须以事实为依据,与违法行为的事实、性质、情节以及社会危害程度相当。第二十七条第二款规定,违法行为轻微并及时纠正,没有造成危害后果的,不予行政处罚。《环境行政处罚办法》第六条第一款规定,行使行政处罚自由裁量权必须符合立法目的,并综合考虑以下情节:违法行为所造成的环境污染、生态破坏程度及社会影响;当事人的过错程度;当事人改正违法行为的态度和所采取的改正措施及效果等。

盈海公司建设运营的清澜污水处理厂具有净化和处理污水、防治水污染、保护水生态、保护和改善环境、维护公众健康的公益性;此不同于产生和排放污水的企业。文昌市环境局作出的《文昌市环境局报告》亦认定清澜污水处理厂污水经处理后均达到排放标准要求,各项污染物指标均符合《城镇污水处理厂污染物排放标准(GB 18918—2002)》限值。故盈海公司虽存在"未验收先运营",但不仅未造成环境污染和生态破坏的后果,反而有利于环境保护。

盈海公司主张,其在接受第一次行政处罚后,曾向文昌市政府提出报告,请求暂时关停污水处理厂,但未获回应。文昌市水务局还于2018年11月16日函告盈海公司,同意接收当地16家餐饮单位排放污水、2018年12月12日函告盈海公司,要求其对海南勤富食品有限公司排放污水接入厂区进行处理。而且,将各项排放指标达标的清澜污水处理厂关停,有可能造成当地大量生产生活污水得不到处理,从而直排入海造成环境污染。污水处理厂内滞留的废水、废液、废渣等污染物亦可能存在二次污染的风险。生态环境部2019年9月8日发布的《关于进一步深化生态环境监管服务推动经济高质量发展的意见》(环综合〔2019〕74号)规定,严禁为应付督察不分青红皂白采取紧急停工停业停产等简单粗暴措施,以及"一律关停""先停再说"等敷衍应对做法,对相关生态环境问题整改,坚持依法依规,注重统筹推进，建立长效机制。清澜污水处理厂之所以"未验收先运营"，系根据相关部门要求与污水处理的客观需要而实施，其自身善意无主观过错；虽形式上违反法律规定，但与法律原则和立法精神一致，且不会造成环境污染恶果。

根据生态环境部《关于进一步规范适用环境行政处罚自由裁量权的指导意见》（环执法〔2019〕42号）第四条第十三项规定，违法行为如"未批先建"未造成环境污染后果，且企业自行实施关停或者实施停止建设、停止生产等措施，可以免于处罚；其他违法行为轻微并及时纠正，没有造成危害后果的，可以免予处罚。文昌市环境局在调查处理时，应当参照本条精神，并综合考虑"未验收先运营"违法行为的原因、后果但未予考虑，裁量权行使不当。即便文昌市环境局对"未验收先运营"首次处罚30万元尚有一定合法性与必要性；但在盈海公司接受行政处罚后，及时根据《建设项目竣工环境保护验收暂行办法》规定，积极与政府部门沟通促进配套管网建设，主动请求文昌市水务局牵头做好环境竣工验收工作，并在第二次处罚决定作出之前即已完成竣工验收的情况下，文昌市环境局对全年污水处理费收入仅300—500余万元的企业，作出100万元的罚款，既不合法，也不合理，亦无必要，且易生推卸上级环保督察责任之嫌。

综上，"法律不强人所难"。盈海公司虽然客观上存在"未验收先运营"违法行为，但并不存在主观过错，对其再次处罚既不符合善意文明执法理念，也不符合海南自由贸易港建设的法治要求。文昌市环境局作出被诉处罚决定时，未能全面考虑污水处理厂"未验收先运营"违法行为的特殊性，未全面考虑违法行为客观原因、危害后果、主观过错以及事后的补救完善等因素，裁量结果明显不当，应予撤销。44号复议决定错误维持应予撤销的行政处罚决定，应予撤销。一、二审判决驳回盈海公司诉讼请求，适用法律错误，依法应予改判。综上，依照《中华人民共和国行政诉讼法》第七十条、第八十九条第一款第二项，《最高人民法院关于适用〈中华人民共和国行政诉讼法〉的解释》第一百一十九条第一款、第一百二十二条之规定，判决如下：

一、撤销海南省第一中级人民法院（2020）琼96行初41号行政判决和海南省高级人民法院（2020）琼行终658号行政判决；

二、撤销海南省文昌市人民政府文府复决字（2019）44号行政复议决定；

三、撤销海南省文昌市生态环境局文环罚决字（2019）51号行政处罚决定。

一、二审案件受理费100元，由海南省文昌市生态环境局、海南省文昌市人民政府负担。

本判决为终审判决。

审 判 长　耿宝建
审 判 员　熊劲松
审 判 员　陈　娅

二〇二二年六月二十四日

法官助理　张巧云
书 记 员　陈丹超

# 执 行

## 中国建设银行股份有限公司怀化市分行与中国华融资产管理股份有限公司湖南省分公司等案外人执行异议之诉案

**【裁判要旨】**

一、执行异议之诉案件可参照适用《最高人民法院关于人民法院办理执行异议和复议案件若干问题的规定》进行审查处理，同时需基于案件具体情况对案外人是否享有足以排除强制执行的民事权益进行实质审查。

二、非消费者购房人能否排除抵押权人的申请执行，可基于双方权利的性质、取得权利时间的先后、权利取得有无过错以及如何降低或者预防风险再次发生等因素，结合具体案情，对双方享有的权利进行实体审查后作出相应判断。

## 最高人民法院民事判决书

（2022）最高法民终34号

上诉人（原审原告）：中国建设银行股份有限公司怀化市分行。住所地：湖南省怀化市鹤城区迎丰中路380号。

负责人：吴曙华，该分行行长。

委托诉讼代理人：蒋铁华，该分行员工。

委托诉讼代理人：雷少华，湖南融邦律师事务所律师。

被上诉人（原审被告）：中国华融资产管理股份有限公司湖南省分公司。住所地：湖南省长沙市开福区五一大道976号。

负责人：龙志林，该分公司总经理。

委托诉讼代理人：周道明，湖南联合创业律师事务所律师。

委托诉讼代理人：李康裕，湖南联合创业律师事务所律师。

原审第三人：怀化英泰建设投资有限公司。住所地：湖南省怀化市鹤城区鹤州北路火车站广场。

法定代表人：谢永健，该公司董事长。

破产管理人：湖南通程律师事务所。
委托诉讼代理人：刘涛，破产管理人工作人员。
委托诉讼代理人：邓水苗，破产管理人工作人员。
原审第三人：东星建设工程集团有限公司。住所地：湖南省怀化市顺天北路。
法定代表人：谢永健，该公司董事长。
破产管理人：湖南通程律师事务所。
委托诉讼代理人：刘涛，破产管理人工作人员。
委托诉讼代理人：邓水苗，破产管理人工作人员。
原审第三人：湖南辰溪华中水泥有限公司。住所地：湖南省辰溪县火马冲工业园。
法定代表人：谢永健，该公司董事长。
破产管理人：湖南通程律师事务所。
委托诉讼代理人：刘涛，破产管理人工作人员。
委托诉讼代理人：邓水苗，破产管理人工作人员。
原审第三人：谢永健，男，1964年11月16日出生，汉族，住湖南省怀化市鹤城区迎丰中路329号。
委托诉讼代理人：蒲亚飞，湖南省怀化市鹤城区迎丰街道办事处银湾社区居民。
原审第三人：陈桃芳，女，1968年4月5日出生，汉族，住广东省广州市番禺区市广路祈福新村豪庭西路78号。
委托诉讼代理人：蒲亚飞，湖南省怀化市鹤城区迎丰街道办事处银湾社区居民。

上诉人中国建设银行股份有限公司怀化市分行（以下简称建行怀化市分行）因与被上诉人中国华融资产管理股份有限公司湖南省分公司（以下简称华融湖南分公司）及原审第三人怀化英泰建设投资有限公司（以下简称英泰公司）、东星建设工程集团有限公司（以下简称东星公司）、湖南辰溪华中水泥有限公司（以下简称华中公司）、谢永健、陈桃芳案外人执行异议之诉一案，不服湖南省高级人民法院（2020）湘民初1号民事判决，向本院提起上诉。本院于2022年2月8日立案后，依法组成合议庭，公开开庭进行了审理。上诉人建行怀化市分行委托诉讼代理人蒋铁华、雷少华，被上诉人华融湖南分公司委托诉讼代理人周道明、李康裕，原审第三人英泰公司、东星公司、华中公司共同委托诉讼代理人邓水苗，原审第三人谢永健、陈桃芳共同委托诉讼代理人蒲亚飞到庭参加诉讼。本案现已审理终结。

建行怀化市分行上诉请求：1.撤销一审判决；2.判令不得执行湖南省怀化市鹤城区迎丰西路英泰国际二期2栋1-16号房产（以下简称案涉房产）；3.确认华融湖南分公司对案涉房产的优先受偿权不得对抗建行怀化市分行；4.本案一、二审诉讼费用由华融湖南分公司承担。事实与理由：（一）《最高人民法院关于人民法院办理执行异议和复议案件若干问题的规定》（以下简称《执行异议和复议规定》）第二十八条及《最高人民法院关于人民法院民事执行中查封、扣押、冻结财产的规定》（以下简称《民事执行查扣冻规定》）（2005年施行）第十七条适用于申请执行人对执行标的享有担保物权的情形，应当作为本案的审理依据。1.《执行异议和复议规定》第二十八条至第三十条是第二十七条关于"申请执行人对执行标的依法享有对抗案外人的担保物权等优先受偿权，人民法院对案外人提出的排除执行异议不予支持,但法律、司法解释另有规定的除外"的规定中的除外情形。2.《执行异议和复议规定》第二十八条至第三十条,实际上保护的是买受人的物权期待权。这三条司法解释所要解决的,就是特殊情形下虽未取得物权但对该物享有特定请求权的优先保护问题。3.《执行异议和复议规定》的理解与适用对第二十七条的解读也明确该条中"但法律、司法解释另有规定的除外"包括该司法解释第二十八条至第三十条。4. 最高人民法院(2018)最高法民申 4090 号民事裁定,亦认定《执行异议和复议规定》第二十八条、第二十九条属于第二十七条的除外情形,符合第二十八条、第二十九条规定条件的买受人物权期待权可以排除享有担保物权等优先权的申请执行人的强制执行。根据同案同判的原则,该判例在审理本案时应予以参考。(二)建行怀化市分行购买、占有案涉房产的相关事实,完全符合《执行异议和复议规定》第二十八条关于"金钱债权执行中,买受人对登记在被执行人名下的不动产提出异议,符合下列情形且其权利能够排除执行的,人民法院应予支持:(一)在人民法院查封之前已签订合法有效的书面买卖合同;(二)在人民法院查封之前已合法占有该不动产;(三)已支付全部价款,或者已按照合同约定支付部分价款且将剩余价款按照人民法院的要求交付执行;(四)非因买受人自身原因未办理过户登记"的规定,及《民事执行查扣冻规定》(2005 年施行)第十七条关于"被执行人将其所有的需要办理过户登记的财产出卖给第三人,第三人已经支付部分或者全部价款并实际占有该财产,但尚未办理产权过户登记手续的,人民法院可以查封、扣押、冻结;第三人已经支付全部价款并实际占有,但未办理过户登记手续的,如果第三人对此没有过错,人民法院不得查封、扣押、冻结"的规定,建行怀化市分行对于案涉房产未过户或者预告登记无任何过错。1. 在抵押及人民法院查封之前建行怀化市分行已签订合法有效的书面买卖合同。建行怀化市分行与英泰公司就案涉房产签订《商品房买卖合同》的时间为 2013 年 1 月 31 日,而华融湖南分公司办理抵押的时间为 2013 年 5 月 27 日,人民法院查封案涉房产的时间为 2014 年 9 月 29 日。2. 在抵押及人民法院查封之前建行怀化市分行已合法占有该不动产。依照案涉《商品房买卖合同》约定,英泰公司在 2013 年 3 月 29 日前,就需将案涉房产交给建行怀化市分行,建行怀化市分行自 2013 年 3 月起占有了案涉房产后,在 2013 年 8 月进行装修,并持续使用至今。建行怀化市分行对案涉房产占有的时间,也均早于华融湖南分公司办理抵押和申请查封的时间。3. 建行怀化市分行已支付全部价款,或者已按照合同约定支付部分价款且将剩余价款按照人民法院的要求交付执行。建行怀化市分行在 2013 年 3 月 28 日,就已经支付了 95% 的房款 16163110 元;在 2013 年 11 月 27 日,又将价款支付至 98%,在抵押和查封前,建行怀化市分行已经几乎支付了全部房款。剩余房款,建行怀化市分行也愿意按照法院要求交付执行。4. 非因建行怀化市分行自身原因未办理过户登记或预告登记。(1)案涉房产未办理过户登记是因房屋本身原因和出卖人原因,建行怀化市分行对此无任何过错。由于案涉房产在买卖时属于期房,无法办理房产证,且该房屋因出卖人英泰公司原因(包括抵押及查封的问题)至今不能办理房产证。因此,案涉房产未办理过户登记的手续,并非建行怀化市分行的原因,建行怀化市分行对此无任何过错。(2)依约定对《商品房买卖合同》进行预告登记的义务人为出卖人英泰公司而非建行怀化市分行,且出卖人英泰公司在极短时间内就将案涉房产抵押给华融湖南分公司,建行怀化市分行无力避免,案涉房产未办理预告登记并非建行怀化市分行的原因,因出卖人违约未办理预告登记不应归咎于建行怀化市分行。(3)本案中认定建行怀化市分行对于案涉房产未过户或办理预告登记存在过错，不符合最高人民法院有关司法精神。本案案涉房产未办理预告登记手续，建行怀化市分行既有向出卖人提出办理登记请求的积极行为，也有关于未办理预告登记的充足客观理由，依据《全国法院民商事审判工作会议纪要》（2019年）第127条的规定，不应认定建行怀化市分行有过错。（4）建行怀化市分行在购房后即缴纳了契税，履行了办理预告登记所需的各项前置义务。且建行怀化市分行与出卖人英泰公司签订的是外表为红皮硬壳、由怀化市工商行政管理局和房产管理局联合监制的正规商品房买卖合同文本。这些都足以给建行怀化市分行形成购房行为合法有效的合理信赖。（三）在华融湖南分公司对案涉房产办理抵押及法院查封案涉房产之前，建行怀化市分行已经依法占有了案涉房产。建行怀化市分行依合法有效的《商品房买卖合同》对案涉房产的合法占有同样属于受法律保护的权益。类比原《中华人民共和国物权法》等相关法律法规中对于在先租赁而取得占有的优先保护原则，作为比租赁关系更具有物权属性的买卖关系所形成的占有，更应当受到法律的优先保护。承租人基于先于抵押或查封设立的有效租赁而取得对房屋的占有优先于抵押权人或查封债权人受法律保护，即使处分该财产，也应当保护承租人的合法占有。综上，无论是从法律还是情理上，建行怀化市分行对案涉房产的权益，均应当优先于华融湖南分公司的抵押权，足以排除华融湖南分公司对案涉房产的执行。

华融湖南分公司答辩称：（一）建行怀化市分行认为其对案涉房产的民事权益符合《执行异议和复议规定》第二十八条关于一般不动产买受人排除执行的条件，于法不符，不能成立。本案法律适用的焦点问题是，符合《执行异议和复议规定》第二十八条规定的一般不动产买受人是否有权排除作为抵押权人的申请执行人对执行标的执行。建行怀化市分行认为有权排除执行，属于对法律的理解错误。1. 从对《执行异议和复议规定》第二十七条规定的理解来看，第二十八条规定的一般不动产买受人不属于第二十七条"但法律、司法解释另有规定除外"的情形。即在申请执行人对执行标的享有抵押权的情况下，《执行异议和复议规定》第二十八条规定没有适用的余地，案外人是否符合《执行异议和复议规定》第二十八条规定的四项条件不是裁判要件事实，无论是否符合都不能排除抵押权人对抵押物的申请执行。2. 最高人民法院类案裁判认为一般买受人不能对抗抵押权的执行（详见《类案检索报告》）。3. 从最高人民法院法官的学理解释来看，均认为一般不动产买受人不能对抗抵押权人。（二）即使将《执行异议和复议规定》第二十八条规定视为第二十七条规定的除外条款，建行怀化市分行也不符合适用第二十八条规定的条件。1. 建行怀化市分行对案涉房产的占有不是合法占有。华融湖南分公司办理抵押登记的时间为2013年5月27日，无论是华融湖南分公司与英泰公司签订的《抵押协议》，还是登记机关颁发的房屋他项权证，抵押物均记载为在建工程。所谓在建工程，即尚未完成竣工验收还处于建筑安装施工的建筑物，而且至今该抵押物仍未完成竣工验收，仍然是在建工程。《中华人民共和国建筑法》第六十一条第二款规定："建筑工程竣工验收合格后，方可交付使用，未经验收或者验收不合格的，不得交付使用。"依据法律的禁止性规定，英泰公司将在建工程向建行怀化市分行交付，建行怀化市分行占有、使用未经竣工验收的在建工程，其行为都是违法的，故本案不符合《执行异议和复议规定》第二十八条第二项关于"在人民法院查封之前已合法占有该不动产"的条件。2. 建行怀化市分行不符合《执行异议和复议规定》第二十八条第四项关于

"非因买受人自身原因未办理过户登记"的条件。最高人民法院在多份判决中都指出,要符合这一条件,必须存在"不动产买受人与出卖人已经共同向不动产登记机构提交办理所有权转移登记且经登记机构受理,或者案外人因办理所有权转移登记与出卖人发生纠纷并已起诉或者申请仲裁,或者有其他合理客观理由的情形",但本案建行怀化市分行却无任何证据证明其与英泰公司共同向不动产登记机关有过过户登记的申请;尽管建行怀化市分行与英泰公司签订的《商品房买卖合同》中有"在交付之后30日内,将办理权属登记的资料报送产权登记机关备案"的约定,但事实上英泰公司并未将买卖合同进行备案,建行怀化市分行也未督促其进行合同备案或权利预告登记。实际上,只要进行了《商品房买卖合同》的备案登记,相关登记机关就会依据《中华人民共和国城市房地产管理法》和《城市商品房预售管理办法》将交易的房产设置为权利受限状态,英泰公司也就不可能将案涉房产作为抵押物设立抵押。此外,2013年5月27日华融湖南分公司对案涉房产取得抵押权,而在此之后,建行怀化市分行才于2013年11月27日向英泰公司支付最后一笔购房款,于2013年11月18日与物业管理公司签订物业管理合同,实际占有案涉房产。可见,在交易过程中,建行怀化市分行仍有机会发现案涉房产被抵押的事实,并及时采取补救措施,但由于疏忽大意而错失。从以上事实可以看出,建行怀化市分行对购房交易的合法合规与安全性未予以重视,案涉房产未能办理过户登记乃至被另行抵押均与建行怀化市分行的疏忽有关。故建行怀化市分行对案涉房产的占有是非善意,且未办理过户登记与其自身原因有关。3. 建行怀化市分行引用原《中华人民共和国物权法》及《民事执行查扣冻规定》等司法解释的规定,明显与本案争议无关。建行怀化市分行对本案诉讼程序的意见也与最高人民法院生效的裁判相悖,华融湖南分公司对此无须答辩。综上,无论是根据法律规定、法理还是同案同判原则,建行怀化市分行援引《执行异议和复议规定》第二十八条规定,阻却华融湖南分公司抵押权实现的理由均不成立,且建行怀化市分行也未能满足前述第二十八条规定所设置的适用条件,故其上诉请求与理由均于法相悖,不能成立。华融湖南分公司请求驳回建行怀化市分行的上诉请求,维持原判。

建行怀化市分行向一审法院起诉请求:1. 不得执行案涉房产;2. 确认华融湖南分公司对案涉房产的优先受偿权不得对抗建行怀化市分行。

一审法院认定事实:2013年1月31日,英泰公司与建行怀化市分行签订《商品房买卖合同》,约定:英泰公司将其开发的案涉房产出售给建行怀化市分行;商铺面积438.5$m^2$,单价38800元/$m^2$,总计售价17013800元,相关税费1055891元;英泰公司应在2013年3月29日前,将该门面交付建行怀化市分行,并在交付之后30日内,将办理权属登记的资料报送产权登记机关备案;英泰公司承诺在交房后两年内办好房、地产权证。合同签订后,建行怀化市分行分别于2009年12月31日、2013年3月28日、2013年11月27日向英泰公司指定账户汇入订金及购房款1000000元、15163110.64元、500000元,并交纳了相应的购房契税。2013年11月18日,建行怀化市分行与怀化英泰商城管理有限公司签订了《英泰国际物业管理合同》。2013年12月2日,建行怀化市分行向怀化英泰商城管理有限公司缴纳了23679元物业管理费。

2013年5月23日,华融湖南分公司与英泰公司签订《抵押协议》(编号:湖南Y1830015-6),约定英泰公司以其位于怀化市鹤城区迎丰西路的英泰国际项目二期未售商业地产在建工程及其分摊的土地为其所欠华融湖南分公司债务提供抵押担保。2013年5月27日，华融湖南分公司与英泰公司对案涉房产在怀化市房产管理局办理了在建工程抵押登记。

2014年9月19日，一审法院受理华融湖南分公司诉英泰公司、东星公司、华中公司、谢永健、陈桃芳合同纠纷一案。2014年9月29日，一审法院作出（2014）湘高法民二初字第32-1号民事裁定，查封了英泰公司名下的案涉房产。2014年12月12日，一审法院作出（2014）湘高法民二初字第32号民事判决，判决解除华融湖南分公司与英泰公司签订的《债务重组协议》，由英泰公司向华融湖南分公司偿还债务9800万元及重组收益、违约金和律师代理费695431元，东星公司、华中公司、谢永健、陈桃芳承担连带清偿责任。未按期履行清偿义务的，华融湖南分公司有权以英泰公司已办理抵押登记的房产3194.53m²、2709.09m²及相应土地使用权（房屋他项权证编号：怀房鹤他字第513003032号、怀房建鹤城字第313000033号）作为抵押物折价或者以拍卖、变卖该抵押物所得价款优先受偿。双方均未上诉，该判决生效。英泰公司未按期履行（2014）湘高法民二初字第32号民事判决所确定的清偿义务，华融湖南分公司向一审法院申请强制执行。一审法院执行立案后，于2017年8月21日作出（2015）湘高法执字第22号拍卖公告，拟拍卖（2014）湘高法民二初字第32号民事判决所确定的包括案涉房产在内英泰国际名下的多项房产，建行怀化市分行不服，向一审法院提出执行异议。2017年12月12日，一审法院作出（2017）湘执异75号执行裁定，驳回了建行怀化市分行的异议请求。建行怀化市分行遂提起本案诉讼。

一审法院另查明，湖南省怀化市中级人民法院于2018年6月5日作出（2018）湘12破申1号民事裁定，受理英泰公司的重整申请；2018年8月29日作出（2018）湘12破申6号、7号民事裁定，受理东星公司、华中公司的重整申请；2019年11月16日作出（2018）湘12执204号之一执行裁定，以英泰公司、东星公司、华中公司已进入破产重整程序为由，裁定中止（2014）湘高法民二初字第32号民事判决第一、二、三、四、五项判决的执行。

一审法院认为，综合各方当事人诉辩意见，本案的争议焦点为：1.第三人进入破产程序后，本案执行异议之诉应否继续审理；2.建行怀化市分行对案涉房产享有的民事权利能否排除人民法院强制执行。

（一）关于焦点一。华融湖南分公司主张，根据《中华人民共和国企业破产法》第十九条之规定，因被执行人英泰公司等进入破产重整程序，本案的执行程序已经被人民法院裁定中止，建行怀化市分行起诉的前提条件不成立，应予驳回。一审法院认为，执行异议之诉，虽因执行程序而产生，但本质上是一个独立的审判程序，具有其特定的程序与实体功能。第一，程序方面。本案系建行怀化市分行提起的案外人执行异议之诉，目的是请求排除人民法院对案涉房产的强制执行。人民法院对其起诉是否受理，应审查是否符合《中华人民共和国民事诉讼法》（2017年修正）第一百一十九条与《最高人民法院关于适用〈中华人民共和国民事诉讼法〉的解释》（2015年施行）第三百零五条规定的案外人执行异议之诉的起诉条件。经查，华融湖南分公司基于生效判决确认的抵押权对英泰公司名下的房产申请强制执行，案外人建行怀化市分行提出执行异议被驳回后，向一审法院提起案外人执行异议之诉，符合上述法律与司法解释的规定，依法应予受理。同时，本案提起执行异议之诉期间，被执行人英泰公司、东星公司、华中公司进入破产重整程序，根据《中华人民共和国企业破产法》第二十条之规定,"人民法院受理破产申请后,已经开始而尚未终结的有关债务人的民事诉讼或者仲裁应当中止;在管理人接管债务人的财产后,该诉讼或者仲裁继续进行。"本案审理期间,受理英泰公司、东星公司、华中公司破产重整申请的人民法院已确定其管理人,可以代表被执行人继续参与诉讼,故本案继续审理从程序上并无不当。第二,实体方面。首先,在功能上,执行异议之诉作为针对执行程序的救济手段,除了阻却法院强制执行的功能以外,还具有对实体权利顺序优先性确认之功能。本案中,虽然被执行人进入了破产重整程序,但无论破产企业最终是重整或清算,均不能代替执行异议之诉对债权人债权优先性的实体认定功能。其次,在效果上,案涉房产如因破产而解除查封,房产将转由被执行人的破产管理人接管;如因执行异议之诉胜诉而解除查封,建行怀化市分行则可以要求继续履行合同。同为解除查封措施,因被执行人进入破产程序而中止执行,与因执行异议之诉排除法院的执行措施而停止执行,两种程序的依据不同,所带来的法律效果以及对当事人权益的影响也不一致,故不能因被执行人进入破产程序中止执行而停止对执行异议之诉的审理。综上,华融湖南分公司的主张缺乏法律依据,本案被执行人进入破产程序后,执行异议之诉仍然应当继续审理。

(二)关于焦点二。本案中,华融湖南分公司依据(2014)湘高法民二初字第32号民事判决确定的抵押权,申请人民法院强制执行。建行怀化市分行基于其与英泰公司签订《商品房买卖合同》、支付购房款、占有使用房屋等行为所产生的民事权益,主张排除人民法院的强制执行。因此,建行怀化市分行能否排除强制执行,关键在于建行怀化市分行对案涉房产所享有的民事权益是否优先于华融湖南分公司的抵押权。建行怀化市分行诉称,其在案涉房产被人民法院查封前,已与英泰公司签订了合法有效的《商品房买卖合同》、缴纳了大部分房款并实际占有了房产,根据《民事执行查扣冻规定》(2005年施行)第十七条、《执行异议和复议规定》第二十八条的规定,享有足以排除人民法院强制执行的民事权利。一审法院认为:第一,建行怀化市分行至今尚未缴清案涉房产的购房款,且建行怀化市分行在与英泰公司签订《商品房买卖合同》后,既未及时办理合同备案登记,也未依法将案涉房产已由其购买的事实予以公示;同时,建行怀化市分行亦未提交证据证实,其曾及时催告英泰公司办理过户登记手续,故对案涉房产未办理过户登记存在过错。因此,案涉房产不符合《民事执行查扣冻规定》(2005年施行)第十七条规定的人民法院不得查封、扣押、冻结的情形,建行怀化市分行的该项主张不能成立,不予支持。第二,《执行异议和复议规定》第二十七条规定,除法律、司法解释明确规定外,案外人不得排除申请执行人基于担保物权等优先受偿权的强制执行;第二十八条规定,一般买房人在金钱债权执行中满足一定的条件时可以排除人民法院强制执行。因本案涉及抵押权与其他权利的优先性排序问题,故应参照《执行异议和复议规定》第二十七条的规定,但上述规定未明确法律、司法解释规定的例外情形是否包含本解释的其他条款,故在认定第二十七条的例外情形时,不宜直接适用包括该司法解释第二十八条在内的其他条款的规定。一审法院认为,原《最高人民法院关于建设工程价款优先受偿权问题的批复》第一条规定:"人民法院在审理房地产纠纷案件和办理执行案件中,应当依照《中华人民共和国合同法》第二百八十六条的规定,认定建筑工程的承包人的优先受偿权优于抵押权和其他债权";第二条规定:"消费者交付购买商品房的全部或者大部分款项后,承包人就该商品房享有的工程价款优先受偿权不得对抗买受人。"根据上述规定，交付全部或者大部分款项的商品房消费者的权利优先于抵押权人的抵押权，但该特别规定仅限于购买房屋用于居住并已支付全部或者大部分房款的商品房消费者，一般的房屋买卖合同的买受人，不适用上述规定。本案中，建行怀化市分行购买案涉房产系作为银行营业网点经营之用，并非用于居住。因此，根据上述司法解释的规定，本案建行怀化市分行对案涉房产享有的民事权益不属于《执行异议和复议规定》第二十七条规定的，可以优先于抵押权受偿的法定例外情形，不能优先于华融湖南分公司经登记并已由生效判决确认的抵押权受偿。建行怀化市分行的相关民事权益可在破产程序中依法主张。

综上所述，建行怀化市分行的诉讼请求不能成立，一审法院不予支持。一审法院依照《中华人民共和国民事诉讼法》（2017年修正）第一百一十九条、《中华人民共和国企业破产法》第二十条、《最高人民法院关于适用〈中华人民共和国民事诉讼法〉的解释》（2015年施行）第三百零六条、原《最高人民法院关于建设工程价款优先受偿权问题的批复》第一条、第二条之规定，参照《民事执行查扣冻规定》（2005年施行）第十七条、《执行异议和复议规定》第二十七条、第二十八条，判决：驳回建行怀化市分行的诉讼请求。一审案件受理费129800元，由建行怀化市分行负担。

二审中，建行怀化市分行提出一审判决书中关于2013年11月27日向英泰公司支付的500000元不是购房款，系偿付英泰公司于2013年4月25日为其垫付的购房契税。建行怀化市分行对一审查明的其他事实无异议。华融湖南分公司对一审查明的事实无异议，对建行怀化市分行所述契税问题，请二审法院查明。英泰公司、东星公司、华中公司对建行怀化市分行所述契税问题予以认可，对一审查明的其他事实无异议。谢永健、陈桃芳对一审查明的事实无异议。

二审中，建行怀化市分行提交了本院（2021）最高法民终534号民事判决书作为新证据，拟证明：1.该法律文书确认案涉房产在2013年5月9日就交付给买受人董玉容及其他买受人，该交付行为对英泰公司抵押给华融湖南分公司的包括案涉房产在内英泰国际二期28户面积合计2709.09m²房屋均具有公示效果，建行怀化市分行对案涉房产的占有在华融湖南分公司办理抵押以及申请法院查封之前；2.华融湖南分公司受理包括案涉房产在内英泰国际二期28户抵押时，没有对房屋现状进行调查，存在重大过错。3.基于同案同判的原则，本案上诉人建行怀化市分行与该案上诉人董玉容的权利性质一样，同样应当得到认可和保护。

华融湖南分公司对建行怀化市分行提交的上述证据发表质证意见：对证据的真实性无异议，但建行怀化市分行提交该份判决书的证明目的不能成立；该判决书确认董玉容所购房产交付时间为2013年5月9日，而建行怀化市分行所购房产是2013年11月18日之后才交付，二案所涉房产并非同一时间交付的；华融湖南分公司在办理抵押登记前，委托了中介机构对抵押标的进行了尽职调查，实地查看了抵押物情况、向登记部门查询了登记状况，均未发现房屋已经出售的事实，不能证明华融湖南分公司在办理抵押登记前存在重大过错。此外，华融湖南分公司对该民事判决本身也有异议，并提交了类案检索报告予以佐证。

英泰公司、东星公司、华中公司、谢永健、陈桃芳对建行怀化市分行提交的上述证据的真实性、合法性和关联性均无异议。

华融湖南分公司提交了湖南融城律师事务所出具的《商业化收购并重组业务法律尽职调查报告》作为二审新证据，拟证明：在该律所出具报告的2013年5月17日，案涉房产无论是从管理部门的登记档案还是从现场情况来看，都处于抵押无瑕疵状态；结合其一审中提交的怀化市房产管理局网上签约信息系统查阅结果，在取得案涉房产抵押过程中，其已经尽了审慎审查义务。

建行怀化市分行对华融湖南分公司提交的上述证据发表质证意见：对该证据的真实性、合法性、关联性均不予认可，该证据没有体现华融湖南分公司对案涉房产办理抵押时进行调查的过程，不能证明华融湖南分公司对案涉房产进行了相关调查；该证据反而体现了华融湖南分公司未尽到合理的注意义务，华融湖南分公司存在以下过错：1. 华融湖南分公司所谓的商业化资产收购重组，实际上是借用合法形式从事违反监管规定的发放贷款行为，华融湖南分公司也未按照信贷的尽职调查标准，对借款人英泰公司的资信情况进行审核，存在重大过错。2. 华融湖南分公司进行所谓的债务重组时，没有对英泰公司的财务状况进行审慎调查分析。依华融湖南分公司所述，其仅仅收取了英泰公司自行制作的财务报表，没有要求英泰公司提供银行账户交易明细以及对财务报表进行审核，严重不合监管规定，存在重大过错。3. 华融湖南分公司办理案涉房产抵押时，没有尽到合理的注意义务。华融湖南分公司在案涉二期抵押房产于2011年10月取得预售许可证、提供抵押的房号不连续的情况下，应当知道案涉房产可能已经出售的事实。

英泰公司、东星公司、华中公司对华融湖南分公司提交的上述证据的真实性、合法性和关联性有异议。谢永健、陈桃芳对该证据的真实性、合法性和关联性持保留意见。

英泰公司于庭后提交了《关于建设银行怀化分行是否提前交房的情况说明》以及《英泰国际交房流程表》《英泰国际合同预算单》《英泰国际合同审批单》、向积林身份证复印件、《关于申请安装三相电到户的函》、湖南省怀化市中级人民法院（2018）湘12破3号之四民事裁定书、《重整计划草案》；之后英泰公司又就代缴500000元契税事宜提交了《情况说明》及1000000元定金收款收据、进账单、15163110元、500000元入账通知书等证据材料。

华融湖南分公司对英泰公司提交的上述证据材料提交书面质证意见：1. 对《关于建设银行怀化分行是否提前交房的情况说明》《英泰国际交房流程表》《英泰国际合同预算单》《英泰国际合同审批单》、向积林身份证复印件的真实性、合法性和关联性均无异议。2. 对《关于申请安装三相电到户的函》的真实性无法确认，即便真实，该函也是建行怀化市分行对购买案涉房产提出的交付条件要求，该要求在交付前也可以提出，不能证明建行怀化市分行主张的案涉房产在抵押前交付的事实。3. 对怀化市中级人民法院民事裁定书，以及《重整计划草案》的真实性、合法性无异议，但与本案无关。4. 对代缴500000元契税事宜的《情况说明》及相关付款凭据，从证据种类来看，该《情况说明》只是当事人单方面陈述，且其陈述内容以猜测为主，理据不足；且该《情况说明》只有公司盖章，没有负责人或者法定代表人甚至制作者的签名，不符合法定证据的要求；2013年11月27日支付的500000元不是契税，如果是代缴的契税，契税发票的开具时间应当与2013年11月27日相吻合或相近，但事实上二者相距半年之久，而且也没有证据证明英泰公司曾为建行怀化市分行代缴契税。

建行怀化市分行对英泰公司提交的上述证据材料提交书面质证意见：1. 对《关于建设银行怀化分行是否提前交房的情况说明》，本案及相关案件的证据显示，英泰公司向购房人交付英泰国际二期房屋的时间并不统一和固定，该情况说明陈述无法核实是否提前交房与此相吻合。建行怀化市分行的实际收房时间，可以从合同约定及装修进程确定。建行怀化市分行购房合同约定的交房时间为2013年3月29日前，而支付主要房款的时间为2013年3月28日，且不存在任何阻碍案涉房产交付的事由，英泰公司将案涉房产实际交给建行怀化市分行的时间应当是2013年3月28日符合情理。2013年5月10日，建行怀化市分行向英泰公司申请安装三相电到户，证明在此之前建行怀化市分行已经占有了案涉房产，而装修方面的证据显示开工时间为2013年8月28日，考虑前期准备工作的时间，也再次证明英泰公司向建行怀化市分行交房的时间在2013年3月左右。本案证据即使不能证明英泰公司向建行怀化市分行具体交付房屋的时间，但足以证明至少是在2013年5月10日之前，早于华融湖南分公司办理抵押登记的时间。2. 对《英泰国际交房流程表》《英泰国际合同预算单》《英泰国际合同审批单》《关于申请安装三相电到户的函》及民事裁定书的真实性没有异议，这些证据可以证明建行怀化市分行购房行为的真实性和合法性。但是《英泰国际交房流程表》上仅有销售部人员签字，其余签字人员、流程缺失，可以证明这并不是正式交房手续证据；具体交付房屋的时间，应当结合合同约定、房款支付、申请安装三相电到户以及装修开工等事实证据认定。其中《关于申请安装三相电到户的函》，与建行怀化市分行主张的交房事实相吻合，进一步证明交房时间至少在2013年5月10日之前。3. 对代缴500000元契税事宜的《情况说明》及相关付款凭据的内容无异议，这些证据可以证明交易的真实性、合法性。

建行怀化市分行庭后提交了《商品房买卖意向书》、1000000元购房定金支付凭据、收款收据等证据材料，以补强其就案涉房产实际支付1000000元购房定金的事实。鉴于各方当事人对于建行怀化市分行于2009年12月31日向英泰公司支付1000000元定金的事实没有异议，本院对该部分证据不再组织质证。

本院对上述证据材料认证如下：各方对其他当事人提交证据的真实性无异议的，本院予以确认；对当事人有异议且与本案有直接关联的证据材料，将在后文中结合相关事实予以评述。

基于各方当事人提交的上述证据材料和一审证据材料及各方诉辩意见，本院另查明：

2013年1月31日，英泰公司（出卖人）与建行怀化市分行（买受人）签订《商品房买卖合同》，双方就建行怀化市分行购买案涉房产事宜达成协议，总售价17013800元，税费1055891元。其中第六条关于购房款支付方式约定：一次性付款，2013年3月22日付清余款；第二十四条约定：本合同自双方签订之日起生效；第二十五条约定：商品房预售的，自本合同生效之日起30天内，由出卖人向当地房产管理局申请商品房预告登记。双方同时签订的附件四《费用收取补充协议》第一条关于办证费用约定：甲方（英泰公司）负责为乙方（建行怀化市分行）代办房产证和土地使用权证，但乙方应提供必要的办证资料，并负责办证所需的各种税和费，下列是甲方为乙方办理房产证和土地使用权证代收款项：1. 税务代收费：房产交易契税按照总房款的4%收取，即680552元。2. 国土代收费：土地证工本费10元/证，土地权属调查费100平方米以下每宗13元，地基测绘费312元/证，合计335元。3. 房产代收费：所有权登记费550元/件，图纸利用费100元/幅，档案利用费

50元/次，房屋维修基金为总房款的2%，合计340976元。4. 两证代办费：总房款的0.2%[依据怀市价（2009）34号文件]，即34028元。以上四项费用合计1055891元。

2013年3月25日，英泰公司针对案涉房产向建行怀化市分行开具金额为17013800元《销售不动产统一发票》，载明款项性质为"售房款"。

2013年3月28日、2013年11月27日，中国建设银行股份有限公司湖南省分行（以下简称建行湖南省分行）分别向英泰公司支付15163110元、500000元；建行怀化市分行原将该两笔款项作为其支付案涉房产的购房款，一审判决亦予以确认，各方对该事实均未提出异议。二审中，建行怀化市分行调整关于其付款的陈述，主张2013年11月27日向英泰公司支付的500000元不是购房款，系偿付英泰公司于2013年4月25日为其垫付的购房契税。英泰公司、东星公司、华中公司对建行怀化市分行所述契税事宜予以认可，但华融湖南分公司对此持有异议。另，一审判决认定的2013年3月28日向英泰公司支付15163110.64元应系笔误，实为15163110元。

2013年4月25日，怀化市税务机关开具《税收通用完税证》，载明：税种为契税-非普通住房，纳税人为建行怀化市分行，计税金额为12500000元，税率为4%，实缴金额为500000元。

2013年5月10日，建行怀化市分行向英泰公司出具《关于申请安装三相电到户的函》，载明："我行购买的位于怀化火车站旁英泰国际裙楼的1-16号门面用于营业，因电气设备需要交流三相电，请贵公司安装到户为感！所产生的分摊费用本行自行承担。"

2013年11月29日，英泰公司售楼部出具《英泰国际交房流程表》，载明：业主：建行怀化市分行；房号：1-16；面积438.5（m²）。您好，您所购买的英泰国际商铺（公寓/写字间）现已具备交房条件，请按下列流程办理交房手续。其中列表第一项售楼部一栏中，交接内容为："1. 核对客户身份；2. 核验'商品房买卖合同'、业主身份、复印身份证一份、联系地址及电话；3. 委托办理的应递交委托人授权书、被委托人身份证明"，向积林在该栏中签字；部门经办人杨文霞签字确认："该业主已交清房款及相关办证费用"；售楼部财务唐林签字注明："房款、办证费用未交齐"；销售部负责人黄武在该栏中签字，同时另注明："房款及办证费用由公司负责衔接。"

2013年12月6日，怀化市公安局治安支队内保大队、怀化市公安局在《金融机构营业场所安全防护设施建设工程审批表》上签署"同意专家组意见"并加盖公章；该审批表上载明专家组于同日出具的意见："该金融机构营业场所，符合国家、公安部GA38（2004）安全设施建设验收防护标准，准予营业。"另一份未加盖任何印章也无人签字的《金融机构营业场所安全设施建设工程验收审批表》载明：开工日期为2013年8月28日，完工日期为2013年11月25日。

2022年4月22日，英泰公司向本院出具《关于建设银行怀化分行是否提前交房的情况说明》，载明："因怀化英泰建设投资有限公司破产以后，相关售楼部经手的职工已经离职，经过时间比较长，如今无法核实建设银行怀化分行是否存在提前交房的情况。"

除本院补充查明的上述事实外，对一审判决查明的其他事实，当事人均无异议，本院予以确认。

另，一审法院于2022年6月13日作出（2020）湘民初1号民事裁定：1. 一审判决第十二页第十三行中"第二十八条规定的"补正为"第二十七条规定的";2. 一审判决第十三页第六行中"案件受理费20100元"补正为"案件受理费129800元"。本院据此已对一审判决所述相关内容进行了补正。

本院认为,结合各方当事人的诉辩主张,本案二审争议焦点为:建行怀化市分行对案涉房产是否享有足以排除强制执行的民事权益。

(一)关于本案的法律适用问题

执行异议之诉源于案外人执行异议,系案外人对执行标的提出异议后被执行法院裁定驳回或者支持,案外人或者申请执行人不服该裁定而启动的权利救济诉讼程序。由此,执行异议与执行异议之诉具有一定的关联性和共通性,但二者分属于不同的诉讼程序,其功能定位并不相同,对案外人民事权益的审查原则和审查标准也不尽一致。执行异议作为执行程序的一部分,更侧重于对执行标的上的权利进行形式审查,其制度功能在于快速、不间断地实现生效裁判文书确定的债权,其价值取向更注重程序效率性,同时兼顾实体公平性;而执行异议之诉作为与执行异议衔接的后续诉讼程序,是一个独立于执行异议的完整的实体审理程序,其价值取向是公平优先、兼顾效率,通过实质审查的方式对执行标的权属进行认定,进而作出案外人享有的民事权益是否足以排除强制执行的判断,以实现对案外人或者申请执行人民事权益的实体性权利救济。《执行异议和复议规定》作为执行程序中规范"执行异议和复议案件"的司法解释,原则上应仅适用于执行程序,但基于执行异议之诉与执行程序之间的关联性和共通性,在针对执行异议之诉具体审查标准的法律或者司法解释出台前,执行异议之诉案件可参照适用《执行异议和复议规定》的相关规定,对案外人享有的民事权益是否足以排除强制执行进行审查认定。但是,若《执行异议和复议规定》相关条款能否适用案涉纠纷在理论和实务中存在较大争议,当事人对此问题的认识亦存在较大分歧并各有理据的情况下,则不宜再参照适用该司法解释的相关规定处理案涉纠纷,而应回归执行异议之诉的本质,基于案件具体情况对案外人是否享有足以排除强制执行的民事权益进行实质审查,并依据《最高人民法院关于适用〈中华人民共和国民事诉讼法〉的解释》第三百一十条第一款关于"对案外人提起的执行异议之诉,人民法院经审理,按照下列情形分别处理:(一)案外人就执行标的享有足以排除强制执行的民事权益的,判决不得执行该执行标的;(二)案外人就执行标的不享有足以排除强制执行的民事权益的,判决驳回诉讼请求"的规定作出是否支持案外人异议请求的判断。

本案中,参照《执行异议和复议规定》第二十七条关于"申请执行人对执行标的依法享有对抗案外人的担保物权等优先受偿权,人民法院对案外人提出的排除执行异议不予支持,但法律、司法解释另有规定的除外"的规定,在抵押权人与购房人发生权利冲突时,抵押权应给予优先保护是一般原则,除非法律、司法解释另有规定。原《最高人民法院关于建设工程价款优先受偿权问题的批复》规定,消费者在交付购买商品房的全部或者大部分款项后,对所购商品房享有的权益可以对抗建设工程价款优先受偿权和抵押权,以保护消费者的生存权。但是,由于建行怀化市分行并非商品房消费者,所购房产系用于经营,故其不享有商品房消费者基于生存权而具有的特殊保护权益。建行怀化市分行主张《执行异议和复议规定》第二十七条"但书"包括该司法解释第二十八条关于一般不动产买受人(非消费者)物权期待权可排除执行的规定,本案应适用该条规定进行审查,而华融湖南分公司则坚持认为《执行异议和复议规定》第二十七条"但书"不包括第二十八条，本案没有适用该条规定的余地，双方并就各自主张提交了相应的依据和类案。为此，在法律、司法解释对此问题尚无明确规定的情形下，一审判决认为本案不宜直接适用包括该司法解释第二十八条在内的其他条款的规定，有一定的理据，但一审判决未结合执行异议之诉的自身特点，对案外异议人和申请执行人所享有的民事权益进行实体比较并依法作出相应的判断，仅依据原《最高人民法院关于建设工程价款优先受偿权问题的批复》的相关规定，认定建行怀化市分行不属于商品房消费者，即驳回其异议请求，适用法律存在一定瑕疵，本院予以纠正。

至于建行怀化市分行主张《民事执行查扣冻规定》（2005年施行）第十七条应当作为本案审理依据的问题，因《民事执行查扣冻规定》是为"进一步规范民事执行中的查封、扣押、冻结措施"而制定的司法解释，其中第十七条关于"被执行人将其所有的需要办理过户登记的财产出卖给第三人，第三人已经支付部分或者全部价款并实际占有该财产，但尚未办理产权过户登记手续的，人民法院可以查封、扣押、冻结；第三人已经支付全部价款并实际占有，但未办理过户登记手续的，如果第三人对此没有过错，人民法院不得查封、扣押、冻结"的规定，系对第三人已经支付价款并实际占有但尚未办理产权过户登记的财产能否查封、扣押、冻结而进行的程序规定，并未涉及申请执行人与购买该财产的第三人对该财产权利的实质比较判断以及第三人享有的民事权益能否排除强制执行的问题，并非当然适用执行异议之诉案件。

（二）关于建行怀化市分行对案涉房产享有的民事权益是否足以排除强制执行的问题

本案中，针对建行怀化市分行对案涉房产享有的民事权益是否足以排除华融湖南分公司申请的强制执行，可基于双方权利的性质，取得权利时间的先后，权利取得有无过错以及如何降低或者预防风险再次发生等因素，并结合具体案情，对双方享有的权利进行实体审查，比较何者占优，何者应优先保护，进而作出相应的判断。

1. 从权利的性质看，建行怀化市分行对案涉房产享有物权期待权，而华融湖南分公司享有抵押权，均优先于一般债权。

物权期待权作为一种从债权过渡而来、处于物权取得预备阶段的权利状态，以实际占有为表征，具有与一般债权相区别、与物权相类似的效力特征。本案中，建行怀化市分行基于其与英泰公司签订的《商品房买卖合同》，有权请求英泰公司依约交付所购商品房，该请求权作为一般合同债权没有优先保护的权利基础；但建行怀化市分行在依约支付绝大多数购房款并实际占有所购房产的情况下，其基于合同享有的一般债权就转化为对该房产的物权期待权。尽管该物权期待权仍属于债权的范畴，但已不同于一般债权。英泰公司作为出卖人向买受人建行怀化市分行让渡了其对所售房产享有的占有、使用、收益及部分处分的物权权能，建行怀化市分行也因实际占有该房产获得了一定的对外公示效力，尽管该效力尚不能与不动产物权登记的法定效力相等同。据此，建行怀化市分行对案涉房产所享有的权利虽尚不属于《中华人民共和国民法典》意义上的物权（所有权），但已具备了物权的实质性要素，建行怀化市分行可以合理预期通过办理不动产登记将该物权期待权转化为《中华人民共和国民法典》意义上的物权（所有权）；而且该基于占有产生的权利亦应受《中华人民共和国民法典》有关占有制度的保护，故该物权期待权具有优先于一般债权保护的权利基础。

而抵押权属于《中华人民共和国民法典》明确规定的一类担保物权,在债务人不履行到期债务或者发生当事人约定的实现抵押权的情形下,抵押权人有权就抵押财产优先受偿。本案中,华融湖南分公司与英泰公司签订《抵押协议》,英泰公司以包括案涉房产在内的英泰国际项目二期未售商业地产在建工程及其分摊的土地为其所欠华融湖南分公司债务提供抵押担保,并办理了在建工程抵押登记,华融湖南分公司对案涉抵押物享有的抵押权依法设立;湖南省高级人民法院(2014)湘高法民二初字第 32 号民事判决对华融湖南分公司就前述抵押物依法享有的优先受偿权也予以确认。由此,华融湖南分公司享有的抵押权具有优先于一般债权受偿的法律依据。

2. 从权利取得时间的先后看,华融湖南分公司的抵押权在先、建行怀化市分行的物权期待权在后。

就建行怀化市分行对案涉房产享有的权利而言,基于已经查明的事实,2013 年 1 月 31 日,英泰公司与建行怀化市分行签订《商品房买卖合同》,约定英泰公司将其开发的案涉房产出售给建行怀化市分行,总售价 17013800 元,税费 1055891 元;合同签订前后,建行怀化市分行或建行湖南省分行分别于 2009 年 12 月 31 日、2013 年 3 月 28 日、2013 年 11 月 27 日向英泰公司指定账户汇入 1000000 元、15163110 元、500000 元。2013 年 11 月 18 日,建行怀化市分行与怀化英泰商城管理有限公司签订《英泰国际物业管理合同》;2013 年 12 月 2 日,建行怀化市分行缴纳 23679 元物业管理费。虽然建行怀化市分行主张依据《商品房买卖合同》约定,交房时间为 2013 年 3 月 29 日之前,其于 2013 年 3 月 28 日支付了大部分房款,并于当日实际收房,但建行怀化市分行并未提交此时实际收房的任何证据;而英泰公司提供的《英泰国际交房流程表》显示 2013 年 11 月 29 日办理的交房手续,建行怀化市分行对该证据的真实性并无异议,只是庭审时主张交房流程表记录的时间与实际交房时间不一致,与《金融机构营业场所安全设施建设工程验收审批表》上记录的时间也有矛盾,庭审后提交质证意见进一步认为该流程表存在瑕疵,不是正式交房手续证据。实际上,即便依据建行怀化市分行提供的《金融机构营业场所安全防护设施建设工程验收审批表》以及《金融机构营业场所安全设施建设工程验收审批表》所载,工程开工日期为 2013 年 8 月 28 日,怀化市公安机关验收时间为 2013 年 12 月 6 日,但仅依据该审批表尚不足以推定建行怀化市分行在该工程开工之日即实际占有该房产,更难以得出建行怀化市分行于 2013 年 3 月 28 日已经实际占有该房产的结论。至于英泰公司二审中提交的建行怀化市分行于 2013 年 5 月 10 日向英泰公司出具的《关于申请安装三相电到户的函》,即便真实存在,因其内容仅系建行怀化市分行向英泰公司申请安装交流三相电到户以及承诺负担因此产生的分摊费用,故难以据此认定此时或之前案涉房产已经实际交付给建行怀化市分行。而且英泰公司在二审庭审中陈述基于《英泰国际交房流程表》,其售楼部签字交房时间为 2013 年 11 月 29 日,而对是否存在提前向建行怀化市分行交付案涉房产的事实,英泰公司在庭后也提交书面说明,明确表示无法核实。综合案涉《英泰国际交房流程表》《英泰国际物业管理合同》等证据材料及相关事实,英泰公司向建行怀化市分行交付案涉房产,建行怀化市分行实际占有案涉房产、对该房产享有物权期待权的时间应为 2013 年 11 月,如此认定符合本案实际情况。

而就华融湖南分公司的抵押权而言,基于已经查明的事实,2013 年 5 月 23 日,华融湖南分公司与英泰公司签订《抵押协议》，约定英泰公司以包括案涉房产在内的英泰国际项目二期未售商业地产在建工程及其分摊的土地为其所欠华融湖南分公司债务提供抵押担保；2013年5月27日，华融湖南分公司与英泰公司对上述抵押物在怀化市房产管理局办理了在建工程抵押登记，华融湖南分公司对上述抵押物享有的抵押权依法设立。

由此，尽管建行怀化市分行签约时间早于华融湖南分公司，但其对案涉房产享有的物权期待权明显晚于华融湖南分公司依法设立的抵押权。

3. 从权利取得有无过错的角度看，现有证据不能证明华融湖南分公司在办理抵押过程中存在过错，而建行怀化市分行在购房过程中未尽应有的审慎注意义务，存在一定过失。

二审中，华融湖南分公司提交了湖南融城律师事务所于2013年5月17日出具的《商业化收购并重组业务法律尽职调查报告》，结合其一审提交的《怀化市房管局网上签约信息系统查阅结果证明》，拟证明其在办理包括案涉抵押时已经尽了审慎核查义务，其委托的中介机构对案涉房产进行了现场查看且到房产登记部门查询了不动产登记状况，并未发现建行怀化市分行已经签约购买、实际占有案涉房产以及案涉房产被抵押、预告登记等事实。建行怀化市分行不认可前述《商业化收购并重组业务法律尽职调查报告》的真实性、合法性及关联性，并提交本院（2021）最高法民终534号民事判决作为二审新证据，以该案认定华融湖南分公司在董玉容所购房产上设定抵押权时未尽应有的审慎注意义务为由，主张华融湖南分公司在本案中亦存在重大过错。经查，在（2021）最高法民终534号案中，董玉容作为购房人签约、占有所购房产均发生在华融湖南分公司设定抵押之前，与本案中建行怀化市分行占有所购房产在华融湖南分公司设定抵押之后的事实明显不同。在（2021）最高法民终534号案中，董玉容提供了《英泰国际交房流程表》《英泰国际物业管理合同》《业主公约》《英泰国际消防安全责任书》等证据证明英泰公司于2013年5月9日将所购房产交付给董玉容；而本案中，《英泰国际交房流程表》《英泰国际物业管理合同》等证据显示英泰公司将案涉房产交付给建行怀化市分行的时间为2013年11月。在开发商英泰公司恶意进行"先卖后抵（押）"，建行怀化市分行对所购房产未依规依约办理网签备案、预告登记，亦没有实际占有所购房产的情况下，华融湖南分公司设定抵押权时未能发现案涉房产已被出售的事实，并不违反惯常情理。由此，现有证据不能证明华融湖南分公司在办理案涉抵押过程中未尽审慎注意义务，建行怀化市分行主张华融湖南分公司在本案中存在重大过错，依据不足，不能成立。

而建行怀化市分行作为专业金融机构，往往具有更完备的合同管理措施，更严格的款项支付流程，更高的内控风险防范能力，在购买案涉房产过程中应尽到比其他一般购房人更高的审慎注意义务。本案中，英泰公司（出卖人）与建行怀化市分行（买受人）于2013年1月31日签订的《商品房买卖合同》第二十四条约定："本合同自双方签订之日起生效"；第二十五条约定："商品房预售的，自本合同生效之日起30天内，由出卖人向当地房产管理局申请商品房预告登记"。尽管合同约定办理预告登记系出卖人英泰公司的责任，但由于预告登记直接涉及买受人对所购房产的实体权利，建行怀化市分行作为买受人在英泰公司未在合同生效后30日内办理预告登记的情况下本应积极作为，采取催告或者暂停支付购房款等措施督促英泰公司依约办理预告登记。原《中华人民共和国物权法》第二十条第一款规定："当事人签订买卖房屋或者其他不动产物权的协议，为保障将来实现物权，按照约定可以向登记机构申请预告登记。预告登记后,未经预告登记的权利人同意,处分该不动产的,不发生物权效力。"由此,案涉房产若办理了预告登记,就能受到物权法的保护,就会产生向不特定多数人公示该房产已被建行怀化市分行所购买的法律效果,也就可以避免英泰公司恶意进行"一房二卖""先卖后抵(押)"等违规操作,建行怀化市分行作为购房人的权益亦能得以有效保障。但实际上,现有证据显示在英泰公司未依约(自2013年1月31日起30日内)办理预告登记的情况下,建行怀化市分行不仅未催告英泰公司依约履行预告登记义务,反而又通过建行湖南省分行于2013年3月28日向英泰公司支付了大部分购房款(15163110元),明显系对自己权利的漠视,表明建行怀化市分行对其所购房产可能的权属变化、权利负担增加等未给予充分重视,为英泰公司恶意采取"先卖后抵(押)"违规操作提供了可乘之机,进而导致其作为在先购房人与华融湖南分公司作为在后抵押权人之间的权利冲突,对此建行怀化市分行存在一定的过失。建行怀化市分行辩称其对案涉房产未过户或未办理预告登记没有任何过错,不能成立,本院不予支持。

4. 从降低或者预防风险再次发生的角度看,应公平分配前后交易相对人的风险责任承担。

实践中,缺乏诚信的开发商往往利用信息不对称,卖方市场的优势地位,采取"一房二卖""先卖后抵(押)"等违规操作,损害在先购房人的合法利益,欺诈在后购房人或抵押权人,导致大量权利冲突及相应的纠纷诉讼,不仅耗费司法资源、增加当事人诉累,而且腐蚀社会诚信、影响社会稳定。为尽可能降低或者预防此类权利冲突、矛盾纠纷发生的风险,除依法依规由严重违背诚信的开发商承担相应的责任外,金融机构在接受抵押过程中也应严格依法依规进行审查,审慎、全面并善意地调查抵押物现状,降低或者防范开发商不诚信、恶意损害在先购房人权益的风险,亦避免自身卷入不必要的纠纷诉讼,确保信贷资金或者相关债权的安全,进而维护社会主义市场经济秩序的健康稳定发展;若抵押权人未依法依规进行审查,未尽必要的审慎注意义务,在知道或者应当知道债务人用于抵押的房产已经出售给他人情况下依然接受抵押,进而导致与在先购房人之间产生权利冲突及相应的纠纷诉讼,则可能就要承担相应的不利后果,负担相应的风险。而购房人,尤其如建行怀化市分行这样的专业金融机构,在购房时亦应在条件允许的情况下认真考察开发商的资质、资信及信誉,并在签约付款过程中尽快通过网签备案、预告登记、催告过户、暂停付款等合法手段积极维护自己的权利,避免所购房产因未公示、未登记导致权属一直处于未定状态,为不诚信开发商"一房二卖""先卖后抵(押)"等违规操作提供可乘之机,让自身财产权面临被其他权利人执行以及房产无法过户登记的巨大风险;若购房人未依约履行法定或约定义务,抑或漠视自己的权利,在完全能够采取必要措施且无须明显增加履约成本,即可以避免与他人权利产生冲突、造成自身损失的情况下,却怠于采取相关措施,则可能就要承担相应的不利后果,负担相应的风险。本案中,诚如前述,建行怀化市分行作为在先购房人,在英泰公司未依约就案涉房产办理预告登记的情况下,漠视自己权利,怠于采取相关措施,对案涉权利冲突和纠纷诉讼的发生负有一定过失;由建行怀化市分行在本案中承担不利后果、负担相应的风险,有利于降低或者预防案涉此类风险的再次发生,减少相关行为人不必要的诉累,亦符合公平原则和本案实际。建行怀化市分行在未来的商业运营过程中应增强契约意识、权利意识、风险意识,强化合同签订、款项支付等内控管理,尽可能避免与他人产生不必要的权利冲突，进而造成自身损失。

基于上述分析，华融湖南分公司对案涉房产享有抵押权、建行怀化市分行对案涉房产享有物权期待权，均优先于一般债权；建行怀化市分行的签约行为在先，但其取得案涉房产物权期待权的时间晚于华融湖南分公司取得抵押权的时间；现有证据不能证明华融湖南分公司在设定抵押权过程中存在过错，而建行怀化市分行对于英泰公司的违约行为未积极采取相应措施，对于案涉权利冲突和纠纷诉讼的发生，负有一定的过失；本案中，由建行怀化市分行承担不利后果有利于降低或者防范此类纠纷的再次发生。由此，华融湖南分公司对案涉房产享有的抵押权在本案中应优先于建行怀化市分行享有的物权期待权，一审判决未支持建行怀化市分行的异议，驳回建行怀化市分行的诉讼请求，并无不当，本院予以维持。

至于本院（2021）最高法民终534号民事判决，尽管参照适用了《执行异议和复议规定》第二十八条的规定，但同时也对董玉容和华融湖南分公司就所涉房产享有的权利进行了实体比较，确认董玉容购买并占有所涉房产在先，华融湖南分公司设定抵押权在后，华融湖南分公司在董玉容购买并已实际占有的房产上设定抵押，未尽应有的审慎注意义务，具有过错，董玉容对所涉房产享有的物权期待权应予优先保护。诚如前述，本案与（2021）最高法民终534号案的基本事实存在较大差异，建行怀化市分行主张基于同案同判的原则，本案应遵循（2021）最高法民终534号民事判决支持建行怀化市分行排除执行的诉讼请求，本院不予支持。

综上所述，建行怀化市分行的上诉请求不能成立，应予驳回；一审判决认定事实基本清楚，适用法律虽有瑕疵，但结果正确，本院予以维持。依照《中华人民共和国民事诉讼法》第一百七十七条第一款第一项、《最高人民法院关于适用〈中华人民共和国民事诉讼法〉的解释》第三百三十二条规定，判决如下：

驳回上诉，维持原判。

二审案件受理费129800元，由中国建设银行股份有限公司怀化市分行负担。

本判决为终审判决。

审 判 长 贾清林
审 判 员 于 明
审 判 员 孙祥壮

二〇二二年六月二十九日

法官助理 乔希木
实习助理 葛智慧
书 记 员 张 蔚

# 国家开发银行河南省分行申请执行监督案

**【裁判要旨】**

进入破产重整程序的被执行人未通知此前已经进入执行程序的债权人申报债权,导致其失去在破产重整程序中主张债权的机会;重整计划执行完毕后,该债权人有权依照《中华人民共和国企业破产法》第九十二条规定,按照破产重整计划规定的同类债权的清偿条件行使权利,申请恢复执行。

## 最高人民法院执行裁定书

(2022) 最高法执监 121 号

申诉人(复议申请人、申请执行人):国家开发银行河南省分行。住所地:河南省郑州市金水区金水路 266 号。

负责人:马东祺,该分行行长。

委托诉讼代理人:杨立凯,河南明商律师事务所律师。

委托诉讼代理人:朱恪,河南明商律师事务所律师。

被执行人:莲花健康产业集团股份有限公司。住所地:河南省项城市莲花大道 18 号。

法定代表人:李厚文,该公司董事长。

被执行人:河南省莲花味精集团有限公司。住所地:河南省项城市莲花大道 18 号。

法定代表人:郭剑,该公司董事长。

申诉人国家开发银行河南省分行(以下简称国开行河南省分行)不服河南省高级人民法院(以下简称河南高院)(2021)豫执复 339 号执行裁定,向本院申诉。本院受理后,依法组成合议庭对本案进行了审查,本案现已审查终结。

河南省周口市中级人民法院(以下简称周口中院)在恢复执行国开行河南省分行与莲花健康产业集团股份有限公司(以下简称莲花健康公司)、河南省莲花味精集团有限公司(以下简称莲花集团)借款担保合同纠纷一案中,于 2021 年 3 月 11 日作出(2021)豫 16 执恢 20 号执行通知书;莲花健康公司对恢复执行不服,向周口中院提出执行异议,请求撤销(2021)豫 16 执恢 20 号执行通知书,终结执行程序。事实与理由:(一)莲花健康公司与国开行河南省分行双方已就债权清偿事宜达成执行和解,债权债务关系已经消灭。(二)鉴于莲花健康公司已经在周口中院主持下于 2019 年 10 月 15 日实施破产重整,即使国开行河南省分行对莲花健康公司享有债权,也应通过参与重整程序、申报债权的方式主张权利,依法获得确认并根据重整计划统一获得公平清偿。

周口中院查明:国开行河南省分行与莲花健康公司(原河南莲花味精股份有限公

司)、莲花集团借款合同纠纷一案，周口中院于 2006 年 12 月 8 日作出（2006）周民初字第 107 号民事判决，判决莲花健康公司偿还国开行河南省分行借款本金 99577909.47 元及利息 1349727.03 元，支付违约金 759276.36 元（利息和违约金均计至 2006 年 9 月 20 日，其后的利息按中国人民银行规定的借款利率计算，违约金按双方借款合同约定计算，至还款之日一并清偿）；莲花集团对莲花健康公司所负债务承担连带责任，莲花集团向国开行河南省分行支付违约金 1138914.54 元（计至 2006 年 9 月 20 日）。后经国开行河南省分行申请，周口中院立案执行；2009 年 12 月 24 日，周口中院作出（2007）周法执字第 46-8 号裁定，裁定本次执行程序终结。后国开行河南省分行申请恢复执行，周口中院于 2021 年 3 月 11 日立案，2021 年 3 月 22 日作出（2021）豫 16 执恢 20 号恢复执行通知书，恢复（2006）周民初字第 107 号民事判决的执行。莲花健康公司对恢复该执行通知书不服，提起上述异议。

周口中院又查明：2009 年 9 月 1 日，国开行河南省分行向周口市人民政府去函《关于拟对河南莲花味精股份有限公司提起破产诉讼申请的函》（开行豫函〔2009〕62 号）。2009 年 10 月 19 日，周口市人民政府复函《关于国家开发银行拟对莲花股份有限公司提起破产诉讼申请的复函》（周政函〔2009〕24 号）载明："经市政府办公会议研究，我市拟协调莲花股份公司和相关单位筹集 3000 万元资金用于归还贵行贷款，并建议你行对其剩余贷款本息予以核销处理。" 12 月，周口市人民政府出资 1500 万元，莲花健康公司出资 1500 万元，共 3000 万元支付国开行河南省分行，国开行河南省分行对剩余贷款本息予以核销。2012 年 10 月 30 日，莲花健康公司第五届董事会第十五次会议议案公告："双方在周口市人民政府的协调下，达成执行和解，周口中院于 2009 年下达裁定书，裁定本案本次执行程序终结。本案终结后，国家开发银行已在公司贷款卡信息中注销此笔贷款，公司通过查询贷款卡信息已无此笔债务。本案债权债务关系事实上已经消灭。"该议案获全票通过。

周口中院再查明：2019 年 10 月 15 日，周口中院作出（2019）豫 16 破申 7 号民事裁定，裁定受理国厚资产管理股份有限公司对莲花健康公司的重整申请。2019 年 12 月 16 日，周口中院作出（2019）豫 16 破 7 号之二民事裁定，裁定批准莲花健康公司重整计划，终止莲花健康公司重整程序。

周口中院认为，根据《中华人民共和国企业破产法》第十九条、第九十二条的规定，周口中院于 2019 年 10 月 15 日裁定受理对莲花健康公司的重整申请，于 2019 年 12 月 16 日裁定批准莲花健康公司重整计划，莲花健康公司后进入重整执行期间。国开行河南省分行在莲花健康公司重整期间未申报债权，现主张债权，该权利行使途径应该通过申报债权确定清偿数额，并获得清偿。现径自在莲花健康公司重整后申请恢复执行，与《莲花健康产业集团股份有限公司重整计划》（以下简称《重整计划》）的规定不符，国开行河南省分行主张的权利也不应在执行及执行异议程序中予以确定，故直接恢复执行并不适当，莲花健康公司的异议请求成立。周口中院经该院审委会研究决定，于 2021 年 4 月 21 日作出（2021）豫 16 执异 40 号裁定，撤销周口中院（2021）豫 16 执恢 20 号恢复执行通知书。

国开行河南省分行不服上述异议裁定，向河南高院申请复议，请求撤销周口中院（2021）豫 16 执异 40 号裁定，驳回莲花健康公司的执行异议，继续执行（2021）豫 16 执恢 20 号案件。事实与理由：（一）周口中院的裁定会导致国开行河南省分行没有实现债权的途径，造成巨额国有资产流失。莲花健康公司至今仍欠国开行河南省分行借款本金近

7000万元加上利息，按照《重整计划》的清偿比例，仍需偿还3700余万元。周口中院裁定书虽然提及国开行河南省分行应按照莲花健康公司《重整计划》中未申报债权的相关内容，确定清偿数额，并获得清偿，但是重整程序已经终结，不能再申报债权，裁定书不具有可执行性。（二）周口中院裁定认为国开行河南省分行主张债权的途径，不应通过恢复执行去实现，显属错误。国开行河南省分行的债权已经生效判决确认，并进入执行程序。莲花健康公司破产重整程序已经结束。国开行河南省分行作为已知债权人，因周口中院未通知莲花健康公司破产重整及申报债权事宜，未能在申报债权期限内申报债权。根据《重整计划》相关内容，本案债权应由莲花健康公司通过后续生产经营所得资金按照《重整计划》规定的清偿率进行清偿。（三）本案国开行河南省分行依照规定走核销程序，不存在债权债务灭失的情形，国开行河南省分行仍然享有本案核销债权的合法权益，有权向法院申请恢复执行。

河南高院查明的事实与周口中院查明的事实基本一致。

河南高院另查明：《重整计划》规定，"四（二）4. 普通债权，普通债权在经周口中院裁定确认后，按照以下期限及方式进行清偿：（1）每家普通债权人10万元以下（含10万元）的债权部分，由莲花健康公司在本重整计划执行期限内以现金方式清偿完毕；（2）每家普通债权人超过10万元的债权部分，由莲花健康公司在本重整计划执行期限内按照17.48%的清偿比例以现金方式清偿完毕"；"四（三）2. 未申报债权，对于莲花健康公司账面记载但未依法申报的债权，如债权权利应受法律保护的，在本重整计划执行期间不得行使权利，但可以在重整计划执行完毕后要求莲花健康公司按照重整计划中规定的同类债权清偿方案进行清偿"；"六（一）本重整计划的执行期限自重整计划获得周口中院裁定批准之日起计算，莲花健康公司应于2020年4月30日前执行完毕重整计划。在此期间，莲花健康公司应当严格依照重整计划的规定清偿债务，并随时支付重整费用"；"八（五）3. 对于未申报债权，本次重整计划不再预留偿债资金。相关债权在经周口中院确认后，以最终确认的债权金额为准，由莲花健康公司通过后续生产经营所得资金按照本重整计划规定的清偿率获得清偿"。

河南高院认为，本案的焦点问题是国开行河南省分行请求继续（2021）豫16执恢20号案件的执行是否应得到支持。《中华人民共和国企业破产法》第十九条规定："人民法院受理破产申请后，有关债务人财产的保全措施应当解除，执行程序应当中止。"第九十二条规定："经人民法院裁定批准的重整计划，对债务人和全体债权人均有约束力。债权人未依照本法规定申报债权的，在重整计划执行期间不得行使权利；在重整计划执行完毕后，可以按照重整计划规定的同类债权的清偿条件行使权利。债权人对债务人的保证人和其他连带债务人所享有的权利，不受重整计划的影响"。本案中，周口中院已于2019年10月15日裁定受理对莲花健康公司的重整申请，并于2019年12月16日裁定批准莲花健康公司重整计划，后莲花健康公司进入重整计划执行期间，重整计划至2020年4月30日执行完毕。国开行河南省分行在莲花健康公司重整期间未申报债权，现主张债权，应依据《重整计划》及相关破产法律规定的救济途径，通过向莲花健康公司及其管理人或周口中院等法定主体申报债权等法定程序行使权利，以此确定其破产债权人的身份及清偿数额并获得清偿。其认为因周口中院未通知莲花健康公司破产重整及申报债权事宜，导致未能在申报债权期限内申报债权，亦应通过上述途径主张，并非异议、复议案件审查范围。国开行河南省分行申请在莲花健康公司《重整计划》执行完毕后申请恢复执行，以个别清偿的方式主张债权，与破产重整计划的规定不符，也与我国破产法律制度规定的公平原则相悖。国开行河南省分行请求继续执行（2021）豫 16 执恢 20 号案件并无事实及法律依据，不应得到支持。周口中院异议裁定撤销该院（2021）豫 16 执恢 20 号恢复执行通知书，并无不当。据此，河南高院作出（2021）豫执复 339 号执行裁定，驳回国开行河南省分行复议申请，维持周口中院（2021）豫 16 执异 40 号异议裁定。

  国开行河南省分行不服河南高院（2021）豫执复 339 号执行裁定，向本院申诉，请求：一、撤销河南高院（2021）豫执复 339 号执行裁定、周口中院（2021）豫 16 执异 40 号执行裁定。二、维持周口中院（2021）豫 16 执恢 20 号恢复执行通知书，由周口中院继续执行（2006）周民初字第 107 号民事判决，强制被执行人莲花健康依照其《重整计划》通过的清偿方案向国开行河南省分行清偿债权，被执行人莲花集团对（2006）周民初字第 107 号民事判决项下全部债务向国开行河南省分行继续清偿。事实和理由为：（一）由于河南高院、周口中院均裁定认为本案不应通过恢复执行程序解决，莲花健康亦未按照《重整计划》规定的清偿条件向国开行河南省分行清偿债权，国开行河南省分行目前没有有效的法律救济途径来主张合法权利，国开行河南省分行经过生效判决、裁定确定的债权无法实现。2021 年 4 月及 6 月，国开行河南省分行向莲花健康及其管理人均发出《要求参与莲花破产重整分配的告知函》，管理人于 2021 年 6 月 18 日复函国开行河南省分行称，周口中院已裁定终结莲花健康重整程序，管理人监督职责已终止，告知国开行河南省分行向莲花健康申报债权。2021 年 6 月 21 日，莲花健康以微信方式向国开行河南省分行工作人员告知申报资料。2021 年 7 月 12 日，国开行河南省分行按照莲花健康要求的文件资料格式向莲花健康申报债权，但莲花健康至今未按照其《重整计划》确定的清偿条件向国开行河南省分行清偿债权，国开行河南省分行的金融债权至今无法得到清偿。（二）本案所涉程序问题为，在重整程序终结后未申报的债权应该如何按《重整计划》行使权利？由于法律对此并无明确规定，国开行河南省分行认为，由周口中院继续恢复执行本案是最有利于各方且最大限度节约司法资源的解决方案。莲花健康重整过程中，是因莲花健康未将国开行河南省分行作为债权人列入债权债务清册所致，国开行河南省分行对未申报债权没有过错。莲花健康公司的《重整计划》已经周口中院裁定批准，并且在《重整计划》中明确规定了未申报债权由莲花健康公司通过后续生产经营所得资金按照重整计划规定的清偿率获得清偿。按《重整计划》确定的比例在执行程序中受偿，不会损害其他债权人的合法权益。法律并未明确规定必须再次启动债权申报、召开债权人会议、重新核查债权等程序来处理未申报的债权，在重整程序终结之后，再次启动相关程序也会无端增加各方的负担。法律亦未禁止在重整程序终结后，债权人有权按照《重整计划》确定的同类债权的清偿条件申请执行法院继续执行。（三）如果国开行河南省分行另案起诉，受理法院仍是周口中院，国开行河南省分行可能面临违反一事不再理被驳回起诉或不予立案的风险，即便周口中院受理案件，则需要再次确认已经被该院审判、执行程序中已经确认过的债权，国开行河南省分行起诉后还可能会经历一审、二审甚至再审程序，最后还是会转入周口中院执行。如此在同一家法院循环往复的诉讼只为确认一个简单的数学计算公式，即莲花健康公司应清偿的债权数额等于国开行河南省分行在周口中院107号判决项下计算至2019年10月15日莲花健康公司重整之日的债权乘以莲花健康公司《重整计划》确定的清偿比例，这无疑会极大浪费司法资源，加重诉讼各方的负担。（四）本案所涉实体问题为，国开行河南省分行核销债权是否意味着莲花健康公司无须承担清偿责任？国开行河南省分行从未放弃过对莲花健康公司享有的债权，周口中院（2007）周法执字第46-8号裁定系终结本次执行程序，并明确国开行河南省分行如发现被执行人有可供执行的财产，可以向该院再次申请执行。（五）本案被执行人除莲花健康公司外还有被执行人莲花集团，周口中院仅以国开行河南省分行不应在莲花健康公司重整后恢复执行为由，直接以（2021）豫16执恢20号执行裁定终结案件恢复执行程序并撤销（2021）豫16执恢20号恢复执行通知书，显然剥夺了国开行河南省分行要求另一被执行人莲花集团清偿的权利，应予纠正。

本院对周口中院、河南高院查明的事实予以确认。

本院又查明：莲花健康公司在本案破产重整程序中未通知国开行河南省分行其进入破产程序的情况，由此导致国开行河南省分行未在莲花健康公司破产重整程序中申报债权。

2021年6月11日，国开行河南省分行向莲花健康公司发出《要求参与莲花破产重整分配的告知函》，要求莲花健康公司按照《重整计划》规定的清偿率向该行清偿。同日，国开行河南省分行向莲花健康公司管理人发出《要求参与莲花破产分配的告知函》，要求管理人履行管理人职责，协调莲花健康公司依照《重整计划》规定的清偿率向该行清偿；莲花健康公司管理人于2021年6月18日复函国开行河南省分行，称周口中院已裁定终结莲花健康公司重整程序，管理人监督职责已终止，告知国开行河南省分行可向莲花健康公司申报债权。

本院认为，根据国开行河南省分行的申诉理由，结合本案异议法院、复议法院的认定，本案应重点审查的问题是：（一）本案能否通过执行程序处理国开行河南省分行的债权？（二）本案国开行河南省分行的债权应按照何种条件清偿？针对上述争议问题，本院分析认定如下：

（一）关于本案能否通过执行程序处理国开行河南省分行的债权的问题

本案中，国开行河南省分行于2006年取得对莲花健康公司的胜诉判决，案件进入执行程序，执行法院周口中院在执行到位部分金额后于2009年裁定该案终结本次执行程序。2019年，周口中院裁定受理对莲花健康公司的重整申请以及批准莲花健康公司破产重整计划，莲花健康公司进入重整执行期间，至2020年4月30日重整计划执行完毕。在莲花健康公司破产重整程序过程中，并未通知国开行河南省分行申报债权，由此导致该分行的债权未能在破产重整程序中获得清偿。虽然《中华人民共和国企业破产法》第九十二条第二款规定，"债权人未依照本法规定申报债权的，在重整计划执行期间不得行使权利；在重整计划执行完毕后，可以按照重整计划规定的同类债权的清偿条件行使权利"，但该条未明确在破产程序中由于被执行人未通知已经进入执行程序的债权人申报债权而导致该债权人未在破产重整程序中申报债权及获得清偿，应通过何种程序保护该债权人的合法利益？

对此，本院认为，就本案已经进入执行程序的债权人国开行河南省分行而言，针对莲花健康公司在本案破产重整程序中未通知其申报债权，由此导致国开行河南省分行失去在破产重整程序中主张债权的机会，对国开行河南省分行已经进入执行程序但未在破产程序中申报

的债权,可通过执行程序处理。主要有以下几个方面的理由:

首先,通过执行程序处理该未申报债权,与《中华人民共和国企业破产法》第九十二条第二款规定"债权人未依照本法规定申报债权的,在重整计划执行期间不得行使权利;在重整计划执行完毕后,可以按照重整计划规定的同类债权的清偿条件行使权利"的文义相符;就本条规定文义而言,"在重整计划执行完毕后,可以按照重整计划规定的同类债权的清偿条件行使权利"应解释适用于在重整计划执行完毕后,未申报债权但是已经进入执行程序的债权人,可以直接参照重整计划确定的同类债权清偿比例,请求执行法院通过执行程序保护其未获得清偿的债权。进一步,在该法律规定文义并未排除执行程序中直接适用的情况下,从有利于保护债权人利益和节约司法资源、提高司法效率角度,则应解释适用于执行程序之中的债权人利益保护。

其次,通过执行程序解决本案进入执行程序的债权人利益保护问题,有利于提高保护债权人利益的效率,避免本案债权人利益保护缺乏救济途径而影响其利益保护。针对终结本次执行程序的债权人,由于未被通知其申报债权而导致其未在破产重整程序中行使债权的情形,《中华人民共和国企业破产法》未规定其债权保护和救济方式,但是根据该法第四条关于"破产案件审理程序,本法没有规定的,适用民事诉讼法的有关规定",则可以补充适用民事诉讼法有关规定、原则来处理。《中华人民共和国民事诉讼法》第八条规定,人民法院审理民事案件应当保障和便利当事人行使诉讼权利,故对于进入执行程序的债权人权利保护而言,执行工作在确定债权人行使权利的方式上亦应当注意保障和便利其依法行使权利。本案原审理破产重整案件的合议庭由于破产重整计划执行完毕,已经完成破产重整任务,往往以该破产案件结案处理;而破产管理人也由于破产重整计划执行完毕,其管理人任务已经完成,已不再具有相应职权。故向破产法院审判合议庭或者破产管理人请求行使权利,显然已经并无救济上的程序途径。在此情况下,强行要求债权人向原破产合议庭或破产管理人主张行使权利,则无异于徒然增加当事人行使权利的程序成本,而不会使其实体权益诉求得以实现。相反,案涉未清偿的债权在重整计划执行完毕后由执行法院通过恢复执行程序,按照《重整计划》所规定的债权清偿方式和比例予以保护,可使得债权人的权利得以直接实现,提高保护债权人利益的效率。

最后,由执行法院通过恢复执行程序处理,可以直接延续执行法院已开展的强制执行程序工作,节约司法资源,提高司法工作效率。本案中,债权人国开行河南省分行的债权已于2006年经生效判决确认,在债务人莲花健康公司在执行程序中清偿部分债权后,周口中院于2009年裁定终结本次执行程序。故案涉未清偿的债权属于已经法院生效判决确定并具有既判力的债权,已经不再具有再次审理和裁判的争议本质和法理基础。因此,对于该已经生效判决所确定并已经进入执行程序的债权,已经基于强制执行程序而属于具有强制执行效力的债权;对于该已启动强制执行程序的债权,执行法院对相关债权已经基于强制执行而获得清偿的债权数额及未获清偿的债权数额,已经基于执行案件而建立案件账目,且最为清楚;故由该执行法院恢复执行,有利于其及时高效计算债权人未获清偿债权的具体数额,在体现保护债权人利益工作延续性基础上,提高执行案件的执行效率;而通过在执行程序中直接按照破产重整计划确定的条件清偿未获得清偿部分的债权,则可以避免让已经完成破产重整程序任务的破产审判合议庭和破产管理人重新启动工作,增加不必要的工作负担,进而有利于节约司法资源。

此种处理方式除适用于本案执行案件实施部门和破产案件审理合议庭属于同一法院的情形外，还适用于执行案件实施法院和债务人破产案件审理法院非同一法院的类似情形；即如果由于通知义务主体未通知执行案件债权人被执行人已经进入破产程序的事实，导致该执行案件债权人的债权在破产程序中未获得保护，则执行法院亦可参照上述程序处理，通过恢复执行程序处理，以实现裁判标准统一。

（二）关于本案国开行河南省分行的债权应按照何种条件清偿的问题

针对本案由于破产程序相关通知义务主体未通知执行案件债权人、导致执行案件债权人未通过破产重整程序申报的债权，由执行法院通过执行程序处理，则涉及人民法院在执行程序中如何执行的问题，即执行法院应按照何种条件保障该债权的执行问题。对此，本院认为，《中华人民共和国企业破产法》第九十二条第一款的规定，经人民法院裁定批准的重整计划，对债务人和全体债权人均有约束力，该规定当然能够适用于本案国开行河南省分行的情形，故针对国开行河南省分行已经进入执行程序但未获强制执行清偿的剩余债权，可以直接按照重整计划确定的清偿方案强制执行获得清偿。且就本案的事实而言，本案《重整计划》之四（三）2明确："未申报债权，对于莲花健康公司账面记载但未依法申报的债权，如债权权利应受法律保护的，在本重整计划执行期间不得行使权利，但可以在重整计划执行完毕后要求莲花健康公司按照重整计划中规定的同类债权清偿方案进行清偿"，故该《重整计划》亦明确了可按照《重整计划》同类债权清偿方案清偿。故就本案国开行河南省分行所享有的、已经进入执行程序但未依照《中华人民共和国企业破产法》规定申报的债权，在莲花健康公司重整计划执行完毕后，债权人国开行河南省分行可以按照《重整计划》规定的同类债权的清偿条件行使权利。

至于本案恢复执行之后，是否存在国开行河南省分行免除莲花健康公司债务的问题。鉴于本案周口中院、河南高院在异议、复议程序中均从本案不应通过执行程序处理的角度进行审查，并认定本案不应通过恢复执行程序处理，而未对是否存在国开行河南省分行免除莲花健康公司债务的问题进行审理。如针对国开行河南省分行是否存在免除莲花健康公司债务的实体问题，则本院原则上应将本案发回周口中院重新审理。但是，本院从明确法律适用标准、提高审判效率、节约司法资源角度出发，在明确本案应通过恢复执行程序处理案涉法律适用问题的情况下，不将本案发回重审，而是直接对周口中院、河南高院法律适用错误予以纠正。在该处理模式下，莲花健康公司仍可依据《最高人民法院关于人民法院办理执行异议和复议案件若干问题的规定》第七条第二款"被执行人以债权消灭、丧失强制执行效力等执行依据生效之后的实体事由提出排除执行异议的，人民法院应当参照民事诉讼法第二百二十五条规定进行审查"的规定，依法就是否存在国开行河南省分行免除其债务的问题向执行法院请求救济；如莲花健康公司提出该异议请求救济，则异议法院可在本案恢复执行的前提下，聚焦该焦点问题进行审理，从而节约司法资源、提高司法效率，进而提高保护合法权利人利益的效率。

综上，周口中院（2021）豫16执异40号执行裁定撤销该院（2021）豫16执恢20号恢复执行通知书；河南高院作出（2021）豫执复339号执行裁定，裁定驳回国开行河南省分行复议申请、维持周口中院（2021）豫16执异40号异议裁定，均适用法律错误，应予纠正；本院依据《中华人民共和国企业破产法》第九十二条、《中华人民共和国民事诉讼法》第二百一十一条、《最高人民法院关于人民法院执行工作若干问题的规定（试行）》第71条的规定，裁定如下：

一、撤销河南省高级人民法院（2021）豫执复339号执行裁定；

二、撤销河南省周口市中级人民法院（2021）豫16执异40号执行裁定。

审　判　长　刘慧卓
审　判　员　仲伟珩
审　判　员　林　莹

二〇二二年九月二十六日

法　官　助　理　刘　伟
书　记　员　增　斌

# 案　例

## 刑　事

## 重庆市渝北区人民检察院诉胡仁国
## 非法采伐国家重点保护植物案

【案例要旨】

未办理林木采伐许可证，非法移植国家重点保护植物的行为，属于刑法第三百四十四条规定的"非法采伐国家重点保护植物"。认定被告人是否具有非法采伐国家重点保护植物的主观故意，可结合野生植物是否具有可普遍识别的外观特征、被告人是否具有林木行业工作经验、自然保护区是否设置特殊的林木保护设施等因素予以确定。

公诉机关：重庆市渝北区人民检察院。

被告人：胡仁国，男，1953年12月30日出生，汉族，住重庆市合川区土场镇。因本案2017年9月6日被重庆市公安局北碚区分局刑事拘留，同年9月12日被取保候审。2018年3月16日被执行逮捕。

重庆市渝北区人民检察院指控被告人胡仁国犯非法采伐国家重点保护植物罪，向重庆市渝北区人民法院提起公诉。

公诉机关认为，被告人胡仁国的行为构成非法采伐国家重点保护植物罪，具有自首和犯罪未遂的量刑情节，建议判处有期徒刑二年至二年六个月，并处罚金。

被告人胡仁国对指控事实、罪名及量刑建议无异议且签字具结，在一审开庭审理过程中亦无异议。

重庆市渝北区人民法院一审查明：

2016年3月，被告人胡仁国联系郭某某（已另案处理）欲购买野生香樟树，郭某某又联系了谭某（已另案处理）寻找树源。同年5月18日，胡仁国在未取得林业主管部门许可的情况下，通过谭某与重庆市缙云山园艺发展有限公司园艺分公司（以下简称缙云园艺公司，又称金果园）达成购销协议，并向该公司给付定金。后在郭某某、谭某的帮助下，组织工人在该公司经营的金果园内采伐野生香樟树21株，在重庆市缙云山国家自然保护区黛湖保护站5号班组国有林内采伐野生香樟树29株，在重庆市缙云山国家级自然保护区澄江保护站4号班组国有林内采伐野生香樟树72株。经鉴定，该122株野生香樟树属于国家二级保护野生植物，被伐林木的活立木蓄积共计14.994立方米。

另查明，被告人胡仁国采伐上述野生香樟树是为了移植，案发时对122株香樟树只作了截冠处理和断根处理，移植尚未完成。目前未发现香樟树死亡。

重庆市渝北区人民法院一审认为：

公诉机关指控被告人胡仁国犯非法采伐国家重点保护植物罪且属情节严重，事实清楚，证据确实、充分，罪名成立，量刑建议适当，应予采纳。对其辩护人提出的胡仁国系初犯，具有自首情节，是犯罪未遂，认罪态度好，建议对其从宽、从轻、减轻处罚的意见，予以采纳。

据此，重庆市渝北区人民法院依照《中华人民共和国刑法》第三百四十四条、第二十三条、第六十七条第一款、第五十二条、第五十三条，《最高人民法院关于审理破坏森林资源刑事案件具体应用法律若干问题的解释》第一条、第二条第一项之规定，于2018年3月28日作出判决：

被告人胡仁国犯非法采伐国家重点保护植物罪，判处有期徒刑二年，并处罚金30000元。

胡仁国不服一审判决，向重庆市第一中级人民法院提起上诉称：胡仁国无罪，如果有罪，也应当适用缓刑。关于无罪的理由，第一，上诉人胡仁国不是行为主体，其行为系代表重庆林雅园艺景观工程有限公司（以下简称林雅公司），其没有犯罪构成中的客观要件；第二，胡仁国系受到郭某某、谭某二人的欺骗和利用，其本人没有犯罪意图，其与郭某某、谭某也没有共同犯意，胡仁国没有犯罪构成中的主观要件；第三，在审查起诉阶段，在没有退补侦查证据情况下，胡仁国收到了公安机关送达的鉴定意见书，其在法定时间内申请了重新鉴定没有得到答复，鉴定程序违法，而且鉴定意见中有与客观事实不符的内容，故该鉴定意见不应被采信；第四，胡仁国的行为不是采伐，而是移栽，移栽工作不需要经过行政审批，而且没有对犯罪对象造成不利后果，反而让树木生长得更为茂密。综上，胡仁国的行为不构成犯罪。关于应当适用缓刑的理由，第一，比胡仁国行为更为严重的单位和个人没有被追诉，与已经受到刑事处罚的郭某某、谭某相比较，胡仁国作用和地位也小于郭、谭二人；第二，具有控辩双方均无争议且一审已认定的自首、未遂、初犯、认罪态度好等法定或酌定情节；第三，胡仁国年高多病，作为基层干部，一贯表现良好，为当地经济社会发展作出了贡献，之所以参与本案是受人诱骗，其本人主观上没有恶性；第四，鉴定意见认定在缙云园艺公司里面采伐的21株香樟树也属于野生香樟树错误，缙云园艺公司本身就是一个从事园林苗圃种植和经营的企业，在其区域内的树木性质不可能为野生；第五，胡仁国愿意从经济赔偿角度来弥补。此外，本案在程序上存在违法，在审查起诉阶段的认罪认罚具结书是以侵犯嫌疑人及律师辩护权和诱骗方式得到的签名，在审判阶段，一审没有组织质证，在当庭宣判后立即送达了判决书，并于庭前收取了胡仁国亲属交的三万元罚金，属于未审先判。

二审出庭履行职务的检察员认为，一审判决认定事实清楚，证据确实充分，程序合法，定罪正确，量刑适当，应予维持。

二审庭审中，上诉人胡仁国的辩护人举示以下新证据：1.EMS 单据一份，拟证明胡仁国在法定期限内申请了重新鉴定；2.采伐现场照片和视频，拟证明被伐林木没有死亡，也不属于被采伐；3.银行转账单一页，拟证明胡仁国不是交易主体；4.残疾人证（肢体四级残疾）和村委会主任任职证书，拟证明胡仁国的身体状况和品质。检察人员认为，上述证据中涉及当庭提交的，违反相关法律规定，对真实性无法核实，也不具有关联性，达不到证明目的，对胡仁国的辩护人提交的证据均不认可。法院认为，对于证据1，因无法证明其与本案的关联性，且亦达不到证明目的，故不予采信；对于证据2，因涉案野生香樟树为122株，辩护人提供的被伐树木照片及视频只是其中的一部分，并不具有相应的证明力，而且被伐树木是否完成移植以及是否死亡均不影响本案定罪，一审判决认定胡仁国的行为构成未遂即已考虑了此因素，故对该证据不能作为新证据予以采信；对于证据3，胡仁国是否为签订合同的主体以及是否为转账的主体，其只关系到林木交易的行为方式，不影响本案犯罪事实的认定，该证据达不到证明目的；对于证据4，亦达不到证明目的。故，对于上述证据，均不予采信。

经二审，重庆市第一中级人民法院确认了一审查明的事实。

重庆市第一中级人民法院二审认为：

上诉人胡仁国及其辩护人提出的上诉意见及理由不成立，评述如下：

一、关于"移植"是否属于"采伐"的问题

刑法条文对于非法采伐国家重点保护植物罪中的"采伐"没有进行明确界定，但是结合该罪名的立法目的以及相关国家规定，可以推导出非法采伐包括非法移植的结论。从非法采伐国家重点保护植物罪的立法目来看，该罪名的客体是国家林业保护管理制度，非法移植国家重点保护植物并非以毁灭植物的生命为代价来获取利益，但其行为破坏了该植物原有的生存环境，侵害了国家的森林资源和生态环境，对其进行打击符合刑法第三百四十四条的立法目的。而且，在无证移植的情况下，尽管移植人主观上具有希望被移植的植物存活的意愿，但是由于脱离了国家监管，移植人是否具备相应的技术条件以及操作方式是否规范均得不到保障，其行为有可能导致植物死亡概率的增加。故，非法移植应当纳入非法采伐国家重点保护植物罪的规制范围。从相关国家规范来看，《国家林业局关于切实加强和严格规范树木采挖移植管理的通知》第三部分（二）规定，"采挖树木和运输、经营采挖树木的管理，适用《森林法》《森林法实施条例》有关林木采伐、木材运输和经营（加工）管理的规定，采挖树木，必须办理林木采伐许可证。"且该通知一开始就明确，本通知为依法保护森林资源及自然生态环境，切实加强和严格规范树木采挖移植管理而制定。可见，国家行政主管部门认为采伐包括采挖移植，采挖移植亦须办理采伐许可证。鉴于行政主管部门对于采伐的界定具有专业性和科学性，应予参照。

二、关于鉴定意见以及一审程序是否合法的问题

首先，关于鉴定意见是否合法。在审查起诉阶段，并非犯罪嫌疑人一经申请就必然启动

重新鉴定，公诉机关经审查认为重新鉴定的理由不充分，决定不予重新鉴定，该行为并无不当。本案作出鉴定意见的鉴定机构为重庆市林业司法鉴定中心，鉴定结论为涉案的122株香樟树为野生香樟树，法院认为，鉴定机构的鉴定资质和鉴定结论均未发现不合法之处，故予以采信。至于金果园内的21株被伐野生香樟树，不能仅因为其生长在金果园内，就否定其野生香樟树的属性，对于专业鉴定机构的鉴定意见，尚无合理、充分的理由加以质疑和推翻。

其次，关于一审程序是否合法。上诉人胡仁国及其辩护人在认罪认罚具结书上签名、按手印，公诉机关在认罪认罚具结书中明确提出有期徒刑两年到两年六个月并处罚金的量刑建议，在一审庭审过程中，法官向胡仁国询问认罪认罚具结书是否为其真实意思时，其亦予以了确认，足以令人相信对胡仁国适用认罪认罚从宽处理程序符合其真实意愿，在此情况下，一审法院适用速裁程序审理此案，并在庭审程序中相应体现出速裁程序的特点，并不存在程序违法之处。

### 三、关于上诉人胡仁国的行为是否具备犯罪主客观要件的问题

上诉人胡仁国作为实际合伙人之一，以重庆宝光园艺场的名义与林雅公司签订苗木购销协议，胡仁国方不仅是树木的供方，而且负责为林雅公司提供采挖移植的劳务。在交易过程中，胡仁国具体负责组织货源并组织工人采挖移植树木，为此胡仁国通过郭某某再通过谭某联系到卖家缙云园艺公司，根据谭某等人指认的采伐范围，非法采伐野生香樟树122株。上述事实，有胡仁国的供述，郭某某、谭某的供述，胡某某、周某某和向某某等人的证词以及合同等证据加以证明。

关于上诉人胡仁国非法采伐的主观故意，评述如下，野生香樟树和人工香樟树在外观上有明显差异，胡仁国具有从事绿化行业的工作经验，其应当能够判断采伐对象是否为野生香樟树，加之缙云山自然保护区的野生林木上面有生物防治灯，且金果园与缙云山国家自然保护区之间立有界碑，这些情况在胡仁国去现场看香樟树时，郭某某等人曾经告知过他。胡仁国在讯问笔录中亦供认过自己知道是野生香樟树，并知道野生香樟树受国家保护，亦清楚其采伐行为是在未办理采伐许可手续的情况下实施的。

上诉人胡仁国明知自己和交易各方均无林木采伐许可证，仍在他人帮助下组织工人采伐野生香樟树，具有非法采伐国家重点保护植物的主观故意和客观行为，其非法采伐野生香樟树122株，被伐植物的活立木蓄积14.994立方米，构成非法采伐国家重点保护植物罪。

### 四、关于对上诉人胡仁国是否应当适用缓刑的问题

二审法院认为，对上诉人胡仁国不应当适用缓刑。理由是，首先，一审量刑已经体现了从轻减轻处罚。《最高人民法院关于审理破坏森林资源刑事案件具体应用法律若干问题的解释》第二条规定"非法采伐珍贵树木二株以上或者毁坏珍贵树木致使珍贵树木死亡三株以上的"属于"情节严重"，根据刑法第三百四十四条，"情节严重的"，处三年以上七年以下有期徒刑。换言之，非法采伐珍贵树木二株以上的，即应当判处有期徒刑三年以上，本案非法采伐属于国家二级保护野生植物的野生香樟树122株，远远超过了"情节严重"的基准线，本应在三年以上处刑，但是考虑到以下几个方面的因素，一是相对于砍伐取材而言，移植树木对森林资源的破坏较小，故可以酌情从轻处罚；二是胡仁国系初犯，具有自首情节，亦未造成被伐植物大面积死亡，且未完成全部移植行为，其行为属于犯罪未遂；三是本

案一审适用认罪认罚从宽处理程序,在胡仁国认罪认罚的基础上,检察院的量刑建议以及一审量刑均已体现了从宽处理的精神,加之胡仁国主动预缴罚金,结合其在共同犯罪中的地位和作用,一审判处胡仁国有期徒刑两年,并处罚金 30000 元,该量刑并无不当。其次,二审期间,胡仁国提出一审程序违法,其认罪认罚是被公诉机关诱骗,但并未举示任何证据来证明程序的违法性;胡仁国还对其曾经供述并经一审法院认定的一些基本犯罪事实予以了否认,但未给予合理解释或者举示相应证据,故法院对一审认定的事实加以确认。第三,胡仁国及其辩护人所提出的胡仁国身体原因和品质良好的上诉理由,不是适用缓刑的法定事由。综上,本案不具备缓刑适用条件,不应适用缓刑。

综上所述,原判认定事实清楚,证据确实充分,适用法律正确,量刑适当,审判程序合法。重庆市第一中级人民法院依照《中华人民共和国刑事诉讼法》第二百二十五条第一款第一项之规定,于 2018 年 7 月 24 日作出裁定:

驳回上诉,维持原判。

# 江苏省建湖县人民检察院诉张少山等 32 人非法采矿、马朝玉掩饰、隐瞒犯罪所得刑事附带民事公益诉讼案

**【案例要旨】**

在非法采砂犯罪中,采砂者与购砂者事前通谋,通过采运一体的方式非法采砂,形成产销利益链条,应当认定购砂者与采砂者构成非法采砂的共同犯罪。

在认定非法采砂犯罪造成的生态环境损害时应当根据采砂量、鱼类资源直接损失量、底栖生物损害数、生态系统服务价值量等量化指标,综合予以认定。

对具有非法采砂犯罪前科、非法采砂犯罪取保候审期间再次实施非法采砂犯罪的被告人,应当认定其具有破坏生态环境的故意,公诉机关要求其承担惩罚性赔偿责任的,人民法院应予支持。

公诉机关暨刑事附带民事公益诉讼起诉人:江苏省建湖县人民检察院。

被告人暨附带民事公益诉讼被告:张少山、章俊晨、丁超、程超、洪自武、王千宏、李勇、章恒伟、冯太平、凌金华、鲍阿文、章玉高、王元靖、尚学路(以下简称张少山等 14 人)。

被告人:管绍云、柯胜富、沈伟、程锐、宋杰、方陈、方云峰、方秋铜、何明、肖寒、肖尚宾、程全福、何合友、何胜华、刘洋、吕玉明、凌来水、凌云、马朝玉。

江苏省建湖县人民检察院指控被告人暨附带民事公益诉讼被告张少山、章俊晨、丁超、程超、洪自武、王千宏、李勇、章恒伟、冯太平、凌金华、鲍阿文、章玉高、王元靖、尚学路、被告人管绍云、柯胜富、沈伟、程锐、宋杰、方陈、方云峰、方秋铜、何

明、肖寒、肖尚宾、程全福、何合友、何胜华、刘洋、吕玉明、凌来水、凌云（以下简称张少山等32人）犯非法采矿罪、被告人马朝玉犯掩饰、隐瞒犯罪所得罪，向江苏省东台市人民法院提起公诉，同时提起附带民事公益诉讼。

江苏省建湖县人民检察院指控：（1）2021年3、4月，被告人李勇等人预谋非法采砂，找到采砂船主被告人王千宏，议定由李勇一方出保证金人民币70万元、王千宏提供"皖明鑫26"号"三无"采砂船各占股50%共同非法采砂，收益五五分成。2021年4月13日至4月19日，被告人王千宏、李勇、程超、方陈、方云峰、方秋铜、肖寒、肖尚宾、刘洋及胡才凡、陈家伟、许阳（以上三人均另案处理）等人利用"皖明鑫26"号等"三无"采砂船与运砂船主被告人尚学路等人在长江铜陵段东港8号红浮对面老洲头渡口上游靠江心洲一侧禁采区江面使用事前通谋、采运一体的方式非法采砂。（2）2021年6月，被告人张少山、丁超、章俊晨、程超、管绍云、柯胜富一方出保证金100余万元占股50%，被告人洪自武等人提供"皖秦淮966"号"三无"采砂船占股50%，双方约定五五分成共同非法采砂。后张少山、章俊晨、丁超、程超、洪自武纠集被告人管绍云、柯胜富、沈伟、程锐、宋杰、何明、肖寒、肖尚宾及陈家伟等人，与运砂船一方被告人章恒伟、吕玉明、冯太平在明知未取得河道采砂许可证的情况下非法采砂。（3）2021年6月底，洪自武等人将"皖秦淮966"号"三无"采砂船卖给张少山、章俊晨、丁超。张少山、章俊晨、丁超纠集被告人沈伟、程锐、宋杰、肖尚宾、程全福、何合友、何胜华等人，与运砂船一方被告人凌金华、凌来水、凌云、王元靖、鲍阿文、章玉高等人在明知未取得河道采砂许可证的情况下非法采砂。（4）被告人鲍阿文2021年3月12日夜至13日凌晨与他人合谋于长江铜陵段东港5号至6号红浮之间禁采区江面非法采砂。（5）2021年7月7日夜至7月8日凌晨，被告人马朝玉明知凌金华的"皖寿县816"运砂船上江砂系盗采仍以90元每吨的价格购买了至少1700吨，其中1000余吨以94元每吨的价格销售给1艘运砂小船，得款95000元，其余江砂装卸至另1艘小船上未及收取砂款。公诉机关认为，张少山等32人于长江宜宾以下干流河道采砂禁采期内，通过事前通谋、采运一体的模式非法采砂，构成非法采矿罪，马朝玉明知凌金华运砂船上江砂系盗采仍同意购买，构成掩饰、隐瞒犯罪所得罪，应根据刑法相应规定，对张少山等32人、马朝玉予以惩处。

刑事附带民事公益诉讼起诉人诉称：事实与刑事指控事实基本一致。另经南京大学环境规划设计研究院集团股份有限公司司法鉴定所出具技术评估报告认为，被告张少山等14人非法采砂的行为造成了案发地生态环境损害，且张少山等14人采砂的行为与生态环境损害之间存在因果关系。因非法采砂造成江砂资源损失估算体积23382.52立方，长江生态环境损害评估数额为5157476.86元。张少山等14人在禁采期、禁采区内未取得河道采砂许可证的情况下，在长江铜陵段等江段非法采矿，其行为破坏了涉案水域矿产资源和生态环境，损害了公共利益，应承担侵权责任；被告张少山曾因犯非法采矿罪被判处刑罚，被告鲍阿文在涉嫌非法采矿罪取保候审期间再次实施非法采矿犯罪，应承担惩罚性赔偿责任。故诉请：（1）判令张少山等14人对生态环境损害评估值5157476.86元在各自参与采砂数量的范围承担连带赔偿责任。（2）判令张少山等14人对本案评估费用280000元承担连带赔偿责任。（3）判令张少山、鲍阿文分别对其参与部分所造成的生态环境损害承担一倍惩罚性赔偿责任。（4）判令张少山等14人在国家级媒体向社会公众赔礼道歉。

各被告人对公诉机关指控的犯罪事实和罪名无异议,当庭表示认罪认罚。

被告人鲍阿文辩解其2021年3月12日至13日的采砂地点并非禁采区,且被抓获后如实供述了犯罪事实。被告人肖寒亦辩解其归案后如实供述了犯罪事实。

附带民事公益诉讼被告张少山、洪自武、王千宏、李勇、冯太平、凌金华、章玉高、王元靖、尚学路对公益诉讼起诉人的诉讼请求不持异议,表示愿意赔偿;附带民事公益诉讼被告章俊晨、丁超、程超、章恒伟、鲍阿文辩称不应承担连带赔偿责任,但亦表示愿意赔偿。

被告人张少山、洪自武、王千宏、章玉高、王元靖、管绍云、柯胜富、方云峰、程全福的辩护人主要提出相关被告人分别具有相应的从犯、坦白、立功、认罪认罚、退赃等情节,建议对其从宽处罚。

被告人章俊晨、丁超、程超的辩护人主要提出相关被告人在共同犯罪中应认定为从犯,分别具有相应的自首、坦白、认罪认罚、退赃等情节,建议对其从宽处罚。

被告人李勇、冯太平、凌金华的辩护人主要提出相关被告人在共同犯罪中所起作用较小,分别具有坦白、认罪认罚、退赃等情节,建议对其从宽处罚。

被告人尚学路的辩护人主要提出尚学路主观上是购砂,不是采砂,不构成非法采矿罪,应构成掩饰、隐瞒犯罪所得罪。

被告人方秋铜、刘洋的辩护人主要提出尚学路加价出售的利润不应当计入两被告人参与非法采砂的价值,具有认罪认罚、退赃等情节,建议对其从宽处罚。

江苏省东台市人民法院经审理查明:

2021年3月12日晚至3月13日凌晨,被告人鲍阿文利用"鸿河568"号运砂船,与事前联系的采砂船,在长江铜陵段东港5号至6号红浮之间的禁采区江面,使用采运一体的方式与采砂船共同非法采砂3069.84吨,后在销售途中被公安机关查获。江砂经价格认定价值为202609元。

2021年3、4月,被告人李勇等人通过中间人联系到被告人王千宏,商定由李勇一方提供保证金110万元(实际给付70万元)、王千宏提供"皖明鑫26"号"三无"采砂船共同非法采砂,所得利益双方平分。2021年4月13日至4月19日,被告人李勇、程超、方云峰、方陈、方秋铜、刘洋、肖寒、肖尚宾以及陈家伟、许阳(以上二人均另案处理)等人利用王千宏的"皖明鑫26"号等采砂船,与事前联系的运砂船主被告人尚学路等人,在长江铜陵段东港8号红浮对面老洲头渡口上游靠江心洲一侧禁采区江面,使用采运一体的方式共同非法采砂4次,共13900吨,价值476900元。

2021年6月,被告人张少山、丁超、章俊晨、程超一方提供保证金130万元(实际支付100余万元)占股50%,被告人洪自武等人提供登记名为"皖金瑞666",后改名为"皖秦淮966"号"三无"采砂船占股50%共同非法采砂,所得利益双方平分。后程超拉拢被告人管绍云、柯胜富入股参加采砂。2021年6月22日晚至6月24日凌晨,张少山、丁超、章俊晨、程超纠集被告人管绍云、柯胜富、沈伟、程锐、宋杰、何明、肖寒、肖尚宾以及陈家伟等人在未取得采砂许可证的情况下,利用洪自武等人的"皖秦淮966"号采砂船,与事前联系的运砂船一方被告人章恒伟、冯太平等人,在长江铜陵段东港8号红浮对面老洲头渡口下游靠江心洲一侧附近禁采区江面,使用采运一体的方式共同非法采砂2次,共5180吨,价值485000元。

2021年6月底，被告人洪自武等人将"皖秦淮966"号"三无"采砂船出售给被告人张少山、章俊晨、丁超。张少山占股60%，章俊晨占股20%，丁超占股20%，所得收益提成45%给张少山后，再按三人占股比例分配。2021年7月6日晚至7月9日凌晨，张少山、章俊晨、丁超纠集被告人沈伟、程锐、宋杰、肖尚宾、程全福、何合友、何胜华等人在未取得采砂许可证的情况下，与事前联系的运砂船一方被告人凌金华、王元靖、鲍阿文、章玉高等人，在长江253白浮附近水域，使用采运一体的方式共同非法采砂3次，共24615.2吨，价值1728620元。

2021年7月7日晚至7月8日凌晨，被告人凌金华、凌来水、凌云等人在长江253白浮附近水域非法采砂，其中"皖寿县816"运砂船采砂量方约2900吨。被告人马朝玉明知"皖寿县816"运砂船上的江砂系盗采仍以90元每吨的价格购买了至少1700吨，并以94元每吨的价格将其中1000余吨江砂出售给1艘运砂小船，得款95000元；其余江砂装卸至另1艘运砂小船，未及收取砂款。马朝玉非法获利1500元，已退出。

案发后，被告人张少山退出违法所得178600元，被告人章俊晨退出违法所得78275元，被告人丁超退出违法所得90000元，被告人方云峰退出违法所得1400元，被告人刘洋退出违法所得1600元，被告人柯胜富、冯太平、尚学路、沈伟、程锐、何明、方陈、方秋铜、肖寒、肖尚宾退出全部违法所得。

公安机关从被告人鲍阿文处依法扣押的江砂3069.84吨，经变卖得款202609元；从被告人凌金华处依法扣押的江砂2555吨，经变卖得款166928元；从被告人王元靖处依法扣押的江砂2623.9吨，经变卖得款181915元；从被告人章玉高、鲍阿文处依法扣押的江砂2791.3吨，经变卖得款183305元。

被告人丁超、吕玉明自动投案，如实供述犯罪事实。被告人洪自武、凌金华、凌云、凌来水、沈伟归案后如实供述自己的罪行。

另查明，每年6月1日至9月30日为长江宜宾以下干流河道采砂的禁采期。长江安徽省铜陵段淡水豚国家级自然保护区河段上下断面，包括长江铜陵段东港航道所在汊江、长江253白浮江域均为江砂的禁采区。2020年1月至今，长江安徽段未发放过采砂许可证。

南京大学环境规划设计研究院集团股份有限公司司法鉴定所编制了技术评估报告。该报告认定，被告张少山等人非法采砂行为造成了案发地生态环境损害，且该行为与长江生态环境损害之间存在因果关系。长江生态环境损害评估数额为5157476.86元，其中河床结构损害4910329.2元、鱼类资源损害96146.02元、底栖生物损害14884.62元、生物多样性服务价值损害101557.02元、后续监测费用34560元。建议对河床结构损害采用与资源量等值的数额进行赔偿，对于水生生物损害建议采用与增殖放流方式等值的数额进行赔偿。本案评估费用280000元。

江苏省东台市人民法院审理认为：

长江作为中华民族的生命河、母亲河，是中华民族发展的重要支撑。长江河道砂石属于国家矿产资源，非法采集江砂将破坏长江生态环境，影响长江河势稳定、防洪和通航安全。

**一、被告人张少山等32人构成非法采矿罪且系共同犯罪**

《中华人民共和国长江保护法》第二十八条规定，国家建立长江流域河道采砂规划和许可制度。长江流域河道采砂应当依法取得国务院水行政主管部门有关流域管理机构或者县级以上人民政府水行政主管部门的许可。国务院水行政主管部门有关流域管理机构和长江流域县级以上地方人民政府依法划定禁止采砂区和禁止采砂期，严格控制采砂区域、采砂总量和采砂区域内的采砂船舶数量。禁止在长江流域禁止采砂区和禁止采砂期从事采砂活动。《长江河道采砂管理条例》第九条规定，国家对长江采砂实行采砂许可制度。

1. 本案中，被告人张少山等 32 人在未取得河道采砂许可证的情况下，擅自在长江禁采期、禁采区从事非法采砂，均构成非法采矿罪。被告人马朝玉明知购买的江砂系他人犯罪所得而予以收购，其行为构成掩饰、隐瞒犯罪所得罪。公诉机关指控的犯罪事实清楚，证据确实、充分，指控罪名成立，予以支持。

2. 本案系共同故意犯罪，被告人张少山、章俊晨、丁超、程超、洪自武、王千宏、李勇、章恒伟、冯太平、凌金华、王元靖、鲍阿文、章玉高、尚学路分别为股东、采砂船主、事前通谋的购砂者，在共同犯罪中起主要作用，系主犯，应当按照其所参与的全部犯罪处罚；被告人管绍云、柯胜富、沈伟、程锐、宋杰、方陈、方秋铜、方云峰、何明、程全福、何合友、何胜华、肖寒、肖尚宾、刘洋、吕玉明、凌云、凌来水分别从事放哨、量方、联系介绍购砂者、收取砂金、采砂、放砂等工作，在共同犯罪中起次要作用，系从犯，依法对其从轻或者减轻处罚。

3. 对累犯、自首、坦白、立功等情节分别考量，被告人方陈、肖寒曾因故意犯罪被判处有期徒刑以上的刑罚，在刑罚执行完毕以后五年内再犯应当判处有期徒刑以上刑罚之罪，系累犯，依法对其从重处罚。被告人丁超、吕玉明自动投案，如实供述犯罪事实，系自首，依法对其从轻处罚。被告人洪自武、凌金华、沈伟、凌云、凌来水归案后如实供述自己的罪行，依法对其从轻处罚。被告人张少山、洪自武、方秋铜揭发他人犯罪的线索，尚未查证属实；被告人王元靖、柯胜富规劝、陪同同案犯到案，系立功，依法对其从轻处罚。各被告人均自愿认罪认罚，依法对其从宽处罚。

**二、被告张少山等 14 人应当承担民事侵权责任**

非法采砂行为不仅会造成国家资源损失，而且会对生态环境造成损害，致使国家利益和社会公共利益遭受损失。矿产资源兼具经济属性和生态属性，不能仅重视矿产资源的经济价值保护，而忽视对矿产资源的生态价值救济，故应当按照谁污染谁治理、谁破坏谁担责的原则，依法追究非法采砂行为人的生态破坏赔偿责任。

1. 本案系《中华人民共和国长江保护法》施行后不法分子顶风作案的一起特大非法采矿案，特别是采砂地点发生在安徽省铜陵淡水豚国家级自然保护区河段上下断面之间，该区域有着丰富的浮游动植物和底栖动物，其中仅鱼类就达数十种，包括中华鲟、江豚等水生野生保护动物。被告张少山等人非法采砂 46765.04 吨，数量巨大，不仅对长江的江砂资源造成了重大损失，也打破了采砂区域内河流泥沙与水流输送能力之间的平衡状态，引发河势失稳，水位下降，直接威胁长江防洪、通航等安全。更为严重的是，这种非法采砂行为直接导致案发长江水域生态系统的损害，破坏了水生动物资源繁衍生存环境，对长江水生动植物的丰富度和多样性造成不利影响。

2. 《中华人民共和国民法典》第一千二百二十九条规定，因污染环境、破坏生态造成他人损害的，侵权人应当承担侵权责任。第一千一百六十八条规定，二人以上共同实施侵权行为，造成他人损害的，应当承担连带责任。根据审理查明的事实并依据上述法律规定，被告张少山等14人在各自参与非法采砂数量范围内构成共同侵权,应在各自参与非法采砂数量范围内承担连带赔偿长江生态环境损害的民事责任。本案中,司法鉴定机构对张少山等人非法采砂行为所导致的江砂资源、河床结构、水环境质量、水生生物资源等遭受的破坏进行全方位鉴定,根据采砂量、鱼类资源直接损失量、底栖生物损害数、生态系统服务价值量等指标量化了河床损害、鱼类资源损害、底栖生物资源损害、生态服务功能损害等各类损害费用。该评估报告具有科学性、全面性、合理性,且各附带民事公益诉讼被告未提交反驳证据推翻该评估报告,故对评估报告载明的各项损害费用以及评估费用,予以确认。

3.《最高人民法院关于审理环境民事公益诉讼案件适用法律若干问题的解释》第二十条第二款规定,人民法院可以在判决被告修复生态环境的同时,确定被告不履行修复义务时应承担的生态环境修复费用;也可以直接判决被告承担生态环境修复费用。被告张少山等14人作为普通自然人,由其对受损的长江生态环境、渔业资源等直接恢复不具有可行性,故可判决其承担生态环境损害修复费用。

4. 附带民事公益诉讼被告张少山曾因犯非法采矿罪被判处刑罚,被告鲍阿文在涉嫌非法采矿罪取保候审期间再次实施非法采矿犯罪,可认定两被告主观上具有破坏长江生态环境的恶意,且后果严重。根据《中华人民共和国民法典》第一千二百三十二条的规定,应当承担惩罚性赔偿责任。本案共非法采砂46765.04吨,其中,张少山参与非法采砂29795.2吨,鲍阿文参与非法采砂2791.3吨。本案除江砂资源损害外的其余生态损害价值为212587.66元,故公益诉讼起诉人要求两被告按非法采砂数量比例承担一倍的惩罚性赔偿责任即135445.02元、12688.88元,具有事实和法律依据,人民法院予以支持。

根据本案犯罪事实、性质、情节和对于社会的危害程度,结合各被告人的犯罪情节、认罪悔罪表现,江苏省东台市人民法院依照《中华人民共和国刑法》第三百四十三条第一款、第三百一十二条第一款等,《中华人民共和国民法典》第一百七十九条、第一千二百三十二条等,《中华人民共和国长江保护法》第九十三条,《中华人民共和国刑事诉讼法》第十五条、第一百零一条第二款,《最高人民法院、最高人民检察院关于检察公益诉讼案件适用法律若干问题的解释》第二十条的规定,于2022年3月1日作出刑事附带民事判决,对被告人张少山等32人以非法采矿罪分别判处有期徒刑一年至四年六个月不等,并处罚金15000元至20万元不等;对被告人马朝玉以掩饰、隐瞒犯罪所得罪判处有期徒刑一年六个月,宣告缓刑二年,并处罚金2万元;判令被告张少山等14人对其非法采砂行为造成的长江生态环境损害5157476.86元,按照各自参与犯罪部分承担连带赔偿责任,并在国家级媒体上公开赔礼道歉;判令张少山、鲍阿文对其参与非法采砂造成的长江生态环境损害135445.02元、12688.88元分别承担一倍惩罚性赔偿责任。

一审宣判后,被告人均未上诉,公诉机关未抗诉,一审判决已发生法律效力。

# 上海市长宁区人民检察院诉顾立、顾全飞诈骗案

【案例要旨】

在计算机信息系统具有处分财产功能且正常运行的情况下,行为人通过非法手段满足计算机信息系统控制者的预设条件,如实施添加、删除数据等破坏计算机信息系统的行为,使控制者陷入错误认识并授予行为人通过计算机信息系统获取财物权限的,该行为构成诈骗罪。

公诉机关:上海市长宁区人民检察院。

被告人:顾立,男,1989年10月8日出生,汉族,住上海市浦东新区,因本案于2017年7月26日被刑事拘留,同年9月1日被逮捕。

被告人:顾全飞,男,1962年8月10日出生,汉族,暂住地:上海市闵行区,因本案于2017年7月26日被刑事拘留,同年9月1日被逮捕。

上海市长宁区人民检察院以被告人顾立、顾全飞犯诈骗罪,向上海市长宁区人民法院提起公诉。

起诉书指控:2016年10月至2017年7月间,被告人顾立伙同其父亲被告人顾全飞,利用旅客乘坐东航飞机后产生积分但未注册成为"东方万里行"会员之机,使用其掌握的虚假身份信息关联旅客信息注册成为"东方万里行"会员,获取里程积分。待需要兑换免费奖励机票时,或采用虚假身份证明,将乘机人假冒为会员的直系亲属等方法,提交东航人工确认立即生效为受益人;或在东航官方网页操作积分兑换免费奖励机票过程中,利用电脑软件绕过东航关于预设受益人的期限限制,将受益人信息篡改为乘机人信息后立即兑换机票,从而骗取东航免费奖励机票51张自用或出售给他人,其中已成行46张,价值人民币6万余元(以下币种均为人民币);未成行5张,价值1万余元。2016年8月至2017年7月间,顾立、顾全飞伙同曾宪勇(另案处理),采用上述方法,由曾宪勇经营的上海辛航旅游咨询有限公司(以下简称辛航公司)招揽购票人,出售积分兑换的免费奖励机票4438张,其中已成行4070张,价值180余万元;未成行368张,价值10余万元。顾立、顾全飞以非法占有为目的,采用虚构事实、隐瞒真相的方法骗取公司财物,数额特别巨大,部分犯罪系未遂,其行为均触犯了《中华人民共和国刑法》第二百六十六条、第二十三条、第二十五条第一款、第二十六条之规定,应当以诈骗罪追究刑事责任。

被告人顾立提出其未实施诈骗犯罪,其辩护人提出顾立的行为不构成诈骗罪。

被告人顾全飞提出其未参与实施全案诈骗行为,其辩护人提出顾全飞系从犯。

上海市长宁区人民法院一审查明:

根据东航"东方万里行"积分奖励计划,申请成为"东方万里行"会员的旅客在乘坐东航及有常旅客合作伙伴关系的航空公司航班后可累计积分,并可根据乘机记录,申请补登六个月内以及成为会员前一个月的积分。会员及其设立的受益人(设立之日起60天后生

效）可用积分兑换奖励机票等。

2016年10月至2017年7月间,被告人顾立、顾全飞用相关身份信息关联旅客信息成为"东方万里行"会员,以获取累积的积分。为兑换奖励机票,顾立、顾全飞采取提交虚假身份证明假冒乘机旅客为会员的直系亲属,由东航人工确认受益人立即生效;或用技术手段绕过东航官方网页系统对受益人的管控校验,篡改受益人信息为乘机旅客信息等方法,骗取东航积分兑换的奖励机票共计51张自用或出售给他人,其中已成行46张,价值人民币6万余元;未成行5张,价值1万余元。

2016年8月至2017年7月间,被告人顾立、顾全飞伙同曾宪勇,采用上述方法骗取东航积分兑换的奖励机票,由曾宪勇经营的辛航公司招揽购票人并出售相关机票4438张,其中已成行4070张,价值180余万元;未成行368张,价值10余万元。

上述事实,有工商银行明细清单、支付宝交易记录、聊天记录、出票记录及账单、涉案账户使用情况说明、涉案机票、会员账户情况及订单log日志、东航95530客服电话录音、东航出具的相关损失补充情况说明、东方万里行会员计划相关规则、服务条款、网页截图、证人王某等33人的证言、被告人顾立、顾全飞的供述,同案人曾宪勇的供述,司法鉴定意见书及补正书、公安机关出具的扣押清单、调取证据清单等证据证实,足以认定。

上海市长宁区人民法院一审认为:

本案中,在东航计算机信息系统具有处分财产功能且正常运行的情况下,被告人顾立、顾全飞通过关联或篡改计算机信息系统等非法手段满足东航官网计算机系统控制者的预设条件,使东航工作人员陷入错误认识并授予其相应财物处理权限,从而获取非法利益。

被告人顾立、顾全飞以非法占有为目的,冒用他人个人信息,虚构事实,使东航工作人员陷入错误认识并授予财产权限,进而通过计算机信息系统获取财物,数额特别巨大,该行为均已构成诈骗罪。顾立、顾全飞在共同犯罪中起主要作用,系主犯,本案系犯罪未遂,依法可从轻处罚。据此,上海市长宁区人民法院依照《中华人民共和国刑法》第二百六十六条、第二十三条、第二十五条第一款、第二十六条、第五十五条第一款、第五十六条、第五十二条、第五十三条、第六十四条之规定,于2019年10月14日判决如下:

一、被告人顾立犯诈骗罪,判处有期徒刑十一年六个月,剥夺政治权利二年,并处罚金人民币二十万元。

二、被告人顾全飞犯诈骗罪,判处有期徒刑十一年六个月,剥夺政治权利二年,并处罚金人民币二十万元。

三、作案工具电脑一台予以没收;责令被告人顾立、顾全飞退赔违法所得,发还被害单位。

顾立、顾全飞不服一审判决,向上海市第一中级人民法院提出上诉。顾立及其辩护人认为,顾立未参与实施全案犯罪行为,原判认定犯罪数额有误,且顾立具有自首情节,原判量刑过重。顾全飞及其辩护人提出,顾全飞未参与实施全案犯罪行为,原判认定犯罪数额有误,且顾全飞应系从犯,原判量刑过重。

上海市第一中级人民法院经二审,确认了一审查明的事实。

上海市第一中级人民法院二审认为:

本案的争议焦点是:上诉人顾立、顾全飞是否参与全案犯罪事实;原判认定犯罪数额是否有误;顾全飞是否系从犯;顾立是否具有自首情节且顾立、顾全飞的量刑是否过重。

第一,关于上诉人顾立、顾全飞是否参与全案犯罪事实。

经查,现有证据足以证实上诉人顾立、顾全飞均参与全案犯罪事实,具体如下:

1. 根据上诉人顾立的要求,汤某先后为顾立制作具有批量验证乘客是否系东航会员、可抢注会员等功能的软件,如东航官网自动注册、解析东航国内 PNR 编码、解析电子客票号码、解析东航国际 PNR 编码、东航官网机票下单等软件。从公安机关扣押的顾立电脑硬盘中查获的"出票工具(gu)反编译"源代码及相关程序,经功能鉴定,可绕过东航官网对受益人的管控校验,为任意旅客兑换东航积分机票,且可当天添加受益人,当天出票。

2. 曾宪勇的辛航公司通过东航积分兑换的免费机票来源为上诉人顾全飞,曾宪勇向顾全飞账户汇款记录与积分兑换免费机票的情况相符。上诉人顾全飞、顾立系父子关系,顾全飞对于顾立的公司可通过设定的软件非法获取东航积分骗取东航的免费机票并从中牟利是明知的;樊某某等 3 人系通过顾全飞购买的机票,而该些机票并没有通过曾宪勇出票;相关电话录音鉴定还证实,系顾立拨打电话改签了樊某某、丁某某的机票,故可证实顾全飞参与全案犯罪事实。

3. 在上诉人顾立与汤某的微信聊天记录中,顾立传给汤某的大量机票信息中,有三张机票及乘机人信息经证实系使用虚假信息注册为东航会员,该三个账户出票 8 张,联系人手机均为曾宪勇公司员工所留,经曾宪勇确认该些机票均为通过上诉人顾全飞获取的积分兑换免费机费,故顾立对于顾全飞与曾宪勇合作招揽购票人,通过顾立从汤某处购买的软件绕过东航官网,非法出票的事实是明知的,且实际参与出票,应认定顾立参与了全案犯罪事实。

第二,关于原判认定犯罪数额是否有误。

一审法院根据相关证据及司法鉴定意见书、补正书,将上诉人顾立、顾全飞以及曾宪勇使用东航积分兑换的免费机票,以涉案机票最低单价为标准,认定顾立、顾全飞参与实施诈骗犯罪的既遂和未遂数额,并无不当。顾全飞从曾宪勇处非法获利的金额,并不影响对其犯罪数额的认定。

第三,关于上诉人顾全飞是否系从犯。

上诉人顾立与顾全飞经共谋,伙同他人共同骗取东航积分并兑换免费机票自用或出售给他人,从中牟取巨额非法利益,顾立、顾全飞为积极实施者与主要获利者,两人均应认定为主犯。

第四,关于上诉人顾立是否具有自首情节,上诉人顾立、顾全飞的量刑是否过重。

上诉人顾立虽然接电话通知到公安机关接受调查,但到案后否认其实施的犯罪行为,顾立系在二审期间才供述其主要犯罪事实,依法不能认定为自首。一审法院根据本案的事实、性质、情节以及社会危害程度,对上诉人顾立、顾全飞所处刑罚并无不当。

综上,上诉人顾立、顾全飞以非法占有为目的,采用虚构事实、隐瞒真相的方法骗取公司财物,数额特别巨大,其行为均已构成诈骗罪。原审判决认定事实清楚,证据确实、充分,定罪准确,量刑适当,且审判程序合法。据此,上海市第一中级人民法院依照《中华人民共和国刑事诉讼法》第二百三十六条第一款第一项之规定,于 2020 年 8 月 3 日裁定如下:

驳回上诉,维持原判。

# 民 事

## 彭宇翔诉南京市城市建设开发（集团）有限责任公司追索劳动报酬纠纷案

【案例要旨】

用人单位规定劳动者在完成一定绩效后可以获得奖金，但无正当理由拒绝履行相关审批义务，劳动者主张获奖条件成就，要求用人单位按照规定发放奖金的，人民法院应予支持。

原告：彭宇翔，男，1986年1月20日出生，汉族，住江苏省南京市鼓楼区。

被告：南京市城市建设开发（集团）有限责任公司，住所地：江苏省南京市秦淮区洪武路。

法定代表人：姚小刚，该公司总经理。

原告彭宇翔因与被告南京市城市建设开发（集团）有限责任公司（以下简称城开公司）发生追索劳动报酬纠纷，向江苏省南京市秦淮区人民法院提起诉讼。

原告彭宇翔诉称：被告城开公司2016年8月12日制定《南京城开集团关于引进投资项目的奖励暂行办法》（宁开城发文〔2016〕89号，以下简称89号文），规定对该公司引进项目的人员及团队给予奖励。彭宇翔于2017年2月27日入职该公司任投资开发部负责人并负责引进地产投资项目。2017年6月12日，彭宇翔所在的投资开发部内部通过《会议纪要》确定彭宇翔有权获得投资开发部团队奖励的75%。后彭宇翔在职期间主导投资开发部分别为城开公司拿下无锡红梅新天地、扬州GZ051地块、如皋约克小镇（以下简称无锡等三项目）、徐州焦庄、高邮鸿基万和城、徐州彭城机械（以下简称徐州等三项目）六项目。投资开发部依据89号文向城开公司提交六份奖励申请，其中无锡等三项目已经审批但城开公司拒绝兑现，徐州等三项目城开公司则拒绝审批。现彭宇翔依据89号文及投资开发部《会议纪要》的规定，要求城开公司向其发放奖励1689083元。

被告城开公司辩称：1. 原告彭宇翔在无锡红梅新天地项目、如皋约克小镇项目中存在隐瞒关键信息的失职行为，给城开公司造成巨大损失，不应当领取奖励。2. 即使彭宇翔确为城开公司成功引进六项目且初步符合89号文规定的受奖条件，但因无锡等三项目的奖励申请虽有城开公司法定代表人姚小刚的签字认可，但奖励申请主文未明确各部门、人员的奖励分配占比，而徐州等三项目的奖励申请则未经任何审批流程，故六项目的奖励审批流程均未完成，相应奖励不应发放。3.《会议纪要》未经投资开发部全体人员签字，也未经公司批准或备案，彭宇翔无权据此获得投资开发部团队奖励的75%。

江苏省南京市秦淮区人民法院一审查明：

被告城开公司2016年8月12日发布89号文，规定成功引进商品房项目的，城开公司将根据绿地控股集团有限公司（以下简称绿地集团）董事会审定的预期项目利润或收益为奖励基数，综合考虑项目规模、年化平均利润值合并表等综合因素，按照0.1%—0.5%确定奖励总额。该奖励由投资开发部拟定各部门或其他人员的具体奖励构成后提出申请，经集团领导审议、审批后发放。

2017年2月27日，原告彭宇翔入职被告城开公司担任投资开发部经理。2017年6月12日，投资开发部彭宇翔、冯某、管某、江某四人召开讨论会并形成《会议纪要》，确定部门内部对于奖励的分配方案为总经理（即彭宇翔）占奖金总额的75%、项目参与人员占25%。

原告彭宇翔履职期间，其所主导的投资开发部成功拿下无锡红梅新天地、扬州GZ051地块、如皋约克小镇、徐州焦庄、高邮鸿基万和城、徐州彭城机械六项目，后针对上述六项目投资开发部先后向被告城开公司提交了六份奖励申请。其中：1. 无锡等三项目的奖励申请载明，结合三项目的项目利润（分别为15432万、6817万、14365万），建议按照0.4%、0.5%、0.4%给予奖励，奖励总额分别为61.73万元、34万元、57.44万元。申请正文下部有城开公司计划运营部总监法某某、董事兼党委书记祝某、法定代表人姚小刚签名同意。申请正文后附有无人签名或盖章的奖金分配表，内容为各部门及其他人员奖励分配组成，其中投资开发部的奖励金额分别为50.23万元、20万元、45.44万元。2. 徐州等三项目的奖励申请载明，结合三项目的项目利润（分别为19205万、14810万、11047万），建议按0.4%、0.2%、0.3%给予奖励，奖励总额分别为76.82万元、29.62万元、34.141万元。申请正文结尾处附表载明各部门及其他人员奖励分配组成，其中投资开发部的奖励金额分别为56.8万元、22.6万元、30.141万元。徐州等三项目的奖励申请上无城开公司法定代表人的签名，也未加盖城开公司公章。

后因被告城开公司未向原告彭宇翔发放上述奖励，彭宇翔于2018年6月5日向江苏省南京市秦淮区劳动人事争议仲裁委员会提起仲裁申请，要求城开公司支付其奖励合计1689083元。同年6月13日，该委出具《受理确认书》，彭宇翔遂于法定期限内诉至江苏省南京市秦淮区人民法院。

一审审理期间，被告城开公司以原告彭宇翔担任投资开发部负责人期间部门人员不止四人为由对《会议纪要》的有效性提出异议，一审法院遂要求双方当事人提供彭宇翔任职期间投资开发部部门组成人员名单，城开公司提交《部门组成人员名单》一份，但因该名单中存在明显矛盾之处而被法院当庭训诫，此后未再提交进一步的证据，同时，彭宇翔也未就投资开发部组成人员向一审法院提交相应证据。

江苏省南京市秦淮区人民法院一审认为：

以奖励申请是否获得被告城开公司法定代表人姚小刚签名为标准，本案案涉六项目可分为两类，一类为无锡等三项目，一类为徐州等三项目。

对于无锡等三项目，投资开发部向被告城开公司提交了书面申请且该申请得到了城开公司法定代表人姚小刚的签字认可，城开公司虽主张奖励需经董事会批准后方能实施，但未提交证据证明奖励申请除法定代表人签字审批后还需要履行其他程序，也未提交证据证明三份经签字认可的奖励申请已被撤销，故该三项目奖励申请的审批程序已经完结，城开公司应当据此向投资开发部发放奖励。但三项目奖励申请后所附的载有投资开发部具体应得奖励金额的奖金分配表上无任何人签字，亦未加盖城开公司的公章，故投资开发部具体应得奖励份额无法确定；涉及投资开发部所有成员奖金分配的《会议纪要》上仅有原告彭宇翔、冯某、管某、江某四人签字，彭宇翔未提供该部门其他人员自愿放弃分配部门奖励或者认可该纪要的证据，其主张享有投资开发部奖励的75%依据不足，故对彭宇翔关于无锡等三项目的诉讼请求不予支持。

对于徐州等三项目，原告彭宇翔未提供证据证实其已向城开公司提出奖励申请，三项目未完成审批手续，故对彭宇翔徐州等三项目的诉讼请求不予支持。

据此，江苏省南京市秦淮区人民法院依据《中华人民共和国劳动法》第四十七条、《中华人民共和国劳动合同法》第十八条，《中华人民共和国民事诉讼法》第六十四条、第一百四十二条之规定，于2018年9月11日作出判决：

驳回彭宇翔的诉讼请求。

彭宇翔不服，向江苏省南京市中级人民法院提出上诉：（一）无锡等三项目奖励申请后所附的奖励分配表实系与奖励申请一并提交姚小刚等人审批，虽然未单独进行签字，仍可参照以下证据确认其真实性：1. 89号文明确规定"获取项目后，由集团投资开发部提出书面申请，包括奖励人员或团队的名单、奖励方式和标准等"，故投资开发部制作的奖励申请肯定包含奖金分配表，集团领导也不可能在无名单的奖励申请上签字确认。2. 奖励分配表上投资开发部的奖励占比情况可与以下证据相互印证，以证明奖励分配表的真实性。2017年8月3日，《绿地控股集团投资条线激励办法》（讨论稿）及彭宇翔与被上诉人城开公司法定代表人姚小刚、计划运营部总监法某某、城开公司控股股东绿地集团员工王某某的微信聊天记录，证明绿地集团曾发文明确投资开发条线奖励份额为70%—80%，其他配合条线20%—30%。城开公司下属公司扬州盛城置业有限公司（以下简称扬州公司）于2017年1月13日出具《关于项目拓展奖励报告》，证明与投资开发部地位等同的扬州公司在获取天顺西项目后分得总奖金的72%。反之，城开公司现认可奖励申请主文已经审批确认，仅对其后所附奖金分配表提出异议，其应当举证证明该表未经审批。（二）徐州等三项目奖励申请的审批程序的确未完成，但系城开公司故意不予审批所致，法院应当重点审查彭宇翔是否实质完成了案涉项目及其申请是否符合89号文的奖励范围，而不应当局限于审批程序是否完成。（三）《会议纪要》形成时，投资开发部投资条线人员即为彭宇翔、江某、冯某、管某四人，已全部参与《会议纪要》并认可分配比例，一审法院认为彭宇翔应就其他不能参与奖金分配的人员一一举证认可分配比例，显然超过合理限度。《会议纪要》确实未报公司备案，但城开公司并未要求部门奖金分配方案必须备案。

被上诉人城开公司辩称：（一）是否分配奖励和如何分配奖励是城开公司的经营管理权，城开公司作为用人单位及奖金发放的主体有权自主决定。无锡等三项目奖励申请虽然经过城开公司相关部门的批准，但仅是针对奖金总额做出了批准，三份奖励申请表后所附的奖金分配表系上诉人彭宇翔单方提交，未获城开公司批准和认可，不能作为彭宇翔索要奖励的依据。徐州等三项目城开公司根本未批准任何奖励，故彭宇翔主张该三项目的拿地奖励无任何依据。（二）彭宇翔在工作过程中存在未尽勤勉义务、弄虚作假、隐瞒项目关键信息的失职行为,给城开公司造成损失3000余万元,城开公司不应向彭宇翔支付任何奖励。(三)《会议纪要》涉及员工重大切身利益,本质属于公司的薪酬分配制度,彭宇翔无权在未获公司授权的情况下制定相关分配方案。且《会议纪要》也非投资开发部全体员工参与制定,不具有合法效力,彭宇翔无权据此主张属于投资开发部奖金的75%。一审判决认定事实清楚,适用法律正确,请求驳回上诉,维持原判。

江苏省南京市中级人民法院二审查明:

上诉人彭宇翔于2018年6月12日向江苏省南京市秦淮区劳动人事争议仲裁委员会申请劳动仲裁,以被上诉人城开公司拖欠劳动报酬为由,要求解除与城开公司的劳动关系并支付相应的补偿金。根据《中华人民共和国劳动合同法》第三十六条、第三十七条、第三十八条的规定,劳动者主动解除与用人单位劳动关系的,双方劳动关系至迟于三十日后解除,故自2018年7月12日后,彭宇翔与城开公司之间已无劳动关系。

二审审理过程中,法院就89号文规定的有权审批的"集团主要领导"范围、具体的审批标准及方式、获奖人员奖励占比的确定方式问询于被上诉人城开公司,城开公司提交《情况说明》一份,明确89号文审批程序中所规定的有权审批的"集团主要领导"为城开公司法定代表人姚小刚、董事兼党委书记祝某、计划运营部总监法某某三人。对于其余问题,城开公司则回复无具体的规定也无配套的规章制度予以明确。法院询问如上诉人彭宇翔现阶段就无锡等三项目的奖金分配比例、徐州等三项目奖励继续提出申请,城开公司是否启动审核程序。城开公司答复因彭宇翔已经离职,应当视为其已经放弃了可能获得的奖励,故不会再进行审核,但城开公司同时承认公司内部无关于离职员工不发放相应奖励的规定。此外,因城开公司主张属于投资开发部的奖金不应仅由签署《会议纪要》的四人来分配,故法院要求其明确哪些员工有权领取已经经审批确定了奖励总额的无锡等三项目奖励,城开公司以公司已决定不再发放奖励为由拒绝正面回答。

江苏省南京市中级人民法院二审认为:

本案争议焦点为被上诉人城开公司应否向上诉人彭宇翔支付无锡红梅新天地等六项目的奖励,如应支付则相应的数额如何确定。具体可阐述为:1. 城开公司应否根据89号文向投资开发部发放无锡红梅新天地等案涉六项目的奖励;2. 如城开公司应当发放相应奖励,作为受奖对象之一的投资开发部所能获得的奖励数额如何确定,即投资开发部在总奖励金的占比如何确定;3. 投资开发部的负责人彭宇翔能否依据《会议纪要》获得投资开发部奖金的75%。

**一、被上诉人城开公司应否依据89号文向投资开发部发放无锡红梅新天地等六项目奖励**

首先,根据89号文及《情况说明》可确认以下事实:1. 89号文奖励条件为被上诉人城开公司引进了符合集团战略发展目标的投资项目;2. 89号文奖励对象系为引进投资项目而提供项目信息,并为最终引进项目作出贡献的集团在册员工或团队;3. 89号文的奖励标准为引进项目的预期利润或收益×系数(0.1%—0.5%);4. 89号文的申领流程为投资开发部提出包括奖励人员或者团队的名单、奖励方式和标准的书面奖励申请,报城开公司计划运营部总监法某某、副总经理祝某、总经理姚小刚审批。上述规定中,奖励对象系案涉奖励所针对的人员范围,奖励条件系获取案涉奖励所应具备的要项,奖励标准系确定案涉奖励数额的方法，申领流程系受奖者为实现其受奖权益所需履行的审核过程。其中，申领流程与奖励标准不含有对申领者是否符合受奖条件的实质评价要素，故应从奖励对象及奖励条件两方面来考察上诉人彭宇翔所在的投资开发部所提出的奖励申领。从89号文设置的奖励对象来看，投资开发部以引进项目为主要职责，且在城开公司引进各类项目中起主导作用，故其系该文适格的被奖主体；从89号文设置的奖励条件来看，投资开发部已成功为城开公司引进符合城开公司战略发展目标的无锡红梅新天地、扬州GZ051地块、如皋约克小镇、徐州焦庄、高邮鸿基万和城、徐州彭城机械六项目，符合该文规定的受奖条件。故就案涉六项目而言，彭宇翔所在的投资开发部形式上已满足89号文规定的奖励申领条件。城开公司不同意发放相应的奖励，依照《最高人民法院关于民事诉讼证据的若干规定》第二条第一款"当事人对自己提出的诉讼请求所依据的事实或者反驳对方诉讼请求所依据的事实有责任提供证据加以证明"的规定，其应当说明理由并对此举证证明。

被上诉人城开公司主张上诉人彭宇翔所引进的无锡红梅新天地项目、如皋约客小镇项目存在严重亏损，且彭宇翔个人在上述二项目中存在严重失职行为，故其实体上不符合获奖励的条件。法院认为，至案件审结前为止，城开公司未提交证据证明二项目未达预期利润或者必然产生亏损。且即使二项目的确存在亏损，在89号文以"引进项目的预期利润"作为奖励金的计算基数，即反映出其考核标准为单独项目而非全部项目的情形下，也仅应在城开公司是否发放相关二项目的奖励中予以考量。城开公司以二项目存在亏损主张六项目的奖励均不应发放，欠缺相应的依据。更为重要的是，89号文规定的奖励获取条件仅仅是引进项目即可，未规定以项目盈利为获奖之前提，即89号文本身并未将相关项目能否盈利设置成为受奖对象能否获得奖励的考察条件，故城开公司关于项目亏损不应发放奖励的抗辩理由不能成立。同样，城开公司关于彭宇翔在无锡红梅新天地、如皋约克小镇项目中隐瞒关键事实，属严重失职的主张，因其未提交充足证据予以证明，不能成立。故城开公司主张彭宇翔所在的投资开发部实质不符合依据89号文获得奖励的理由法院不予采纳。

其次，案涉六项目奖励申请未经审核或审批程序尚未完成，不能成为被上诉人城开公司拒绝支付上诉人彭宇翔项目奖金的理由。用人单位作为奖金的设立者，有权设立相应的考核标准、考核或审批流程。从劳动者角度而言，潜在的受奖者在初步自评符合获奖条件后，需按照审批流程规定的步骤方能实现其获奖目的；从用人单位角度而言，用人单位依托于审批流程，依照其在考核标准中事先规定的受奖资格、受奖条件及相应的奖励标准等，对劳动者是否符合受奖条件、劳动者的贡献值大小及所能获得的具体奖励数额予以考察评定，故考核标准系劳动者能否获奖的实质性评价因素，考核流程则属于用人单位为实现其考核权所设置的程序性流程。在无特殊规定的前提下（如明确规定相对人在指定期限内不申领视为放弃相应权利），因流程本身并不涉及奖励评判标准，故是否经过审批流程不能成为劳动者能否获得奖金的实质评价要素。用人单位也不应以未经程序性审批流程为由，试图阻却劳动者获取奖金的实体权利的实现。若允许用人单位以未经审批作为不支付劳动者奖金的理由，那么用人单位对于劳动者的奖励申请不予理涉、甚至恶意不启动、不走完相关流程，则劳动者获得预先设置奖励的权利几乎无法实现。本案中，城开公司并未在89号文中对奖励的申请时限作出规定，也未规定申请者若离职将丧失主张相应奖励的权利，故城开公司以六项目的审批流程未启动或未完成为由否定彭宇翔具有获得相应奖励的权利的主张不能成立。

此外，对劳动者的奖励申请进行实体审批，不仅是用人单位的权利，也是用人单位的义务。被上诉人城开公司主张奖励发放的审批权为公司的用工自主权，其有权决定奖金的审批与否、发放与否及如何发放。法院认为，本案中，89号文规定："为了有效地激发集团内部员工和团队的积极性，鼓励员工创造性的开展工作，激励在集团获取项目过程中作出特殊贡献的员工和团队，特制定本办法"，"奖励方式有以下方式…现金奖励"。国家统计局《关于工资总额组成的规定》第4条规定，工资总额由下列六个部分组成：（一）计时工资；（二）计件工资；（三）奖金；（四）津贴和补贴；（五）加班加点工资；（六）特殊情况下支付的工资。第7条规定，奖金是指支付给职工的超额劳动报酬和增收节支的劳动报酬。包括：（一）生产奖；（二）节约奖；（三）劳动竞赛奖；（四）机关、事业单位的奖励工资；（五）其他奖金。可见，89号文所设立的现金奖励系城开公司为鼓励员工进行创造性劳动所承诺给员工的超额劳动报酬，其性质上属于《关于工资总额组成的规定》奖金中的"其他奖金"，此时89号文不应仅视为城开公司基于用工自主权而对员工行使的单方激励行为，还应视为城开公司与包括上诉人彭宇翔在内的不特定员工就该项奖励的获取形成的约定。即城开公司在员工现有的薪酬基础之上，许以超额的劳动报酬来激发劳动者的工作积极性，促使员工充分发挥主观能动性从而为其创造更多的价值，并承诺劳动者在付出相应的劳动并取得89号文规定之业绩时，给予该劳动者现有薪酬之外的奖励性报酬。就本案而言，彭宇翔如通过努力达到89号文所设奖励的获取条件，其向城开公司提出申请要求兑现该超额劳动报酬，无论是基于诚实信用原则，还是基于按劳取酬原则，城开公司皆有义务启动审核程序对该奖励申请进行核查，以确定彭宇翔关于奖金的权利能否实现。

至于被上诉人城开公司提出上诉人彭宇翔已经离职，故而应当视为彭宇翔自行放弃了奖励权利的理由亦不能成立，因89号文并未规定劳动者自愿离职即视为放弃其项下的相关奖励，也无证据表明彭宇翔自愿放弃获取案涉奖金的权利，故城开公司该上诉理由不予采信。

综上，在上诉人彭宇翔所在的投资开发部已切实成功拿地、符合取得奖励条件的前提下，被上诉人城开公司应对彭宇翔的申请进行审核，如城开公司拒绝审核，应说明合理理由。本案中，城开公司关于彭宇翔存在失职行为及案涉项目存在亏损的主张因欠缺事实依据不能成立，也不能对不予审核的行为作出合理解释，其拒绝履行审批义务的行为已损害彭宇翔的合法权益，对此应承担相应的不利后果。法院认定彭宇翔所在的投资开发部依据89号文领取奖励的条件成就，城开公司应当向彭宇翔所在的投资开发部发放案涉六项目奖励。

**二、案涉六项目奖励中投资开发部的奖金占比如何确定**

针对无锡等三项目，因其奖励申请上已有法定代表人姚小刚的签字确认，故三项目奖励总额已经确定。对于投资开发部能否依据奖励申请后所附的奖金分配表享有奖金权益，因89号文明确规定受奖者的奖励申请需包括奖励对象名单和奖励标准，且考虑到被上诉人城开公司现已明确拒绝对无锡等三项目继续进行审批又不能作出有依据的合理解释，应当承担不利后果，再考虑到上诉人彭宇翔提出的分配比例在合理范围内，综合分析上述情形，法院认定投资开发部在奖励申请中附有相应各部门及人员名单的盖然性要高于仅有一奖励总额，未提及任何受奖部门、人员及受奖比例的奖励申请的可能性，故投资开发部应按照奖励申请后所附的奖金分配表享有相应的奖励份额。

对于徐州等三项目，根据本案现有证据无法直接确定投资开发部所能享有奖励的准确数额。1. 徐州等三项目总奖励金额无法确定。89号文规定的一揽子奖励标准仅为引进项目的预期利润或收益×系数（0.1%—0.5%），项目预期利润虽据各项目的T29报告为一明确的数额，但奖励系数系在0.1%—0.5%之间浮动，而该系数如何确定并无具体的标准。2. 投资开发部对徐州等三项目的奖励占比无法根据上诉人彭宇翔提交的奖励申请表径行确定。无锡等三项目的奖励申请因已进入被上诉人城开公司的审批程序且已获得了城开公司总经理姚小刚等三人的签字认可，双方争议的仅是当时审批的内容是否包含有奖励分配表，故法院基于现有的材料着重从证据采信的角度上来进行认定。但徐州等三项目的奖励申请因欠缺姚小刚等三人的审批认可，致使彭宇翔对该三项目奖励主张的举证在程度上弱于无锡等三项目，彭宇翔本人对此亦予以认可并同意由法院进行酌定。法院基于89号文的基本内容及现有能确定的因素，从合理平衡双方利益的角度上以公平原则进行酌定：

关于奖励基数。根据徐州等三项目的T29项目报告，该三项目的预期利润分别为19205万、14810万、11047万（共计45062万）。关于奖励系数。已获批准的无锡等三项目的奖励系数分别为0.4%、0.5%、0.4%，徐州等三项目中上诉人彭宇翔自行主张的奖励系数为0.4%、0.2%、0.3%，酌定以0.2%进行计算。关于投资开发部的奖励占比。无锡等三项目的奖金分配表上所采用比例为81%、58%、79%，徐州等三项目彭宇翔自行主张的奖励占比为73.9%、76%、90.8%，法院酌定以58%计算。综上，徐州等三项目投资开发部应获奖金数额为52.27万。

**三、被上诉人彭宇翔能否依据《会议纪要》获得投资开发部奖金的75%**

关于投资开发部有无权利自行制定奖励分配方案。《中华人民共和国劳动法》第四条规定，用人单位应当依法建立和完善规章制度，保障劳动者享有劳动权利和履行劳动义务。用人单位作为规章制度的制定者，在其出台相应奖励政策的情形下，其有义务制定详细的配套制度明确该奖励政策具体应当如何执行，如其未明确相应的具体执行制度，劳资双方因此产生争议的情形下，因制度模糊所带来的不利应当由用人单位承担，而不应归于劳动者。被上诉人城开公司无证据证明其有相应的规定确定部门奖金的分配权在城开公司而非投资开发部的情形下，其径行主张该奖金应当经过城开公司全体职工代表大会讨论才能进行分配，欠缺有效的前提条件。投资开发部作为奖金的受领者，应有权决定该奖励的分配方案。

至于上诉人彭宇翔等四人签字形成的《会议纪要》能否视为投资开发部的意思表示。因被上诉人城开公司作为单位人事权利的掌握者、组织及规章制度的架构者，其应当对《会议纪要》签订时投资开发部有多少人员承担举证责任。现城开公司在其初始提交的《人员组成名单》被一审法院驳斥后，未进一步提交证据明确投资开发部的人员组成，也未能举证在《会议纪要》制定时投资开发部尚应有其他人员参与，对此其应承担相应的不利后果。据此，法院认定《会议纪要》应当作为本案处理的依据，彭宇翔有权据此获得投资开发部奖金份额的75%。

综上，对于无锡等三项目，被上诉人城开公司应当按照三项目的奖励申请及其附件奖金分配表以及《会议纪要》，向上诉人彭宇翔支付奖励867525元［1. 无锡红梅新天地项目预期利润15432万×0.4%（申报比例）=61.73万元，其中投资开发部应得502300元；彭宇翔个人应得为502300×75%=376725元。2. 扬州GZ051地块项目预期利润6817万元×0.5%（申报比例）=34万元，其中投资开发部奖励20万元；彭宇翔个人应得200000元×75%=

150000 元。3. 如皋约克小镇项目预期利润 14365 万×0.4%（申报比例）= 57.44 万元，投资开发部应得 454400 元；彭宇翔个人应得 454400 元×75% = 340800 元]。对于徐州等三项目，城开公司应向彭宇翔支付奖励 392039.4 元（三项目预期利润总额 45062 万元×0.2%×58%×75%）。二者共计 1259564.4 元。

据此，江苏省南京市中级人民法院依照《中华人民共和国劳动合同法》第四十七条、第八十七条，《最高人民法院关于民事诉讼证据的若干规定》第二条，《中华人民共和国民事诉讼法》第一百七十条第一款第二项规定，于 2020 年 1 月 3 日作出判决：

一、撤销南京市秦淮区人民法院（2018）苏 0104 民初 6032 号民事判决；

二、南京市城市建设开发（集团）有限责任公司于判决生效之日起十五日内支付彭宇翔奖金 1259564.4 元。

本判决为终审判决。

# 上海安盛物业有限公司诉王文正劳动合同纠纷案

**【案例要旨】**

用人单位行使管理权亦当合理且善意。劳动者因直系亲属病危提交请假手续，在用人单位审批期间，该直系亲属病故，劳动者径行返家处理后事，用人单位因此以旷工为由主张解除劳动合同的，属于违法解除劳动合同，亦不符合社会伦理。劳动者因用人单位违法解除劳动合同要求赔偿的，人民法院应予支持。

原告：上海安盛物业有限公司，住所地：上海市沪青平公路。
法定代表人：梅月静，该公司执行董事。
被告：王文正，男，1969 年 9 月 18 日出生，汉族，住安徽省泾县。

原告上海安盛物业有限公司（以下简称安盛公司）因与被告王文正发生劳动合同纠纷，向上海市青浦区人民法院提起诉讼。

原告安盛公司诉称：安盛公司与被告王文正自 2008 年 4 月 7 日起建立劳动关系，王文正在安盛公司从事保安工作。2020 年 1 月 6 日早 7 点左右，王文正以父亲病危为由，临时提出 1 月 6 日至 13 日请事假，并将请假申请单交给保安队长李某，要求李某转交，并称会自行联系小区经理吴某，随后即乘车回老家。当天中午，王文正电话通知物业管理处此次请假事宜，吴某将请假单拍照上传至公司微信群，但未获审批通过。王文正得知请假未获批准后，原本 1 月 7 日已经在赶回单位的路上，因途中接到父亲去世电话又返回老家，于 1 月 14 日下午回到上海，15 日开始上班。公司考勤等规章制度依法制定并已向王文正公示，组织王文正学习，王文正已签字确认，知晓并应当严格遵守。根据公司考勤管理细则，员工请事假连续三天以上（含三天）需由集团公司总裁（总经理）审批。累计旷工三天以上（含三天）者，视为严重违反公司规章制度和劳动纪律，公司有权辞退，提前解除劳动合同并依法不予支付经济补偿。2020 年 1 月 6 日至 14 日期间，王文正未经批准擅自请假，共缺勤 6

个工作日,即使给足3天丧假,累计旷工也达到3个工作日,符合辞退条件。安盛公司对仲裁裁决不服,人情不能大于法,用人单位的合法权益也需要得到保障。王文正在明知单位考勤审批制度,明知此次请事假在事先和事后均未按规定获得审批同意的情况下,仍故意旷工,其情节已达到被辞退的标准,安盛公司解除劳动合同于法有据,不属于违法解除,无须支付赔偿金。王文正2019年度年休假已休完,安盛公司无须支付年休假工资差额。故请求判令:安盛公司不支付王文正违法解除劳动合同赔偿金75269.04元、2019年未休年休假工资差额856.1元。

被告王文正辩称:不同意原告安盛公司的诉讼请求,认可仲裁裁决结果。

上海市青浦区人民法院一审查明:

被告王文正于2008年4月7日进入原告安盛公司工作,岗位为保安,王文正作息为做二休一。安盛公司员工请事假或公休需填写请假申请单,写明假别、时间、事由等,申请单落款签字栏分别为"申请人""职务代理人""主管部门""部门主任""人事"及"经理"。安盛公司考勤管理细则规定,员工请事假一天由主管领导审批,连续两天由行政事务部(办公室)审批,连续三天以上(含三天)由公司总裁(总经理)审批;累计旷工三天以上(含三天)者,视为严重违反公司规章制度和劳动纪律,公司有权辞退,提前解除劳动合同并依法不予支付经济补偿。王文正签名确认并学习了上述文件。2020年1月6日,王文正因父亲生病向其主管李某提交请假单后回老家,请假时间为2020年1月6日至1月13日。次日,王文正因安盛公司未准假而返回,途中得知其父亲去世便再次回家处理丧事。后,王文正于2020年1月14日返回上海,并于次日起开始上班。2020年1月6日至1月14日期间,王文正应出勤日期分别为6日、8日、9日、11日、12日、14日,共计6天。2020年1月31日,安盛公司向王文正出具《解除劳动合同通知书》,以旷工天数累计三天以上(含三天)为由解除劳动关系。

另查明,被告王文正2019年应享受10天年休假,已休7天。原告安盛公司保安岗位在2019年8月1日至2020年7月31日期间实行以季为周期的综合计算工时工作制。

又查明,被告王文正于2020年3月27日申请仲裁,要求原告安盛公司支付2020年1月1日至2月29日工资11190.53元、违法解除劳动合同赔偿金104069.06元及2019年未休年休假工资差额2464.38元。仲裁裁决安盛公司支付王文正2020年1月工资3419.3元、违法解除劳动合同赔偿金75269.04元及2019年未休年休假工资差额865.16元,对王文正的其余请求不予支持。安盛公司不服该裁决,诉至法院。

审理中,被告王文正向法院提供:1.村委会出具的证明,证明其父亲于2020年1月7日因病去世,于1月12日火化。死亡证明已交给殡仪馆,注销户口时又将火化证明交给了公安机关,故现在无死亡证明和火化证明。原告安盛公司对真实性不予认可,认为死亡证明应该由公安局出具,火化证明应该由殡仪馆出具。村委会证明即使为真,王文正父亲1月7日去世,12日才火化也不符合常理。2.王文正和保安队长李某的微信聊天记录,李某在微信中表述"安心回去给老父亲办后事,这里我明天给吴经理和上面沟通",时间为2020年1月7日21点57分左右,证明其请假得到了主管的同意。安盛公司对真实性无异议。但认为该证据恰好证明王文正知晓此次请假没有获得批准,李某也明确表示其没有批准的权力。

上海市青浦区人民法院一审认为：

用人单位行使管理权应遵循合理、限度和善意的原则。解除劳动合同系最严厉的惩戒措施，用人单位应审慎用之。被告王文正因父去世回老家操办丧事，既是处理突发的家庭事务，亦属尽人子孝道，符合中华民族传统的人伦道德和善良风俗。原告安盛公司作为用人单位，应给予充分的尊重、理解和宽容。王文正提供了村委会出具的证明，安盛公司虽不予认可，但并无相反证据予以推翻。王文正所请1月6日至1月13日的事假在1月7日后性质发生改变，转化为事假丧假并存。扣除三天丧假，王文正实际只请了两天事假。考虑到王文正老家在外地，路途时间亦耗费较多，王文正请事假两天，属合理期间范围。安盛公司不予批准，显然不近人情，亦有违事假制度设立之目的。安盛公司解除劳动合同，属罔顾事件背景缘由，机械适用规章制度，严苛施行用工管理，显然不当。故，安盛公司应支付王文正违法解除劳动合同赔偿金75269.04元。关于2019年年休假工资，王文正尚余3天年休假未休，安盛公司应支付王文正未休年休假工资差额865.16元。关于2020年1月工资，仲裁裁决安盛公司支付王文正2020年1月工资3419.3元，双方均未提起诉讼，应视为认可，法院予以确认。

据此，上海市青浦区人民法院依照《中华人民共和国劳动合同法》第四十七条第一款、第三款、第八十七条，《职工带薪年休假条例》第三条第一款、第五条第三款的规定，于2020年10月10日作出判决：

一、原告上海安盛物业有限公司应于本判决生效之日起十日内支付被告王文正违法解除劳动合同赔偿金75269.04元；

二、原告上海安盛物业有限公司应于本判决生效之日起十日内支付被告王文正2019年未休年休假工资差额865.16元；

三、原告上海安盛物业有限公司应于本判决生效之日起十日内支付被告王文正2020年1月工资3419.3元。

安盛公司不服一审判决，向上海市第二中级人民法院提起上诉称：1.被上诉人王文正不等单位审批即乘车返乡，说明其已单方决定离岗，主观上有旷工故意。王文正离岗后，扣除法定丧假也已旷工3天，符合辞退条件。王文正提供的其父死亡及火化下葬的证明系由村委会出具，真实性无法确认，公司存有合理质疑。2.鉴于保安工作特殊性，若不对其进行辞退处理，会导致其他保安效仿，公司无法再进行有效管理。超出法定丧假期间的，用人单位完全有权根据实际情况和工作需要，作出批准或不批准的决定。王文正已达被辞退标准，安盛公司在充分考虑实际情况后审慎做出决定，并未违反合理、限度和善意原则。3.王文正2019年年休假已使用完毕，安盛公司无须支付工资差额。

被上诉人王文正辩称：王文正请假系因父亲去世，事出有因，请假时间也在合理范围内，不能定性为旷工。

上海市第二中级人民法院经二审，确认了一审查明的事实。

上海市第二中级人民法院二审认为：

劳动合同履行期间，用人单位及劳动者均负有切实、充分、妥善履行合同的义务。劳动者有自觉维护用人单位劳动秩序，遵守用人单位的规章制度的义务，用人单位管理权的边界和行使方式亦应善意、宽容及合理。上诉人安盛公司以被上诉人王文正旷工天数累计达到三天以上（含三天）为由解除双方劳动合同，安盛公司是否系违法解除，应审视王文正是否存在公司主张的违纪事实。王文正工作做二休一，2020年1月6日至14日期间，其请假日期为1月6日至13日，其应出勤日期分别为6日、8日、9日、11日、12日、14日。

首先，关于2020年1月6日至13日。被上诉人王文正于1月6日早上提交了请假手续，其上级主管李某和吴某予以签字同意，但其领导迟至下午才报集团公司审批，次日才告知王文正未获批准，故王文正1月6日缺勤系因上诉人安盛公司未及时行使审批权所致，不应认定为旷工。1月7日王文正因公司未准假，返回上海途中得知父亲去世便再次回家办理丧事，至此，事假性质发生改变，转化为丧假事假并存，扣除三天丧假，王文正实际事假天数为2天，至于此2天事假是否应获批准，纵观本案，王文正请假，事出有因，其回老家为父亲操办丧事，符合中华民族传统人伦道德和善良风俗。安盛公司作为用人单位行使管理权应遵循合理、限度和善意的原则。至于安盛公司对王文正父亲去世及火化下葬时间存有异议一节，包括王文正老家安徽在内的中国广大农村仍有停灵的丧葬习俗，而相关村委会证明显示的王文正父亲从去世到火化下葬所耗时间尚在合理范围内，尊重民俗，体恤员工的具体困难与不幸亦是用人单位应有之义，故对安盛公司之主张不予采纳。其次，关于2020年1月14日。该日不在王文正请假期间范围内，安盛公司认定该日为旷工，并无不当。

综上，被上诉人王文正旷工未达三天，未达到上诉人安盛公司规章制度规定的可解除劳动合同的条件，安盛公司系违法解除，应支付违法解除劳动合同赔偿金75269.04元。关于2019年未休年休假工资差额之诉请，一审认定正确，二审予以维持。

综上，上诉人安盛公司构成违法解除劳动合同，一审判决认定事实清楚，适用法律正确，裁判结果并无不当。据此，上海市第二中级人民法院依照《中华人民共和国民事诉讼法》第一百七十条第一款第一项之规定，于2020年12月15日判决如下：

驳回上诉，维持原判。

# 张正国诉江苏红战建设工程有限公司等居间合同纠纷案

## 【案例要旨】

当事人订立、履行合同，应当遵守法律法规，不得扰乱社会秩序，损害社会公共利益。居间合同约定的居间事项系促成签订违反法律法规强制性规定的无效建设工程施工合同的，该居间合同因扰乱建筑市场秩序，损害社会公共利益，应属无效合同，居间方据此主张居间费用的，人民法院不予支持。

原告：张正国，男，汉族，1980年4月2日出生，住江苏省南京市玄武区。
被告：江苏红战建设工程有限公司，住所地：江苏省南京市江宁区横溪街道。
法定代表人：崔德建，该公司执行董事。

第三人：江苏省建筑工程集团有限公司，住所地：江苏省南京市建邺区云龙山路。
法定代表人：陈正华，该公司董事长。
第三人：南京涵田圣泉旅游发展有限公司，住所地：江苏省南京市江宁区汤山街道。
法定代表人：刘成刚，该公司董事长。

原告张正国因与被告江苏红战建设工程有限公司（以下简称红战公司）、第三人江苏省建筑工程集团有限公司（以下简称省建公司）、第三人南京涵田圣泉旅游发展有限公司（以下简称涵田公司）发生居间合同纠纷，向江苏省南京市江宁区人民法院提起诉讼。

原告张正国诉称：2018年9月5日，其为被告红战公司参加汤山地块工程项目招标提供居间服务，双方签订《居间协议》，约定其提供居间服务，红战公司中标后支付居间费300万元。经其居间服务，红战公司于2018年9月25日中标，但红战公司至今拒付居间费，其多次催要无果，故诉至法院。请求判令：1. 红战公司给付居间费300万元；2. 红战公司承担本案诉讼费用。

被告红战公司辩称：1. 原告张正国不具备取得居间费的条件。居间人取得报酬必须具备两个条件：介绍的合同有效成立以及合同的成立与居间人的居间行为有因果关系，两者同时兼备，委托人才能支付一定的报酬。涉案工程的业主方是第三人涵田公司，总包方是第三人省建公司，其是转包方。张正国明知省建公司将全部工程转包是法律禁止行为，为收取介绍费用非法促成转包条件，违反了《中华人民共和国招标投标法》《中华人民共和国建筑法》的禁止性规定，该《居间协议》无效。张正国提供的证据并不能证明其中标与张正国的居间介绍之间存在因果关系。2.《居间协议》双方系其与张正国，建设工程施工合同双方系省建公司与崔德建，其主体不适格。3.《居间协议》是附条件的合同，协议中明确约定收到招标方第一笔工程款到账时三个工作日内付给居间费的50%，现崔德建已经与省建公司解除了建设工程施工合同，未收到任何工程款项，张正国主张的居间费付款条件未成就。综上，请求驳回张正国的诉讼请求。

第三人省建公司未应诉。

第三人涵田公司述称：其将汤山G81地块工程发包给具有相应资质的第三人省建公司施工，符合法律规定；其并非居间合同的当事人，未参与相关居间过程，对于原告张正国与被告红战公司间的居间情况不清楚。

江苏省南京市江宁区人民法院一审查明：

2018年9月5日，被告红战公司（甲方）与原告张正国（乙方）就汤山G81地块工程招标签订《居间协议》，约定：一、甲方提供相关资质并符合投标条件的相关手续，按招标要求进行正常投标。二、乙方提供相关单位的招标信息和相关要求，并了解掌握招标的程序及中标条件，配合甲方中标。乙方不得违反招标方的招标程序及法规要求，严格招投标手续，利用可利用的资源尽最大限度努力中标。三、甲方如中标后应付给乙方相关报酬总计300万元。四、付款方式：甲方中标后按招标方招标文件规定，即每二个月付甲方工程量的60%工程款，甲方收到招标方第一笔工程款到账时三个工作日内付给乙方总居间费的50%，待收到甲方的第二笔工程款到账后三个工作日内付清暂定价的剩余50%的居间费。五、居间费为净费用，乙方不再承诺税务发票及税费，必要时提供资金出款通道。六、乙方在收到居间费后应继续维护甲方利益，协调与招标方的工作关系，同时配合甲方按施工合同要求督促招标方按时支付工程款。七、从今以后招标方如有适合甲方的工程项目，乙方应继续为甲方提供服务，甲方付给乙方暂定不低于总工程款2%的居间服务费。八、此协议从签字之日起生效，如有一方违约，追究另一方的责任并处以居间费的加倍罚款。该协议落款处有监证方彭某某签名。

2018年，第三人涵田公司与第三人省建公司签订施工合同，由涵田公司将位于汤山美泉路与延祥路路口汤山G81地块项目土建及水电安装工程发包给省建公司施工，工程内容为土方、桩基、土建及水电安装施工。

2018年9月，第三人省建公司制作G81地块项目土建安装工程内部承包招标文件，招标范围为土方、土建及水电安装。2018年9月25日，省建公司市场经营部向被告红战公司发出《中标通知书》载明其单位G81地块项目土建安装工程项目确定红战公司中标，请红战公司收到通知后10天内签订合同。

2019年4月11日，被告红战公司法定代表人崔德建与第三人省建公司签订《责任承包协议解除协议》，内容为：解除2018年11月8日签订的《汤山G81地块项目土建及水电安装工程工程责任承包协议》，自协议签订之日起，双方彼此之间的权利义务关系自行消灭，双方均不得再以任何形式追究对方的违约责任；省建公司认可该工程目前是由郑国清实际施工，截止合同解除前，郑国清已完成的工程量、相应工程款结算等一切事宜，由省建公司负责清算，合同解除后该工程是否继续由郑国清施工，由省建公司决定，与崔德建无关；双方对于合同订立、执行、解除过程中各自的损失均自行承担。

审理中，原告张正国提交郑国清与彭某某之间的通话录音，拟证明被告红战公司将从第三人省建公司承接的工程转包给郑国清，红战公司收取了郑国清200万元的转让费用，并陈述郑国清曾将手机中拍摄的红战公司向郑国清出具的收条照片出示给其看，该款系郑国清通过手机银行转账支付至崔德建账户。红战公司质证后对该录音的真实性、合法性、关联性均不予认可。郑国清未到庭作证，张正国未能提交收条照片、转账银行账户信息。

原告张正国陈述，其居间行为包含了以下行为：协助被告红战公司了解情况，为红战公司与第三人省建公司签订合同提供相关信息与咨询，创造红战公司与省建公司协商洽谈机会，协助红战公司参加商业谈判及策划，取得中标通知书送交红战公司。张正国为此支付了人员工资、交通差旅等费用，无法计算。就此，张正国未能提交证据证实。

被告红战公司陈述，因与第三人省建公司之间的建设工程施工合同已经解除，《责任承包协议解除协议》中提到的2018年11月8日签订的《汤山G81地块项目土建及水电安装工程工程责任承包协议》以及《中标通知书》等原件已经交还给省建公司，其不持有。

第三人省建公司未到庭，未能提交其与被告红战公司间签订的协议。

江苏省南京市江宁区人民法院一审认为：

违反法律、行政法规的强制性规定而订立的合同无效。本案中，原告张正国与被告红战公司签订了《居间协议》，该协议约定的居间事项是由张正国为红战公司居间介绍签订汤山G81地块建设工程施工合同，该居间事项是否合法，张正国的居间行为是否合法决定了《居间协议》的效力。第三人涵田公司将G81地块项目土建及水电安装工程发包给第三人省建公司施工，工程内容为土方、桩基、土建及水电安装施工。省建公司与红战公司均未能提交双方之间就该项目签订的建设工程施工合同，结合《中标通知书》以及省建公司制作的内部承包招标文件，可以确定省建公司曾将土方、土建及水电安装工程交由红战公司施工。《中华人民共和国建筑法》第二十九条规定：施工总承包的，建筑工程主体结构的施工必须由总承包单位自行完成。省建公司将自涵田公司处承包的土方、土建及水电安装施工交由红战公司施工，双方之间签订的建设工程施工合同因违反了前述强制性规定而无效。张正国的居间行为促成红战公司与省建公司间签订建设工程施工合同，破坏了建筑市场的秩序，张正国的居间行为违法，其与红战公司间的《居间协议》无效。综上，张正国依据该协议主张的居间费用不受法律保护。

据此，江苏省南京市江宁区人民法院依照《中华人民共和国合同法》第四十四条、第五十二条、第二百七十二条第三款、第四百二十四条，《中华人民共和国建筑法》第二十九条，《最高人民法院关于审理建设工程施工合同纠纷案件适用法律问题的解释》第四条，《中华人民共和国民事诉讼法》第六十四条第一款、第一百四十四条规定，于2020年9月28日作出判决：

驳回原告张正国的诉讼请求。

张正国不服一审判决，向江苏省南京市中级人民法院提出上诉。

张正国上诉称：1.一审法院遗漏了必须参加诉讼的当事人崔德建、郑国清。该二人均与本案事实存在重大关联，且均对于案涉建筑工程合同有独立请求权，应追加为第三人。该二人未参加诉讼，导致本案事实无法查清。2.一审判决认定事实错误，案涉居间合同本身有效。被上诉人省建公司将相关工程项目通过招投标形式专业分包给他人，并不违法。且省建公司与被上诉人红战公司签订的合同是否有效，不属于本案处理范围，与居间方无关。省建公司发出中标通知书后，红战公司未与省建公司签订合同，而以崔德建个人名义签订合同，恶意造成居间合同支付居间费的付款条件不成就，依法应视为居间合同支付居间费条件成就。红战公司为逃避支付居间费的义务，拒不提供相关证据，应承担不利的后果。3.一审判决违反诚信原则及违约方不能从违约违法行为中获利原则。红战公司及其法定代表人崔德建与上诉人签订《居间协议》在前，收到中标通知书后，又另行以个人为主体签订承包合同，将工程转手牟利，现又主张个人签订的工程施工合同无效，规避支付居间费的义务，其行为违反诚实信用原则，且从上述违约行为中获得利益。请求二审法院撤销一审判决，改判支持张正国的一审诉讼请求或将本案发回重审。

被上诉人红战公司辩称：1.一审法院程序合法，并未遗漏当事人。本案是居间合同纠纷，合同当事人为上诉人张正国与红战公司，一审法院为查明案涉《居间协议》的居间事项以及张正国的居间行为是否违法，才依职权追加了工程的承包方、发包方，最终查明该工程是被上诉人涵田公司作为发包人公开招标后由被上诉人省建公司中标，省建公司又将主体工程转包。2.一审法院认定事实和适用法律正确。省建公司作为承包方，将工程主体转包他人施工，因违反法律强制性规定而无效。张正国明知招投标工程中的中标人将中标项目向他人转包的行为系法律禁止的违法行为，却以促成招投标工程的非法转包为条件收取居间费用，违反了建筑法及招投标法的禁止性规定，案涉《居间协议》无效。此外，即使按照《居间协议》，居间人取得报酬必须促成合同有效成立，而省建公司与红战公司并未签订合同，合同并未成立，张止国也未履行其居间义务，红战公司并未收到任何工程款，付款条件并未成就。3.张正国以促成省建公司与红战公司签订无效的转包合同为条件收取居间费用,破坏了市场秩序,居间行为明显违反法律规定,其不能从违法行为中获利。因此,张正国不能依据《居间协议》主张居间费用。

被上诉人涵田公司辩称:其将工程发包给被上诉人省建公司符合相关规定。其作为一审法院为了查清案件事实而追加的无独立请求权的第三人,并非案涉居间合同的当事人或参与人,对于案涉居间合同的相关情况不清楚。

被上诉人省建公司未陈述意见。

江苏省南京市中级人民法院经二审,确认了一审查明的事实。

江苏省南京市中级人民法院二审认为:

本案争议焦点为:上诉人张正国与被上诉人红战公司于2018年9月5日就汤山G81地块工程招标签订的《居间协议》是否合法有效。

根据查明的事实,被上诉人涵田公司将位于汤山美泉路与延祥路路口汤山G81地块项目土建及水电安装工程发包给被上诉人省建公司施工。省建公司承接上述工程后,制作G81地块项目土建安装工程内部承包招标文件,将自涵田公司处承包的土方、土建及水电安装施工交由他人施工,违反了法律法规的强制性规定。而上诉人张正国与被上诉人红战公司签订的《居间协议》约定的居间事项是张正国促成红战公司与省建公司签订上述违反法律法规强制性规定的合同。根据法律规定,违反法律、行政法规的强制性规定而订立的合同无效。因此,一审法院认定张正国与红战公司签订的《居间协议》无效,符合法律规定。张正国上诉主张该《居间协议》有效,法院不予采信。张正国依据该协议主张的居间费用不受法律保护,一审法院对张正国主张居间费用的诉讼请求不予支持,并无不当。

本案系上诉人张正国与被上诉人红战公司之间的居间合同纠纷,张正国在一审中也未将红战公司以外的其他人列为被告,一审法院为查明张正国与红战公司签订的《居间协议》约定的居间事项的性质,已追加被上诉人省建公司、涵田公司作为第三人参加诉讼。至于张正国与崔德建、郑国清之间的其他事实,不属于本案应当查明的事实范围,故张正国上诉主张一审法院遗漏了必须参加诉讼的当事人,法院不予采信。诚实信用是民事法律关系应当遵循的重要原则,该原则系建立在当事人合法行使权利、履行义务的基础上。本案中,因张正国与红战公司签订的《居间协议》无效,张正国的居间行为违法,故一审法院对张正国主张居间费用的诉讼请求不予支持,并不违反诚实信用原则。此外,张正国如果认为其他有关当事人或案外人在建筑市场中存在因违法行为而获利的情况,可依法向建筑市场有关主管部门反映,并由有关部门依法予以处理。张正国上诉主张一审判决违反诚信原则及不让违法违约者得利原则,法院不予采信。

综上,上诉人张正国的上诉请求不能成立,应予驳回。一审判决认定事实清楚,适用法律正确,应予维持。据此,江苏省南京市中级人民法院依照《中华人民共和国民事诉讼法》第一百七十条第一款第一项规定,于2021年3月22日判决如下:

驳回上诉,维持原判。

# 江苏省无锡市人民检察院诉上海市杨浦区绿化和市容管理局等环境民事公益诉讼案

【案例要旨】

检察机关作为公益诉讼起诉人提起的环境民事公益诉讼案件,撤诉的司法审查要件不同于普通民事案件。在明确环境民事公益诉讼案件双方当事人地位平等、重申污染者承担环境修复责任的基础上,对于是否准许撤诉的审查标准应当更加严格。实质审查方面,"所有诉讼请求已实现"的标准应当包括生态环境已经完全修复及不存在将来可能继续发生环境污染和生态破坏的风险;程序审查方面,地方各级检察机关撤回起诉应当履行相应审查批准程序,经最高人民检察院批准撤诉,并经人民法院实质审查符合撤诉标准的,应准予撤诉。

公益诉讼起诉人:江苏省无锡市人民检察院。
被告:上海市杨浦区绿化和市容管理局,住所地:上海市杨浦区双阳路。
法定代表人:许峰,该局局长。
被告:上海杨浦环境发展有限公司,住所地:上海市杨浦区平凉路。
法定代表人:胡波,该公司总经理。
被告:上海呈迪实业有限公司,住所地:上海市崇明区陈海公路。
法定代表人:顾建民。
被告:徐国强,男,汉族,1962年3月2日出生,住上海市宝山区。
被告:徐彪,男,汉族,1970年7月8日出生,住江苏省苏州市吴江区。
被告:崔明荣,男,汉族,1964年3月17日出生,住安徽省合肥市庐江县。
被告:须金法,男,汉族,1963年9月26日出生,住江苏省无锡市惠山区。

公益诉讼起诉人江苏省无锡市人民检察院(以下简称无锡检察院)因与被告上海市杨浦区绿化和市容管理局(以下简称杨浦市容局)、上海杨浦环境发展有限公司(以下简称环发公司)、上海呈迪实业有限公司(以下简称呈迪公司)、徐国强、徐彪、崔明荣、须金法发生环境民事公益诉讼纠纷,向江苏省无锡市中级人民法院提起诉讼。

公益诉讼起诉人无锡检察院诉称:2013年起,被告杨浦市容局将部分生活垃圾交由被告徐国强处置,徐国强以被告呈迪公司名义签订处置合同。2015年3月,徐国强将生活垃圾交被告徐彪及其船队处置,徐彪再通过被告崔明荣、须金法将垃圾倾倒至江苏省无锡市惠山区洛社镇附近河岸,造成周边生态环境严重污染。污染事故发生后,无锡市惠山区人民政府(以下简称惠山区政府)及时组织相关部门对倾倒的生活垃圾进行了应急处置。2016年12月2日,无锡市锡山区人民法院(以下简称锡山法院)以污染环境罪判处徐国强、徐彪、须金法、崔明荣承担相应刑事责任。后无锡检察院在履行职责过程中,发现杨浦市容局等七名被告的行为损害环境公共利益。经向无锡市民政局核实，本市现有环保类社会团体法人中符合《中华人民共和国环境保护法》第五十八条规定条件的社会组织为无锡市环境保护产业协会和无锡市欢乐义工环保协会。无锡检察院书面向上述社会组织征求意见，其均表示不愿就本案提出环境民事公益诉讼。故，无锡检察院作为公益诉讼起诉人向法院提起诉讼，请求判令：杨浦市容局、环发公司、呈迪公司、徐国强、徐彪、崔明荣、须金法连带承担下列费用：1. 非法运输、处置生活垃圾产生的应急处置费用 1460179.16 元；2. 制定环境修复方案费用 15 万元；3. 生态环境修复费用 425320 元（根据修复方案预估数额计算，以实际发生为准）；4. 无锡地区环境保护主管部门后续实施生态环境修复的监测、监管等费用（以实际发生为准）。因本案审理过程中实施了生态环境修复工程，并进行了监测和专家论证，无锡检察院明确其诉讼请求第 3、4 项的费用数额为：生态环境修复费用 476070 元、后续监测和监管费用 3000 元、专家论证费用 5400 元。

被告杨浦市容局辩称：此次事件警示其必须在管理工作中切实加强环境保护意识，进一步强化监管责任，提升对各类垃圾的综合治理水平。其已采取一系列整改措施，严防此类事件的再次发生，并积极敦促相关责任人尽快履行法律义务、承担所需费用，配合相关部门完成环境修复工作，全面实现公益诉讼起诉人的诉讼请求。

被告徐国强辩称：愿意承担其错误行为导致的一切后果，全力配合环境修复工作。

被告环发公司、呈迪公司、徐彪、崔明荣、须金法未作答辩。

江苏省无锡市中级人民法院一审查明：

**一、关于被告徐国强等人非法倾倒、填埋生活垃圾的相关事实**

2013 年起，被告徐国强借用被告呈迪公司名义，与被告杨浦市容局签订生活垃圾承运和处置合同。期间，被告环发公司在上海市军工路 2 号码头为涉案生活垃圾提供转运服务。2015 年 3 月，徐国强在明知被告徐彪无运输处置生活垃圾资质的情况下，将部分生活垃圾交由徐彪通过船队外运处置。徐彪即联系被告崔明荣寻找垃圾填埋场所，崔明荣又联系被告须金法，将江苏省无锡市惠山区洛社镇华圻村直湖港沿河地段作为垃圾填埋场所，并在该河段铺路及修筑简易码头用于倾倒和填埋垃圾。2015 年 5 月，徐国强通过徐彪非法处置生活垃圾六船计 2360.74 吨，实际处置四船计 1670 吨，另有二船 690.74 吨因被当地群众发现而未倾倒，非法获利 2 万余元；徐彪非法处置生活垃圾八船计 3387.09 吨（其中二船 1026.35 吨垃圾来自他处），实际处置四船计 1670 吨，另有四船 1717.09 吨因被当地群众发现而未倾倒，非法获利 3 万余元；崔明荣、须金法实际处置生活垃圾六船计 2400 吨，崔明荣非法获利 5 万余元，须金法非法获利 9000 元。上述生活垃圾均倾倒至无锡市惠山区洛社镇华圻村直湖港地段。

**二、关于无锡环保机关应急处置涉案生活垃圾的相关事实**

1. 2015 年 5 月，被告徐国强等人倾倒、填埋生活垃圾的行为经举报而案发。无锡市惠山区环境保护局（以下简称惠山环保局）委托上海华测品标检测技术有限公司对涉案生活垃圾进行检测，经检测垃圾中的固体废物含重金属铅、镉、六价铬、类金属砷，渗滤液含重金属铬，均属于有毒物质。

2. 为及时消除上述生活垃圾对周边水体、土壤造成的环境污染，惠山区政府组织有关部门对非法倾倒在直湖港河段的生活垃圾进行应急处置。惠山环保局委托江苏省环境工程咨询中心编制《无锡市惠山区京杭运河洛社段外来固体废弃物（城市生活垃圾）非法倾倒填埋事件应急处置方案》，并依照该方案对现场已倾倒垃圾及渗滤液、偷倒未遂的四船垃圾及渗滤液等进行了应急清运、处置和监测。

3. 2015年12月，惠山环保局委托江苏省生态环境评估中心对涉案环境污染应急处置阶段损失费用进行评估，该中心出具《无锡市惠山区京杭运河洛社段外来固体废弃物（城市生活垃圾）非法倾倒填埋事件应急处置阶段损失费用评估报告》，该报告明确，根据前期施工合同、作业完工单和现有票据等，应急处置阶段损失费用共计2054270.65元，主要包括现场已倾倒垃圾及渗滤液应急清运处置费用1032581.67元、偷倒未遂的四船垃圾及渗滤液应急清运处置费用568633.98元、应急监测费用93055元，以及应急处置方案编制费用、环境损害评估费用等。

4. 2016年7月，受惠山环保局委托，无锡轻大建筑设计研究院有限公司（以下简称无锡轻大研究院）出具《无锡市惠山区京杭运河洛社段外来固体废弃物（城市生活垃圾）非法倾倒填埋事件环境修复技术方案》（以下简称《环境修复技术方案》），预估后期修复成本607600元。

因部分涉案生活垃圾并非来自被告徐国强、徐彪处，无锡检察院根据垃圾数量占比，酌定起诉非法运输、处置生活垃圾产生的应急处置费用1460179.16元。

**三、关于对被告徐国强等人追究污染环境刑事责任的相关事实**

2016年12月2日，锡山法院作出（2016）锡法环刑初字第00001号刑事判决，认定被告徐国强、徐彪、崔明荣、须金法共同倾倒有毒物质，严重污染环境，构成污染环境罪，分别判处：徐国强有期徒刑一年六个月，并处罚金五万元；徐彪有期徒刑一年九个月，并处罚金六万元；崔明荣有期徒刑一年八个月，并处罚金六万元；须金法有期徒刑一年六个月，并处罚金五万元；追缴违法所得；徐国强缴纳的环境损害修复费18万元纳入无锡市环境公益金专项账户。目前，该刑事判决已发生法律效力。

**四、关于本案审理中涉案生态环境修复的相关事实**

1. 本案受理后，法院依法公告案件受理情况，并告知上海市杨浦区人民政府和上海市绿化和市容管理局。公示期间未有有权提起诉讼的社会组织申请参加诉讼。

2. 本案审理中，法院委托无锡市惠山区环境监测站（以下简称惠山环监站）对涉案受污染区域的环境现状进行监测。《监测报告》[（2017）环监（水）字第（041）号]显示，涉案受污染区域水体COD局部超标。

3. 法院在"无锡法院环境资源司法保护专家库"中选取江南大学环境与土木工程学院、无锡市政设计研究院有限公司、无锡市环境监测中心站的三名专家组成专家组，在实地调查的基础上，以惠山环监站出具的《监测报告》为依据，组织召开专家论证会，对前期编制的《环境修复技术方案》进行专家论证。专家组要求增加相应的修复后监测等内容。无锡轻大研究院根据专家论证意见修订《环境修复技术方案》。法院公示修订后的《环境修复技术方案》，期间未有相关公民、法人和其他组织提出异议。

4. 双方当事人选定具有资质的江苏艺高环境工程有限公司（以下简称艺高公司）实施环境修复工程。完工后，艺高公司出具《无锡市惠山区京杭运河洛社段外来固体废弃物（城市生活垃圾）非法倾倒填埋事件环境修复工程工作报告》（以下简称《环境修复工程报告》),明确环境修复工作已按照《环境修复技术方案》的要求全部完成。

5. 法院委托无锡绿洲环境监测有限公司(以下简称绿洲公司)对修复后的涉案区域进行监测,《监测报告》[(2017)环监(水)字第(D2506)号]显示,已修复水体达到Ⅲ类水质标准。

6. 法院再次组织召开专家论证会,对《环境修复工程工作报告》进行专家论证。专家组结合绿洲公司出具的《监测报告》,认定涉案环境修复工作达到修复方案预定目标。

**五、被告主动承担环境修复责任及无锡检察院撤诉的相关事实**

1. 涉案受污染区域的环境损失合计 2094649.16 元,包括:非法运输、处置生活垃圾产生的应急处置费用 1460179.16 元、制定环境修复方案费用 15 万元、生态环境修复费用 476070 元、后续监测费用 3000 元、专家论证费用 5400 元[参照《无锡市市级行政事业单位专家评审费管理办法(试行)》]。本案审理期间,被告徐国强自愿向法院缴纳根据无锡检察院的前期诉讼请求所主张的环境应急处置和修复费用 2055499.16 元,要求将之前支付的环境修复费 18 万元纳入本案—并用于支付后续环境修复实际发生费用、监测费用和专家论证费用,并表示因环境修复的整体性,不再区分其参与倾倒垃圾所占比例,一并支付所有修复费用,同时请求法院将上述费用直接支付给涉案环境修复费用支出的单位或个人。

2. 鉴于本案受损的生态环境已经得到有效修复,社会公共利益已得到充分保护,经最高人民检察院批准,公益诉讼起诉人无锡检察院以本案全部诉讼请求均已实现,无继续诉讼的必要为由,向法院申请撤诉。

3. 法院组织召开听证会,出席代表有无锡市惠山区人大代表,受污染区域所在村村民代表,当地环保、城管部门相关负责人,无锡环境公益律师等,会议通报了环境修复过程。公益诉讼起诉人无锡检察院到会对提请撤诉进行说明。与会代表一致认可受污染区域已经得到有效修复,对公益诉讼起诉人无锡检察院提出撤诉亦无异议。

江苏省无锡市中级人民法院一审认为:

城市生活垃圾的"减量化、资源化和无害化"处置,是实现循环经济型社会、资源节约型社会和环境友好型社会的重要手段,是城市经济发达和文明的重要标志之一。清运、处置城市生活垃圾,应当遵守国家有关环境保护和环境卫生管理的规定,防止污染环境。《中华人民共和国环境保护法》第六十四条规定,因污染环境和破坏生态造成损害的,应当依照《中华人民共和国侵权责任法》的有关规定承担侵权责任。《中华人民共和国侵权责任法》第六十五条规定,因污染环境造成损害的,污染者应当承担侵权责任。本案被告未遵守城市生活垃圾运输、处置的法律法规,造成涉案环境污染,应当承担侵权责任。

为实现对涉案生态环境修复的有效监管,法院依法公告案件受理情况,并告知上海市辖区相关行政部门,委托专业机构对受污染环境现状进行监测,从环境资源司法保护专家库中组成专家组实地查勘、论证、修订《环境修复技术方案》并公告。经双方当事人商定,环境修复机构实施修复工程后,法院重新委托专业机构进行后期监测,再次组织专家论证,监测结果和专家论证意见均表明环境修复工作已经完成。法院还邀请受污染地区代表参加听证会,与会代表亦一致认可环境得到有效修复。本案审理中,被告杨浦市容局积极落实整改,并明确表示进一步强化监管责任,严防此类事件再次发生。至此,法院认为,受污染区域的生态环境已经恢复至污染前状态,环境修复目标已经达成。

根据最高人民法院《人民法院审理人民检察院提起公益诉讼案件试点工作实施办法》第九条规定,人民检察院在法庭辩论终结前申请撤诉,或者在法庭辩论终结后,人民检察院的诉讼请求全部实现,申请撤诉的,应予准许。本案中,无锡检察院根据部分垃圾并非来自被告徐国强、徐彪处的事实,主张以垃圾数量占比,酌定非法运输、处置生活垃圾产生的应急处置费用为 1460179.16 元,符合《中华人民共和国侵权责任法》第六十七条的规定。诉讼中,实施生态环境修复工程的费用 476070 元、环境修复方案制定费用 15 万元、后续监测费用 3000 元、专家论证费用 5400 元,均属于生态环境修复及为修复环境而支付的必要费用,应由污染者承担。无锡检察院主张应由被告方承担上述各项费用合计 2094649.16 元,符合相关法律规定。该费用已由被告全部支付。法院认为,被告已经承担了受污染区域的全部赔偿责任。

综上,涉案受污染区域的生态环境已得到修复,被告已承担赔偿责任。公益诉讼起诉人无锡检察院的诉讼请求均已实现,且其申请撤回起诉的行为经过最高人民检察院批准,履行了相关审批手续,故对其撤诉申请,予以准许。

综上,江苏省无锡市中级人民法院依照《中华人民共和国民事诉讼法》第一百四十五条第一款规定,于 2017 年 5 月 27 日作出裁定:

准许公益诉讼起诉人江苏省无锡市人民检察院撤回起诉。

## 李衡诉江苏五星电器有限公司买卖合同纠纷案

【案例要旨】

家用电器的生产日期属于消费者知情权范围。经营者销售家用电器"库存机",未主动告知电器的真实情况,侵犯了消费者的知情权和自主选择权,消费者主张免费更换相同型号新电器的,人民法院应予支持。

原告:李衡,女,1977 年 12 月 20 日出生,汉族,住江苏省南京市鼓楼区。
被告:江苏五星电器有限公司,住所地:江苏省南京市中山北路。
法定代表人:潘一清,该公司总经理。

原告李衡因与被告江苏五星电器有限公司(以下简称五星电器)发生买卖合同纠纷,向江苏省南京市秦淮区人民法院提起诉讼。

原告李衡诉称:李衡于京东五星电器新街口店订购富士通将军品牌空调四台,四台空调原总价 32460 元,共折扣 12160 元,李衡实际支付共 20300 元。在安装时李衡发现,其中一台空调制造日期为 2016 年 7 月,是三年前的"库存机"。其后,李衡多次至京东五星电器新街口店交涉,要求更换,但案涉门店一直推诿,对李衡主张不予理会。李衡认为,消费者享有知悉其购买、使用的商品或者接受的服务的真实情况的权利。对于空调这类更新迭代飞快的家用电器类产品,其生产日期是消费者在选购商品时重点关注和购买的依据。本案中,京东五星电器新街口店在向李衡销售空调时并未告知其送货安装的是"库存机",李衡基于对被告五星电器卖场品牌信赖而直接订购，其后五星电器却将"库存机"进行送货、安装，严重侵犯了李衡作为消费者的合法权益，故诉至法院，请求判令：1. 五星电器为李衡将 2016 年 7 月生产的 ASPA50LXCA 型号空调更换为新机；2. 五星电器向李衡支付维权的合理费用 5000 元，并承担更换新机发生的拆机、装机费用。

被告五星电器辩称：第一，原告李衡要求更换新机无法律依据。原、被告签订的空调买卖合同是双方自由意志的体现，且五星电器已经交付，并在李衡确认下安装，所有信息均是公开的。第二，根据民事诉讼法的规定，李衡要求支付合理费用，必须提供证据加以证明，而举证期内李衡并没有提供相应的合理费用支出情况和依据，该项诉求不应予以支持。综上，请求驳回李衡的诉请。

江苏省南京市秦淮区人民法院一审查明：

2019 年 6 月 9 日，原告李衡从被告五星电器新街口门店处订购富士通将军品牌空调四台，其中：ASPG35LLCA 型号三台，售价 5490 元/台；ASPA50LXCA 型号一台，售价 15990 元/台，四台空调原总价 32460 元，共折扣 12160 元，李衡实际支付共 20300 元，其中案涉空调型号为 ASPA50LXCA，用券金额为 4690 元，实际成交价为 11300 元。2019 年 11 月 12 日，五星电器安排人员上门为李衡安装四台空调。李衡为安装空调预埋管线支出 2000 元费用，在安装时支付 500 元安装费。但在安装时，李衡发现型号为 ASPA50LXCA 的空调制造日期为 2016 年 7 月。随后李衡立即至五星电器门店里进行交涉沟通，要求更换一台 ASPA50LXCA 型号空调新机，但案涉门店不同意。故李衡诉至法院。

江苏省南京市秦淮区人民法院一审认为：

根据消费者权益保护法的相关规定，消费者享有知悉其购买、使用的商品或者接受的服务的真实情况的权利，包括商品生产日期；消费者享有自主选择商品或者服务的权利，有权进行比较、鉴别和挑选；经营者向消费者提供有关商品或者服务的质量、性能、用途、有效期限等信息，应当真实、全面，不得做虚假或者引人误解的宣传。本案中，原告李衡于 2019 年 6 月 9 日从被告五星电器处购买案涉空调时，五星电器并未告知李衡该空调的生产日期距其购买时已近三年。虽然对于生产日期远近与空调的质量问题并无必然联系，但对于普通消费者购买心理来说，其对产品生产日期这一重要因素是存在合理期待的，对此应享有知情权。而五星电器作为销售者在向李衡销售距其购买时已达三年期限的产品时，也负有告知的义务。

虽然在原告李衡购买时国家并未颁布有关空调的强制性安全使用年限标准，但其作为一种工业产品及家庭使用电器，仍应具有合理的使用年限，超期使用会对消费者带来安全隐患，有可能存在引发电器短路进而引起火灾、爆炸等风险。且空调出厂后即便存放未启用，亦可能存在长期库存导致的电路板线路老化、漏电、冷媒泄露、性能下降等一系列潜在危害。

被告五星电器向原告李衡销售生产日期为 2016 年 7 月案涉空调的行为，损害了李衡作为消费者的知情权与选择权，对李衡今后的空调使用产生潜在危害，现李衡要求五星电器将案涉空调更换为新机，符合法律规定，依法予以支持。但考虑到空调生产、运输、销售、安装等环节对时间的需求，及李衡购买时间与安装时间等延长，对于李衡主张的新机生产日期可结合一般消费习惯及心理期待，酌定为 2020 年 1 月 1 日之后生产的产品。对于李衡要求五星电器赔偿 5000 元损失的诉请，法院认为，李衡提交的证据虽证明系为安装空调所产生，但因李衡要求更换新机且需要继续安装使用，故其费用不应作为损失进行认定，对于该项诉请,依法不予支持。但五星电器为李衡更换新机时需要拆除原机、安装新机,且拆装责任的产生在于五星电器,故五星电器应免费为李衡提供拆装机服务。

综上,江苏省南京市秦淮区人民法院依照《中华人民共和国消费者权益保护法》第八条、第九条、第二十条、第四十八条,《中华人民共和国民事诉讼法》第六十四条第一款、第一百四十二条的规定,于 2020 年 8 月 31 日判决如下:

一、被告江苏五星电器有限公司于判决发生法律效力之日起十日内,为原告李衡更换型号为 ASPA50LXCA 的空调一台(生产日期为 2020 年 1 月 1 日之后),且被告江苏五星电器有限公司更换上述新机时需免费负责为原告李衡拆除原机并安装新机。

二、驳回原告李衡的其他诉讼请求。

一审宣判后,双方当事人均未上诉,一审判决已经发生法律效力。

# 陈武桂诉南京德通汽车服务有限公司劳动合同纠纷案

【案例要旨】

用人单位在行政机关备案的职工录用花名册中包含工作内容、劳动报酬、劳动合同期限等劳动合同法第十七条规定的部分必备内容,且为劳动者缴纳了社会保险的,应当认定用人单位不存在恶意损害劳动者合法权益的行为。在此情况下,劳动者故意不签订书面劳动合同,以未订立书面劳动合同为由主张第二倍工资的,属于违反诚信原则谋取额外利益,人民法院不予支持。

原告:陈武桂,男,1971 年 7 月 4 日出生,汉族,住江苏省南京市江宁区。
被告:南京德通汽车服务有限公司,住所地:江苏省南京市江宁区苏源大道。
法定代表人:马跃平,该公司执行董事。

原告陈武桂因与被告南京德通汽车服务有限公司(以下简称德通公司)发生劳动合同纠纷,向江苏省江宁经济技术开发区人民法院提起诉讼。

原告陈武桂诉称:其于 2020 年 7 月 1 日入职被告德通公司处从事汽车维修工作,双方口头约定每月工资不低于 6000 元、每周工作 6 天。工作期间,德通公司没有按规定支付加班工资,也没有依法签订书面劳动合同。双方劳动关系于 2021 年 6 月 30 日解除。请求法院判令德通公司支付:1. 2020 年 8 月至 2021 年 6 月未订立书面劳动合同二倍工资差额 86033 元;2. 2020 年 7 月至 2021 年 6 月期间休息日加班工资 17990 元;3. 2020 年 7 月 1 日至 2021 年 6 月 30 日未休年假工资 1839 元及 2020 年 7 月至 10 月的高温费 1200 元;4. 2021 年 6 月工资不足部分 2198 元。

被告德通公司辩称:1. 原告陈武桂入职后,公司人事负责人陈潇潇即已通知陈武桂签订劳动合同,因陈武桂推诿加之陈潇潇的工作疏忽,致双方未签订书面劳动合同,但其已将与陈武桂的劳动关系在社保及劳动就业管理部门进行备案，且为陈武桂办理了社会保险，没有签订书面劳动合同的行为并未损害陈武桂合法权益。另在2020年6月，陈武桂曾以南京捷牛汽车服务有限公司（以下简称捷牛公司）为被申请人，提起仲裁要求捷牛公司支付未订立书面劳动合同二倍工资等并得到支持。故其认为陈武桂推诿不签订书面劳动合同系出于故意，目的就是利用用人单位的管理瑕疵获取不当利益；2. 双方劳动关系存续期间，其已向陈武桂支付加班工资和2021年6月份工资；3. 陈武桂在其处工作满一年时即申请离职，要求支付年休假工资的诉请不符合《职工带薪年休假条例》第三条关于支付该工资的规定要求。德通公司工作场所在室内，且属于开放空间，依据《防暑降温措施管理办法》第三条、第十七条，无须支付高温费。综上，请求驳回陈武桂的诉讼请求。

江苏省江宁经济技术开发区人民法院一审查明：

2020年7月1日，原告陈武桂入职被告德通公司，从事汽车维修工作，双方口头约定每周工作六天，每月工资6000元，未订立书面劳动合同。入职当日，陈武桂填写德通公司制式《员工入职登记表》，员工本人填写内容包括个人基本信息、学习培训经历、工作经历、家庭主要成员，公司填写入职日期为2020年7月1日，核定底薪试用期2个月。德通公司提供的《职工录用花名册》上记载了陈武桂的自然情况、社会保障卡号、月缴费基数、就业失业登记证号，且记载双方劳动合同期限自2020年9月至2021年8月31日止，岗位工种为维修技师。德通公司于2020年9月16日将录用陈武桂情况向江宁开发区劳动与社会保障所（区就业管理中心）、江宁区劳动与社会保障所（区社保中心征缴科）备案登记并加盖上述两部门印章。2020年9月至2021年6月，德通公司为陈武桂缴纳社会保险。

2020年7月至2021年6月被告德通公司员工工资表记载原告陈武桂的工资组成为基本工资、绩效工资、加班费及各项津贴补助。陈武桂2020年7月至2021年6月应发工资分别为6000元、6000元、7000元、6000元、6347元、6500元、6500元、6500元、6000元、6000元、6000元、6080元。出勤天数分别为26天、27天、26天、23天、26天、27天、26天、21天、27天、25天、26天、23天。2020年7月至2021年5月工资表均由包括陈武桂在内的所有员工签名。2021年6月工资表陈武桂未签名，德通公司扣除考核扣款1925元及社保代扣款353元后，向陈武桂实际支付3802元。

2021年6月29日，原告陈武桂递交其填写的被告德通公司制式《辞职申请书》，载明"因个人原因，家里有事，特此提出辞职，请领导给予批准"，德通公司相关人员审核同意。2021年6月30日，陈武桂填写《员工离职登记表》进行离职交接，该登记表载明离职类型为辞职。德通公司于2021年6月30日办理停保手续并填写《南京市终止、解除劳动关系及社会保险关系变更申报花名册》，该名册加盖社会保险管理中心印章，载明德通公司与陈武桂社保关系暂时终止，终止、解除劳动关系时间为2021年6月30日。

另查明，2020年8月、9月，南京市江宁区气温已达33度。

2021年7月26日，原告陈武桂向南京市江宁区劳动人事争议仲裁委员会提交仲裁申请，仲裁请求基本同本案诉讼请求，该委于2021年9月17日作出宁宁劳人仲案字〔2021〕第3533号终结审理决定书。陈武桂在法定期限内向法院提起诉讼。

对于争议事实，双方陈述和举证质证如下：

关于未订立书面劳动合同情况。被告德通公司提交仲裁申请书、江宁区劳动人事争议仲裁委员会仲裁调解书（宁宁劳人仲案字〔2020〕第2898号），证明原告陈武桂曾以南京中企动力人力资源有限公司、捷牛公司未签订书面劳动合同为由获取的调解款中含有二倍工资差额。陈武桂陈述德通公司未通知过其签订劳动合同，德通公司不予认可。

关于加班工资情况。原告陈武桂称除月工资6000元外，双方还约定工资15%的提成，但在职期间被告德通公司从未发放过提成，因此双方发生争执，其被迫递交辞职申请。德通公司称陈武桂为自愿离职，且双方从未约定15%的提成。德通公司主张，工资表均由陈武桂每月签名，工资表上列明的工资结构组成，6000元月薪中已包含周六加班工资，并列明了加班工资数额，每月的加班费按基本工资3600元为基数计算，其每月向陈武桂展示完整工资表后由陈武桂签名。陈武桂认为签名时其仅能看到工资表的总工资栏和扣除项目，因每月总工资栏上的数额不少于6000元，其予以签字确认，故其不认可德通公司工资表结构组成及加班工资部分。

关于年休假工资和高温费，被告德通公司认可未发放，但原因系原告陈武桂在其处工作未满一年。德通公司陈述陈武桂工作场所位于室内开放空间，无空调但每个工位配备一台电风扇降温。

关于2021年6月工资差额。被告德通公司提交无原告陈武桂签名的2021年6月工资表及考勤表，显示2021年6月陈武桂出勤23天，应支付陈武桂2021年6月工资6080元，扣除考核扣款1925元及社保代扣款353元后，实际支付3802元。德通公司陈述系因陈武桂工作期间损坏客户车辆，故在离职时扣除赔偿款。陈武桂认为其未在2021年6月工资表上签字，故不认可扣除赔偿款。

江苏省江宁经济技术开发区人民法院一审认为：

本案的争议焦点为：1. 被告德通公司是否应支付未签书面劳动合同二倍工资差额；2. 德通公司是否足额支付原告陈武桂加班工资；3. 陈武桂主张年休假工资和高温费有无依据；4. 德通公司是否足额支付陈武桂2021年6月工资。

关于第一个争议焦点，对原告陈武桂主张的未订立书面劳动合同二倍工资差额，法院不予支持，理由如下：

第一，在主观意图上，被告德通公司对未签书面劳动合同并无故意。本案双方在履行劳动关系过程中，德通公司为原告陈武桂办理人事招录、离职手续，在《职工录用花名册》详细记载劳动者基本情况，《工资表》记载了陈武桂的入职时间、工作岗位、劳动报酬、出勤时间等，德通公司又对双方的劳动关系进行备案登记，并为陈武桂缴纳了社会保险，应认定德通公司对未签书面劳动合同并无明显故意。

第二，在形式上，达到双方签订了书面劳动合同的效果。虽然本案中涉及的《职工入职登记表》《离职登记表》《职工录用花名册》等文件均没有劳动合同字样，但记载了工作岗位、试用期限、合同期限等内容。被告德通公司在行政机关对双方劳动关系进行备案登记，备案花名册可公开查询，无论是行政部门对劳动就业管理的需要，还是劳动者对其个人在德通公司就职情况的知情需要，均已得到满足。以上书面文件虽然不完全具备法律规定劳动合同的所有条款，但结合劳动关系在行政管理机关的备案登记，可以确认双方当事人之间的劳动关系，已达到书面劳动合同所需的确定双方权利义务的法律效果。

第三，在合同目的实现上，原告陈武桂主张权益并未受阻。法律规定建立劳动关系应当签订书面劳动合同，旨在更好地保护当事人的合法权益，切实发挥书面劳动合同清晰反映劳动者与用人单位间权利义务关系的证据功能，固定当事人权利义务，稳定劳动关系。本案中，被告德通公司一直未否认双方的劳动关系，在仲裁和诉讼过程中，未签订书面劳动合同的形式瑕疵并未影响双方劳动关系存续及权利义务关系的认定，陈武桂的诉讼请求是否得到支持未因缺失形式上的书面合同而受阻。

第四，在法律原则上，民事活动中诚实信用原则应予恪守。用人单位与劳动者均应诚信履行劳动关系。原告陈武桂连续在两家公司工作离职后均以未订立书面劳动合同为由主张二倍工资差额，其在入职被告德通公司后，对劳动合同的法律性质和未签的后果系明知，但未积极主张签订劳动合同以保护自己权益，而是在离职后主张二倍工资差额，异化了该法律条文的目的，与诚信不符，不应提倡。

关于第二个争议焦点，2020年7月至2021年6月期间的休息日加班工资。对原告陈武桂主张的提成工资，因在劳动关系存续期间未发放过提成，陈武桂也未提交证据证明双方存在提成约定，根据工资发放情况和双方陈述，故对陈武桂陈述存在提成工资的意见，不予采信。双方对陈武桂月工资6000元、每周工作6天的约定陈述一致，予以采信。被告德通公司提供的工资表虽载明工资项目包含加班费，但双方未以书面劳动合同形式确定基本工资为3600元、以3600元为基数计算加班工资及加班费计算方式，且工资表系德通公司制作，陈武桂在工资表上签名并不代表双方对工资结构及加班工资计算基数协商一致，故应对德通公司作不利解释，法院认定该6000元为陈武桂每周工作6天的本薪部分，德通公司应支付另一倍的休息日加班工资。陈武桂主张按照6000元÷26天计算日平均工资，不违反法律规定，予以支持。参考2020年7月1日至2021年6月30日国家法定工作日天数及陈武桂实际出勤天数，陈武桂53个休息日加班。2020年7月1日至2021年6月30日，陈武桂休息日加班工资为12230.77元（6000÷26×53）。

关于第三个争议焦点，未休年休假工资和高温费。原告陈武桂于2020年6月从上一家公司离职，于2020年7月1日即入职被告德通公司，故其符合法律规定的支付年休假工资的条件。根据工资发放情况，陈武桂主张未休年休假5天的工资1839元，不高于法律规定的标准，予以支持。2020年8月、9月，南京市江宁区气温已达33度，陈武桂工作内容为汽车清洗及维修。德通公司未配备空调，仅配备电风扇不属于实施有效降温措施，故德通公司应支付陈武桂高温费600元（300×2）。陈武桂主张2020年7月至10月高温费，予以部分支持。

关于第四个争议焦点，2021年6月工资。被告德通公司应付原告陈武桂2021年6月工资6080元，其未提交证据证明考核扣款1925元的依据，应予补足发放，故对陈武桂要求补足2021年6月工资2198元的诉讼请求，予以部分支持。

江苏省江宁经济技术开发区人民法院依照《中华人民共和国劳动法》第四十四条，《中华人民共和国劳动合同法》第三条、第三十条第一款、第八十二条，《中华人民共和国民法典》第七条，《中华人民共和国民事诉讼法》第六十七条第一款规定于2022年3月9日作出判决：

一、被告南京德通汽车服务有限公司于本判决发生法律效力之日起十日内支付原告陈武桂2020年7月1日至2021年6月30日期间休息日加班工资12230.77元；

二、被告南京德通汽车服务有限公司于本判决发生法律效力之日起十日内支付原告陈武桂 2020 年及 2021 年未休年休假工资 1839 元、2020 年 8 月及 9 月高温费 600 元；

三、被告南京德通汽车服务有限公司于本判决发生法律效力之日起十日内支付原告陈武桂 2021 年 6 月欠付工资 1925 元；

四、驳回原告陈武桂的其他诉讼请求。

一审宣判后，陈武桂不服判决提起上诉。二审期间，陈武桂撤回上诉，一审判决已发生法律效力。

# 顾某甲、顾某乙、顾某丙申请指定遗产管理人案

## 【案例要旨】

继承开始后，没有继承人的，对被继承人没有法定扶养义务但事实上扶养较多的人，符合《中华人民共和国民法典》第一千一百三十一条规定"可以分给适当的遗产"的条件，遗产的妥善保管与其存在法律上的利害关系，其有权向人民法院申请指定遗产管理人。

申请人：顾某甲，男，1954 年 10 月 22 日出生，汉族，住江苏省太仓市。
申请人：顾某乙，男，1946 年 2 月 24 日出生，汉族，住江苏省太仓市。
申请人：顾某丙，男，1961 年 7 月 12 日出生，汉族，住江苏省太仓市。
被申请人：太仓市民政局，住所地：江苏省太仓市县府街。
法定代表人：张跃忠，该局局长。

申请人顾某甲、顾某乙、顾某丙与被申请人太仓市民政局申请指定遗产管理人一案，向江苏省太仓市人民法院提起诉讼。

申请人顾某甲、顾某乙、顾某丙称：杨碧梧和杨启本系姐弟关系。太仓市城厢镇实小弄×幢××室房屋登记在杨碧梧名下。杨碧梧死后，其仅有杨启本一个继承人，包括上述房屋在内的遗产应归杨启本所有。杨碧梧、杨启本为孤寡老人，三申请人在两位老人生前一直照料。杨碧梧生前最后八年一直住院，生活照料也均由三申请人负担；杨启本生活不能自理，基本上由三申请人日常照顾，三申请人还帮其雇佣护工照料。杨启本于 2017 年 10 月 15 日入住陆渡新安康复医院医养，三申请人一天隔一天探望杨启本，后因疫情防控要求，才每星期探望一次，直至 2021 年 1 月 30 日杨启本在医院病死。杨碧梧和杨启本的丧葬事宜均由三申请人负责，且每逢祭祖纪念日，三申请人按照当地风俗祭扫。因杨启本死亡后，无继承人，鉴于三申请人与此套房产有利害关系，根据《中华人民共和国民法典》第一千一百四十五条规定，申请法院依法指定被申请人太仓市民政局为杨启本的遗产管理人。

被申请人太仓市民政局称：对申请人顾某甲、顾某乙、顾某丙主张的事实无异议，但对杨碧梧、杨启本生前的生活居住、遗产状态不了解，两位老人更多由其生前住所地的居民委员会在帮忙照顾，故太仓市城厢镇府东社区居民委员会担任遗产管理人更为合适。三申请人是否属于利害关系人，由法院认定。

江苏省太仓市人民法院一审查明：

杨碧梧（出生于1929年8月18日）与杨启本（出生于1930年12月23日）系姐弟关系。二人父母先于二人去世，二人均未婚、无配偶、无其他兄弟姐妹。杨碧梧于2014年6月8日死亡，杨启本于2021年1月30日死亡。二人生前居住在太仓市城厢镇实小弄×幢××室房屋内，该房屋土地使用权和房屋所有权登记在杨碧梧名下。

顾凤娣与顾静伯系申请人顾某甲、顾某乙、顾某丙的祖父母。顾凤娣系杨启本乳母。

另查明：杨启本为聋哑残疾人，在杨碧梧死亡后，政府相关单位协调安排杨启本生活时，杨启本选择由申请人顾某甲、顾某乙、顾某丙照顾其晚年生活。

因杨启本生活不能自理，申请人顾某甲、顾某乙对其进行日常照顾，并帮其雇佣护工照料。2017年9月24日，杨启本因病至太仓市中医医院治疗，经诊断为"脑梗塞、高血压病、肺炎"。后经太仓市中医医院治疗，于2017年10月15日转至太仓市新安康复医院住院治疗，直至2021年1月30日死亡。在太仓市新安康复医院治疗期间，申请人顾某甲、顾某乙、顾某丙定期对其进行探望，住院期间的护工费、伙食费、医疗费等均由顾某甲负责处理。杨启本死亡后，其丧葬事宜由三申请人处理。后顾某甲向其所在社区申请，将杨碧梧、杨启本及其父母的骨灰盒一并安葬在太仓市娄东街道香花桥社区的集体塔灵内。每逢祭祖纪念日，三申请人按照当地风俗进行祭拜。

审理中，经向杨碧梧、杨启本生前所在的太仓市城厢镇府东社区居民委员会调查，该居民委员会认可申请人顾某甲、顾某乙、顾某丙本案所述事实，并表示三申请人系杨启本和杨碧梧指定的照顾二人的人员，且三申请人也对两位老人尽到了照顾义务。

江苏省太仓市人民法院一审认为：

《中华人民共和国民法典》第一千一百四十五条规定："继承开始后，遗嘱执行人为遗产管理人；没有遗嘱执行人的，继承人应当及时推选遗产管理人；继承人未推选的，由继承人共同担任遗产管理人；没有继承人或者继承人均放弃继承的，由被继承人生前住所地的民政部门或者村民委员会担任遗产管理人"。第一千一百四十六条规定："对遗产管理人的确定有争议的，利害关系人可以向人民法院申请指定遗产管理人。"

本案中，杨碧梧死亡后，其无第一顺序继承人，杨启本作为第二顺序继承人，有权继承包括案涉房屋在内的遗产。依据《中华人民共和国民法典》第二百三十条的规定，因继承取得物权的，自继承开始时发生效力。因此，杨启本通过继承已取得杨碧梧名下包括案涉房屋在内相应遗产的物权。现杨启本于2021年1月30日死亡，其无继承人，符合《中华人民共和国民法典》第一千一百四十五条、第一千一百四十六条所界定的申请指定遗产管理人的情形。

因申请人顾某甲、顾某乙、顾某丙在杨启本生前对其扶养较多，符合《中华人民共和国民法典》第一千一百三十一条规定"可以分给适当的遗产"的条件，故三申请人有权作为利害关系人，申请人民法院指定遗产管理人。

第一，根据《中华人民共和国民法典》第一千一百三十一条的规定，继承人以外的对被继承人扶养较多的人，可以分给适当的遗产。该条基于权利义务相一致的原则，赋予继承人以外的对被继承人扶养较多的人酌情分得遗产的权利。本案中，申请人顾某甲、顾某乙、顾某丙并非杨启本的继承人，但对杨启本生前的饮食、医疗等极尽照顾，生活上扶助较多。因三申请人对杨启本进行了事实上的扶养，尽到的扶养义务较多，故依据上述法律规定，三申请人符合《中华人民共和国民法典》第一千一百三十一条规定的"可以分给适当的遗产"情形，有权作为利害关系人申请指定遗产管理人。

第二，本案中，申请人顾某甲、顾某乙、顾某丙虽然与杨启本无血亲和姻亲关系，没有赡养杨启本的法定义务，但基于祖辈与杨启本的特定关系，三申请人与杨启本在生活中联系紧密。尤为重要的是，杨启本选择三申请人照顾其晚年生活，三申请人亦尽心照料、陪伴杨启本多年，给予其精神上的慰藉，直至杨启本病故，使其安享晚年。在杨启本去世后，三申请人负责其全部丧葬事宜，并按照风俗祭祖，符合中华民族赡养老人、扶残救济的传统美德，这也是社会主义良好道德风尚的具体体现，应予鼓励。因此，准予三申请人作为利害关系人申请指定遗产管理人，有利于弘扬文明、和谐、诚信、友善的社会主义核心价值观。

第三，在无法确定遗产管理人的情况下，遗产存在毁损、灭失、侵占等风险，继承人、受遗赠人、遗产债权人等利害关系人的权益可能受到损害。为避免损害发生，民法典设定遗产管理人制度，以保障遗产的安全性和相关民事主体的合法利益。本案中，杨启本无法定继承人、受遗赠人和遗产债权人，如不允许申请人顾某甲、顾某乙、顾某丙申请指定遗产管理人，不利于遗产的保存、管理和处理。

鉴于民政部门承担社会救济、社会福利事业、社区服务等工作，比较了解辖区内公民的家庭关系、财产状况等，有能力担任遗产管理人，故对申请人顾某甲、顾某乙、顾某丙申请指定杨启本生前住所地的民政部门即太仓市民政局作为遗产管理人的请求，依法予以支持。

依据《中华人民共和国民法典》第一千一百四十七条，太仓市民政局担任杨启本遗产管理人后的职责为：（一）清理遗产并制作遗产清单；（二）向继承人报告遗产情况；（三）采取必要措施防止遗产毁损、灭失；（四）处理被继承人的债权债务；（五）按照遗嘱或者依照法律规定分割遗产；（六）实施与管理遗产有关的其他必要行为。

综上，江苏省太仓市人民法院依照《中华人民共和国民法典》第一千一百二十七条、第一千一百三十一条、第一千一百四十五条、第一千一百四十六条、第一千一百四十七条规定，于2022年12月7日作出判决：

指定太仓市民政局作为杨启本的遗产管理人。

## 丁某某诉季某某等教育机构责任纠纷案

【案例要旨】

因教育培训机构教学需要，无民事行为能力人的监护人无法实际履行监护职责，在此期间，教育培训机构应对该无民事行为能力人承担监督、管理和保护职责。教育培训机构因自身原因未履行上述职责，导致无民事行为能力人在教育培训机构学习、生活期间，对他人实施帮助行为致人损害，且无民事行为能力人主观上没有伤害故意，客观上不具备预见帮助行为可能导致损害的认知能力的，教育培训机构依法应当承担侵权责任。

原告：丁某某，女，2013年6月22日出生，汉族，住江苏省兴化市。

法定代理人：张某（系原告丁某某之母），女，1988年2月22日出生，汉族，住江苏省兴化市。

被告：季某某，女，2013年7月6日出生，汉族，住江苏省兴化市。

法定代理人：季某甲，系被告季某某之父。

被告：季某甲（系被告季某某之父），男，1988年7月10日出生，汉族，住江苏省兴化市。

被告：王某（系被告季某某之母），女，1987年12月22日出生，汉族，住江苏省兴化市。

被告：兴化市某舞蹈艺术培训中心，住所地：江苏省兴化市。

法定代表人：顾某。

原告丁某某因与被告季某某、季某甲、王某、兴化市某舞蹈艺术培训中心（以下简称某舞蹈中心）发生教育机构责任纠纷，向江苏省兴化市人民法院提起民事诉讼。

原告丁某某诉称：原告在被告某舞蹈中心处接受舞蹈培训时，因某舞蹈中心管理不善，被告季某某的行为致使训练中的原告在下腰时受伤。因被告拒绝赔偿，故诉至法院请求判令：1. 季某某、季某甲、王某赔偿医疗费、住院期间护理费、后期护理费、精神抚慰金等各项损失合计2141925.6元，因某舞蹈中心已赔偿515000元，故要求赔偿1626925.6元，后期发生的费用待实际发生后另行主张；2. 某舞蹈中心承担连带责任。

被告季某某、季某甲、王某辩称：1. 季某某在该起事件中没有过错，不承担赔偿责任。2. 医药费由法庭核定，住院伙食补助费、营养费、住院期间护理费、后期护理费、残疾赔偿金无异议，精神抚慰金、交通费、住宿费、康复用品费用由法庭酌定，鉴定费的真实性无异议，但无关联性。

被告某舞蹈中心辩称：1. 某舞蹈中心系经依法登记的合法机构，原告丁某某在其处参加舞蹈培训是事实，但其不承担监护责任，某舞蹈中心要求家长配合管理学生并申报身体情况，并已教导学员注意事项，管理上没有过错。2. 家长对参加舞蹈培训的风险是明知的，丁某某自身身体也存在差异，且丁某某的损伤系被告季某某的直接行为所致，不应由某舞蹈中心承担赔偿责任。3. 医疗费由法庭审核，住院伙食补助费、营养费、住院期间护理费、后期护理费、残疾赔偿金、住宿费、康复用品费用、鉴定费无异议，精神抚慰金由法庭酌定，关于交通费，前期某舞蹈中心经常陪同就医，是由某舞蹈中心支付的，且某舞蹈中心已垫付50多万元费用。

江苏省兴化市人民法院一审查明：

被告某舞蹈中心系经兴化市教育局批准成立的民办非企业单位，业务范围为：青少年舞蹈艺术培训。被告季某某、原告丁某某分别于2017年2月、2017年5月到某舞蹈中心学习少儿中国舞蹈。2018年12月15日下午4点50分，丁某某与季某某在该舞蹈中心上舞蹈课，课程内容为中国舞的基本功练习。根据某舞蹈中心规定，学员在教室上课时，家长不得进入教室，可在等待区区域通过监控视频察看教室内孩子练习情况。事故发生当天，学员为19人（年龄在5周岁左右），分为三排站立，教室地板为强化木地板，每名学员均站在瑜伽垫上练习，由一名专业舞蹈老师徐某（中国舞蹈家协会的注册舞蹈教师）上课。丁某某、季某某站在第三排，季某某站在丁某某右侧。到下半节课时，老师认为其中三名学员（含季某某）没有达到下腰基本功能力水平，可以不练习下腰外，要求其他16名学员练习下腰动作，当老师要求学员下腰起身时，包括丁某某在内有部分学员未能及时起身，当站在旁边看着同学下腰的季某某发现丁某某未能及时起身时，走到丁某某身前，将丁某某撑在地上的双臂拉起，致丁某某后背着地，跌坐在地上，丁某某随即表现出不适，其时老师正在第二排帮助未能及时起身的学员，背对着丁某某、季某某，并未察觉上述情况。在学员练习下腰动作后不久，舞蹈课下课，当丁某某母亲走进教室，帮丁某某穿衣服时，丁某某哭泣。当晚，丁某某感觉下肢疼痛，家长立即送其至兴化市中医院、兴化市人民医院进行检查，次日至南京市儿童医院住院治疗，住院时间为2018年12月16日至2018年12月21日，出院诊断为胸腰部脊髓损伤；2018年12月21日，丁某某转至南京紫金医院进行康复治疗，住院时间为2018年12月21日至2019年2月26日，出院诊断为胸腰部脊髓损伤；2019年2月25日，丁某某转至江苏钟山老年康复医院，住院时间为2019年2月25日至2020年3月9日，出院诊断为：（1）脊髓损伤，（2）截瘫，（3）神经源性膀胱，（4）神经源性肠。期间某舞蹈中心还陪同丁某某至上海等医院就诊，先后给付丁某某526205元。

2020年4月3日，经原告丁某某申请，法院委托江苏大学司法鉴定所对丁某某损伤后的伤残程度、误工期、护理期、营养期、护理依赖及护理人数进行法医学鉴定。2020年6月7日，该机构出具江大司鉴所〔2020〕临鉴字第180号司法鉴定意见书，鉴定意见为：1. 被鉴定人丁某某因外伤致胸腰部脊髓损伤导致截瘫（双下肢肌力1级）伴重度排便功能障碍与重度排尿功能障碍已构成人体损伤一级伤残；2. 被鉴定人已完全丧失劳动能力，故无须评价其误工期，护理期建议为长期护理，护理人数建议为1人，营养期建议为450天；3. 被鉴定人的护理程度为大部分依赖护理。

江苏省兴化市人民法院一审认为：

公民的健康权受法律保护。无民事行为能力人在幼儿园、学校或者其他教育机构学习、生活期间受到人身损害的，幼儿园、学校或者其他教育机构未尽到教育、管理职责的，应当承担责任。

被告某舞蹈中心系民办，经营范围为青少年舞蹈艺术培训，其所承担的责任应当等同于侵权责任法中的教育机构责任。原告丁某某出生于2013年6月22日，事发时系无民事行为能力人，某舞蹈中心作为舞蹈教育管理者，在丁某某至某舞蹈中心学习舞蹈期间，对丁某某负有教育、管理、保护职责，特别是某舞蹈中心为便于管理，不允许学生家长进入教室，这更加重了某舞蹈中心的保护职责。从法院查明的情况看，虽然丁某某、被告季某某所在的舞蹈班学员大都经过一年多时间的专业培训，但学员毕竟均为无民事行为能力人，下腰作为危险的舞蹈训练动作，在完成该动作时应有成年人在旁看护和扶助，但事发时，某舞蹈中心对19名幼儿仅配备1名专业舞蹈老师，以致不能保证所有幼儿均在老师可控范围之内，当季某某拉起丁某某撑在地上的双臂，致丁某某背部着地时，舞蹈老师未能及时发现及制止，导致事故发生，故某舞蹈中心未能尽到完全的安全防护义务，对本案事件的发生具有明显过错，应承担相应的赔偿责任。

被告季某某虽然属于无民事行为能力人，缺乏对危险的基本认知能力，但是其拉起原告丁某某撑在地上双臂的行为直接导致丁某某的损伤后果，因丁某某系无民事行为能力人，相应的民事赔偿责任由季某某的监护人被告季某甲、王某承担。

原告丁某某自身对其受伤主观上并无过错或者过失，且在事故发生前，丁某某一直正常参加舞蹈培训，被告某舞蹈中心未能提交证据证明丁某某"隐性脊柱裂"与损害后果的发生存在因果关系，故丁某某依法不应当承担责任。

综合各方过错程度，认定被告季某某、季某甲、王某对原告丁某某的损伤应承担10%的责任，被告某舞蹈中心对丁某某的损伤应承担90%的责任。丁某某损失认定为2114847.21元，由季某甲、王某赔偿2114847.21元×10%＝211484.7元，由某舞蹈中心赔偿2114847.21元×90%＝1903362.5元，扣减某舞蹈中心已垫付的526205元，还需给付1377157.5元。

据此，江苏省兴化市人民法院依照《中华人民共和国侵权责任法》第十六条、第二十六条、第三十二条第一款、第三十八条，最高人民法院《关于审理人身损害赔偿案件适用法律若干问题的解释》第十九条、第二十一条、第二十二条、第二十三条、第二十四条、第二十五条、第二十六条，《中华人民共和国民事诉讼法》第六十四条、第一百四十二条之规定，于2020年12月3日判决如下：

一、被告兴化市某舞蹈艺术培训中心于本判决生效后三十日内赔偿原告丁某某医疗费、住院伙食补助费、护理费、营养费、残疾赔偿金、精神抚慰金、交通费、住宿费、残疾辅助器具等费用，合计人民币1377157.5元。

二、被告季某甲、王某于本判决生效后十日内赔偿原告丁某某医疗费、住院伙食补助费、护理费、营养费、残疾赔偿金、精神抚慰金、交通费、住宿费、残疾辅助器具等费用，合计人民币计211484.7元。

季某某、季某甲、王某、某舞蹈中心不服一审判决，向江苏省泰州市中级人民法院提起上诉。

季某某、季某甲、王某上诉称：1.季某某看到被上诉人丁某某练习下腰动作后未能及时起身，出于善意前去扶助，该行为系救助行为，与损害后果之间不具有法律上的因果关系，季某某不应承担赔偿责任。2.练习下腰动作时，老师未就相关风险及注意事项作出明示，也未明示学员之间不能相互帮助，故上诉人某舞蹈中心未尽到安全管理义务，应由其承担赔偿责任。综上，请求撤销一审判决，发回重审或依法改判季某某、季某甲、王某不承担赔偿责任。

某舞蹈中心上诉称：1.某舞蹈中心在培训过程中已尽职管理，不存在过错，承担90%的责任过重。2.被上诉人丁某某受伤是上诉人季某某自发的行为直接所致，季某某应能认识到自己的行为可能导致丁某某跌倒受伤，如季某某不上前拉起丁某某的手臂，丁某某就不会受伤，故季某某应承担20%-30%的赔偿责任。3.法院判决某舞蹈中心一次性支付丁某某后期（20年）护理费不合理，应分段给付。综上，请求撤销一审判决，发回重审或改判减轻某舞蹈中心的赔偿责任。

丁某某答辩称：1.上诉人季某某应清楚丁某某的行为是下腰时的起身动作，也应清楚起身过程中存在一定的危险性，故其上前的行为本身就存在过错，本案也不存在所谓的救助行为，季某某应承担赔偿责任。2.上诉人某舞蹈中心对于丁某某的受伤存在管理失职，法院确定的责任比例恰当。3.法院判决一次性给付并不违反法律规定，也综合了本案的相关情况。综上，请求驳回上诉，维持原判。

江苏省泰州市中级人民法院经二审，确认了一审查明的事实。

二审中，上诉人季某甲、王某自愿承诺补偿被上诉人丁某某50000元。

江苏省泰州市中级人民法院二审认为：

本案二审争议焦点为：1. 承担赔偿责任的主体是谁；2. 后期护理费是一次性支付还是分段支付。

关于争议焦点一承担赔偿责任的主体问题。

上诉人某舞蹈中心系经依法注册的青少年舞蹈培训机构，上诉人季某某和被上诉人丁某某同在某舞蹈中心处接受舞蹈技能培训，两人均为无民事行为能力人，因此，某舞蹈中心对上课期间正在进行舞蹈培训的季某某和丁某某应负有完全的监督、管理、保护职责。本案中，在事发当天，某舞蹈中心对于19名无民事行为能力的学员仅配备了1名专业舞蹈老师，在丁某某进行下腰这一危险舞蹈动作训练时，舞蹈老师未提供护腰保护，季某某上前拉起丁某某双臂的行为亦未能及时被发现、制止，某舞蹈中心未能尽到教育、管理和保护职责，依法应对丁某某的人身损害承担赔偿责任。

《中华人民共和国侵权责任法》第六条第一款规定，行为人因过错侵害他人民事权益，应当承担侵权责任。本案中，在上诉人某舞蹈中心一审提交的"新生入学告知书"中载明"除公开课外，上课期间未经老师许可，家长不得进入教室，以免使学员分心影响教学效果"，该规定使得所有未成年学员家长在上课期间的监护责任无法实际履行，上诉人季某某、被上诉人丁某某实际均处于某舞蹈中心的监督管理之下。季某某作为丁某某舞蹈班的同学，在丁某某下腰起身困难时，出于帮助同学的善意，自发前去帮助丁某某，该行为不具有违法性，作为无民事行为能力人，季某某主观上没有伤害丁某某的故意，客观上也不具备能够预见其行为可能导致同学丁某某损害的认知能力，故季某某对于丁某某的损害依法不应承担赔偿责任。一审法院认定季某某及其监护人承担赔偿责任，于法相悖，予以纠正。

上诉人季某某的监护人季某甲、王某，出于对被上诉人丁某某受伤的深切同情，在二审中自愿补偿丁某某50000元，体现了中华民族互助友爱的传统美德，对此举深表赞许并予以允许。

综上，上诉人某舞蹈中心应对被上诉人丁某某的人身损害承担赔偿责任。丁某某的损失为2114847.21元，扣减某舞蹈中心已垫付的526205元，某舞蹈中心还需给付1588642.21元。

关于争议焦点二后期护理费是一次性支付还是分段支付问题。

后期护理费用以一次性支付为原则，若一次性支付确有困难，在提供相应担保的情况下也是可以而非应当分期支付，本案中，上诉人某舞蹈中心未提供证据证明一次性支付确有困难，亦未提供相应的担保，一审法院综合本案相关情况后判决一次性支付，符合法律规定。

据此，江苏省泰州市中级人民法院依照《中华人民共和国民事诉讼法》第一百七十条第一款第二项规定，于2021年4月27日判决如下：

一、撤销江苏省兴化市人民法院（2020）苏1281民初1079号民事判决；

二、上诉人兴化市某舞蹈艺术培训中心于本判决生效之日起三十日内赔偿被上诉人丁某某医疗费、住院伙食补助费、护理费、营养费、残疾赔偿金、精神抚慰金、交通费、住宿费、残疾辅助器具等费用合计人民币1588642.21元；

三、上诉人季某甲、王某于本判决生效之日起三十日内补偿被上诉人丁某某50000元；

四、驳回被上诉人丁某某其他诉讼请求。

# 商 事

## 刘美芳诉常州凯瑞化学科技有限公司等公司决议效力确认纠纷案

【案例主旨】

　　有限责任公司的股东未履行出资义务或者抽逃全部出资，经公司催告缴纳或者返还，在合理期间内仍未缴纳或者返还出资的，公司可以股东会决议解除其股东资格。但如公司股东均为虚假出资或抽逃全部出资，部分股东通过股东会决议解除特定股东的股东资格，由于该部分股东本身亦非诚信守约股东，其行使除名表决权丧失合法性基础，该除名决议应认定为无效。

原告：刘美芳，女，汉族，1979年12月10日出生，住江苏省南通市。
被告：常州凯瑞化学科技有限公司，住所地：江苏省常州市钟楼区邹区镇时代广场。
第三人：洪强，男，汉族，1980年12月4日出生，住江苏省南通市。
第三人：洪安刚，男，汉族，1972年12月29日出生，住安徽省太和县。

　　原告刘美芳因与被告常州凯瑞化学科技有限公司（以下简称凯瑞公司）、第三人洪强、洪安刚发生公司决议效力确认纠纷，向江苏省常州市钟楼区人民法院提起诉讼。

　　原告刘美芳诉称：2017年11月20日，被告凯瑞公司的股东洪强和洪安刚召开股东会议，以原告抽逃全部出资，经催告在合理期限内仍然未偿还为由，决议解除原告在凯瑞公司的股东资格，在作出决议之后未告知原告，直到2017年12月21日（即原告与被告知情权诉讼开庭前一天），凯瑞公司以该决议已解除原告股东资格为由进行答辩，原告由此得知该股东会决议内容。该解除原告股东资格的股东会决议因违反法律规定而无效。首先，凯瑞公司设立时包括原告在内的所有股东已于2009年7月7日实际缴纳了公司注册资金51万元，并由常州方正会计师事务所有限公司出具验资报告；2015年2月6日，凯瑞公司增资至300万元并修正公司章程，增资后原告实际出资135万元，现已缴足。凯瑞公司章程实际规定的认缴期限为2018年12月31日，原告也不存在属于法律规定的抽逃注册资本的情形。其次，凯瑞公司认为原告抽逃全部注册资本、侵占公司财产没有事实根据和法律依据。凯瑞公司虽已以损害公司利益责任纠纷将原告起诉至法院，但至今未有生效判决对凯瑞公司所称的所谓转移款项进行定性。原告在该案中提供的《其他应付款明细账》足以证明原告不是抽逃注册资本或侵占公司财产，而是凯瑞公司归还给原告个人的借款，凯瑞公司是知情和认可的，且已记录在账册。因此，从凯瑞公司的银行账户转走并不必然意味着注册资金被抽逃或公司财产被侵占。请求判令：1. 确认凯瑞公司于2017年11月20日作出的解除原告股东资格的股东会决议无效；2. 本案的诉讼费用由凯瑞公司承担。

被告凯瑞公司辩称：本案原告刘美芳作为公司股东，在公司正常经营期间抽逃全部出资及侵占部分公司资产事实清楚，证据充分，凯瑞公司的股东即本案第三人洪强、洪安刚为维护自身合法权益及公司的正常运营，在2017年11月20日作出的解除原告股东资格的股东会决议合法有效，请求法院依法驳回原告诉请。

第三人洪强、洪安刚辩称，同被告凯瑞公司答辩意见。

江苏省常州市钟楼区人民法院一审查明：

被告凯瑞公司成立于2009年7月10日，经营范围为危险化学品批发；化学助剂的研发、技术转让及技术服务；非危险化学品化工原料及产品的销售；自营或代理各类商品及技术的进出口业务（国家限定企业经营或禁止进出口的商品及技术除外），（依法须经批准的项目，经相关部门批准后方可开展经营活动）。凯瑞公司于2015年2月修正的公司章程载明：凯瑞公司注册资本为300万元，股东包括刘美芳、洪安刚及洪强，其中刘美芳及洪强各出资135万元，洪安刚出资30万元，其中刘美芳出资22.95万元于2009年7月7日到位，112.05万元于2018年12月30日之前（增资）到位。

原告刘美芳与第三人洪强原系夫妻关系。2016年3月，刘美芳起诉洪强离婚纠纷一案经一审法院受理。刘美芳在起诉状中称"2016年2月双方矛盾进一步激化，被告突然将凯瑞公司经营所需公章、财务章等全部拿走，为了防止凯瑞公司账户资金被被告转走，原告将凯瑞公司的大部分账户资金转存在自己的账户中以保障资金安全"。

2017年9月21日，一审法院立案受理了凯瑞公司诉刘美芳、常州诺威尔化学科技有限公司（以下简称诺威尔公司）损害公司利益责任纠纷一案，即（2017）苏0404民初5248号案件。在该案中，凯瑞公司要求刘美芳返还2951420.9元，并支付利息，诺威尔公司对其中1095000元承担连带责任。在该案审理中，凯瑞公司明确其主张返还的2951420.9元包括两部分，即刘美芳抽逃的全部出资135万元及侵占的公司款项1601420.9元。在凯瑞公司起诉后，刘美芳未向凯瑞公司返还款项。同年10月31日，凯瑞公司书面通知刘美芳召开2017年度临时股东会，会议时间定于2017年11月20日下午3点，会议内容为审议关于股东刘美芳抽逃全部出资并在公司通知后的合理期限内仍未归还，对其进行股东除名表决。同年11月7日，刘美芳回函称此次临时股东会所需审议的会议内容违反法律规定，缺乏依据。同年11月20日，凯瑞公司召开股东会并作出股东会决议，参会股东有洪强、洪安刚，股东会决议载明，鉴于股东刘美芳在公司经营过程中存在利用职务之便抽逃全部出资及侵占公司财产的行为，并经公司催告在合理期限内仍然未偿还，参与股东会成员一致表决同意解除刘美芳股东资格，公司后期协助相关变更登记手续。

另查明，同年11月6日，原告刘美芳向被告凯瑞公司发出查阅函一份，要求查阅凯瑞公司自2009年至2017年前三个季度的会计财务报告及会计账簿、原始会计凭证。2017年12月5日，刘美芳诉至一审法院，要求行使股东知情权，查阅凯瑞公司相关财务凭证等资料，一审法院于2017年12月22日作出（2017）苏0404民初6534号民事裁定，驳回刘美芳起诉。在该案审理中，凯瑞公司明确鉴于刘美芳股东资格已被解除，故凯瑞公司在（2017）苏0404民初5248号案件中变更诉讼请求，不再主张刘美芳返还出资135万元。

江苏省常州市钟楼区人民法院一审认为：

依据相关法律规定，有限责任公司的股东未履行出资义务或抽逃全部出资，经公司催告缴纳或者返还，其在合理期间内仍未缴纳或者返还出资，公司以股东会决议解除该股东的股东资格，该股东请求确认该解除行为无效的，人民法院不予支持。2016年3月，刘美芳起诉洪强离婚纠纷一案经一审法院受理。刘美芳在2016年3月离婚案件起诉状中自称"2016年2月其将凯瑞公司的大部分账户资金转存在自己的账户中以保障资金安全"，凯瑞公司在2017年9月起诉要求刘美芳返还资金2951420.9元，其中包括刘美芳全部出资135万元，该起诉行为系凯瑞公司向刘美芳发出的催告，但刘美芳未在合理期限内返还出资，故凯瑞公司向刘美芳发出了召开股东会通知书，履行了通知义务，并按期召开股东会作出决议，该决议内容不违反法律规定。刘美芳要求确认决议无效于法无据，不予支持。

据此，江苏省常州市钟楼区人民法院依照《最高人民法院关于适用〈中华人民共和国公司法〉若干问题的规定（三）》第十七条规定，于2018年3月7日判决如下：

驳回原告刘美芳的诉讼请求。

本案案件受理费减半收取40元，由原告刘美芳负担。

刘美芳不服一审判决，向江苏省常州市中级人民法院提起上诉称：一、一审仅凭刘美芳的原代理人在（2016）苏0404民初1221号一案庭审中所作的陈述，未核查凯瑞公司的会计账簿、会计凭证，就认定刘美芳自认抽逃了全部出资135万元，并依据公司法司法解释三第十七条的规定驳回了刘美芳要求确认股东会决议无效的诉请，属认定事实和适用法律错误。1. 凯瑞公司聘请的常州金信会计咨询服务有限公司会计提供给刘美芳的2015年1月至2016年12月期间的《其他应付款明细账》，足以证明涉案款项系凯瑞公司归还给刘美芳个人的借款，并已记录在公司账册。该款项的转移行为是凯瑞公司的行为而非刘美芳的个人行为，仅凭银行流水账不能反映款项的真实性质。2. 刘美芳的原代理人在（2016）苏0404民初1221号一案中的陈述并非刘美芳本人的意见，凯瑞公司账册记载更能反映本案事实。为查明案件事实，请求二审法院依法责令凯瑞公司提供其自2009年7月10日成立以来至今的全部会计账簿及原始会计凭证、财务会计报告。二、一审认定事实不全面。刘美芳与洪强、洪安刚均未缴纳出资，故不存在刘美芳抽逃出资的事实，且洪强、洪安刚无权作出决议免除刘美芳的股东资格。三、凯瑞公司的财务账分为五个部分：1. 常州金信会计咨询服务有限公司会计制作的对外公开账目；2. 洪安刚在农行常州钟楼开发区支行账号尾号为6070的往来、在农行永红支行账号尾号为3519的往来；3. 刘美芳在农行常州钟楼支行账号尾号为1679、5911的往来；4. 洪强在农行都市桃源支行账号尾号为4416的往来、HQ开头微信号上的往来，上述几个账号使用区别在于所有需要开票的往来基本都是从常州金信会计咨询服务有限公司账上走的。凯瑞公司将公司款项打入刘美芳的上述账户，该款项仍属于公司，同时也存在将公司款项打入洪安刚和洪强上述账户中的情形。例如在刘美芳与洪强的离婚诉讼中，洪强所付刘美芳的105万元即来源于公司的账户。综上，恳请二审法院查明事实，依法改判支持刘美芳的全部诉讼请求。

被上诉人凯瑞公司辩称：一审判决认定事实清楚，证据充分，请求二审法院予以维持。退一步讲，即便目前公司的三位股东第二期增资部分尚未到期，不能适用公司法司法解释（三）第十七条的规定，上诉人刘美芳亦应在该出资期限内出资，即2018年12月30日后公司将继续对刘美芳进行催缴。如果刘美芳认为其仍具有股东身份，就应承担缴款义务。

一审第三人洪强、洪安刚辩称，同意被上诉人凯瑞公司上述意见。

江苏省常州市中级人民法院经二审，确认了一审查明的事实。

另查明，被上诉人凯瑞公司 2015 年 2 月的公司章程记载的内容与实际情况并不完全相符。凯瑞公司成立时的注册资本为人民币 51 万元，一审第三人洪强与上诉人刘美芳分别出资 22.95 万元，一审第三人洪安刚出资 5.1 万元，但均未实际出资。2015 年 2 月凯瑞公司注册资本增至 300 万元，洪强与刘美芳各增资 112.05 万元，洪安刚增资 24.9 万元，均应于 2018 年 12 月 30 日前增资到位。

江苏省常州市中级人民法院二审认为：

本案争议焦点为：案涉股东除名决议的效力应如何认定。

法院认为，案涉股东除名决议的作出和内容于法无据，于实不符，应属无效。一方面，结合除名权的法理基础和功能分析，公司是股东之间、股东与公司以及公司与政府之间达成的契约结合体，因此股东之间的关系自当受该契约的约束。在公司的存续过程中，股东始终应恪守出资义务的全面实际履行，否则构成对其他守约股东合理期待的破坏，进而构成对公司契约的违反。一旦股东未履行出资义务或抽逃全部出资，基于该违约行为已严重危害公司的经营和其他股东的共同利益，背离了契约订立的目的和初衷，故公司法赋予守约股东解除彼此间的合同，让违约股东退出公司的权利。这既体现了法律对违约方的惩罚和制裁，又彰显了对守约方的救济和保护。由此可见，合同"解除权"仅在守约方手中，违约方并不享有解除（合同或股东资格）的权利。本案中，被上诉人凯瑞公司的所有股东在公司成立时存在通谋的故意，全部虚假出资，恶意侵害公司与债权人之权益。但就股东内部而言，没有所谓的合法权益与利益受损之说，也就谈不上权利救济，否则有悖于权利与义务相一致、公平诚信等法律原则。即一审第三人洪强、洪安刚无权通过召开股东会的形式，决议解除上诉人刘美芳的股东资格，除名决议的启动主体明显不合法。另一方面，从虚假出资和抽逃出资的区别来看，前者是指股东未履行或者未全部履行出资义务，后者则是股东在履行出资义务之后，又将其出资取回。案涉股东除名决议认定刘美芳抽逃全部出资，事实上凯瑞公司包括刘美芳在内的所有股东在公司设立时均未履行出资义务，属于虚假出资，故该决议认定的内容亦有违客观事实。

综上，上诉人刘美芳关于一审第三人洪强、洪安刚无权作出除名决议的上诉理由成立，应予支持。一审法院认定事实不清，适用法律错误，予以纠正。江苏省常州市中级人民法院依照《中华人民共和国公司法》第二十二条，《中华人民共和国民事诉讼法》第一百七十条第一款第二项的规定，于 2018 年 8 月 2 日判决如下：

一、撤销江苏省常州市钟楼区人民法院（2018）苏 0404 民初 515 号民事判决；

二、常州凯瑞化学科技有限公司于 2017 年 11 月 20 日作出的解除刘美芳股东资格的股东会决议无效。

一审案件受理费 40 元，二审案件受理费 80 元，均由凯瑞公司负担。

本判决为终审判决。

# 上海惠骏物流有限公司诉中国平安财产保险股份有限公司上海分公司等财产保险合同纠纷案

## 【案例要旨】

判断保险合同当事人最终合意形成的真实意思表示,应当结合投保单、保险单或其他保险凭证、保险条款等保险合同的组成内容综合判断。依法订入合同并已产生效力的合同内容,对保险合同各方当事人均有法律约束力。当事人仅以缔约过程中未形成最终合意的单方意思表示主张其保险合同权利的,人民法院不予支持。

原告:上海惠骏物流有限公司,住所地:上海市浦东新区书院镇丽正路。
法定代表人:吴惠龙,该公司执行董事。
被告:中国平安财产保险股份有限公司上海分公司,住所地:上海市静安区常熟路。
负责人:陈雪松,该公司总经理。
被告:中国平安财产保险股份有限公司,住所地:广东省深圳市福田区益田路。
法定代表人:孙建平。

原告上海惠骏物流有限公司(以下简称惠骏物流)因与被告中国平安财产保险股份有限公司上海分公司(以下简称平安财险上海分公司)、被告中国平安财产保险股份有限公司(以下简称平安财险公司)发生财产保险合同纠纷,向上海市静安区人民法院提起诉讼。

原告惠骏物流诉称:2018年3月30日,原告向被告平安财险上海分公司投保平安物流责任保险,原告为被保险人,保险期限自2018年3月31日起至2019年3月30日止。保险期间内,号牌为冀JU95××的车辆在为原告运货途中发生交通事故,致原告承运的货物受损失。被告以出险车牌号未在保单中记载且原告未向被告申报过事故车辆信息为由拒绝赔付,故原告提起本案诉讼,请求判令二被告支付原告保险金1832944.20元(货物损失1828444.20元、检验费4500元),并支付原告利息损失1988758元(自2018年6月9日起至2019年8月19日止,按中国人民银行同期贷款基准利率计算,自2019年8月20日起至被告实际支付之日止,按全国银行间同业拆借中心公布的贷款市场报价利率计算)。

被告平安财险上海分公司辩称:不同意原告惠骏物流的全部诉讼请求。第一,案涉事故车辆并非原告所有,原告未按保险单特别约定的要求向其申报该车辆信息,故案涉运输货物不属于被告承保范围,被告有权拒赔;第二,即使被告应承担理赔责任,应当扣除20%的免赔额和货物残值,且其不同意承担原告单方委托公估的检验费,原告主张利息损失亦无法律依据。

上海市静安区人民法院一审查明:

2018年3月30日,原告惠骏物流向被告平安财险上海分公司投保平安物流责任保险,原告为被保险人,保险期限自2018年3月31日起至2019年3月30日止。《平安物流责任保险条款》约定:"在保险期间内,被保险人在经营物流业务过程中,由于下列原因造成物流货物本身的损失……保险人按照本保险合同约定负责赔偿:……(二)运输工具发生碰撞、出轨、倾覆……"《保险单》特别约定部分第25、26条载明:"本保单仅承保以下列明车牌号的承运车辆发生保险事故时的保险责任;如被保险人在保险期限内需要更换承运车辆,需提前1个工作日将承运车辆车牌号通过邮件向保险人进行申报,否则保险人不承担任何保险责任。车辆牌照:沪BK40××;沪BK41××;沪EG96××;沪EG18××;沪EK51××;沪EK51××;沪ET23××;沪EK13××。"《平安物流责任保险投保单》的"特别约定"部分载明"按协议规定",该投保单的"投保人声明"部分载明:"贵公司已向本人详细介绍了《平安物流责任保险条款》的内容及本投保申请书中的各项注意、说明及投保须知,并特别就该条款中有关保险责任、责任免除和投保人、被保险人义务的内容做了明确说明,本人接受上述内容,同意投保本保险。"原告在该投保单上盖章。

2018年6月8日,车辆号牌为冀JU95××的重型半挂牵引车在货运途中发生交通事故,致使原告惠骏物流承运的货物受损,经江苏省连云港市交通警察支队高速公路二大队认定,事故车辆驾驶员负事故全部责任。原告向被告平安财险上海分公司报案后,被告于同年6月21日委派公估人员进行查勘,确认受损货物数量,并于同年9月17日,以事故车辆未曾向被告进行申报,保险责任不成立为由,向原告出具《拒赔通知书》。原告于同年11月24日委托案外人仁祥保险公估(北京)有限公司对上述货物损失进行评估,该公司对货物定损金额为1951533.68元,协商赔付金额为1828444.32元,原告为此支付公估费4500元。审理中,原告与平安财险上海分公司确认货物损失金额为1828444.20元(未扣除货物残值)。案外人全球国际货运代理(中国)有限公司于2020年4月28日出具赔款证明,证明上述货物损失的协商赔付金额已分12期从原告运费中扣除,且已扣除完毕。

另查明,在原、被告双方缔约磋商过程中,原告惠骏物流曾于2018年3月22日通过微信向被告平安财险上海分公司员工(现已离职)发送《中国人民财产保险股份有限公司国内货物运输保险协议书》《国内水路、陆路货物运输保险条款(2009版)》,该员工提示原告上述险种为货物运输险。同年3月29日、3月30日,被告向原告发送邮件,包括附件《平安物流责任保险投保单》,邮件载明:"承保条件与之前中保一致。烦请吴总审阅。另还需提供材料:1.营业执照复印件加盖公章。2.上海惠骏物流有限公司公司名下车辆清单(车牌号即可)加盖公章。"后原告将上述材料加盖公章后交付平安财险上海分公司,其中《平安物流责任保险投保单》的"运输车辆"栏载明车辆类型为"普货",数量为"8",《自有货运车辆清单》中8个车牌号同上述案涉保险单特别约定部分载明的车牌信息一致。原告在收到保险单后,曾向被告了解退保流程,但未提出退保申请。

上海市静安区人民法院一审认为:

本案的争议焦点是,二被告能否以事故车辆并非保险单载明的承保车辆或以原告惠骏物流未按约定流程向二被告申报更换承运车辆而予以拒赔。

系争保险合同系各方真实意思表示,合法有效,各方理应恪守。首先,关于原告惠骏物流认为被告平安财险上海分公司允诺承保条件同"中保一致"的主张,法院认为,根据案涉保险合同的缔约过程,邮件及微信往来记录均属于各方当事人缔约磋商过程的一部分,在此过程中不能排除其他新要约的作出,故并不能以此确认各方最终所形成的意思合意。例如，在缔约过程中，被告前员工在收到原告发送的《中国人民财产保险股份有限公司国内货物运输保险协议书》后即提示原告该险种为货物运输险，而原告正式向被告投保的是物流责任险，二者险种并不一致，原告在经被告提示及收到投保单后并未提出异议。因此，本案中，案涉投保单应理解为最后作出的要约，平安财险上海分公司同意承保，保险合同即依法成立并生效。本案中，案涉投保单中载明运输普货车辆的数量为"8"，《自有货运车辆清单》亦载明了惠骏物流名下8部车辆的牌照号，上述文件均经原告盖章确认后向被告提交，在该投保单的"特别约定"部分，载明"按协议规定"，且原告在"投保人声明"部分盖章确认，被告已向原告详细介绍了该投保申请书中的各项注意、说明及投保须知，原告接受上述内容并同意投保。因此，原告作出的上述意思表示真实，构成原告向被告作出的要约，被告亦未反对承保，故本案保险合同成立且合法有效。

其次，案涉保险单作为载明当事人各方约定的合同内容，具有法律约束力。根据该保险单的特别约定第25条、第26条的内容，被告平安财险上海分公司承保的保险责任以该约定中的8辆承运车辆为限，这些车辆的车牌信息与原告惠骏物流提交的《自有货运车辆清单》一致，车辆数量亦与该清单及投保单载明的承运车辆数量一致，因此，本案并不存在投保单与保险单不一致的情形，原告主张适用《最高人民法院关于适用〈中华人民共和国保险法〉若干问题的解释（二）》第十四条无事实依据。

上述保险单同时约定，如原告惠骏物流在保险期限内需要更换承运车辆，需提前1个工作日将承运车辆车牌号向被告平安财险上海分公司进行申报，否则被告不承担保险责任。对上述特别约定第25条、第26条，应理解为保险人明确保险责任所作出的特别约定，并不属于免除保险人责任的条款。本案中，事故车辆既非被告所承保，原告亦未按特别约定要求予以提前申报，因此，被告拒赔符合合同约定，其相关辩称意见予以采纳。再次，原告虽主张其曾对保险单上述特别约定提出异议，但其未向被告作出退保申请，亦可以视为原告自愿接受该特别约定的约束。综上所述，原告的诉讼请求缺乏事实和法律依据，不予支持。

据此，上海市静安区人民法院依照《中华人民共和国合同法》第六十条第一款、《中华人民共和国保险法》第十三条、《中华人民共和国民事诉讼法》第六十四条第一款、第一百四十四条规定，于2020年9月23日作出判决：

驳回原告上海惠骏物流有限公司的诉讼请求。

惠骏物流不服一审判决，向上海金融法院提起上诉称：1.本案投保过程系上诉人与保险公司通过微信联系，明确要求与中保条款一致，被上诉人平安财险上海分公司在邮件中也回复保险条款与中保一致，但要求上诉人提供自有车辆编号，也并未说明提供的目的，最终仅承保8辆货车，被上诉人提供的投保单与最终保单不一致；2.投保单为被上诉人事先拟制，为格式条款，保单中投保人签名仅一处，应视为上诉人对投保的险种、保费、期限等内容的签名确认，而非对保险合同条款内容的知晓理解所做的确认，被上诉人并未举证证明对免责条款尽到提示和说明义务；3.上诉人发现保单有误，即与被上诉人进行交涉，被上诉人寄送退保单也证明其对提供错误保单行为的补救；4.本案中投保单与保险单不一致，上诉人已经提出异议，且被上诉人对不一致情况并未进行说明并征得上诉人同意，故应以投保单为准确定双方权利义务。

被上诉人平安财险上海分公司辩称：双方经过协商及沟通最后形成保险合同，上诉人惠骏物流盖章确认行为表明确认了新的意思表示，保单中涉及的8辆车辆也由上诉人自行提供，保险合同中对于更换车辆仍继续承保需提前申报的约定是明确的，涉及免责的有关条款已经加黑加粗的方式提示上诉人；在被上诉人业务员将退保手续交上诉人，但上诉人最终并未实际退保情况下，应当认定为上诉人认可保险合同。本案中上诉人所称的出险车辆并未提前申报，且出险车辆所有权也并非归上诉人所有，故被上诉人不予理赔并无不当。综上，原审判决无误，请求二审法院驳回上诉，维持原判。

上海金融法院经二审，确认了一审查明的事实。

上海金融法院二审认为：

根据现有证据，上诉人惠骏物流加盖其单位公章的系平安物流责任保险投保单，该投保单约定了该投保单和平安物流责任保险条款均是保险合同的组成部分，该投保单投保人声明处载明保险人已经详细介绍了《平安物流责任保险条款》的内容等，并特别就该条款中有关保险责任、责任免除和投保人、被保险人义务内容作了明确说明。根据查明的事实，惠骏物流自有货运车辆清单中所标识的8辆自有车辆牌照清单也系上诉人加盖其公章后所提供。

根据该投保单内容，被上诉人平安财险上海分公司出具了保险单。上诉人惠骏物流称双方在协商过程中被上诉人对保险条款等内容另有约定，但所举证据不足以证明该主张。另即使按照上诉人所主张，在被上诉人曾向其寄送了有关退保的材料后，其也并未向保险人明确提出退保申请的详细内容，据此应认定，上诉人与被上诉人的权利义务应当以双方最终签署的保险单为准，上诉人有关应当按照双方在缔约协商中的有关表示确定双方权利义务的观点，难以成立。

根据保险单约定，被保险人在保险期限内需要更换承运车辆，需提前一个工作日将承运车辆车牌号通过邮件向保险人申报，否则保险人不承担任何保险责任。现上诉人惠骏物流申请保险理赔所涉及的车辆，并非上诉人所提供的自有货运车辆清单中所列的8辆车辆之一，也并未举证曾经向被上诉人平安财险上海分公司报备过承运车辆将有所变更情况，故被上诉人以出险车辆号牌不符合双方保险单约定为由拒绝理赔，该理由可以支持。

综上，上诉人惠骏物流的上诉请求难以成立，应予驳回；一审判决无误，应予维持。上海金融法院依照《中华人民共和国民事诉讼法》第一百七十条第一款第一项、第一百七十五条规定，于2021年6月25日作出判决：

驳回上诉，维持原判。

# 江苏东恒国际集团有限公司与江苏省国际高新技术展示交易中心有限公司破产清算转和解案

【案例要旨】

对于具备挽救希望和挽救价值的中小微企业，应积极引导企业通过破产和解程序解决债务危机。探索运用预表决规则，通过听证程序征询全体债权人意见，在转入和解程序后根据已通过的表决规则，及时裁定认可和解协议，高效推进和解程序，推动中小微企业快速重生，实现稳市场主体保民生就业。

申请人：江苏东恒国际集团有限公司。
被申请人：江苏省国际高新技术展示交易中心有限公司。

2021年2月1日，申请人江苏东恒国际集团有限公司（以下简称东恒国际公司）以被申请人江苏省国际高新技术展示交易中心有限公司（以下简称高新技术公司）不能清偿到期债务，且资产不足以清偿全部债务为由，向江苏省南京市中级人民法院申请破产清算。南京中院经审查认为，高新技术公司不能清偿到期债务，且资产不足以清偿全部债务，符合破产清算的受理条件，于2021年2月25日裁定受理东恒国际公司对高新技术公司的破产清算申请，并于同日指定破产管理人。

经调查，被申请人高新技术公司于2001年12月19日在江苏省市场监督管理局登记设立，注册资本1000万元，股东为申请人东恒国际公司、江苏东恒集团高新技术产业有限公司、江苏东恒集团国际经贸商务有限公司，持股比例为90%、5%、5%。经营范围为承办国内、国际高新技术成果与产品展览及相关技术考察、咨询服务等。高新技术公司作为国内公司参加境内外展会提供服务的中小微企业，位列江苏省商务厅公布的11家展会资质服务供应商名录。近年来公司会展业务经营正常，收入稳定，连续多次中标境内外重点展会江苏团组的承办工作。在高新技术公司进入破产程序前，尚有展会项目在推进，均为江苏省贸易促进计划内展会，且大部分参展客户已通过高新技术公司向主办方全额支付展位费。受疫情影响，大部分展会已延期举行，公司经营陷入困境。如对高新技术公司进行破产清算，参展商将无法继续参展并申报财政补贴，债权清偿率较低，将遭受重大损失。

在审理过程中，被申请人高新技术公司、大多数债权人均表达了希望达成和解以维持企业继续运行，且愿意为挽救企业承担一定风险并作出利益上让步的意愿。有鉴于此，南京中院指导破产管理人拟定了和解协议草案，向全体债权人征询对于高新技术公司转入和解程序以及和解协议草案的意见。最终全体债权人均同意和解协议草案及表决规则。2021年8月25日，高新技术公司向南京中院申请和解并提交了和解协议（草案），请求转入和解程序。为了保障当事人各方充分表达意见的权利，2021年9月13日，南京中院组织高新技术公司、公司股东、职工代表及债权人代表进行听证，充分听取各方对转入和解的意见。

江苏省南京市中级人民法院经审理认为：

**一、被申请人高新技术公司具备挽救希望和挽救价值**

被申请人高新技术公司作为常年为国内公司参加境内外展会提供服务的中小微企业，位列江苏省商务厅公布的11家展会资质服务供应商名录。因疫情防控措施影响导致企业主营业务无法继续，在破产程序中，债务人、主要债权人均表达了挽救企业的愿望，且愿意为挽救企业承担一定风险并作出利益上的让步。按照"科学甄别、依法保护有挽救价值的中小微企业"的政策导向，结合企业持续经营能力、所在行业的发展前景，在充分听取各方意见后，综合判断高新技术公司具有挽救希望和挽救价值。

**二、设置多种清偿模式供债权人选择**

与大企业不同，中小微企业资金规模较小，主要资产多被设定优先权，经营过程中受外部影响较大、抗风险能力弱，在陷入困境时，较少的清偿资产导致债权人可能不愿意投入时间和资源解决中小微企业的财务困难。在引导中小微企业和解时，应当充分考虑中小微企业的特点，在寻求债权人与债务人利益平衡的基础上，以企业再生所获得的利益即企业未来一段时间内的持续经营收入偿还债务从而维持企业的正常经营。

本案中，为兼顾不同债权人的利益诉求，和解协议草案设置三种清偿模式，将所有债权人的不同诉求全部纳入和解协议的清偿方案，并给予债权人同等的自主选择权：

一是按照法院裁定确认的债权额的一定比例即时获得清偿。这种模式体现了效率优先，即以清偿金额的一定折扣换取债权人权益的快速变现。当然，前提是清偿比例不低于破产清算状态下所能获得清偿的比例。

二是在和解程序终结后的三年内暂不清偿，之后再通过企业的持续经营收入偿还债务。该模式的核心是"以时间换空间"，基于债权人对企业未来持续经营能力的认可，在保障债权人利益最大化的同时，也为企业的持续经营减轻负担，实现各方的共赢。

三是鉴于被申请人高新技术公司的行业特性，充分考虑会展债权人的需求，对于愿意继续通过高新技术公司参加会展的，由债权人与企业重新签订合同，继续提供会展服务。

### 三、预表决规则的适用

破产程序作为概括的清偿程序，是对债务企业现存全部债权债务关系的清理，破产程序具有不可逆性。本案中，被申请人高新技术公司、部分债权人仅是表达了希望达成和解的意愿，但对于能否转入和解以及后续成功和解仍存较大的不确定性。如果贸然转入和解程序，而债权人会议又未能通过和解协议草案，则高新技术公司仍将被宣告破产，不只造成程序空转，进一步消耗程序成本，更会严重影响债权人利益的实现。探索适用预表决规则，不仅有利于全面、真实了解债权人的意愿，而且有助于法院对和解可行性的甄别，能够有效降低程序空转的风险。同时，为了保障当事人各方充分表达意见的权利，本案采用了听证方式，充分听取各方对转入和解的意见，在此基础上就和解的可行性得出初步结论，为后续清算转和解程序的高效推进提供便利。

关于预表决规则的规定，企业破产法未作规定，仅在《全国法院民商事审判工作会议纪要》有关庭外重组协议效力在重整程序的延伸中有所体现。对于和解协议草案的预表决效力能否在后续的和解程序中获得认可，对于实现中小微困境企业的高效挽救至关重要。

为保障程序的高效推进，从降低制度性成本角度，本案探索适用预表决规则，征询全体债权人对于被申请人高新技术公司转入和解程序以及和解协议草案的意见。为保障程序规则的合法性与合理性，在预表决时，同步对和解协议草案表决规则进行表决。该表决规则明确转入和解程序且债务人未对和解协议草案内容作实质性变更的，无须再次表决，预表决结果视为转入和解程序后的表决结果。最终，鉴于企业向债权人充分披露了企业的情况及和解协议草案内容，全体债权人在预表决时也均表决同意和解协议草案，和解协议草案内容未作实质性变更，且后续未有债权人提出任何异议，债权人的知情权、表决权、异议权得到了充分保障，依据已通过的表决规则，预表决效力得以延续，和解程序得以高效推进。

综上，依照《中华人民共和国企业破产法》第九十五条、第九十六条第一款之规定，江苏省南京市中级人民法院于2021年9月14日裁定高新技术公司和解。鉴于全体债权人在预表决时均表决同意和解协议草案，和解协议草案内容未作实质性变更，且在给予的七天异议期内，未有债权人提出任何异议，债权人的知情权、表决权、异议权得到了充分保障，依据已通过的和解协议草案表决规则，南京中院于2021年9月22日裁定认可和解协议并终止和解程序。

2021年11月3日，高新技术公司破产管理人提交和解协议执行情况报告，高新技术公司和解协议清偿方案已执行完毕。

# 中国人民财产保险股份有限公司中山市分公司诉中国太平洋财产保险股份有限公司东莞分公司等财产保险合同纠纷案

## 【案例要旨】

重复保险下，已赔付保险人享有分摊请求权的，可以就实际支付保险赔偿金额超出自己份额的部分，在其他保险人未履行的份额范围内向其追偿。已赔付保险人行使分摊请求权，相应地享有被保险人的权利。其他保险人对被保险人的抗辩，可以向已赔付保险人主张。

财产保险合同约定合同以外第三人为被保险人，保险人未证明第三人在合理期限内拒绝，第三人请求保险人承担保险合同约定的赔偿责任的，人民法院应予支持。

原告：中国人民财产保险股份有限公司中山市分公司，住所地：广东省中山市东区博爱五路。
负责人：刘林，该分公司总经理。
被告：中国太平洋财产保险股份有限公司东莞分公司，住所地：广东省东莞市南城区莞太大道。
负责人：何晓东，该分公司总经理。
第三人：东莞深赤湾港务有限公司，住所地：广东省东莞市麻涌镇麻涌新港西路。
法定代表人：刘彬，该公司董事长。
第三人：东莞深赤湾码头有限公司，住所地：广东省东莞市麻涌镇麻涌新港西路。
法定代表人：刘彬，该公司董事长。

原告中国人民财产保险股份有限公司中山市分公司（以下简称人保中山分公司）因与被告中国太平洋财产保险股份有限公司东莞分公司（以下简称太保东莞分公司），第三人东莞深赤湾港务有限公司（以下简称深赤湾港务公司）、东莞深赤湾码头有限公司（以下简称深赤湾码头公司）发生财产保险合同纠纷，向广州海事法院提起诉讼。

原告人保中山分公司诉称：第三人深赤湾港务公司、深赤湾码头公司与中化化肥有限公司（以下简称中化公司）签署《散装/袋装化肥港口代理协议》（以下简称《港口代理协议》），约定中化公司委托深赤湾港务公司、深赤湾码头公司代理到港货物的接卸、储存保管等事宜。人保中山分公司、被告太保东莞分公司分别签发保险单，承保中化公司存放在深赤湾码头的化肥，构成重复保险。前述化肥因"山竹"台风影响遭受损失后，人保中山分公司向中化公司赔付 43200000 元。因太保东莞分公司拒绝支付重复保险分摊款 21600000 元，人保中山分公司起诉，请求判令：太保东莞分公司向人保中山分公司支付 21600000 元重复保险分摊款及其利息（以 21600000 元为本金，自 2019 年 12 月 11 日至太保东莞分公司全部清偿之日止按一年期全国银行间同业拆借中心公布的贷款市场报价利率计付）。

被告太保东莞分公司辩称：案涉两份保险不符合保险法第五十六条第四款规定的重复保险构成要件，投保人、被保险人、保险标的、保险利益等均不相同。即使构成重复保险，第三人深赤湾港务公司、深赤湾码头公司未将重复保险的情况通知太保东莞分公司，保险合同中关于重复保险的部分无效。原告人保中山分公司未通知太保东莞分公司参与现场查勘，其聘请的深圳市信诚联合保险公估有限公司广州分公司（以下简称信诚公估公司）认定的损失数额不客观，应当依据太保东莞分公司聘请的广州海江保险公估有限公司（以下简称海江公估公司）的专家意见确认损失数额仅为 1151 万余元，重复保险比例为 13.8%。人保中山分公司要求太保东莞分公司分摊 21600000 元赔偿款的主张缺乏事实和法律依据，应予驳回。

第三人深赤湾港务公司、深赤湾码头公司未提交意见、证据和质证意见。

广州海事法院一审查明：

**一、案涉保险合同订立的相关事实**

2018 年 3 月 19 日，原告人保中山分公司承保了中化公司向其申请投保的财产一切险及相关附加险，出具的编号为 PQYC201844200000000035 号（以下简称 035）保险单，载明：投保人和被保险人为中化公司；保险标的为化肥；保险金额 4766484670.95 元，为货物销售价；保险价值以出险时的市场价值确定；保险费率为 0.6302‰；共同被保险人为中国中化集团公司（以下简称中化集团公司）、中化化肥澳门离岸商业服务有限公司（以下简称中化澳门公司）等；保险范围为所有甲方拥有货权的商品；免赔额为每次事故 10 万元或损失金额的 5%，两者以高者为准。

2018 年 5 月，被告太保东莞分公司中标了第三人深赤湾港务公司、深赤湾码头公司的一揽子保险项目，包括港口财产一切险条款及相关附加险。中国太平洋财产保险股份有限公司《港口财产一切险条款》载明：可作为保险标的的财产包括由被保险人经营管理或替他人保管的财产等财产；保险标的的保险价值可以为出险时的重置价值、出险时的账面余额、出险时的市场价值或其他价值，由投保人与保险人协商确定，并在保险合同中载明；知道保险事故发生后，被保险人应该立即通知保险人，故意或者因重大过失未及时通知，致使保险事故的性质、原因、损失程度等难以确定的，保险人对无法确定的部分，不承担赔偿责任，但保险人通过其他途径已经及时知道或者应当及时知道保险事故发生的除外；如果存在重复保险，保险人应按照保险合同的相应保险金额与其他保险合同及本保险合同相应保险金额总和的比例承担赔偿责任。其他保险人应承担的赔偿金额，该保险人不负责垫付。若被保险人未如实告知导致保险人多支付赔偿金的，保险人有权向被保险人追回多支付的部分。编号为 ADNGGCZ02418Q0000023M 号（以下简称 23M）的保险单载明：被保险人为深赤湾港务公司/深赤湾码头公司及其他相关利益公司；保险地址为东莞市虎门港麻涌港区等场所；保险标的包括：1. 建筑物及附属设施，2. 机电设备及附属设备，3. 水工类，4. 存货（包括被保险人所有的存货和处于被保险人作业/照管之下的第三者所有的货物）；扩展存货的货主为共同被保险人；存货的保险金额以账面余额确定，为2469750000元，认同为足额投保；保险费率为0.3‰；保险费为740925元；台风造成的被保财产损失每次事故绝对免赔额为5万元或损失金额的20%，两者以高者为准；重置价值条款载明，若投保人与保险人约定保险价值为出险时的重置价值，发生损失时，若存在重复保险且其他保险合同没有按重置价值承保，保险价值变更为出险时的市场价值。

**二、案涉货物买卖、仓储、受损、勘验、公估、处置等事实**

2017年1月11日，中化公司、第三人深赤湾港务公司、深赤湾码头公司签订《港口代理协议》，约定深赤湾港务公司、深赤湾码头公司为中化公司运抵其港口/港区的散装/袋装化肥提供相关代理服务，中化公司负责货物港口储存期间的保险。

原告人保中山分公司的证据显示：中化集团公司向中化澳门公司购买了加拿大红钾肥、约旦钾肥、比利时产复合肥（以下简称比复）、挪威产复合肥等化肥；中化公司和中化化肥有限公司海南分公司向雅莳商贸（上海）有限公司购买了硝酸铵钙300吨、挪威产复合肥4500吨。前述化肥储存堆放于第三人深赤湾港务公司、深赤湾码头公司在麻涌的港区。根据深赤湾港务公司、深赤湾码头公司的统计，截至2018年9月16日，中化公司堆存在码头的各种化肥共计308333.68吨。

2018年9月16日约17时，"山竹"台风在广东江门海晏镇登陆，登陆时中心风力约14级，导致东莞麻涌港赤湾港潮水倒灌入港内，堆存在麻涌码头的化肥底层及部分吹开篷布下的化肥受损。事故发生后，中化公司向原告人保中山分公司索赔损失57884179.24元。人保中山分公司委托信诚公估公司对事故进行现场查勘、定损。信诚公估公司进行现场查勘、取样，样品交由安徽经纬检测技术有限公司（以下简称经纬公司）检测，最终核定中化公司因案涉事故遭受的损失为43427337.88元，理算金额为43203058.34元。

2019年12月2日，原告人保中山分公司向被告太保东莞分公司发函，载明双方应分别承担重复保险项下50%的赔偿责任，人保中山分公司拟全额向中化公司赔付43200000元，再由太保东莞分公司向人保中山分公司支付21600000元。如太保东莞分公司拟直接赔付中化公司，请收到本函件后三天内通知人保中山分公司。太保东莞分公司签收后未回复。2019年12月10日，人保中山分公司向中化公司支付保险赔偿金43200000元。此后，人保中山分公司再次向太保东莞分公司发函，载明：人保中山分公司已全额赔付中化公司43200000元，太保东莞分公司应向人保中山分公司支付50%保险赔偿金21600000元。该函件由太保东莞分公司签收。

被告太保东莞分公司在本案一审期间委托海江公估公司对信诚公估公司的公估报告提出分析意见并对案涉化肥受损事故进行公估。海江公估公司认为信诚公估公司报告在取样公司资质、取样方法、取样程序、现场查勘方面有严重问题，定损严重扩大。海江公估公司认为案涉308333.68吨各类化肥的保险价值为763155321.09元，损失总金额为10393321元，太保东莞分公司应承担的赔偿责任比例为13.8%，赔偿数额为1147422.64元。

为处理案涉受损化肥，原告人保中山分公司向相关公司发出了邀请函并组织了现场看货，相关公司向人保中山分公司发送了报价函，部分受损化肥被拍卖处理。广州万城资产评估房地产土地估价有限公司（以下简称万城公司）出具了案涉受损化肥市场单价的资产评估报告，载明评估基准日为2018年9月16日，价值类型为市场价值，评估方法采取市场法及理由，并评估了各类化肥单价。

广州海事法院一审认为：

本案系一宗重复保险分摊纠纷。一审争议焦点为：是否存在重复保险；原告人保中山分公司是否有权请求分摊；人保中山分公司的赔付是否合理、谨慎；被告太保东莞分公司应承担的分摊合理数额。

**一、关于是否存在重复保险**

案涉两份保险合同合法有效。原告人保中山分公司和被告太保东莞分公司为不同保险合同的不同保险人。035保险合同的保险标的为中化公司、中化集团公司等被保险人享有保险利益的存放于我国各港口及内陆堆场、仓库的化肥、农药等货物，23M保险合同的保险标的包括存放于麻涌港区等多个保险地址的"被保险人所有的货物和处于被保险人作业/照管之下的第三者所有的货物"。据此，中化公司存放在麻涌港区、处于第三人深赤湾港务公司、深赤湾码头公司作业/监管之下共计308333.68吨的各类化肥（以下简称中化公司堆存在麻涌港区的化肥）属于案涉两份保险合同保险标的范围的交叉重叠部分，为"同一保险标的"。案涉两份保险合同均拓展了共同被保险人，在035保险合同项下享有保险利益的被保险人中化公司也是23M保险合同项下被拓展的享有保险利益的"货主"即适格的被保险人，且中化公司在两份保险中对化肥的保险利益具有同一性。中化公司在投保以及案涉保险事故发生时并不知道23M保险合同，故不能认定其违反重复保险通知义务。结合案涉两份保险符合"同一保险事故"、处于保险责任期间、保险金额总和超过保险标的的保险价值、无"禁止他保条款"等保险法第五十六条第四款规定的重复保险其他构成要件，案涉两份保险构成重复保险。

**二、关于原告人保中山分公司是否有权请求分摊**

23M保险合同没有"无分摊条款"，原告人保中山分公司和被告太保东莞分公司在出险后也未约定禁止分摊。鉴于人保中山分公司赔付的保险金额未超过保险标的的保险价值，根据保险法第五十六条第二款的规定，人保中山分公司有权请求太保东莞分公司分摊保险赔偿金。

**三、关于原告人保中山分公司的赔付是否合理、谨慎**

本案属民事纠纷，原告人保中山分公司对于支持其诉讼主张的相关事实的证明标准只需达到"高度可能性"标准即可。由于"山竹"台风影响较大，对港区受损货物的查勘、取样等应考虑现场的客观情况。在中化公司并不知悉重复保险的情况下，信诚公估公司的查勘、取样均征得了人保中山分公司与中化公司的同意。即使抽取样本未实现全覆盖，但查勘现场的描述以及样品的选择合理，样品的检测则由具有相关专业检测资质的经纬公司完成。本案不是进出口商品的检验和鉴定纠纷，法律未明确规定对于受损化肥的损失核定必须由《进出口商品检验鉴定机构管理办法》规定的检验鉴定机构实施。因此，信诚公估公司关于化肥受损程度的公估意见与客观受损的情况具有"高度可能性"的一致性。即使信诚公估公司对部分受损化肥的市场价值估算过高，但人保中山分公司最终是根据中化公司向其投保申报的相关化肥的价格作为赔付基础，故其实际赔付43200000元并无明显不当。

**四、关于被告太保东莞分公司应承担的分摊合理数额**

根据23M保险合同特别约定载明的条款，若存在重复保险且其他保险合同没有按重置价值承保时，保险标的保险价值变更为出险时的市场价值。23M保险合同未明确约定化肥的保险价值，被告太保东莞分公司应以化肥受损的实际市场价值进行分摊。根据保险法第五十六条第二款的规定，太保东莞分公司的分摊责任应按其承保的保险金额与保险金额总和的比例认定。鉴于中化公司堆存在麻涌港区的化肥为两份保险合同项下的保险标的范围的重叠部分，且在两份保险中均为足额投保，原告人保中山分公司和太保东莞分公司应按50%的比例进行分摊。23M保险合同载明，台风造成的被保财产损失每次事故绝对免赔额5万元或损失金额的20%。据此，太保东莞分公司需要承担的分摊金额为17280000［43200000×50%×（1-20%）＝17280000］元。太保东莞分公司逾期支付前述款项，应向人保中山分公司支付以前述款项为本金的相应利息。

综上，广州海事法院依照保险法第十二条第二款、第五款、第六款、第五十六条第二款、第四款以及《最高人民法院关于适用〈中华人民共和国民事诉讼法〉的解释》第一百零八条第一款规定，于2020年11月4日判决：

被告中国太平洋财产保险股份有限公司东莞分公司于该判决生效十日内向原告中国人民财产保险股份有限公司中山市分公司支付重复保险分摊款17280000元及其利息（以17280000元为本金，自2019年12月11日至太保东莞分公司全部清偿之日止，按一年期全国银行间同业拆借中心公布的贷款市场报价利率计付）。

太保东莞分公司不服一审判决，向广东省高级人民法院提起上诉。

太保东莞分公司上诉称：1. 本案不存在重复保险。同一保险标的是完全同一的保险标的，不能分割视之。即使案涉两份保险合同的保险标的范围有部分交叉，也不符合同一保险标的的条件。中化公司和原审第三人深赤湾港务公司、深赤湾码头公司在两份保险合同中的保险利益基于不同的权利产生，案涉两份保险不存在同一保险利益，体现为理赔结果不同。货主在两份保险合同中分别作为共同被保险人和被保险人，两者的概念和内涵有本质不同。根据《港口代理协议》和中化公司投保的事实，23M保险合同项下的存货不包括中化公司的货物，太保东莞分公司可根据合同相对性原则不处理中化公司的申请，且中化公司只对存放在麻涌港口的硝酸铵钙和挪威产复合肥享有所有权。2. 即使存在重复保险，被上诉人人保中山分公司也无权请求分摊。两份保险合同均记载保险人不负责垫付其他保险人的赔偿金，人保中山分公司只能向被保险人追回多付款项。3. 信诚公估公司严重扩大定损数额，应依据海江公估公司的专家意见认定事故损失总金额为10393321元。035保险合同未约定货物为足额投保，太保东莞分公司的分摊比例为13.8%，分摊金额为1147422.64元。综上，请求撤销一审判决，改判驳回人保中山分公司的诉讼请求。

被上诉人人保中山分公司答辩称：1. 人保中山分公司有权向上诉人太保东莞分公司主张重复保险分摊款。人保中山分公司曾发函通知太保东莞分公司共同赔付，太保东莞分公司不予回应。为保障中化公司合法权益，人保中山分公司放弃不垫付的权利，但不影响主张分摊。2. 案涉两份保险构成重复保险。数份保险合同的保险标的重叠部分属于同一保险标的。中化公司是案涉化肥所有人，且23M保险合同的"货主"包括所有权人和就该存货与原审第三人深赤湾港务公司、深赤湾码头公司成立港口作业代理等法律关系的主体，中化公司在两份保险中均为被保险人，且对保险标的具有同一保险利益。保险理赔金额相同并非重复保险的构成要件。3. 两份保险合同均对存货足额投保，太保东莞分公司与人保中山分公司应按照同等比例分摊赔款。4. 太保东莞分公司在处理关联保险事故时，未查勘案涉事故现场，在收到通知后未派员参与定损，在接到公估报告后未提出异议，应视为太保东莞分公司放弃核定保险事故损失的权利。一审法院认定人保中山分公司可依据信诚公估公司确定的化肥受损程度向中化公司赔付43200000元，并无不当。综上，请求驳回上诉，维持原判。

原审第三人深赤湾港务公司、深赤湾码头公司未提交意见。

二审中，上诉人太保东莞分公司提交了以下证据：1. 035保险合同中使用的中国人民财产保险股份有限公司《财产一切险》，拟证明被上诉人人保中山分公司无权请求分摊；2. 氯化钾、尿素、复混肥料的国家标准，拟证明信诚公估公司认定的损失数额不合理。广东省高级人民法院根据人保中山分公司的质证意见，对太保东莞分公司提交的证据的真实性、合法性予以确认。《财产一切险》第三十二条规定："保险事故发生时，如果存在重复保险，保险人按照本保险合同的相应保险金额与其他保险合同及本保险合同相应保险金额总和的比例承担赔偿责任。其他保险人应承担的赔偿金额，本保险人不负责垫付。若被保险人未如实告知导致保险人多支付赔偿金的，保险人有权向被保险人追回多支付的部分。"两份证据的证明力需要结合本案其他证据综合予以认定。

被上诉人人保中山分公司提交了以下证据：《中化集团关于中化化肥有限公司货权归属事项的函》、一审提交的销售合同等英文材料的翻译件，拟证明中化公司为案涉化肥的所有权人。广东省高级人民法院根据上诉人太保东莞分公司的质证意见，确认函件的真实性。函件内容为：中化集团公司代理中化公司进口化肥，进口后堆放在深赤湾码头公司的货物已经全部交付给中化公司，并由中化公司拥有前述货物的所有权，中化公司有权占有、使用、支配和处分前述货物。在深赤湾码头公司因"山竹"台风受损的货物，全部由中化公司处置，并由其接收相应的保险赔偿金。两份证据的证明力需要结合本案其他证据综合予以认定。

另查明，信诚公估公司出具的公估报告载明，钾肥、尿素均为足额投保，复合肥未足额投保；投保比例=投保数量/结存数量*100%；货物残值为0元，免赔额为0元。

广东省高级人民法院经二审，确认一审法院查明的除比复在035保险合同足额投保以外的其他事实。

广东省高级人民法院二审认为：

本案为财产保险合同中的重复保险分摊纠纷。二审争议焦点问题为：一、案涉保险是否构成重复保险；二、如果构成重复保险，被上诉人人保中山分公司的分摊请求权是否成立；三、如果分摊请求权成立，人保中山分公司应当如何行使。

**一、关于案涉保险是否构成重复保险的问题**

根据保险法第五十六条第四款的规定，重复保险的构成要件包括数个有效的保险合同、同一被保险人、同一保险标的、同一保险利益、同一保险事故、不同保险人、保险金额总和超过保险价值等。二审期间，双方关于案涉两份保险对中化公司堆存在麻涌港区的化肥是否构成重复保险的争议主要在于是否符合"同一被保险人""同一保险标的""同一保险利益"的构成要件。

（一）是否符合"同一被保险人"要件

双方对中化公司为035保险合同的被保险人无争议。上诉人太保东莞分公司认为中化公司不是23M保险合同的被保险人，主要理由是中化公司非"货主"，"共同被保险人"不等同于"被保险人"，中化公司无权突破合同相对性要求太保东莞分公司赔付。

"货主"非法律概念，而是在保险单中出现的商业用语，对其所做解释应当符合商业交易习惯和通常理解。中化公司堆存在麻涌港区的化肥属于动产，其在商业交易中对应的权利规则应当体现动产的流转性，维护商业秩序的可被预期性。因中化公司在商业交易中对其堆存在麻涌港区的化肥享有占有、使用、收益的全部或部分权能，故认为其为"货主"。23M保险单未明确"共同被保险人"的含义，确认"共同被保险人"享有通常情况下被保险人享有的权利，不属于附加被保险人，更有利于保护被保险人合法权利。

23M保险合同约定存货货主为被保险人，属于保险合同约定当事人以外第三人为被保险人的情形，第三人据此无须支付保险费即可通过保险这种危险共担的方式分散自身可能遭受的财产损失，该条款属于利他合同条款。关于利他合同条款对第三人的效力，民法典第五百二十二条第二款规定，法律规定或者当事人约定第三人可以向债务人行使履行请求权，第三人未在合理期限内明确拒绝的，该第三人可以请求债务人承担违约责任，属于民法典的新增条款。23M保险合同成立于民法典实施以前，当时适用的法律未规定利他合同条款对第三人的效力。本案适用民法典第五百二十二条第二款规定，符合合同记载的当事人合意，体现货主与原审第三人深赤湾港务公司、深赤湾码头公司之间的对价关系，既保障货主作为被保险人的合法利益又赋予其放弃的权利，既确认保险人享有抗辩权又规定其相应的举证责任，符合《最高人民法院关于适用〈中华人民共和国民法典〉时间效力的若干规定》第三条规定的适用民法典新增条款的条件。根据民法典该条规定，中化公司无须作出接受约定的意思表示，只要未在合理期限内明确拒绝，即为被保险人。上诉人太保东莞分公司以中化公司未向其索赔为由认为中化公司自认不是被保险人，其举证不足以证明存在中化公司在合理期限内明确拒绝作为被保险人的情形，该主张不成立。据此，中化公司在案涉两份保险中均为被保险人，两份保险符合"同一被保险人"要件。

（二）是否符合"同一保险标的""同一保险利益"要件

中化公司堆存在麻涌港区的化肥是案涉两份保险的承保财产范围交叉重叠部分，与其他承保财产在物理和经济价值上可以相互分割，且法律和保险合同均未禁止分割，该化肥及其利益为两份保险的"同一保险标的"。中化公司对该化肥在两份保险合同中享有相同的保险利益，虽然两份保险的理赔结果可能因保险价值、保险金额、免赔额、受损情况、市场价值等因素影响而不同，但不足以否认保险利益同一性。据此，案涉两份保险符合"同一保险标的""同一保险利益"要件。

**二、关于被上诉人人保中山分公司的分摊请求权是否成立的问题**

关于被上诉人人保中山分公司的分摊请求权是否成立的问题，需要先审查已赔付保险人是否享有重复保险分摊请求权，再对人保中山分公司在本案中的分摊请求权成立与否进行认定。

（一）已赔付保险人是否享有重复保险分摊请求权

重复保险分摊请求权是指重复保险下,已赔付保险人就实际支付保险赔偿金数额超出自己份额的部分,向其他未履行或部分履行保险赔偿责任的保险人即未赔付保险人追偿的权利。保险法第五十六条仅规定重复保险下各保险人责任比例确定方式,未对分摊请求权作出明确规定。确认已赔付保险人享有重复保险分摊请求权的理由如下:

首先,保险法第五十六条是对各保险人内部责任比例认定标准的规定,未禁止保险人实际赔付时支付超过其责任比例的保险金。保险法第五十九条规定保险人已支付全部或者部分保险金额的,取得受损保险标的的全部或部分权利。在财产保险中,归于保险人的受损保险标的权利为财产权利,包括被保险人要求保险人支付保险赔偿金的债权,虽然该债权因赔付而消灭,但法律拟制债权继续存在,为已赔保险人取得,其有权向未赔付保险人主张。

其次,重复保险起源于海上保险,海上保险和一般财产保险在重复保险的理论基础、利益平衡、责任比例等方面具有共性。《中华人民共和国海商法》第二百二十五条规定重复保险下已赔付保险人享有向未赔付保险人追偿的权利,是对保险人内部责任划分的明确规定,可作为一般保险中重复保险分摊请求权正当性的依据。

最后,重复保险是保险损失补偿制度的派生制度,其立法目的除了准许被保险人从多份保险中获得保险保障又不因此重复受偿外,还包括平衡各保险人之间的利益关系、督促保险人承担保险责任等。已赔付保险人向被保险人超额赔付,解除了其他保险人所对应的赔偿责任,确认其享有分摊请求权体现了利益平衡原则和对保险人积极赔付行为的肯定,有利于简化被保险人索赔程序,减少索赔成本,更好发挥保险分散风险、增强保障的制度价值,有利于鼓励保险人积极参与理赔并提供更有市场竞争力的保险服务,推动保险行业健康有序发展,营造诚信友善社会环境。

(二) 被上诉人人保中山分公司的分摊请求权是否成立

已赔付保险人对被请求分摊的未赔付保险人的分摊请求权是否成立,需要审查是否符合分摊请求权的成立要件。其中,积极要件包括主张分摊请求权的保险人已经履行保险责任、其他保险人因已赔付保险人的行为而免除全部或部分债务、已赔付保险人承担的保险赔偿责任大于其责任份额等,消极要件包括不存在阻却分摊请求权成立的事由等。

本案中,上诉人太保东莞分公司未按保险合同约定履行赔偿责任。双方未约定责任比例,两份保险合同约定的责任比例均与保险法第五十六条规定的责任比例相同,故双方应按各自保险合同中的保险金额与保险金额总和的比例承担相应的赔偿责任。两份保险合同对化肥的保险价值计算方法相同,23M保险合同载明存货为足额投保,035保险合同未予明确,也未记载保险金额。信诚公估公司的公估报告显示,部分比复在035保险合同未足额投保,依据该报告采用的理算金额计算方式,中化公司堆存在麻涌港区的化肥在035保险合同中的投保比例为99.48%(43203058.34÷43427337.88×100%＝99.48%)。据此,被上诉人人保中山分公司在重复保险下的赔偿责任比例为49.87%[99.48÷(99.48＋100)×100%＝49.87%]。一审法院认为人保中山分公司承担50%的赔偿责任,与中化公司未足额投保的事实不符,二审予以纠正。人保中山分公司实际向中化公司支付43200000元,属于超额承担保险赔偿责任的情形。虽然两份保险均约定保险人不垫付其他保险人应支付的赔偿金,但均未约定保险人赔付的前提和超额赔付的后果,不构成对已赔付保险人分摊请求权的阻却。据此,人保中山分公司对太保东莞分公司的分摊请求权成立。

### 三、关于被上诉人人保中山分公司的分摊请求权如何行使的问题

已赔付保险人行使重复保险分摊请求权应当符合法律规定、当事人约定,体现权利自身性质和制度价值。本案中,双方关于分摊请求权如何行使的争议涉及分摊请求权的顺位、行使范围、对应的责任比例和数额认定等方面。

(一)被上诉人人保中山分公司分摊请求权的顺位

重复保险已赔付保险人对不同主体享有不同的请求权,包括对未赔付保险人的分摊请求权、要求被保险人退还多付赔偿金的权利、对第三者的保险代位求偿权等。在法律没有规定且当事人没有特别约定的情况下,被上诉人人保中山分公司有权先向上诉人太保东莞分公司主张分摊请求权。

(二)被上诉人人保中山分公司分摊请求权的行使范围

权利的行使应有边界。根据保险法第五十九条的规定,重复保险分摊请求权的行使范围为被保险人对未赔付保险人享有的全部或部分保险赔偿请求权及其从权利,以及分摊请求权的从权利,并排除不符合法定或者约定取得条件的权利。上诉人太保东莞分公司以信诚公估公司扩大损失、被上诉人人保中山分公司未尽审慎审查义务为由,要求扣除不合理赔付金额。对此,一审法院已经进行认真审查,并详细阐明不支持太保东莞分公司主张的理由和依据。虽然太保东莞分公司二审期间提交的国家标准与信诚公估公司出具的公估报告存在差异,但未证明上述差异导致公估报告存在明显错误而不应被采信,故其关于扣除不合理赔付金额的主张不成立。

已赔付保险人对未赔付保险人享有的分摊请求权范围不应超过被保险人原本对未赔付保险人享有的请求权,未赔付保险人依据保险合同记载的免赔事项和数额对被保险人的抗辩权仍可对已赔付保险人行使。23M保险合同载明台风造成的被保财产损失每次事故免赔额5万元或损失金额的20%,两者以高者为准,被上诉人人保中山分公司有权行使的分摊请求权数额应扣除该免赔数额。

(三)被上诉人人保中山分公司分摊请求权对应的责任比例

重复保险分摊请求权所对应的债务为多数人之债中的按份之债。为避免分摊请求权循环行使,已赔付保险人有权向各未赔付保险人主张的分摊款应以各未赔付保险人本应承担的份额为限。被上诉人人保中山分公司分摊请求权对应的责任比例应当依据上诉人太保东莞分公司在重复保险下保险赔偿责任比例确定,为50.13%[100÷(99.48+100)×100%=50.13%]。太保东莞分公司认为应由承保金额大、收取保险费多的人保中山分公司承担更大的赔偿责任,与法律规定和保险合同约定不符,也与财产保险中单个保险关系的保险费和保险赔款在经济价值支付上的不等价构成并保障财产保险总量关系等价性的特征不符,法院对该主张不予支持。

(四)被上诉人人保中山分公司分摊请求权对应的数额

重复保险下分摊请求权的制度设计,具有防止保险人逃避保险责任的目的,但也不允许保险人借此获得额外利益。已赔付保险人分摊请求权对应的数额应以其实际赔付数额为基础,结合责任比例和免赔数额予以确定。本案中,被上诉人人保中山分公司分摊请求权对应数额为17324928[43200000×50.13%×(1-20%)=17324928]元。一审法院判令上诉人太保东莞分公司支付的保险分摊款为17280000元,低于人保中山分公司起诉请求的数额和其

分摊请求权对应的数额,人保中山分公司未对此提起上诉,二审对该处理结果予以维持。利息属于法定孳息。一审法院以 17280000 元作为分摊款数额计算利息数额,低于人保中山分公司诉请的利息数额和以分摊请求权对应数额为本金计算的利息数额。人保中山分公司未对此提起上诉,二审对该处理结果予以维持。据此,太保东莞分公司应当向人保中山分公司支付重复保险分摊款 17280000 元及其利息(以 17280000 元为本金,自 2019 年 12 月 11 日起至太保东莞分公司全部清偿之日止,按一年期全国银行间同业拆借中心公布的贷款市场报价利率计付)。

综上所述,一审法院认定事实虽有瑕疵,但法律适用和判决结果基本正确,二审法院对太保东莞分公司的上诉请求不予支持。广东省高级人民法院依照《中华人民共和国民事诉讼法》第一百七十七条第一款第一项、《最高人民法院关于适用〈中华人民共和国民事诉讼法〉的解释》第三百三十四条规定,于 2022 年 3 月 15 日判决如下:

驳回上诉,维持原判。

# BETA 股份公司(BETA S. A.)诉天津鲁冶钢铁贸易有限公司国际货物买卖合同纠纷案

## 【案例要旨】

在适用《联合国国际货物销售合同公约》第八条"客观标准"解释合同条款时,应结合当事人实际使用文字的含义、与上下文的关系、商业合理性等因素,并适当考虑相关事实情况,予以综合考量,以确定"一个通情达理的人应有的理解"。

买方迟延付款,除卖方依照公约第六十三条、第六十四条的相关规定为买方确定宽限付款日期,而买方在该宽限付款日期结束以前依然没有履行支付义务或声明其将不在所规定的时间内履行外,买方实际付款晚于约定日期在通常情况下并不构成该公约下的根本违反合同。

原告:BETA 股份公司(BETA S. A.),住所地:罗马尼亚布泽乌县布泽乌市 SANTIERULUI 路。

代表人:FARAGLIA FEDERICO,该公司董事会副会长。

被告:天津鲁冶钢铁贸易有限公司,住所地:天津市北辰区北仓道东段南侧(奥都物资商贸中心内)。

法定代表人:韩德江,该公司执行董事。

原告 BETA 股份公司(BETA S. A.,以下简称 BETA 公司)因与被告天津鲁冶钢铁贸易有限公司(以下简称鲁冶公司)发生国际货物买卖合同纠纷,向天津市第一中级人民法院提起诉讼。

原告 BETA 公司诉称：BETA 公司与被告鲁冶公司于 2017 年 8 月 11 日签订钢材买卖合同，合同约定 BETA 公司向鲁冶公司购买一批钢材总金额为 713713 美元（折合人民币 4580610.03 元）。双方约定 BETA 公司提前支付合同金额的 30%（折合人民币 1374183.65 元）作为定金，鲁冶公司收到定金后 30 日安排发货，其他未支付款项以银行信用证来支付。鲁冶公司员工于 2017 年 8 月 24 日邮件确认已经收到 BETA 公司定金。鲁冶公司之后一直声称钢材价格上涨而不肯发货，经 BETA 公司多次邮件催促，并派销售总监前往鲁冶公司场地实地查看，发现鲁冶公司并无履行合同的准备和条件，鲁冶公司已经构成了实质性违约。请求法院依法判令：1. 解除 BETA 公司、鲁冶公司之间的钢材买卖合同；2. 判令鲁冶公司退还 BETA 公司支付的预付款 1374183.65 元人民币（214114 美元，按汇率 1 美元 = 6.418 元人民币算）；3. 判令鲁冶公司支付违约金（合同总金额×违约天数×0.15%×6.418，违约天数从 2017 年 9 月 24 日起到实际支付违约金之日止）。

被告鲁冶公司辩称：双方存在钢材买卖合同关系，鉴于市场行情变动，双方达成了新的补充意向，约定原告 BETA 公司另行向鲁冶公司支付 68000 美元作为预付款，但 BETA 公司一直未按照约定履行义务，致使合同至今无法继续履行。鲁冶公司为履行本合同已进行了相关的备货、预定、加工准备。请求驳回 BETA 公司全部诉讼请求。

天津市第一中级人民法院一审查明：

2017 年 8 月 11 日，原告 BETA 公司、被告鲁冶公司签订《合同》，合同约定：BETA 公司向鲁冶公司采购钢材，《合同》金额为 713713 美元。BETA 公司应于合同签订日 3 日内电汇支付《合同》金额 30% 的预付款，其余款项开立信用证。鲁冶公司应在收到预付款后 30 日内发货，每日迟延违约金为《合同》总金额的 0.15%。

原告 BETA 公司主张其于 2017 年 8 月 18 日向被告鲁冶公司电汇 214114 美元预付款，鲁冶公司于 2017 年 8 月 24 日电子邮件确认收到预付款。

2017 年 8 月 24 日，被告鲁冶公司向原告 BETA 公司发送电子邮件提到，镍的价格上涨、生产成本提高。

2017 年 8 月 25 日，原告 BETA 公司、被告鲁冶公司签订《补充协议》，将原《合同》金额增加 68000 美元，增加后的合同总金额为 781713 美元，原《合同》的预付款 214114 美元已经通过电汇支付，所有原《合同》条款保持不变。

2017 年 9 月 11 日，原告 BETA 公司向被告鲁冶公司发送电子邮件，质疑鲁冶公司为何拒绝确认第三方检验，并要求鲁冶公司于 2017 年 9 月 22 日交付货物。

2017 年 9 月 15 日，被告鲁冶公司向原告 BETA 公司发送电子邮件，询问是否接受价格上调，并表示若不接受价格上调，就无法供货。BETA 公司回复不同意支付额外费用，并要求交付部分货物并确认检验事宜。

2017 年 9 月 15 日，被告鲁冶公司向原告 BETA 公司发送电子邮件，要求尽快支付额外价格。

2017 年 10 月 10 日，原告 BETA 公司向被告鲁冶公司发送电子邮件表示，接受补充价格 36839 美元，将按照 818552 美元发送修改后订单，但鲁冶公司需在 2017 年 10 月 15 日至 20 日期间交付部分货物，其余 10 月底交付。

2017 年 10 月 12 日，原告 BETA 公司向被告鲁冶公司电子邮件告知，要求鲁冶公司提供预付款对应价值的货物，并经过第三方检验，其他货物需要明确备货时间，付款按照 BETA 公司之前电子邮件中提到的条件执行，并要求鲁冶公司提供签证所需的邀请函。

2017 年 10 月 12 日，双方往来电子邮件中显示，被告鲁冶公司表示钢板和钢管即将完工，要求支付全部金额。原告 BETA 公司表示可以全额付款，但是需要满足三个条件：（1）第三方检验所有货物；（2）提供所有货物的必要运输文件；（3）BETA 公司销售总监现场见证。

2017 年 11 月 8 日，被告鲁冶公司电子邮件表示不同意交付部分货物，要求支付全部货款。

2017 年 11 月 8 日，原告 BETA 公司向被告鲁冶公司发出合同无效通知。通知载明：鲁冶公司声明于 2017 年 8 月 23 日收到预付款，应当最迟于 2017 年 9 月 22 日交付货物。2017 年 9 月 29 日，BETA 公司的商务经理访问鲁冶公司营业场所时，原则上同意再增加 36000 美元，但需鲁冶公司在 2017 年 10 月 15 日至 20 日期间交付部分货物，其余部分 10 月底交付。但鲁冶公司并未交付货物。BETA 公司于 2017 年 10 月 23 日至 29 日第二次访问鲁冶公司时，发现鲁冶公司没有可供交付的货物，且无法提供订货的证据。鲁冶公司未在规定的时间内履行交货义务，构成违约，BETA 公司宣告合同无效，要求退回预付款，并赔偿损失。

原告 BETA 公司主张其诉讼请求所列汇率 6.418 为立案日的汇率。经查询，中国银行网站公示的 2018 年 6 月 22 日零时美元汇率基准价为 6.4706。

天津市第一中级人民法院一审认为：

原告 BETA 公司系注册在罗马尼亚的企业，本案系涉外合同纠纷，双方当事人均选择适用中华人民共和国法律，故本案适用中华人民共和国法律。

双方当事人签订的涉案钢材买卖合同不违反法律、法规强制性规定，合法有效，双方当事人均应按照约定行使权利、履行义务。按照《合同》约定，被告鲁冶公司应当在收到预付款后 30 日内发货，但从双方往来电子邮件可知，鲁冶公司于 2017 年 8 月 24 日确认收到预付款，之后陆续提出涨价及付全款再发货等要求，在收到预付款后 30 日内并未发货，经过原告 BETA 公司多次交涉至今仍未发货。鲁冶公司行为显然构成违约，BETA 公司要求解除涉案钢材买卖合同并返还预付款的诉请符合法律规定，予以支持。BETA 公司计算诉讼请求数额所适用的美元汇率未超过立案当日美元汇率基准价，予以照准。

双方当事人涉案钢材买卖合同中约定了迟延履行的违约金，现因被告鲁冶公司迟延履行义务导致涉案钢材买卖合同解除，原告 BETA 公司主张适用违约金条款，予以支持。但双方约定的违约金计算基数为涉案钢材买卖合同总价款，约定的计算比例为每日 0.15%，BETA 公司除资金占用的利息损失外，并未提交其他损失的证据，故对约定的违约金计算标准酌情予以调整。BETA 公司在电子邮件中要求最后的交货时间为 2017 年 10 月底，故违约金应当从 2017 年 11 月 1 日起算。

关于被告鲁冶公司主张原告 BETA 公司未按期支付预付款的问题。首先，鲁冶公司于 2017 年 8 月 24 日确认收到预付款，因此可以认定 BETA 公司最晚在 2017 年 8 月 24 日前已经付款，鲁冶公司在往来电子邮件中未对支付预付款的时间提出质疑。其次，双方于 2017 年 8 月 25 日又签订了《补充协议》，《补充协议》对原《合同》条款再次进行了确认。若鲁冶公司对预付款支付时间提出异议，则《补充协议》就无法达成。最后，鲁冶公司在诉讼中也未提交证据证明在该期间市场行情的剧烈变化。因此，对于 BETA 公司迟延支付预付款的期间，鲁冶公司可以相应顺延交货日期，而不能又提出新的条件拒绝交货。

被告鲁冶公司主张原告 BETA 公司存在违约行为，以及其已经做好了履行合同的必要准备，但鲁冶公司并未提供任何证据证明，故对其抗辩意见不予采纳。

综上，天津市第一中级人民法院依照《中华人民共和国合同法》第九十四条第三项、第九十七条、第九十八条、第一百一十四条第一款及第二款、第一百三十五条，《中华人民共和国涉外民事关系法律适用法》第四十一条，《最高人民法院关于审理买卖合同纠纷案件适用法律问题的解释》第二十六条，《中华人民共和国民事诉讼法》（2017 年修正）第六十四条第一款，《最高人民法院关于适用〈中华人民共和国民事诉讼法〉的解释》第九十条之规定，于 2018 年 12 月 21 日判决如下：

一、被告天津鲁冶钢铁贸易有限公司于判决生效之日起十日内返还原告 BETA 股份公司（BETA S.A.）预付款 1374183.65 元人民币并支付违约金（违约金计算方法：以人民币 1374183.65 元为本金基数，按照年利率 24%标准计算，期间自 2017 年 11 月 1 日至判决确定的给付之日止）；

二、驳回原告 BETA 股份公司（BETA S.A.）的其他诉讼请求。

鲁冶公司不服一审判决，向天津市高级人民法院提起上诉。鲁冶公司上诉称：（一）被上诉人 BETA 公司提交的证据存在明显瑕疵，无法证明其诉讼请求。一是电子邮件证据不符合民事诉讼证据要件。经核实，BETA 公司与上诉人鲁冶公司不存在电子邮件往来，BETA 公司提交的电子邮件真实性无法确定，电子邮件缺乏前后一致连贯性，不排除原始数据经过篡改。二是翻译件存在瑕疵，无法证明其证明目的。（二）一审判决认定事实不清，违约方系 BETA 公司。一是鲁冶公司已完成加工、备货等必要准备工作，具备履行合同条件，且 BETA 公司未提交证据证明鲁冶公司未履行合同义务。认定实质性违约前提是鲁冶公司未履行义务或者拒绝履行义务进而导致涉案钢材买卖合同目的不能实现，鲁冶公司不存在实质性违约行为。二是依照《中华人民共和国合同法》相关规定，解除合同应当通知对方，合同自通知到达对方时解除。本案截至开庭日，鲁冶公司未收到 BETA 公司解除合同通知。因此 BETA 公司主张涉案钢材买卖合同解除不能得到支持。三是 BETA 公司支付预付款晚于《合同》约定日期构成违约。在 BETA 公司迟延支付期间市场行情变动剧烈，BETA 公司在其提交的电子邮件中亦确认市场行情变动，并以此与鲁冶公司签订《补充协议》。BETA 公司迟延支付货款是导致涉案钢材买卖合同无法继续履行的根本原因。按照 BETA 公司提交的《补充协议》，明确载明合同总额增加 68000 美元，其他条款保持不变。但按照原《合同》约定，BETA 公司应当支付 30%的预付款，故 BETA 公司应支付 234513.9 美元预付款，但 BETA 公司仅按原《合同》金额支付预付款，未完成其先合同义务，鲁冶公司依法抗辩拒绝发货并非违约行为。（三）一审判决判项存在明显矛盾。

被上诉人 BETA 公司答辩称：一审判决认定事实清楚、证据充分、适用法律正确，请求驳回上诉、维持原判。事实与理由：（一）BETA 公司与上诉人鲁冶公司经网络认识，并采用电子邮件沟通往来，最终签订涉案钢材买卖合同。签订涉案钢材买卖合同后，鲁冶公司确认收到预付款，但一直未发货。（二）电子邮件系有效证据。BETA 公司与鲁冶公司沟通询价、确认货物规格及价格、最终签订涉案钢材买卖合同均采取电子邮件方式。关于电子邮件内容、发件人与收件人身份，天津市第一中级人民法院也予以核实和确认。BETA 公司与鲁冶公司之间有大量电子邮件往来，就 BETA 公司身份信息、BETA 公司与鲁冶公司之间的《合同》、银行付款通知等均办理了公证、认证手续，可以认定相关电子邮件的真实性。（三）鲁冶公司关于翻译件的主张与事实不符。（四）按照涉案钢材买卖合同，鲁冶公司在收到预付款的情形下一个月内未发货，其违约在先。按照鲁冶公司上诉陈述，其自身对电子邮件已经予以认可。随后，鲁冶公司以市场行情上涨为由不发货，并不断要求涨价，BETA 公司无奈与鲁冶公司签订《补充协议》，增加 68000 美元，但原《合同》条款保持不变。鲁冶公司未按照《补充协议》约定发货，也不同意 BETA 公司派人到厂检验。2017 年 11 月 8 日，鲁冶公司以电子邮件表示不同意按约交付货物，要求支付全部货款后才能交货，已经构成根本违约。BETA 公司派人前往鲁冶公司现场访问发现鲁冶公司并不具备交货条件，无奈宣告合同无效。

天津市高级人民法院经二审，对天津市第一中级人民法院查明的事实，除"2017 年 9 月 11 日，BETA 公司向鲁冶公司发送电子邮件，质疑鲁冶公司为何拒绝确认第三方检验，并要求鲁冶公司于 2017 年 9 月 22 日交付货物""2017 年 10 月 12 日，BETA 公司向鲁冶公司电子邮件告知，要求鲁冶公司提供预付款对应价值的货物，并经过第三方检验，其他货物需要明确备货时间，付款按照 BETA 公司之前电子邮件中提到的条件执行，并要求鲁冶公司提供签证所需的邀请函""2017 年 11 月 8 日，鲁冶公司电子邮件表示不同意交付部分货物，要求支付全部货款"因其所涉电子邮件真实性无法确认、亦无其他证据印证，不能认定相应事实；"鲁冶公司向 BETA 公司发送电子邮件，询问是否接受价格上调，并表示若不接受价格上调，就无法供货。BETA 公司回复不同意支付额外费用，并要求交付部分货物并确认检验事宜"的时间应为 2017 年 9 月 14 日至 15 日而非"2017 年 9 月 15 日"外，确认了其他有相关证据佐证的事实。

天津市高级人民法院二审认为：

本案为国际货物买卖合同纠纷。二审庭审时，上诉人鲁冶公司确认其营业地在中华人民共和国，被上诉人 BETA 公司确认其营业地在罗马尼亚。因中华人民共和国与罗马尼亚均系《联合国国际货物销售合同公约》缔约国，依照《联合国国际货物销售合同公约》第一条第（1）款（a）项规定，本案应适用《联合国国际货物销售合同公约》。对于本案中《联合国国际货物销售合同公约》未明确规定、亦无法按照《联合国国际货物销售合同公约》所依据的一般原则来解决的相关事项，依照《联合国国际货物销售合同公约》第七条第（2）款规定，应按照国际私法规定适用的法律即一国国内法律来解决。因《合同》及其《补充协议》对准据法均未作约定，而鲁冶公司与 BETA 公司在本案一、二审庭审中均选择适用中华人民共和国法律，故在上述情形下，依照《中华人民共和国涉外民事关系法律适用法》第四十一条规定，应适用中华人民共和国法律作为相关事项的准据法。故此，一审判决在未确定《联合国国际货物销售合同公约》是否应适用于本案的前提下直接适用《中华人民共和国合同法》等我国国内法律存在不当，予以更正。

本案二审的争议焦点为：一、涉案钢材买卖合同违约方的认定；二、涉案钢材买卖合同违约责任的大小。

**一、涉案钢材买卖合同违约方的认定**

本案中，上诉人鲁冶公司明确认可《合同》及其《补充协议》的真实性，《合同》及其《补充协议》构成双方当事人真实意思表示，不违反法律、行政法规的强制性规定，应认定为有效，双方当事人均应按约履行相应权利义务。

(一) 被上诉人 BETA 公司是否存在根本违反合同行为

按照《合同》约定，涉案货物总价款为 713713 美元，并约定被上诉人 BETA 公司应于合同签订日 3 日内电汇支付《合同》金额 30% 的预付款，余额开立不可撤销即期信用证。按照《补充协议》约定，双方当事人一致同意基于镍的价格上涨，增加原《合同》的总价款，增加的金额为 68000 美元，增加后的合同总金额为 781713 美元。《补充协议》还约定，原《合同》的预付款 214114 美元已经通过电汇支付（按照原《合同》第 2 条），并约定"所有原合同的条款保持不变"。按照现有证据，BETA 公司未于《合同》签订日 3 日内支付《合同》约定总价款对应预付款，在 BETA 公司支付原《合同》约定总价款对应预付款后，未再支付与《补充协议》增加总价款对应的预付款（68000 美元的 30%）。上诉人鲁冶公司据此主张，BETA 公司支付预付款晚于《合同》约定日期构成违约，而 BETA 公司迟延支付期间市场行情变动剧烈，BETA 公司迟延支付预付款是导致涉案钢材买卖合同无法继续履行的根本原因。且 BETA 公司仅按原《合同》金额支付预付款，未完成其先合同义务，鲁冶公司有权依法抗辩。对此，天津市高级人民法院认为：

1. 关于被上诉人 BETA 公司支付预付款晚于《合同》约定日期的评判。

《联合国国际货物销售合同公约》第二十五条虽规定："一方当事人违反合同的结果，如使另一方当事人蒙受损害，以至于实际上剥夺了他根据合同规定有权期待得到的东西，即为根本违反合同，除非违反合同一方并不预知而且一个同等资格、通情达理的人处于相同情况中也没有理由预知会发生这种结果"。但就买方迟延付款而言，除卖方依照《联合国国际货物销售合同公约》第六十三条、第六十四条第（1）款规定为买方确定宽限付款日期，而买方在该宽限付款日期结束以前依然没有履行支付义务或声明其将不在所规定的时间内这样做外，买方实际付款晚于约定日期在通常情况下并不构成根本违反合同。本案中，无证据证明上诉人鲁冶公司曾对被上诉人 BETA 公司迟延支付预付款进行过催告并为 BETA 公司确定宽限付款日期。且从经演示、核实的 2017 年 8 月 24 日鲁冶公司致 BETA 公司电子邮件来看，鲁冶公司也仅表示收到了预付款，但未明确提出 BETA 公司存在迟延支付预付款并由此造成鲁冶公司损害。固然，鲁冶公司在该电子邮件中还提出镍的价格仍然上涨的问题，但双方当事人嗣后于 2017 年 8 月 25 日达成《补充协议》增加原《合同》的总价款，并明确双方当事人同意增加总价款的原因在于"基于镍的价格上涨"，故此，该问题实质已得到解决，涉案钢材买卖合同仍应基于双方当事人的合意及补充合意继续履行。综上，BETA 公司支付预付款晚于《合同》约定日期并非根本违反合同行为，鲁冶公司以此主张 BETA 公司迟延支付预付款是导致涉案钢材买卖合同无法继续履行的根本原因的上诉理由不能成立。

2. 关于被上诉人 BETA 公司未再支付与《补充协议》增加总价款对应的预付款的评判。

该问题即涉案钢材买卖合同预付款是否应按《补充协议》增加总价款予以相应增加问题，系属合同解释问题。《联合国国际货物销售合同公约》第八条规定："（1）为本公约的目的，一方当事人所作的声明和其它行为，应依照他的意旨解释，如果另一方当事人已知道或者不可能不知道此一意旨。（2）如果上一款的规定不适用，当事人所作的声明和其他行为，应按照一个与另一方当事人同等资格、通情达理的人处于相同情况中，应有的理解来解释。(3) 在确定一方当事人的意旨或一个通情达理的人应有的理解时，应适当地考虑到与事实有关的一切情况，包括谈判情形、当事人之间确立的任何习惯做法、惯例和当事人其后的任何行为"，该条规定虽从字面而言仅仅提及对"声明"和"行为"的解释，但同样也适用于对"合同条款"进行的解释。依照该条规定：

第一，该条第 (1) 款采取主观标准原则，即对双方当事人订立合同的主观意旨做实质性的探询。但是，本案双方当事人对涉案钢材买卖合同相关条款反映的主观意旨各持己见，故本案难以适用该条第 (1) 款规定，而应适用该条第 (2) 款规定。

第二，该条第 (2) 款采取客观标准原则，在确定何为一个与另一方当事人同等资格、通情达理的人处于相同情况中应有的理解时，应结合当事人实际使用文字的含义、上下文脉络、商业合理性等因素，并应适当考虑该条第 (3) 款规定的与事实有关的一切情况，予以综合考量。首先，按照文字含义，《补充协议》对合同总价款予以增加，同时约定"所有原合同的条款保持不变"，而《合同》中的预付款条款也属于"所有原合同的条款"之一。故文字含义不能得出涉案钢材买卖合同预付款应按《补充协议》增加总价款予以相应增加的肯定、唯一结论。其次，按照上下文脉络，《补充协议》在约定增加 68000 美元后，明确提及增加后的合同总金额为 781713 美元，但并未对 68000 美元还应追加支付"30%"预付款作出明确约定。相反，该《补充协议》一方面明确原《合同》的预付款 214114 美元已经通过电汇支付（按照原《合同》第 2 条），另一方面明确"所有原合同的条款保持不变"。故按照上下文脉络亦难以认定涉案钢材买卖合同预付款按《补充协议》增加总价款予以相应增加系属《补充协议》应予调整事项。再次，按照商业合理性，如果当事人协商一致就涉案钢材买卖合同增加总价款也应支付相应的预付款，则应在《补充协议》对此予以明确约定，特别是在《补充协议》已经明确原《合同》预付款已经支付，即当事人在签订《补充协议》时已经充分注意、考量到原《合同》预付款金额及其支付情况的情形下，为避免理解歧义，更应作出明确约定。但《补充协议》并未对此作出明确约定。故按照商业合理性不能认定涉案钢材买卖合同预付款应按《补充协议》增加总价款予以相应增加。最后，按照与事实有关的情况特别是当事人其后的行为，现有证据不能看出《补充协议》签订后，上诉人鲁冶公司就被上诉人 BETA 公司未支付与《补充协议》增加总价款对应的预付款作出任何催告。双方当事人往来电子邮件亦不能看出鲁冶公司拒绝发货是因 BETA 公司未支付与《补充协议》增加总价款对应的预付款而行使抗辩权所致。故按照与事实有关的情况亦不能认定涉案钢材买卖合同预付款应按《补充协议》增加总价款予以相应增加构成双方当事人合意内容。综上，BETA 公司未再支付与《补充协议》增加总价款对应的预付款并非根本违反合同行为，鲁冶公司以此主张 BETA 公司仅按原《合同》金额支付预付款未完成其先合同义务、鲁冶公司有权依法抗辩的上诉理由不能成立。

(二) 上诉人鲁冶公司是否存在根本违反合同行为

由于被上诉人 BETA 公司已支付《合同》约定预付款，且《补充协议》亦未约定 BETA 公司应按《补充协议》增加总价款支付相应增加预付款，故上诉人鲁冶公司应按照《合同》及其《补充协议》约定，在收到 30% 电汇预付款即 214114 美元后 30 日内发货。按照本案证据，在《补充协议》签订后，鲁冶公司再次提出"价格上调"要求。经双方当事人以电子邮件、BETA 公司工作人员来华访问等方式进行多次协商，BETA 公司虽同意接受鲁冶公司要求的补充价格 36839 美元，但同时要求鲁冶公司在 2017 年 10 月 15 日至 20 日期间交付部分货物，其余货物于 2017 年 10 月底结束交付。由于此时已超过《合同》约定的交货期，故此，依照《联合国国际货物销售合同公约》第四十七条第（1）款"买方可以规定一段合理时限的额外时间，让卖方履行其义务"之规定，BETA 公司要求鲁冶公司于交货期后特定日期交付货物，该要求具有买方规定额外期间的性质。同时，按照 2017 年 10 月 10 日 BETA 公司致信鲁冶公司的电子邮件显示，BETA 公司要求鲁冶公司"确认交付"，BETA 公司再发送修改后的采购订单，故此，不能以该电子邮件认定双方当事人已就价格上调（补充价格 36839 美元）、交货日期更改（2017 年 10 月 15 日至 20 日期间交付部分货物，其余货物于 2017 年 10 月底结束交付）等事项达成了新合意。按照 2017 年 10 月 10 日之后双方当事人的电子邮件显示，鲁冶公司还提出全量交货、全额付款等新要求，但未经 BETA 公司接受，相反，BETA 公司还提出第三方检验、运输文件、邀请 BETA 公司工作人员来华等新要求，而无证据证明鲁冶公司对此予以接受，故按照现有证据，不能认定双方当事人自《补充协议》签订后，又就涉案钢材买卖合同达成了新合意。在此情形下，至 2017 年 11 月 8 日时，买方规定额外期间业已经过，涉案钢材买卖合同虽经双方当事人多次协商，仍未达成新合意，鲁冶公司亦未举证证明发送了货物。故此，鲁冶公司不交付货物的行为构成《联合国国际货物销售合同公约》第二十五条规定的根本违反合同，鲁冶公司主张自己做了必要准备工作，但未提交任何证据予以证明，应承担不利后果。

（三）《联合国国际货物销售合同公约》下宣告合同无效的行使方式

在上诉人鲁冶公司根本违反合同的情形下，被上诉人 BETA 公司有权依照《联合国国际货物销售合同公约》第四十九条第（1）款"买方在以下情况下可以宣告合同无效……（b）如果发生不交货的情况，卖方不在买方按照第四十七条第（1）款规定的额外时间内交付货物，或卖方声明他将不在所规定的时间内交付货物"之规定，宣告合同无效（declare the contract avoided），由此使已生效的合同失去法律效力，当事人不再受合同约束。按照本案证据，2017 年 11 月 8 日，BETA 公司向鲁冶公司发出合同无效通知。对此，鲁冶公司主张，依照《中华人民共和国合同法》相关规定，解除合同应当通知对方，合同自通知到达对方时解除。本案截至开庭日，鲁冶公司未收到 BETA 公司解除合同通知。因此 BETA 公司主张涉案钢材买卖合同解除不能得到支持。对此，法院认为，如前所述，本案应优先适用《联合国国际货物销售合同公约》相关规定而非我国国内法律规定。诚然，依照《联合国国际货物销售合同公约》第二十六条"宣告合同无效的声明，必须向另一方当事人发出通知，方始有效"之规定，《联合国国际货物销售合同公约》规定的宣告合同无效亦采取与《中华人民共和国合同法》规定的解除合同相同的通知主义。但《联合国国际货物销售合同公约》第二十七条同时规定，除非公约本部分（即该公约第三部分）另有明文规定，当事人按照本部分的规定，以适合情况的方法发出任何通知、要求或其它通知后，这种通知如在传递上发生耽搁或错误，或者未能到达，并不使该当事人丧失依靠该项通知的权利。即除另有明文规定外，《联合国国际货物销售合同公约》第三部分的通知、要求或其他通知均采取发送生效原则而非到达生效原则。由于《联合国国际货物销售合同公约》第二十六条规定的宣告合同无效也属于该公约第三部分内容，而该条与《联合国国际货物销售合同公约》

第三部分中第四十七条第（2）款（"除非买方收到卖方的通知，声称他将不在所规定的时间内履行义务"的通知）等规定不同，并未规定到达生效，故此，应认定BETA公司依照《联合国国际货物销售合同公约》第四十九条规定作出的宣告合同无效通知应适用该公约第二十七条规定，采取发送生效原则。因BETA公司已于2017年11月8日经电子邮件发送了宣告合同无效通知，故此，无论鲁冶公司是否收到该通知，宣告合同无效已于2017年11月8日发生法律效力。鲁冶公司关于BETA公司主张涉案钢材买卖合同解除不能得到支持的上诉主张不能成立。但是，一审判决虽在裁判理由中认定BETA公司要求"解除"合同的诉请符合法律规定，但未在判决主文中予以表述，即BETA公司"解除"BETA公司与鲁冶公司之间涉案钢材买卖合同的诉请虽经天津市第一中级人民法院审理，但未予以裁判，法院依法予以改判。关于改判具体内容，因BETA公司在二审中明确其诉请：本案如适用《中华人民共和国合同法》，则其相应诉请为解除涉案钢材买卖合同；本案如适用《联合国国际货物销售合同公约》，则其相应诉请为宣告涉案钢材买卖合同无效，因本案应适用《联合国国际货物销售合同公约》相关规定解决已生效的合同失去法律效力这一问题，故法院按宣告合同无效作出相应改判。

至于上诉人鲁冶公司所主张的电子邮件证明力问题，经二审演示、核实，除少量电子邮件证据未经登录原始电子邮箱予以核实外，大部分电子邮件证据均经登录原始电子邮箱方式予以核实，相关电子邮件证据内容足以作为一审判决及法院相应论述的事实依据，故而鲁冶公司的相应上诉主张不能成立。

至于上诉人鲁冶公司所主张的翻译瑕疵问题，由于鲁冶公司并未指明具体何种证据存在翻译瑕疵，在本案二审庭审时，法院要求鲁冶公司予以指明，其回答为"具体记不清了，庭后提交书面意见"，但其后并未提交书面意见。按照鲁冶公司上诉主张，可知其所指涉的证据主要为《合同》（原文为英文，而该证据中译本抬头记载系由罗马尼亚文翻译为中文；《合同》第9条处罚责任"0.15% of total amount"误译为"总金额的0.5%"）。就翻译资质问题，按照《公证书》记载，《合同》的翻译人员持有罗马尼亚司法部签发许可证，同时具有英文翻译与中文翻译资质（"是英文和中文受权翻译"）。故此，即使相关证据为英文，也可实现英文、罗马尼亚文与中文间的翻译。就错别字、混淆、赔偿公式译误问题，或者不影响理解，或者可与原文校核更正，不足以对认定事实产生实质不利影响，故而鲁冶公司的相应上诉主张不能成立。

**二、涉案钢材买卖合同违约责任的大小**

依照《联合国国际货物销售合同公约》第八十一条第（1）款、第（2）款之规定，宣告合同无效解除了双方在合同中的义务，但应负责的任何损害赔偿仍应负责。已全部或局部履行合同的一方，可以要求另一方归还他按照合同供应的货物或支付的价款。故此，被上诉人BETA公司有权要求上诉人鲁冶公司返还已收取的预付款，同时可主张鲁冶公司承担相应损害赔偿责任。

关于损害赔偿责任，《合同》第9条明确约定了迟延履行的违约金，被上诉人BETA公司亦依据约定提出了由上诉人鲁冶公司支付违约金的诉请，对此，由于《联合国国际货物销售合同公约》并未就违约金问题作出明确规定，依照该公约第七条第（2）款之规定，应按照国际私法规定适用的法律来解决，在本案中，如前所述，即应适用《中华人民共和国合同法》等我国国内法律。依照《中华人民共和国合同法》第一百一十四条第一款、第二款规定，当事人可以约定一方违约时应当根据违约情况向对方支付一定数额的违约金，也可以约定因违约产生的损失赔偿额的计算方法。约定的违约金低于造成的损失的，当事人可以请求人民法院或者仲裁机构予以增加；约定的违约金过分高于造成的损失的，当事人可以请求人民法院或者仲裁机构予以适当减少。由于本案一审中鲁冶公司提出了违约金过高的抗辩，且 BETA 公司除资金占用的利息损失外，并未提交其他损失的证据，故天津市第一中级人民法院对约定的违约金计算标准酌情予以调整，并结合双方当事人电子邮件等证据，按 2017 年 11 月 1 日作为起算违约金日期，并无不当。

至于汇率问题，本案二审期间双方当事人对一审判决认定的美元汇率并无异议，故一审判决相应认定应予维持。

综上，上诉人鲁冶公司关于一审判决判项存在明显矛盾的理由成立，应予改判；鲁冶公司的其他上诉请求不能成立，应予驳回。一审判决认定事实基本清楚，适用法律虽有瑕疵，裁判结果正确，在更正瑕疵后对相应判项予以维持，并对遗漏判项予以改判。天津市高级人民法院依照《联合国国际货物销售合同公约》第一条第（1）款（a）项、第七条第（2）款、第八条、第二十五条、第二十六条、第二十七条、第四十七条第（1）款、第四十九条第（1）款、第六十三条、第六十四条第（1）款、第八十一条第（1）款及第（2）款，《中华人民共和国合同法》第一百一十四条第一款及第二款，《中华人民共和国民事诉讼法》（2017 年修正）第六十四条第一款、第一百七十条第一款第二项，《最高人民法院关于适用〈中华人民共和国民事诉讼法〉的解释》第九十条、第三百三十四条之规定，于 2019 年 7 月 17 日判决如下：

一、维持天津市第一中级人民法院（2018）津 01 民初 410 号民事判决第一项；

二、撤销天津市第一中级人民法院（2018）津 01 民初 410 号民事判决第二项；

三、天津鲁冶钢铁贸易有限公司与 BETA 股份公司（BETA S.A.）之间签订的《合同》及其《补充协议》于 2017 年 11 月 8 日宣告无效；

四、驳回 BETA 股份公司（BETA S.A.）的其他诉讼请求。

# 程骏平诉上海纽鑫达进出口有限公司等股东资格确认纠纷案

【案例要旨】

《中华人民共和国外商投资法》对外商投资采取准入前国民待遇和负面清单管理模式。外籍隐名股东诉请确认股权并显名变更登记的，隐名股东除证明自己已实际投资，且具有被认可的股东身份外，如该公司所从事领域不属于外商投资负面清单范围的，人民法院可确认其变更为显名股东；如该公司所从事领域属于负面清单内的限制类领域，还应征得外商投资主管机关的同意。

原告：程骏平（Carson Jun Ping Cheng），男，1962年9月25日出生，美利坚合众国国籍，住上海市浦东新区。

被告：上海纽鑫达进出口有限公司，住所地：中国（上海）自由贸易试验区金豫路。

法定代表人：张锋，该公司执行董事。

第三人：张锋，男，1970年1月19日出生，汉族，住山东省济南市。

第三人：程岚，男，1979年10月2日出生，汉族，住湖北省荆州市。

原告程骏平因与被告上海纽鑫达进出口有限公司（以下简称纽鑫达公司）、第三人张锋、程岚发生股东资格确认纠纷，向上海市浦东新区人民法院提起诉讼。

原告程骏平诉称：2009年11月，程骏平与第三人张锋、程岚协商一致，决定在上海新设一家贸易公司为程骏平在美国设立的Ncstar公司提供进出口服务，注册资本为人民币（以下币种均相同）100万元。2009年11月3日，以张锋、程岚名义向被告纽鑫达公司分别实际缴纳了51万元和49万元出资。验资当日，程骏平委托程岚支付给张锋458762元，其中26万元为程骏平的出资。2009年11月10日，三方在上海市浦东新区签订了《股份协议书》，确认程骏平出资51万元，张锋、程岚分别出资25万元和24万元。鉴于程骏平为美国籍，无法与国内自然人成立合资公司，三方遂决定先期以张锋、程岚两人名义成立公司，由张锋出任纽鑫达公司的法定代表人。2012年9月10日，纽鑫达公司以股权转让形式全资收购了上海亿越投资管理有限公司（以下简称亿越公司），各方为明确投资股权比例和权益，于2012年10月29日另行签订了一份《股份协议书》，再次明确三方对纽鑫达公司享有的股权比例。程骏平与张锋、程岚在2009年11月10日签署《股份协议书》前后，程骏平一直参与纽鑫达公司日常经营活动和管理，参与决策，行使股东权利，审议、批准执行董事的报告，并作出相应的决定。程骏平多次要求张锋将其代程骏平持有的26%纽鑫达股权转让给程岚，张锋均予以拒绝，并声称其为纽鑫达公司51%股权的实际所有人。故程骏平诉至法院，请求判令：1. 确认张锋名下26%的纽鑫达公司股权系程骏平所有；2. 纽鑫达公司配合程骏平将张锋持有的26%的股权变更登记到程骏平名下。

被告纽鑫达公司辩称：1. 原告程骏平未向纽鑫达公司出资或认缴出资。程骏平所谓的出资系因当时第三人张锋、程岚之间有诸多债权债务往来。程骏平系程岚的哥哥，张锋、程岚关系未破裂时，程岚手中留有盖有纽鑫达公司公章的空白盖章页，程岚利用空白盖章页伪造了《出资证明书》，该《出资证明书》上的印章形成时间远远早于正文文字的形成时间。2. 2009年11月10日签订的《股份协议书》未实际履行。张锋、程岚合作成立纽鑫达公司后，程骏平为深度绑定与张锋的合作关系，提出由其本人与纽鑫达公司成立中外合资公司，承诺出资51%，要求纽鑫达公司未来将业务全部装入中外合资公司中运营。为此，程骏平与张锋、程岚签订了《股份协议书》。但该《股份协议书》签订后，双方因具体细节未谈妥，最终并未实际成立中外合资公司，程骏平亦未在《股份协议书》签订后对纽鑫达公司出资51%。3. 2012年10月29日签订的《股份协议书》是对纽鑫达公司借款的担保，并非真实的投资关系。纽鑫达公司成立后，程岚曾9次借款给纽鑫达公司，共计1031万元，其中较多资金来源于程骏平，纽鑫达公司共计21次归还借款，已全部还清。为购买亿越公司股权，2012年9月7日，程岚一次性出借给纽鑫达公司245万元。为保证程骏平资金安全，程骏平要求张锋、程岚签署了《股份协议书》，但从未要求任何实际的股权变更登记。4. 即使程骏平出资行为成立，亦违反了效力性强制性规定，应属无效。程骏平作为外籍自然人，与张锋、程岚成立中外合资经营企业的行为，违反了《中华人民共和国中外合资经营企业法》第一条的规定，属于无效。

第三人张锋陈述意见与被告纽鑫达公司一致。

第三人程岚陈述意见与原告程骏平一致。

上海市浦东新区人民法院一审查明：

2009年11月10日，原告程骏平与第三人张锋、程岚签订一份《股份协议书》，约定：经三人协商，三人在上海成立贸易公司，由于程骏平为美国籍，目前无法与国内自然人成立合资公司，经商讨，三人同意先期以张锋、程岚两人名义成立公司，等条件成熟后，程骏平与该公司成立中外合资公司，各方出资仍按约定的比例出资。三人现达成以下协议：1. 三人同意以张锋、程岚两人名义成立被告纽鑫达公司；2. 纽鑫达公司虽然以张锋、程岚两人名义成立，但实际投资比例为：程骏平51%，张锋25%，程岚24%。由张锋任法定代表人，注册资金100万元，程骏平出资51万元，张锋出资25万元，程岚出资24万元。程骏平拥有该公司51%的股权。

2009年11月3日，原告程骏平通过第三人程岚向第三人张锋打款458762元。程骏平和程岚均表示，458762元中的26万元系程骏平以张锋名义缴纳的被告纽鑫达公司出资，程骏平另有25万元出资系在程岚的49万元出资中。

2009年11月5日，上海汇强会计师事务所出具《验资报告》，载明被告纽鑫达公司（筹）申请登记的注册资本为100万元，由全体股东首次出资资金全部到位。经审验，截至2009年11月3日止，纽鑫达公司（筹）已收到全体股东缴纳的注册资本合计100万元，各股东均以货币形式出资，并按公司章程约定比例缴付出资。该《验资报告》附件《本期注册资本实收情况明细表》载明：张锋出资51万元，占注册资本的51%，程岚出资49万元，占注册资本的49%。附件《银行对账单》载明，2009年11月3日，张锋向纽鑫达公司账户转账51万元，程岚向纽鑫达公司账户转账49万元。

2009年11月11日，被告纽鑫达公司成立，类型为有限责任公司（自然人投资或控股），法定代表人为第三人张锋，注册资本100万元，股东为张锋（占51%股权）、第三人程岚（占49%股权）。

2012年10月29日，原告程骏平与第三人张锋、程岚又签订一份《股份协议书》，约定：2012年9月，经程骏平、张锋、程岚三人协商，股东会决议如下：被告纽鑫达公司以股权收购形式，购买亿越公司100%股权，纽鑫达公司拥有亿越公司100%股权，根据三人分别拥有的纽鑫达公司股份比例，三人对亿越公司股份的实际拥有比例如下：程骏平拥有公司51%股权，张锋拥有公司25%股权，程岚拥有公司24%股权……

2018年8月6日，被告纽鑫达公司向原告程骏平出具一份《出资证明书》，载明：程骏平于2009年11月3日向纽鑫达公司缴纳出资51万元。诉讼中，纽鑫达公司和第三人张锋对该《出资证明书》提出异议，认为系事后由第三人程岚擅自在盖有纽鑫达公司公章的空白页上打印形成。为此，双方共同委托了司法鉴定科学研究院对"《出资证明书》上纽鑫达公司印文形成时间、打印体字迹形成时间、纽鑫达公司印文与打印体字迹的形成时间先后"进行司法鉴定。司法鉴定科学研究院出具《司法鉴定意见书》，鉴定意见为：（一）检材

《出资证明书》上"纽鑫达公司"印文不是在 2009 年 12 月 31 日至 2012 年 4 月 20 日盖印形成,但无法判断是否在签发日期"2018 年 8 月 6 日"盖印形成;(二)无法判断检材《出资证明书》上打印体字迹的形成时间;(三)无法判断检材《出资证明书》上"纽鑫达公司"印文与打印体字迹的形成时间先后。

另查明,2009 年至 2018 年期间,第三人张锋先后通过 zhangfeng××××@gmail.com、zhangfeng××××@126.com 以及 frank××××@163.com 等电子邮箱与原告程骏平、第三人程岚等有众多电子邮件往来,汇报被告纽鑫达公司及相关企业的运营情况等。其中,2010 年 1 月 7 日,程岚向张锋 zhangfeng××××@126.com 的邮箱发送"办公室账目"的电子邮件,邮件附件中的"纽鑫达公司股东出资额"载明:程骏平占 51%,出资额 51 万元;张锋占 25%,出资额 25 万元,注册额 51 万元,其中 26%(26 万元)为程骏平的股份;程岚占 24%,出资额 24 万元,注册额 49 万元,其中 25%(25 万元)为程骏平的股份。2013 年 9 月 16 日,张锋通过 zhangfeng××××@126.com 向程骏平发送电子邮件称:Carson,您好!请看附件,按您的要求,我写了以下方案,请您过目,谢谢!该邮件的附件《纽鑫达公司分红方案》载明:截至 2011 年 12 月 31 日,纽鑫达公司总计盈利 11391327 元,经股东决议,将其中 1000 万元向各股东分红。按各股东所持股份比例分配如下:程骏平 510 万元,张锋 250 万元,程岚 240 万元。经股东一致同意,按比例分别支付给各股东如下金额:程骏平 424.9999 万元,张锋 250 万元,程岚 220 万元。剩余未支付的分红款项,作为各股东的投资再次投入公司。另外,未分配利润 1391327 元,留在公司,作为周转资金使用。

上海市浦东新区人民法院一审认为:

本案系股东资格确认纠纷,因原告程骏平系美国国籍,故本案系涉外案件。《中华人民共和国涉外民事关系法律适用法》第十四条规定,法人及其分支机构的民事权利能力、民事行为能力、组织机构、股东权利义务等事项,适用登记地法律。本案标的公司即被告纽鑫达公司登记地位于中华人民共和国,故本案应当适用中华人民共和国法律进行审理。

本案争议焦点如下:一、第三人张锋是否代持了原告程骏平所有的 26% 被告纽鑫达公司股权;二、程骏平能否要求纽鑫达公司办理相应的股权变更手续,变更是否存在法律或政策上的障碍。

关于争议焦点一。首先,双方有一系列明确的协议相互印证原告程骏平实际享有被告纽鑫达公司 51% 股权。2009 年 11 月 10 日签订的《股份协议书》、2012 年 10 月 29 日签订的《股份协议书》以及 2018 年 8 月 6 日出具的《出资证明书》均是各方真实意思表示,均能证实程骏平实际享有纽鑫达公司 51% 的股权,其中 26% 的股权由第三人张锋代持,25% 的股权由第三人程岚代持。其次,程骏平已举证证明其对纽鑫达公司履行了相应的出资义务。程骏平称 2009 年 11 月 3 日程岚向张锋打款 458762 元中的 26 万元系程骏平以张锋名义缴纳的出资,程岚对此表示认可,同时也承认其出资的 49 万元中的 25 万元实际系程骏平出资。纽鑫达公司及张锋虽然否认,但没有提供充分的证据予以佐证,且根据后来的《股份协议书》《出资证明书》及分红方案等,亦可推断程骏平已经实际履行了出资义务。最后,从各方往来的一系列电子邮件可以看出,程骏平事实上参与了纽鑫达公司的经营管理,特别是重大事项的决策,履行了其作为大股东的权利和义务。至于张锋抗辩《出资证明书》系程岚事后伪造,一审法院认为,一方面,《司法鉴定意见书》没有得出明确的结论,程骏平也没有提供其他证据予以佐证；另一方面，各方均认可该《出资证明书》上的公章系真实。即使存在程岚在空白盖章页上打印《出资证明书》的情况，也是纽鑫达公司内部管理问题，不影响法院综合全案证据认定纽鑫达公司股权的实际所有人。据此，一审法院认定程骏平系纽鑫达公司的隐名股东，张锋名下26%的纽鑫达公司股权的实际拥有人是程骏平。

关于争议焦点二。被告纽鑫达公司系有限责任公司（自然人投资或控股），显名股东为第三人张锋、程岚，均系国内自然人；隐名股东为原告程骏平，系美国人。如变更相应的工商登记，使隐名股东显名，主要存在以下争议：

1. 关于国内自然人能否与外国人成立外商投资企业问题。《中华人民共和国中外合资经营企业法》第一条规定，允许外国公司、企业和其他经济组织或个人……同中国的公司、企业或其他经济组织共同举办合资企业。该法规定的中方合资人虽然未包括中国的自然人，但该法已于2020年1月1日废止。后生效的《中华人民共和国外商投资法》并没有这方面的限制。该法第二条明确规定：外商投资企业，是指全部或者部分由外国投资者投资，依照中国法律在中国境内经登记注册设立的企业。《中华人民共和国外商投资法实施条例》第三条进一步明确：外商投资法第二条中的其他投资者，包括中国的自然人在内。同时，根据《最高人民法院关于适用〈中华人民共和国外商投资法〉若干问题的解释》第二条规定：对外商投资准入负面清单之外的领域形成的投资合同，当事人以合同未经有关行政主管部门批准、登记为由主张合同无效或者未生效的，人民法院不予支持。前款规定的投资合同签订于外商投资法施行前，但人民法院在外商投资法施行时尚未作出生效裁判的，适用前款规定认定合同的效力。因此，本案中被告纽鑫达公司及第三人张锋要求确认原告程骏平与第三人张锋、程岚共同成立公司的行为无效，一审法院不予支持。

2. 关于外国人成为公司股东是否需要办理相关审批手续问题。外商投资法生效后，我国对外商投资实行准入前国民待遇加负面清单管理制度。所谓准入前国民待遇，是指在投资准入阶段给予外国投资者及其投资不低于本国投资者及其投资的待遇；所谓负面清单，是指国家规定在特定领域对外商投资实施的准入特别管理措施，国家对负面清单之外的外商投资，给予国民待遇。本案中，一审法院特函上海市商务委员会，就"如确认程骏平为被告股东，上海市商务委员会是否同意将程骏平变更为被告股东，并将被告变更为外商投资企业"进行咨询。上海市浦东新区商务委投资促进处复函称："……纽鑫达公司所从事领域不属于外商投资准入特别管理措施（负面清单）内范围，我委办理Carson Jun Ping Cheng变更为纽鑫达公司股东，并将纽鑫达公司变更为外商投资企业的备案手续不存在法律障碍。"因此，原告程骏平要求变更为被告纽鑫达公司股东，不需要履行特别的审批手续，亦不存在法律上的障碍。

3. 关于股东变更的公司内部程序问题。根据《最高人民法院关于适用〈中华人民共和国公司法〉若干问题的规定（三）》第二十四条规定，实际出资人请求公司变更股东、签发出资证明书、记载于股东名册、记载于公司章程并办理公司登记机关登记的，应当经公司其他股东半数以上同意。本案中，除第三人张锋以外的其他股东，暨第三人程岚明确认可原告程骏平的股东身份，也同意将程骏平变更登记为被告纽鑫达公司股东。因此，程骏平要求纽鑫达公司将张锋代持的26%股权变更登记到程骏平名下，符合法律及司法解释规定，一审法院依法予以支持。

综上，上海市浦东新区人民法院依照《中华人民共和国涉外民事关系法律适用法》第十四条、《中华人民共和国外商投资法》第二条、第四条、《中华人民共和国外商投资法实施条例》第三条、《最高人民法院关于适用〈中华人民共和国公司法〉若干问题的规定（三）》第二十二条、第二十四条、《最高人民法院关于适用〈中华人民共和国外商投资法〉若干问题的解释》第二条、《最高人民法院关于适用〈中华人民共和国民事诉讼法〉的解释》第九十条的规定，于2020年1月2日作出判决：

一、确认登记在第三人张锋名下的被告上海纽鑫达进出口有限公司26%的股权系原告程骏平（Carson Jun Ping Cheng）所有；

二、被告上海纽鑫达进出口有限公司应于判决生效之日起十五日内将第三人张锋名下的上海纽鑫达进出口有限公司26%的股权变更登记到原告程骏平（Carson Jun Ping Cheng）名下，张锋应当予以配合。

纽鑫达公司不服一审判决，向上海市第一中级人民法院提起上诉。

纽鑫达公司上诉称：1. 一审判决错误认定两份《股份协议书》的意思表示。2009年签订的《股份协议书》意指未来纽鑫达公司与被上诉人程骏平之间再成立一家合资企业，而非成立纽鑫达公司本身。2012年签订的《股份协议书》系对纽鑫达公司借款购买亿越公司股份所作的担保。2. 一审法院错误采信《出资证明书》的鉴定结论。鉴定结论无法判断《出资证明书》是在2018年8月6日加盖印章，综合多份样本材料，特别是程骏平另案提交的落款日期为同一日的样本材料，可见样本和检材之间自相矛盾。3. 一审法院错误认定zhangfeng××××@gmail.com和zhangfeng××××@126.com两个邮箱属于原审第三人张锋，一审法院仅依据程骏平的单方主张认定该节事实，无法与其他证据相互印证。请求二审法院撤销一审判决，发回重审或者改判驳回程骏平的全部一审诉讼请求。

被上诉人程骏平答辩称：1. 两份《股份协议书》的内容与上诉人纽鑫达公司的陈述不符；相反，协议书载明程骏平拥有51%的股权以及"股东会决议如下"等字样，没有任何借款担保的内容，完全可以说明程骏平拥有纽鑫达公司的股权。2. 鉴定的样本材料纽鑫达公司事先是认可的，一审庭审中其明确对鉴定结论没有意见，一审判决采信鉴定结论的意见正确。3. 所涉gmail和126邮箱经过公证，邮件落款署名为张锋或Frank（张锋另一邮件名），且内容均与纽鑫达公司业务有关。现有证据材料已足以证明程骏平是纽鑫达公司的股东。请求驳回上诉，维持原判。

原审第三人张锋述称，同意上诉人纽鑫达公司的意见。

原审第三人程岚述称，同意被上诉人程骏平的意见。

上海市第一中级人民法院经二审，确认了一审查明的事实。

上海市第一中级人民法院二审认为：

因被上诉人程骏平系美国籍，故本案为涉外纠纷案件。《中华人民共和国涉外民事关系法律适用法》第十四条规定，"法人及其分支机构的民事权利能力、民事行为能力、组织机构、股东权利义务等事项，适用登记地法律"。作为股东资格确认纠纷，本案上诉人纽鑫达公司的登记地位于中华人民共和国境内，故本案应适用中华人民共和国法律。

本案二审争议焦点在于：原审第三人张锋是否代持了被上诉人程骏平所有的上诉人纽鑫达公司26%的股权。

第一，从合同文义来看，2009年11月10日的《股份协议书》言明由被上诉人程骏平、原审第三人张锋、程岚三人"先期以张锋、程岚两人名义成立公司，等条件成熟后，程骏平与该公司成立中外合资公司"，关于先期成立的公司三人同意"以张锋、程岚两人名义成立上海纽鑫达进出口有限公司"，且之所以作如此安排是因为"程骏平为美国籍，目前无法与国内自然人成立合资公司"，而实际投资比例为"程骏平51%、张锋25%、程岚24%"。该协议书的文义内容清晰无歧义，与上诉人纽鑫达公司和张锋所称，该协议书意指未来纽鑫达公司与程骏平之间再成立一家合资企业，而非成立纽鑫达公司本身的说法并不相符。嗣后，2012年10月29日的《股份协议书》进一步言明，"经程骏平、张锋、程岚三人协商，股东会决议如下：……根据三人分别拥有的上海纽鑫达进出口公司股份比例，三人对于上海亿越投资管理有限公司股份的实际拥有比例如下：程骏平拥有公司51%股权，张锋拥有公司25%股权，程岚拥有公司24%股权……"由于"上海纽鑫达进出口公司拥有上海亿越投资管理有限公司100%股权"，故可以从以上协议文本中得出两个结论：第一，三人当时均确认程骏平系纽鑫达公司股东；第二，程骏平拥有纽鑫达公司51%的股权。该《股份协议书》通篇均未载明纽鑫达公司和张锋所谓的借款担保事项，纽鑫达公司和张锋也未提供其他借款担保的相关证据材料，其主张不具有事实依据。

第二，关于《出资证明书》的鉴定意见。一审中，根据上诉人纽鑫达公司的申请，鉴定机构出具了鉴定意见。2019年12月30日，纽鑫达公司和原审第三人张锋在对鉴定意见质证过程中表示，"对鉴定结论没有意见"，同时又认为"第2页有两份8月6日的样本，但出资证明书也是8月6日但无法确认，可以印证出资证明书的真实性不确定。"其在二审中也持类似观点。二审法院认为，纽鑫达公司和张锋所持意见仅系其主观判断并无事实依据，不能对抗有效的鉴定意见。结合举证责任和鉴定意见，应当认为纽鑫达公司和张锋对《出资证明书》所提异议不能成立，《出资证明书》应予采信。根据《出资证明书》的记载，被上诉人程骏平系纽鑫达公司的股东，已于2009年11月3日缴纳了51万元的出资款。

第三，关于电子邮箱的归属。基于日常经验可知，注册和使用电子邮箱通常不需要严格的实名认证程序，因此难以直接通过查询zhangfeng××××@gmail.com和zhangfeng××××@126.com的注册信息认定电子邮箱的归属主体。但这并不意味着无法推定电子邮箱的实际使用人。二审法院认为，可以从以下两个方面进行判断：一是形式方面，上述电子邮箱名的核心字段均为"zhangfeng"，与原审第三人张锋的拼音字母一致，且这些邮件的发件人署名亦为"张锋"，与张锋同名。二是内容方面，上述邮箱内与被上诉人程骏平等人的往来邮件，涉及月度账目明细、财务报表、厂址选择、结汇时间表等内容，若非负责上诉人纽鑫达公司的日常运营，则难以掌握如此翔实细致的内部情况，而纽鑫达公司的法定代表人正是张锋。综合以上因素，原审法院认为上述邮箱曾由张锋实际使用，并无不当。

综上所述，二审法院认定，被上诉人程骏平系上诉人纽鑫达公司的股东，原审第三人张锋名下26%的纽鑫达公司股权应归程骏平所有。二审法院同时注意到，《中华人民共和国外商投资法》取消了原中外合资经营企业中，中方自然人合营的限制。且《中华人民共和国外商投资法实施条例》第三条明确，"外商投资法第二条第二款第一项、第三项所称其他投资者，包括中国的自然人在内"。鉴于我国对外商投资实行准入前国民待遇加负面清单管理制度，一审法院亦在一审诉讼期间致函相关行政管理机关，得到了"……上海纽鑫达进出口有限公司所从事领域亦不属于外商投资准入特别管理措施（负面清单）内范围……我委办理 Carson Jun Ping Cheng 变更为上海纽鑫达进出口有限公司股东，并将上海纽鑫达进出口有限公司变更为外商投资企业的备案手续不存在法律障碍"的复函。因此，程骏平要求变更登记为纽鑫达公司股东，无须履行特别的审批手续，不存在法律和政策上的障碍。

综上，一审判决认定事实清楚，裁判结果正确。上海市第一中级人民法院依照《最高人民法院关于适用〈中华人民共和国公司法〉若干问题的规定（三）》第二十四条、《中华人民共和国民事诉讼法》第一百七十条第一款第一项、《最高人民法院关于适用〈中华人民共和国民事诉讼法〉的解释》第三百三十四条规定，于2020年5月14日作出判决：

驳回上诉，维持原判。

# 行　　政

## 高留升诉新郑市人民政府等行政补偿纠纷案

【案例要旨】

行政机关对土地使用等作出的限制行为直接导致当事人财产权益明显减损，当事人要求行政机关予以行政补偿的，人民法院应予支持。

原告：高留升，男，汉族，1957年11月14日出生，住河南省新郑市。
被告：新郑市人民政府，住所地：河南省新郑市人民路。
法定代表人：马宏伟，该市市长。
被告：新郑市林业局，住所地：河南省新郑市中华北路。
法定代表人：郑彩霞，该局局长。
被告：新郑市具茨山国家级森林公园（具茨山景区）管理委员会，住所地：河南省新郑市千户寨同源路。
法定代表人：郭微酬，该管理委员会主任。
第三人：新郑市具茨山国家级森林公园管理委员会千户寨村民委员会，住所地：河南省新郑市具茨山国家级森林公园管理委员会千户寨村。
负责人：赵铭涛，该村民委员会主任。
原告高留升因与被告新郑市人民政府、新郑市林业局、新郑市具茨山国家级森林公园（具茨山景区）管理委员会（以下简称具茨山管委会）、第三人新郑市具茨山国家级森林公园管理委员会千户寨村民委员会（以下简称千户寨村委会）发生行政补偿纠纷，向河南省郑州市中级人民法院提起诉讼。

原告高留升诉称：其系河南省新郑市辛店镇千户寨村村民，自1983年起与千户寨村委会签订承包荒山协议，约定其承包东至白庙地界、西至史峒、南至千户寨村地界、北至老七队八亩地约250亩荒山，承包期至2016年1月1日，承包期内一切附属物归原告所有，承包期内如果村集体或国家需用时，千户寨村委会有权终止合同收回荒山，但一切附属物归原告所有，承包到期后原告享有优先承包权。合同签订后，被告新郑市人民政府、新郑市林业局、具茨山管委会在未对原告进行任何补偿的情况下，擅自将原告承包的荒山纳入森林公园。原告的承包经营权应受法律保护，征收原告承包经营的荒山应履行法定程序，并对地上附着物和青苗等给予公平、合理的补偿，被告的征收行为违反法律规定，侵害了原告的合法权益，故诉至法院，请求判令三被告对原告承包的250亩荒山上的所有森林及附属物划入新郑市具茨山国家级森林公园及公益林的行为依法作出补偿决定。

被告新郑市人民政府辩称：1. 新郑市人民政府不是本案适格被告。设立国家级森林公园不代表对森林公园内的土地进行了征收，新郑市人民政府也未对案涉森林公园内的土地进行征收，不存在行政补偿的前提，因此新郑市人民政府不是本案适格被告。2. 高留升不具备原告主体资格。案涉国家级森林公园的设立不影响原告的承包经营权。如果原告对森林公园内的林木享有所有权，可以依法办理采伐证后进行采伐，原告在权利没有受到损害的情况下提起诉讼缺乏法律依据。综上，请求驳回原告的起诉。

被告新郑市林业局辩称：新郑市林业局不是适格被告，请求法院依法裁判。

被告具茨山管委会辩称：原告高留升承包的荒山未被征收，原告非征收补偿对象，具茨山管委会也无补偿义务。原告要求行政补偿无事实和法律依据，请求依法驳回原告的诉讼请求。

第三人千户寨村委会述称：1. 高留升不具备原告主体资格。案涉荒山承包协议2016年1月1日到期后未续签，承包协议终止后，高留升对案涉荒山的权利自然终止。2. 案涉荒山不存在征收问题，亦不存在行政补偿事宜。综上，原告所述无事实和法律依据，应当依法驳回原告起诉。

河南省郑州市中级人民法院一审查明：

原告高留升系河南省新郑市辛店镇千户寨村村民。1988年3月，高留升与第三人千户寨村委会签订承包合同，约定高留升承包案涉荒山林场，承包期15年。该合同签订后，高留升开始在荒山上种植和管护林木。1995年1月双方重新签订合同，明确高留升承包荒山250亩，承包期内一切附属物归高留升所有，税金、育林金等一切费用由高留升承担，合同期限10年，到期后高留升享有优先承包权，承包期内如果村集体或国家需要，村集体有权终止合同收回荒山，但一切附属物归高留升所有。该合同到期后，双方续签合同至2016年1月。之后，双方未再续签合同。

原国家林业局于2005年12月23日向"新郑市始祖山森林公园管理处"作出《关于准予设立始祖山国家级森林公园的行政许可决定》，同意设立河南始祖山国家森林公园，行政区域位于河南省新郑市，期限为长期。原告高留升原承包的荒山位于该森林公园范围内，被划入国家森林公园后，其中的林木仅能进行抚育和更新性质的采伐且审批程序严格，高留升无法就案涉林木再获得任何经济利益，故其向被告新郑市人民政府、新郑市林业局和具茨山管委会多次请求给予补偿，均无果，遂提起本案行政补偿诉讼。

根据新郑市机构编制委员会下发的《关于组建新郑市具茨山国家级森林公园（具茨山景区）管委会的通知》可以确定，被告具茨山管委会根据被告新郑市政府的授权，在森林公园范围内行使有关职能部门的行政管理权。原国家林业局作出的案涉《关于准予设立始祖山国家级森林公园的行政许可决定》抬头中显示的"新郑市始祖山森林公园管理处"后来更名为"具茨山森林公园管理处"，系具茨山管委会的内设机构。

河南省郑州市中级人民法院一审认为：

本案首先面临的是适格被告的问题。原国家林业局于 2005 年 12 月 23 日下发《国家林业局关于准予设立始祖山国家级森林公园的行政许可决定》（林场许准〔2005〕947号），原告高留升原承包的荒山被划入该国家级森林公园。《国家级森林公园管理办法》第十六条规定，因国家级森林公园总体规划的实施，给国家级森林公园内的当事人造成损失的，依法应予补偿。高留升原承包的荒山被划入国家级森林公园，因无法进行采伐，对其在荒山上种植的林木，高留升在行使所有权时受到了较大限制，依法应当对其进行补偿。但《国家级森林公园管理办法》第十六条仅规定了"应予补偿"，却未规定由谁来进行补偿。《国家级森林公园设立、撤销、合并、改变经营范围或者变更隶属关系审批管理办法》第三条规定，森林、林木、林地的所有者和使用者，可以申请设立国家级森林公园。从原国家林业局下发的《国家林业局关于准予设立始祖山国家级森林公园的行政许可决定》（林场许准〔2005〕947号）来看，该森林公园是由"河南新郑市始祖山森林公园管理处"申请设立的。本案中，虽无证据证明"河南新郑市始祖山森林公园管理处"的成立主体，但新郑市机构编制委员会于 2010 年 5 月 21 日下发的《关于组建新郑市具茨山国家级森林公园（具茨山景区）管理委员会的通知》（新编〔2010〕08 号）载明了"将始祖山国家级森林公园管理处……的职责、事业全供编制 55 名整合划入具茨山国家级森林公园（具茨山景区）管理委员会……"同时该通知还明确了被告具茨山管委会的职能。可以看出，申请设立国家级森林公园的机构是"河南新郑市始祖山森林公园管理处"，该管理处从 2010 年《关于组建新郑市具茨山国家级森林公园（具茨山景区）管理委员会的通知》下发之后，就调整为具茨山管委会的内设机构。因此，新郑市始祖山森林公园管理处作为申请人申请设立国家级森林公园这一事项，最终应由具茨山管委会承担法律责任。此时需要考量的就是具茨山管委会是否可以做行政诉讼被告的问题。享有行政权，能以自己的名义行使行政职权并能独立承担由此产生的相应法律责任的组织即拥有行政主体资格。本案中，具茨山管委会系事业单位法人，系由被告新郑市人民政府举办，其并非由法律法规、规章授权的事业单位，故其不能独立承担法律责任，根据《最高人民法院关于适用〈中华人民共和国行政诉讼法〉的解释》第二十条第一款的规定，行政机关组建并赋予行政管理职能但不具有独立承担法律责任能力的机构，以自己的名义作出行政行为，当事人不服提起诉讼的，应当以组建该机构的行政机关为被告。故本案中，新郑市人民政府是本案适格的被告。除新郑市人民政府之外，新郑市林业局、具茨山管委会均非本案适格被告。

在确定适格被告之后，对原告高留升的诉讼请求能否予以支持的问题，《国家级森林公园管理办法》第十六条规定，因国家级森林公园总体规划的实施，给国家级森林公园内的当事人造成损失的，依法应予补偿。本案中，高留升原承包的荒山被划入国家级森林公园，虽然没有行政决定确定征收该荒山及荒山上的林木，但划入国家级森林公园之后，对高留升行使林木所有权产生了管制，造成被管制一方的权益减损，这种减损即行政机关的管制造成了类似征收的财产损失，行政机关要采用处理征收造成的损失相类似的办法，对该管制行为产生的损害进行补偿。因此，高留升请求被告新郑市人民政府作出补偿决定，法院依法予以支持。新郑市人民政府在作出补偿决定的过程中，应当加强与原告的协商和沟通，早日解决案涉争议，协商不成的，应结合原告的诉讼请求，查明案涉荒山范围内是否有公益林以及对公益林的补偿如何与森林公园的补偿相衔接的问题，以更有利于原告的标准作出补偿决定。

综上，本案存在裁定驳回起诉和判决分别处理的情形，为节约司法成本，采用判决形式一并处理。原告高留升起诉被告新郑市林业局、具茨山管委会缺乏法律依据，依法驳回高留升对该二被告的起诉。高留升请求判令被告新郑市人民政府对其作出补偿决定的理由成立。

据此，河南省郑州市中级人民法院依照《中华人民共和国行政诉讼法》第七十三条之规定，于2021年8月27日判决如下：

被告新郑市人民政府于本判决生效之日起60日内依法对原告高留升原承包的荒山上的附属物作出补偿决定。

新郑市人民政府不服一审判决，向河南省高级人民法院提起上诉称：1. 被上诉人高留升提起本案诉讼属于法律上的重复起诉。高留升曾以其承包的案涉荒地被划入国家级森林公园对上诉人新郑市人民政府提起诉讼，请求确认其不履行法定职责违法，已被裁定驳回起诉且已经生效。现高留升以同样理由提出补偿之诉，属重复诉讼。2. 案涉林地被划为国家级森林公园，并不引发政府对承包人采用类似征收方式进行补偿的责任。根据森林法的相关规定，承包人采伐其承包林地的树木，无论是否被划入森林公园，都是受到限制或管制的。政府未对案涉林木进行征收，其所有权未改变，政府亦未对高留升采取任何损害其权益的行为。高留升的承包经营权及林木权益可通过承包合同关系解决。3. 案涉国家森林公园系国家林业局批准设立，新郑市人民政府不具有设立国家级森林公园的职权，亦不具有承担补偿责任的事实与法律依据，新郑市人民政府非本案适格被告。4. 案涉国家森林公园的设立不影响高留升的承包经营权，其可以依法办理许可后进行采伐，故高留升作为本案原告不适格。综上，请求二审法院撤销一审判决，改判驳回高留升的起诉或诉讼请求。

被上诉人高留升辩称：因承包荒山上的林木被划入国家级森林公园和公益林范围内，高留升多次要求办理采伐证或给予补偿，政府均不予处理，导致高留升从1983年承包至2016年的林木不能得到任何补偿或收益，且没有处分权，给高留升造成了严重的经济损失，上诉人新郑市人民政府应给高留升相应补偿。高留升经济权益受到严重损害，有权作为原告提起诉讼，请求二审法院驳回上诉请求，维持一审判决。

原审被告新郑市林业局述称：新郑市林业局并非本案适格被告，一审判决认定事实清楚，证据充分，请求二审法院依法判决。

原审被告具茨山管委会述称：被上诉人高留升承包的荒地被划入国家级森林公园后，本村土地及地上附属物权属未发生变动，高留升无损失，无获得补偿事由，请求二审法院依法判决。

原审第三人千户寨村委会述称：1. 案涉林地是村集体的，尚未办理所有权证书。被上诉人高留升的承包费已全交，按照合同约定，案涉林木的所有权是高留升的，应该由高留升自行处理。2. 目前没有收到案涉林地的征收公告，不存在征收补偿问题。3. 千户寨村委会收到有公益林补贴，将公益林补贴作为村集体的收入在集体直接进行分配了，高留升也领取有公益林补贴。请二审法院依法判决。

河南省高级人民法院经二审，确认了一审查明的事实。另查明，原审被告新郑市林业局根据被上诉人高留升的指界，经勘查比对，高留升指定的林地位置在省级公益林区划范围内，但具体面积尚未确定。

河南省高级人民法院二审认为：

一、本案不属重复起诉。被上诉人高留升前诉的诉讼请求是"依法确认新郑市人民政府、具茨山管委会、千户寨村委会未履行征收安置补偿职责违法，并责令其按照法律标准限期对高留升予以安置补偿"，而本案诉讼请求为"判令三被告对其承包的 250 亩荒山上的所有森林及附属物划入新郑市具茨山国家级森林公园及公益林依法作出补偿决定"。两诉被告不同，被诉行政行为不同，不符合重复起诉的相关规定。

二、新郑市人民政府系本案适格被告。从原国家林业局下发的《国家林业局关于准予设立始祖山国家级森林公园的行政许可决定》（林场许准〔2005〕947 号）来看，该森林公园是由"河南新郑市始祖山森林公园管理处"申请设立。新郑市机构编制委员会于 2010 年 5 月 21 日下发《关于组建新郑市具茨山国家级森林公园（具茨山景区）管理委员会的通知》（新编〔2010〕08 号）显示，将始祖山国家级森林公园管理处、始祖山景区管理委员会的职责、事业全供编制 55 名整合划入具茨山管委会的内容，且具茨山管委会由新郑市人民政府组建，根据《中华人民共和国行政诉讼法》第二十六条第六款关于"行政机关被撤销或者职权变更的，继续行使其职权的行政机关是被告"，以及《最高人民法院关于适用〈中华人民共和国行政诉讼法〉的解释》第二十条第一款关于"行政机关组建并赋予行政管理职能但不具有独立承担法律责任能力的机构，以自己的名义作出行政行为，当事人不服提起诉讼的，应当以组建该机构的行政机关为被告"的规定，一审法院认定新郑市人民政府为本案适格被告并无不当。

三、高留升是本案适格原告。《中华人民共和国行政诉讼法》第二十五条第一款规定，行政行为的相对人以及其他与行政行为有利害关系的公民、法人或者其他组织，有权提起诉讼。本案中，被上诉人高留升承包的林地及该林地上的林木被划入国家级森林公园及公益林的范围，高留升提起本案的诉讼，请求予以补偿，上诉人新郑市人民政府是否应予补偿与高留升具有利害关系，故新郑市人民政府认为高留升提起本案诉讼原告主体资格不适格的上诉理由不能成立。

四、上诉人新郑市人民政府应当对被上诉人高留升的损失作出补偿决定。为了规范森林公园管理，保护和合理利用森林风景资源，发展森林生态旅游，促进生态文明建设，对于国家级森林公园的设立、管理与经营，我国出台了一系列行政规章制度。《国家级森林公园设立、撤销、合并、改变经营范围或者变更隶属关系审批管理办法》第三条第一款规定，森林、林木、林地的所有者和使用者，可以申请设立国家级森林公园。1994 年 1 月 22 日实施的《森林公园管理办法》第五条第一款规定，森林公园经营管理机构负责森林公园的规划、建设、经营和管理。第七条第二款规定，国家级森林公园的总体规划设计，由森林公园经营管理机构组织具有规划设计资格的单位负责编制，报省级林业主管部门审批，并报林业部备案。《国家级森林公园管理办法》第六条规定，国家级森林公园总体规划是国家级森林公园建设经营和监督管理的依据。第十六条规定，因国家级森林公园总体规划的实施，给国家级森林公园内的当事人造成损失的，依法应予补偿。本案中，案涉林地由高留升自1988年3月5日与所在村集体签订林场承包合同后，开始享有林地的承包经营权，从承包合同内容约定看，高留升签订合同的收益来自对果树及成材林的经营管理。但河南新郑市始祖山森林公园管理处并非案涉林木、林地的所有者和使用者，却于2005年经国家林业局批准，申请设立了始祖山国家级森林公园并进行经营管理。虽然新郑市人民政府认为案涉林地及林木的权属未发生变动，但批准成立国家级森林公园后，国家级森林公园内的经营管理，由森林公园经营管理机构进行，且必须根据森林公园经营管理机构组织编制的国家级森林公园总体规划进行；对于林木的采伐，亦只能因提高森林风景资源质量或者开展森林生态旅游的需要，进行抚育和更新性质的采伐等，高留升对案涉林地承包经营受到了极大的限制，其承包经营权利的减损客观存在，新郑市人民政府作为河南新郑市始祖山森林公园管理处职权的承继者，应当对高留升的损失进行补偿，故原审法院依此认定行政机关要采用类似征收的办法，对该管制行为产生的损害进行补偿并无不当。

另外，对于被上诉人高留升的诉讼请求中关于案涉承包经营权划入公益林所造成损失的补偿，因公益林区划界定与是否成立国家级森林公园系两种不同性质的法律问题，经一审法院多次释明沟通，高留升本人未能作出明确意思表示，根据本案所查明的事实，原审法院从有利于原告的标准对案涉林地被划入国家级森林公园所受到的补偿予以处理，对公益林的问题未作处理并无不当，高留升可另行主张权利，但在处理公益林补偿问题时，应注意与国家级森林公园的补偿相衔接。

据此，河南省高级人民法院依照《中华人民共和国行政诉讼法》第八十九条第一款第一项之规定，于2021年12月21日判决如下：

驳回上诉，维持原判。

# 灌云中孚环保科技有限公司诉灌云县人民政府等撤销政府特许经营协议纠纷案

【案例要旨】

行政协议的缔结应遵循依法行政原则。行政机关在缔结公用事业特许经营等类别的行政协议时，以公平竞争方式选择缔约人是行政机关应履行的先契约义务。通过非公平竞争方式缔结此类行政协议违反了法律法规的强制性规定，构成《行政诉讼法》第七十五条规定的"重大且明显违法"，除确认协议无效会危及公共安全等少数例外情形，人民法院应依法判决确认该行政协议无效。

原告：灌云中孚环保科技有限公司，住所地：江苏省灌云县南岗乡大杨村。

法定代表人：雷风星，该公司执行董事。
被告：灌云县人民政府，住所地：江苏省灌云县伊山镇幸福大道。
法定代表人：曹明丽，该县县长。
第三人：灌云县城市管理局，住所地：江苏省灌云县伊山镇南京西路。
法定代表人：侍淑祥，该局局长。
第三人：中国光大国际有限公司，住所地：香港特别行政区夏悫道。
法定代表人：蔡允革，该公司执行董事。
第三人：光大城乡再生能源（灌云）有限公司，住所地：江苏省灌云县经济开发区浙江中路南侧。
法定代表人：孙先栋，该公司董事长。

原告灌云中孚环保科技有限公司（以下简称中孚公司）因与被告灌云县人民政府（以下简称灌云县政府）、第三人灌云县城市管理局（以下简称灌云县城管局）、中国光大国际有限公司（以下简称光大国际公司）、光大城乡再生能源（灌云）有限公司（以下简称灌云光大公司）发生撤销政府特许经营协议纠纷，向江苏省连云港市中级人民法院提起诉讼。

原告中孚公司诉称：2011年9月26日，被告灌云县政府与中孚公司签订《灌云县城市生活垃圾处理工程项目合作建设经营协议》及补充协议（以下简称《中孚项目协议》）约定，灌云县政府与中孚公司合作共同进行灌云县城市生活垃圾处理工程项目的建设，灌云县政府授予中孚公司特许经营权，特许经营期限为28年。2011年10月28日，灌云县财政局出具《关于灌云县城市生活垃圾处理工程项目垃圾处理服务费支付的承诺函》，承诺于项目商业运营日开始在中国银行灌云分行云海支行设立月余额不低于五十万元人民币的支付专门账户，用于支付中孚公司的垃圾处理服务费。2011年11月4日，灌云县第十四届人大常委会第二十六次会议审议通过了灌云县政府《关于将灌云县城市生活垃圾处理工程项目垃圾处理服务费列入灌云县财政预算的议案》，同意将《中孚项目协议》中所规定的垃圾处理服务费列入灌云县财政预算。2012年1月31日，灌云县住房和城乡建设局向中孚公司颁发《建设项目选址意见书》，项目拟选址灌云县南岗乡大杨村。此后，该项目经灌云县国土资源局用地预审、灌云县环保局环境影响评价批复、灌云县发改委立项批复，灌云县住房和城乡建设局于2012年3月13日向中孚公司颁发《建设用地规划许可证》，项目用地确定在灌云县南岗乡大杨村，用地面积124767平方米。2012年9月7日，江苏省人民政府下发《关于灌云县城市生活垃圾处理工程建设用地的批复》，同意灌云县供地方案，将批准的建设用地以划拨的方式用于灌云县城市生活垃圾工程建设。《中孚项目协议》签订后，中孚公司严格履行合同义务，投入了大量的人力、物力开展项目环评、勘察、测绘、地质调查、设计及前期施工等工作，但灌云县政府一直未依约完成项目设施场地上的财产处理和腾退、居民搬迁、安置工作，也未办理场地无偿划拨手续，致使项目实施遭受严重阻碍并拖延至今。

2018年3月，原告中孚公司获悉被告灌云县政府与第三人光大国际公司〔本案二审期间变更为中国光大环境（集团）有限公司〕于2015年6月17日签署了《连云港市灌云县生活垃圾焚烧热电联供厂BOO项目特许经营协议》（以下简称《光大项目协议》），授予光大国际公司垃圾焚烧发电的特许经营权。为此由光大国际公司的子公司第三人灌云光大公司在灌云县侍庄乡裕丰村投资建设生物质热电联供项目的基础上再投资2.7亿元建设生活垃圾热电联产项目，日处理生活垃圾 500 吨。该项目已于 2018 年 2 月 3 日进入了试运营。根据《灌云县 500t/d 生活垃圾焚烧热电联产项目环境影响报告书》，生活垃圾热电联产项目处理灌云县区域范围内的生活垃圾，县城垃圾可收运量约 180 吨/日，乡镇约 218 吨/日，总计可收运量约 400 吨/日。由于灌云光大公司生活垃圾热电联产项目与中孚公司生活垃圾处理项目在生活垃圾的收运和处理范围存在重合，且中孚公司对超出灌云县城区及周边乡镇的垃圾处理建设项目享有优先权，因此，中孚公司认为灌云县政府在中孚公司的生活垃圾处理特许经营权范围内，又与光大国际公司签订《光大项目协议》，是对《中孚项目协议》的违反。灌云县政府授予光大国际公司及灌云光大公司垃圾焚烧发电特许经营权在实体和程序上存在违法，应当予以撤销。2018 年 6 月，中孚公司曾致函并委托律师前往灌云县政府及灌云光大公司处进行交涉，但其不予理睬。综上，请求法院确认灌云县政府授予灌云光大公司生活垃圾焚烧热电联供特许经营权的行为违法，并予以撤销。

被告灌云县政府辩称：《中孚项目协议》是民事合同关系，且并未实际履行，原告中孚公司至今未按照协议约定进行投资建设并运营，不具备按照协议约定内容进一步取得城市生活垃圾处理经营权的条件，未实际取得特许经营权。按照协议约定，灌云县辖区内如需建设垃圾处理相关设施，中孚公司在同等条件下拥有优先建设和经营权利，而非享有特许经营权。《光大项目协议》是在急需解决灌云县垃圾处理这一背景下签订，是灌云县一项涉及社会公共利益的投资项目，已经生产经营。由于中孚公司履行不能，《中孚项目协议》目的客观上已经无法实现，灌云县政府将生活垃圾处理经营权交由第三人光大国际公司符合社会公共利益需要，不具有可撤销性。另外，协议中约定争议解决方式是向上海仲裁委员会申请仲裁，本案不属于行政案件的受案范围，中孚公司的起诉超过法定起诉期限。请求法院依法公正审理，驳回中孚公司诉讼请求或驳回起诉。

第三人灌云县城管局述称：其意见与被告灌云县政府意见相同。

第三人光大国际公司和灌云光大公司述称：原告中孚公司项目并未建设完成，在本案诉讼中的特许经营权并未实际形成。《光大项目协议》中所涉项目已经完成，且在为社会积极发展提供服务，不具有可撤销性。其他意见与被告灌云县政府意见相同。

江苏省连云港市中级人民法院一审查明：

2011 年 9 月 26 日，被告灌云县政府（特许权授予方）与原告中孚公司（项目公司）签订《中孚项目协议》，约定双方共同投资实施灌云县城市生活垃圾处理工程项目的设计、投融资、建设、运营及回购。主要内容是：……1.4 特许权授予方愿意与项目公司合作共同进行灌云县城市生活垃圾处理工程项目的建设，并授予项目公司特许经营权，特许经营期限为二十八（28）年，在特许经营期限内，由项目公司按照本协议的条款和条件实施本项目的设计、投融资、建设、运营及回购。1.6.1 依照本协议的规定，灌云县政府授予项目公司进行项目的设计、投融资、建设和运营的权利。2.1.26 商业运营开始日：指项目建设工程完成，项目设施的正式运营开始之日，自该日开始，项目公司应按照本协议规定进行项目设施的运营，特许权授予方应按照本协议规定正式开始向项目公司支付垃圾处理服务费。……2.1.28 特许经营权：指灌云县市政垃圾处理设施建设和经营权的拥有者，即特许权授予方，按照本协议的具体规定并在中国法律之下，将该等权利授予项目公司，包括：项目的设计、投融资、建设和运营的权利，在项目的运营中获得相应收入并通过垃圾再利用获取收入的权利，以及，在灌云县城区及其周边乡镇范围内独家享有的全部后续计划建设的垃圾处理设施的同等权利。……3.2.1 除依据本协议延长或提前终止，特许经营期限应为：自商业运营开始日起二十八（28）年；试运营期应包含在此年限中。4.1.1 特许权授予方须确保项目公司在项目建设工程开工前取得项目设施场地符合国家土地相关法规的合法的土地使用权证。……4.1.2 特许权授予方确保在项目建设工程开工前，项目设施场地地面上无自然人、法人或任何其他组织及个人的财产，以及与其或其财产有关的任何障碍或遗留问题。4.1.3 特许权授予方须负责项目设施场地以外的国家相关规范规定范围内确需搬迁的居民搬迁和安置工作。……7.1.8 在项目的建设及运营期间，根据双方商定，特许权授予方将联系有关部门向项目公司提供公共安全保障。在项目公司正常建设和运营情况下，周围居民阻止建设和运营的正常进行时，特许权授予方应立即采取措施解决。……8.3.1.4 因特许权授予方违反本协议，造成项目公司未能按时履行义务，项目公司有权相应延长履行义务的期限。……9.1 未经项目公司事先的书面同意，特许权授予方不得转让或让与本协议项下的全部或部分权利或义务。……11.2.2 若在尝试友好协商解决后三十（30）日内该争议仍未能根据第 11.2.1 条款得到解决，则任何一方均有权向上海仲裁委员会申请仲裁。

2011 年 10 月 28 日，灌云县财政局向原告中孚公司作出《关于灌云县城市生活垃圾处理工程项目垃圾处理服务费支付的承诺函》，主要内容是：灌云县财政局承诺每月直接向中孚公司支付被告灌云县政府向灌云县财政局发出的《垃圾处理服务费付款通知书》中确定的垃圾处理服务费，付款性质体现为财政补贴。

2011 年 11 月 4 日，灌云县人民代表大会常务委员会向被告灌云县政府作出《关于同意将灌云县城市生活垃圾处理工程项目垃圾处理服务列入财政预算的决议》（灌人大〔2011〕30 号），主要内容是：同意将《中孚项目协议》中所规定的垃圾处理服务费列入灌云县财政预算。

2012 年 2 月 21 日，原灌云县环境保护局向原告中孚公司作出《关于对灌云中孚环保科技有限公司建设的灌云县城市生活垃圾处理工程项目环境影响报告书的批复》（灌环字〔2012〕13 号），主要内容是：从环保角度同意该项目按环境影响报告书的内容在灌云县南岗乡大杨村拟定地点建设。同日，中孚公司还取得了灌云县城市生活垃圾处理工程项目的立项批复。

2012 年 3 月 13 日，灌云县住房和城乡建设局向原告中孚公司颁发了《建设用地规划许可证》，用地项目名称是灌云县城市生活垃圾处理工程，用地位置位于灌云县南岗乡大杨村。

2012 年 9 月 7 日，江苏省人民政府向连云港市人民政府作出《江苏省人民政府关于灌云县城市生活垃圾处理工程建设用地的批复》（苏政地〔2012〕445 号），主要内容是：同意灌云县农用地转用方案和征收土地方案，同意灌云县供地方案，将批准的建设用地以划拨方式用于灌云县城市生活垃圾处理工程建设。

上述期间内，原告中孚公司在计划建设灌云县城市生活垃圾处理工程方面投入了部分人力和财力成本，由于选址所在地村民反对，《中孚项目协议》中所涉及的设施并未实际建设并投入运营，中孚公司、被告灌云县政府双方合作项目中止。

2015 年 6 月 17 日，被告灌云县政府授权第三人灌云县城管局与投资人即第三人光大国际公司签订了《光大项目协议》，授予光大国际公司的子公司第三人灌云光大公司独占的权利投资、设计、建设、拥有、运营和维护年垃圾处理量为18.25万吨的垃圾焚烧热电联供厂，向灌云县提供生活垃圾焚烧处理及园区内供热服务。主要内容是：……协议各方分别为：灌云县政府授权灌云县城管局（甲方）；灌云光大公司（乙方）；光大国际公司（投资人）……2.1特许经营权的授予，甲方授予乙方独占的权利投资、设计、建设、拥有、运营和维护年垃圾处理量为18.25万吨的垃圾焚烧热电联供厂，向灌云县提供生活垃圾焚烧处理及园区内供热服务。……2.4特许经营期，特许经营期为垃圾焚烧热电联供厂现场打桩工程开始之日起30年……协议签署后至2018年10月间，光大国际公司出资成立的灌云光大公司陆续取得建设项目选址意见书、建设用地规划许可证、不动产权证书、建设工程规划许可证、生物质热电和生活垃圾焚烧热电一体化项目配套送出线路项目核准的批复、垃圾焚烧热电联产项目（9兆瓦）接入系统设计评审意见、建设工程竣工规划核实认定书等手续。项目位于灌云经济开发区，主要负责灌云县区域内的生活垃圾焚烧处理任务，现已实际投产运营。

原告中孚公司在得知上述情形后于2018年6月13日分别向被告灌云县政府、第三人光大国际公司、灌云光大公司发函维权（以下简称发函维权），灌云县政府、光大国际公司、灌云光大公司均未予以回复。中孚公司遂提起本案诉讼，请求法院确认灌云县政府授予灌云光大公司生活垃圾焚烧热电联供特许经营权的行为违法，并予以撤销。

江苏省连云港市中级人民法院一审认为：

本案争议焦点集中在四个方面：一是本案所涉争议是否属于行政诉讼的受案范围；二是原告中孚公司是否具备提起本诉的原告主体资格；三是中孚公司提起本诉是否超过法定起诉期限；四是中孚公司的诉讼请求应否支持，其权益该如何保障。

关于争议焦点一，《中华人民共和国行政诉讼法》第十二条第一款第十一项、第十二项规定，公民、法人或者其他组织认为行政机关不依法履行、未按照约定履行或者违法变更、解除政府特许经营协议、土地房屋征收补偿协议等协议的；认为行政机关侵犯其他人身权、财产权等合法权益的，可以向人民法院提起诉讼。《市政公用事业特许经营管理办法》第二条规定："市政公用事业特许经营，是指政府按照有关法律、法规规定，通过市场竞争机制选择市政公用事业投资者或者经营者，明确其在一定期限和范围内经营某项市政公用事业产品或者提供某项服务的制度。城市供水、供气、供热、公共交通、污水处理、垃圾处理等行业，依法实施特许经营的，适用本办法。"本案涉及的《中孚项目协议》和《光大项目协议》内容均系围绕城市垃圾处理方面拟定，符合政府特许经营协议性质和特征，原告中孚公司基于两协议提起本诉，人民法院依法应予受理。虽然《中孚项目协议》中存在约定争议解决途径，但由于中孚公司提起本诉的实质目的意在排除第三人光大国际公司和灌云光大公司基于后续《光大项目协议》层面上的竞争权或特许经营权，并非仅局限于《中孚项目协议》之上的内部法律关系，故对于被告灌云县政府及第三人灌云县城管局、光大国际公司、灌云光大公司提出的中孚公司应至上海仲裁委员会申请仲裁的意见，不予支持。

关于争议焦点二，《中华人民共和国行政诉讼法》第二十五条第一款规定："行政行为的相对人以及其他与行政行为有利害关系的公民、法人或者其他组织，有权提起诉讼。"该项规定体现出更加侧重权利救济的主观诉讼性质。一般来说，判断是否具有原告主体资格通常从以下三个方面考虑：第一，行政行为的作出是否与权利义务的增减得失有关；第二，提起诉讼后能否得到实际的诉讼利益；第三，诉讼完结后能否承担裁判确定的权利义务。本案中，《光大项目协议》履行后，第三人灌云光大公司客观上已实际成为灌云县区域内城市生活垃圾处理的特许经营权主体，此种情况下，将直接导致在先的《中孚项目协议》继续履行目的的落空，故不论原告中孚公司是否实际取得特许经营权，因《光大项目协议》的存在客观上已对中孚公司的合同权利造成影响，应当确认中孚公司具有原告的诉讼主体地位。

关于争议焦点三，《最高人民法院关于适用〈中华人民共和国行政诉讼法〉的解释》第六十四条第一款规定："行政机关作出行政行为时，未告知公民、法人或者其他组织起诉期限的，起诉期限从公民、法人或者其他组织知道或者应当知道起诉期限之日起计算，但从知道或者应当知道行政行为内容之日起最长不得超过一年。"本案中，并无证据证明《光大项目协议》签订时原告中孚公司已知悉，也无证据证明被告灌云县政府依法告知中孚公司其授予第三人灌云光大公司特许经营权、诉权或起诉期限等相关情况。故中孚公司于2018年6月13日向灌云县政府及第三人光大国际公司、灌云光大公司维权未果后向人民法院提起本案诉讼，没有超过法定起诉期限。

关于争议焦点四，《市政公用事业特许经营管理办法》第八条规定，主管部门应当依照向社会公开发布招标条件、受理投标等程序选择市政公用事业特许经营项目的投资者或者经营者。《城市生活垃圾管理办法》第二十六条第一款规定，直辖市、市、县建设（环境卫生）主管部门应当通过招投标等公平竞争方式作出城市生活垃圾经营性处置许可的决定，向中标人颁发城市生活垃圾经营性处置服务许可证。本案所涉被诉特许经营权应当根据上述法律规范所确定的程序，依法经过招投标等程序方可授予，而被告灌云县政府并未提供证据证明其依照上述法律规范规定的程序授予原告中孚公司或第三人灌云光大公司特许经营权，基于该点，本案所涉两份协议的签订均存在程序违法情形。对于中孚公司提出的灌云县政府授予灌云光大公司被诉特许经营权的行为违法的意见，应予支持。关于该行为应否撤销的问题，《中华人民共和国行政诉讼法》第七十四条第一款第一项规定："行政行为有下列情形之一的，人民法院判决确认违法，但不撤销行政行为：（一）行政行为依法应当撤销，但撤销会给国家利益、社会公共利益造成重大损害的。"本案中，灌云光大公司建设的生活垃圾、生物质热电联产项目已竣工验收，并投产运营，该授权行为一旦撤销，不仅会影响灌云光大公司已获权益，而且会影响城市居民生活垃圾的统一管理，损害区域内公共利益，故对中孚公司提出撤销灌云县政府授予灌云光大公司被诉特许经营权行为的诉讼请求不予支持。根据《中华人民共和国行政诉讼法》第七十六条的规定，人民法院判决确认违法或者无效的，可以同时判决责令灌云县政府采取补救措施。本案中，从合理性角度考量，因中孚公司的确为自身项目运行付出一定成本，且从本案证据来看，灌云县政府并未向中孚公司作出过要求继续履行或解除《中孚项目协议》的书面通知，故中孚公司本应享有协议相关的期待利益尚未实现。现由于《光大项目协议》已实际导致《中孚项目协议》难以再继续履行，对于中孚公司与灌云县政府的协议争议如何妥善解决，灌云县政府负有采取相应补救措施的义务，应当主动履行行政职责，依法作出行政处理。

综上，被告灌云县政府授予第三人灌云光大公司特许经营权的行为程序违法，但鉴于撤销该行政行为将给社会公共利益造成重大损失，应依法确认违法，对原告中孚公司主张撤销该行为的诉讼请求不予支持。江苏省连云港市中级人民法院依照《中华人民共和国行政诉讼法》第七十四条第一款第一项、第七十六条规定，于2020年1月17日作出判决：

一、确认被告灌云县人民政府授予第三人光大城乡再生能源（灌云）有限公司的特许经营权行为违法；

二、责令被告灌云县人民政府于本判决生效之日起六个月内采取相应的补救措施；

三、驳回原告灌云中孚环保科技有限公司的其他诉讼请求。

中孚公司不服一审判决，向江苏省高级人民法院提起上诉，主要理由是：一审判决遗漏重要事实，未明确认定被上诉人灌云县政府重复授予特许经营权，也未明确认定灌云县政府授予原审第三人灌云光大公司特许经营权侵犯上诉人中孚公司已经取得的特许经营权。本案撤销灌云县政府违法授予灌云光大公司的特许经营权，不会造成社会公共利益的重大损害。请求二审法院撤销一审判决第三项，改判撤销灌云县政府授予灌云光大公司的生活垃圾焚烧热电联供特许经营权。

被上诉人灌云县政府答辩称：上诉人中孚公司未实际履行《中孚项目协议》，该合同目的无法实现。中孚公司未取得灌云县城市生活垃圾处理特许经营权，按照《中孚项目协议》，在该协议签订后，灌云县辖区区域内如需建设垃圾处理相关设施，《中孚项目协议》所涉项目公司只是在同等条件下拥有优先建设和经营权利。根据《市政公用事业特许经营管理办法》第八条规定及《城市生活垃圾管理办法》第二十六条第一款规定，没有经过公开程序招标的《中孚项目协议》违法，中孚公司对《光大项目协议》不具有提出异议的权利。《光大项目协议》是涉及公共利益的投资项目，该项目已竣工验收并投产运营，撤销该授权行为不仅会影响原审第三人灌云光大公司已获权益，而且会影响城市居民生活垃圾统一管理，损害区域内公共利益。中孚公司要求撤销一审判决第三项没有事实根据和法律依据，请求二审法院驳回上诉，维持原判。

被上诉人灌云县城管局的答辩意见同被上诉人灌云县政府的答辩意见。

原审第三人中国光大环境（集团）有限公司（以下简称光大环境集团公司，原光大国际公司）述称：《光大项目协议》与《中孚项目协议》所确定的垃圾处理方式不同，且上诉人中孚公司并未实际履行《中孚项目协议》，其所主张的合法权益尚未形成，该公司在本案中不存在诉权基础。光大环境集团公司不知道中孚公司之前和被上诉人灌云县政府签订过协议，光大环境集团公司依法实施《光大项目协议》并无不当，没有侵害中孚公司的合法权益。《光大项目协议》不存在被认定无效的事由，如《光大项目协议》被认定无效或撤销，停止该协议所涉特许经营项目会对当地的公共环境等造成影响，与灌云县政府亦会产生新的纠纷，会造成公共利益损害。请求二审法院驳回上诉，维持原判。

原审第三人灌云光大公司述称：同意被上诉人灌云县政府、灌云县城管局等的答辩意见。同时认为，《光大项目协议》不存在原《中华人民共和国合同法》第五十二条规定的合同无效事由，且上诉人中孚公司所采取的垃圾处理工艺目前已属落后工艺。请求二审法院驳回上诉，维持原判。

江苏省高级人民法院二审查明，根据在卷证据，一审判决认定的上诉人中孚公司发函维权时间"2018年6月13日"应纠正为"2018年6月14日"，对一审判决认定的其他案件事实予以确认。

另查明：《中孚项目协议》确定的城市生活垃圾处理主导工艺为资源化回收配合卫生填埋处理工艺。根据被上诉人灌云县城管局在本案审理过程中出示的《光大项目协议》原件，《光大项目协议》所涉特许经营项目约定占地面积为100亩。在本案审理过程中，各方当事人未向法院提交《光大项目协议》所涉特许经营项目领取过生活垃圾处置方面相应行政许可的证据。在二审审理期间，上诉人中孚公司确认《光大项目协议》约定的垃圾处理工艺更具先进性。被上诉人灌云县政府确认就《光大项目协议》所涉特许经营项目在缔约前未向公众及相关利害关系方进行了告知或者发布招投标文件等，且在该特许经营项目公开竞争的情况下，中孚公司可参与竞争；亦确认根据《光大项目协议》所建成的设施是目前灌云县唯一的垃圾综合处理设施。原审第三人光大环境集团公司确认在《光大项目协议》所涉特许经营项目方面其存在行业竞争对手。

江苏省高级人民法院二审认为：

**一、关于本案所涉争议是否属于行政诉讼受案范围、上诉人中孚公司是否具备提起本案诉讼原告主体资格的问题**

一审法院关于本案所涉争议属于行政诉讼受案范围、上诉人中孚公司具备提起本案诉讼原告主体资格的说理充分，具有事实根据及法律依据，二审法院予以采纳并不再赘述。

**二、关于上诉人中孚公司提起本案诉讼是否超过法定时限的问题**

《最高人民法院关于审理行政协议案件若干问题的规定》第二十五条规定："公民、法人或者其他组织对行政机关不依法履行、未按照约定履行行政协议提起诉讼的，诉讼时效参照民事法律规范确定；对行政机关变更、解除行政协议等行政行为提起诉讼的，起诉期限依照行政诉讼法及其司法解释确定。"根据前述规定，对于行政机关作出的体现单方性、高权性特点的变更、解除行政协议等行为，适用行政诉讼关于起诉期限的相关规定；对于不涉及行政机关单方行使权力的不依法履行、未按照约定履行行政协议等行为提起诉讼的案件，则参照适用民事法律规范关于诉讼时效的相关规定。本案被诉标的不涉及行政机关单方行使权力的行为，对上诉人中孚公司提起本案诉讼是否超过法定时限的审查应参照适用民事法律规范关于诉讼时效的相关规定，一审法院适用行政诉讼关于起诉期限的相关规定进行审查构成适用法律错误，二审法院依法予以纠正。本案中，根据中孚公司陈述，其于2018年3月方得知《光大项目协议》的存在，而其他当事人并无证据证明中孚公司此前已知悉《光大项目协议》签订、实施等相关情况，故中孚公司于2018年7月提起本案诉讼并未超过当时所适用的《中华人民共和国民法总则》关于诉讼时效的规定。

**三、关于《光大项目协议》的合法性及效力问题**

行政协议是行政机关为了实现行政管理或者公共服务目标，与公民、法人或者其他组织协商订立的具有行政法上权利义务内容的协议。行政协议与民事合同的本质差别在于行政性是行政协议的一般属性，由此决定了行政机关自开展缔约行为之始便开始履行公共职能，并以实现公共利益为首要目的。因此，行政协议的缔结应以与行政协议行政性相符的依法行政原则为基本要求，即在行政协议缔结之前，行政机关应依法使行政协议缔约人的选择、协议的内容等符合国家为保障和实现公共利益而制定的相关法律规范的规定，此即为行政机关在缔结行政协议前应当履行的先契约义务。行政机关的先契约义务自行政协议缔约行为开始启动时即应承担，该先契约义务并不受行政协议最终是否成立或生效的任何影响，行政机关亦不得因非法定因素而排除或放弃履行该先契约义务。在行政机关的先契约义务中，根据法律规范的规定，行政机关应当通过公平竞争方式选择行政协议的缔约人，则是否履行该先契约义务，是判断此行政协议效力的关键因素。

建设统一开放、竞争有序的市场体系，是使市场在资源配置中起决定性作用的基础。从根本上说，公平竞争是市场经济的基本构成要素，是市场经济的命脉和本质特征。非公平竞争会直接或间接侵害其他市场主体的正当权利、破坏市场秩序、劣化营商环境、阻碍国家创新、诱发权力滥用等。行政协议依法有序缔结，对于我国市场体系建设至关重要，因此，在行政协议的缔结过程中，行政机关依法行政，履行先契约义务，保障和实现公平竞争，对维护国家经济秩序和社会秩序及公共利益，保护缔约人和潜在缔约人合法权益等方面，具有基础性支撑作用。关于本案所涉垃圾处理等公用事业特许经营协议的缔结，我国相关法律规范亦对行政机关应当履行的先契约义务作出了明确规定，《基础设施和公用事业特许经营管理办法》第三条规定："本办法所称基础设施和公用事业特许经营，是指政府采用竞争方式依法授权中华人民共和国境内外的法人或者其他组织，通过协议明确权利义务和风险分担，约定其在一定期限和范围内投资建设运营基础设施和公用事业并获得收益，提供公共产品或者公共服务。"第十五条规定："实施机构根据经审定的特许经营项目实施方案，应当通过招标、竞争性谈判等竞争方式选择特许经营者。特许经营项目建设运营标准和监管要求明确、有关领域市场竞争比较充分的，应当通过招标方式选择特许经营者。"根据前述规定，行政机关在缔结公用事业特许经营类别的行政协议时，履行先契约义务，以公平竞争方式选择缔约人进行缔约是法律规范的强制性要求。具体而言，一是行政机关要保障和实现潜在缔约人参与竞争的机会平等，即要求行政机关确定资格审查的标准合法、合理且适用同一标准，公平地确定潜在缔约人范围；以规范的招标、竞争性谈判等竞争方式，向潜在缔约人提供同等缔约机会，并使之受到同等待遇。二是行政机关要保障和实现从潜在缔约人中确定缔约人的结果公平，一般情况下，潜在缔约人在公平竞争中胜出，其就有要求行政机关将其作为缔约人并与之签订行政协议的权利。

《中华人民共和国行政诉讼法》第七十五条规定："行政行为有实施主体不具有行政主体资格或者没有依据等重大且明显违法情形，原告申请确认行政行为无效的，人民法院判决确认无效。"《最高人民法院关于审理行政协议案件若干问题的规定》第十二条第一款规定："行政协议存在行政诉讼法第七十五条规定的重大且明显违法情形的，人民法院应当确认行政协议无效。"上诉人中孚公司提起本案诉讼，请求法院确认被上诉人灌云县政府授予原审第三人灌云光大公司生活垃圾焚烧热电联供特许经营权的行为违法并予以撤销，因该特许经营权系《光大项目协议》内容的概括性体现，故中孚公司诉请的实质是要求对《光大项目协议》的合法性进行审查。本案中，无论是灌云县政府还是其他案件当事人，均未提供证据证明灌云县政府及其授权的主体依照法律规范的规定履行了先契约义务，通过公平竞争方式选择《光大项目协议》所涉特许经营项目的缔约人。因灌云县政府未保障和实现潜在缔约人参与《光大项目协议》所涉特许经营项目竞争的机会平等，也就不可能保障和实现潜在缔约人在公平竞争中胜出的结果公平。鉴于本案《光大项目协议》通过非公平竞争方式予以缔结没有法律依据，明显违反法律规范的强制性规定，构成重大且明显违法，故《光大项目协议》依法应属于无效行政协议。一审法院认为，灌云光大公司根据《光大项目协议》建设的项目已竣工验收并投产运营，该授权行为一旦撤销，不仅会影响灌云光大公司已获权益，而且会影响城市居民生活垃圾的统一管理，损害区域内公共利益，并以此为据作出一审判决，进而保留《光大项目协议》的实质效力。二审法院认为，对于公用事业或其他依法应以公平竞争方式选择缔约人缔结的行政协议，却未按公平竞争方式缔约的，除判决确认无效或撤销该行政协议可能危及公共安全等少数例外情形之外，如只要形成既定事实，就采用确认违法的方式实际保留该行政协议的效力，必将产生制度上的缺口，严重损害市场秩序及总体上的公共利益。鉴于本案《光大项目协议》并不属于例外情形，故一审判决确认《光大项目协议》违法而不予确认无效，系适用法律错误，二审法院依法予以纠正。因中孚公司提起本案诉讼时所提出的前述诉讼请求实为一个诉请事项，一审判决将该诉讼请求分割进行处理不当，二审法院亦依法予以纠正。《最高人民法院关于审理行政协议案件若干问题的规定》第十五条第二款规定："因被告的原因导致行政协议被确认无效或者被撤销，可以同时判决责令被告采取补救措施……"本案《光大项目协议》被判决确认无效之后，灌云县政府及所属职能部门即应当积极履行行政管理和服务职能，依法采取补救措施，保障持续稳定安全地提供案涉公共产品及公共服务。如此，则一审判决所关注的灌云县特定区域范围内相关公共利益可能受到损害的问题可以得到有效管控。如灌云县政府及所属职能部门怠于履行前述职责，则其应当依法承担相应的法律责任。需要指出的是，构建良好市场秩序、优化营商环境需要发挥法治固根本、稳预期、利长远的保障作用。法治乃规则之治，法治政府建设中最重要、最基本的要求就是依法行政。本案中，因灌云县政府没有遵守法律规范中关于以公平竞争方式选择缔约人的相应规定，形成案涉争议且延宕多年，并直接造成《光大项目协议》无效，给公共利益及《光大项目协议》相关方造成严重风险隐患。希望灌云县政府及所属职能部门能够以本案的审理裁判为契机，深化法治是最好的营商环境的理念，不断加强、改进、完善行政管理和服务等方面的法治化建设，同时积极稳妥做好本案相关的补救措施，切实让法治成为地方经济社会发展核心竞争力的重要标志和良好市场秩序及营商环境的坚强保障。

综上，江苏省高级人民法院根据《中华人民共和国行政诉讼法》第七十五条、第八十九条第一款第二项、《最高人民法院关于审理行政协议案件若干问题的规定》第十二条第一款、第十五条第二款之规定，于2021年7月29日作出判决：

一、撤销江苏省连云港市中级人民法院（2018）苏07行初42号行政判决；

二、确认被上诉人灌云县人民政府授权被上诉人灌云县城市管理局于2015年6月17日与原审第三人中国光大环境（集团）有限公司签订的《连云港市灌云县生活垃圾焚烧热电联供厂BOO项目特许经营协议》无效；

三、自本判决生效之日起，被上诉人灌云县人民政府依法采取补救措施，履行行政管理和服务职能，保障持续稳定安全地提供与《连云港市灌云县生活垃圾焚烧热电联供厂BOO项目特许经营协议》所涉特许经营项目相关的公共产品及公共服务。

# 曾海波诉长沙市岳麓区交通运输局等
# 行政处罚及行政复议案

**【案例要旨】**

　　私人小客车合乘（亦称拼车、顺风车）并非道路运输经营行为，不属于《中华人民共和国道路运输条例》的调整范围，对该行为的行政监管应遵循处罚法定原则。

　　合乘平台是合乘服务信息的提供者，对合乘信息负有相应审查义务，合乘平台提供的合乘信息受到政府部门监管的，车主基于对政府监管的合理信赖而按照平台所提供信息而实施的合乘行为应受到法律保护。行政机关基于该信息认定车主行为构成违规搭乘对其进行行政处罚的，人民法院不予支持。

　　原告：曾海波，男，1973年2月28日出生，汉族，住湖南省沅江市。

　　被告：长沙市岳麓区交通运输局（长沙市交通行政执法局岳麓区分局）。住所地：湖南省长沙市岳麓区望城坡。

　　法定代表人：程继华，该局局长。

　　被告：长沙市岳麓区人民政府。住所地：湖南省长沙市岳麓区金星北路。

　　法定代表人：周凡，该区区长。

　　原告曾海波不服被告长沙市岳麓区交通运输局（以下简称岳麓区交通运输局）作出的岳交罚决定〔2017〕0316号《岳麓区交通运输局行政处罚决定书》（以下简称《处罚决定书》）及被告长沙市岳麓区人民政府（以下简称岳麓区政府）作出的岳行复决〔2018〕001号《长沙市岳麓区人民政府行政复议决定书》（以下简称《复议决定书》），向湖南省长沙市岳麓区人民法院提起行政诉讼。

　　原告曾海波诉称：2017年5月17日，其驾驶车辆从沅江出发返回长沙，通过"滴滴顺风车"的合乘信息服务平台（以下简称滴滴平台）接到一笔出发地为益阳市茅草街，目的地为长沙市火车站的搭载顺风车订单。至上午11时许，其车辆行至长沙市岳麓区枫林路，被告岳麓区交通运输局的执法人员将正在行驶的车辆在路中拦截、扣押，并向其出具了《公共客运管理行政强制决定书》《行政处罚事前告知书》，拟作出罚款2万元的处罚决定。曾海波申请举行听证，岳麓区交通运输局于6月8日下午举行了听证会，但未采纳或答复意见。6月20日，岳麓区交通运输局向曾海波作出了罚款2万元的《行政处罚决定书》。曾海波不服，向长沙市交通运输局申请行政复议。长沙市交通运输局确认岳麓区交通运输局作出的行政处罚决定违法，并责令岳麓区交通运输局重新作出处罚决定。10月31日，岳麓区交通运输局再次向曾海波送达了《行政处罚事前告知书》，拟作出罚款3万元的行政处罚决定。曾海波在收到《行政处罚事前告知书》的当日到岳麓区交通运输局处进行陈述与申辩，但岳麓区交通运输局工作人员以工作繁忙为借口拒绝听取，其离开后又多次与岳麓区交通运输局的工作人员电话联系,但岳麓区交通运输局仍然拒绝听取其陈述与申辩。11月7日,岳麓区交通运输局对曾海波作出《处罚决定书》,罚款2万元。曾海波不服,向被告岳麓区政府申请行政复议。2018年1月30日,岳麓区政府向曾海波送达了《复议决定书》,决定维持岳麓区交通运输局所作的行政处罚决定。曾海波认为:1. 岳麓区交通运输局依据《中华人民共和国道路运输条例》、《中华人民共和国行政处罚法》的相关规定对其作出《处罚决定书》,属于适用法律错误。2. 岳麓区交通运输局的行政行为违反法定程序。其随意拦截曾海波正在路上行驶车辆的执法行为、作出涉案《处罚决定书》前未听取曾海波的陈述与申辩、重新作出的处罚决定与被撤销的处罚决定基本相同均违反法律规定,在此基础上作出的处罚决定应当撤销。3. 岳麓区交通运输局行政处罚决定明显不当。结合曾海波收费金额、车况、路况、合乘里程,曾海波未获取利润。曾海波的行为没有违反法律规定,没有社会危害性,即使真的违反了法律规定,罚款2万元的决定相对于曾海波的所得显失公正,违反了行政处罚法有关合理行政的基本原则,明显不当,应予撤销。4. 岳麓区交通运输局处罚决定遗漏了当事人。曾海波通过滴滴平台接到订单,在滴滴平台的指示下完成顺风车搭乘服务,滴滴平台起决定性作用,是真正的行为主体。曾海波相信通过滴滴平台实施的顺风车搭乘服务是合法的,其行为系基于对政府行为合法性及滴滴平台合法性的信赖作出,实际是以被告所属的政府部门行为为前提的。岳麓区交通运输局在处罚曾海波时,应该同时处罚滴滴平台。5. 曾海波的行为是私人小客车合乘行为,符合《长沙市私人小客车合乘管理规定》第二条规定,应认定为私人小客车合乘行为,不需取得经营许可证,更不应因此遭受行政处罚。6. 岳麓区交通运输局的行政处罚行为符合应当撤销情形,岳麓区政府作出的《复议决定书》也应撤销。综上所述,曾海波向法院提起诉讼,请求:1. 撤销岳麓区交通运输局作出的《处罚决定书》;2. 撤销岳麓区政府作出的《复议决定书》。

被告岳麓区交通运输局辩称:岳麓区交通运输局的处罚决定事实清楚,程序合法,定性准确,适用法律得当,应当维持,请求驳回原告曾海波的诉讼请求。

被告岳麓区政府辩称:岳麓区政府作出的《复议决定书》认定事实清楚,证据充分,适用法律正确,程序合法,内容适当,请求法院依法予以维持,驳回原告曾海波的诉讼请求。

湖南省长沙市岳麓区人民法院一审查明:

原告曾海波住址为湖南省沅江市银光南路X号。2017年5月17日,曾海波驾驶自有车辆通过滴滴平台接到一笔搭载顺风车的订单,订单显示出发地为茅草街,目的地为长沙市火车站。上午11时许,曾海波车辆行驶至长沙市岳麓区枫林路距湘江新区综合交通枢纽客运站1.4公里处,被告岳麓区交通运输局执法人员将正在行驶途中等待红绿灯放行的曾海波车辆在路中拦截,扣押了曾海波车辆,并向曾海波出具了《公共客运管理行政强制决定书》《行政处罚事前告知书》,拟作出罚款2万元的处罚决定。曾海波向岳麓区交通运输局申请举行听证,岳麓区交通运输局于6月8日下午举行了行政处罚听证会,曾海波参加了该听证会。6月20日,岳麓区交通运输局以长沙市交通行政执法局岳麓区分局的名义向曾海波作出了罚款2万元的《行政处罚决定书》(岳交罚决定〔2017〕0711号)。曾海波不服该处罚决定,于8月17日向长沙市交通运输局申请行政复议。长沙市交通运输局以长沙市交通行政执法局岳麓区分局适用《长沙市城市公共客运条例》对曾海波作出行政处罚决定适用法律依据错误为由,于10月13日作出《行政复议决定书》,确认长沙市交通行政执法局岳麓区分局作出的《行政处罚决定书》(岳交罚决定〔2017〕0711号)违法,并责令其重新作出处罚决定。

10月31日,被告岳麓区交通运输局再次向原告曾海波送达《行政处罚事前告知书》,告知曾海波未取得道路运输经营许可证,擅自从事道路运输经营的行为违法,拟依据《中华人民共和国道路运输条例》第六十三条的规定,对曾海波作出罚款3万元的行政处罚决定。并告知曾海波依法享有陈述、申辩及要求组织听证的权利,逾期未提出陈述、申辩及听证要求的,视为放弃上述权利。11月7日,岳麓区交通运输局对曾海波作出《处罚决定书》,罚款2万元。曾海波不服岳麓区交通运输局作出的《处罚决定书》,于12月4日向岳麓区政府申请行政复议。2018年1月30日,岳麓区政府向曾海波送达了《复议决定书》,决定维持岳麓区交通运输局所作的行政处罚决定。曾海波认为,岳麓区交通运输局的《处罚决定书》及岳麓区政府的《复议决定书》均违法,应予以撤销,故诉至法院,请求撤销岳麓区交通运输局作出的《处罚决定书》及岳麓区政府作出的《复议决定书》。

一审法院另查明,长沙市机构编制委员会于2013年10月25日印发《关于理顺城区公共客运执法体制等有关事项的通知》(长编委发〔2013〕50号),文件规定岳麓区交通运输局加挂"长沙市交通行政执法局岳麓区分局"的牌子,具备行政执法资格,查处长沙市岳麓区范围内城市公共客运市场的非法运营行为。

一审法院再查明,滴滴平台的顺风车运营主体是北京运达无限科技有限公司。滴滴平台对顺风车车主收取5%—10%的信息服务费,对于乘客不收费。行程的运费由滴滴平台推荐价格,由乘客向滴滴平台缴纳费用,如没有投诉等行为,滴滴平台在收取乘客的费用后将扣除车主应缴纳的信息服务费后将其他费用打入顺风车车主的账上。经查询滴滴平台的后台数据,确认:原告曾海波于2016年3月12日在滴滴顺风车平台注册为顺风车司机。截至2018年2月26日,曾海波共计从顺风车平台接单22次,获得收入1814.2元。其中,属于益阳市内运行路线的有4次,获得收入122.7元,属于跨区域运行路线的有18次(益阳到长沙有10次,长沙到益阳有8次),获得收入1691.5元。

湖南省长沙市岳麓区人民法院一审认为:

一、被告岳麓区交通运输局作出的《处罚决定书》是否合法的问题。1. 本案原告曾海波行为性质的认定及法律适用问题。根据《网络预约出租汽车经营服务管理暂行办法》(2016年11月1日起施行)第三十八条规定,私人小客车合乘,也称为拼车、顺风车,按城市人民政府有关规定执行。根据《长沙市私人小客车合乘管理规定》(长政办发〔2017〕16号,2017年4月1日起实施)第二条规定,私人小客车合乘(也称拼车、顺风车),是指不以盈利为目的,由合乘出行提供者通过互联网方式事先发布个人驾车出行信息,由出行线路相同的人选择乘坐合乘出行提供者的非营运小客车,分摊部分出行成本或免费互助的共享出行方式。第四条规定,本市私人小客车合乘出行服务范围限于本市行政区域内,合乘平台不得提供跨省市、跨区域的合乘信息服务。本案中,虽然曾海波在滴滴平台注册成为顺风车车主,涉案行程系曾海波从滴滴平台接到的顺风车订单业务,滴滴平台根据其出行分摊费用计算规则,推荐该行程价格为240.4元。但涉案行程系从益阳市到长沙市的长途客运行程,滴滴平台发布跨区域的合乘信息服务系违法行为,曾海波从滴滴平台接受跨区域的合乘行程同样属于违法行为。故曾海波从滴滴平台接受跨区域合乘行程的行为不符合私人小客车合乘出行范围限于本市行政区域内的要求，不符合私人小客车合乘（拼车、顺风车）的定义特征，依法不能适用《长沙市私人小客车合乘管理规定》的相关规定。岳麓区交通运输局按照《中华人民共和国道路运输条例》第十条的规定，认定曾海波属于通过网络平台预约从事非法营运行为，适用《中华人民共和国道路运输条例》第六十三条及《中华人民共和国行政处罚法》第二十七条第一款第四项对曾海波进行行政处罚，适用法律、法规正确。2. 岳麓区交通运输局的主体资格问题。根据《中华人民共和国道路运输条例》第六十三条规定，未取得道路运输经营许可，擅自从事道路运输经营的，由县级以上道路运输管理机构责令停止经营；有违法所得的，没收违法所得，处违法所得 2 倍以上 10 倍以下的罚款；没有违法所得或者违法所得不足 2 万元的，处 3 万元以上 10 万元以下的罚款；构成犯罪的，依法追究刑事责任。岳麓区交通运输局作为长沙市岳麓区范围内的道路运输管理机构对于擅自从事道路运输经营的行为依法具有行政处罚权。3. 本案的处罚幅度问题。根据《中华人民共和国道路运输条例》第六十三条规定，对于本案中曾海波的非法营运行为的处罚幅度为处 3 万元以上 10 万元以下。但岳麓区交通运输局在进行行政处罚时考虑到了曾海波基于对网络平台的信任而从网络平台接单、网络平台具有相应责任，以及曾海波接受处罚过程中的认识态度，依照《中华人民共和国行政处罚法》第二十七之规定，对曾海波减轻处罚，并未违反相关法律规定。4. 本案的处罚程序问题。岳麓区交通运输局在作出涉案《处罚决定书》之前，已根据《中华人民共和国行政处罚法》第三十一条、第四十二条的规定，告知曾海波作出行政处罚的事实、理由及依据，并告知曾海波依法享有陈述、申辩及要求组织听证的权利。综上所述，岳麓区交通运输局作出《处罚决定书》具有法定职权，认定事实清楚，定性准确，适用法律正确，程序合法。

二、被告岳麓区政府作出的《复议决定书》是否合法的问题。本案中，岳麓区政府在收到原告曾海波的行政复议申请后依法受理了该申请，并向被告岳麓区交通运输局送达复议申请书副本和复议答复通知书、对曾海波申请事项和理由以及岳麓区交通运输局提交的答复意见及证据和依据等材料进行了书面审查，在法定期限内作出了维持原行政行为的《复议决定书》，认定事实清楚，程序合法，适用法律正确。因此，被诉《复议决定书》合法。

综上，两被告分别作出的被诉行政行为，证据确凿，适用法律、法规正确，符合法定程序。原告曾海波要求判决撤销被告岳麓区交通运输局作出的《处罚决定书》、被告岳麓区政府作出的《复议决定书》的诉讼请求，无事实和法律依据，一审法院不予支持。据此，湖南省长沙市岳麓区人民法院根据《中华人民共和国行政诉讼法》第六十九条的规定，于 2018 年 7 月 30 日判决如下：

驳回原告曾海波的全部诉讼请求。

曾海波不服一审判决，向湖南省长沙市中级人民法院提起上诉。

湖南省长沙市中级人民法院经二审，确认了一审查明的事实。

湖南省长沙市中级人民法院二审认为：

《长沙市私人小客车合乘管理规定》（长政办发〔2017〕16 号，2017 年 4 月 1 日起实施）第四条规定，本市私人小客车合乘出行服务范围限于本市行政区域内，合乘平台不得提供跨省市、跨区域的合乘信息服务。本案中，上诉人曾海波在滴滴平台注册成为顺风车车主，但涉案行程系从益阳市到长沙市的长途客运行程，滴滴平台发布跨区域的合乘信息服务系违法行为，曾海波从滴滴平台接受跨区域合乘行程的行为亦不符合私人小客车合乘（拼车、顺风车）的定义特征，属于违法行为。被上诉人岳麓区交通运输局据此认定曾海波通过网络平台预约从事非法营运行为，在履行告知处罚的事实、理由、依据，曾海波享有陈述、申辩及要求组织听证的权利等法律程序后，综合考虑曾海波的实际情况予以减轻处罚，适用《中华人民共和国道路运输条例》第六十三条及《中华人民共和国行政处罚法》第二十七条第一款第四项对曾海波作出罚款2万元的行政处罚，认定事实清楚，定性准确，适用法律正确，程序合法。同时，被上诉人岳麓区政府在法定期限内作出了维持原行政行为的《复议决定书》，亦符合法律规定。原审法院适用《中华人民共和国行政诉讼法》第六十九条的规定，判决驳回曾海波的全部诉讼请求并无不当。曾海波要求判决撤销岳麓区交通运输局作出的《处罚决定书》、岳麓区政府作出的《复议决定书》的上诉请求均缺乏事实和法律依据，原审判决依法应予维持。

湖南省长沙市中级人民法院依照《中华人民共和国行政诉讼法》第八十九条第一款第一项的规定，于2018年11月21日判决如下：

驳回上诉，维持原判。

曾海波不服二审判决，向湖南省高级人民法院申请再审。

曾海波申请再审称：原审适用法律、法规错误，具体如下：1. 曾海波的行为不是道路运输经营行为，应排除《中华人民共和国道路运输条例》的适用；2. 曾海波的行为是私人小客车合乘行为，无须取得道路运输经营许可证；3. 法律没有规定违反区域限制的罚则；4. 被申请人岳麓区交通运输局遗漏行政相对人，属于选择性执法；5. 二审判决对岳麓区交通运输局违法检查的问题未予认定，属于适用法律错误。请求：1. 撤销二审判决，并依法改判；2. 撤销岳麓区交通运输局作出的《处罚决定书》；3. 撤销被申请人岳麓区政府作出的《复议决定书》。

岳麓区交通运输局再审答辩称：再审申请人曾海波超出服务范围，不符合私人合乘规定，并有盈利行为，属于利用合乘形式进行非法营运；岳麓区交通运输局有权按照《中华人民共和国道路运输条例》的规定进行处罚，且是依照规定在长沙汽车西站周边客货集散地进行查处，适用法律正确；合乘信息平台不是现场执法的行政相对人，不存在遗漏现象。一、二审法院判决正确，应当予以维持，请求驳回曾海波的再审申请。

岳麓区政府再审答辩称：二审判决认定事实清楚，适用法律准确，再审申请人曾海波的再审请求不能成立，请求予以驳回。

湖南省高级人民法院经再审，确认了一、二审查明的事实。

湖南省高级人民法院再审认为：

**一、本案争议的焦点为被申请人岳麓区交通运输局作出的岳交罚决定〔2017〕0316号《处罚决定书》和被申请人岳麓区政府作出的岳行复决〔2018〕001号《复议决定书》是否合法、合理**

主要应从以下几方面考量：（一）利用网络平台预约载客行为性质的认定；（二）处罚对象是否正确；（三）适用法律是否正确；（四）处罚程序是否合法；（五）处罚决定是否合理。

(一) 关于对再审申请人曾海波利用网络平台预约载客行为的性质的认定

《国务院办公厅关于深化改革推进出租汽车行业健康发展的指导意见》指出，私人小客车合乘（也称拼车、顺风车），是指不以盈利为目的，由合乘出行提供者通过互联网方式事先发布个人驾车出行信息，由出行线路相同的人选择乘坐合乘出行提供者的非营运小客车，分摊部分出行成本或免费互助的共享出行方式。私人小客车合乘有利于缓解交通拥堵和减少空气污染，城市人民政府应鼓励并规范其发展，制定相应规定，明确合乘服务提供者、合乘者及合乘服务信息服务平台等三方的权利和义务。《网络预约出租汽车经营服务管理暂行办法》第三十八条规定，私人小客车合乘，也称为拼车、顺风车，按城市人民政府有关规定执行。《长沙市私人小客车合乘管理规定》（长政办发〔2017〕16号）第二条规定，私人小客车合乘（也称拼车、顺风车），是指不以盈利为目的，由合乘出行提供者通过互联网方式事先发布个人驾车出行信息，由出行线路相同的人选择乘坐合乘出行提供者的非营运小客车，分摊部分出行成本或免费互助的共享出行方式。本案中，对再审申请人曾海波利用网络平台预约载客行为属于顺风车合乘还是非法营运，可从以下几个方面综合衡量：

1. 关于再审申请人曾海波的涉案行为是否以盈利为目的。

《长沙市私人小客车合乘管理规定》第八条规定，合乘出行分摊费用仅限于出行过程中的能耗成本和发生的路桥通行费用。合乘出行分摊费用由合乘出行提供者和合乘人按照人数平均分摊。合乘出行分摊费的计算，应当根据合乘出行提供者登记的车型、排量，参照工信部发布的车辆综合能耗，合乘人合乘的里程，计算能耗成本费用和路桥通行费，分摊到合乘出行提供者和每名合乘人，并在合乘平台上明示。再审申请人曾海波在滴滴平台注册成为顺风车车主，涉案行程系曾海波从滴滴平台接到的顺风车订单业务，滴滴平台根据其出行分摊费用计算规则，推荐该行程价格为240.4元。被申请人岳麓区交通运输局根据曾海波登记的车型、排量计算出曾海波涉案行程盈利161.7元，仅简单地以该车型油耗及合乘人合乘里程作为依据，此计算方法忽略了滴滴平台服务费、车龄、绕路及拥堵产生的油耗及实际产生的能耗等各项客观因素。《长沙市私人小客车合乘管理规定》第八条中所指"能耗成本"不应简单地理解为"油耗"，二者并非同一概念，能耗成本的计算应综合考虑多项合理因素，故其作出的曾海波涉案行程盈利161.7元的结论属于事实依据不足。且该行程价格由合乘平台根据既定的规则计算并明示，其金额多少并不由曾海波决定收取。另外，从曾海波注册为顺风车司机以来从事的运送乘客的次数及路线等情况看，其亦非以此为盈利手段。故对曾海波的该载客行为不宜认定为以盈利为目的。

2. 关于再审申请人曾海波的涉案行为是否为顺风车合乘。

《长沙市私人小客车合乘管理规定》第四条规定，本市私人小客车合乘出行服务范围限于本市行政区域内，合乘平台不得提供跨省市、跨区域的合乘信息服务。该条规定的立法意图在于规范合乘平台发布合乘信息的行为，即若合乘平台提供了跨省市、跨区域的合乘信息违反该规定的，责任归于合乘平台。此规定不能倒推得出若合乘出行范围跨省市、跨区域就不是私人小客车合乘的结论，被申请人岳麓区交通运输局以此规定得出的再审申请人曾海波载客行为不是私人小客车合乘欠缺逻辑性。

《长沙市私人小客车合乘管理规定》第五条规定，合乘平台应当按照时间、线路基本相同的原则，为发布出行需求的合乘人提供信息查询或选择。再审申请人曾海波家住益阳，在长沙工作，从出行时间和路线看，其往返于回家和上班地点之间搭乘与其路线基本一致的乘客。曾海波在滴滴顺风车平台注册为顺风车司机，通过滴滴平台接到本案中搭载顺风车的订单，与搭载出行线路大致相同的人共同分担出行成本，属于顺道搭乘乘客，符合私人小客车合乘的特征。

故再审申请人曾海波搭载乘客的行为不以盈利为目的，由出行线路大致相同的人分摊部分出行成本，该行为应当认定为顺风车合乘。

（二）关于被申请人岳麓区交通运输局作出的岳交罚决定〔2017〕0316号《处罚决定书》的处罚对象是否正确

《长沙市私人小客车合乘管理规定》第六条规定，私人小客车合乘不属于道路运输经营行为……合乘平台应当提供合乘出行服务协议，合乘者响应后，需网签合乘出行服务协议，明确合乘出行提供者、合乘人和合乘软件运营商的权利、义务和责任。第十二条规定，合乘平台在本市开展合乘信息服务的，应向市道路运输管理机构备案，并将服务平台数据库接入市道路运输管理机构监管平台，按要求实时、完整地提供合乘数据。合乘数据包括合乘出行提供者的姓名、车牌号、车型、处罚时间、起讫地点、行驶线路、合乘人的地点、合乘费用等。从平台、车主、乘客三者关系来看，车主和乘客均向平台发布出行信息，平台整合信息后进行匹配确定订单，平台向车主和乘客发布该信息，经车主和乘客确认后即达成协议。车主按平台的指示完成行程，乘客向平台支付费用，平台在扣除服务费后再向车主支付费用。在此关系中，车主是按照平台提示的行程接单，费用也不由车主决定而由平台计算。应认为与乘客建立搭乘服务关系的是平台而非车主，平台应承担承运人责任和相应社会责任。《长沙市私人小客车合乘管理规定》第四条也规定，合乘平台不得提供跨省市、跨区域的合乘服务信息。该条规定应理解为若平台违反该规定，提供了跨省市、跨区域的合乘服务信息，则平台应承担责任，而非车主承担责任。

本案中被申请人岳麓区交通运输局以"工商部门依法组织对网约车平台公司进行登记与监管，依法查处网约车平台公司经营过程中的无照经营和不正当竞争等违法违规行为"为依据，认为自己无权对平台进行处罚属于适用法律错误。本案处罚的行为并非平台公司无照经营和不正当竞争之类的行为，而是违反交通运输相关法律法规规章的行为。故交通运输局仅对再审申请人曾海波进行处罚而未处罚真正的责任主体平台公司属于处罚对象错误。

（三）关于被申请人岳麓区交通运输局作出的岳交罚决定〔2017〕0316号《处罚决定书》适用法律是否正确

如前所述，因被申请人岳麓区交通运输局主张以《长沙市私人小客车合乘管理规定》为依据倒推得出若合乘出行范围跨省市、跨区域就不是私人小客车合乘欠缺逻辑性，其结论不能成立，故原审法院认为再审申请人曾海波的行为不能适用《长沙市私人小客车合乘管理规定》的相关规定缺乏法律依据，适用法律错误。岳麓区交通运输局以《中华人民共和国道路运输条例》第十条、第六十三条为依据对曾海波作出处罚，其适用该条款的前提是对曾海波涉案行为的性质界定为"道路旅客运输经营"。《道路旅客运输及客运站管理规定》第三条明确了"道路旅客运输经营"的含义，即是指用客车运送旅客，为社会公众提供服务，具有商业性质的道路客运活动，包括班车（加班车）客运、包车客运、旅游客运。本案曾海波搭载乘客的行为如前所述应认定为私人小客车合乘，不符合道路旅客运输经营行为的特征，不属于道路旅客运输经营的范畴。《长沙市私人小客车合乘管理规定》第六条也明确，私人小客车合乘不属于道路运输经营行为。故曾海波的涉案行为不适用《中华人民共和国道路运输条例》的相关规定。岳麓区交通运输局因对曾海波的行为定性错误从而适用《中华人民共和国道路运输条例》相关规定进而作出处罚，适用法律错误。

（四）关于被申请人岳麓区交通运输局作出的岳交罚决定〔2017〕0316号《处罚决定书》的程序是否合法

1.《中华人民共和国道路运输条例》第五十八条规定：道路运输管理机构的工作人员应当重点在道路运输及相关业务经营场所、客货集散地进行监督检查。道路运输管理机构的工作人员在公路路口进行监督检查时，不得随意拦截正常行驶的道路运输车辆。本案中，被申请人岳麓区交通运输局对再审申请人曾海波车辆进行检查的地点为距离汽车西站1.4公里处，曾海波当时正在中间车道正常行驶即被岳麓区交通运输局工作人员拦截检查。岳麓区交通运输局工作人员该行为违反了《中华人民共和国道路运输条例》的相关规定，属于执法程序违法。

2. 再审申请人曾海波在收到《行政处罚事前告知书》当日曾到被申请人岳麓区交通运输局进行陈述与申辩，该局工作人员以工作繁忙为由拒绝。后曾海波多次电话联系该局工作人员欲进行陈述与申辩，仍遭拒绝。岳麓区交通运输局对曾海波作出处罚决定前未听取其陈述与申辩即作出处罚决定，违反了《中华人民共和国行政处罚法》的相关规定，其作出的处罚决定程序违法。

（五）关于被申请人岳麓区交通运输局作出的岳交罚决定〔2017〕0316号《处罚决定书》对再审申请人曾海波罚款2万元，处罚是否适当

《中华人民共和国行政处罚法》第四条第二款规定，设定和实施行政处罚必须以事实为依据，与违法行为的事实、性质、情节以及社会危害程度相当。被申请人岳麓区交通运输局作出处罚时，既未充分考虑再审申请人曾海波利用滴滴平台公司从事顺风车业务的客观事实及其性质，也未全面综合考虑其行为的社会危害程度，将本案行政处罚所针对的违法行为及其后果全部归责于曾海波，认定其盈利161.7元，对其处以2万元罚款，却未对平台公司作出任何处罚，属于对曾海波涉案行为的事实、性质、情节以及社会危害程度未予以正确、适当认定，对其处罚幅度和数额与其行为性质、危害程度、涉案金额等不相当，该处罚明显不当。

**二、本案中法律法规及行政法基本原则的适用问题**

（一）关于本案的法律适用问题

如前所述，本案再审申请人曾海波搭载乘客的行为宜认定为私人小客车合乘，故应适用《网络预约出租汽车经营服务管理暂行办法》及《长沙市私人小客车合乘管理规定》。《网络预约出租汽车经营服务管理暂行办法》第三十八条规定，私人小客车合乘，也称为拼车、顺风车，按城市人民政府有关规定执行。《长沙市私人小客车合乘管理规定》第四条规定，本市私人小客车合乘出行服务范围限于本市行政区域内，合乘平台不得提供跨省市、跨区域的合乘信息服务。第六条规定，合乘平台应当提供合乘出行服务协议，合乘者响应后，需网签合乘出行服务协议，明确合乘出行提供者、合乘人和合乘软件运营商的权利、义务和责任。第七条规定，私人小客车合乘不属于道路运输经营行为。第十一条规定，合乘平

台在本市开展合乘信息服务的，应向市道路运输管理机构备案，并将服务平台数据库接入市道路运输管理机构监管平台，按要求实时、完整地提供合乘数据。合乘数据包括合乘出行提供者的姓名、车牌号、车型、处罚时间、起讫地点、行驶线路、合乘人的地点、合乘费用等。从上述规定可以看出，对合乘信息负责的是合乘平台，并非车主，且《长沙市私人小客车合乘管理规定》未规定相应的处罚措施。根据行政处罚中"处罚法定"原则，不应对车主曾海波进行处罚。

（二）关于行政法基本原则在本案中的适用问题

1. 信赖保护原则。

信赖保护原则为行政法中一项基本原则，意为人民基于对国家公权力行使结果的合理信赖而有所规划或举措，由此而产生的信赖保护利益应受保护。根据该原则，人民基于对政府行为信赖而做出的相关行为应当受到保护。《长沙市私人小客车合乘管理规定》第十一条规定，合乘平台在本市开展合乘信息服务的，应向市道路运输管理机构备案，并将服务平台数据接入市道路运输管理机构监管平台，按要求实时、完整地提供合乘数据。可见，滴滴平台提供的合乘数据受到政府部门的监管，车主按平台发布的信息（包括行程、收费实施载客行为）也是基于认为平台的该行为是受政府监管的行为，无须车主质疑和查证，再审申请人曾海波对平台发布信息不予以质疑正是因为对政府监管行为的信赖，其基于对政府行为的信赖而按照平台提供的信息从事的搭乘行为应受到法律保护。

2. 合理行政原则。

合理行政原则是指行政机关行使行政权力应当客观、适度、符合理性。该原则包括公平公正原则、考虑相关因素原则、比例原则。本案中，根据相关规定，对合乘信息负责的是合乘平台，并非车主，车主按照平台给出的信息完成服务，本案所涉合乘行为仅处罚车主而不处罚平台公司，有违公平公正原则。被申请人岳麓区交通运输局作出处罚时，既未充分考虑再审申请人曾海波利用滴滴平台公司从事顺风车业务的客观事实及其性质，也未全面综合考虑其行为的社会危害程度，将本案行政处罚所针对的违法行为及其后果全部归责于曾海波，决定对其罚款2万元，不符合合理行政原则。

《国务院办公厅关于深化改革推进出租汽车行业健康发展的指导意见》指出"私人小客车合乘有利于缓解交通拥堵和减少空气污染，城市人民政府应鼓励并规范其发展"。对于私人小客车合乘这一新型共享经济模式应与传统道路运输经营区分开来，对违反相关法律法规行为进行处罚时应明确责任主体，法无明文规定则不予处罚，处罚时应遵循处罚法定原则，如此方可规范和促进这一新型共享经济的健康发展。

综上所述，本案再审申请人曾海波利用网络平台预约载客行为应认定为顺风车搭乘行为而并非非法营运行为，其行为不适用《中华人民共和国道路运输条例》的相关规定。因提供合乘信息的主体为滴滴平台公司，违反相关合乘规定的后果不应由曾海波承担。且被申请人岳麓区交通运输局作出行政处罚的程序违法。故岳麓区交通运输局认定事实不清，适用法律错误，程序违法，其作出的岳交罚决定〔2017〕0316号《处罚决定书》应予撤销，被申请人岳麓区政府的《复议决定书》认定事实不清亦应予以撤销。原审法院认定事实不清，适用法律错误，应予撤销。湖南省高级人民法院依照《中华人民共和国行政诉讼法》第八十九条第一款第二项之规定，于2020年5月27日判决如下：

一、撤销湖南省长沙市中级人民法院（2018）湘01行终591号行政判决；

二、撤销湖南省长沙市岳麓区人民法院（2018）湘0104行初42号行政判决；

三、撤销长沙市岳麓区交通运输局作出的岳交罚决定〔2017〕0316号《岳麓区交通运输局行政处罚决定书》；

四、撤销长沙市岳麓区人民政府作出的岳行复决〔2018〕001号《长沙市岳麓区人民政府行政复议决定书》。

# 知 识 产 权

## 郑州曳头网络科技有限公司与浙江天猫网络有限公司、丁晓梅等侵害外观设计专利权先予执行案

【案例要旨】

权利人向电子商务平台投诉平台内销售商侵害其知识产权，电子商务平台根据电子商务法相关规定删除相关商品的销售链接后，销售商可以申请法院裁定要求电子商务平台先予恢复被删除的销售链接。人民法院应综合考虑销售商品侵权的可能性、删除销售链接是否可能会给销售商造成难以弥补的损害、销售商提供担保情况、删除或恢复链接是否有损社会公共利益等因素，裁定是否先予恢复被删除的销售链接。

申请人：郑州曳头网络科技有限公司，住所地：河南省郑州市管城区。
法定代表人：王小龙，该公司执行董事。
被申请人：浙江天猫网络有限公司，住所地：浙江省杭州市余杭区。
法定代表人：蒋凡，该公司董事长。
被申请人：丁晓梅，女，1980年2月3日出生，汉族，住江苏省通州市。
被申请人：南通苏奥纺织品有限公司，住所地：江苏省南通市高新区。
法定代表人：王小龙，该公司执行董事。

丁晓梅因与郑州曳头网络科技有限公司（以下简称曳头公司）、南通苏奥纺织品有限公司（以下简称苏奥公司）、浙江天猫网络有限公司（以下简称天猫公司）发生侵害外观设计专利权纠纷，向江苏省南京市中级人民法院提起诉讼。案件审理过程中，曳头公司作为申请人于2019年6月10日申请法院裁定先予恢复被删除的销售链接。

申请人曳头公司申请要求被申请人天猫公司先予恢复被删除的销售链接，理由是：1. 曳头公司认为被诉侵权产品没有落入涉案外观设计专利权的保护范围。被诉侵权产品与涉案外观设计之间的相同点在于蚊帐可折叠骨架的整体形状，不同点在于蚊帐布的形状和图案；其

中，相同点部分为现有设计；不同点部分可以视为涉案外观设计的设计要点，即被诉侵权产品没有使用涉案专利的设计要点部分。因此，曳头公司制造、销售被诉侵权产品的行为不构成侵权。2. 由于被申请人丁晓梅的投诉，天猫公司删除了被诉侵权产品的销售链接，给曳头公司造成了难以弥补的损失。被诉侵权产品为蚊帐，系夏季季节性产品，目前处于销售旺季。在销售链接被删除之前，该产品已经做到同类产品第一名的位置，即将到来的"6·18"活动是继"双11"之后的第二个大型夏季销售推广活动，删除销售链接严重影响曳头公司的产品销售。且本案审理程序依法会经历一定的时间，不尽快恢复链接将对曳头公司的生产经营活动造成无法估量的损失。因此，为了避免造成难以弥补的损失，曳头公司申请法院裁定要求天猫公司先予恢复被诉侵权产品在其所经营的天猫网购平台上的销售链接。

被申请人丁晓梅答辩称，丁晓梅作为涉案外观设计专利权人向被申请人天猫电子商务平台投诉申请人曳头公司等存在专利侵权行为，并依法向法院起诉曳头公司侵害外观设计专利权，天猫电子商务平台应当根据电子商务法的相关规定删除曳头公司的侵权产品销售链接。因此，曳头公司的申请缺乏事实和法律依据，应当予以驳回。

江苏省南京市中级人民法院经审理查明：

2016年1月28日，被申请人丁晓梅向国家知识产权局申请了名称为"便携式婴幼儿折叠蚊帐"的外观设计专利，于2016年6月22日获得授权。同日，丁晓梅申请"一种便携式婴幼儿折叠蚊帐"的实用新型专利，获得授权后，又于2017年3月被宣告无效。

申请人曳头公司是淘宝店铺"同梦母婴专营店"的经营者，被申请人苏奥公司系曳头公司的关联公司。2019年3月2日，被申请人丁晓梅向被申请人天猫公司投诉，称曳头公司、苏奥公司制造和销售的遮光U型蚊帐产品和升级U型蚊帐产品即涉案被诉侵权产品侵害其外观设计专利权。2019年3月7日，曳头公司向天猫公司提供《反通知》《天猫知识产权投诉申诉书》以及相关对比文件材料，承诺其在天猫平台上展示的被投诉的遮光U型蚊帐产品和升级U型蚊帐产品未侵害丁晓梅的知识产权。在接到投诉后，天猫公司分别于2019年3月12日、3月20日和4月2日三次委托浙江省知识产权研究与服务中心进行专利侵权鉴定，后者出具三份《专利侵权判定咨询报告》，结论均为专利侵权不成立。天猫公司遂未采取删除销售链接等措施。

2019年3月26日，被申请人丁晓梅以申请人曳头公司、被申请人苏奥公司、天猫公司为被告，诉至江苏省南京市中级人民法院。2019年4月4日，丁晓梅向天猫公司提出《反申诉及诉讼说明》，认为一方面曳头公司、苏奥公司制造和销售涉案的遮光U型蚊帐产品和升级U型蚊帐产品构成侵权，另一方面其已向法院提起侵害外观设计专利权诉讼，故天猫公司网购平台应当立即采取删除、屏蔽、断开链接、终止交易和服务等必要措施。2019年4月8日，天猫公司删除了被诉侵权产品在天猫网购平台的销售链接。

申请人曳头公司为该申请提供了相应的担保。

江苏省南京市中级人民法院经审理认为：

首先，被申请人天猫公司对被申请人丁晓梅的投诉依规依法进行了处理。接到丁晓梅的投诉后，天猫公司一方面听取了投诉商家和被投诉商家的意见，另一方面又由其关联公司委托第三方对侵权行为能否成立进行评判，且评论意见认为被诉侵权行为不成立，故未对销售链接采取删除等措施。丁晓梅在提起本案诉讼后，再次投诉，坚持认为天猫公司应当采取删除链接等必要措施。天猫公司遂采取了删除销售链接的措施。

其次，申请人曳头公司制造、销售被诉侵权产品构成侵权的可能性较小。根据当事人举证、质证及侵权比对的情况，并结合被申请人丁晓梅另一项"便携式婴幼儿折叠蚊帐"实用新型专利已被宣告无效等事实，法院初步认为构成专利侵权的可能性较小。

再次，不恢复销售链接可能给申请人曳头公司的生产经营造成难以弥补的损失。被诉侵权产品的销售很大程度上依赖于商誉和口碑的积累以及时机的把握，案涉产品销售具有较强的季节性，且构成侵权的可能性较小。因此，若不及时恢复被删除的销售链接可能造成曳头公司及其被诉侵权产品所积累的商誉和口碑的持续消减和损失以及交易机会的丧失，给其生产经营造成难以弥补的损失。

最后，申请人曳头公司提供了一定的担保。曳头公司根据被诉侵权产品之前每月销售额的适当倍数乘以恢复链接后大概的销售月份计算出一个数额，据此提供了现金担保，并保证若被认定侵权成立其可能承担的赔偿责任能够得到实现。被申请人天猫公司亦承诺可以及时提供恢复链接后被诉侵权产品的所有销售记录，以供计算赔偿等使用。

综上，申请人曳头公司的申请符合法律规定。江苏省南京市中级人民法院依照《中华人民共和国民事诉讼法》第一百零六条第三项、第一百零七条的规定，于2019年6月14日作出裁定：

浙江天猫网络有限公司立即恢复郑州曳头网络科技有限公司涉案被诉侵权产品"遮光U型蚊帐"和"升级U型蚊帐"在天猫网购平台上的销售链接。

该民事裁定作出后即生效，申请人和被申请人均未提出复议申请。

2019年10月20日，江苏省南京市中级人民法院就丁晓梅诉郑州曳投网络科技有限公司等侵害外观设计专利权案作出判决：驳回丁晓梅的诉讼请求。其后，丁晓梅不服，上诉至江苏省高级人民法院，法院审理过程中，丁晓梅向法院申请撤回上诉。2020年3月19日，江苏省高级人民法院作出裁定：准许丁晓梅撤回上诉。

## 中国杂技团有限公司诉吴桥县桑园镇张硕杂技团等著作权权属、侵权纠纷案

【案例要旨】

以杂技动作为主要表现形式，在动作衔接和编排上存在个性化安排、取舍和设计，具有一定艺术表现力和独创性的，可以认定为著作权法上的杂技艺术作品。公有领域中常规杂技动作的简单组合及重复因独创性不足，不属于著作权法保护范围。

以杂技动作设计为主要内容，融入一定舞蹈动作设计的作品，可一体按杂技艺术作品予以保护。对于杂技节目中的配乐、服装、舞美设计，应根据其具体表现形式判断能否构成音乐或美术等其他类型作品，再认定是否予以独立保护。

原告：中国杂技团有限公司，住所地：北京市北京经济技术开发区建安街。

法定代表人：齐红，该公司董事长。

被告：吴桥县桑园镇张硕杂技团，经营场所：河北省沧州市吴桥县桑园镇。

经营者：张硕，男，1989年10月18日出生，汉族，住河北省沧州市吴桥县。

被告：深圳市腾讯计算机系统有限公司，住所地：广东省深圳市南山区粤海街道麻岭社区科技中一路。

法定代表人：马化腾，该公司董事长。

被告：许昌市建安区广播电视台，住所地：河南省许昌市新许路。

法定代表人：王宗兆，该电视台主任。

原告中国杂技团有限公司（以下简称中国杂技团）因与被告吴桥县桑园镇张硕杂技团（以下简称张硕杂技团）、深圳市腾讯计算机系统有限公司（以下简称腾讯公司）、许昌市建安区广播电视台（以下简称建安区电视台）发生著作权权属、侵权纠纷，向北京市西城区人民法院提起诉讼。

原告中国杂技团诉称：中国杂技团系杂技节目《俏花旦—集体空竹》的著作权人。被告张硕杂技团在2017年许昌县春节联欢晚会表演的杂技节目《俏花旦》，在动作组合、背景音乐、演员服装等方面均抄袭《俏花旦—集体空竹》，构成著作权侵权。《俏花旦》节目视频在域名为V.QQ.COM的网站及"映像许昌"微信公众号上均可点播，被告建安区电视台制作、播出节目视频，被告腾讯公司对视频在其网站传播一节未尽审查义务，亦构成著作权侵权。据此，要求张硕杂技团、腾讯公司、建安区电视台停止侵权、赔偿损失等。

被告张硕杂技团辩称：原告中国杂技团的《俏花旦—集体空竹》抄袭了"王氏天桥杂技"，我方从来没有见到过中国杂技团的节目，只看过沧州杂技团的《俏花旦抖空竹》，我方是按照沧州杂技团的节目排演。抖空竹是民间传统文化，决不允许任何单位和个人注册，直到2010年著作权法颁布之前，并没有法律规定杂技能进行著作权注册。杂技是一个特殊的行业，杂技表演需要多年练功，如果一个杂技演员苦练了十几年的节目被别人抢注了就被判侵权，明显不合理。

被告腾讯公司辩称：一、原告中国杂技团起诉的权利基础及其是否属于著作权法意义上的杂技作品均难以确定；二、微信公众号服务及腾讯视频服务均系向公众号所有者、注册用户使用者等提供信息存储空间服务，供其通过信息网络向公众提供各类信息。腾讯公司未对上传者提供的涉案视频做任何修改、删减，根据腾讯公司后台记录显示，涉案视频已于腾讯公司收到中国杂技团起诉状之前被上传者删除。腾讯公司作为网络服务提供者，不知道也没有合理理由应当知道涉案视频侵权。即使涉案视频侵权，腾讯公司也不应当承担赔偿责任。

被告建安区电视台辩称：我方的节目录制有合法授权，被告张硕杂技团的节目与原告中国杂技团主张的节目有一定的相似性，包括背景音乐相同、名称相似。但我方在录制节目时并不知情、没有过错，不应当承担赔偿责任。根据我国著作权法的相关规定，我方的行为不构成侵权。如果涉案节目构成侵权，也是因张硕杂技团的节目模仿中国杂技团所导致，应当由张硕杂技团承担责任。我方愿意配合中国杂技团消除影响，但现在涉案网络上已经没有了涉案侵权节目传播，因此中国杂技团主张停止侵权已经没有了事实依据。综上，请求法院驳回中国杂技团全部诉讼请求。

北京市西城区人民法院一审查明：

编号为00008667《著作权登记证书》载明：申请人中国杂技团提交的文件符合规定要求，对由其于2004年创作完成（编导何晓彬、张瑞静，作曲杜鸣，服装宋立），并于2005年2月公演的杂技作品《俏花旦—集体空竹（法国版）》，申请人以著作权人身份依法享有著作权（作者署名权除外），登记号为：2007-L-08667，发证日期为2007年8月31日。

原告中国杂技团（甲方）与何晓彬、张瑞静（乙方）分别签订了《中国杂技团有限公司杂技作品〈滕韵—十三人顶碗〉和〈俏花旦—集体空竹〉编导著作权归属协议》，约定甲方对委托作品享有著作权，著作权的财产权全部归甲方，上述委托作品著作权的人身权中，乙方享有署名权，其他权利乙方同意由甲方行使。

原告中国杂技团（甲方）与杜鸣（乙方）签订了《中国杂技团有限公司杂技作品〈俏花旦—集体空竹〉音乐创作著作权归属协议》，约定甲方对委托作品享有著作权，著作权的财产权全部归甲方，上述委托作品著作权的人身权中，乙方享有署名权，其他权利乙方同意由甲方行使。

原告中国杂技团（甲方）与北京金舞服装制作中心（乙方）签订了《中国杂技团有限公司杂技作品〈俏花旦—集体空竹〉和〈圣斗·地圈〉服装制作合同书》，约定甲方委托乙方完成2013年摩纳哥参赛节目《俏花旦—集体空竹》的服装制作，甲方对委托乙方制作的服装成品享有著作权。

杂技节目《俏花旦—集体空竹》曾获得2004年第六届中国武汉光谷国际杂技艺术节"黄鹤金奖"、2005年"第二十六届法国明日国际杂技节"最高奖"法兰西共和国总统奖"、2007年中央电视台春节联欢晚会"观众最喜爱的春晚节目（戏曲曲艺类）"评选中一等奖、2010年世界知识产权组织金奖（中国）作品奖、2013年第三十七届摩纳哥蒙特卡罗国际马戏节"金小丑"奖。

2017年1月17日，许昌县电视台（后并入本案被告建安区电视台）举办了标题为《2017年许昌县春节联欢晚会 万里灯火幸福年》的晚会，为此，许昌县电视台（甲方）与被告张硕杂技团（乙方）签订了《商业演出合同》，约定，许昌县电视台邀请张硕杂技团演出杂技节目《俏花旦》，演出时间为2017年1月17日，甲方共付乙方演出费17000元（税后），演出地点河南许昌。

北京市信德公证处于2017年2月20日出具的（2017）京信德内经证字第00041号《公证书》显示，通过手机登录微信在"公众号"中搜索"映像许昌"，可查找到名为"映像许昌"的公众号，其备案主体为许昌县电视台。在该公众号历史消息中，可以查找到"2017年许昌县春节联欢晚会（下）"，进入界面后可播放相应视频，在该视频"43：06/54：50"处可以看到标有"舞蹈杂技《俏花旦》表演中国吴桥杂技艺术中心"的被诉侵权节目。

北京市信德公证处于2017年2月20日出具的（2017）京信德内经证字第00042号公证书显示，在计算机浏览器网页地址栏中输入"V.QQ.COM"，进入该网站后在搜索栏中输入"2017许昌县春节联欢晚会"，点击其中"2017许昌县春节联欢晚会（上）""2017许昌县春节联欢晚会（下）"，相应视频可正常播放。视频片头标注有"许昌电视台2017年1月25日""2017年许昌县春节联欢晚会万家灯火幸福年"字样，视频播放框右上角出现"腾讯视频"图标字样。

被告建安区电视台认可上述视频系其上传,但均已被删除,"映像许昌"公众号亦已关闭。

原告中国杂技团《俏花旦—集体空竹》法国版录像视频总时长14分12秒,其中杂技节目表演时长计9分48秒。被告张硕杂技团《俏花旦》在"2017许昌县春节联欢晚会(下)"视频系自9分2秒至14分9秒处,时长5分8秒。将中国杂技团《俏花旦—集体空竹》法国版与张硕杂技团《俏花旦》进行比对,二者使用的背景音乐相同,在具体动作上,二者均以"抖空竹"自身的技术特性为基础,造型为中国戏曲"旦角"形象,舞台动作将中国戏曲"跑圆场"等元素融入进行表达;"出场"桥段部分,在剔除舞台环境的不同后,二者表演桥段核心表达动作近似;二者在部分标志性集体动作连贯性系列动作的表达上相同或高度近似。此外,二者舞台形式不同、具体杂技动作上存在部分差异。

将原告中国杂技团《俏花旦—集体空竹》摩纳哥版录像视频中的演出服装与被告张硕杂技团《俏花旦》节目中的服装相比对,二者色彩、造型高度近似,其中颈部均为围领设计、短裙上均有粉红色荷花、短裙上均呈蓝白线条相间图案,差异点在于中国杂技团《俏花旦—集体空竹》摩纳哥版的演出服上身胸部蓝色色彩渐变为心形,张硕杂技团《俏花旦》节目的演出服上身齐胸以上均为蓝色。

另,原告中国杂技团提供了《委托协议》、增值税专用发票及差旅费票据,其中发票分别载明收取中国杂技团律师费15000元、公证费6000元。

北京市西城区人民法院一审认为:

一个杂技节目是否属于杂技艺术作品,首先应满足构成作品的一般构成要件,即,应属于文学、艺术和科学技术领域内的智力成果;应当是具有一定有形方式的表达,而非单纯的思想;其表达内容应当具有独创性。根据杂技艺术作品的上述定义、构成要件,具备一定艺术表现力的独创性杂技形体动作和技巧才可能构成著作权法(2010年修正)意义上的杂技艺术作品。杂技艺术作品所表现的"竞技性"不属于杂技艺术作品的必备要件,杂技表演的场地、场所、器械、表演模式等亦不属于著作权法保护范围。

本案中,原告中国杂技团主张权利的杂技节目《俏花旦—集体空竹》的主要表达内容为"集体抖空竹",其中穿插、融合的戏曲动作、舞蹈动作,已经与"抖空竹"技能动作密不可分,形成一个艺术表达整体。"俏花旦抖空竹"舞台艺术形象富有感染力,杂技动作鲜活灵动,与编导作者、著作权人之间形成特定化联系,构成著作权法意义上的作品,该作品区别于既有的"抖空竹"民间技艺,应当受到我国著作权法保护。根据各方举证情况,可以认定中国杂技团享有杂技艺术作品《俏花旦—集体空竹》除各作者的署名权之外的著作权。

将被告张硕杂技团表演的《俏花旦》与《俏花旦—集体空竹》相比,二者在开场表演桥段高度相似,舞蹈动作与抖空竹动作之间的衔接、舞蹈脚步律动编排上的部分内容一致,部分演出环节及演员在演出场地的走位编排等设计相似,以时长计,占比约为三分之一。一审法院认定张硕杂技团对《俏花旦—集体空竹》构成部分作品内容的抄袭,其涉案演出行为侵犯了原告中国杂技团享有的表演权。此外,《俏花旦》与《俏花旦—集体空竹》的背景音乐基本相同,服装高度相似,亦构成侵权。被告建安区电视台制作包含《俏花旦》的晚会节目通过广播信号播出,并将节目视频通过信息网络向公众传播,侵犯了中国杂技团享有的广播权、信息网络传播权。被告腾讯公司作为网络服务提供者就被诉侵权行为不存在过错，不应承担赔偿责任。

据此，北京市西城区人民法院依照《中华人民共和国侵权责任法》第八条、第十二条、第十三条，《中华人民共和国著作权法》第一条、第三条、第十条、第十七条、第四十七条第五项、第四十八条第一项、第四十九条，《中华人民共和国著作权法实施条例》第四条、第二十七条，《最高人民法院关于审理著作权民事纠纷案件适用法律若干问题的解释》第二十五条、第二十六条，《信息网络传播权保护条例》第十四条、第二十二条，《中华人民共和国民事诉讼法》第六十四第一款之规定，于2019年6月25日判决如下：

一、被告吴桥县桑园镇张硕杂技团于判决生效之日起停止侵犯原告中国杂技团有限公司《俏花旦—集体空竹》的涉案行为；

二、被告吴桥县桑园镇张硕杂技团于本判决生效之日起30日内，就其涉案侵权行为在《人民法院报》上登报声明消除影响（刊登内容需经法院审核，逾期不履行，法院将依据原告中国杂技团有限公司的申请在相关媒体公布本判决书主要内容，费用由被告吴桥县桑园镇张硕杂技团负担）；

三、被告许昌市建安区广播电视台于本判决生效之日起30日内，就其涉案侵权行为在《人民法院报》上登报声明消除影响（刊登内容需经法院审核，逾期不履行，法院将依据原告中国杂技团有限公司的申请在相关媒体公布本判决书主要内容，费用由被告许昌市建安区广播电视台负担）；

四、被告吴桥县桑园镇张硕杂技团于本判决生效之日起七日内赔偿原告中国杂技团有限公司经济损失40000元，被告许昌市建安区广播电视台在10000元数额内对被告吴桥县桑园镇张硕杂技团承担连带责任；

五、被告许昌市建安区广播电视台于本判决生效之日起七日内赔偿原告中国杂技团有限公司经济损失10000元；

六、被告吴桥县桑园镇张硕杂技团、被告许昌市建安区广播电视台于本判决生效之日起七日内赔偿原告中国杂技团有限公司合理支出（含律师费、公证费、差旅费）28239元；

七、驳回原告中国杂技团有限公司的其他诉讼请求。

张硕杂技团不服一审判决，向北京知识产权法院提起上诉。张硕杂技团上诉称：被上诉人中国杂技团在起诉时自述涉案杂技节目《俏花旦—集体空竹》源于"王氏天桥杂技"，由此可见，《俏花旦—集体空竹》并不具有独创性，而根据著作权法的规定，只有具有艺术性和独创性的杂技艺术作品才能成为著作权法的保护对象。此外，中国杂技团的《俏花旦—集体空竹》节目时长为9分48秒，而张硕杂技团演出的《俏花旦》时长为5分8秒，二者虽然使用同一背景音乐，但杂技动作不同，向观众表达的含义不同。著作权法并未明确杂技艺术模仿哪些因素或模仿什么程度属于侵权，法无禁止即为合法。据此，张硕杂技团演出的《俏花旦》不构成侵权，无须承担侵权责任。

被上诉人中国杂技团答辩称：一审判决认定事实清楚，适用法律正确，中国杂技团同意一审判决结论。上诉人张硕杂技团演出《俏花旦》的行为侵犯了中国杂技团就杂技作品《俏花旦—集体空竹》享有的表演权，其上诉理由无事实与法律依据，应予以驳回。

被上诉人腾讯公司答辩称：腾讯公司仅为网络服务提供者，未对涉案视频进行编辑、整理及推荐,被上诉人中国杂技团未向腾讯公司发出删除通知,腾讯公司已尽到相应义务,不应承担责任。

被上诉人建安区电视台答辩称:同意上诉人张硕杂技团关于被上诉人中国杂技团《俏花旦—集体空竹》节目不属于受著作权法保护的作品,以及张硕杂技团《俏花旦》节目与其不构成实质性相似的意见。建安区电视台播出该节目未侵犯中国杂技团的著作权。关于背景音乐,建安区电视台有合法授权,亦不应承担侵权责任。关于赔偿损失,即便构成侵权,赔偿数额应当按照张硕杂技团从建安区电视台收取的费用计算,而不应当予以酌定。

北京知识产权法院经二审,确认了一审查明的事实。

北京知识产权法院二审认为:

**一、被上诉人中国杂技团主张权利的《俏花旦—集体空竹》法国版是否属于著作权法上的杂技艺术作品**

我国著作权法将杂技艺术作品与音乐、戏剧、曲艺、舞蹈等作品并列,规定为单独的一类作品,说明杂技艺术作品属于区别于戏剧、舞蹈等作品的独立类型作品。杂技艺术作品包括杂技、魔术、马戏等具体类型,是"通过形体动作和技巧表现的作品",其作品内容不是技巧本身。

(一) 杂技艺术作品的单独保护

将杂技艺术作品单独保护,要注意到杂技艺术作品与相近作品的差异,其中最典型的为舞蹈作品。舞蹈作品与杂技艺术作品均系主要通过人体动作进行表现的作品,但二者仍存在一定差异。杂技艺术作品中的动作主要强调技巧性,而且是通过高难度的、普通人难以掌握的身体或道具控制来实现相应动作,一般公众可以认知到这类动作主要属于杂技中的特定门类;舞蹈作品中的动作往往是用于传情达意、塑造角色的有节奏的肢体语言,常配合音乐进行表演,相较于前者对技巧、难度的重视,其更注重情感表现乃至角色塑造。

需要注意的是,现阶段,诸多杂技吸收舞蹈元素进行动作设计和编排,包括杂技动作之中融入舞蹈动作,杂技动作的衔接之间引入舞蹈动作等。此种情形下,强行将连贯动作分割为支离破碎的舞蹈动作与杂技动作,将舞蹈元素剔除,将使得原作的美感大打折扣,分离后的动作编排亦难以单独作为舞蹈或杂技作品保护。因此,以杂技动作设计为主要内容,又融入一定舞蹈动作设计的作品,仍可按杂技艺术作品予以保护。

此外,杂技艺术作品在实际表演过程中,往往在动作之外加入配乐,表演者着专门服装并有相应舞台美术设计。但立法已明确限定杂技艺术作品系通过形体动作和技巧予以表现,并非如视听作品属于可以涵盖音乐、美术作品等予以整体保护的复合型作品。因此,即便上述配乐构成音乐作品,服装、舞美设计构成美术作品,其仍不属于杂技艺术作品的组成部分,不能将之纳入杂技艺术作品的内容予以保护,而应作为不同类型作品分别独立保护。

(二) 杂技艺术作品独创性的主要因素:动作的编排设计

杂技艺术作品以动作为基本元素,技巧也通过具体动作展现,但杂技艺术作品并不保护技巧本身,通常也不保护特定的单个动作,而是保护连贯动作的编排设计,其载体类似于舞蹈作品中的舞谱。当然,杂技艺术作品所保护的动作的编排设计应当具备艺术性,达到一定的独创性高度。如果仅仅是公有领域常规杂技动作的简单组合、重复,则独创性不足,不应受到著作权法的保护。

(三)涉案《俏花旦—集体空竹》法国版是否构成杂技艺术作品

本案中,从《俏花旦—集体空竹》法国版内容看,其诸多"抖空竹"动作额外融入了包含我国传统戏曲元素、舞蹈元素的动作乃至表情设计,例如其中以大跨度单腿提拉舞步、脚下三步舞步同时加上双手左右或上下抖空竹的整体动作。此外,其在具体走位、连续动作的衔接和编排上亦存在个性化安排,使得相应连贯动作在展示高超身体技巧的同时传递着艺术美感。在此基础上,上诉人张硕杂技团并未向法院举证证明上述设计、编排主要来自公有领域或属于有限表达,故对其前述主张,法院不予采纳。法院认为,《俏花旦—集体空竹》法国版中的形体动作编排设计体现了创作者的个性化选择,属于具备独创性的表达,构成著作权法规定的杂技艺术作品。

二、一审法院关于实质性相似的判定是否得当

关于《俏花旦—集体空竹》法国版作为杂技艺术作品与上诉人张硕杂技团演出的《俏花旦》的比对,法院认为,并非对原作不经裁剪的原样照搬方构成抄袭,在表演权侵权认定中,如认定未经许可表演的内容与权利作品的部分相对完整的独创性表达构成实质性相似,被诉侵权人存在接触权利作品的可能且排除其系独立创作后,同样可以认定侵权成立。《俏花旦》在开场部分的走位、动作衔接安排,以及多次出现的标志性集体动作等动作的编排设计,与《俏花旦—集体空竹》法国版相应内容构成实质性相似,而上述内容属于《俏花旦—集体空竹》法国版独创性表达的部分。因此,一审法院关于张硕杂技团构成抄袭及表演权侵权的认定结论无误,张硕杂技团的前述理由缺乏法律依据,法院不予采纳。

综上,北京知识产权法院依照《中华人民共和国民事诉讼法》第一百七十条第一款第一项之规定,于2021年11月1日判决如下:

驳回上诉,维持原判。

# 湖南亚华种业研究院诉张杨侵害植物新品种权纠纷案

【案例要旨】

未经许可使用授权品种繁殖材料重复用于生产另一品种的繁殖材料的,在被诉侵权种子与授权品种存在亲缘关系的基础上,是否以授权品种作为母本生产被诉侵权种子的事实,应由侵权方承担举证责任。被诉侵权行为中的"重复使用"应理解为重复以授权品种的繁殖材料为亲本与其他亲本另行繁殖的行为。

原告:湖南亚华种业科学研究院,住所地:湖南省长沙市芙蓉区合平路。
法定代表人:杨远柱,该院院长。
被告:张杨,男,1983年3月30日出生,汉族,住江西省萍乡市湘东区排上镇。
原告湖南亚华种业科学研究院(以下简称亚华研究院)因与被告张杨发生侵害植物新

品种权纠纷，向海南自由贸易港知识产权法院提起诉讼。

原告亚华研究院诉称：亚华研究院系第CNA20090950.7号"隆科638S"水稻的品种权人，保护期自2014年3月1日起15年，至今仍处于有效期内。2020年5月，亚华研究院在三亚发现了大面积利用"隆科638S"水稻进行育种的侵权行为，并委托袁隆平农业高科技股份有限公司向三亚市农业农村局、三亚市行政综合执法局（以下简称三亚市执法局）进行投诉。经行政机关查处，发现被告张杨生产涉案侵权种子439包，合计35120斤。农业农村部植物新品种测试（杭州）分中心对涉案种子已做鉴定证明张杨侵权成立。鉴定期间张杨将全部涉案侵权种子运至江西省萍乡市，萍乡市农业综合执法支队就张杨涉案侵权行为进行了调查，并于江西省萍乡市湘东区下埠镇西源村一处厂房内发现了部分涉案侵权种子。亚华研究院的涉案品种权获批后，交由设立人袁隆平农业高科技股份有限公司及关联公司四川隆平高科种业有限公司进行育种、销售，二者使用"隆科638S"繁育的"隆两优1377"种子市场销售均价为33元/斤左右，育种成本11元/斤左右，张杨擅自使用"隆科638S"繁育"隆两优1377"种子35120斤的行为造成的损失约77万元。根据《中华人民共和国种子法》（以下简称种子法）第二十八条、第七十三条，《中华人民共和国植物新品种保护条例》（以下简称植物新品种保护条例）第六条、第三十九条，《最高人民法院关于审理侵害植物新品种权纠纷案件具体应用法律问题的若干规定》第二条、第六条的规定，张杨擅自使用"隆科638S"进行繁殖制种的行为构成对亚华研究院第CNA20090950.7号"隆科638S"水稻植物新品种权的侵害。请求：1.张杨立即停止侵害植物新品种权的行为，销毁繁育的全部侵权种子产品及其全部母本"隆科638S"种子；2.判令张杨赔偿经济损失50万元（含维权合理支出3.5万元）。

被告张杨辩称：2019年12月初，其从案外人处以50元/斤的价格购买了亲本种子100多斤，在三亚市崖州区进行种植。2020年5月29日，晾晒时，三亚市执法局的工作人员询问其关于水稻种子的来源、种植的面积、总产量和制种的用途等情况，并通知其将水稻种子运回江西老家后七天内不得销售、也不得下种。询问时，袁隆平农业高科技股份有限公司的员工也在场，表示一个月后会找张杨处理这些水稻种子。张杨将这些水稻种子运回江西省萍乡市湘东区下埠镇，并对这些水稻种子经过两三天的继续晾晒、去杆、吹风等精选工作，重新包装后，符合要求的水稻种子约有280袋。因无资金租用符合存放水稻种子要求的仓库，故将这些水稻种子存放在一家废弃的厂房内。2020年6月22日，萍乡市农业农村局的工作人员找到张杨并对涉案的水稻种子进行拍照，要求现场存放，但是四五个月后，没有人来处理涉案水稻种子。由于萍乡市夏季、秋季雨水较多，空气非常潮湿，再加上存放涉案水稻种子废弃厂房屋顶漏雨情况严重，到了2020年12月，涉案水稻种子大多受潮发芽，已无法种植，也无法食用。迫于无奈，只能将发芽的水稻种子用于喂养鸡鸭。涉案水稻种子的重量并非35120斤，因未经充足晾晒，也没有经过去杆和吹风等精选程序，并非符合要求的水稻种子，事后对涉案水稻种子进行精选后的重量约为26000斤，并没有擅自使用和下种。原告亚华研究院没有提供充分证据证明销售均价和育种成本，其主张损失约77万元缺乏证据支持。涉案水稻种子并未在市场上进行销售，也未实际投入使用，并未给亚华研究院造成任何损失，不存在实施侵权行为的主观故意，不应承担赔偿责任。另外，张杨的育种行为系农民自繁自用，不具有商业目的，对"隆科638S"繁殖材料只进行了一次生产使用，不符合重复使用的情形。综上，亚华研究院的诉讼请求缺乏事实依据，依法应予以驳回。

海南自由贸易港知识产权法院一审查明：

2009年12月25日，原告亚华研究院向中华人民共和国农业部申请"隆科638S"植物新品种权保护，2014年3月1日获得授权，属或者种为水稻，品种权号为CNA20090950.7，保护期为15年。2017年3月15日，财税〔2017〕20号《财政部发展改革委关于清理规范一批行政事业性收费有关政策的通知》第一条规定，自2017年4月1日起，停征植物新品种保护权收费。2017年4月25日，袁隆平农业高科技股份有限公司已支付"隆科638S"第4年的品种保护权年费1000元。

原告亚华研究院提交证书编号分别为2017-1-0088、2018-1-0073，品种名称为"隆两优1377"，审定编号分别为国审稻20176007、桂审稻2018075号，审定时间分别为2017年6月、2018年5月的两份主要农作物品种审定证书表明，"隆两优1377"品种来源为"隆科638S"×"R1377"，即隆两优1377是由母本"隆科638S"与父本"R1377"组配繁育的杂交水稻品种。上述两份审定证书亦表明，亚华研究院是"隆两优1377"的育种者之一。

2020年5月，原告亚华研究院在三亚市崖州区海源公司晒谷场发现疑似利用"隆科638S"水稻进行育种的侵权行为，遂向三亚市农业农村局、三亚市执法局进行投诉。同年5月29日，三亚市执法局第一支队执法人员对被告张杨进行询问，当执法人员询问张杨在三亚市崖州区进行杂交水稻南繁制种面积及品种时，张杨称"85亩，是隆两优""没有协议""亲本是通过一个四川省的熟人介绍并送货上门，只付现金，每斤50元""不知道亲本是什么，也不知道供种人的姓名和电话"，种子"不销售，只供自己承包土地种""种植2000亩（每亩用量约6斤）"。庭审中张杨称，亲本是从不知名的案外人手中购买，数量有100来斤，并不清楚该亲本的具体来源、品种、名称等情况，产量经估算"有439包（每包约80斤）共35120斤"。三亚市执法局第一支队执法人员告知张杨种子运回老家后不得销售和下种。随后，张杨将涉案水稻种子全部运回江西。同年6月22日，经江西省萍乡市农业综合行政执法支队现场勘验确认，张杨存放在仓库的种子共计23500斤。张杨称，经三亚市执法局询问后直到2020年12月，没有任何人找其处理涉案水稻种子，在涉案水稻种子受潮发芽已无法用于种植的情况下，迫不得已将其用于喂养鸡鸭。

2020年6月5日，三亚市农业综合执法支队委托农业部植物新品种测试（杭州）分中心将当时取样抽检封存稻谷进行检测。封条骑缝处有被告张杨及其他执法人员等的签名。2020年6月15日（浙）中种检字（2019）第01号农业部植物新品种测试（杭州）分中心《农作物种子质量检验报告》显示，该中心通过《水稻品种鉴定技术规程SSR标记法》对未知品种的送检样品与对照样品"隆两优1377"进行真实性检测，比较48个位点数，差异位点数为0，结论为"极近似品种或相同品种"。同日，农业部植物新品种测试（杭州）分中心出具鉴定报告，报告显示，该中心对未知品种的送检样品和对照样品"隆科638S"，采用SSR标记参照标准《水稻品种鉴定技术规程SSR标记法》（NY/T 1433—2014）毛细管电泳荧光检测方法进行鉴定，随机选择20粒种子发芽混合提取DNA，重复两次，结果为"所采用的48个SSR标记中未知品种在其中22个标记上为纯合基因型，其余26个标记为杂合基因型，样品隆科638S在48个标记上均为纯合基因型且与未知品种其中一种基因型一致"，结论为"送检样品和隆科638S存在亲缘关系"。张杨对上述证据的真实性、合法性、关联性均不予认可,认为其未参与鉴定过程,且鉴定机构无资质,对证明内容亦不予认可。法院认为,在原告亚华研究院提交的张杨无异议的三亚市执法局第一支队询问笔录证据中,有经张杨签字确认的种子封存样品封条复印件(与原件核对无异),张杨称其未参与鉴定,前后矛盾,亦没有提交足以反驳的相反证据。农业部植物新品种测试(杭州)分中心系2014年7月20日中华人民共和国农业部第2111号公告公布的农作物种子质量检验机构,具有小麦、水稻等主要农作物品种真实性的承检能力,故法院对亚华研究院提供的检验报告和鉴定报告的真实性、合法性、关联性予以确认。

原告亚华研究院系袁隆平农业高科技股份有限公司举办的非财政补助型事业单位,四川隆平高科种业有限公司系袁隆平农业高科技股份有限公司的全资子公司。2017年8月21日,亚华研究院与四川隆平高科种业有限公司签订《品种权实施许可合同》,就"隆两优1377"(母本:隆科638S×父本:R1377)等杂交水稻新品种的实施许可达成约定,明确该品种是袁隆平农业高科技股份公司申请审定的杂交水稻品种,2017年通过国家审定(国审稻20176007)。《隆两优组合种子海南承揽生产合同》显示,袁隆平农业高科技股份有限公司在海南收购"隆两优1377"种子的均价为22元/斤;《四川隆平17-20隆两优1377销售情况表》表明,"隆两优1377"对外销售均价33元/斤。《四川隆平隆两优1377近三年销售毛利表》显示,四川隆平高科种业有限公司2017至2019年销售"隆两优1377"连续三年的年平均利润率为52%。亚华研究院因本纠纷与北京德恒(长沙)律师事务所签订《委托代理合同》,约定维权活动的律师费为3万元并由袁隆平农业高科技股份有限公司全额支付。亚华研究院因维权产生的车费、住宿费、餐饮费共计0.5万元。

对于上述关联公司许可生产销售"隆两优1377"以推断获利的相关证据,被告张杨对部分真实性、合法性无异议,但认为与系争案件无关联性;对合同、销售情况表等认为均是案外人出具,由案外人单方制作,无法核实;对相关维权费用支出证据的真实性和合法性虽予以确认,但认为维权不是必要程序,相关费用也并非必然产生的合理费用。对此法院认定,上述相关证据中,虽然相互关联能够证明原告亚华研究院许可关联方利用"隆科638S"生产、销售"隆两优1377"水稻的事实,但生产和销售的对象是"隆两优1377",无法直接证明其主张品种权保护的"隆科638S"的价值,进而无法推定亚华研究院的直接经济损失,亦无法推断张杨侵权获利,不具有关联性,不作为本案判定赔偿数额的证据,仅作为酌情确定赔偿数额的考量因素。亚华研究院主张因本纠纷产生租车费、机票、车辆通行发票、律师费维权合理支出3.5万元的支付凭证,是维权所产生的必要费用,法院予以采信。

另查明,本案被告张杨系农村低保户,并持有《中华人民共和国残疾人证》,其上载明残疾等级和类别为肢体三级残疾。

海南自由贸易港知识产权法院一审认为:

本案为侵害植物新品种权纠纷。根据本案当事人的诉辩意见及案件事实,本案的争议焦点为:一、被告张杨繁育涉案水稻种子的行为是否侵犯原告亚华研究院主张保护的"隆科638S"植物新品种权;二、如构成侵权,张杨应如何承担侵权责任。

**一、关于被告张杨繁育涉案水稻种子的行为是否侵犯原告亚华研究院主张保护的"隆科638S"植物新品种权**

原告亚华研究院所有的"隆科638S"植物新品种权依法应予保护。种子法第二十八条规定，完成育种的单位或者个人对其授权品种，享有排他的独占权。任何单位或者个人未经植物新品种权所有人许可，不得生产、繁殖或者销售该授权品种的繁殖材料，不得为商业目的将该授权品种的繁殖材料重复使用于生产另一品种的繁殖材料；但是本法、有关法律、行政法规另有规定的除外。植物新品种保护条例第六条亦有相关规定。《最高人民法院关于审理侵害植物新品种权纠纷案件具体应用法律问题的若干规定》第二条第一款规定"未经品种权人许可，生产、繁殖或者销售授权品种的繁殖材料，或者为商业目的将授权品种的繁殖材料重复使用于生产另一品种的繁殖材料的，人民法院应当认定为侵害植物新品种权。"第三款规定"被诉侵权人重复以授权品种的繁殖材料为亲本与其他亲本另行繁殖的，人民法院一般应当认定属于为商业目的将授权品种的繁殖材料重复使用于生产另一品种的繁殖材料。"

本案中，经行政机关调查并经农业部植物新品种测试（杭州）分中心检验报告证明，被告张杨在三亚崖州区繁育的涉案水稻种子与"隆两优1377"比较了48个位点数，差异位点数为0，"极近似品种或相同品种"结论表明，其繁育的水稻品种为"隆两优1377"。因"隆两优1377"系杂交水稻品种，其由父本和母本两个亲本组配繁育。"隆两优1377"主要农作物品种审定证书表明，"隆两优1377"品种来源为"隆科638S"בR1377"，即"隆两优1377"是由母本"隆科638S"与父本"R1377"组配繁育的杂交水稻品种。2020年6月15日农业部植物新品种测试（杭州）分中心出具鉴定报告证明，该中心对未知品种（实为张杨繁育的涉案品种）和"隆科638S"进行对照，采用SSR标记参照标准《水稻品种鉴定技术规程SSR标记法》（NY/T1433-2014）毛细管电泳荧光检测方法进行鉴定，随机选择20粒种子发芽混合提取DNA，重复两次，结果为"所采用的48个SSR标记中未知品种在其中22个标记上为纯合基因型，其余26个标记为杂合基因型，样品隆科638S在48个标记上均为纯合基因型且与未知品种其中一种基因型一致"。得出结论为"送检样品和隆科638S存在亲缘关系"。

对于植物基因关系而言，从"送检样品和隆科638S存在亲缘关系"的鉴定结论，尚不能直接判断出涉案水稻种子系通过母本"隆科638S"与父本"R1377"组配繁育的杂交水稻品种，在理论上，仍然存在母本和父本的姊妹品系作为亲本的可能性。但从实际生产角度出发，利用不同的杂交亲本组合，生产出基因型极近似或相同的子代概率很小，涉案水稻种子使用"隆科638S"作为亲本进行繁育具有极高度可能性。本案中，在原告亚华研究院已提交检测报告和鉴定报告的基础上，被告张杨如认为其繁殖的涉案品种并非来源于"隆科638S"，则需要提交其涉案品种来源于其他亲本的相关证据。张杨未提出其没有使用"隆科638S"的相关证据，法院依据高度盖然性证明标准，认定张杨存在使用授权品种"隆科638S"组配繁育"隆两优1377"的行为。

被告张杨辩称其育种行为系农民自繁自用，不具有商业目的，亦不属于重复使用的情形。首先，植物新品种保护条例第十条规定，农民自繁自用授权品种的繁殖材料，可以不经品种权人许可，不向其支付使用费，但是不得侵犯品种权人依照本条例享有的其他权利。判断是否构成农民自繁自用应当综合考虑被诉侵权行为的目的、规模、是否营利等因素，并且农民应在其家庭农村土地承包经营合同约定的土地范围内进行。本案中，张杨系江西省萍乡市人，其未提供家庭承包土地的相关证据，且未能对其在三亚使用授权品种"隆科638S"

繁育"隆两优1377"种子达上万斤给予合理解释。结合张杨本人的身体情况以及家庭情况，其育种上万斤的行为已经超出了合理数量，不能认定其育种行为构成农民自繁自用，亦不能排除商业目的的可能性。其次，种子法第二十八条中的"重复使用"不应简单理解为次数的多少，应理解为杂交水稻育种中重复以授权品种的繁殖材料为亲本与其他亲本另行繁殖的行为。具体到本案，是指使用母本"隆科638S"繁育涉案水稻种子"隆两优1377"的杂交育种行为。因此，张杨在庭审中辩称，其只是对原告亚华研究院主张的"隆科638S"繁殖材料进行了一次生产使用，不符合重复使用情形的辩解不能成立。综上，张杨未经品种权人亚华研究院的许可，使用授权品种"隆科638S"组配繁育"隆两优1377"种子的行为，违反种子法第二十八条、植物新品种保护条例第六条、《最高人民法院关于审理侵害植物新品种权纠纷案件具体应用法律问题的若干规定》第二条第一款、第三款的规定，构成侵犯亚华研究院主张保护的"隆科638S"植物新品种权。

**二、关于被告张杨应如何承担侵权责任**

种子法第七十三条第三款、第四款规定："侵犯植物新品种权的赔偿数额按照权利人因被侵权所受到的实际损失确定；实际损失难以确定的，可以按照侵权人因侵权所获得的利益确定。权利人的损失或者侵权人获得的利益难以确定的，可以参照该植物新品种权许可使用费的倍数合理确定。赔偿数额应当包括权利人为制止侵权行为所支付的合理开支。侵犯植物新品种权，情节严重的，可以在按照上述方法确定数额的一倍以上三倍以下确定赔偿数额。权利人的损失、侵权人获得的利益和植物新品种权许可使用费均难以确定的，人民法院可以根据植物新品种权的类型、侵权行为的性质和情节等因素，确定给予三百万元以下的赔偿。"被告张杨未经许可使用授权品种"隆科638S"繁育"隆两优1377"种子的行为，发生于2020年5月，并具有季节性，其行为应适用当时的法律及司法解释予以规范。2020年12月修正前《最高人民法院关于审理侵害植物新品种权纠纷案件具体应用法律问题的若干规定》第六条亦规定，在侵权成立情况下，应承担停止侵害、赔偿损失等民事责任。

被告张杨繁育涉案水稻种子的行为侵犯原告亚华研究院主张保护的"隆科638S"植物新品种权，依据上述法律及司法解释的规定，对亚华研究院请求张杨立即停止侵害其植物新品种权的主张，法院予以支持。同时，亚华研究院请求销毁繁育的全部侵权种子产品及其全部母本"隆科638S"种子。张杨称其繁育的涉案水稻种子距今已一年有余，已经全部受潮发芽、无法种植，用于喂养鸡鸭；亚华研究院亦未提供证据证明其主张的侵权种子产品和母本"隆科638S"种子的实际去向，故对亚华研究院的相关主张，法院不予支持。如亚华研究院后续发现涉案侵权种子产品及其全部母本"隆科638S"种子实际去向，可向法院提出申请，责令张杨对该涉案侵权种子产品及其全部母本"隆科638S"种子作消灭活性等使其不能再被用作繁殖材料的处理。

关于本案涉案侵权种子的数量及损失，原告亚华研究院主张被告张杨使用"隆科638S"繁育"隆两优1377"种子35120斤的行为造成的损失约77万元，主要参照其关联公司"隆两优1377"种子的平均销售价格、育种成本；并推定按照关联公司的三年平均利润率52%计算，涉案水稻种子的获利约60万元。由于无法准确计算出张杨的获利和亚华研究院自己的损失，因此结合张杨生产涉案水稻种子的性质，大概获利区间以及维权实际支出，请求法院依据法定赔偿的规定判决支持赔偿亚华研究院50万元。张杨对此辩称，在经过充足晾晒、去杆和吹风等精选程序后实际育种重量应为 26000 斤，35120 斤是估算值。行政执法人员询问时也未实际称重，且其作为残疾人，在签署询问笔录时没有能力思考和确认育种的实际重量。法院认为，由于本案请求保护的植物新品种为"隆科 638S"，涉案损失或者侵权获利并非依据生产、销售"隆两优 1377"品种的数量直接确定，故张杨繁育的"隆两优 1377"种子数量是 35120 斤或者是 26000 斤并不影响法院根据本案的具体情况确定赔偿的数额。

被告张杨将"隆科 638S"授权品种的繁殖材料重复使用于生产另一品种"隆两优 1377"的繁殖材料，但原告亚华研究院未提供母本"隆科 638S"品种许可使用费的具体情况以供参照，亦无法从其主张并提供的关联公司许可生产、销售"隆两优 1377"品种的平均收购价格和销售价格准确推算"隆科 638S"品种的价格。因此，该部分的实际损失和"隆科 638S"品种的许可使用费均无法确定。张杨其所获利益亦难以确定。综合考虑涉案植物新品种权的类型、侵权行为的性质和情节以及亚华研究院为制止侵权的合理开支等因素，参考亚华研究院许可关联公司生产、销售"隆两优 1377"品种的情况，法院酌情确定张杨赔偿数额包括合理费用支出 3.5 万元，共计 10 万元。

被告张杨称其没有实施侵权行为的主观故意，在了解可能会对他人造成侵权后已经停止后续育种行为，且配合行政执法人员，没有销售和下种，系过失侵权，未造成严重后果，请求不承担赔偿责任。法院认为，《最高人民法院关于审理侵害植物新品种权纠纷案件具体应用法律问题的若干规定》第八条规定，"以农业或者林业种植为业的个人、农村承包经营户接受他人委托代为繁殖侵犯品种权的繁殖材料，不知道代繁物是侵犯品种权的繁殖材料并说明委托人的不承担赔偿责任"。本案张杨购买的亲本已经全部用于繁育"隆两优 1377"种子产品，其无法提供所购种子的合法来源，亦未证明系受他人委托代为繁殖，不符合免于赔偿责任的条件。

综上，被告张杨的行为构成侵犯原告亚华研究院"隆科 638S"植物新品种权，亚华研究院的部分主张成立。海南自由贸易港知识产权法院依照《中华人民共和国种子法》第二十八条、第七十三条第四款，《中华人民共和国植物新品种保护条例》第六条、第三十九条，《最高人民法院关于审理侵害植物新品种权纠纷案件具体应用法律问题的若干规定》第二条第一款、第三款、第六条之规定，于 2021 年 10 月 8 日判决如下：

一、被告张杨立即停止对原告湖南亚华种业科学研究院"隆科 638S"植物新品种权的侵害；

二、被告张杨于本判决生效之日起十日内向原告湖南亚华种业科学研究院赔偿经济损失包括合理开支共计 10 万元；

三、驳回原告湖南亚华种业科学研究院的其他诉讼请求。

一审宣判后，双方当事人均未提起上诉，一审判决已经发生法律效力。

附：

# 《中华人民共和国最高人民法院公报》
# 2023年总目录

## 法 律 选 登

| | |
|---|---|
| 中华人民共和国反电信网络诈骗法 | （1.3） |
| 中华人民共和国妇女权益保障法 | （7.3） |
| 中华人民共和国黄河保护法 | （8.3） |
| 中华人民共和国行政复议法 | （12.3） |

## 文 献

最高人民法院院长周强
　对办好《中华人民共和国最高人民法院公报》服务法治中国建设提出要求 …………（2.3）
最高人民法院
　关于人民法院涉外审判工作情况的报告 ……………………………… 周　强（2.4）
第十四届全国人民代表大会第一次会议
　关于最高人民法院工作报告的决议 ………………………………………（4.3）
最高人民法院工作报告 ……………………………………………………… 周　强（4.3）
中华人民共和国全国人民代表大会公告（第七号）……………………………（4.16）
最高人民法院院长张军简历 …………………………………………………（4.16）
最高人民法院
　关于人民法院环境资源审判工作情况的报告 ………………………… 张　军（12.15）

## 司 法 统 计

2022年全国法院司法统计公报 ………………………………………………（4.17）

## 司 法 解 释

最高人民法院
　关于涉外民商事案件管辖若干问题的规定 ………………………………（2.15）
最高人民法院　最高人民检察院
　关于办理危害生产安全刑事案件适用法律若干问题的解释（二）………（2.17）
最高人民法院
　关于成渝金融法院案件管辖的规定 ………………………………………（2.20）
最高人民法院
　关于商品房消费者权利保护问题的批复 …………………………………（5.3）

最高人民法院
    关于审理司法赔偿案件适用请求时效制度若干问题的解释 …………………………（7.12）
最高人民法院　最高人民检察院
    关于办理强奸、猥亵未成年人刑事案件适用法律若干问题的解释 ……………………（8.19）
最高人民法院
    关于具有专门知识的人民陪审员参加环境资源案件审理的若干规定 ………………（10.3）
最高人民法院
    关于审理生态环境侵权责任纠纷案件适用法律若干问题的解释 ……………………（10.6）
最高人民法院
    关于生态环境侵权民事诉讼证据的若干规定 …………………………………………（10.10）
最高人民法院
    关于审理破坏森林资源刑事案件适用法律若干问题的解释 …………………………（11.8）
最高人民法院
    关于公司解散纠纷案件受理费收费标准的批复 ………………………………………（12.23）
最高人民法院
    关于修改《最高人民法院关于知识产权法庭若干问题的规定》的决定 ……………（12.24）

## 司 法 文 件

最高人民法院
    关于为加快建设全国统一大市场提供司法服务和保障的意见 ………………………（1.10）
最高人民法院　最高人民检察院　公安部
    关于办理信息网络犯罪案件适用刑事诉讼程序若干问题的意见 ……………………（1.16）
最高人民法院
    关于支持和保障贵州在新时代西部大开发上闯新路的意见 …………………………（1.20）
最高人民法院
    关于发布第33批指导性案例的通知 ……………………………………………………（2.22）
最高人民法院
    关于发布第34批指导性案例的通知 ……………………………………………………（2.29）
最高人民法院　最高人民检察院　公安部　司法部
    关于进一步深化刑事案件律师辩护全覆盖试点工作的意见 …………………………（2.37）
最高人民法院
    关于规范合议庭运行机制的意见 ………………………………………………………（3.3）
最高人民法院
    关于发布第35批指导性案例的通知 ……………………………………………………（3.5）
最高人民法院
    关于发布第36批指导性案例的通知 ……………………………………………………（3.13）
最高人民法院　最高人民检察院　教育部
    印发《关于落实从业禁止制度的意见》的通知 ………………………………………（4.26）
最高人民法院
    关于加强中医药知识产权司法保护的意见 ……………………………………………（4.28）

最高人民法院
　　关于为促进消费提供司法服务和保障的意见 …………………………………………（ 4.31 ）
最高人民法院
　　关于为稳定就业提供司法服务和保障的意见 …………………………………………（ 4.37 ）
最高人民法院
　　关于加强新时代人民法院司法警察队伍建设的意见 …………………………………（ 5.4 ）
最高人民法院
　　关于发布第 37 批指导性案例的通知 …………………………………………………（ 5.8 ）
人力资源社会保障部　中央政法委　最高人民法院　工业和信息化部　司法部　财政部
　　中华全国总工会　中华全国工商业联合会　中国企业联合会/中国企业家协会
　　关于进一步加强劳动人事争议协商调解工作的意见 …………………………………（ 5.29 ）
最高人民法院
　　关于办理申请执行监督案件若干问题的意见 …………………………………………（ 6.3 ）
最高人民法院
　　关于完整准确全面贯彻新发展理念为积极稳妥推进碳达峰碳中和提供司法服务的意见 …………（ 7.15 ）
最高人民法院
　　印发《关于司法赔偿案件案由的规定》的通知 ………………………………………（ 7.20 ）
最高人民法院
　　关于 2023 年作出的国家赔偿决定涉及侵犯公民人身自由赔偿金计算标准的通知 …………（ 7.26 ）
最高人民法院
　　关于贯彻实施《中华人民共和国黄河保护法》的意见 ………………………………（ 8.22 ）
最高人民法院　最高人民检察院　公安部　司法部
　　关于印发《关于办理性侵害未成年人刑事案件的意见》的通知 ……………………（ 8.26 ）
最高人民法院　全国妇联
　　印发《关于开展家庭教育指导工作的意见》的通知 …………………………………（ 9.3 ）
最高人民法院
　　印发《最高人民法院关于法律适用问题请示答复的规定》的通知 …………………（ 9.8 ）
最高人民法院　最高人民检察院　中国海警局
　　关于印发《依法打击涉海砂违法犯罪座谈会纪要》的通知 …………………………（ 11.12 ）
最高人民法院
　　关于贯彻执行修改后的《最高人民法院关于知识产权法庭若干问题的规定》的通知 …………（ 12.27 ）

## 任 免 事 项

全国人民代表大会常务委员会
　　最高人民法院审判人员任免名单 ………………………………………………………（ 2.42 ）
最高人民法院
　　关于程东方为中华人民共和国大法官的公告 …………………………………………（ 2.43 ）
最高人民法院
　　关于党广锁等 13 人为中华人民共和国大法官的公告 ………………………………（ 2.43 ）

全国人民代表大会常务委员会
  最高人民法院审判人员免职名单 ································································· （ 3.24 ）
全国人民代表大会常务委员会
  最高人民法院审判人员任免名单 ································································· （ 6.5 ）
全国人民代表大会常务委员会
  最高人民法院审判人员任免名单 ································································· （ 8.30 ）
最高人民法院
  关于聂光海为中华人民共和国大法官的公告 ··················································· （ 8.30 ）
全国人民代表大会常务委员会
  最高人民法院审判人员任免名单 ································································· （ 9.16 ）
最高人民法院
  关于邓修明为中华人民共和国大法官的公告 ··················································· （ 9.16 ）
全国人民代表大会常务委员会
  最高人民法院审判人员任免名单 ································································· （11.17）
最高人民法院
  关于刘少云为中华人民共和国大法官的公告 ··················································· （11.17）

## 裁判文书选登

江西腾荣实业有限公司与江西银行股份有限公司南昌高新支行债权转让合同纠纷案 ············· （ 1.24 ）
甘肃乾金达矿业开发集团有限公司与万城商务东升庙有限责任公司盈余分配纠纷案 ············· （ 1.27 ）
陈龙与陕西博鑫体育文化传播有限公司等公司解散纠纷案 ·········································· （ 1.36 ）
河北华穗种业有限公司与武威市搏盛种业有限责任公司侵害技术秘密纠纷案 ····················· （ 3.25 ）
四川中成煤炭建设（集团）有限责任公司与成都泓昌嘉泰房地产有限公司建设工程施工
  合同纠纷案 ······················································································· （ 3.39 ）
上海环莘电子科技有限公司与广东法瑞纳科技有限公司等侵害实用新型专利权纠纷案 ········· （ 5.33 ）
北京派尔特医疗科技股份有限公司与深圳市科炜芯科技有限公司技术开发合同纠纷案 ········· （ 6.6 ）
中国建设银行股份有限公司怀化市分行与中国华融资产管理股份有限公司湖南省分公司等案外人
  执行异议之诉案 ················································································· （ 6.18 ）
吴良好与如皋市金鼎置业有限公司等股东资格确认纠纷案 ·········································· （ 7.27 ）
国家开发银行河南省分行申请执行监督案 ······························································ （ 7.32 ）
金昌久策工业气体有限公司与甘肃丰盛环保科技股份有限公司加工合同纠纷案 ··················· （ 8.31 ）
伟富国际有限公司与黄建荣、上海海成资源（集团）有限公司等服务合同纠纷案 ················ （ 9.17 ）
文昌盈海清澜水务有限公司与海南省文昌市生态环境局等行政处罚及行政复议案 ··············· （10.15）
芜湖华融兴商投资合伙企业（有限合伙）与黄山市黄山区名人国际艺术家庄园置业有限公司等借款
  合同纠纷案 ······················································································· （11.18）

## 案  例

彭宇翔诉南京市城市建设开发（集团）有限责任公司追索劳动报酬纠纷案 ······················· （ 1.40 ）
刘美芳诉常州凯瑞化学科技有限公司等公司决议效力确认纠纷案 ··································· （ 2.44 ）
上海安盛物业有限公司诉王文正劳动合同纠纷案 ······················································ （ 4.41 ）
重庆市渝北区人民检察院诉胡仁国非法采伐国家重点保护植物案 ··································· （ 4.45 ）

张正国诉江苏红战建设工程有限公司等居间合同纠纷案 ……………………………………（5.44）
江苏省无锡市人民检察院诉上海市杨浦区绿化和市容管理局等环境民事公益诉讼案 ………（6.37）
江苏省建湖县人民检察院诉张少山等32人非法采矿、马朝玉掩饰、隐瞒犯罪所得刑事附带民事
　　公益诉讼案 ……………………………………………………………………………………（6.42）
李衡诉江苏五星电器有限公司买卖合同纠纷案 ………………………………………………（7.40）
郑州曳头网络科技有限公司与浙江天猫网络有限公司、丁晓梅等侵害外观设计专利权
　　先予执行案 ……………………………………………………………………………………（7.42）
上海市长宁区人民检察院诉顾立、顾全飞诈骗案 ……………………………………………（7.45）
上海惠骏物流有限公司诉中国平安财产保险股份有限公司上海分公司等财产保险合同纠纷案 ……（8.42）
江苏东恒国际集团有限公司与江苏省国际高新技术展示交易中心有限公司破产清算转和解案 ……（8.46）
中国杂技团有限公司诉吴桥县桑园镇张硕杂技团等著作权权属、侵权纠纷案 ………………（9.32）
中国人民财产保险股份有限公司中山市分公司诉中国太平洋财产保险股份有限公司东莞分公司等
　　财产保险合同纠纷案 …………………………………………………………………………（9.39）
湖南亚华种业研究院诉张杨侵害植物新品种权纠纷案 ………………………………………（10.25）
BETA股份公司（BETA S.A.）诉天津鲁冶钢铁贸易有限公司国际货物买卖合同纠纷案 …（10.32）
高留升诉新郑市人民政府等行政补偿纠纷案 …………………………………………………（10.43）
程骏平诉上海纽鑫达进出口有限公司等股东资格确认纠纷案 ………………………………（11.27）
陈武桂诉南京德通汽车服务有限公司劳动合同纠纷案 ………………………………………（11.34）
灌云中孚环保科技有限公司诉灌云县人民政府等撤销政府特许经营协议纠纷案 ……………（11.38）
顾某甲、顾某乙、顾某丙申请指定遗产管理人案 ……………………………………………（12.28）
丁某某诉季某某等教育机构责任纠纷案 ………………………………………………………（12.31）
曾海波诉长沙市岳麓区交通运输局等行政处罚及行政复议案 ………………………………（12.36）
2023年总目录 …………………………………………………………………………………（12.45）

凡图书未附"法信邀请码"或邀请码无法激活使用的,均为盗版图书
为防止盗版,请您激活本册图书"法信邀请码"
享人民法院出版社法信平台资源,并获取"法信·公报专区"权限

## 购正版图书享"双重"大礼　获公报专区海量资源

激活"法信邀请码":

登录 http://www.faxin.cn—注册(老用户可直接登录)—点击右上角用户名—个人中心—输入邀请码

1. 获赠"法信"高级权限90天;
2. 获赠"法信·公报专区"权限90天。

详情参见"法信"公号,有关资料陆续推送

凡图书未附"法信邀请码"或赠送邀请码无法激活使用的,或通过手机号及非010-6755××××固话号段推销图书的均疑似盗版图书。

盗版举报联系方式:010-67550538/95/80